신정역주 이충무공전서 3

이순신에 대한 후세의 기록

석오역사연구자료 시리즈 3

신정역주 이충무공전서 3

이순신에 대한 후세의 기록

기획 (재)석오문화재단
(사)서울여해재단

태학사

충무공 이순신 영정.

일러두기

- 이 책 『신정역주 이충무공전서』(이하 본서)는 서울대학교 규장각한국학연구원에 소장되어 있는 정조 19년(1795)에 간행된 『이충무공전서李忠武公全書』(奎 457-v.1-8)를 저본으로 삼아 완역한 것으로, 직역直譯을 원칙으로 하되 불가피한 부분에서는 의역意譯하기도 했다. 원본은 서울대학교 규장각한국학연구원 홈페이지(https://kyu.snu.ac.kr)에서 열람 가능하다.

- 원본 『이충무공전서』가 간행될 때, 권2~권4의 '장계狀啓'와 권5~권8의 '난중일기亂中日記'에서 부분적으로 편집·생략된 대목들이 있는데, 본서에서는 이 내용들도 번역하여 (　) 안에 고딕체로 구분하여 수록했으며, 해당 원문은 각주를 통해 '(*) 내용 생략, 원문은 "　"이다.'와 같이 밝혀 놓았다.

- 『정유일기』의 친필 일기는 『정유일기 I』과 『정유일기 II』 두 종류가 있는데, 원본 『이충무공전서』는 이를 하나로 합쳐서 편집하였다. 본서에서는 『정유일기 II』의 생략된 내용들도 번역하여 (　) 안에 고딕체로 구분하여 수록했으며, 해당 원문은 각주를 통해 '(**) 내용 생략, 원문은 "　"이다.'와 같이 밝혀 놓았다.

- 본문에 있는 [　]는 모두 역주자들이 단 간략한 주석 또는 설명이다.

| 『신정역주 이충무공전서』 보급판 서문 |

충무공 탄생 480년을 맞아 출간하는 『신정역주 이충무공전서』 보급판에 부쳐

(재)석오문화재단이 (사)서울여해재단과 오랜 준비 끝에 양장본 『신정역주新訂譯 註本 이충무공전서李忠武公全書』(전4권)를 출간한 것은 2023년의 6월의 일이었다. 그동안 2쇄를 찍은 이 책을 이번에 다시 보급판으로 선보이게 되었다. 이번에 보급판으로 출간하는 『신정역주 이충무공전서』는 석오문화재단이 지향해 온 인문학 확산 운동과 궤를 같이하는 것으로, 보다 많은 독자들이 이 책을 접할 수 있기를 바라는 마음에서 기획된 것이다.

민간의 힘으로 이 같은 역작을 만들어 낼 수 있었다는 것 자체에 큰 의미를 부여할 수 있고, 두 재단이 이순신 정신 보급 확산에 다시 한번 기여할 수 있을 것으로 기대된다.

지금까지 『이충무공전서』 역주본은 노산鷺山 이은상李殷相 선생이 낸 것 하나뿐이었다. 노산 선생은 광복 후에 독서 대중을 위해 『이충무공전서』 우리말 번역을 시도하여 1960년 5월에 처음으로 국역본을 냈다. 그 후에 성문각成文閣에서 고인故人의 뜻을 받들어 그가 남긴 원고를 정리, 양장본 상·하권과 원본 영인판을 함께 묶어 1989년에 『완역完譯 이충무공전서』를 출판하였으나, 여전히 보완해야 할 것이 많은 책이었다. 이에 2023년 석오문화재단은 서울여해재단과 함께 '석오石梧역사연구자료 시리즈 3'으로 『신정역주 이충무공전서』(전4권)를 출간했다. '석오'는 바위 사이에 뿌리를 내리고 자란 오동나무가 질이 최상이라는 의미로, 석오문화재단 윤동한 尹東漢 이사장의 아호이다.

정조가 『이충무공전서』를 간행한 배경

『이충무공전서』(이하 『전서』)는 충무공忠武公 이순신李舜臣(1545~1598)의 업적을 전하는 가장 중요한 문헌이다. 이 책은 지금으로부터 230년 전인 1795년, 충무공 이순신 탄신 250주년 되는 해에 정조대왕正祖大王(재위 1776~1800)의 어명으로 규장각에서 간행되었다. 충무공의 공훈이 이 책의 편찬으로 비로소 제대로 역사에 길이 전하게 된 것이다.

　『전서』는 충무공의 공훈을 체계적으로 한자리에 모은 문헌적 가치뿐만 아니라, 누구와도 견줄 수 없는 정조대왕의 열렬한 충무공 숭모 정신의 산물이란 점을 유의할 필요가 있다. 정조는 규장각奎章閣 각신閣臣들에게 '전서' 편찬을 명하고 손수 충무공 이순신의 비문을 지어 이 책의 머리에 실었다. 조선왕조 일대에 왕명으로 신하의 문집이 편찬된 예도 없거니와 왕이 신하의 비문을 지어 내린 예도 없다. 실로 특별한 예우가 아닐 수 없다.

　『정조실록』 권43, 1795년 9월 14일(壬戌) 기사와 『전서』의 윤음綸音 3편을 쓴 판중추부사 이병모李秉模의 작성 날짜를 보면 9월 중순에 인쇄를 시작해서 이해 연말 이전에 간행된 것으로 보인다.

　『전서』 권14의 말미에는 출간 비용과 반사처頒賜處에 대한 기록이 있다. 창덕궁 규장각 원편의 서고西庫에 들이는 것 외에 5대 사고史庫에 한 건씩, 그 외에 홍문관, 성균관, 순천 충민사, 해남 충무사, 남해 충렬사, 통제영 충렬사, 아산 현충사, 강진 유사遺祠, 거제 유묘遺廟, 함평 월산사, 정읍 유애사, 온양 충효당, 착량 초묘草廟 등 13개 처에 내려졌으므로, 대략 25권 내외가 간행되었을 것으로 추정된다.

　정조는 역대 왕들과는 달리 군주로서 손수 신도비문을 짓고, 비문 머리에 제목 "상충정무비尙忠旌武碑"라고 전자篆字로 직접 써서 내렸다. 자신이 지은 비문의 인본印本

을 만들어 신하들에게 나누어 줄 정도로 이 비문에 대한 애정이 특별하였다(재위 19년, 1795년 5월 11일).

정조대왕의 「어제 충무공 신도비」 비문은 충무공의 공훈에 대한 깊은 사모와 절절한 충정을 담은 문장으로 이어진다. 비문은 첫머리에 나라에 공로가 있는 자에 대해 왕이 베푸는 역대의 여러 조치를 예시한다. 살아 있을 때는 수레와 옷을 내리고 잔치를 베풀어 주며, 죽은 뒤에는 융숭한 제물로 제사를 올리고 녹을 내리고 공로를 기폭旗幅에 새기는 것들이 있다고 하였다. 비를 세우는 것은 기폭에 공로를 써서 전하던 옛 뜻이 남은 것으로, 임금이 비문을 지은 특별한 예는 중국에서도 천 년간에 몇 되지 않지만 "아! 우리나라의 충무공 이순신 같은 이는 그 공훈이 비문 짓는 법에 비추어 내가 비문을 짓는다 해도 모자랄 것이 없으리라."라고 하였다.

정조는 충무공이 8년 동안 전장에 있으면서 "싸우면 반드시 이기고 수비하면 반드시 보전하여 나라의 운명이 공의 동작을 따라 강해졌다 약해졌다."라고 총평하였다. 이어서 "우리 선조대왕께서 나라를 다시 일으킨 공로는 오직 충무 한 분의 힘으로 기초가 만들어졌던 것이니 이제 내가 충무공에게 특별히 비명을 짓지 아니하고 누구 비명을 쓴다고 하겠는가."라고 하였다. 끝으로 명銘에서는 유교 정치 제도의 표본을 만들었던 주周나라 공로 표창의 기준으로 훈勳·공功·다多·용庸·노勞·역力 여섯 가지 항목이 있었던 것을 지적하고, 충무공의 활약은 그 여섯 가지를 다 채우고도 남는다고 하였다. 그리고 "강물에 씻은 듯 깨끗한 영靈이로다. 해와 달이 그 빛을 같이할지어다."라고 끝을 맺었다.

『이충무공전서』 각 권별 주요 내용과 특징

우선 이 책이 국왕의 명으로 간행되었기 때문에, 권수 앞에 서문序文 격인 '윤음綸音' 3편과 '어제御製 비명碑銘'(1794년 10월에 세운 충무공 이순신 신도비인 상충정무지비尙忠旌武之碑 비문碑文)이 있는 것이 『전서』만의 특징이다. 그런데 이 비문에 포함된 이순신의 생애와 공적에 대한 정조의 서술 내용이 유려하면서도 비교적 과장 없이 정확한 편이라는 것도 특기할 만하다.

권수는 「정헌대부의 품계를 주는 교서授正憲大夫敎書」 등 교서 6편과 「물길을 따라 적선을 맞아 습격하라고 명령하는 유서命從水路邀襲賊船諭書」 등 유서 11편, 그리고 「영조 임금이 지어 내려준 제문英廟御製賜祭文二」 2편을 포함한 각 왕대별 '사제문賜祭文' 13편으로 구성된다. 사제문은 영조와 정조의 어제御製 4편을 앞에 두었고, 나머지 사제문은 선조부터 영조 때까지 시기별로 나열하였다.

그 외에 팔사물八賜物에 대한 '도설圖說'과 충무공 이순신의 '세보世譜'와 '연표年表'가 포함되어 있다. 그런데 『전서』가 이미 이순신 사후 200년에 가까운 시점에 편찬되다 보니 연표의 내용과 권9의 「행록行錄」 내용이 서로 일치하지 않는 부분도 발견된다.

권1은 충무공 이순신의 '시詩' 5수와 서신書信 등 '잡저雜著' 12편이 실려 있다. 시 중에는 「한산도에서 밤에 읊다閑山島夜吟」와 이 시에 대한 27명의 차운次韻 31편이 있다. 이는 18세기 초에 발간된 『전서』의 저본底本인 『충무공가승忠武公家乘』보다 인원도 많고, 참여 인사의 직위도 상향된 것임을 확인할 수 있다.

잡저에는 「장검에 새긴 글劍銘」을 비롯해서 「체찰사 완평부원군 이원익에게 올리는 편지上體察使完平李公元翼書」와 '답서答書' 등 11편의 글이 실려 있다. 이들 잡저 중 일부는 『난중일기』 일기 외 기사'에 포함된 것들도 더러 있다.

권2~권4는 충무공 이순신이 국왕과 조정에 보고한 문서를 모은 '장계狀啓 1~3'이다. 국보 76호로 『난중일기』와 함께 지정된 『임진장초』를 비롯해서 몇 종류의 등초謄草 장계狀啓를 토대로 임진년(1592, 선조 25), 계사년(1593), 갑오년(1594) 등 연도별로 각 권을 나누었다. 『전서』에는 모두 71편의 보고서가 실려 있는데, 변방의 장수가 국왕에게 직접 보고한 계본啓本이 51편으로 가장 많고, 승정원을 통해 보고한 장계狀啓가 18편, 그리고 왕세자에게 보고한 달본達本이 2편이다. 이는 『전서』에 등재된 보고서 양식에 따른 구분이고, 실제 원본은 약간 차이가 나기도 한다.

권2는 임진왜란 첫해인 임진년(1592)의 장계를 모은 것으로, 「옥포에서 왜적을 격파하였음을 아뢰는 계본玉浦破倭兵狀」을 비롯해서 네 차례에 걸친 출전 보고서가 모두 포함되었다. 이순신이 첫해 해전에서 활약한 주요 내용을 포함해서, 임진왜란 초기의 조선 수군과 관련된 여러 상황을 알려 주는 14편의 계본과 3편의 장계로 구성되어 있다.

권3은 계사년(1593)에 올린 26편의 계본과 장계로 구성되었다. 첫해 해전 결과 일본 수군이 조선 수군과의 직접 대결을 회피했기 때문에, 전투 관련 보고서는 2월부터 3월까지 진행된 웅천熊川 지역 공략 작전에 대한 「적을 무찌른 일을 아뢰는 계본討賊狀」 외에는 없다. 주로 수군 전력 유지에 필요한 보고나 요청 사항을 아뢰는 '청청請'으로 시작하는 보고서가 절반이 넘는 14건에 이른다. 그 외에 일본 수군의 정황을 보고하는 보고서가 3건, 수군 전력 유지가 어려운 상황에서 병력과 군기 등을 육군에 배정하지 말고 수군에 전속全屬시켜 주도록 요청하는 보고서가 5건 등 전쟁 2년째의 어려움을 전해 주는 보고서가 많은 것이 특징이다.

권4는 갑오년(1594)에 올린 27건의 계본, 장계, 달본 등으로 구성되었다. 해전과 관련된 보고는 제2차 당항포 해전의 승전 보고서인 「당항포 승첩을 아뢰는 계본唐項浦破倭兵狀」 외에는 없다. 계사년과 마찬가지로 수군 전력 유지를 위해 조정에 요청하는 보고서가 15건으로 절반 이상을 차지한다. 왜군의 정황을 보고한 것이 3건 있고, 소속 장수나 관원의 임명이나 시상, 처벌을 요청한 보고서도 11건으로 많다. 권4에만 있는 보고서로는 「무과 특별시험을 보인 일을 아뢰는 계본設武科別試狀」과 「의원을 보내 유행병 환자를 구호해 주시기를 청하는 장계請送醫救癘狀」 등이 특기할 만한 것들이다.

권2~권4의 '장계狀啓 1~3'은 실제 계본이나 장계에서 사용되었던 이두吏讀를 생략하고 한문으로만 되어 있다. 그리고 계본이나 장계의 시작과 끝에 있는 해당 문서의 작성 양식을 생략하고 있다. 새 번역서에서는 생략된 대부분을 별도로 표기하여 포함시키고, 중복된 내용 등 『전서』에서 생략한 것도 포함시켰다. 또한 현존하는 등초謄草 장계狀啓를 비교하여 생략된 양식도 함께 표기했다. 또한 『임진장초』와 『충민공계초』 등 등초 장계의 비교 검토를 통해 내용이나 양식의 차이가 있을 때는 이를 각주에 포함시켜 독자에게 편의를 제공하였다. 또한 임진왜란에 대한 그간의 축적된 연구 업적을 반영하여 용어, 지명, 인명 등 가능한 한 많은 정보를 각주로 제공한 것도 본서의 특기할 만한 것이다.

권5~권8은 『난중일기』 부분이다. 권5는 임진년(1592)부터 계사년(1593)까지, 권6은 갑오년(1594) 초부터 을미년(1595) 5월까지, 권7은 을미년(1595) 6월부터 병신년(1596)까지, 권8은 정유년(1597)부터 무술년(1598)까지의 일기를 담고 있다. 알려진 바와 같이 중간에 부분 부분 일기가 없는 기간도 더러 있다.

새 번역서의 『난중일기』 부분의 특징을 간추려 보면 다음과 같다. 우선, 기존 노산 선생의 『완역 이충무공전서』(성문각, 1989)는 『전서』의 난중일기 부분과 원문 『난중일기』를 모두 합해서 한꺼번에 번역했다. 이 때문에 어디까지가 『전서』에만 나오고, 어느 부분이 원문에 나오는 것인지를 알 수 없었다. 이번 새 번역서에서는 일단 『전서』의 내용을 기본으로 하였고, 원문에 나오는 부분은 (*) 부호를 활용해서 구분하여 실었다. 대략 『난중일기』 원문 대비 30~40%를 줄여서 편집한 것이 『전서』에 나오는 『난중일기』 부분이다. 『전서』에서 주로 생략되거나 특기할 만한 내용은 다음과 같다.

첫째, 음주飮酒 장면을 들 수 있다. 임진왜란 시기에 식량이나 군량 사정이 좋지 않았음에도 불구하고, 음주 장면이 자주 등장한다. 『전서』에서는 공식적인 호궤犒饋(군사를 먹이는 것)와 만찬 등의 경우를 제외하고 잦은 음주 기록을 생략하고 있다. 18세기 말의 기준으로 봐도 전쟁 중에 지나친 음주 경향이 있다고 보았던 것은 아닐까 생각해 본다.

둘째, 이순신 개인의 일상 중에서 중요하지 않은 것들을 생략하였다. 예를 들어 주변 장수들과의 일상적인 만남과 식사, 친지와의 사적인 왕래, 꿈 이야기 등 일상적인 내용 중에 생략된 부분이 적지 않다.

셋째, 이순신은 날씨에 대해 상세하게 기록했는데, 『전서』에서는 날짜 뒤에 밝힌 것 외에는 삭제되는 경우가 많았다. 『전서』 편찬자들이 수군의 날씨에 대한 중요도를 이해하지 못했기 때문이라고 추정된다. 이순신은 하루 날씨를 시간대별로 매우 세밀하게 기록하고 있었다.

넷째, 전쟁 시기 일기임에도 불구하고 의외로 중요하지 않다고 판단한 군사적인 상황 보고나 조처 사항 등이 빠진 경우도 더러 있다. 이 역시 『전서』 편찬자들이 별로 중요하지 않다고 보았기 때문일 듯하다.

다섯째, 이순신의 가정사家庭事 중에 모친의 안부를 묻는 것을 제외하고는 많은 부분이 생략되고 있다. 모친에 대한 문안은 당시 중시한 '효孝'의 실천이기에 그대로 실린 것 같고, 그 외에 많은 잡다한 가정사는 생략되었다.

여섯째, 『난중일기』에는 기강을 바로잡기 위해 엄격한 군율을 적용한 예가 많다. 『전서』편찬자들은 이들 중 많은 부분을 생략하고 있다. 생략한 부분은 잘못을 저질러 매장杖(사실은 태笞로 보임)를 때리는 경우가 많고, 심한 경우 처형을 하는 예도 있었다.

일곱째, 『전서』편찬자는 진중에서 종정도從政圖, 바둑, 장기 등 놀이를 하거나 야간에 피리를 부는 등 오락과 관련된 기사를 생략하고 있다. 아마 이런 것들을 전쟁과 관련 없는 이야기로 본 것 같다.

여덟째, 을미년(1595) 일기는 원본이 없다. 따로 이순신 집안에 내려온 『재조번방지』 안에 「일기초日記抄」가 있는데, 그중 을미년 기사는 그다지 많지 않지만, 앞에서 언급한 내용과 비슷한 생략이 가해지고 있음을 확인할 수 있었다.

아홉째, 병신년(1596) 이후 일기 중에는 군량軍糧 마련을 위해 여러 가지 노력을 기울이고 있는데, 구체적으로 고기를 잡아 곡물과 바꾸거나, 둔전屯田 경영과 관련된 내용이 삭제된 경우가 적지 않다. 이 역시 『전서』편찬자가 이 부분의 중요성을 잘 몰랐기 때문일 것이다.

열째, 일기 원문에는 부하 장수들과의 불편한 관계를 기록한 내용이 더러 보인다. 『전서』편집자는 대표적으로 '전라 우수사 이억기와의 불편한 관계' 등 이순신과 부하 간의 갈등과 관련된 내용을 생략하고 있다.

열한째, 『난중일기』 곳곳에는 이순신이 몸이 불편해서 약을 먹거나, 땀을 많이 흘려 목욕을 하는 등 건강 관리에 관한 내용이 있는데, 특별한 경우를 제외하고 생략된 것이 많았다.

마지막으로 『난중일기』 원본 사이사이에는 '일기 외 기사'가 상당 부분 존재한다. 대체로 계본이나 장계의 초안, 여러 곳에 보내는 서신의 초안들, 들려오는 풍문과 관련된 내용, 그리고 한시漢詩나 독후감 같은 것들도 포함되어 있다. 이들 '일기 외 기사'는 모두 『전서』에 수록되지 않고 생략되었으나, 그중 일부는 전술한 바와 같이 권1의 시詩와 잡저雜著 편에 채록되기도 하였다.

권9~권14는 '부록附錄 1~6'이다. '부록'은 이순신에 대한 후대의 기록을 망라한 자료집 성격을 띠는데, 각 권의 주요 내용과 특징을 정리하면 다음과 같다.

권9는 이순신의 조카 이분李芬이 기록한 「행록行錄」과 뒤에 판관判官 홍익현洪翼賢이 지은 짧은 「행록」으로 구성되었다. 이분의 「행록」은 충무공 이순신의 탄생부터 전사戰死까지의 일대기와 사후의 치제致祭, 공신 책봉功臣冊封, 시호諡號, 가족 관계 등 기본적인 내용을 모두 담고 있어서, 후대의 전기傳記나 소설 등의 토대가 되고 있다. 최근 이분의 「행록」의 저본底本, 즉『전서』보다 이전 시기의 「행장」 등 초기본이 소개되었고, 이에 관한 연구가 진척되고 있어 주목된다.

권10은 승지承旨 최유해崔有海의 「행장行狀」, 대제학大提學 이식李植의 「시장諡狀」, 영의정 이항복李恒福의 「전라좌수영대첩비全羅左水營大捷碑」, 대제학 이민서李敏敍의 「명량대첩비鳴梁大捷碑」, 문정공文正公 송시열宋時烈의 「노량묘비露梁廟碑」, 영의정 김육金堉의 「신도비神道碑」, 영부사領府事 남구만南九萬의 「고화도유허비高和島遺墟碑」, 도사都事 정기안鄭基安의 「제승당유허비制勝堂遺墟碑」, 그리고 홍문제학弘文提學 조명정趙明鼎의 「전승대비戰勝臺碑」로 구성되었다. 다소 장황하게 소개했는데, 그 이유는 글쓴이들의 면모가 화려하기 때문이다. 대제학이 2명, 영의정이 3명, 송시열 등이 쓴 글들이다. 요약하면 「행장」과 「시장」, 그리고 「전라좌수영대첩비」 등 비문 6편이다. 이항복은 임진왜란 시기에 활동한 경험을 바탕으로 「전라좌수영대첩비」 외에 몇 편의 글을 더 썼다. 그리고 시기가 내려올수록 나타나는 사실의 왜곡이나 오류 등이 일부 보이는 것도 특징이다.

권11은 이항복의 「충민사기忠愍祠記」를 비롯해서 통제영 충렬사, 제승당, 노량 충렬사, 고금도 유사遺祠 등에 관련된 기록記이 11건이고,『충무공가승』의 서문序과 발문跋,『장계초본』의 발문跋, 그리고 이순신을 모신 전국의 사원을 소개한 윤행임尹行恁의 사원록祠院錄 등으로 꾸며져 있다. 주로 이순신에 대한 추모에 관한 내용이라 하겠다.

권12는 우의정 정탁鄭琢의 「죄 없는 이순신을 변명하여 구원하는 차자伸救箚」를 비롯해서 이순신에 대한 서신, 제문, 「거북선을 노래하다龜船頌」, 각 지역을 돌며 그를 기념한 글과 한시漢詩 등 32편의 글로 구성되었다. 주로 이순신에 대한 제문祭文,

시문詩文 등으로 역사적 가치와 함께 문학적 가치가 돋보이는 내용이라 하겠다.

권13과 권14는 부록 5~6인데, 기실紀實 상·하로 되어 있다. 이 부분은 이순신 사후 당대까지 작성된 그와 관련된 자료를 망라해서 편집한 것이다. 우선 권13은 『명사明史』와 『명사고明史考』 등 중국 자료에 나오는 이순신 관련 내용을 소개하였다. 그다음으로 『국조보감國朝寶鑑』과 『선묘중흥지宣廟中興志』가 이어지는데 그 분량이 절반에 이를 만큼 많다. 이순신의 임진왜란 시기 활약상에 대한 후대의 대표적 기록들이기 때문이다. 그 뒤를 이어 『문헌비고文獻備考』, 『징비록懲毖錄』, 『지봉유설芝峯類說』 등 후대의 전적에 보이는 이순신 관련 자료를 편집하여 소개하고 있다. 인용서는 대부분 현존하지만, 『소대연고昭代年考』는 인용된 내용이 많은데도 원전原典이 실전失傳되어 아쉬움이 남는다.

권14는 앞부분에 『서애집西厓集』, 『상촌집象村集』, 『난중잡록亂中雜錄』 등 임진왜란 시기에 활약한 인물의 문집文集에 나오는 기사를 소개하였다. 그 뒤로는 후대인의 문집이나 저서에 있는 이순신 관련 기록을 모아서 나열하였다. 그중 한 자료를 통해서 그동안 궁금했던 "원균이 이순신을 모함한 내용이 무엇이었을까." 하는 질문에 대한 답을 찾을 수 있었다.

다음으로는 이순신 당대에 그와 교류했던 분들의 기록이나 가장家狀, 사망 이후의 문집, 저서, 행록, 묘지명 등에서 기사를 뽑거나, 후대 인물의 저서나 문집 등에 언급되고 있는 간략한 기록도 수록하고 있다. 그 뒤로 『승평지昇平志』를 비롯한 21곳의 읍지邑誌 속에 있는 관련 기록을 소개하고 있다. 대개 읍지의 기록은 충무공 이순신과 해당 지역의 인물 간의 관계에 대한 기록이 많고, 때로는 역사적 사실이 아닌 설화說話를 소개하기도 한다. 이 때문에 역사적 근거로 활용하기 위해서는 엄밀한 사료비판이 필요하다.

『신정역주 이충무공전서』의 출간 과정과 새 번역서의 주요 특징

이 책의 완성을 위해 여러 번의 사전 협의와 논의 후 2020년 8~9월에 역주 참여자와 계획, 예산 등 준비를 거쳐, 10월부터 1차 번역 사업을 시작했다. 대표 역자이자 임진왜란 해전사를 연구한 이민웅 교수가 한문漢文에 조예가 깊은 서울대 양진석 선생과 김경숙 선생을 비롯해 임진왜란 해전사를 연구한 정진술 선생, 그리고 조선시대 연구자인 노영구, 이현진 선생 등 여섯 명으로 팀을 꾸려 번역을 시작했고, 18개월 만인 2022년 3월 말경에 1차 초고 번역을 마무리하였다.

이후 수정과 보완을 위해 2022년 4월부터 연말까지 2차년도 사업계획을 다시 수립해서 이민웅, 양진석, 정진술 등 세 분이 전체 분량을 교차 확인하고 수정 보완하는 작업을 진행하였다. 한시漢詩와 각종 제문祭文 등 운문韻文은 안동대학교 김남기 선생께 의뢰해서 전면적인 보완 작업을 진행하였다.

새로운 번역으로 다시 선보이는 『신정역주 이충무공전서』의 주요 특징은 다음과 같다.

첫째, 새 번역서는 권수卷首부터 권14까지 총 15권 3책으로 구성되었다. 그런데 1989년에 간행된 노산 선생의 『완역 이충무공전서』(성문각)에는 1934년에 보유補遺로 추가된 권15와 권16이 포함되었으나, 이번 새 번역서에는 이 권15와 권16을 제외한 것이 큰 변화 중 하나이다. 원래 『전서』에 포함된 것이 아닐뿐더러, 그 내용의 오류 등 문제가 심각하고 사료로서의 역사적 가치도 떨어지므로, 『전서』 새 번역에서 제외하는 편이 바람직하다는 결론을 내렸다.

둘째, 새 번역서에서는 그동안 축적된 임진왜란 분야의 연구 업적을 반영하여, 기존 오류를 가능한 범위에서 수정, 보완하였다. 특히 지명地名이나 인물, 용어 등 다양한 오류를 바로잡고 그 근거를 각주로 제시하였다.

셋째, 권2부터 권4까지의 '장계' 1~3과 권5부터 권8까지의 『난중일기』 부분은 『전서』 편집 과정에서 생략된 부분이 적지 않은데, 이를 『전서』의 본문과 원문에서 생략된 부분을 구별하고 함께 살펴볼 수 있도록 본문과 각주에 포함하였다.

넷째, 기존 완역본이 갖는 영웅주의나 성웅聖雄 사관을 탈피하여, 역사적 사실과 다를 경우 명확한 사실을 밝혔고, 관련된 서술에 대한 설명을 덧붙였다. 단, 노산 선생이 부록 형식으로 첨가했던 부분에 대해서는 간략히 내용을 소개하고, 현대적 해

설을 추가하였음을 밝혀 둔다.

다섯째, 『전서』가 이순신 사후 200년이 되어 가는 시점에 편찬, 간행되었기 때문에 이 과정에서 발생한 오류들을 포함하고 있다. 편집 과정의 단순한 오탈자는 물론이고, 잘못 옮겨진 내용이라든가 원본과는 다른 내용이 들어간 것 등이 그것인데, 이를 대부분 바로잡거나 각주로 원본의 내용을 제시해 두었다.

『이충무공전서』는 알려진 바와 같이 이순신 사후 200년이 되는 시점에 편찬된 자료이다. 국왕의 명령으로 당대까지 나온 충무공 이순신과 관련된 모든 자료를 '문집'의 형태로 편찬하고 간행한 것이다. 이런 과정에서 편집자의 기준으로 삭제되거나 생략된 부분도 다소 있다. 그럼에도 불구하고 『이충무공전서』는 임진왜란과 이순신 연구에 바탕이 되는 중요한 자료임이 분명하다. 일단 국왕의 명으로 편찬되었기 때문에 당시 최고의 석학들이 편집에 참여했을 것이다. 18세기 말의 편집 기준이 적용되었지만, 역사적 왜곡이나 오류가 비교적 많지 않은 것도 이런 최고 수준의 학자들이 참여했기 때문일 것이다.

이번 보급판에서는 영인본을 제작하지 않았다. 영인본은 전문 연구자들에게 필요한 내용일뿐더러, 서울대학교 규장각한국학연구원에서 영인본을 제공하고 있기 때문이다. 끝으로, 이 '보급판 서문'은 『신정역주 이충무공전서』 초판에 수록되었던 「역주자 서문」 내용을 중심으로 「간행사」, 「축사」의 일부 내용을 포함시켜 새로이 정리한 것임을 밝혀 둔다.

2025년 10월
석오문화재단 정리

차례

『신정역주 이충무공전서』 보급판 서문 ··· 7

이충무공전서 권9 - 부록 1

행록 (1)行錄 ·· 26
행록 (2)又 ·· 86

이충무공전서 권10 - 부록 2

행장 行狀 ··· 94
시장 諡狀 ·· 117
전라좌수영대첩비 全羅左水營大捷碑 ··· 133
명량대첩비 鳴梁大捷碑 ·· 139
노량묘비 露梁廟碑 ··· 145
신도비 神道碑 ··· 152
고화도유허비 高和島遺墟碑 ·· 171
제승당유허비 制勝堂遺墟碑 ·· 176
전승대비 戰勝臺碑 ··· 179

이충무공전서 권11 - 부록 3

충민사기 (1)忠愍祠記 一	186
충민사기 (2)忠愍祠記 二	201
통제영충렬사기統制營忠烈祠記	204
통제영충렬사비의 뒷면에 새긴 글統制營忠烈祠碑陰記	207
동령소갈기東嶺小碣記	209
동령소갈의 뒷면에 새긴 글東嶺小碣陰記	213
무덤 표석의 뒷면에 새긴 글墓表陰記	215
고금도유사기古今島遺祠記	218
제승당기制勝堂記	224
충렬사를 고쳐 지은 기문忠烈祠重修記	227
충민사 재실에 대한 기忠愍祠齋室記	229
제승당을 고쳐 지은 기문制勝堂重修記	231
가승 서문家乘序	242
가승 발문 (1)家乘跋 一	246
가승 발문 (2)家乘跋 二	250
장계 초본 발문狀啓草本跋	252
사원록祠院錄	254
충민사忠愍祠	255
충무사忠武祠	257
충렬사 (2)忠烈祠 二	259
현충사顯忠祠	263
유사遺祠	265
유묘遺廟	268
월산사月山祠	268
유애사遺愛祠	270

충효당忠孝堂 273

초가로 된 사당草廟 273

이충무공전서 권12 - 부록 4

죄 없는 이순신을 변명하여 구원하는 차자伸救箚 282

통제사 이순신에게 드리는 편지與李統制書 294

이 통제사를 제사 지내는 글 (1)祭李統制文 一 296

이 통제사를 제사 지내는 글 (2)祭李統制文 二 298

이 충무공의 무덤에 제사하는 글祭李忠武墓文 301

현충사에 봉안할 때 제사하는 글顯忠祠奉安祭文 305

현충사상량문顯忠祠上樑文 309

거북선을 노래하다龜船頌 322

상아로 만든 홀에 새긴 글牙笏銘 327

금대에 대한 명金帶銘 329

금배에 대한 명金盃銘 331

한산도에서 선유하면서, 이 통제사에게 올림宣諭閑山島呈李統制 333

당포에서 이 통제사에게 올림唐浦呈李統制 334

이 통제사에 대한 만시挽李統制 340

좌수영左水營 341

충민사 (1)忠愍祠 一 345

충민사 (2)忠愍祠 二 346

이 통제사를 애도하다哀李統制 348

복파관伏波館 350

영파당寧波堂 351

이 통제사를 슬퍼하다感李統制 352

충간공 윤계의 시에 차운하다 次尹忠簡公韻	353
이순신 장군을 애도하다 悼李將軍	354
이 충무공을 애도하다 哀李忠武	357
노량 충렬사에서 짓다 題露梁忠烈祠	359
충무공 행장을 읽고 느낌이 있어 시를 짓다 讀忠武公行狀有感	360
통제사 이순신 공의 묘소에 들러 짓다 過統制使李公墓	361
이 통제사를 애도하다 哀李統制	363
태평정 太平亭	369
충민사에서 짓다 題忠愍祠	370
노량에서 이 통제사를 애도하다 露梁弔李統制	378
영등포에서 배를 타고 통영을 향하다 自永登浦乘船向統營	383
이순신 장군을 애도하다 弔李將軍	384
충렬사 (1) 忠烈祠 一	387
충렬사 (2) 忠烈祠 二	388
충렬사 (3) 忠烈祠 三	389

이충무공전서 권13 - 부록 5, 기실 상 紀實上

○『명사 明史』진린전 陳璘傳에서	392
○『명사 明史』등자룡전 鄧子龍傳에서	392
○『명사고 明史藁』진린전에서	392
○『명사고 明史藁』등자룡전에서	392
○『명사 明史』기사본말 記事本末에서	393
○ 서희진 徐希震의『동정기 東征記』에서	393
○『국조보감 國朝寶鑑』에서	394
○『선묘중흥지 宣廟中興志』에서	402

- ○『문헌비고文獻備考』에서 ··········· 428
- ○『소대연고昭代年考』에서 ··········· 431
- ○『징비록懲毖錄』에서 ············· 442
- ○『청야만집靑野謾輯』에서 ··········· 450
- ○『지봉유설芝峯類說』에서 ··········· 453
- ○『제승방략制勝方略』에서 ··········· 455
- ○『조야첨재朝野僉載』에서 ··········· 457

이충무공전서 권14 - 부록 6, 기실 하紀實下

- ○『서애집西厓集』에서 ·············· 460
- ○『상촌집象村集』에서 ·············· 462
- ○『난중잡록亂中雜錄』에서 ··········· 468
- ○『춘파록春坡錄』에서 ·············· 473
- ○『화국지和國志』에서 ·············· 476
- ○『어우야담於于野談』에서 ··········· 477
- ○「부산기사釜山記事」에서 ··········· 478
- ○「우암어록尤庵語錄」에서 ··········· 482
- ○『삼절유고三節遺稿』에서 ··········· 483
- ○『덕수이씨세보德水李氏世譜』에서 ····· 483
- ○『우산집牛山集』 변백사제장사론辨白沙諸將士論에서 ··· 483
- ○『반곡집盤谷集』에서 ·············· 487
- ○『겸암집謙庵集』에서 ·············· 489
- ○『죽창한화竹窓閑話』에서 ··········· 490
- ○『기재집寄齋集』에서 ·············· 491
- ○『국포쇄언菊圃瑣言』에서 ··········· 492

- 『하담자유고荷潭子遺稿』에서 ·· 492
- 『사설僿說』에서 ··· 493
- 『방부인전方夫人傳』에서 ·· 496
- 『이씨가장李氏家狀』에서 ·· 497
- 「이충민공봉상신도비李忠愍公鳳祥神道碑」에서 ··············· 498
- 「정승 유성룡의 시장柳相成龍諡狀」에서 ························ 499
- 「정승 정탁의 묘지명鄭相琢墓誌銘」에서 ························ 500
- 「정승 정언신의 신도비鄭相彦信神道碑」에서 ················· 500
- 「정승 이덕형의 묘지명李相德馨墓誌」에서 ····················· 500
- 「정씨가승丁氏家乘」에서 ·· 501
- 「유형의 행장柳珩行狀」에서 ·· 502
- 「유형의 신도비柳珩神道碑」에서 ····································· 502
- 「이순신의 묘갈명李純信墓碣銘」에서 ····························· 503
- 「안홍국의 시장安弘國諡狀」에서 ···································· 503
- 「배흥립의 비명裴興立碑名」에서 ···································· 504
- 「송대립전宋大立傳」에서 ·· 504
- 「신호의 시장申浩諡狀」에서 ·· 504
- 「송여종의 비명宋汝悰碑銘」에서 ···································· 505
- 「정운희의 행장丁運熙行狀」에서 ···································· 506
- 「마씨가장馬氏家狀」에서 ·· 507
- 「최씨가장崔氏家狀」에서 ·· 508
- 「제만춘전諸萬春傳」에서 ·· 509
- 「이씨유록李氏遺錄」에서 ·· 511
- 『충렬사지忠烈祠志』에서 ·· 512
- 『택리지擇里志』에서 ··· 513
- 『승평지昇平志』에서 ··· 515
- 『해남현지海南縣志』에서 ·· 517

- ○『진도군지珍島郡志』에서 ······ 517
- ○『흥양현지興陽縣志』에서 ······ 517
- ○『영암군지靈巖郡志』에서 ······ 519
- ○『강진현지康津縣志』에서 ······ 519
- ○『장흥부지長興府志』에서 ······ 520
- ○『창평현지昌平縣志』에서 ······ 520
- ○『나주목지羅州牧志』에서 ······ 521
- ○『방답진지防踏鎭志』에서 ······ 521
- ○『호남지湖南志』에서 ······ 521
- ○「호남기문湖南記聞」에서 ······ 522
- ○『거제부지巨濟府志』에서 ······ 523
- ○『안동부지安東府志』에서 ······ 525
- ○『영천군지永川郡志』에서 ······ 525
- ○『영양현지英陽縣志』에서 ······ 525
- ○『아산현지牙山縣志』에서 ······ 526
- ○『해미현지海美縣志』에서 ······ 526
- ○『직산현지稷山縣志』에서 ······ 526
- ○『진천현지鎭川縣志』에서 ······ 527
- ○『평택현지平澤縣志』에서 ······ 527
- ○이충무공전서 지李忠武公全書識 ······ 528

찾아보기 ······ 529

이충무공전서 권9

부록 1

행록(1)行錄[1]

조카 정랑正郎 이분李芬[2]

가정嘉靖 을사乙巳[가정 24년, 인종 원년, 1545년] 3월 초8일[양력 4월 28일] 자시子時[오후 11시~오전 1시]에 공이 한성漢城 건천동乾川洞[3] 집에서 태어났다. 점을 치는 사람이 말하기를, "이 사람의 운명은 나이 오십이 되면 북방에서 대장이 될 것이다."라고 하였다. 공이 처음 태어날 때 어머니의 꿈에 공의 할아버지인 참판공參判公[이백록李百祿]께서 나타나서 말하기를, "이 아이는 반드시 귀하게 될 것이니 이름을 순신舜臣이라 하라."고 하였으므로, 어머니가 덕연군德淵君[공의 아버지 이정李貞]에게 그 꿈 이야기를 하여 마침내 그대로 이름을 지었다.

---

[1] 행록行錄 : 사람의 언행을 적은 글. 이분李芬이 지은 이순신 '행록'은 처음에는 '행장行狀'이라 불렸다. [『忠武錄(충무록)』, 해군사관학교 박물관 소장.] 그 뒤 최유해崔有海(1588~1641)가 이순신 '행장'을 짓고, 전라좌수사 이여옥李汝玉이 1716년에 편찬한 『충무공가승忠武公家乘』에서부터 이분이 지은 것을 '행록', 최유해가 지은 것을 '행장'이라 부르게 되었다. '행장'은 사람이 죽은 뒤에 그 평생에 지낸 일을 기록한 글을 일컫는다.

[2] 이분李芬 : 1566~1619. 자字는 형보馨甫, 호는 묵헌黙軒, 본관은 덕수德水. 거주지는 충청남도 온양溫陽이다. 이순신의 큰형인 희신羲臣의 둘째 아들이다. 임진왜란 때에 성천成川으로 피란하여 그때 부사府使로 있던 한강寒岡 정구鄭逑에게 배웠고, 정유년에 숙부 이순신에게 와서 군중 문서를 맡아보며 명나라 장수를 접대하는 외교 방면의 일을 보았다. 위인이 총명하고 교제에 능란하였다. 1605년(선조 38) 비변사에 의해 수령에 천거되었고, 1608년(선조 41) 별시 문과에 병과로 급제하여 형조좌랑·병조정랑(정5품)을 역임하였다. 『선조실록』편찬에 편수관으로 참여하였고, 1610년(광해군 2)에 동지사冬至使 서장관書狀官으로 중국에 다녀왔다. 1617년(광해군 9) 강원·경상조도사江原慶尙調度使의 종사관從事官이 되어 '백성들을 모집하고 곡식을 납부할 때 공명첩空名帖을 더 많이 만들어 곡식 얻을 길을 넓혀야 한다.'라고 주장하였다. 숙부 이순신의 「行錄」을 지었고, 『家禮剖解』2책과 『邦禮類編』의 저서가 있다. 또 음악과 산수에 밝아서 그 방면에 관한 저술도 있었다. (『國朝文科榜目』·『宣祖實錄』·『光海君日記』·『人物考』.)

[3] 건천동乾川洞 : 지금의 서울특별시 중구 인현동 1가 31-2번지 신도빌딩에 2017년 서울특별시에서 설치한 생가 터 동판이 있다. 이보다 앞서 서울특별시는 1985년에 명보아트홀 건물 앞 도로변에 '충무공 이순신 생가터'라는 표석을 세워 놓은 바 있다.

어려서 놀 때도 언제나 여러 아이들과 전쟁의 진을 치는 형상을 하며 놀았는데, 여러 아이들은 반드시 공을 장수로 떠받들었다.[4] 처음에 두 형을 따라서 유학儒學을 공부했는데 재능과 기백이 있어서 성공할 수도 있었으나 매번 붓을 내던지려는 의지가 있었다.

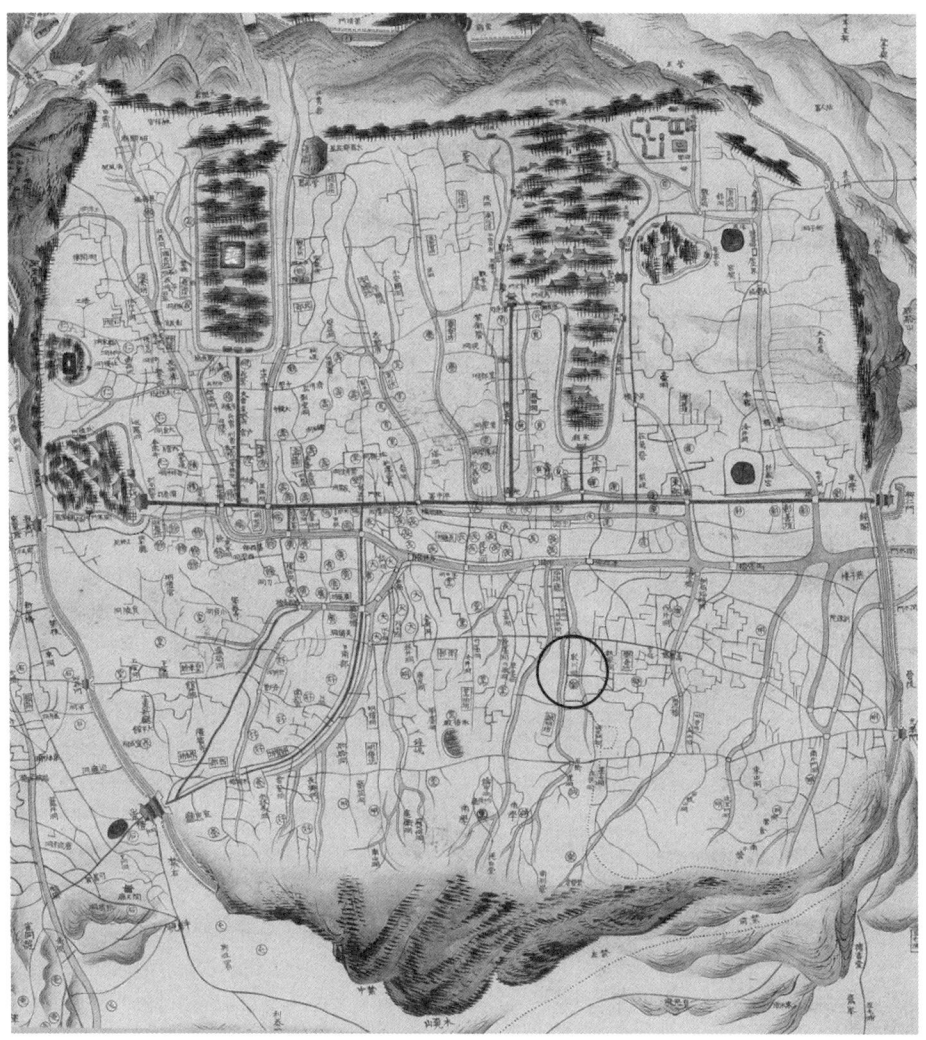

<도성도都城圖> 부분. 국립중앙박물관.
○ 표시한 곳이 이순신이 태어난 건천동이다.

병인丙寅[22세, 1566년] 겨울에 비로소 무예를 배웠는데, 힘과 말 타고 활쏘기는 한때 같이 노는 자들로서 그를 따를 자가 없었다.[5] 공은 성품이 고상하고 강직해서 같이 노는 무사들이 하루 종일 농담의 말로 서로 희롱하면서도, 유독 공에 대해서만은 감히 '너', '나'라고 하지 못하고 항상 높이고 공경하였다.

　　임신壬申[28세, 1572년] 가을에 훈련원訓鍊院[6] 별과別科 시험을 볼 때, 달리던 말이 거꾸러지면서 왼쪽 다리뼈가 부러졌다. 보고 있던 사람들은 공이 이미 죽었다고들 말했는데, 공이 한쪽 다리로 일어서서 버드나무 가지를 꺾어서 껍질을 벗겨 다리를 싸매니, 과거 시험 장소에 있던 사람들이 그를 장하게 여기었다.

　　병자丙子[32세, 1576년] 봄 식년式年[7] 무과 시험에서 병과丙科[8]로 합격하였다. 무경

---

4 원래 『충무록』('충무공' 시호가 내려진 1643년 이후에 편찬된 것으로 추정된다. 해군사관학교 박물관 소장)의 '행장行狀'에는 이 문장 앞에 아래와 같은 어린 시절 내용도 있었으나, 너무 개구쟁이 모습으로 보였는지 『충무공가승』(1716)에는 그 부분이 빠졌다. 그 결과 『충무공가승』을 그대로 옮긴 『이충무공전서』에도 『충무록』의 그 내용은 빠졌다. 빠진 부분의 원문과 번역 내용은 다음과 같다.
"公爲兒時 覓瓜於瓜田 瓜人不與 公還家 騎走馬 往馳於瓜田 瓜人懇乞得止 此後見公過之 必先迎納之 公爲兒時 隣家有聾兒 每來請公曰 某人家多種東瓜 結子甚盛云 乘夜偸之可也 公諾之 一日夜 公携聾手 周回三匝 伴爲向瓜家者 然而還到聾人之家 曰是其家也 聾人亟乘之 而盡摘之 公棄而獨歸 聾人之母 覺其盜瓜也 擧火出見 則其子完坐屋上矣"(공이 어렸을 때의 일이다. 참외밭에서 참외를 달라고 하니 참외 주인이 주지 않았다. 공은 집으로 돌아와서 말을 타고 참외밭으로 가서 말을 달렸다. 참외 주인이 멈춰 달라고 애걸을 하였다. 이후로는 공이 그곳을 지나가는 것을 보면 반드시 먼저 반갑게 참외를 주었다. 또 공이 어렸을 때의 일이다. 근처 집에 소경 아이가 있었는데 매번 공에게 와서 요청하기를 "아무개 집에 동아를 많이 심었는데 열매가 아주 잘 익었다고 한다. 밤에 그것을 훔치면 좋겠다."라고 말했다. 공이 그것을 승낙하고, 어느 날 밤에 공은 소경 아이의 손을 이끌고 주위를 거짓으로 세 바퀴 돌고 동아가 있는 집으로 향한다면서 도로 소경 아이의 집에 이르러서 "여기가 그 집이다."라고 말했다. 소경 아이는 재빨리 그 집으로 올라가 동아를 모조리 땄다. 공은 그를 그대로 두고 혼자서 돌아왔다. 소경 아이의 어머니는 누군가가 동아를 도둑질하는 것을 알고 불을 밝혀 들고 나와서 보니 자기 아들이 지붕 위에 군건히 앉아 있었다.)
5 이순신은 큰 체구에 용맹이 뛰어났다고 한다.(尹鑴, 「統制使李忠武公遺事」, 『白湖全書』, 권23, 事實, "公長軀精勇".)
6 훈련원訓鍊院 : 조선시대 군사의 시제試才와 무예 훈련 및 병서 습독을 관장하던 관청. 태조 원년(1392)에 설치하여 고종 31년(1894)까지 존속하였다. 관원으로는 지사知事(정2품) 1명, 도정都正(정3품) 2명, 정正(정3품) 1명, 부정副正(종3품)·첨정僉正(종4품)·판관判官(종5품)·주부主簿(종6품)·참군參軍(정7품)·봉사奉事(종8품) 각각 2명, 습독관習讀官 30명이 있었다.(『經國大典』, 권4, 兵典, 京官職.)
7 식년式年 : 태세가 자子, 묘卯, 오午, 유酉 자가 드는 해로, 3년마다 한 번씩 돌아온다.

武經을 강론하는 시험에서 성적은 모두 '통通'을 받았는데, 『황석공소서黃石公素書』[9] 강론에서 시험관考官이 "장량張良[10]이 적송자赤松子[11]를 따라가서 놀았다고 했으니, 장량은 정말로 죽지 않은 것인가?" 하고 묻자, 대답하기를 "사람은 일단 태어나면 반드시 죽게 마련입니다. 『강목綱目』[12]에도 '임자壬子 6년에 유후留侯 장량張良이 죽었다.'라고 쓰여 있습니다. 그러니 어찌 신선을 따라가 죽지 않았을 리가 있겠습니까? 그것은 다만 가탁假托[어떤 일을 그 일과 무관한 다른 대상과 관련지은 것]하여 한 말일 따름입니다."라고 대답하였다. 그러자 시험관들이 서로 돌아보며 그의 특출함을 감탄하면서, "이것이 어찌 무인武人으로서 알 수 있는 것이겠는가."라고 말하였다.

공이 처음 과거에 급제한 경사로 선영에 성묘하러 갔을 때, 무덤 앞에 세웠던 석인石人이 넘어져 있는 것을 보고 아랫사람 수십 명을 시켜서 부축해서 일으키도록 하였으나 돌이 무거워서 일으키지 못했다. 공은 그들을 꾸짖어 물리치고, 청포靑袍[관복]도 벗지 않은 채 그것을 등에 짊어져서 금방 일으켜 세우니, 보는 사람들이 말하기를, "힘으로만 할 수 있는 것이 아니다."라고 하였다.

성품이 본래 권세 있는 집으로 분주히 찾아다니는 것[13]을 좋아하지 않아서 비록 서

---

8 병과丙科 : 과거 시험 성적에 따라 나눈 등급. 성적순대로 갑과甲科 3명, 을과乙科 5명, 병과丙科 20명을 뽑았다. (『經國大典』, 권4, 兵典, 試取, 武科.)

9 『황석공소서黃石公素書』: 황석공이 지은 병서. 황석공은 중국 진秦나라 말의 숨은 선비이자 병법가로 장량張良에게 이 병서를 전해 주었다고 한다.

10 장량張良 : 자字는 자방子房으로, 중국 진秦나라 말기에 유방劉邦을 도와 천하를 평정하고 한漢나라를 세우는 데 큰 역할을 하였으며, 유후留侯에 봉해졌다. 일찍이 이상圯上에서 황석공黃石公을 만나 그에게서 태공병법太公兵法을 전수받았는데, 태공병법은 『육도六韜』와 『삼략三略』을 일컫는다. 만년에는 신선을 공부하였다고 하며, 서기전 187년(高祖 後八年)에 죽었다. 시호는 문성후文成侯이다. (『史記』, 권55, 留侯世家.)

11 적송자赤松子 : 『열선전列仙傳』에 따르면, 중국 고대 신농씨神農氏 때 우사雨師 즉 비를 관장하는 신선이라고 한다. (『史記』, 권55, 留侯世家, '赤松子' 索隱註釋, "列仙傳 神農時雨師也".)

12 『강목綱目』: 『자치통감강목資治通鑑綱目』을 일컫는 말. 흔히 『통감강목』으로 불렸다. 송宋나라 사마광司馬光(1019~1086)이 편년체로 지은 중국 역사서인 『자치통감資治通鑑』(294권)을 송나라 주희朱熹(=朱子, 1130~1200)가 강목綱目(대강과 세목)으로 나눠 내용을 줄여서 편집한 책이다. 유교 도덕을 숭상하는 주자학파의 기본적인 교과서로서, 조선 전기 사대부들에게 널리 읽혔다. 1420년(세종 2)에 조선에서 처음 간행한 『자치통감강목』 59권 59책 완질이 2014년에 중국 상하이上海 도서관에서 발견되었다. (「파이낸셜뉴스」, "세종조 경연본 '자치통감강목' 완질 발견", 2014. 12. 30. https://www.fnnews.com/news/)

13 권세 있는 …… 찾아다니는 것 : 원문은 "분주奔走"로, '권세 있는 집으로 분주히 찾아다님'의 뜻이다. (『春秋左傳』, 昭公 31년, "攻難之士 將奔走之".)

울에서 나고 자랐지만 아는 사람이 드물었는데, 서애西厓 유 정승[유성룡柳成龍[14]]만이 같은 동리에서 살던 어릴 적 친구여서, 언제나 공이 장수의 재목이라고 알아주었다.

율곡栗谷 이이李珥[15] 선생이 전상銓相[이조판서]으로 있을 적에 공의 이름을 듣고 또 같은 성씨姓氏임을 알고서 서애西厓를 통하여 한번 만나보기를 청하였다. 서애가 찾아가 보라고 권하였으나, 공은 말하기를, "나와 율곡이 같은 성씨이니 서로 만나볼 수도 있겠지만, 그분이 이조판서로 있는 동안에 만나보는 것은 옳지 못하다." 하고는 끝내 찾아가지 않았다.

그해 겨울에 함경도 동구비童仇非[16]의 권관權管[17]이 되었을 때 청련靑蓮 이후백李後白[18]이 감사가 되어 각 진鎭을 순행하면서 변방 장수들에게 활쏘기 시험을 했는데, 변방 장수들로서 벌을 면한 자가 적었다. 이곳에 와서는 평소부터 공의 이름을 들은 터인지라 매우 친절히 대해 주었다. 공이 조용히 말하기를 "사또使道의 형벌이 매

---

14 유성룡柳成龍 : 1542~1607. 선조 때 재상으로, 특히 이순신을 전라좌수사全羅左水使로 천거한 공로자이다. 자字는 이현而見이요 호號는 서애西厓며 본관은 풍산豊山이다. 1542년(중종 37)에 나니 이순신보다 3년 위다. 임진란 때에는 도체찰사都體察使의 신분으로 또한 영의정領議政 신분으로 정무와 군사에 임하였다. 특히 우리를 원조한다고 왔던 명明나라 제독提督 이여송李如松이 본국으로 돌아간 뒤에는 믿을 수 없다 하여 스스로 전쟁을 완수할 방책을 세우기에 애썼다. 1607년(선조 40)에 66세로 서거하니 시호는 문충文忠이요, 그의 고향인 경상북도 안동 병산서원屛山書院에 배향되었다. 문집文集 10권과 임진란의 중대한 문헌인 『징비록懲毖錄』을 남겼다.

15 이이李珥 : 1536~1584. 자字는 숙헌叔獻, 호는 율곡栗谷·석담石潭·우재愚齋, 본관은 덕수德水이다. 아버지는 증좌찬성 이원수李元秀이며, 어머니는 사임당師任堂 신씨申氏이다. 1536년(중종 31)에 출생했으니 이순신보다는 9년 위이지만, 항렬은 이순신의 19촌 조카뻘이 된다. 1558년(명종 13) 이후 9번의 과거에 모두 장원급제하여 구도장원공九度壯元公이라 불렸다. 1564년(명종 19) 호조좌랑을 시작으로 예조와 이조 좌랑을 역임하고, 1568년(선조 1) 천추사千秋使의 서장관書狀官으로 명나라에 다녀왔다. 1574년 우부승지에 임명되고, 재해로 인해 「만언봉사萬言封事」를 올렸다. 1582년(선조 15) 이조판서에 임명되고, 1583년 「시무육조時務六條」를 올려 외적의 침입을 대비해 십만 양병을 주청하였다. 1584년(선조 17) 49세로 영면하여 파주 자운산 선영에 안장되었다. 『성학집요聖學輯要』·『격몽요결擊蒙要訣』 등 많은 저서를 남겼다. 문묘에 종향되었으며, 파주의 자운서원紫雲書院, 강릉의 송담서원松潭書院, 풍덕의 구암서원龜巖書院, 황주의 백록동서원白鹿洞書院 등 20여 개 서원에 배향되었다. 시호는 문성文成이다.(『한국민족문화대백과사전』.)

16 동구비보童仇非堡. 김성일金誠一의 『북정일록北征日錄』에 따르면, 동구비보는 장진강長津江 변 어면보魚面堡와 자작구비慈作仇非(自作仇非)의 사이에 있었다. 곧 함경남도 삼수군三水郡 삼서면三西面 사평리沙坪里이다. 사평리는 압록강 지류 장진강변에 있는 작은 마을로 석평리石坪里 서쪽 5리에 위치한다.(『鶴峯先生逸稿』, 권3, 北征日錄; 조선총독부 5만분의 1 지도 長津5호 堡城里.)

17 권관權管: 조선시대 경상도·함경도·평안도의 소규모 진보를 책임진 종9품의 무관직.(『續大典』, 권4, 兵典, 外官職.)

우 엄해서 변방의 장수들이 손발 둘 곳을 모릅니다."라고 하니, 감사가 웃으면서 말하기를, "그대의 말이 옳다. 그러나 나인들 어찌 옳고 그른 것을 가리지 않고 하겠느냐."라고 하였다.

기묘己卯[1579년] 봄에 임기가 차서瓜滿 돌아와 훈련원에서 근무하였다. 그때 병부랑兵部郞[병조정랑兵曹正郞][19]으로 있는 자[20]가 자기와 친한 자를 차례를 뛰어넘어 참군參軍[21]으로 올리려고 하자, 공은 담당관色官으로서 이를 허락하지 않고서 말하기를, "아래에 있는 자를 건너뛰어 올리면 당연히 승진할 사람이 승진하지 못하게 되니, 이는 공평하지 못할 뿐만 아니라 또한 법규도 고칠 수 없는 것입니다."라고 하였다. 병부랑이 위력으로 강행하려 했으나 공은 끝내 굽히지 않고 따르지 않았다. 병부랑은 비록 크게 화가 났지만, 역시 감히 마음대로 올리지는 못하였다. 훈련원 사람들은 하나같이 서로 말하기를, "아무개는 병부랑이면서도 훈련원의 일개 봉사奉事[22]에게 굴복하였다."라고 하였다. 그 사람은 이 일로 매우 원망하는 마음을 품었다.

공이 훈련원에 있을 적에 병조판서 김귀영金貴榮[23]이 자기 서녀庶女를 공에게 첩으로 주려고 하였다. 공은 말하기를, "나는 이제 갓 사로仕路[벼슬길]에 나왔는데, 어

---

18 이후백李後白 : 1520~1578. 자는 계진季眞, 호는 청련靑蓮, 본관은 연안延安이다. 1520년(중종 15)에 출생했으니 이순신보다는 25년 위다. 1555년 문과에 급제하여 예조참의, 이조참판, 형조판서 등을 지냈다. 호조판서로 재임 중이던 1578년(선조 11)에 함양咸陽에 성묘하러 갔다가 그곳에서 죽었다. 종계변무宗系辨誣의 공로로 1590년(선조 23)에 광국공신光國功臣 2등에 추봉되고 연양군延陽君에 봉해졌다. 청백리에 뽑혔으며, 문장이 뛰어나고 덕망이 높아 사림의 추앙을 받았다 한다. 함흥의 문회서원文會書院에 제향되었고, 시호는 문청文淸이다. 저서로는 『청련집』이 있다. (『國朝文科榜目』; 『國朝人物志』; 『선조수정실록』, 권24, 선조 23년 8월 1일 경오; 『한국민족문화대백과사전』.)

19 당시 병부랑(병조정랑)은 서익徐益이었다 한다. (尹鑴, 「統制使李忠武公遺事」, 『白湖全書』, 권23, 事實, "訓鍊院隸兵曹 正郞徐益".)

20 병부랑兵部郞으로 있는 자 : 서익徐益(1542~1587)이다. 자는 군수君受, 호는 만죽萬竹 또는 만죽헌萬竹軒, 본관은 부여扶餘이다. 1542년(중종 37)에 났으니 이순신보다 3년 위이다. 1569년(선조 2) 문과에 급제하여 병조·이조 좌랑, 교리, 사인舍人을 역임하고, 외직으로 서천군수·안동부사·의주목사 등을 지냈다. 사후에 충청남도 은진恩津의 갈산서원葛山書院에 배향되었고, 효암서원孝巖書院을 거쳐 현재 행림서원杏林書院에 배향되어 있다. 저서로는 『만죽헌집萬竹軒集』 1권과 시조 2수가 있다. (『한국민족문화대백과사전』.)

21 참군參軍 : 훈련원訓鍊院의 정7품 벼슬.

22 봉사奉事 : 조선시대 훈련원·군기시軍器寺·관상감觀象監 등 여러 관아에 두었던 종8품의 벼슬.

찌 권세가의 집에 의탁하는 것이 마땅하겠는가." 하고는 그 자리에서 중매를 돌려보냈다.

그해 겨울에 공이 충청병사忠淸兵使[24]의 군관軍官[25]이 되었는데, 거처하는 방 안에는 다른 아무것도 없고 다만 옷과 이불뿐이었으며, 부모님을 뵈러 귀향하게 되는 때에는 반드시 남은 양식과 반찬을 기록하여 양곡 관리 담당자를 불러 그것을 돌려주니, 병사가 듣고서 그를 아끼고 존경하였다.

어느 날 저녁 병사兵使가 술에 취해서 공의 손을 끌고 어느 군관의 방으로 가자고 했는데, 그 사람은 병사와 평소부터 친하여 군관이 되어 와 있는 사람이었다. 공은 대장이 사사로운 일로 군관에게 가 본다는 것은 옳지 않다고 여겨서 짐짓 취한 척하고 병사의 손을 잡고 말하기를, "사또 어디로 가려고 하십니까?"라고 하자, 병사도 깨닫고 주저앉으며 "내가 취했군, 취했어."라고 하였다.

경진庚辰[1580년] 가을에 발포만호鉢浦萬戶[26]가 되었다. 그때 감사 손식孫軾[27]이 참

---

23 김귀영金貴榮 : 1520~1593. 자는 현경顯卿, 호는 동원東園, 본관은 상주尙州이다. 1520년(중종 15)에 났으니 이순신보다 25년 위다. 1547년(명종 2)에 문과에 급제하여 대사간, 예조판서, 병조판서 등을 역임하였다. 1581년 우의정에 올랐고, 2년 뒤 좌의정이 되었다가 곧 물러나 판중추부사判中樞府事가 되었다. 1589년에 평난공신平難功臣 2등에 녹훈되고 상락부원군上洛府院君에 봉해진 뒤 기로소耆老所에 들어갔으나, 조헌趙憲의 탄핵으로 사직했다. 1592년 임진왜란이 일어나자 임해군臨海君을 모시고 함경도로 피란했다가, 회령에서 국경인鞠景仁의 반란으로 임해군·순화군順和君과 함께 왜장 가토加藤淸正의 포로가 되었다. 이에 임해군을 보호하지 못한 책임으로 관직을 삭탈당했다. 이어 다시 가토의 강요에 의해 강화를 요구하는 글을 받기 위해 풀려나 행재소行在所에 갔다가, 사헌부·사간원의 탄핵으로 추국推鞫당해 희천熙川으로 유배 가던 중 사망하였다. 숙종 때 허적許積의 건의로 신원伸寃되었다.(『한국민족문화대백과사전』.)

24 충청병사忠淸兵使 : 충청도 병마절도사兵馬節度使의 약칭으로 종2품의 무관직이다. 병마절도사영은 서산시 해미읍에 있었는데, 1651년(효종 2)에 청주로 옮겼다.(『大東地志』, 권6, 淸州.)

25 군관軍官 : 각 군영에 소속된 장교將校. 진장鎭將이 병조兵曹에 추천하여 국왕이 임명하며, 1년마다 경질更迭하였다. 주진主鎭에 5명, 거진巨鎭에 3명, 제진諸鎭에 2명씩 두었다.(『經國大典』兵典, 軍官.)

26 발포만호鉢浦萬戶 : 발포는 전라남도 고흥군 도화면 발포리에 있던 수군 만호진萬戶鎭(종4품)이다. 발포에는 1490년(성종 21)에 둘레 1360척의 성곽이 축조되었다.(『성종실록』, 권245, 성종 21년 윤9월 29일 무신.)

27 손식孫軾 : 자는 경여敬輿, 본관은 평해平海이다. 1552년(명종 7) 문과에 급제하여 사간원정언司諫院正言, 병조좌랑兵曹佐郎, 해주목사海州牧使, 전라감사全羅監司, 호조참판戶曹參判 등을 역임하였다.(「한국역대인물종합정보시스템」.)

전라도 흥양현 발포진 지도. 『1872년 지방지도』. 서울대학교 규장각한국학연구원.

소하는 말을 듣고 반드시 공에게 벌을 주려고 하여 순행하는 차에 능성綾城[28]에 이르러 공을 마중 나오라고 불러내서는 진법陣法에 관한 책陣書을 강독하게 하고 이것이 끝나자 진형陣形을 그리게 하였다. 공이 붓을 들고 매우 정확하게 그리니, 감사가 꾸

---

28 능성綾城 : 전라남도 화순군 능주면 지역으로, 조선시대 현령縣令(종5품)이 다스리던 고을이다. 1632년(인조 10)에 능주목綾州牧으로 승격되어 목사牧使(정3품)가 다스렸다. (『인조실록』, 권26, 인조 10년 5월 3일 경자.)

부리고 자세히 살펴보고 말하기를, "어쩌면 이렇게도 정밀하게 그리는가." 하였다. 그리고 공의 조상을 물어보고는 말하기를, "내가 진작 몰라보았던 것이 한이로다." 라고 하며, 이후로는 정중하게 대하였다.

좌수사 성박成鎛이 발포로 사람을 보내서 객사客舍 뜰에 있는 오동나무를 베어다가 거문고를 만들고 싶어 하였다. 공은 허락하지 않으며 말하기를, "이것은 관가官家의 물건으로 심은 지 여러 해 된 것을 어떻게 하루아침에 베어 버릴 수 있겠느냐."라고 하였다. 수사水使가 크게 성을 냈으나 그래도 감히 베어 가지는 못하였다.

이용李戩이 수사가 되어 공이 부드럽고 원만하게 섬기지 않는 것을 미워하여 일을 핑계 삼아 벌을 주고자 하였다. 그래서 소속한 다섯 포구의 군사를 불시에 점검하였는데, 네 포구에서는 결석한 군사의 수가 매우 많았으나 이곳 발포에는 단지 세 사람뿐이었는데도 수사는 공의 이름만을 들추어 임금에게 아뢰어 죄줄 것을 청하였다. 공은 그것을 알고서 네 포구의 결석자 명단을 앞서서 확보하였다. 본영水營의 편비褊裨[29] 이하가 줄지어 수사에게 아뢰기를, "발포의 결석자가 가장 적으며, 이모李某[이순신]가 또한 네 포구의 결석자 명단을 얻어 갖고 있는데, 이제 만약 임금께 아뢰었다가 뒷날 후회할 일이 있을까 염려됩니다."라고 하였다. 수사도 그렇겠다고 여겨서, 급히 뒤쫓아 달려서 되돌려 왔다.

수사와 감사가 함께 모여서 관리들의 성적 우열[30]을 심사하면서 반드시 공을 하등下等으로 두려고 하였다. 그때 중봉重峯 조헌趙憲[31]이 도사都事[32]로서 붓을 잡고 있다가 쓰는 것을 수긍하지 않고 말하기를, "이모李某[이순신]가 무리를 제어하고 군사 다루는 법이 도내에서 제일이라는 말을 자세히 들었는데, 비록 다른 여러 진鎭을 모두 하下 아래에다 둘지언정 이모李某는 깎아내릴 수 없습니다."라고 하자, 마침내 중

---

29 편비褊裨 : 대장을 돕는 부장副將 또는 한 방면의 장수. 여기서는 전라좌수영의 우후虞候(정4품) 이하 군관들을 가리킨다.

30 관리들의 성적 우열 : 원문 "전최殿最"는 관원들의 근무 성적을 심사하여 우열을 매기던 일로서, 상上을 최最, 하下를 전殿이라고 한다. 일명 포폄褒貶으로 매년 두 번(6월 15일, 12월 15일) 시행하였는데, 수군 진장은 수군절도사가 관찰사와 합의하여 성적을 매겼다. 하下를 받으면 파직되는 것이 관례였으며, 2년이 지나야 다시 임용될 수 있었다. 절도사와 변방 장수의 포폄이 하下로 평가된 자가 없으면 승정원이 미루어서 평가한다. 30개월 동안에 2회의 중中을 맞으면 파직한다.(『大典會通』, 兵典, 褒貶. ;『영조실록』, 권 103, 영조 40년 3월 3일 갑인.)

지하였다.

　　임오壬午[38세, 1582년] 봄[33] 군기경차관軍器敬差官[34]이 발포에 와서, 군기를 수선하지 않았다는 이유로 파직시켜야 한다고 아뢰었다. 사람들은 공의 군기를 수선하고 갖춤이 저렇게도 자세하고 엄밀한데도 마침내 벌을 받게 된 것은 공이 지난날 훈련원에서 굽히지 않았던 것에 대한 원한 때문이라고 하였다.

　　그해 여름 서용敍用하라는 명령이 있어 공은 다시 훈련원에서 근무하게 되었다. 정승 유전柳㙉[35]이 공에게 좋은 화살통이 있다는 말을 듣고는 활 잘 쏘는 사람을 뽑는 시합試射 때에 공을 불러서 그것을 달라고 하였다. 공은 머리를 숙이고 땅에 엎드려 말하기를, "전통箭筒을 드리는 것은 어렵지 않으나 남들이 대감께서 받으시는 것을 어떻다 하며, 소인이 바치는 것을 또한 어떻다 할 것입니다. 전통 하나 때문에 대감과 소인이 함께 더러운 이름을 얻게 된다면 심히 미안한 일입니다."라고 하자, 유

---

31 조헌趙憲 : 1544~1592. 자는 여식汝式, 호는 중봉重峯·도원陶原·후율後栗, 본관은 배천白川. 경기도 김포에서 살았다. 1544년(중종 39)에 났으니 이순신보다는 1년 위이다. 이이李珥와 성혼成渾의 문인으로, 1567년 문과에 급제하여 공조좌랑, 전라도 도사, 보은현감을 역임하고 관직에서 물러난 뒤 옥천에서 제자 양성과 학문을 닦는 데 전념하였다. 1591년 일본의 도요토미 히데요시豊臣秀吉가 겐소玄蘇 등을 사신으로 보내서 명나라를 칠 길을 빌리라고 하였을 때, 옥천에서 상경하여 지부상소持斧上疏로 대궐문 밖에서 3일간 일본 사신을 목 벨 것을 청했으나 받아들여지지 않았다. 1592년 4월 임진왜란이 일어나자 옥천에서 의병 1,600여 명을 모아, 8월 1일 영규靈圭의 승군僧軍과 함께 청주성을 수복하였다. 그러나 충청도 순찰사의 방해로 의병이 강제 해산당하고 불과 700명의 남은 병력을 이끌고 영규의 승군과 합류해서, 전라도로 진격하려던 고바야가와小早川隆景의 왜군과 8월 18일 금산전투를 벌였으나 중과부적으로 모두 전사하였다. 1604년 선무원종공신宣武原從功臣 1등으로 책록되고, 1734년(영조 10) 영의정에 추증되었다. 1883년(고종 20) 문묘에 배향되고, 옥천의 표충사表忠祠, 배천의 문회서원文會書院, 김포의 우저서원牛渚書院, 금산의 성곡서원星谷書院, 보은의 상현서원象賢書院 등에 제향되었으며, 1971년 금산의 순절지 칠백의총이 성역화되었다. 시호는 문열文烈이다.(『한국민족문화대백과사전』.)

32 도사都事 : 조선시대 때 감영監營의 종5품 벼슬. 감사 다음가는 벼슬이었다.

33 『본서』 권수, '연표年表'에는 신사辛巳(1581) 정월에 일에 걸려 파직되었다고 나오는데 이는 오류이고, '행록'의 이 기사가 정확한 것으로 판단된다.

34 군기경차관軍器敬差官 : 조선시대에 지방의 각 군진에 파견하여 무기와 장비 상태를 검열하던 임시 벼슬. 이때 군기경차관은 서익徐益이었다.

35 유전柳㙉 : 1531~1589. 자는 극후克厚, 호는 우복愚伏, 본관은 문화文化이다. 1531년(중종 26)에 났으니 이순신보다 14년 위다. 1553년(명종 8)에 문과에 급제하여 병조좌랑, 한성부판윤, 우의정, 좌의정, 영의정을 역임하고, 1589년(선조 22)에 사망하였다. 1589년 정여립鄭汝立의 난을 평정한 뒤 평난공신平難功臣 2등에 추록되고, 시령부원군始寧府院君에 추봉되었다. 시호는 문정文貞이다.(『한국민족문화대백과사전』.)

정승도 "그대의 말이 옳다."라고 하였다.

계미癸未[39세, 1583년] 가을에 이용李戇이 남병사南兵使[36]가 되어 위에 아뢰어 공을 군관으로 삼았다. 대개 전날에 공을 알아보지 못했던 것을 깊이 뉘우치고 서로 사귀고 싶어 했기 때문이었다. 공을 보고는 몹시 기뻐하며 다른 사람들보다 배나 친밀할 뿐만 아니라, 크고 작은 군사 일을 반드시 공과 의논하였다.

어느 날 병사가 행군하여 북쪽으로 가려고 하였다. 공은 병방군관兵房軍官으로서 행군하면서 서쪽 문을 통해 나가자 병사가 크게 노하여 말하기를, "내가 서쪽 문으로 나가고 싶어 한 게 아닌데 이와 같이 서쪽 문을 통해 나간 것은 어째서인가?"라고 하였다. 공이 대답하여 말하기를, "서쪽西은 방위로는 금金에 속하며, 지금의 때는 가을입니다.[37] 가을은 숙살肅殺을 주관합니다.[38] 그래서 서문으로 나갔을 뿐입니다." 라고 대답하니, 병사도 크게 기뻐하였다.

이해 겨울에 건원乾原[39] 권관權管이 되었다. 그때 오랑캐 울지내鬱只乃[40]가 변방의 큰 걱정거리가 되었지만, 조정에서는 걱정만 하고 토벌해서 잡을 수가 없었다. 공이 부임한 후 계책을 써서 그를 꾀어내니 울지내는 귀화해서 살고 있는 번호藩胡[41]들과 함께 찾아왔다. 공은 복병을 두었다가 그를 사로잡았다. 병사兵使 김우서金禹瑞는 공이 혼자서 큰 공을 이룬 것을 시기하여, 공이 주장主將에게 보고하지도 않고 함부로 큰일을 저질렀다는 내용으로 임금께 보고하였다. 조정에서는 마침 큰 상을 내리려고 하다가, 주장이 임금께 보고한 것 때문에 잠시 멈추고 시행하지 않았다.

공이 훈련원 관직으로서 건원에 있으면서 근무 기간이 만기가 되어 참군參軍[42]으

---

36 남병사南兵使 : 함경남도 병마절도사咸鏡南道兵馬節度使의 약칭. 남병영은 북청北靑에 있었고, 남병사는 북청도호부사北靑都護府使를 겸했다.(『新增東國輿地勝覽』, 권49, 北靑都護府.)

37 오행五行에서 가을秋은 금金에 속한다.

38 오행에서 숙살肅殺을 주관하는 것은 금金이다. 숙살은 쌀쌀한 가을 기운이 풀이나 나무를 말려 죽인다는 뜻이다.

39 건원乾原 : 건원보乾原堡(乾元堡). 함경북도 경원도호부慶源都護府에 속한 보堡의 이름이다.

40 울지내鬱只乃 : 여진족 추장으로, 우을기내于乙其乃라고도 하였다. 1583년 함경도 경원 지방을 침략하였다가 이순신의 유인책에 걸려 참살되었다.(『선조실록』, 권17, 선조 16년(1583) 7월 10일 기축.)

41 번호藩胡 : 북도北道의 여진족으로서 강 건너 변보邊堡 가까이 살며 무역을 하고 공물을 바치는 자들.(세종대왕기념사업회, 『制勝方略』, 1999, 11쪽.)

42 참군參軍 : 조선시대 한성부漢城府와 훈련원의 정7품 벼슬.

로 승진하였다. 공은 비록 명성이 자자하면서도 분경奔競[43]을 좋아하지 않았기 때문에, 충분히 드러나지橫出 못하여 말하는 사람들이 안타깝게 여겼다.

이해[1583] 겨울 11월 15일에 덕연군德淵君[공의 부친]이 아산牙山 땅에서 세상을 떠났는데, 공은 이듬해 정월에야 비로소 그 부음을 들었다. 그때 재상 정언신鄭彥信[44]이 함경도를 순찰하다가 공이 상을 당하여 집으로 급히 돌아간다는 소식을 듣고는, 공이 몸을 상할까 염려하여 도중에 여러 번 사람을 보내서 공에게 상복을 입고成服 가라고 청했으나, 공은 한 시각도 지체할 수 없다고 하여 마침내 집에 이르러서야 상복을 입었다. 이때 조정에서는 마침 공을 크게 기용하고자 의논하던 터라, 겨우 소상小祥이 지났는데도 공에게 상복을 벗을 날이 언제냐고 두 번 세 번 물어보았다.

병술丙戌[42세, 1586년] 정월에 3년상을 마치고 곧 사복시주부司僕寺主簿[45]로 임명되었다. 임명받은 지 겨우 16일 만에 조산만호造山萬戶[46] 자리가 비었는데, 조정에서는 오랑캐들의 난동이 바야흐로 심해지고, 조산은 오랑캐 땅에 바짝 가까이 있는 곳이므로 마땅히 엄선해서 보내야 한다고 하여 공을 천거하여 만호萬戶로 삼았다.

정해丁亥[43세, 1587년] 가을에 녹둔도鹿屯島[47]의 둔전屯田 관리 임무를 겸하게 되

---

43 분경奔競 : 앞을 다투어 경쟁함. 곧 벼슬을 얻기 위하여 세도가의 집에 분주하게 드나들며 엽관 운동을 하는 일을 뜻한다.

44 정언신鄭彥信 : 1527~1591. 자는 입부立夫, 호는 나암懶庵, 본관은 동래東萊이다. 1527년(중종 22)에 났으니 이순신보다는 18년 위다. 1566년(명종 21) 문과에 급제하여 호조좌랑과 동부승지 등을 역임하고, 1583년(선조 16) 함경도 순찰사로 나가 니탕개泥湯介의 침입을 격퇴하고, 녹둔도鹿屯島에 둔전屯田을 설치하여 군량미를 비축하였다. 여러 관직을 거쳐 1589년(선조 22) 병조판서로 있을 때, 비변사가 무신武臣을 불차채용不次採用한다고 하자 이순신李舜臣 등을 천거하였다. 그해 우찬성을 거쳐 우의정에 올랐으나, 정여립鄭汝立의 일파로 모함을 받아 탄핵되어 남해에 유배되었다가 다시 갑산으로 유배되어 1591년(선조 24)에 그곳에서 죽었다. 문경의 소양사瀟陽祠에 제향되었다.(『선조실록』; 「한국역대인물종합정보시스템」.)

45 사복시주부司僕寺主簿 : 사복시는 조선시대 때 궁중의 수레와 말에 관한 일을 맡아보던 관아로, 주부는 종6품 관리였다.

46 조산만호造山萬戶 : 조산은 조산포영造山浦營을 말한다. 함경도 경흥도호부慶興都護府에 예속된 수군 진으로, 두만강 하구 강변에 있었다. 둘레 1579척의 석성石城이 있고, 소맹선小猛船 3척이 배치되어 종4품 만호가 관할하였다. 조선 후기에는 소맹선을 배치하지 않았다. 조산포진造山浦鎭, 조산보造山堡로도 불렸다. 만호는 종4품 관리였다.(『新增東國輿地勝覽』, 권3, 慶興都護府; 『經國大典』, 兵典, 諸道兵船; 『續大典』, 兵典, 外官職; 『大東地志』; 『鶴峯先生逸稿』, 권3, 北征日錄.)

었다. 이 섬이 외롭고 멀리 떨어져 있으며 또 수비하는 군사가 적은 것이 걱정되어 여러 차례 병사 이일李鎰[48]에게 보고하고 군사를 증원해 달라고 청하였으나, 이일은 따라 주지 않았다. 8월에 적이 과연 군사를 일으켜 공의 목책을 에워쌌는데, 붉은 털 옷을 입은 자 몇 명이 앞장서서 지휘하며 달려오므로, 공이 활을 당겨 연달아 쏘아 붉은 털옷 입은 자들을 맞혀 모두 땅에 쓰러지자 적은 패해서 달아났다. 공은 이운룡李雲龍[49] 등과 함께 추격하여[50] 사로잡힌 우리 군사 60여 명을 도로 빼앗아서 돌아

---

47 녹둔도鹿屯島 : 두만강 하구에 있는 섬. 조산포 동쪽 5리 되는 곳에 있으며, 들판의 너비가 100여 리나 된다. 이 섬에 목책木柵을 설치하여 3월 1일이면 군사들이 섬에 들어가 농사를 짓고, 10월 1일에 조산으로 돌아오는데, 이를 입첩入疊이라고 불렀다.(『鶴峯逸稿』, 권3, 북정일록北征日錄, 1580년 1월 18일 무오.) 1583년(선조 16) 함경도 순찰사 정언신鄭彦信이 여기에 둔전을 설치하여 조산포만호가 겸하게 하였다.(『선조실록』, 권21, 선조 20년 10월 4일 기미.)

48 이일李鎰 : 1538~1601. 자는 중경重卿, 본관은 용인龍仁. 경기도 용인에서 살았다. 1538년(중종 33)에 났으니 이순신보다는 7세 위이다. 1558년(명종 13)에 무과에 급제하여, 1583년(선조 16)에 전라좌수사를 지냈다. 이후 경원부사 와 회령부사로 있으면서 니탕개泥湯介의 난을 격퇴하여 1587년에 함경도 북병사北兵使로 임명되었다. 그해 녹둔도鹿屯島에 여진족이 침입하여 큰 피해를 입었다. 이 사건으로 당시 조산보 만호 겸 녹둔도 둔전관으로 있었던 이순신과 상관인 북병사 이일 간에 패전 여부를 놓고 갈등이 있었고, 이후 이순신에 대한 이일의 감정은 좋지 않게 이어졌다. 1592년 임진왜란이 일어나자 이일은 경상도 순변사慶尙道巡邊使가 되어 상주尙州로 내려와 적과 싸웠으나 패전하여 충주忠州로, 서울로, 임진강臨津江으로, 평양平壤으로 계속 후퇴하였다. 1593년에 평안북도 병마사兵馬使와 우변 포도대장右邊捕盜大將이 되고, 1594년에 양호 순변사兩湖巡邊使가 되어 순천順天에 진 치고 있었다. 1595년에 다시 함경도 북병사北兵使, 1600년에 남병사南兵使가 되었으나, 1601년(선조 34)에 살인죄에 연루되어 서울로 호송되다가 정평定平에서 64세로 죽었다. 뒤에 좌의정左議政을 추증하고 장양壯襄이라 시호하였다. 저서로 『증보제승방략增補制勝方略』이 있다.(『선조실록』; 강신엽, 「朝鮮 中期 李鎰의 關防政策—壯襄公征討時錢部胡圖를 중심으로—」, 『學藝誌』제5집, 육군사관학교 육군박물관, 1997; 김구진·이현숙, 「제승방략制勝方略의 북방北方 방어防禦 체제」, 『국역 제승방략』, 세종대왕기념사업회, 1999, 75~87쪽.)

49 이운룡李雲龍 : 1562~1610. 자는 경현景見, 본관은 재령載寧. 경상북도 청도淸道에서 살았다. 1562년(명종 17)에 태어났으니 이순신李舜臣보다 17세 아래다. 임진왜란 때 옥포만호玉浦萬戶로서 경상우수사 원균元均 휘하에 있었는데, 원균이 관할지를 버리고 도망가려 하므로 이에 항거하여 전라좌수사 이순신에게 구원을 청하자고 주장하였다. 1593년에 웅천현감熊川縣監이 되었고, 1596년에 경상좌수사로 발탁되었다. 전란이 끝나고 1604년 논공 때에 선무공신宣武功臣 3등에 책정되고 식성군息城君에 봉해졌다. 도총부 부총관都摠府副摠管과 포도대장捕盜大將, 함경병사咸鏡兵使 등을 거쳐 1605년에 삼도수군통제사三道水軍統制使에 올랐다. 이후 다시 충청수사忠淸水使를 지냈다. 사후에 병조판서兵曹判書를 추증하였다.(『息城君實記』.)

50 이운룡의 이때 관직은 알 수 없으나, 그는 1584년(선조 17)에 무과에 급제한 후, 1587년(丁亥)에 선전관에 임명되고, 1589년(己丑)에 옥포만호에 임명되었다.(『息城君實記』;『萬曆十二年甲申秋別試文武榜目』.) 이로 미루어 보건대, 이 당시 이운룡은 선전관을 마치고 조산포만호의 군관으로 있으면서 녹둔도 전투에 참가했던 것으로 추정된다.

왔다. 그날 공도 오랑캐의 화살에 맞아 왼쪽 허벅지에 부상을 입었지만, 부하들이 놀랄까 두려워 몰래 화살을 뽑아 버리고 말았다.

병사 이일은 공을 죽여 입을 막음으로써 자기 죄를 면하려고 공을 잡아들여 형벌을 가하려고 하였다. 공이 들어가려고 할 때, 병사의 군관인 선거이宣居怡[51]가 평소 공과 친하게 지내던 사이여서 손을 잡고 눈물을 흘리며, "술을 마시고 들어가는 게 좋겠소."라고 말하니, 공이 정색하고 말하기를, "죽고 사는 것은 천명인데 술은 마셔서 무엇 하겠소."라고 하였다. 선거이가 말하기를, "술은 비록 마시지 않더라도 물이라도 마시는 것이 좋겠소."라고 했으나, 공은 "목도 마르지 않은데 물은 무엇 하러 마시겠소." 하고는 그대로 들어갔다. 이일이 싸움에 패한 데 대한 진술서를 받으려 하자, 공은 이를 거절하며 말했다. "내가 병력이 약하기 때문에 여러 번 군사를 증원해 주기를 청했으나 병사가 들어 주지 않았소. 그 공문書目이 여기 있습니다. 조정에서 만일 이런 뜻을 안다면 죄는 나에게 있지 않을 것이오. 또 내가 힘껏 싸워서 적을 물리치고 추격하여 우리 사람들을 데리고 돌아왔는데 이것을 패배한 것으로 죄를 논하는 것이 옳단 말이오?" 하며 말소리나 얼굴빛이 조금도 흔들림이 없었다. 이일이 한참 동안 대답하지 못하고 다만 공을 가두어 두기만 하였다. 이 사건이 임금에게 알려지자 임금이 말하기를, "이모李某는 패군敗軍한 부류가 아니다. 그로 하여금 백의종군白衣從軍하여 공을 세우도록 하라." 하였다. 그해 겨울에 공로[52]가 있어서 특별 사면을 받았다.

---

[51] 선거이宣居怡 : 1545~?. 자字는 사신思愼 또는 이중怡仲, 호는 친친재親親齋, 본관은 보성寶城으로 전라남도 보성寶城에서 살았다. 1545년(인종 1)에 났으니 이순신과는 동갑이다. 젊어서부터 지혜와 방략이 있어 사복시내승司僕寺內乘에 천거되었다. 1579년(선조 12) 무과에 급제하여 1586년 함경북도 병마절도사 이일李鎰의 계청군관啓請軍官이 되었다. 1587년 조산보만호造山堡萬戶 이순신李舜臣이 녹둔도鹿屯島 전투의 피해로 병사 이일李鎰에게 처벌받을 위기에 몰리자 그를 위로했다. 진도군수珍島郡守를 역임하고 1592년 11월에 전라병사全羅兵使로 승진하였다. 1593년 2월에 권율權慄과 함께 행주幸州 전투에 참여하여 공을 세웠다. 1594년 9월에 통제사 이순신과 함께 장문포長門浦 해전에 참가한 후 충청병사忠淸兵使로 전근되었다. 1595년 5월에 충청수사忠淸水使가 되어 함대를 거느리고 한산도에서 통제사 이순신을 도왔다. 1596년 7월에 황해병사黃海兵使로 임명되었으나 병으로 부임하지 못하였다. 1605년(선조 38) 선무원종공신 1등宣武原從功臣一等에 추봉되고, 그 후 보성의 오충사五忠祠에 제향되었다. (『己卯文武科榜目』, 『湖南節義錄』, 『宣祖實錄』, 『亂中日記』, 『竹溪日記』, 『한국민족문화대백과사전』.)

무자戊子[44세, 1588년] 윤6월에 집으로 돌아와 있었다. 그때 조정에서는 무사로서 불차탁용不次擢用[차례를 무시하고 벼슬에 올려서 씀]을 하였는데, 공이 그 두 번째에 들어 있었으나 채용하라는 명령이 아직 내려오지 않아 관직을 제수받지 못했다.

기축己丑[45세, 1589년] 봄에 전라도 순찰사 이광李洸[53]이 공을 군관으로 삼고 나서 탄식하여 말하기를, "그대와 같은 재주를 가지고 이렇게 뜻을 펴지 못하고 지내다니 안타까운 노릇이다."라고 하면서 조정에 아뢰어 공을 본도의 겸조방장兼助防將[54]으로 삼았다. 공이 순천順天에 이르니 부사 권준權俊[55]이 술을 마시고는 공에게 일러 말하기를, "이 고을이 아주 좋은데, 그대가 나를 대신할 수 있겠소?"라고 하며, 자못 자랑스러워하면서 거만한 빛을 보였지만, 공은 다만 웃고 말았다.

11월에 무겸선전관武兼宣傳官[56]이 되어 상경하였다가, 12월에 정읍현감井邑縣監이 되었다. 그때 태인현감泰仁縣監을 겸직하게 되어 태인현에 갔었는데, 당시 태인은 오랫동안 고을 원 자리가 비어 있었기 때문에 장부와 공문서가 쌓여 있었다. 공이 물 흐르듯이 결재하고 판결하여 잠깐 사이에 끝내니, 그곳 백성들이 둘러서서 듣고

---

52 공로 : 시전부락時錢部落 정벌 공로. 북병사 이일李鎰이 오랑캐의 녹둔도 침략을 보복하기 위하여 1588년(선조 21) 1월에 군사를 크게 동원하여 두만강 너머 시전부락을 쳤는데, 당시 급제及第 신분으로 백의종군 중이던 이순신도 우화열장右火烈將 직책으로 참전하여 공로를 세웠다.(『선조실록』, 권22, 선조 21년 1월 27일 신해 ; 강신엽, 「朝鮮 中期 李鎰의 關防政策—壯襄公征討時錢部胡圖를 중심으로—」, 『學藝誌』제5집, 육군사관학교 육군박물관, 1997.)

53 이광李洸 : 1541~1607. 자字는 사무士武, 호號는 우계雨溪, 본관은 덕수德水, 거주지는 한성漢城으로, 이순신이 나기 4년 전인 1541년(중종 36)에 태어났다. 임진년에 전라감사全羅監司로서 충청감사忠淸監司 윤선각尹先覺과 경상감사慶尙監司 김수金睟와 함께 군사를 합하여 수원水原에 진주하였다가 용인龍仁에서 패전하였다. 이로 말미암아 파면되어 평안북도 벽동碧潼으로 귀양갔다가 1594년(선조 27)에 특사를 입어 고향으로 돌아가 살았다.(『한국역대인물종합정보시스템』.)

54 겸조방장兼助防將 : 군관 겸 조방장. 조방장은 사변 발생 시 또는 사변에 대비하여 주장主將을 돕는 임시직 장수로, 정원은 없었다. 처음(성종)에는 무재武才가 있는 지방 수령으로 임용하다가(『성종실록』권245, 성종 21년 윤9월 1일 경진), 연산군 때는 군관 중에서도 임명하였으며(『연산군일기』권5, 연산군 1년 5월 21일 계묘), 중종 때는 중앙에서 정3품의 장수를 임명하여 보냈다.(『중종실록』권49, 중종 18년 12월 21일 정사.) 이후 조방장의 임명과 호칭이 난립하고 직위와 권한도 애매해졌으며(『명종실록』권4, 명종1년 12월 19일 임인), 선조는 조방장을 방어사防禦使의 절제를 받되 수령을 절제할 수 있게 조치하였다.(『선조실록』권42, 선조 26년 9월 6일 정사.) 그러므로 이순신이 전라도 순찰사의 군관으로 있을 때 조방장을 겸했던 것으로 추정된다.

또 옆에서 보고는 탄복하지 않는 사람이 없었다. 심지어 어사御史에게 글을 올려 공을 태인현감으로 삼아 달라고 청하는 자까지 있었다.

그때 조대중曹大中[57]이 도사都事로 있으면서 일찍이 편지로 공에게 안부를 물어왔다. 공은 본도 도사의 편지인지라 답장을 하지 않을 수가 없어서 글을 써서 보내었다. 그 후 조대중이 역모의 죄에 걸려 그 집의 문서와 서적들이 모두 수색과 압수를 당했다. 공이 마침 차원差員[58]으로 상경하다가 길에서 금오랑金吾郎[59]을 만났는데, 공과 서로 아는 사이였다. 그가 공에게 이르기를, "공의 편지도 수색물 안에 들어 있는데, 내가 공을 위해 뽑아 버리고자 하는데 어떻겠소?" 하였다. 공은 말하기를, "지난

---

55 권준權俊 : 1547~1611. 자는 언경彦卿, 본관은 안동安東. 한성漢城에서 살았다. 1547년(명종 2)에 났으니 이순신보다 2세 아래다. 1579년(선조 12)에 무과에 급제하여 1589년(선조 22) 순천도호부사順天都護府使에 올랐다. 1592년(선조 25) 임진왜란이 발발하자 전라좌도 수군절도사 이순신李舜臣의 휘하에 배속되어 당포·한산·부산포 해전 등에서 중위장中衛將으로 활약하였다. 임진년 해전 승리의 공로로 동지중추부사同知中樞府事(종2품)에 승진하였다. 1594년(선조 27) 사간원司諫院의 탄핵을 받아 순천부사에서 파직된 후, 1595년에 조방장助防將이 되어 한산도에 와서 이순신을 도왔다. 그해 6월에 한산도에서 경상우수사에 부임하였고, 1597년(선조 30) 충청도 수군절도사가 되었다. 경기방어사京畿防禦使를 거쳐, 1601년(선조 34) 충청도 병마절도사가 되었다. 1604년(선조 37) 임진왜란 때의 전공으로 선무공신宣武功臣 3등에 책록되고 안창군安昌君에 봉해졌다. 1605년(선조 38) 황해도 병마절도사가 되었으나, 1607년(선조 40) 해랑도海浪島에 출몰한 수적水賊을 체포하지 못한 책임으로 벌을 받고, 1608년(광해군 즉위년)에 파직되었다.(『己卯文武科榜目』;『湖左水營誌』;「順天邑誌」先生案;『난중일기』;『선조실록』;『광해군일기』;『이충무공전서』권16, 附錄, 同義錄.)

56 무겸선전관武兼宣傳官 : 무관으로 선전관을 겸직한 관리. 조선시대에 선전관은 정원이 25명이었는데, 이들 전임 선전관 외에 문신겸선전관文臣兼宣傳官 2명, 무신겸선전관武臣兼宣傳官 50명이 있었다. 이들 '무신겸선전관'을 '무겸선전관'이라 부른다.(『大典會通』, 兵典, 宣傳官廳.)

57 조대중曹大中 : 1549~1590. 자는 화우和宇, 호는 정곡鼎谷, 본관은 창녕. 전라남도 화순에서 살았다. 1549년(명종 4)에 났으니 이순신보다 4세 아래다. 퇴계 이황李滉의 문인이며, 1582년(선조 15)에 문과에 급제하였다. 1589년 전라도 도사都事(정5품)로 지방을 순시하던 중 보성에 이르러 부안에서 데려온 관기官妓와 이별하며 눈물을 흘렸는데, 이것이 당시 반란 음모로 처형된 정여립鄭汝立의 죽음을 슬퍼한 것으로 오해되어, 정여립의 일파로 몰려 국문을 받다가 이듬해 장살杖殺되었다. 국문을 받던 중 읊은 시가 난언亂言이라 하여 죽은 뒤 추형追刑을 당하였다. 1624년(인조 2)에 신원伸冤되었다.(『선조수정실록』;『인조실록』;『燃藜室記述』, 권14, 宣祖朝故事本末;『陶山及門諸賢錄』, 권5;『紀年便攷』, 권17;『한국민족문화대백과사전』.)

58 차원差員 : 차사원差使員과 같은 말로, 중요한 사무를 띠고 임시로 중앙에서 파견되는 관리이다. 그런데 『충무록』(권9, 앞의 각주 4 참조)에는 '以罪人押差員上京'이라고 되어 있어, 이순신의 차원 임무가 죄인을 압송하여罪人押 서울로 올라가는 것으로 나와 있다.

59 금오랑金吾郎 : 의금부도사義禁府都事. 원래 종5품 벼슬이었으나, 조선 후기에 종6품 5명, 종9품 5명으로 편성되었다.(『續大典』, 吏典, 京官職.)

날 도사가 내게 편지를 보내왔기에 나도 답장을 하면서 다만 서로 안부만을 물었을 따름이오. 또 이미 수색물 속에 들어 있는 것을 사사로이 뽑아 버리는 것은 옳지 않은 일이오."라고 하였다. 그 뒤 얼마 안 되어 공에게 만포첨사滿浦僉使[60]를 제수하니, 사람들의 공론이 위에서 공의 문장과 필적을 보고 총애하였기 때문이라고 하였다.

공이 차사원差使員으로 한양에 들어가자 우의정 정언신鄭彦信이 그때 옥중에 있었으므로 공은 옥문 밖에서 문안하였는데, 금오랑들이 당상에 서로 모여서 술을 마시며 노래를 부르고 있는 것을 보았다. 공은 금오랑들에게 말하기를, "죄가 있고 없는 것을 막론하고 일국의 대신이 옥중에 있는데 이렇게 당상堂上에서 풍류를 잡히고 논다는 것은 아마도 미안한 일이 아니겠소?[61]"라고 하니, 금오랑들은 얼굴빛을 고치고 사과하였다.

공의 두 형이 일찍 죽고 그 자녀들이 모두 어렸으므로 공의 어머님 손에서 자라고 있었다. 공이 정읍현감이 되자 두 형의 자녀들도 모두 공의 어머님을 따라 그곳에 가 있었다. 어떤 사람이 남솔濫率[62]이라며 이를 비난하니, 공은 눈물을 흘리면서 이르기를, "내가 차라리 남솔의 죄를 지을지언정 이 의지할 데 없는 것들을 차마 버리지 못하겠습니다."라고 하니, 듣는 이들이 공을 의롭게 여겼다.

경인庚寅[46세, 1590년] 7월에 고사리첨사高沙里僉使[63]로 임명되었으나 대간臺諫[64]

---

60 "만포滿浦"는 만포진滿浦鎭 즉 평안북도 만포의 압록강변에 두었던 육군 진이다. 강계도호부 예하로, 종3품 병마첨절제사兵馬僉節制使가 관할하였다.

61 아마도 …… 아니겠소? : 원문은 "무내미안호無乃未安乎"로, '아마도 … 미안한 일이 아니겠소?'라는 뜻이다. '무내無乃'는 '아마도 …이 아니다'라는 추측과 반문을 나타내는 말이다.(『論語』, 雍也, "居簡而行簡 無乃大簡乎".)

62 남솔濫率 : 고을의 원員이 부임할 때 제한된 수 이상으로 가족을 거느리던 일.(『표준국어대사전』.) 수령이 거느리는 가족이 남솔로 적발되면 파면하였다.(『續大典』, 吏典, 雜令, "守令之濫率家眷者 潛奸邑婢者 並摘發罷黜".)

63 고사리첨사高沙里僉使 : "고사리高沙里"는 평안도 강계도호부江界都護府 예하의 고산리진高山里鎭을 일컫는다. 압록강변 위원진渭原鎭과 만포진滿浦鎭 사이에 있는 육군 진으로 병마첨절제사兵馬僉節制使(종3품)가 관할하였다.(『세종실록』, 권77, 세종 19년 6월 11일 기사;『중종실록』, 권49, 중종 18년 12월 11일 정미.)

64 대간臺諫 : 사헌부司憲府와 사간원司諫院 벼슬의 총칭. 사헌부의 벼슬아치를 대관臺官, 사간원의 벼슬아치를 간관諫官이라 하는데, 이들을 통틀어 대간 또는 간관이라 부른다.

들이 고을 수령 옮기는 문제[65]에 대하여 이의를 제기하였기 때문에 그대로 그 고을에 유임하였다. 8월에는 당상관堂上官[66]으로 품계를 올려 만포첨사로 임명하였지만, 대간들이 또 너무 빨리 승진시킨다고 하여 원래대로 고쳐서 그대로 유임하였다.

　　신묘辛卯[47세, 1591년] 2월에 진도군수珍島郡守로 발령을 받았으나 부임도 하기 전에 가리포加里浦[67] 첨사로 임명되었다. 또 부임도 하기 전에 같은 달 13일에 전라좌도 수사水使[68]로 임명되어 정읍으로부터 부임하였다.

　　공이 처음 수사水使로 임명되었을 때, 공의 친구가 꿈을 꾸었는데, 큰 나무를 보았다. 그 높이는 하늘을 찌를 듯하고 가지는 하늘과 땅 사이에 가득 펴져 있었다. 백성들이 그 위에 올라가 몸을 의탁하고 있는 자들이 몇천 몇만 명인지 알 수 없었다. 그런데 그 나무가 뿌리째 뽑혀 쓰러지려고 하자 어떤 사람이 몸으로 그것을 떠받치고 있었다. 자세히 보니 그가 바로 공이었다. 뒷사람들은 송宋나라의 문천상文天祥[69]이 하늘을 떠받들었다는 꿈에 비기었다.

　　공이 수영水營에 있을 때 왜적이 반드시 쳐들어올 줄 알고 본영 및 소속 진鎭들의 무기와 장비들을 수선하여 갖추지 않은 것이 없었고, 철쇄鐵鎖[쇠사슬]를 만들어 앞

---

65 고을 …… 문제 : 원문은 "수령천동守令遷動"으로, 수령의 자리 이동을 뜻한다. 당하관堂下官 수령은 30개월, 당상관堂上官 수령은 20개월, 변방 지역 수령은 1년이 지나야 다른 직책으로 옮길 수 있었다.(『續大典』 吏典, 考課, "堂下守令三十朔 堂上守令二十朔 邊地守令周年後 始得遷轉他職".) 이때 이순신은 정읍현감으로 재직한 지 7개월밖에 안 되었으므로 대간들이 문제를 제기한 것이다.

66 당상관堂上官 : 문관은 정3품 통정대부通政大夫 이상, 무관은 정3품 절충장군折衝將軍 이상의 관직을 일컫는다.

67 가리포加里浦 : 가리포진加里浦鎭. 1521년(중종 16)에 지금의 전라남도 완도읍에 설치한 수군 진으로, 첨사(종3품)가 관할하였다.(『新增東國輿地勝覽』, 권37, 康津縣.)

68 전라좌도 수사水使 : '전라좌도 수군절도사'와 같은 말이다. 본영은 순천 내례포內禮浦(지금의 전라남도 여수시 군자동·관문동 등)에 있었으며, 연해 5고을五官(순천·보성·낙안·광양·흥양)과 5진포五鎭浦(방답·사도·녹도·발포·여도)의 수군을 거느렸다. 전라우도수군절도사는 정3품 무관직으로, 그 본영은 해남우수영(지금의 전라남도 해남군 문내면 선두리 등)에 있었으며, 연해 14고을十四官(장흥·강진·해남·진도·영암·나주·무안·함평·영광·무장·흥덕·고부·부안·옥구)과 13진포十三鎭浦(회령포·마도·가리포·이진·어란포·금갑도·남도포·목포·다경포·임치·법성포·검모포·군산포)의 수군을 거느렸다. 『이충무공전서』, 권3, 「조진수륙전사장條陳水陸戰事狀」의 전라우도 15관官 12포浦는 14관官 13포의 착오이다.(『李忠武公全書』 권3, 「請沿海軍兵糧器全屬舟師狀」; 권4, 「請禁沿邑水陸交侵之弊事狀」; 『亂中日記』.)

바다를 가로막았다. 또 전선戰船을 창작하였는데, 그 크기는 판옥선板屋船[70]만 하며, 위를 판자로 덮었고, 판자 위에는 '十' 자 모양의 좁은 길을 내어 사람들이 위로 지나 다닐 수 있게 하였으며, 그 나머지 부분에는 모두 칼과 송곳을 꽂아서 사방으로 발 디딜 곳이 없도록 했다. 앞에는 용의 머리를 만들어 붙였는데, 그 입은 총구멍이 되고, 뒤는 거북의 꼬리처럼 되어 있었는데 꼬리 아래에도 총구멍이 있었고, 좌우로 각각 6개의 총구멍이 있었다. 대개 그 형상이 거북의 모습과 같았기 때문에 이름을 거북선龜船이라고 하였다. 뒷날 적을 맞아 싸울 때는 거적으로 송곳과 칼 위를 덮고 선봉先鋒이 되어 나아갔다. 적들이 배 위로 올라와서 점령하려 들다가는 칼날과 송곳에 찔려 죽었으며, 에워싸고 엄습하려다가는 좌우, 전후에서 한꺼번에 총을 쏘아 대니, 적선이 비록 바다를 덮어 구름같이 모여들어도 이 배는 그 속을 마음대로 드나들었다. 향하는 곳마다 바람에 쏠리듯이 무너지기 때문에 전후로 크고 작은 전투에 이것으로써 항상 승리하였다.

조정에서 신립申砬[71]의 장계에 따라 수군을 없애고 육전陸戰에만 전력하자고 주청하자, 공이 곧 장계를 올려 말하기를, "바다로 오는 적을 막는 데는 수군만 한 것이 없으니, 해전과 육전 어느 한 가지도 폐지할 수는 없습니다."라고 하였다. 조정에서

---

69 문천상文天祥 : 1236~1282. 중국 남송南宋 말기의 충신. 그의 기년록紀年錄에는 꿈 이야기가 이렇게 전해 온다. 그의 할아버지 꿈에 문천상이 자줏빛의 구름을 타고 위로 올라가므로 이름을 운손雲孫이라고 지었다. 친구들은 그의 자字를 천상天祥이라 불렀는데, 뒤에 이선履善으로 고쳐 불렀다. 황제 이종理宗이 문천상의 「대책對策」을 열람하며 지은이의 이름을 보고 말하기를, "이는 하늘의 상서로움이자 송나라의 좋은 징조다." 하였다. 친구들이 마침내 또 그의 자를 송서宋瑞('송나라의 좋은 징조'라는 뜻)라 부르니, 이것이 통칭이 되었다.(文天祥, 『文山集』, 권21, 紀年錄, "予以五月二日子時生 大父夢 予騰紫雲而上 命名雲孫 旣長朋友 字曰天祥 後以字貢于鄕字之者 改曰履善 理宗覽對策 見其名曰 此天之祥 乃宋之瑞也 朋友遂 又字之曰宋瑞 而通稱之".)

70 판옥선板屋船 : 대형화된 왜구의 선박에 대항하기 위하여 1555년(명종 10)에 혁신적으로 개발된 대형 전투함. 갑판이 1개인 맹선猛船 위에 판옥 곧 상장上粧을 올려 만든 구조로서 2개의 갑판을 갖는 배이다. 방패로 보호된 판옥 안에서 노군(격군)들이 안전하게 노를 저었다.

71 신립申砬 : 1546~1592. 자는 입지立之, 본관은 평산平山. 한성漢城에서 살았다. 1546년(명종 1)에 났으니 이순신보다 1세 아래다. 1567년(선조 즉위년) 22세에 무과에 급제하여 1583년(선조 16) 온성부사, 1587년 함경도 남병사, 1590년 평안도 병마절도사와 한성부판윤을 역임했다. 1592년 임진왜란이 일어나자 삼도순변사로 충주 탄금대彈琴臺에서 배수진을 치고 고니시 유키나가小西行長의 일본군과 싸웠으나 중과부적으로 참패를 당하자 남한강에 투신, 순절하였다. 뒤에 영의정에 추증되었으며, 시호는 충장忠壯이다.(『隆慶元年丁卯十一月初二日文武雜科覆試榜目』;『한국민족문화대백과사전』.)

도 그의 의견을 옳게 여기었다.

임진壬辰[48세, 1592년] 4월 16일,[72] 왜적들이 부산을 함락하였다는 말을 듣고 공은 급히 여러 장수들을 모두 본영으로 불러 모아 나아가 토벌할 일을 의논하였다. 모두 본도의 수군은 마땅히 본도를 지켜야 하고, 영남으로 들어온 적을 나아가서 치는 일은 아마 자기들의 책임이 아닐 것으로 생각하였다. 군관 송희립宋希立[73]만이 혼자서 말하기를, "큰 적이 국경을 무너뜨리고 쳐들어와서 그 형세가 마구 달려가듯이 뻗쳤는데 외로운 성을 앉아서 지킨다고 해서 혼자 보전될 리도 없으니 나아가 싸우는 것만 못합니다. 다행히 이기게 되면 적들의 기운이 꺾일 것이고, 불행히도 싸우다가 죽는다고 하더라도 신하 된 도리에 부끄러움이 없을 것입니다."라고 하였다. 녹도鹿島[74] 만호 정운鄭運[75]은 말하기를, "신하로서 평소에 나라의 은혜를 입고 국록國祿을 먹으면서 이런 때에 목숨을 바치지 않고 감히 앉아서 보고만 있을 것입니까?"라고 하였다. 공이 크게 기뻐하며 큰 소리로 말하기를, "적의 기세가 마구 뻗쳐서 국가가 위급하게 된 이때 어찌 다른 도의 장수라고 핑계를 대면서 물러나 자기 경계만 지키고 있겠는가? 내가 시험 삼아 물어본 것은, 우선 여러 장수들의 의견을 들어보자는 것뿐이었다. 오늘 우리가 할 일은 오직 나아가 싸우다가 죽는 것밖에 없

---

72 4월 16일 : 일본군이 부산포에 쳐들어온 일자는 4월 13일이지만, 이순신이 경상우수사 원균元均으로부터 4월 15일 밤에 처음으로 왜선 수백 척이 부산포로 접근한다는 공문을 받았고, 역시 원균으로부터 4월 16일 밤에 부산포가 함락되었다는 공문을 받았다. (본서, 권2, 장계1, 「因倭警待變狀」.)

73 송희립宋希立 : 1553~1623. 자字는 신중信仲, 본관은 여산礪山이다. 충강공忠剛公 간侃의 후손이며, 증참판贈參判 관寬의 아들이다. 1583년(선조 16)에 무과武科에 급제하였다. 임진년(1592)에 전라좌수사 이순신의 군관軍官으로 활약하였으며, 형 대립大立(참의參議)과 아우 정립挺立(주부主簿)과 함께 3형제가 이순신의 부하가 되었다. 전라좌수군이 처음 출전할 때, 모든 장수들 중에 특히 송희립과 녹도만호鹿島萬戶 정운鄭運 등이 적극 출전을 주장하였다. 7년 전쟁에 이순신과 함께 시종을 같이했으며, 마지막 노량 해전에서 진 도독陳都督이 적의 포위를 당하자 달려가 구하다가 자신이 탄환에 맞아 넘어졌다. 배에 있던 모든 이들이 크게 외치자, 그는 다시 일어나 상처를 붙들고 계속해 싸웠다. 전서全書의 기록에는 이순신의 죽음을 아들 회薈와 조카 완莞밖에 몰랐다고 하였으나, 『호남동순록湖南同殉錄』에 의하면 송희립이 북채를 받아 쳤다고 적혀 있다. 1601년(선조 34)에 양산군수梁山郡守와 다대포첨사多大浦僉使를 거쳐 1611년(광해 3)에 전라좌수사全羅左水使가 되었다. 뒤에 순천 충무사忠武祠 등에 배향되었다. (『宣祖實錄』;『光海君日記』;『湖左水營誌』;『萬曆十一年癸未九月初三日別試榜目』;『湖南同殉錄』.)

74 녹도鹿島 : 전라남도 고흥군 도양읍 봉암리에 있었던 수군진. 만호萬戶(종4품)가 관할하였다.

다. 감히 나갈 수 없다고 말을 하는 자는 마땅히 목을 벨 것이다."라고 하니, 모든 군사들이 두려워 다리를 떨었다. 그 후로는 분격하여 목숨을 바치기를 원하는 자들이 많았다.

5월 초1일, 멀고 가까운 곳의 여러 장수들이 모두 본영 앞바다에 모이니 전선戰船[76]은 24척이었다. 여도呂島[77] 수군 황옥천黃玉千이 도망쳐 달아나려고 하므로 목을 베어 널리 보였다.

초4일, 여러 장수들을 거느리고 진군하여 당포唐浦[78]에 이르러 사람을 시켜 경상

---

[75] 정운鄭運 : 1543~1592. 자는 창진昌辰, 본관은 하동河東. 거주지는 전라남도 영광靈光이다. 훈련참군訓鍊參軍 응정應禎의 아들로 1543년(중종 38)에 나니 이순신보다 두 살 위다. 어려서부터 의협한 성격이 있어 언제나 절개 아래서 정의로 죽는 것을 스스로 기약했다. 1570년(선조 3)에 무과武科에 올라 거산찰방居山察訪이 되었을 때, 감사監司 수행인이 불의한 장난을 하고 돌아다니므로 잡아다가 매를 때렸던 일로 감사에게 미움을 받게 되고, 또 그로 인하여 벼슬을 버리고 고향으로 돌아왔다가 다시 나가 경상남도 웅천현감熊川縣監이 되었더니 거기서도 곧 물러났고, 얼마 후에 제주판관濟州判官이 되었을 때도 역시 목사牧使의 미움을 받아 파직되었다. 몇 해 동안 벼슬하지 않고 있다가 임진년에 녹도만호鹿島萬戶가 되었다. 마침 전쟁이 벌어지자 그는 좌수사左水使 이순신에게로 달려가 회의하는 석상에서 나아가 싸울 것을 극력으로 주장하였다. 그리하여 제1차, 제2차, 제3차 출전 등에 매번 선봉을 서서 큰 공을 세우고 마침내 제4차 출전의 부산 해전에서 적탄에 맞아 순국하였다. 순국 후에 조정에서는 그에게 병마절도사兵馬節度使를 추증하고 후에 다시 병조참판兵曹參判을 가증하였으며, 정각을 세우게 하는 한편 충장忠壯이라 시호하였다.(『隱峯全書』권8 湖南義錄.)

그는 평소에 '정충보국貞忠報國' 4자를 칼에 새겨 자기의 검명劍銘을 삼고 충의의 일생을 보내었거니와, 그가 전몰하자 적들이 "정 장군이 죽었으니 인제는 쉽다."라고 하였음을 보면(『靈巖邑誌』및『宣廟中興誌』) 적들이 그를 얼마나 무서워하였던가를 알 수 있다. 이순신의 건의로 그를 녹도鹿島에 있는 이대원李大源 사당에 같이 모시게 되었고, 또 그의 고향인 영암에도 1652년(효종 3)에 충절사忠節祠를 세우고 그를 제사하였는데, 사액은 그로부터 30년 후인 1681년(숙종 7)에 되었다.(『文獻備考』10권, 212 學校考; 李殷相 譯,『完譯 李忠武公全書(上)』, 成文閣, 1989, 263~264쪽.)

[76] 전선戰船 : 일반적으로 군선을 뜻하는 말이지만 여기서는 판옥선을 가리킨다. 이순신의 일기와 장계에 따르면, 전선戰船, 판옥대선板屋大船, 판옥전선板屋戰船이라는 이름으로 나오는데 모두 판옥선을 가리킨다. 조선 후기에는 '판옥선'의 명칭은 거의 사라지고, '전선'이라는 이름으로 사용되었다.(규장각 소장,「各船圖本」, 戰船圖.)

[77] 여도呂島 : 전라남도 고흥군 점암면 여호리에 있었던 수군 진. 본래 만호萬戶(종4품)가 관할하는 곳이었으나(『經國大典』, 兵典, 外官職), 임진년 4월에는 권관權管(종9품) 김인영金仁英이 다스리고 있었다.(『이충무공전서』, 권2, 장계 1, 赴援慶尚道狀.) 권관은 젊은 무신武臣 중에서 무략武略이 있어 군사들을 영솔할 수 있는 사람을 택하여 임명하는 제도였다.(『단종실록』, 권14, 단종 3년 윤6월 5일 기유.)

[78] 당포唐浦 : 경상남도 통영시 산양읍 삼덕리에 있었던 수군 진. 만호萬戶(종4품)가 관할하였다.

우수사慶尙右水使[79] 원균元均[80]이 있는 곳을 찾게 하였다. 그때 원균은 전선 73척을 모조리 적에게 패하고 다만 남은 것이라고는 옥포玉浦[81] 만호 이운룡李雲龍[82]과 영등永登[83] 만호 우치적禹致績[84]이 타고 있는 배 각각 1척씩이었고, 원균은 단지 작은 배 1척을 타고 걸망포傑望浦[85]에 있었다. 공은 원균이 영남의 수로水路에 익숙할 것이라 하여 그를 맞이하여 전선 1척을 주고 같이 일할 것을 약속하였다.

초7일, 옥포에 이르러 왜선 30여 척[86]이 바다 어귀에 줄지어 있는 것을 보고 공이

---

79 경상우수사慶尙右水使 : 본영은 거제도 오아포(지금의 경상남도 거제시 동부면 가배리)에 있었으며, 연해 11고을十一官(진주·창원·김해·웅천·진해·고성·거제·사천·남해·곤양·하동)과 19진포十九鎭浦(가덕·천성보·안골포·제포·영등포·율포·옥포·지세포·조라포·당포·가배량·소비포·삼천포·사량·적량·미조항·상주포·곡포·평산포)의 수군을 거느렸다. 경상좌도 수군절도사 본영은 동래 남촌(지금의 부산광역시 수영구 수영동)에 있었으며, 연해 2고을二官(기장·울산)과 11진포十一鎭浦(다대포·서평포·부산포·두모포·서생포·개운포·염포·감포·포이포·칠포·축산포)의 수군을 거느렸다.(『亂中日記』, 『忠愍公啓草』 등 출전은 위와 같다.)

80 원균元均 : 1540~1597. 본관은 원주原州요 자字는 평중平仲이다. 1540년(중종 35)에 출생하니 이순신李舜臣보다 5살 위이다. 젊어서 무과武科에 급제한 후 처음에는 함경도 조산보만호造山堡萬戶가 되어 오랑캐를 치는 데 공로가 있었고, 뒤에 임진왜란 때에는 경상우수사慶尙右水使로 있으면서 전라좌수사 이순신에게 구원을 청하였다. 이순신이 삼도수군통제사三道水軍統制使가 되자 선배로서 뒤떨어짐과 또 그에게 절제받는 것을 꺼려 마침내 이순신을 시기하여 모략함에까지 이르렀다. 1597년(정유년)에 대신 통제사統制使가 되었다가 칠천량 해전에서 크게 패하여 전사하였다. 죽은 뒤에는 좌찬성左贊成을 증직하여 원릉군原陵君으로 봉하였고, 선무공신宣武功臣 1등으로 책정되었다. (李殷相 譯, 『完譯 李忠武公全書(上)』, 成文閣, 1989, 261쪽.)

81 옥포玉浦 : 경상남도 거제시 옥포동에 있었던 수군진. 만호萬戶(종4품)가 관할하였다.

82 이운룡李雲龍 : 권9의 주 49 참조.

83 영등永登 : 영등포永登浦. 경상남도 거제시 장목면 구영리에 있었던 수군 진으로, 만호萬戶(종4품)가 관할하였다.

84 우치적禹致績 : 1560~1628. 본관은 단양丹陽. 아버지는 이천부사 우필성禹弼成이다. 일찍이 무과에 급제한 뒤 여러 무관직을 거쳐 1592년(선조 25)에 경상우수영 소속인 영등포만호永登浦萬戶가 되었다. 그 해 임진왜란이 발발하자 원균 함대의 일원이 되어 여러 해전에서 전라좌수사 이순신李舜臣 함대를 도와 공을 세웠다. 1596년에 순천부사가 되었으며, 1598년에 노량 해전露梁海戰에서 왜적을 무찌르는 데 공이 컸다. 이때 적장 한 명이 큰 활을 잡고 누선樓船 위에서 독전하는 것을 보고 쏘아 죽였다. 1601년 충청수사가 되었으나, 이듬해 간원諫院으로부터 불의를 많이 행하였다는 탄핵을 받았다. 1605년 북도우후北道虞候에 이어 경흥부사·회령부사 등을 거쳤다. 1611년(광해군 3)에 삼도수군통제사가 되고, 1613년 함경도·강원도 순변사巡邊使가 되었다. 그 뒤 경성부사를 거쳐 1619년 평안도 병마절도사, 1625년(인조 3) 경상좌도 병마절도사가 되었다. 1628년(인조 6) 함경북도 병마절도사로 재직하던 중 그곳에서 죽었다. (『한국민족문화대백과사전』)

85 걸망포傑望浦 : 경상남도 통영시 산양읍 신전리. 이순신의 일기에는 '거을망포巨乙望浦', '걸망포乞望浦', '거망포巨網浦'로 나와 있다.

깃발을 휘두르며 진군하자, 여러 장수들도 용감히 앞으로 나서서 적선을 모조리 잡아 없앴다. 후에 이때의 전공으로 가선대부嘉善大夫[87]로 승진하였다.

초8일, 고성固城 월명포月明浦[88]에 이르러 진을 치고 군사들을 휴식시키고 있을 때, 전라도사全羅都事 최철견崔鐵堅[89]의 통보로 인해, 임금님이 서쪽으로 피란 갔다는 소식을 들었다. 공은 서쪽을 향해 통곡하였고, 일단 군사를 돌려서 본영으로 돌아왔다.

29일, 공이 꿈을 꾸는데, 백발노인이 공을 발로 차면서 "일어나라, 일어나! 적이 왔다."라고 하였다. 공이 일어나 곧 여러 장수들을 거느리고 나아가 노량露梁[90]에 이르니, 과연 적이 와 있었다. 적들이 공을 보고 달아나므로 사천泗川까지 뒤쫓아 가서 적선 13척을 불태워서 깨뜨렸다. 적들은 화살에 맞고 물에 빠져 죽은 자가 수백 명이나 되었다. 이날 공도 탄환에 맞았는데, 왼편 어깨를 뚫고 등에까지 박혀서 피가 발뒤꿈치까지 흘러내렸다. 공은 오히려 활과 화살을 풀지 않고 온종일 싸움을 독려하다가, 싸움이 끝나고 나서야 칼끝으로 살을 갈라 탄환을 꺼냈는데 두어 치數寸[약 6~9cm]나 깊이 박혀 있었다. 군중軍中에서 비로소 그것을 알고 몹시 놀라지 않는 자가 없었지만, 공은 웃으며 이야기하면서 태연하였다.

공은 매번 싸울 때마다 여러 장수들에게 약속하여 말하기를, "적의 머리 한 개를 베는 시간에 적 여러 명을 쏘아 죽일 수 있으니, 적의 수급首級을 많이 베지 못한다고 걱정하지 말고 오로지 적을 쏘아 맞히기를 우선하라. 힘써 싸우는지 그렇지 않은

---

86 30여 척 : 『충민공계초』(국립해양박물관 소장), 『이충무공전서』, 「옥포파왜병장」, 『충무공유사』(규장각 소장), 『요람』(국립해양박물관 소장), 『은봉전서』, 『고려선전기高麗船戰記』(일본 문헌) 등에는 '50여 척'으로, 『충무록』(해군사관학교 소장), 『가승家乘』, 『이충무공전서』 「행록」, 『임진장초』, 『충무공계초』(해군사관학교 소장)에는 '30여 척'으로 기록되어 있다.
87 가선대부嘉善大夫 : 문·무관의 종2품 벼슬. 이순신은 정3품 절충장군에서 1품계 승진한 것이다.
88 월명포月明浦 : 경상남도 통영시 산양읍 풍화리 월명도. 조선시대에는 고성현固城縣에 속했다.
89 최철견崔鐵堅 : 1548~1618. 자字는 응구應久, 호는 몽은夢隱, 본관은 전주全州. 한성漢城에서 살았다. 1548년(명종 3)생이니 이순신보다 3년 아래다. 1585년(선조 18)에 문과文科에 장원급제하여 전라도 도사都事를 역임하였다. 1592년 임진왜란이 일어난 후 광주목사光州牧使를 지내고, 후에 황해도 관찰사와 호조참의 등을 지냈다. (『한국역대인물종합정보시스템』; 『한국민족문화대백과사전』.)
90 노량露梁 : 경상남도 남해군 설천면의 노량과 하동군 금남면의 노량 사이에 있는 나루터. 현재 남해대교가 놓여 있고, 같은 해협 내에 노량대교가 있다.

지는 내가 눈으로 직접 보고 있다."라고 하였다. 이 때문에 전후로 싸울 때 다만 무수히 쏘아 죽이기만 했고, 수급으로 공로 세우기를 바라지 않았다.

6월 초1일, 사량蛇梁 뒤쪽 바다[91]로 나가서 진을 쳤다.

초2일, 아침에 당포唐浦 앞에 이르러 적선 20여 척을 만났다. 그중에 제일 큰 배 위에는 층루層樓가 있었는데, 높이가 이장二丈[두 길]이나 되며, 사면으로 붉은 비단 휘장을 드리웠고, 누각 위에는 왜장倭將이 금관을 쓰고 비단옷을 입고 꼿꼿이 앉아 싸움을 지휘하고 있었다. 우리 군사들이 편전片箭을 마구 쏘아 그를 맞히자, 왜장이 누각 아래로 떨어졌다. 여러 적들도 화살에 맞아 거꾸러지는 자가 부지기수였고 마침내 모조리 무찔러 버렸다. 금물을 뿌린 둥근 부채 한 자루를 노획하였는데, 오른편에는 '우시축전수羽柴筑前守'라 썼고, 왼편에는 '구정유구수승龜井劉矩守陞'[92]이라고 썼으며, 중앙에는 '6월六月 8일八日 수길秀吉 씀.'이라 씌어 있었다.

싸움이 끝났을 때는 이미 해가 거의 한낮이 되었는데, 군사들이 겨우 좀 쉬려고 할 무렵 갑자기 적이 오고 있다는 보고가 들어왔다. 공은 짐짓 못 들은 체하였으나 또다시 급하게 보고하기를, "적들이 수도 없이 온다."고 하였다. 공은 성난 목소리로 말하기를, "적이 오면 즉시 싸울 뿐이다."라고 하였다. 그때는 장수와 군졸들이 힘껏 싸운 끝에 기운이 지쳐서 자못 두렵고 불안한 기색이 있었다. 공은 아침에 붙잡아서 끌고 온 적장이 탔던 누선樓船[누각 배]을 앞바다로 끌어내다가 적과의 거리가 1리[약 400m] 남짓 되는 곳에서 불태우도록 명령하였다. 불길이 그 배 안으로 뻗어 가자 실려 있던 화약이 일제히 터지며 폭발하는 소리가 우레와 같이 허공을 울리고 시뻘건 불길이 하늘을 뒤덮었다. 적들은 둘러서서 바라보고는 기운이 빠져서 앞으로 나오지 못하고 물러갔다. 그날 저녁, 군중에서 밤중에 놀라서 소란이 벌어져 그치지 않았는데, 공은 그대로 누운 채 꼼짝도 하지 않다가 한참 만에야 사람을 시켜서 요령搖

---

91 사량蛇梁 뒤쪽 바다 : 사량진蛇梁鎭(경상남도 통영시 사량면 금평리 진촌) 뒤쪽 바다를 말하며, 진촌 북쪽 해변의 금평리 대항 포구를 가리킨다.

92 구정유구수승龜井劉矩守陞 : '귀정유구수전龜井流求守殿'의 오기이다. 본서 권2, 「당포파왜병장唐浦破倭兵狀」에 '龜井流求守殿'으로 나와 있다.

鈴[93]을 흔들게 하니 곧 진정되었다.

　6월 초4일, 당포 앞바다로 나아가 진을 쳤는데, 전라우수사 이억기李億祺[94]가 전선 25척을 거느리고 돛을 올리고 나팔角[95]을 불면서 왔다. 모든 배의 장병들이 연달아 싸워서 바야흐로 지쳐 있던 때였으므로 지원군이 오는 것을 보고는 모든 군사들의 기운이 더해졌다. 공은 이억기를 보고 말하기를, "왜적들이 극성을 부려 나라의 위급함이 조석朝夕에 달렸는데 영공令公[96]은 어찌 이리 늦게 오시오."라고 하였다.

　초5일, 공과 이억기는 이른 아침에 함께 출발하여 고성의 당항포唐項浦[97]에 이르러 적들과 서로 마주쳤다. 큰 배 한 척은 3층 누각이 있었는데, 밖에는 검은 비단 휘장을 드리웠고, 앞쪽에는 푸른 일산日傘을 세웠다. 적장은 그 안에 앉아 있었으므로 그를 쏘아 죽였다. 중간 배 12척, 작은 배 20척도 한꺼번에 쳐서 깨뜨리고 적의 머리 7개를 베었으며 수도 없이 쏘아 죽였다. 남은 적들은 배를 버리고 뭍으로 달아났다. 이리하여 군대의 사기[위엄]가 크게 떨치게 되었고, 이 공로로 자헌대부資憲大夫[98]로 승진하였다.

　초7일, 아침에 영등포永登浦에 이르자 적들이 율포栗浦[99]에 있다가 우리 군사들을

---

93 요령搖鈴 : 방울을 말하며, 솔발摔鈸 혹은 탁탁鐸과 같은 것이다. 군법을 시행하는 데 사용하며, 특히 군사들이 혼란할 때 이를 진정시키기 위해 사용하였다. (국방부전사편찬위원회, 『兵將說·陣法』, 1983, 200쪽.)

94 이억기李億祺 : 1561~1597. 자字는 경수景受, 호號는 송봉松峰, 본관은 전주全州. 거주지는 한성漢城이다. 1561년(명종 16)생으로 충무공 이순신보다 16세 아래이다. 사복시司僕寺 내승內乘과 남행선천南行宣薦으로 선전관宣傳官을 거쳐 일찍 무과武科에 급제하여 24세인 1584년(선조 17)에 가리포첨사를 거쳐 특별히 경흥부사에 임명되었다. 이후 온성부사, 순천부사 등을 거쳐 32세인 1592년(선조 25) 1월 20일 전라우수사에 임명되었다. 1592년(선조 25) 임진왜란을 맞아 전라우수군을 이끌고 경상도로 출전하여 전라좌수사 이순신을 도와 큰 전공을 세웠다. 이해에 한산도 승첩의 공로로 종2품 가의대부嘉義大夫(=嘉靖大夫)에 올랐다. 1597년(선조 30, 정유) 통제사 원균을 따라 칠천량 해전에서 37세로 전사하였다. 전사 후 병조판서兵曹判書를 증직하고, 1604년(선조 37)의 논공행상에서 선무2등공신宣武二等功臣 완흥군完興君으로 봉했다. 1788년(정조 12)에 의민공毅愍公의 시호諡號를 내렸다.[『梅山集』, 洪直弼, 「毅愍李公神道碑銘」, 『梅山文集』 6권, 國學資料院, 1989; 睦萬中, 「完興君李億祺逸事狀」, 『餘窩先生文集』 권22, 行狀(2); 『全州李氏 德泉君派譜』 卷之一; 『全州李氏 德泉君派譜 知先錄』; 『湖左水營誌』(1815); 『정조실록』.]

95 나팔角 : 각角은 나팔이다. 조선 전기 군대에서 사용하는 나팔에는 큰 나팔大角과 작은 나팔小角이 있었다. (국방부전사편찬위원회, 『兵將說·陣法』, 1983, 199쪽.)

96 영공令公 : 정3품과 종2품의 관원을 일컫던 말. 영감令監과 같은 말이다.

97 당항포唐項浦 : 경상남도 고성군 회화면 당항리.

98 자헌대부資憲大夫 : 조선시대 문·무관의 정2품 하下의 벼슬. 영감(영공)이 아니라 대감大監으로 불린다.

바라보고는 남쪽 바다로 도망갔다. 공은 모든 배들에 명령을 내려서 뒤쫓아 잡도록 하였다. 사도蛇渡[100] 첨사 김완金浣[101]과 우후虞候[102] 이몽구李夢龜[103]와 녹도만호 정운鄭運이 각각 1척씩을 온전히 잡고 또 합쳐서 왜적의 머리 36급을 베었다.

초9일, 공 및 이억기李億祺와 원균元均이 모든 장수와 배들을 거느리고 곧바로 천성天城[104]과 가덕加德[105] 등지로 가서 수색하였으나 적들은 도망가고 형체와 그림자도 보이지 않았으므로 마침내 군대를 돌이켜 철수하였다.

14일, 본영에 있으면서 계초啓草 2통을 작성하였는데, "신은 이제 전선 수만 척을 이끌고 비장군飛將軍[106] 아무개某를 선봉으로 삼아 곧바로 일본국을 치기 위해 모월某月 모일某日에 출발하려 합니다."라고 아뢰는 내용이었다. 군관을 보내서 그중 1통을 가져다가 서울 가는 길 요충지에 떨어뜨리게 하여 적으로 하여금 그것을 보게 하였다.

7월 초8일, 공과 이억기, 원균 등은 적들이 양산梁山으로부터 장차 호남湖南으로 향하려 한다는 말을 전해 듣고, 각자 배들을 거느리고 진군하여 고성의 견내량見乃

---

99 율포栗浦 : 경상남도 거제시 장목면 율천리에 있었던 수군보水軍堡로, 권관權管(종9품)이 관할했다. 1664년(현종 5)에 거제시 동부면 율포리로 보를 옮겼다.(『新增東國輿地勝覽』, 권32, 巨濟縣;『大東地志』, 권10, 巨濟.)

100 사도蛇渡 : 전라남도 고흥군 영남면 금사리에 있었던 수군 진. 첨사僉使(종3품)가 관할하였다.

101 김완金浣 : 1546~1607. 경주慶州 사람으로 자字는 언수彦粹이다. 1577년(선조 10)에 무과武科에 올랐다. 임진왜란 때에는 사도첨사蛇渡僉使로서 옥포玉浦·당포唐浦 해전에서는 우척후장右斥候將, 한산閑山 해전에서는 척후장斥候將으로 공을 세워 절충장군折衝將軍(정3품)에 올랐다. 정유년(1597)에는 원균元均의 조방장助防將으로 활약했으나 불행히 패전하고 물에 빠져 헤엄치다가 적에게 붙들리어 일본에까지 사로잡혀 갔다. 그 후 갖은 굴욕에도 항복하지 않고 마침내 적의 소굴을 벗어나 도망해 돌아왔는데 양산군수梁山郡守 박응창朴應昌이 그 사연을 들어 장계하였던바 순찰사巡察使가 그 곡절을 심문하고 조정에 장계하여 진중에 있도록 하니 위에서도 허락하였다.(『嶺南人物考』.)

102 우후虞候 : 조선시대 병사兵使 또는 수사水使의 참모장 격인 무관. 병마우후는 종3품, 수군우후는 정4품이다.(『經國大典』, 兵典.)

103 이몽구李夢龜 : 1554~?. 임진왜란 7년 동안 전라좌수영 우후虞候로서 좌수사 겸 통제사 이순신을 보좌한 공로가 인정된다. 전라좌수군의 유진장留鎭將 임무를 주로 맡아서 경상도 해역으로 출전한 좌수사 이순신을 대신하여 본영을 지켰으며, 임진년(1592) 제2차, 제4차 출전 때는 좌별도장左別都將으로 참전하여 큰 공로를 세웠다.

104 천성天城 : 부산광역시 강서구 천성동에 있었던 수군 진. 만호萬戶(종4품)가 관할하였다.

105 가덕加德 : 부산광역시 강서구 성북동에 있었던 수군 진. 첨사僉使(종3품)가 관할하였다.

106 비장군飛將軍 : 행동이 날랜 장군.

梁¹⁰⁷에 이르렀다. 적의 선봉선 30여 척이 과연 와 있었고, 그 후방에는 무수히 많은 배들이 바다를 뒤덮고 있었다. 공은 말하기를, "이곳은 바다가 좁고 항구가 얕아서 싸울 만한 곳이 못 되니 큰 바다로 꾀어내어 깨뜨려야겠다."라고 하고는, 모든 장수에게 짐짓 패하여 물러나는 듯이 하라고 명령했다. 적들은 승리한 기세로 우리를 뒤쫓아 왔다. 한산도 앞에 이르니 바다가 매우 넓었고, 적선은 모두 모였다. 공은 깃발을 흔들고 북을 급하게 치면서 배를 돌려 싸우라고 명령하였다. 모든 배들이 돛을 올리고 곧바로 앞으로 나아가면서 대포와 화살을 우레처럼 쏘아 대자 연기와 화염이 하늘을 뒤덮었다. 잠깐 사이에 바다는 비린내 나는 피로 붉게 물들여졌으며, 적선 73척이 한 척도 돌아가지 못하였다. 사람들이 한산대첩閑山大捷이라고 일컫는 것이 바로 이 싸움이다.

적에게 사로잡혀 갔던 사람들이 돌아와서 말하기를, "용인龍仁에서 궤멸되어 흩어진 후¹⁰⁸ 적의 장수로 서울에 있던 자들이 모두 말하기를, "조선에는 사람이 없다. 그러나 유독 수군만은 어렵게 여겨진다."라고 하였다. 평수가平秀家¹⁰⁹란 자가 있는데, 옷소매를 걷어 올리면서 큰소리 치며 자기가 맡겠다고 하였다. 그래서 여러 적장들이 수가秀家를 수군 장수로 삼았었는데,¹¹⁰ 한산 싸움에서의 적장이 바로 그자였다."라고 하였다. 그 후 웅천熊川 사람 제말諸末이 일찍이 사로잡혀 일본국에 가서 서기書記 노릇을 하고 있었는데, 그때 대마도에서 일본국에 보내온 문서를 보았더니, "일본과 조선 수군이 서로 싸워서 패하여 죽은 자가 9천여 명이다."라고 하더라는 것이었다. 이번 싸움으로 정헌대부正憲大夫¹¹¹로 승진하였다.

---

107 견내량見乃梁 : 경상남도 통영시 용남면 장평리와 거제시 사등면 오량리 사이에 있는 해협. 임진왜란 때에는 고성固城에 속하였다.

108 용인龍仁에서 …… 흩어진 후 : 임진년(1592) 6월 5일, 전라감사全羅監司 이광李洸이 거느리는 2만 명, 전라도방어사 곽영郭嶸이 거느리는 2만 명, 충청감사 윤선각尹先覺이 거느리는 8천 명, 경상감사 김수金睟가 거느리는 1백여 명 등 합계 5만여 명의 조선군이 경기도 용인을 수비하고 있던 일본 수군장水軍將 와키사카 야스하루脇坂安治의 일본군 1,600여 명에게 패배하여 궤멸한 사실을 일컫는다. (李烱錫, 「壬辰戰亂史(上卷)」, 임진전란사간행위원회, 1967, 327~331쪽.)

109 평수가平秀家 : 우키다 히데이에宇喜多秀家(1573~1655)를 가리킨다.

110 수가秀家를 …… 삼았었는데 : 한산도 해전 때 일본 수군장은 수가秀家가 아니라 와키사카 야스하루脇坂安治(1554~1626)였다. (이민웅, 「임진왜란 해전사」, 청어람미디어, 2004, 95쪽.)

111 정헌대부正憲大夫 : 문·무관 정2품 상上의 품계. 대감大監으로 불린다.

경상도 통영 지도. 『1872년 지방지도』. 서울대학교 규장각한국학연구원.
한산도 앞바다에서 한산대첩이 일어났다.

초9일, 한패의 왜선들이 안골포安骨浦[112]에 머무르고 있다는 말을 듣고 공과 이억기, 원균 등이 군사를 거느리고 일제히 그곳에 이르니, 적들은 배를 쇠로 싸고 젖은 솜으로 가렸는데, 우리 군사를 보고는 죽기로써 싸울 계획을 세우고 혹은 총을 가지고 언덕으로 올라가고, 혹은 배에서 힘껏 싸웠다. 우리 군사들이 날카로운 기세를 타고 꺾어 버리자 적들은 당해 내지 못하고 언덕에 있던 자들은 달아나고 배에 있던 자들은 죽었으며, 불태워 깨뜨린 것이 42척이었다.

9월 초1일, 공은 이억기, 원균, 조방장助防將[113] 정걸丁傑[114] 등과 더불어 서로 의논하여 말하기를, "부산이 적의 근거지로 되어 있으니 그 소굴을 무너뜨려 버린다면

---

112 안골포安骨浦 : 경상남도 창원시 진해구 안골동에 있었던 수군 진. 만호萬戶(종4품)가 관할하였다. 전선戰船이 정박했던 굴강掘江 유적이 남아 있다.

적의 간담을 꺾을 수가 있을 것이다."라고 하였다. 이윽고 함께 진군하여 부산에 이르니, 적들은 여러 차례 패한 뒤인지라 우리의 위세를 두려워하여 감히 나오지 못하고 다만 높은 데로 올라가 총을 쏠 따름이었으므로 빈 배 100여 척을 깨뜨렸다. 이 싸움에서 녹도만호 정운鄭運이 탄환에 맞아 사망했으므로 공은 슬퍼하기를 마지않으며 친히 글을 지어 제사 지냈다.

공이 따로 정미精米 500섬을 한곳에 쌓아 놓고 봉하자, 어떤 사람이 어디에 쓸 것이냐고 물었다. 공이 대답하기를, "임금께서 용만龍灣[의주]에 피란을 가 계시는데, 기성箕城[평양]에 있는 적들이 만약 다시 서쪽으로 쳐들어간다면 임금의 수레는 바다를 건너시게 될 것이다. 그렇게 되면 나는 직책상 마땅히 배를 가지고 바다로 가서 임금의 수레를 모셔야 할 것이다. 하늘이 저 중국을 망하게 하지 않는다면 다시 회복을 도모할 수 있을 것이다. 설령 불행하게 되어 임금과 신하가 우리나라 땅에서 같이 죽게 되어도 좋다. 또한 내가 죽지 않는다면 적들이 반드시 감히 침범해오지 못할 것이다."라고 하였다.

---

113 조방장助防將 : 사변 발생 시 또는 사변에 대비하여 중앙에서 선발하여 보낸 정3품의 임시직 장수. 정원은 없다. 조방장은 관찰사·병사·수사 등의 절제節制를 받아야 하지만, 수령을 절제할 수 있는 권한이 있었다.[『중종실록』권45, 중종 17년 6월 22일(정유); 『선조실록』권42, 선조 26년 9월 6일(정사); 동同 9월 8일(기미).]

114 정걸丁傑 : 1514~1597. 우리나라 전선인 판옥선板屋船과 화전火箭과 철익전鐵翼箭과 대총통大銃筒 등 여러 가지 군기를 만든 이로 전해온다. 본관은 영광靈光. 거주지는 전라남도 흥양(현재의 고흥)으로, 정언正言 극인克仁의 후손이요 증참판贈參判 숭조崇祖의 아들이다. 1544년(중종 39)에 무과武科에 올랐으며, 1555년(명종 10) 을묘왜변 때 형 준俊(찰방察訪)과 함께 도순찰사 이준경李浚慶의 군관으로 들어가 왜적을 처부수고, 1587년(선조 20, 정해)에 부안현감扶安縣監으로 있다가 때마침 함경북도 온성穩城에 오랑캐들이 난을 일으키므로 조정에서 특별히 뽑아 온성부사穩城府使로 임명하였더니, 역시 가서 큰 공로를 세웠다. 가리포첨사·남도포만호·전라좌수사(2회)·전라우수사·창원부사 등을 역임하였다. 임진년에 이순신과 함께 부산 해전에 출전하여 공로를 세웠고, 충청수사忠淸水使가 되었을 때 권율權慄이 행주幸州에서 싸우다가 화살이 다 되어 큰 곤경에 빠졌는데 그가 화살을 한 배 가득 싣고 가서 그것으로 승첩을 얻게 되었다. 일찍이 어사御史 이이장李彛章이 판옥선이란 것은 그 운용이 어렵다 하여 폐하자고 장계했을 때, 위에서는 그것이 "명장 정걸이 창제한 것이라 폐할 수 없다."라고 한 일이 있었다. 선무원종공신宣武原從功臣에 책정되었으며, 아들은 군수郡守 연손淵孫과 군수 홍록弘祿인데 모두 흥덕興德에서 전사했다. (『湖南同殉錄』; 李殷相 譯, 『完譯 李忠武公全書(上)』, 成文閣, 1989, 267쪽; 『湖南節義錄』; 『명종실록』; 『선조실록』; 『加里浦鎭先生案』; 『全羅右水營誌』; 『湖左水營誌』(1815); 제장명, 『이순신 파워인맥 33』, 행복한 미래, 2012, 133~138쪽.)

계사癸巳[49세, 1593년] 2월 초8일, 공은 이억기와 함께 진격하여 토벌할 계획을 서로 의논하고 배를 출발하여 부산에 이르니, 웅천熊川[115]의 적들이 부산으로 가는 길을 가로막고 험난한 지대를 거점으로 삼아 배를 감추고 소굴을 많이 만들었다. 공은 한편으로는 복병을 남겨 두어 유인하기도 하고 또 한편으로는 드나들며 싸움을 걸었다. 적들은 우리 군대의 위세에 두려워 겁을 먹고 바다 가운데로 나오지 않고, 다만 가볍고 빠른 배로 포구로 불쑥 나왔다가는 되돌아서 소굴로 들어갈 뿐이고, 동서 양쪽 산기슭에 깃발들을 많이 세워 놓고 높은 곳으로 올라가서 총을 쏘며 겉으로 거만하고 방자한 모습을 보였다. 우리 군사들은 분함을 이기지 못하여 좌우에서 일제히 진격하여 대포와 화살을 교대로 쏘아 대니 그 형세가 마치 바람과 우레 같았는데, 이렇게 하기를 종일토록 하자 넘어져 죽는 자가 얼마인지 알 수 없었다. 좌별도장左別都將 이설李渫[116]과 좌돌격장左突擊將 이언량李彦良[117]이 왜선 3척을 끝까지 쫓아갔는데 수백 명의 적이 타고 있었으며, 그중에 적장은 금 투구에 붉은 갑옷을 입고 큰 소리로 외치며 노를 재촉하였다. 우리 군사들이 피령전皮翎箭[118]으로 적의 괴수를 쏘니, 곧 바닷속으로 거꾸러지고 나머지 적들도 모두 쏘아 죽였다.

---

115 웅천熊川 : 현재의 경상남도 창원시 진해구 남문동 일대이다.

116 이설李渫 : 1550~? 본관은 양성陽城. 전라남도 나주羅州 태생으로 증호조참의贈戶曹參議 이언동李彦諫의 아들이다. 1584년(선조 17)에 무과武科에 합격하고 훈련원봉사訓鍊院奉事(종8품)를 역임하였다. 임진년에 좌수사 이순신의 군관으로서 합포 해전과 적진포 해전, 사천 해전 등 여러 해전에서 전공을 세워 훈련원관관訓鍊院判官(종5품)으로 승진하였다. 1593년에 전라좌수사의 우별도장右別都將, 1595년에 발포가장鉢浦假將에 임명되었다. 후에 훈련부정訓鍊副正(종3품)으로 선무원종공신宣武原從功臣 1등에 참록되었다. 『호남절의록』에는 노량 해전에서 전사하였다고 했으나 이는 착오이며, 『죽계일기』에는 1613년(광해군 5)에 보성군수에 임명되고, 다음해에 사헌부의 탄핵을 받아 파직된 것으로 나타난다. (『萬曆十二年甲申秋別試文武榜目』, 『竹溪日記』, 『湖南節義錄』, 『亂中日記』, 『壬辰狀草』, 『同義錄』)

117 이언량李彦良 : 자字는 충민忠敏, 본관은 개령開寧. 통정대부通政大夫 이익수李益秀의 아들로 태어나 동복同福[전라남도 화순]에서 살았다. 힘이 월등히 세고 지략이 있었다. 1588년(선조 21)에 무과에 합격하여 관직은 훈련원 첨정訓鍊院僉正(종4품)에 이르렀다. 임진년에 좌수사 이순신의 군관으로서 첫 출전 때 돌격장突擊將 임무를, 2차 출전 때부터는 귀선돌격장龜船突擊將으로 거북선을 몰며 여러 해전에서 전공을 세웠고, 훈련원 주부訓鍊院主簿(종6품)로 승진하였다. 노량 해전에서 큰 공을 세워 훈련원정訓鍊院正(정3품)으로 승진하여 초계군수草溪郡守를 지냈으며, 선무원종공신宣武原從功臣 1등에 참록되었다. 「동의록」에는 노량 해전에서 전사한 것으로 나와 있으나 이는 착오이며, 그 후에도 『선조실록』1603년 7월 기사에 전라좌수사 안위安衛의 예하 선장船將으로 활동한 사실이 나온다. (『宣祖實錄』, 『湖南節義錄』, 『亂中日記』, 『壬辰狀草』, 「同義錄」)

22일, 공은 이억기 및 여러 장수들과 상의하여 말하기를, "적들이 우리 군사의 위세를 두려워하여 나오지 않으므로 여러 날을 서로 싸웠으나 모조리 섬멸할 수가 없다. 만약 수륙으로 공격하면 적의 기세를 꺾을 수 있을 것이다."라며, 곧 3도의 수군에게 명령하여, 각각 경완선輕完船[가볍고 튼튼한 배] 5척씩 내어 적선들이 줄지어 정박해 있는 곳으로 돌진해 싸우도록 하였다. 또 의승병義僧兵 및 3도의 날래고 용감한 사부射夫[119]들이 타고 있는 10여 척의 배에도 명령을 내려, 동쪽으로는 안골포安骨浦에 배를 대고 서쪽으로는 제포薺浦[120]에 배를 대서 뭍으로 올라가 진을 치도록 하였다. 적들은 이러한 수륙으로의 교대 공격에 겁을 내어 동서로 급히 움직이면서 함께 응전應戰하였는데, 우리 수륙 장수와 군사들은 좌우에서 돌진해 싸우면서 만나는 대로 쳐부수니 왜적의 무리는 발을 구르며 통곡할 뿐이었다. 그때 이응개李應漑와 이경집李慶集 등이 이긴 기세를 타고 다투어 돌진하며 적선을 깨뜨리고 배를 돌려 나올 때, 두 배가 서로 부딪쳐 마침내 배가 기울어져서 넘어졌다. 공은 곧바로 임금께 아뢰기를, "신이 내세울 만한 공적도 없이 외람되게 무거운 책임을 맡아 밤낮으로 근심하고 두려워하며 조그마한 공로로라도 은혜에 보답하려고 하였습니다. 지난해 여름과 가을에 흉악한 적들이 거리낌 없이 악독한 짓을 하며 바다와 육지로 침범해왔을 때, 다행히 하늘의 도움으로 여러 번 승첩勝捷하게 되었습니다. 제가 거느린 부하 군사들이 이긴 기세를 타고 교만한 기운이 나날이 더해져서 앞을 다투어 돌진해 싸우려 하지 않음이 없었고, 다만 뒤쳐질 것을 걱정하였습니다. 신은 적을 가볍게 여기면 반드시 패하게 된다는 이치를 들어 두 번 세 번 타일렀습니다만 오히려 또 경계하지 않다가 한 척의 통선統船이 끝내 기울어져 넘어져서 많은 사망자가 있었습니다. 이것은

---

118 피령전皮翎箭 : 화살 몸통에 3개의 가죽 날개皮翎를 부착한 통나무 화살로 황자총통에서 발사했던 화살. 전체 길이는 6자 3치(약 126cm)이며, 사정거리는 1,100보(약 1,320m)였다. (李曙, 『火砲式諺解』; 朴宗慶, 『戎垣必備』.)

119 사부射夫 : 활을 쏘아 전투하는 군사로, 조선 수군의 군선軍船의 한 편제編制이다. 1716년(숙종 42)에 책정된 사부의 정원은 전선戰船(판옥선)이 18명, 거북선이 14명이었다.(『備邊司謄錄』, 69책, 숙종 42년 병신 10월, 各軍船制定額數.)

120 제포薺浦 : 경상남도 창원시 진해구 제덕동에 있었던 수군 진. 첨사僉使(종3품)가 관할하다가 16세기에는 만호萬戶(종4품)가 관할하였다. 제포 수군 진 바로 옆에는 조선 초기에 제포 왜관倭館이 설치되어 있었으며, 제포 왜관은 1541년(중종 36)에 부산포로 이전하였다.(『新增東國輿地勝覽』, 권32, 熊川縣; 『중종실록』, 권95, 중종 36년 7월 4일 무자.)

신이 군사 운용을 잘하지 못하고, 지휘하는 것이 방략方略에 어긋났기 때문입니다. 참으로 황공하여 거적 위에 엎드려서 죄 주시기를 기다립니다."라고 하였다.

7월 15일, 공은 본영本營이 호남에 치우쳐 있어 해상을 제어하기가 어려우므로 마침내 진陣을 한산도閑山島로 옮기기를 청하였고, 조정에서도 이를 허락하였다. 한산도는 거제 남쪽 30리에 있는데 산 하나가 바다 한 모퉁이를 감싸고 있어서 안에다 배를 감출 수가 있고, 밖에서는 그 속을 들여다볼 수 없을 뿐 아니라 왜적의 배들이 호남을 침범하려고 하면 반드시 이 길을 거쳐야 했다. 공이 늘 그 형세가 승리에 요긴한 곳이라고 생각하였는데, 이때에 이르러 여기에 진을 치게 되었다. 그 후에 명나라 장수 장홍유張鴻儒[121]가 이 섬에 올라와 한참이나 멀리 바라보다가 말하기를, "참으로 진을 칠 만한 곳이다."라고 하였다.

8월에, 조정에서는 3도[충청·전라·경상] 수사들이 서로 통섭統攝[122]되지 않으므로 반드시 주관하는 장수가 있어야 되겠다고 해서, 공으로써 삼도수군통제사三道水軍統制使를 겸하게 하고 본직[전라좌수사]은 그대로 갖게 하였다. 원균은 자기가 선배로서 공에게 지휘를 받게 된 것을 부끄럽게 여기므로, 공은 매번 그를 너그럽게 대해 주었다. 공은 진중에 있으면서 항상 군량을 걱정하여 백성들을 모아서 둔전屯田을 경작하고, 사람을 시켜서 고기를 잡게 하였으며, 소금을 굽고, 질그릇을 만드는 일에 이르기까지 하지 않는 일이 없었다. 그것을 모두 배로 실어 내어 판매하니, 몇 달이 지나지 않아서 곡식 수만 섬이 쌓였다.

공은 진중에 있는 동안 여자를 가까이하지 않았으며, 매일 밤에 잠을 잘 때에도 띠를 풀지 않았다. 겨우 1~2경更[123]을 자고는 문득 사람들을 불러들여 날이 밝을 때

---

121 장홍유張鴻儒 : 중국 절강성浙江省 영파부寧波府 사람으로 관직은 산동山東 해어파총海禦把摠이며, 황제의 명령을 받고 우리나라 수로水路의 쉽고 어려움을 조사함과 아울러 왜의 적정을 탐문하기 위하여 왔다. 그가 서울에 도착하여 선조를 접견한 것은 1594년(선조 27) 6월 10일이요, 서해西海를 통해 전라좌수영全羅左水營과 한산도閑山島 등을 시찰하고 남원南原을 거쳐 서울로 돌아왔다가 곧 본국으로 돌아갔다. (『宣祖實錄』 권52; 『亂中雜錄』 권2; 『春坡堂日月錄』 권9; 『養浩堂日記』 甲午 5월 29일.)
122 통섭統攝 : 전체를 관할한다는 뜻이다. '統'은 '거느리다, 다스리다, 통합하다.'라는 의미를, '攝'은 '추스르다, 단속하다.'라는 의미가 있다.

까지 묻고 의논하였다. 또 먹는 것이라고는 아침저녁으로 5~6홉뿐이어서 보는 이들이 먹는 것은 적고 일은 번잡한 것을 깊이 걱정하였다.

공의 정신은 보통 사람보다 갑절이나 더 강인하여 이따금 손님과 함께 밤중까지 만취하도록 술을 마시고도 닭이 울면 반드시 촛불을 밝히고 일어나 앉아서 혹은 문서를 보기도 하고 혹은 계책을 연구하기도 하였다.

갑오甲午[50세, 1594년] 정월 11일, 배를 타고 바람을 따라 어머님께서 임시로 거주하시는 곳[124]으로 찾아가 뵈었다. 이튿날 떠나겠다는 인사를 드리자, 어머님께서는 "진중으로 잘 가서 나라의 욕됨을 크게 씻어라."라고 당부하며, 두 번 세 번 타이르시며 조금도 작별의 서운한 뜻이 없으셨다.

3월, 담 도사譚都司라는 자[125]가 왜적과 강화하는 일 때문에 명나라로부터 웅천의 적진에 이르러서 공에게 패문牌文[126]을 보내 말하기를, "일본의 여러 장수들이 모두

---

123 1~2경更 : ① 1경은 초경初更으로 오후 7~9시, 2경은 오후 9~11시이므로, 1~2경은 '오후 7~11시'를 의미한다. ② 1경은 대략 2시간이므로 1~2경은 2~4시간 동안을 의미한다. 여기서는 ①과 ② 둘 다 해석될 수 있다.

124 어머님께서 …… 거주하시는 곳 : 원문은 "모부인우소母夫人于寓所"로, 전라남도 여수시 신월로 195(웅천동 송현마을) '이충무공 어머니 사시던 곳(여수시기념물 제1호)'을 가리킨다. 이순신의 어머님이 아산에서 여수 고음내古音川=熊川의 정대수丁大水·정철丁哲의 집으로 피란 왔던 시기는 1593년 6월 전후로 추정된다.(『李忠武公全書』, 권16, 同義錄, "丁哲", "丁大水";『亂中日記』, 癸巳年 6월 1일;『湖南節義錄』)

125 담 도사譚都司라는 자 : 담종인譚宗仁을 가리킨다. 일본군과의 강화교섭에 참여했던 유사儒士 출신의 명나라 장수로, 1592년에 제독 이여송李如松을 따라 조선에 왔는데, 1593년 말에 강화 회담차 경략 송응창宋應昌과 이여송의 서신을 가지고 웅천의 고니시 유키나가小西行長 진영에 갔다가 그대로 억류되어 1595년 8월에야 풀려나왔다. 그의 직책은 『선조실록』에 따르면 도사都司, 상공相公(유사儒士로서 관직이 없는 사람), 유격遊擊 등으로 나오고, 이순신의 「답담도사금토패문答譚都司禁討牌文」에는 선유도사宣諭都司로 나오는데, 도사都司가 올바른 것 같다. 도사는 당시 명나라의 군제에서 지방병정地方兵政의 장관인 도지휘사사都指揮使司를 의미하며, 중앙 오군도독부五軍都督府의 도독都督 밑에 예속되어 1지방의 군사를 관할하였다.(『선조실록』, 권45, 선조 26년 윤11월 4일 갑신; 같은 책, 권66, 선조 28년 8월 4일 갑진;『象村先生集』, 권57, 李提督票下官;『난중일기』 갑오년 3월 6일;『藥圃先生文集』, 권2, 「龍灣聞見錄」, 胡相公煥; 李焵錫,『壬辰戰亂史(上卷)』, 임진전란사 간행위원회, 1967, 39~41쪽.)

126 패문牌文 : 중국에서 조선에 칙사勅使를 파견할 때, 칙사의 파견 목적과 일정 등 칙사와 관련된 제반 사항을 기록하여 사전에 보내던 통지문通知文. 일반적으로 나무패에 기록하였다.(세종대왕기념사업회,『한국고전용어사전』, 2001.) 여기서는 상급 관청에서 하급 관청에 전달하는 공문서의 양식이라는 의미로 쓰인 것 같다. 도사 담종인의 패문 원문과 번역문은 정탁鄭琢의『임진기록壬辰記錄』(국방부군사편찬연구소,『壬辰記錄』,「三道水軍統制使李舜臣狀啓草」, 2019, 53~55쪽)에 수록되어 있다.

무기를 거두고 싸움을 멈추고자 하니, 그대는 마땅히 속히 본고장으로 돌아가고 일본 진영에 가까이 감으로써 싸움의 발단을 일으키지 말라."고 하였다.[127] 공은 이에 답장을 써 보내면서 말하기를, "영남의 연해안이 우리 땅 아닌 곳이 없는데 우리에게 일본 진영에 가까이 간다고 하신 것은 무슨 말씀이며, 우리에게 속히 본고장으로 돌아가라고 하시니, 이른바 본고장이란 어느 곳을 가리키는 것입니까. 왜적들은 신의가 없어 화친하고자 한다는 것은 거짓입니다. 나는 조선의 신하 된 자로서 의리상 이 적들과는 한 하늘을 같이 이고 살 수는 없습니다."라고 하였다.[128] 이때 공은 전염병에 걸려서 증세가 몹시 위중했는데도 오히려 하루도 누워 있지 않고 이전처럼 일을 보았다. 자제들이 쉬면서 몸을 추스르기를 청하자, 공은 말하기를, "적과 상대하여 승패가 순식간에 결판날 수 있는데, 장수 된 자가 죽음에 이르지 않았으니 누워 있을 수는 없다."라고 하면서, 억지로 병을 이겨 내기를 12일 동안이나 하였다.

계사년과 갑오년 동안에 전염병이 크게 번져 진중에 있던 군사와 백성들로서 죽는 자가 연달았을 때, 공은 차사원差使員을 정하여 유골을 거두어 장사 지내게 하고, 제문祭文을 지어 제사 지냈다. 하루는 또 제문을 지어 전염병으로 죽은 사람들에게 제사를 지내 주려고 하였다. 제사를 지내려는 새벽에 공이 꿈을 꾸었는데, 한 무리의 사람들이 앞으로 와서 원통함을 호소하기에, 공이 왜 그러는지 물어보았더니, 그들이 대답하였다. "오늘 제사에서 전쟁에 죽은 사람들과 병으로 죽은 사람들은 모두 다 얻어먹었는데, 우리만 거기에 함께하지 못했습니다." 공이 말하기를, "너희들은 무슨 귀신이냐?"고 하니, 그들이 대답하기를, "물에 빠져 죽은 귀신들입니다"라고 하였다. 공이 일어나서 그 제문을 가져와서 살펴보니 과연 그들은 제문에 실려 있지 않았다. 마침내 명령하여 함께 제사를 지내 주라고 하였다.

공은 군중의 무기로는 총통銃筒보다 더 나은 것이 없으므로 반드시 구리와 쇠鐵

---

127 담종인譚宗仁은 심유경沈惟敬을 대신하여 1593년 12월부터 웅천의 고니시 유키나가의 진영에 머물면서 강화 협상을 진행하였는데, 이순신이 제2차 당항포 해전(1594. 3. 4.~3. 6.)에서 일본군을 격파하자 일본군이 담종인을 설득하여 이순신의 일본군에 대한 공격을 중지할 것을 요구하였다.
128 이순신의 답장 내용은, 본서 권1, 「답담도사종인금토패문答譚都司宗仁禁討牌文」에 상세하다.

를 사용하여야 하는데, 남아 있는 것이 없었다. 드디어 널리 민간에서 거두어들였더니 한꺼번에 얻은 것이 많아 8만여 근이나 되므로, 녹여서 각 배에 나누어 주었더니 다 쓸 수 없을 정도였다.

공이 일찍이 달밤에 노래를 읊었는데, 그 노래는 이러하였다.[129]

한바다에 가을빛 저물었는데,	水國秋光暮
추위에 놀란 기러기 높이 떴구나.	驚寒鴈陣高
가슴에 근심 가득하여 잠 못 드는 밤	憂心輾轉夜
새벽달이 활과 칼을 비치네	殘月照弓刀

또 시조 한 수를 지으니 가사가 참으로 격렬하였는데, 그 노래는 이러하였다.[130]

한산섬 달 밝은 밤에 수루에 혼자 앉아	閑山島月明夜 上戍樓
큰 칼 옆에 차고 깊은 시름 하는 차에	撫大刀深愁時
어디서 일성호가一聲胡笳는 남의 애를 끊나니	何處一聲羌笛更添愁

원균이 공의 지위가 자기보다 높은 것을 원망하여, 공이 자기를 배척하였기 때문에 그렇게 된 것이라고 하면서, 매번 사람들을 만나기만 하면 반드시 눈물을 흘리면서 이야기하였고, 혹은 전투에 임해서 명령도 따르지 않기에 이르렀다. 공은 말하기를, "적과 대치하고 있는 때라 반드시 큰일을 그르치게 될 것 같다."라고 하였다. 을미乙未[51세, 1595년] 2월, 자기를 체직遞職[직책을 바꿈]시켜 줄 것을 요청하는 내용으로 계문啓聞하였으나 조정에서는 대장을 바꿀 수 없다고 하여 마침내 원균을 충청병

---

[129] 박세채와 송시열의 문인인 김간金榦(1646~1732)이 1716년(숙종 42)에 이 시에 대해 차운한 시가 그의 문집인 『후재집厚齋集』에 전한다. [『厚齋集』卷1, 詩 「次李忠武公閑山島夜吟韻」(丙申), "名與角干埒 功將濟水高 平生景仰志 揮淚撫龍刀".]

[130] 이 시조는 원래 우리말로 전해 오는 것인데 『이충무공전서』 편찬자가 한문으로 옮겨 놓았다.

사로 옮겨 임명하였다.

배설裵楔[131]이 원균을 대신하여 경상수사가 되었다. 배설은 성격이 자기를 뽐내고 남을 업신여겨 일찍이 남에게 마음을 굽힌 적이 없었다. 그런데 진중에 와서 공이 일을 처리하는 것을 보고 나와서 사람들에게 말하기를, "이 섬 안에서 호걸을 만나 볼 줄은 생각지도 못했다."라고 하였다.

8월[을미년, 1595], 완평完平 이 정승[이원익李元翼[132]]이 도체찰사都體察使가 되어 영남과 호남으로 내려왔는데 부체찰사副體察使와 종사관從事官 등도 따라왔다. 정승이 호남에 이르자 수군들이 소장訴狀을 바치는 자가 수없이 많았다. 정승은 일부러 그것들을 처결하지 않고 모두 말아서 두루마리로 만들어 싣게 하여 진주晉州로 가서 공을 불러와서 일을 의논한 다음, 관리를 시켜서 수군의 소장들을 가져다가 공의 앞

---

131 배설裵楔 : 1551~1599. 자字는 건부建夫. 본관은 성주星州. 경상북도 성주에서 살았다. 1551년(명종 6)생으로 이순신보다 6년 아래다. 1583년(선조 16) 무과에 급제하여 전생서주부典牲署主簿를 지냈다. 1592년 임진왜란이 일어나자 경상우도 방어사慶尙右道防禦使 조경趙儆의 군관이 되었고, 이후 합천군 수와 부산첨사, 진주목사를 거쳐, 1595년 2월 경상우수사에 임명되었으나, 6월에 파직되어 의금부에 붙잡혀 갔다. 이후 선산 부사善山府使를 거쳐, 1597년 2월 9일에 다시 경상우수사에 임명되었다. 1597년 8월 30일 통제사 이순신에게 신병을 치료하겠다고 허가를 받은 후, 우수영(해남군 문내면)에 와서는 9월 2일에 도망하였다. 1599년 도원수 권율權慄에게 선산 땅에서 붙잡혀 서울로 압송된 뒤, 3월 6일에 처형되었다.(『宣祖實錄』;『亂中日記』;『竹溪日記』;「한국역대인물종합정보시스템」;『한국민족문화대 백과사전』.)

132 이원익李元翼 : 1547~1634 자字는 공려公勵, 호號는 오리梧里, 본관은 전주全州. 한성漢城에서 살았다. 태종太宗의 아들 익녕군益寧君 이치李袳의 4세손으로 1547년(명종 2)에 나니 이순신보다 2년 아래다. 1569년(선조 2)에 문과에 급제하여 승문원承文院에 들어갔다. 천성이 침착하고 번잡하게 어울리기를 좋아하지 않았고, 공적인 일이 아니면 외출도 잘 하지 않는 성품이었으므로 아무도 그를 알아주는 이가 없었으나 유성룡柳成龍만이 그를 어진 이로 알아주었고 또 이이李珥도 그의 능력을 알고 조정에 추천하였다. 임진왜란이 일어났을 때에는 이조판서吏曹判書로서 평안도 도순찰사平安道都巡察使를 겸하였다. 1593년(선조 26, 계사)에 명장明將 이여송李如松과 합세해 평양을 탈환한 공로로 숭정대부崇政大夫에 가자되었다. 1595년(을미)에 우의정右議政이 되고 그대로 4도 도체찰사都體察使를 겸하여 본부를 영남에다 차렸다. 그는 통제사 이순신에 대해 특별한 이해를 하였고, 그 인격을 서로 존경하였으며, 이순신이 옥에 갇혔을 때는 장계를 올려 그의 무죄함을 역설했다. 1598년(선조 31, 무술)에 좌의정에 오르고, 1604년(갑진)에 호성공신扈聖功臣으로서 완평부원군完平府院君에 봉해졌다. 광해 때에 영의정領議政이 되어 왕의 그릇된 정사를 바로잡기를 애썼으나 이루지 못하고 도리어 귀양 갔다가 인조반정仁祖反正 후에 다시 영의정이 되었다. 1634년(인조 12)에 88세로 죽었다. 시호는 문충文忠이요 인조仁祖의 묘정廟 庭에 배향되었다. 다섯 차례나 영의정을 지냈으나 집은 두어 칸 오막살이 초가였으며, 퇴관 후에는 조석 거리조차 없을 정도로 청빈했다고 한다.(『國朝文科榜目』;『한국민족문화대백과사전』.)

에 쌓아 놓게 하니 몇백 장인지 알 수 없었다. 공은 오른손에 붓을 쥐고 왼손으로는 종이를 끌어당기며 판단하고 결재하기를 마치 물 흐르듯 하여 잠깐 사이에 모두 마쳤다. 정승과 부체찰사가 그것들을 가져다보니 모두 다 사리에 합당하였다. 정승이 놀라며 말하기를, "우리들은 이렇게 할 수 없었는데 영공令公[133]은 어떻게 이처럼 능란하오?"라고 하자, 공이 답하기를, "이것은 모두 수군舟師에 관계된 일이므로 늘 보고 듣고 해서 익숙하기 때문에 그러합니다."라고 하였다.

정승相公과 부체찰사 및 종사관 등이 공의 배에 같이 타고 한산도 진중으로 들어가서 진의 형세를 두루 시찰하고 조용히 유숙한 후에 장차 돌아가려고 하였다. 공이 정승에게 청하여 말하기를, "군사들의 심정은 반드시 정승께서 잔치도 열고 상도 베푸실 것이라 여기는데, 이제 그런 행사가 없다면 실망할까 염려됩니다."라고 하였다. 정승이 말하기를, "그것이 매우 옳기는 하나 다만 내가 진작 준비해 오지 못했으니 어쩌겠소."라고 하였다. 공이 말하기를, "내가 정승을 위하여 미리 준비해 두었으니 정승께서 만약 허락해 주신다면 마땅히 정승의 분부로 잔치를 열겠습니다."라고 하였다. 정승은 크게 기뻐하면서 마침내 성대한 잔치를 베푸니 온 군중이 기뻐서 날뛰었다. 공이 이미 전사한 뒤에 정승이 이 일에 대하여 말하였고, 거듭 감탄하여 말하기를, "이 통제사는 참으로 큰 인물이었다."라고 하였다.

『오리집梧里集』을 살피니, 인조仁祖 때에 정승 이원익이 궁궐에 들어가 임금을 뵙고 아뢰기를, "신이 체찰사로서 영남에 있을 적에, 순시巡視하여 한산도에 이르러 이모李某의 진영으로 가서 그가 해 놓은 일들을 살펴보니 참으로 격식과 짜임새가 있었습니다. 신이 돌아오려 할 무렵에 이모李某가 은밀히 신에게 말하기를, "대신께서 이곳에 오셨으니 임금의 뜻을 받들어 타이르고 또 상을 내려 격려하지 않을 수 없습니다."라고 하였습니다. 신이 그 말을 듣고 크게 깨닫고는 곧 군중에 명령을 내려 한편으로는 무예를 시험하고 또 한편으로는 상을 주었는데, 소를 30여 마리나 잡아서

---

133 영공令公 : 영공은 정3품과 종2품에 대한 호칭이므로, 이미 한산 대첩의 공로로 임진년(1592)에 정헌대부(정2품)에 오른 이순신에게는 이 당시에 '대감大監'이 올바른 호칭이지만, 흔히 무인武人들에게는 '영공(영감)' 칭호를 그대로 사용했던 것 같다.

군사들에게 먹였습니다"라고 여쭈었다. 그러자 임금[인조]께서 말씀하시기를, "이모 李某는 진정한 장군이었구나. 그 마음과 지혜도 또한 칭찬할 만하다."고 하였다.

원균이 충청도에 있으면서 한결같이 공을 비방하는 것으로 일을 삼았다. 그래서 헐뜯는 말이 날마다 조정에 이르렀으나 공은 조금도 변명하는 바가 없었고 또한 입을 다물고 원균의 단점을 말하지 않았다. 당시의 여론은 많이들 원균을 높이 여기고 공을 내치고자 하였다.

병신丙申[52세, 1596년] 겨울, 왜장 평행장平行長[소서행장小西行長[134]]이 거제[웅천이 올바름]에 진을 치고 있으면서 공의 위엄과 명망을 꺼려서 온갖 꾀를 다 내어 제거할 계획을 세웠다. 그 부하 요시라要時羅란 자를 시켜서 반간反間[135]을 시행하였다. 요시라는 경상좌병사 김응서金應瑞[136]를 통하여 도원수 권율權慄[137]에게 말하기를, "평행장은 청정清正[가등청정加藤清正[138]]과 틈이 벌어져서 반드시 그를 죽이고 싶어 하는데, 청정이 지금은 일본에 있지만 머지않아 다시 올 것입니다. 내가 마땅히 나오는 때를 확실히 알아 내서 청정의 배를 탐문하여 찾아서 가리켜 드릴 테니, 조선은 통

---

134 소서행장小西行長[고니시 유키나가] : 풍신수길豊臣秀吉(토요토미 히데요시)의 부하 장수로 임진왜란 때에 가등청정加藤清正(가토 기요마사)과 함께 조선에 쳐들어온 선봉장이었다. 7년 전쟁의 최후에는 순천왜성順天倭城에 웅거하였으며, 노량 해전露梁海戰을 기회로 도망해 돌아갔다. 수길秀吉이 죽은 뒤에 덕천가강德川家康의 세력이 집권하려 할 때 벌어진 세키가하라關ヶ原 전투에서, 석전삼성石田三成과 함께 그를 공격하려 하다가 실패하고 이취산伊吹山 속으로 도망쳐 들어갔다. 마침내 사형을 당해 죽으니 임진왜란이 끝난 뒤 2년 만인 1600년이었다.

135 반간反間 : 적의 간첩을 이용하여 도리어 내 편을 만드는 계략. 또는 적편으로 간첩을 보내어 적의 정보를 탐색해 오도록 하고 적편에 이간을 붙이는 것.

136 김응서金應瑞 : 1564~1624. 응서應瑞는 처음 이름이요 나중에는 경서景瑞라고 하였다. 자字는 성보聖甫, 본관은 김해金海. 평안남도 용강에서 살았다. 일찍이 무과武科에 급제하여 임진왜란 때는 전라병사全羅兵使와 경상우병사慶尚右兵使를 역임하였다. 1619년(광해 11)에 건주위建州衛의 반란이 일어나자 명明에서 구원병을 청하므로 평안병사平安兵使로 있던 그는 부원수副元帥가 되어 원수元帥 강홍립姜弘立을 따라갔는데, 명군明軍과 함께 패하여 포로가 되었다가 1624년 적진 속에서 사망하였다. 후에 우의정右議政을 추증하고 양의襄毅라 시호하였다. (『燃藜室記述』;『한국민족문화대백과사전』.)

137 권율權慄 : 1537~1599. 본관은 안동安東, 자字는 언신彦愼, 호는 만취당晩翠堂이다, 1537년(중종 31)에 태어났다. 임진왜란 때에 광주목사光州牧使로서 수원 독산성禿山城과 행주산성幸州山城에서 큰 승첩을 거두었으며, 뒤에 도원수都元帥가 되어 전군을 지휘하였다. 사후에 선무공신宣武功臣 1등으로 책정하고 영의정領議政을 추증하며 시호는 충장忠壯이라 하였다. (李殷相 譯,『完譯 李忠武公全書(上)』, 成文閣, 1989, 282쪽.)

제사를 시켜서 수군을 거느리고 바다 가운데로 나가서 가로막으면, 백번 승리한 수군의 위세로서 그를 잡아 목 베지 못할 리가 없을 것이니, 조선의 원수도 갚게 되고 행장의 마음도 통쾌해질 것입니다."라고 하며, 거짓으로 충성과 신의를 보이면서 간절하게 권하기를 그치지 않았다. 조정에서는 그 말을 듣고 청정의 머리를 얻을 수 있을 것이라 생각하고는 임금의 명령으로 공에게 일체 요시라의 계책에 따르라 하였지만, 그것이 실상은 술책에 빠지는 것인 줄은 알지 못했다.

정유丁酉[53세, 1597년] 정월 21일, 원수 권율權慄이 한산진에 이르러 공에게 말하기를, "적장 청정淸正이 근래에 또다시 나온다고 하니, 수군은 꼭 요시라要時羅의 약속을 따르도록 하여 기회를 잃지 말도록 하시오."라고 하였다. 이때 조정에서는 바야흐로 원균을 믿고 있었으며, 원균이 공을 비방하는 것은 그치지 않고 있었다. 그러므로 공은 비록 마음속으로는 요시라에게 속는 것인 줄 알면서도 감히 그 앞에서 맘대로 물리칠 수가 없었다.

원수가 육지로 돌아간 지 겨우 하루 만에 웅천熊川[139]이 보고하기를, "이번 정월 15일에 청정이 장문포長門浦[140]에 와서 정박했다."는 것이었다. 조정에서는 청정이 바다를 건너왔다는 말을 듣고는 공이 사로잡아 토벌하지 못한 것을 탓하였고, 대간臺諫의 여론도 크게 일어나서 적을 놓아 준 것으로 죄를 삼기를 청하자, 잡아다 국문鞫問하라는 임금의 명령이 내려졌다.

그때 공은 수군을 거느리고 가덕加德의 바다로 나가 있었는데, 잡아들이라는 명

---

138 가등청정加藤淸正[가토 기요마사] : 1559~1611. 어릴 때 이름은 호지虎之助요 그 어머니가 풍신수길豊臣秀吉의 생모와 6촌간이라 어려서부터 수길秀吉을 따라 공로를 세웠다. 일본 안에서 통일하는 전쟁에 공로를 세웠기 때문에 임진왜란 때에 우리나라로 오는 원정군의 중심이 되었는데, 이때 나이는 34세였다. 조선 침략의 전란 중에 한때 수길秀吉의 오해로 불려 들어간 일도 있었으나 시종일관 조선 침략의 원흉이었다. 조선과 중국의 문화를 수입하여 일본의 근세 문명을 지음에 임진란이 막대한 작용을 한 것인 만큼 청정淸正은 거기에 큰 역할을 한 자라 하여, 1611년(광해 3)에 53세로(일설에는 50세) 죽은 뒤에 일본 구마모토熊本 시내의 가등신사加藤神社(금산사錦山社)와 그의 무덤이 있는 본묘사本妙寺에는 사시로 참배자가 있다고 한다.

139 웅천熊川 : 웅천현감을 가리킨다. 1597년 1월에 웅천현감은 김충민金忠敏으로 판단된다.[『난중일기』, 병신년(1596) 5월 20일.]

140 장문포長門浦(場門浦) : 경상남도 거제시 장목면 장목리.

령拿命이 있다는 소식을 듣고는 본진으로 돌아와서 진중에 보유하고 있는 것들을 헤아려서 원균에게 인계하였다. 군량미가 9,914석이었는데, 밖에 있는 곡식은 거기에 포함하지 않았으며, 화약은 4천 근이었고, 총통은 각 배에 나뉘어 실려 있는 것을 제외하고도 또 3백 자루가 있었고, 다른 물품들도 이같이 헤아려 주었다.

완평 이 정승[이원익]이 도체찰사로서 영남에 있다가 공을 잡아 올리라는 명령이 내려졌다는 말을 듣고 급히 임금께 아뢰기를, "왜적들이 꺼리는 것은 수군입니다. 이모李某를 바꾸어서는 안 되고, 원균을 보내서도 안 됩니다."라고 하였으나 조정에서 듣지 않았다. 정승은 탄식하여 말하기를, "나라의 일도 다시 어떻게 해 볼 수가 없구나."라고 하였다.

2월 26일, 길을 떠났는데, 가는 도중에 남녀노유 백성들이 에워싸고 울부짖으며 말하기를, "사또는 어디로 가시오. 우리들은 이제 다 죽었습니다."라고 하였다.

3월 초4일, 저녁에 감옥圓門에 들어갔다.[141] 어떤 사람이 말하기를, "임금의 노여워함이 바야흐로 극에 달하였고, 조정의 여론도 또한 엄중하여 사태가 장차 어찌 될지 알 수 없으니, 이 일을 어쩌면 좋겠소"라고 하였다. 공은 온화하게 말하기를, "죽고 사는 것은 운명에 달려 있으니, 죽게 되면 죽을 뿐이오."라고 하였다.

그때 임금께서 어사御史[142]를 보내서 한산도로 내려가서 은밀히 사실을 조사하게 하였다. 어사는 공을 모함하고자 하여, 돌아와서 아뢰어 말하기를, "들으니 왜장 청정이 바다를 건너오다가 배가 작은 섬에 걸려서 7일간이나 꼼짝 못 했는데, 이모

---

141 1597년 이순신의 수감收監 과정 전말.(『이충무공전서』, 「행록」; 『竹溪日記』; 『養浩堂日記』.)
    2. 7. : 통제사 이순신의 압송을 위해 의금부 도사 이결李潔 한성에서 출발.
    2. 26. : 한산도에서 이순신을 압송하여 한성으로 출발.
    3. 4. : 의금부 감옥에 갇힘收監.
    3. 12. : 문초問招를 받음.
    3. 14. : 임금의 하교에, 대신들이 공이 있는데 율에 붙임은 지나침을 아룀. 형추刑推하라 명함.
    3. 30. : 의금부가 이순신에게 형벌을 가하기를 청하니, 임금이 공을 세우게 하라고 명함.
    4. 1. : 의금부 감옥에서 풀려나와 백의종군함.
142 어사御史 : 이때 어사는 남이신南以信이었다 한다.(『大東野乘』, 권38, 「再造藩邦志 4」.)

는 토벌하여 사로잡지 않았다고 합니다."라고 하였다. 이날 경림군慶林君 김명원金命元[143]이 대궐에 들어가 임금을 알현하고 경연經筵[144]에 참석하였다가 아뢰기를, "왜적들이 뱃일에 익숙한데, 7일간이나 작은 섬에 걸렸다는 말은 빈말인 듯합니다."라고 하자, 임금이 말하기를, "내 생각에도 역시 그렇다."라고 하였다. 그 후에 원균이 패하고 나서 공이 다시 통제사가 되어 큰 공을 세웠을 때, 지난날의 어사란 자[남이신南以信[145]]가 옥당玉堂[146]에 당직이 되어 들어가자 동료가 그에게 묻기를, "7일간이나 작은 섬에 걸렸다는 말을 어디서 들었는가? 나도 그때 호남을 순시하고 있었지만, 전혀 듣거나 알지 못했네."라고 하자, 그 사람은 부끄러워하는 기색이 있었다.

12일, 공초供招를 하고 진술서를 작성하였다. 처음에 공이 붙잡혀 오자 수군의 여러 장수들의 친척으로서 서울에 있는 사람들은 공이 죄를 여러 장수들에게 돌릴까 봐 염려하며 매우 두려워하지 않는 사람이 없었다. 그러나 공이 심문을 받게 되자對獄 다만 일의 전말만 차례로 정연하게 진술할 따름이고, 조금도 곁의 사람을 끌어들이는 말이 없자, 높고 낮은 사람들은 탄복하여 공의 얼굴이라도 알기를 원하는 사람까지 있었다.

공이 옥에 있을 때, 전라우수사 이억기李億祺는 사람을 보내서 승정원에 글을 올리면서 공의 안부를 물었는데, 울면서 그 사람을 보내며 말하기를, "수군은 오래지 않아 반드시 패배할 것입니다. 우리들은 죽을 곳을 알지 못하겠습니다."라고 하였다. 그때 북도北道의 토병土兵 몇 사람이 마침 과거를 보기 위해 서울에 올라왔다가

---

143 김명원金命元 : 1534~1602. 자字는 응순應順, 호는 주은酒隱, 본관은 경주慶州로 서울에서 살았다. 1561년(명종 16)에 문과에 급제한 뒤, 벼슬은 선조 때에 좌의정左議政까지 이르렀으며, 정여립鄭汝立의 옥사를 처리하여 경림군慶林君에 봉해졌다. 임진왜란 때 팔도도원수八道都元帥 유도대장留都大將 등을 지냈는데, 나이 59세였다. 일찍이 퇴계退溪 문하에서 주역周易을 배웠고 병서兵書와 무예도 능했으나 장수로 자처하지는 않았다. 시호諡號는 충익忠翼이다.(『國朝文科榜目』;『한국민족문화대백과사전』.)

144 경연經筵 : 임금 앞에서 경서經書를 강론하는 자리.

145 남이신南以信 : 1562~1608. 자는 자유自有, 호는 직곡直谷, 본관은 의령宜寧. 한성에서 살았다. 1562년(명종 17)에 났으니 이순신보다 17세 아래다. 병조참판을 지낸 남이공南以恭의 형이다. 1590년(선조 23) 문과에 급제하여 여러 관직을 거친 후, 1596년 11월에 사간원 헌납獻納, 1597년 4월에 사헌부 지평持平이 되었다. 병조참판과 경기도 관찰사, 대사간 등을 역임하고 1608년(선조 41)에 사망하였다.(趙應祿,『竹溪日記』;『한국민족문화대백과사전』.)

146 옥당玉堂 : 조선시대 홍문관弘文館을 달리 부르던 말. 또는 홍문관의 부제학副提學 이하 교리校理·부교리副校理·수찬修撰·부수찬副修撰 등 실무를 담당하는 관원의 총칭.

공이 옥에 갇혔다는 말을 듣고는 의기가 복받치고 분개하여, 공을 석방하여 북병사 北兵使[함경북도 병마절도사]로 임명해 주기를 청하는 상소를 올리려고 하였다.

4월 초1일, 사면되어 백의白衣로 원수의 막하에서 공을 세우라고 명령받았다. 11일, 어머님의 상을 당하여 압송해 가는 금부도사에게 간청하여 성복成服[147]하고 길을 떠났다. 공은 통곡하면서, "나라에 충성을 다하려 했건만 이미 죄인의 몸이 되었고, 부모님께 효도하려 했건만 부모님마저 돌아가셨구나."라고 하였다.

7월 16일, 원균이 과연 패하고, 이억기도 죽었으며 삼도 수군은 모두 적에게 패몰하였다. 공은 그때 초계草溪[경상남도 합천군]에 있었는데, 원수[권율]가 공을 보내서 진주로 달려가 흩어진 군사들을 모으게 하였다.

8월 초3일, 한산閑山[한산도]이 패했다는 보고가 이르자 조정과 민간은 크게 놀라고 두려워하였다. 임금이 비변사備邊司의 여러 신하를 불러들여 물었으나, 여러 신하들은 두렵고 당황하여 대답할 바를 알지 못했다. 경림군慶林君 김명원金命元과 병조판서 이항복李恒福[148]이 조용히 아뢰기를, "이것은 원균의 죄입니다. 다만 마땅히 이모李某를 다시 일으켜 통제사로 삼아야 할 것입니다."라고 하였다. 임금이 그 건의

---

147 성복成服 : 초상이 나서 3일이나 5일 뒤에 처음으로 상복을 입는 일.

148 이항복李恒福 : 1556~1618. 자는 자상子常, 호는 필운弼雲·백사白沙·동강東岡, 본관은 경주慶州, 한성에서 살았다. 1556년(명종 11)에 났으니 이순신보다 11세 아래이다. 영의정 권철權轍의 아들인 권율權慄의 사위이다. 1580년(선조 13) 문과에 급제한 후, 여러 관직을 거쳐, 임진년(1592)에는 도승지로서 임금을 의주까지 호종하였다. 병조·이조 판서, 홍문관과 예문관의 대제학 등을 거쳐, 1598년 우의정에 올랐다. 이때 명나라 사신 정응태丁應泰가 경략經略 양호를 무고한 사건이 발생하자, 진주변무사陳奏辨誣使가 되어 명나라에 가 소임을 마치고 돌아와 1599년에 오성부원군鰲城府院君에 봉군되었다. 1600년 영의정에 오르고, 1604년 호종 1등공신扈從一等功臣에 녹훈되었다. 1613년(광해군 5) 좌의정에서 물러나 있었으나, 1617년(광해군 9) 인목대비仁穆大妃 폐위를 반대하다가 함경도 북청으로 유배되어 1618년(광해군 10) 그곳에서 세상을 떠났다. 사후에 포천과 북청에 사당을 세워 제향했으며, 1659년(효종 10)에는 화산서원花山書院이라는 사액賜額이 내려졌다. 저술로는 『사례훈몽四禮訓蒙』·『주소계의奏疏啓議』·『노사영언魯史零言』 등이 있다. 전라남도 여수시에 있는 이순신李舜臣 사당의 「충민사기忠愍祠記」(1601)와 「전라좌수영대첩비全羅左水營大捷碑」(1615)를 지었다. 시호는 문충文忠이다.(「한국역대인물종합정보시스템」.)

대로 따라 다시 공을 통제사로 임명하니, 장수와 군사들이 이 소식을 듣고 차츰 모여들었다.

공은 곧 군관 9명과 아병牙兵[149] 6명을 데리고 진주에서 급히 옥과玉果[150]에 이르렀다. 피란하는 사족士族과 평민들이 길을 가득 메우고 공의 일행을 멀리서 바라보았다. 젊은 장정들은 자기 처자를 보고 말하기를, "우리 공公이 오셨으니 너희들은 죽지 않을 것이다. 천천히 찾아오너라. 나는 먼저 가서 공을 따라가야겠다."라고 하였는데, 이와 같은 자들이 계속 나왔다. 순천에 이르렀을 때는 정예병 60여 명을 얻었고, 텅 비어 있는 순천성 안으로 들어가서 각자 무장을 갖추고 나왔으며, 보성에 이르렀을 때는 120명이 되었다.

18일, 회령포會寧浦[151]에 이르렀는데, 전선은 단지 10척뿐이었다. 공은 전라우수사 김억추金億秋[152]를 불러서 병선을 거두어 모으게 하였다. 여러 장수에게는 거북선龜艦 모양으로 꾸며 만들어서 군사의 위세를 돋우도록 하며, 약속하여 말하기를, "우리가 다 같이 임금의 명령을 받들었으니 의리상 함께 죽어야 마땅하다. 그런데 사태가 여기에 이르렀으니 한 번 죽음으로써 나라에 보답함이 무엇이 아깝겠는가. 오직 죽은 후에야 그칠 것이다."라고 하자, 여러 장수도 감동하지 않는 자가 없었다.

24일. 나아가 어란포於蘭浦[153] 앞에 이르렀다.

28일, 적선 8척이 우리 배를 습격해 오려고 하므로 공이 나팔을 불며 기를 휘두르

---

149 아병牙兵 : 대장을 수행하여 본진에 있는 군사.

150 옥과玉果 : 전라남도 곡성군 옥과면.

151 회령포會寧浦 : 전라남도 장흥군 회진면 회진리에 있었던 수군 진. 만호萬戶(종4품)가 관할하였으며, 임진왜란 때는 전라우수사에게 예속되어 있었다.

152 김억추金億秋 : 1548~1628. 자字는 방로邦老, 본관은 청주淸州. 전라남도 강진康津에서 살았다. 1548년(명종 3)생으로 이순신보다 3년 아래다. 1577년(萬曆 丁丑) 무과에 급제한 후, 무이보만호撫夷堡萬戶, 안주목사安州牧使, 여주목사驪州牧使, 만포첨사滿浦僉使, 고령첨사高嶺僉使 등을 역임하였다. 1597년(선조 30, 정유) 7월 25일에 전라우수사에 임명되어 통제사 이순신 휘하에서 명량 해전에 참전한 후, 1598년 3월 14일에 안위安衛와 교체되었다가, 12월에 다시 전라우수사에 임명되었다. 이후 밀양부사密陽府使, 경상좌병사慶尙左兵使 등을 역임하였다. 사후에 병조판서에 추증되고, 현무顯武라 시호諡號하였다.(『亂中日記』; 『宣祖實錄』; 『湖南節義錄』; 『李忠武公全書』 권16, 同義錄; 『竹溪日記』; 『養浩堂日記』; 『한국민족문화대백과사전』.)

153 어란포於蘭浦 : 전라남도 해남군 송지면 어란리에 있었던 수군 진. 만호가 관할하였으며, 임진왜란 때는 전라우수사에게 예속되어 있었다.

자 적들은 달아났다.

29일, 진도의 벽파진碧波津[154]으로 나아가 진을 쳤는데, [경상우수사] 배설裵楔은 군사를 버리고 달아났다.

9월 초7일, 적선 13척이 우리 진을 향해 오므로 공이 그들을 맞아 치니 적들은 물러나 달아났다. 이날 밤 이경[오후 9~11시]에 왜적이 다시 와서 대포를 쏘며 우리 군사들을 놀라게 하려 하자 공도 역시 명령하여 대포를 쏘게 했더니, 적들은 우리를 동요시킬 수 없음을 알고 또 물러갔다. 대개 밤중에 놀라게 함으로써 한산도에서 승리를 얻었던 자들[155]이라고 한다.

이때 조정에서는 수군이 무척 약해서 적을 막아 내지 못할 것이라고 여겨 공에게 육지에 올라와서 싸우라는 명령을 내렸다. 공은 임금께 아뢰기를, "임진년으로부터 5~6년 동안 적들이 감히 양호兩湖[전라도와 충청도]로 바로 쳐들어오지 못한 것은 수군이 그 길목을 누르고 있었기 때문입니다. 지금 신에게는 전선이 아직도 12척이 있습니다. 죽을 힘을 다해 막아 싸운다면 오히려 할 수 있을 것입니다. 만일 수군을 전부 없애 버린다면 이는 적들이 다행으로 여기는 것으로, 호남 오른쪽[서해 연안]을 거쳐 한강에 도달할 수 있습니다. 이것이 신이 걱정하는 것입니다. 전선의 수가 비록 많지 않아도, 신이 죽지 않는 한, 적은 감히 우리를 업신여기지 못할 것입니다."라고 하였다.

16일, 이른 아침 적선이 바다를 가득 덮고 명량鳴梁[156]을 거쳐 우리 진으로 향하자, 공은 모든 장수들을 거느리고 나가서 그들을 막았다. 적들은 열 겹으로 에워싸고서 군사를 나누어 번갈아 싸웠는데, 공은 닻을 내리고 배를 멈추었다. 적들은 대장선인 줄 알고 마침내 333척[157]이 나와서 에워쌌는데 그 형세가 몹시 급박하였다. 여러 장수는 공이 다시 벗어나기 어려울 것으로 말하고 각각 1리쯤 물러났다. 공은 한 사

---

154 벽파진碧波津: 전라남도 진도군 고군면 벽파리. 삼별초의 용장성이 있는 곳 근처의 나루터이다.
155 한산도에서 …… 자들: 원문은 "득리어한산자得利於閑山者"로, 일본 수군이 1597년 7월 16일에 칠천량 해전에서 야습을 시작으로 승리한 사실을 가리킨다. 칠천량 해전을 '한산도 패전閑山之敗'으로 표현하는 경우가 간혹 보인다.(『湖南節義錄』 권3, 李應弘.)
156 명량鳴梁: 전라남도 해남과 진도 사이의 협수로.

람의 목을 베어 매달고, 기를 흔들며 진격을 독려하였다. 첨사 김응함金應諴[158]이 배를 돌려서 들어오고, 거제현령 안위安衛[159]도 다가왔다. 공은 뱃머리에 서서 큰 소리로 안위를 부르며 말했다. "네가 군법에 죽고 싶으냐." 다시 불러 말하기를, "안위야, 참으로 군법에 죽고 싶으냐. 네가 물러간다고 살 수 있을 것 같으냐." 그러자 안위도 다급하게 대답하기를, "감히 죽을 힘을 다하지 않을 수 있겠습니까." 하고는 돌진해 들어가서 교전이 벌어졌다. 적의 배 3척이 개미 떼처럼 달라붙어 안위의 배가 거의 함락하게 되자, 공은 배를 돌려서 그를 구출하였다. 안위도 죽기를 각오하고 싸워서 적선 2척을 무찌르자 적의 기세가 조금 꺾이면서 잠깐 사이에 적선 30척이 연달아 깨지고, 죽은 자도 그 수를 알 수 없었다. 적들은 지탱할 수 없어 포위를 풀고 달아났다.

공이 한산도에 있을 적에 왜인 준사俊沙란 자가 안골포 적진에서 죄를 범하고는 항복해 와서 우리 진중에 머물러 있었다. 이날 준사는 공이 타고 있던 배에 있다가 바다에 떠 있는 적의 시체 속에 수놓은 붉은 비단옷을 입은 자가 있는 것을 굽어보

---

157 333척 : '133척'의 오기誤記. 본 「행록」의 원본인 1716년에 발행된 『忠武公家乘』, 권3, 「行錄」과 그보다 앞서 발행된 『忠武錄』(해군사관학교 박물관 소장)의 「行狀」에도 '133척'으로 되어 있다.

158 김응함金應諴 : 1554년(명종 9) 태어났으니 이순신 보다 9년 아래다. 1594년 9월 29일부터 10월 6일에 벌어진 거제도 장문포 수륙 합공전에 육군 조방장助防將으로 참가하였다. 1597년 미조항첨사로 부임하여 경상우수사 배설 예하에서 칠천량 해전에 참가하였고, 명량 해전 때는 통제사 이순신의 중군장中軍將으로 활약하였다. 1608년(광해군 즉위년) 후원별장後苑別將으로 있었으며, 1614년 충장장忠壯將(忠壯衛에 소속된 장수)으로 사헌부의 탄핵을 받았다. (『선조실록』; 『광해군일기』; 『난중일기』; 『竹溪日記』.)

159 안위安衛 : 1563~1644. 자字는 대훈大勳. 본관은 순흥順興. 전라북도 김제金堤에서 살았다. 증참판贈參判 경신敬信의 아들이며 정여립鄭汝立의 5촌 조카이다. 1589년(선조 22) 기축옥사 때 평안도에 유배되었다가, 1592년 임진왜란이 일어나자 풀려나 영유무과永柔武科에 올라 대동찰방大同察訪이 되고, 1593년(선조 26, 계사)에 백사白沙 이항복李恒福의 추천으로 거제현령巨濟縣令이 되었다. 1594년(선조 27, 갑오) 제2차 당항포 해전 때 원균元均의 휘하에서 전부장前部將으로 공을 세웠으며, 1597년 1월 부산의 왜군 화약고에 불을 질러 이를 폭파하였다. 정유재란이 일어나자 통제사 이순신의 지휘를 받아 명량鳴梁 해전에서 큰 공로를 세워, 1598년(선조 31, 무술) 3월에 전라우수사로 파격적 승진을 하였으며, 보화도寶花島(고하도高下島, 목포)로 부임하였다. 이때 나이 36세였다. 1601년 전라도 병마절도사가 되었으나, 역적 정여립의 조카라는 이유로 대간의 탄핵을 받아 파직당하였다. 이후 전라좌수사·충청수사·경상좌수사와 평안도 방어사, 행사용行司勇 등을 역임하였다. 병자호란丙子胡亂(1636) 때에는 74세의 노령에도 불구하고 왕을 호종하기 위해 상경하다가 은진恩津에 와서 강화가 성립되었다는 소식을 듣고 돌아갔다. 뒤에 김제 학당사學堂祠에 배향되었다. (『湖南三綱錄』; 『亂中日記』; 『湖南節義錄』; 『宣祖實錄』; 『한국민족문화대백과사전』.)

았다. 준사는 손가락으로 그를 가리키며 말하기를, "저것이 곧 안골포의 왜장 마다시馬多時[160]입니다."라고 하였다. 공이 갈고리로 뱃머리로 끌어올리게 하니, 아직 죽지 않았다. 준사가 기뻐 날뛰며 말하기를, "이 자가 정말 마다시입니다."라고 하였다. 공은 명령하여 그의 목을 베었다.

　이날 피란하는 사람들이 높은 산 위에 올라가 바라보며 적선이 오는 것을 다만 300까지는 헤아렸으나 그 나머지는 다 기억할 수 없었다. 큰 바다에 가득 차서 바다 물이 안 보일 지경이었는데, 우리 배는 단지 10여 척뿐이라, 마치 계란을 누르는 것 같았다. 그런데다 여러 장수는 막 패전한 뒤에 갑자기 큰 적을 만났기 때문에 기가 죽고 혼이 빠져 모두 물러나 도망하려고 할 뿐이었다. 홀로 공만이 반드시 죽겠다는 의지로 바다 한복판에다 닻을 내리고 적에게 포위를 당하게 되었는데, 마치 구름에 묻히고 안개에 합해지는 것 같아 다만 공중에 번뜩이는 시퍼런 칼날만 보이고, 포성이 우레처럼 바다를 진동할 뿐이었다. 피란한 사람들이 서로 함께 통곡하며 말하기를, "우리가 여기에 온 것은 다만 통제사를 믿었기 때문인데, 지금 이렇게 되었으니 우리는 장차 어디로 돌아가야 하는가."라고 하였다. 조금 있다가 보니 적선들이 조금씩 물러나는데 공이 탄 배는 아무 탈 없이 우뚝 서 있었다. 적들이 패를 갈라 교대로 싸웠는데, 이렇게 하기를 종일 하였으나 적들은 크게 패하여 달아났다. 이로부터 남도 백성들이 공을 의지하는 마음은 더욱 두터워졌다.

　그때 공은 수군이 패해 탕진된 후에 다시 통제사로 임명을 받아 지치고 흩어진 군사들을 거두어 모았으므로 군량이나 무기는 보잘것없었다. 계절은 또한 늦은 가을인지라 해상의 날씨가 무척 차서 공은 그것을 걱정하였다. 공은 모여든 피란선들이 몇백 척인지 알 수 없음을 보았다. 마침내 그들에게 영令을 내려 물었다. "큰 적들이 바다를 뒤덮었는데 너희들은 여기에서 무엇을 하느냐?" 하니, 그들이 대답하기를,

---

[160] 마다시馬多時 : 일본 수군장 구루시마 미치후사來島通總로 추정된다. 세토나이카이瀬戶內海 연해 해적 출신이며, 도요토미 히데요시의 통일 전쟁 과정에서 시코쿠四國 지방 이요伊予의 내도성주來島城主가 되었다. 4형제 중 4남이며, 맏형 구루시마 미치유키來島通之와 함께 700명을 거느리고 임진년에 내침하였다가, 미치유키는 당포 해전(혹은 당항포 해전)에서 조선 수군에게 사살되었다. 미치후사는 600명을 거느리고 정유년에 내침하였다가 명량 해전에서 이순신에게 사살되었다. (宇田川武久, 『日本の海賊』, 誠文堂新光社, 1983, 170~265쪽; 德富猪一郎, 『近世日本國民史 豊臣氏時代(己篇)』, 民友社, 1922, 497쪽.)

"저희들은 오직 사또만 바라보고 여기 있을 뿐입니다." 하였다. 공은 또 영을 내리기를, "내 명령을 따른다면 내가 살길을 가리켜 줄 것이지만, 그렇지 않겠다면 어찌할 길이 없다."라고 하자, 모두 말하기를, "감히 명령에 복종치 않을 수 있겠습니까?"라고 하였다. 공은 명령하여 말하기를, "장수와 군사들이 배도 고프고 옷도 없어서 형세가 장차 모두 죽게 되었으니, 하물며 적을 막아 주기를 바랄 수 있겠느냐. 너희들이 만약 여분의 옷이나 양식을 나누어 주어 우리 군사들을 구원해 준다면 이 적을 무찌를 수 있을 것이고, 너희들도 죽음을 면할 수 있을 것이다."라고 하자, 군중들이 모두 그 말을 따름으로써 마침내 양식을 얻어 여러 배에 나눠 싣고, 또 옷을 입지 못한 군사가 없게 함으로써 승첩을 이룰 수 있었다.

이보다 앞서 공은 피란민들에게 배를 옮겨 적들을 피하라고 지시하였지만, 그들은 모두 공을 버리고 떠나는 것을 원하지 않았다. 명량鳴梁의 싸움에서 공은 그 배들로 하여금 먼 바다에 늘어서 있도록 함으로써 마치 후원하는 배들처럼 꾸며 놓고, 공은 앞으로 나가서 힘껏 싸웠다. 그리하여 적들은 크게 패하였고, 우리 수군이 아직도 왕성하다고 하면서 감히 다시 침범하지 못했다.

이날[16일] 저녁에 당사도唐笥島[161]로 진을 옮겼다. 피란하는 사람들도 모두 와서 축하하였다. 승첩한 내용의 서장書狀이 서울에 이르자 임금은 크게 기뻐하면서 곧 여러 신하에게 명령하여 이 보고서[162]를 양 경리楊經理[163]에게 보여 주라고 하였다.

---

161 당사도唐笥島 : 전라남도 신안군 암태면 당사리 당사도.

162 보고서 : 계본啓本인지 장계狀啓인지 불명확하다. 원문은 다만 '계啓'로 나와 있다.

163 양 경리楊經理 : 양호楊鎬를 가리킨다. 중국 하남성河南省 상구현商丘縣 사람으로, 1580년(만력 8) 진사에 급제하여 강서성江西省 남창지현南昌知縣에 임명되었다. 1597년(만력 25) 3월 산동우참정山東右參政에서 경략조선군무도찰원우첨도어사經略朝鮮軍務都察院右僉都御史로 발탁되어 조선에 파견되었다. 그러나 양호 자신은 이 호칭보다 경리조선군무 도찰원우첨도어사經理朝鮮軍務都察院右僉都御史, 줄여서 '경리'라는 관직명을 주로 사용하였다. 경리 양호는 위로는 총독경략總督薊遼保定軍務經略禦倭 병부상서 형개邢玠를 받들고, 아래로는 제독 마귀麻貴 등을 거느렸다. 정유년에 일본군이 호남을 석권하고 북로 진격하여 서울이 위태롭게 되자 평양에 있던 양호는 한성으로 급히 내려와 명군을 신속히 투입하여 직산 전투에서 승리함으로써 일본군의 북상을 저지하였다. 1598년(만력 26) 제1차 울산성 전투의 실패로 탄핵을 받아 파면되었고, 경리는 만세덕萬世德으로 교체되었다. 1618년(만력 46) 경략 요동經略遼東으로 다시 등용되었으나, 이듬해 후금後金 군과의 전투에서 크게 패해 그 책임을 지고 처형당했다.(『명사』, 권259, 楊鎬列傳; 같은 책, 권21, 本紀, 神宗 2; 『事大文軌』, 권20.)

경리는 남별궁南別宮[164]에 있다가 우리 임금에게 자문咨文[165]을 보내어 이르기를, "근래에 이런 승전이 없었습니다. 내가 직접 괘홍掛紅[166]을 해 주고 싶으나 멀어서 가지 못하고 지금 붉은 비단과 은자銀子 약간을 보내니, 반드시 이런 뜻으로 포상해 주기 바랍니다."라고 하였다. 임금께서도 글을 내려 칭찬하면서 숭정대부崇政大夫[167]로 승진시키려 하자, 대간들이 공의 품계가 이미 높고, 또 일이 끝난 뒤에 다시 더 보답할 것이 없다고 하여 곧 그만두고 다만 휘하의 여러 장수에게만 벼슬을 높여 주었다.

10월 14일, 공이 우수영右水營[168]에 있다가 아들 면葂이 죽었다는 기별을 들었다. 면은 공의 막내아들로 담력과 지략이 있고 또 말 타며 활쏘기騎射도 잘하여 공은 그가 자기를 닮았다고 사랑했었다. 이해 9월에 어머니와 함께 아산의 본가에 가 있다가 왜적들이 여염집을 분탕질한다는 말을 듣고 달려 나가 싸우다가 길에서 복병의 칼에 찔려 죽은 것이다. 공이 그 기별을 듣고 너무나 애통한 나머지 그로부터 정신이 날마다 쇠약해져 갔다.

그 후 공이 고금도古今島[169]에 진을 치고 있었다. 어느 날 낮에 선잠이 들었는데 면이 앞에 나타나서 슬피 울면서 말하기를, "저를 죽인 왜적을 아버지께서 죽여 주십시오."라고 하였다. 공이 말하기를, "네가 살았을 때는 장사였는데, 죽어서는 혼자 적을 죽일 수 없더냐?" 하고 물었다. 그러자 답하기를, "제가 적의 손에 죽었기 때문에 겁이 나서 감히 죽일 수 없습니다."라고 하였다. 공이 문득 깨어나서 사람들에게

---

164 남별궁南別宮 : 서울특별시 중구 회현동에 있었던 조선시대 별궁으로 중국 사신을 접대했던 곳이다. 원래는 태종의 둘째 딸인 경정공주慶貞公主가 출가하여 살던 곳으로서, 선조 때에는 그의 셋째 아들인 의안군義安君의 거처가 되었다. 임진왜란 때는 일본군과 명군 장수가 거처했다. 선조가 환도한 뒤에 자주 이곳에 들러 명나라 장수를 접견하였는데, 이로부터 남별궁이라 부르기 시작하였다.(『增補文獻備考』 권38, 輿地考 26, 宮室2, 本朝宮室, 南別宮; 사단법인 세종대왕기념사업회, 『한국고전용어사전』, 2001.)

165 자문咨文 : 조선시대 중국과 왕래하던 문서. 원래 자문은 중국의 2품 이상 아문에서 동품同品 또는 동품 이상 아문 간에 왕래하던 문서이다.(사단법인 세종대왕기념사업회, 『한국고전용어사전』, 2001.)

166 괘홍掛紅 : 공로를 세운 장수의 몸에 붉은 비단을 걸치게 하고 그 공로를 표창해 주는 의식.(李殷相 譯, 『完譯 李忠武公全書(下)』, 成文閣, 1989, 38쪽, 각주 참조.)

167 숭정대부崇政大夫 : 문·무관 종1품의 품계.

168 우수영右水營 : 전라남도 해남군 문내면.

169 고금도古今島 : 전라남도 완도군 고금면.

말하기를, "내 꿈이 이러이러한데, 어찌 된 일일까." 하며 슬픔을 스스로 억제하지 못하고 그대로 팔을 굽혀 베고 눈을 감았더니, 몽롱한 가운데 면이 또 울며 아뢰어 말하기를, "아버지가 자식의 원수를 갚는 일에 저승과 이승에 차이는 없습니다. 그런데 원수를 같은 진에 수용하면서 제 말을 예사로 듣고 그를 죽이지 않습니까?" 하면서 통곡하고 갔다. 공이 크게 놀라 사람들에게 물어보니, 과연 새로 잡혀 온 왜적 하나가 배 안에 갇혀 있었다. 공이 그 왜적의 소행을 자세히 물어보게 하였더니, 과연 면을 죽인 놈이 틀림없었으므로, 토막 내어 죽이라고 명령하였다.

12월 초5일, 나주 보화도寶花島[170]에 있었을 때였다. 임금이 유지有旨[171]로 이르시기를, "들으니 경卿은 아직도 상례喪禮의 법대로만 지키고 권도權道를 따르지 않는다고 한다. 사사로운 정이야 비록 간절하겠지만 지금 나랏일이 한창 어려운 때이다. 옛사람의 말에 "전쟁에 나가서 용기 없음은 효孝가 아니다."라고 하였다. 전쟁에서 용기라는 것도 소찬이나 먹어서 기력이 곤비困憊해진 자로서는 할 수 있는 일이 아니다. 예禮에도 경經[예법의 원칙]과 권權[권도]가 있어서 반드시 평상시의 원칙만을 지키라고 한 것은 아니니 내 뜻을 좇아 속히 권도를 따르도록 하라."고 하였다. 아울러 권물權物[고기]을 보내왔으므로 공은 슬픈 마음을 억누를 길이 없었다.

무술戊戌[1598년] 2월 17일, 진을 고금도古今島로 옮겼다. 그 섬은 강진에서 남쪽으로 30여 리에 있는데 산봉우리가 조밀하고 겹겹이 쌓여 지세가 더욱 기이하고, 그 곁에 농장이 있어서 아주 편리하였다. 공은 백성들을 모아서 농사를 짓게 하여 거기서 군량을 공급받았다. 이때 군대의 위세가 이미 강성해져서 남도 백성들로 공을 의지하여 사는 자들 또한 수만 호戶에 이르렀고, 군대 위세의 장엄함도 한산진보다 열 배나 되었다.

7월 16일, 명나라 수군 도독 진린陳璘[172]이 수병水兵 5천 명을 거느리고 와서 도착

---

170 보화도寶花島 : 전라남도 목포시 달동 고하도.
171 유지有旨 : 임금의 명령서.

했다. 공은 진린의 군사가 온다는 말을 듣고 술과 안주를 성대하게 차리고 또 군대의 위의를 갖추어 멀리 나가 맞이하여 큰 잔치를 베풀었더니 여러 장수 이하로 잔뜩 취하지 않은 자가 없었다. 병졸들도 서로 말을 전하여 이르기를, "과연 훌륭한 장수다."라고 하였다.

진린은 사람됨이 사납고 오만하여서 임금이 이를 걱정하여 미리 공에게 유지有旨를 내렸는데, "후하게 대접하여 도독을 노엽게 하지 말도록 하라."고 하였다. 도독의 군사들이 처음 오자마자 자못 약탈을 일삼기 때문에 우리 군사와 백성들은 고통스러웠다. 하루는 공이 군중에 명령하여 크고 작은 막사들을 한꺼번에 헐어 버리게 하고, 공 역시 자기 옷과 이부자리를 배로 옮겨 싣게 하였다. 도독이 곳곳에서 집을 허무는 것을 바라보고 이상히 여겨서 가정家丁[하인]을 보내서 공에게 물었다. 공은 대답하여 말하기를, "우리 작은 나라의 군사와 백성들은 천자의 장수天將가 온다는 말을 듣고 마치 부모를 우러러보듯 했었는데, 지금 천자의 병사天兵들은 오로지 행패를 부리고 약탈하는 것을 일삼기 때문에 백성들은 장차 견딜 수가 없어서 모두 피해서 달아나려고 하는 것이다. 나는 대장의 몸으로서 혼자서만 남아 있을 수 없기 때문에 역시 바다에 떠서 다른 곳으로 가려고 하는 것이다."라고 하였다. 가정이 돌아가서 그대로 아뢰자 도독이 깜짝 놀라서 곤두박질치듯 달려와서 공의 손을 잡고 말리는 한편, 가정을 시켜서 공의 옷과 이부자리를 도로 옮기게 하면서 간절히 애걸하여 마지않았다. 공이 말하기를, "대인大人께서 만약 내 말대로 따라준다면 그렇게 하겠습니다." 하였더니, 도독이 말하기를, "어찌 안 따를 리가 있겠소." 하므로, 공은 이렇게 말하였다. "천자의 군사들은 나를 배신陪臣[173]이라 하여 조금도 꺼림이 없습니

---

172 진린陳璘 : 1543~1607. 명나라 광동廣東 옹원翁源 사람으로(『상촌집』에는 광동 羅定州 東安縣 사람), 자字는 조작朝爵, 호號는 용애龍崖다. 명나라 세종世宗 가정嘉靖(1522~1566) 말엽에 지휘첨사指揮僉事(정4품)가 되었으며, 신종神宗 만력萬曆 20년(1592)에 도독첨사都督僉事(정2품) 부총병관副摠兵官에 올랐다. 만력 25년(1597)에 광동병廣東兵 5천을 거느리고 조선 지원에 나섰으며, 다음 해(1598)에는 마침내 어왜총병관禦倭摠兵官에 올라 수로군水路軍 1만 3천 명을 지휘하여, 조선 통제사 이순신과 연합 함대를 형성하여 노량 해전에서 일본군을 크게 무찔렀다. 전후 명나라 논공論功에서 제1의 공로자로 인정받아 도독동지都督同知(종1품)로 승진하고, 후에 좌도독左都督(정1품)에 올랐으며, 사후에 태자太子 태보太保를 추증하였다.(『明史』권247, 陳璘列傳; 같은 책, 권76, 職官志;『象村集』권57.)

173 배신陪臣 : 제후의 신하가 천자天子에 대하여 자기를 일컫던 말.

다. 만약 나에게 편의대로 꾸짖고 금지하는 것을 허락해 주신다면, 거의 서로를 보존할 수도 있을 것 같습니다."라고 하자, 도독이 "그렇게 하지요." 하고 승낙하였다. 그 후부터는 도독의 군사로서 규율을 범하는 자가 있으면 공이 법대로 다스리니, 명나라 군사들도 공을 두려워하기를 도독보다 더하게 되어 군중이 편안해졌다.

18일, 적선 1백여 척이 녹도鹿島[174]로 침범해 온다는 말을 듣고 공과 도독이 각각 전선을 거느리고 금당도金堂島[175]에 이르니 단지 적선 2척이 우리를 보고 달아날 뿐이었다. 공과 도독은 하룻밤을 지내고 이내 돌아오면서, 공은 녹도만호 송여종宋汝悰[176]을 남겨 두어 배 8척으로 절이도折爾島[177]에서 복병하도록 하고, 도독도 30척을 남겨 두어 사변에 대비하도록 하였다.

24일, 공이 도독을 위하여 운주당運籌堂[178]에 술자리를 베풀고 한창 술에 취했을 때, 도독의 휘하에 천총千摠으로 있는 자가 절이도에서 와서 보고하기를, "오늘 새벽에 적을 만났는데 조선 수군들이 모조리 다 잡았습니다. 명나라 군사들은 바람이 순조롭지 않아서 서로 싸우지 못했습니다."라고 하였다. 도독은 크게 성이 나서 고함치며 끌어내라고 호령하면서 술잔을 던지고 술상을 밀쳐 내는데, 얼굴빛에는 전공을 구하고자[179] 함이 있었다. 공은 그 뜻을 알고 노여움을 풀어 주며 말하기를, "노야老爺[180]께서 천조天朝[명나라]의 대장으로서 해적들을 무찌르기 위하여 오셨으니 진

---

174 녹도鹿島 : 전라남도 고흥군 도양읍 봉암리에 있었던 조선시대 수군 진. 만호萬戶가 관할하였다.

175 금당도金堂島 : 전라남도 완도군 금당면.

176 송여종宋汝悰 : 1553~1609. 자字는 언온彦蘊, 본관은 여산礪山. 전라남도 고흥高興에서 살았다. 아버지는 찰방 송창宋昌이다. 임진왜란 때 낙안군수樂安郡守 신호申浩 막하에 있다가 출전 때마다 공로를 세웠다. 특히 좌수사 이순신에게 그 전공을 인정받아 장계(『부산파왜병장』) 운반의 중대한 사명을 부여받았다. 그 공로로 전사한 정운鄭運 대신 녹도만호鹿島萬戶가 되었다. 1594년 진중陣中 과거에 급제하고, 명량 해전과 마지막 노량 해전까지 전공을 세웠다. 1599년에 단성현감丹城縣監이 되고, 1600년에 절충장군折衝將軍에 올라 사복시정司僕寺正이 되었다. 그 후 임치첨사臨淄僉使와 흥양현감興陽縣監, 경상좌수군 우후虞候 등을 역임하였다. (이홍직『國史大事典』, 민중서관, 1997.)

177 절이도折爾島 : 전라남도 고흥군 금산면 거금도.

178 운주당運籌堂 : 작전 계획을 세우는 집. '운주運籌'는 본래 운주유악運籌帷幄, 즉 '장막 안에서 작전 계획을 세운다.'라는 말에서 나온 용어로, 대장이 거처하는 곳을 가리키기도 한다. (『漢書』, 卷1下, 高帝紀下, "夫 運籌帷幄之中 決勝千里之外 吾不如子房".) 다만 제승당制勝堂이란 것은 한산도에 있던 이순신의 처소를 말한다.

179 구하고자 : 원문은 "시市"로, '구하다' 또는 '취하다'라는 뜻이다.

중의 승첩은 바로 노야의 승첩입니다. 나는 마땅히 베어 온 적의 머리를 모두 노야에게 드리겠습니다. 노야가 여기에 온 지 얼마 되지도 않아 황제의 조정에 큰 공로를 아뢰게 되면, 어찌 좋지 않겠습니까."라고 하였다. 도독은 크게 기뻐하며 공의 손을 잡고서 말했다. "내가 본국에 있을 때부터 공公의 이름을 많이 들었는데, 지금 보니 과연 허명虛名이 아니었소." 하면서, 마침내 종일 취하도록 마시며 즐겼다. 그날 송여종이 잡아다 바친 배가 6척이고, 적의 머리는 69급이었는데, 그것들을 전부 도독에게 보내고 그 내용을 모두 보고하였더니, 임금께서도 공이 명나라 장수를 영광스럽게 해 준 일을 가상히 여기시는 유서를 내렸다.

　도독이 진에 있은 지 오래되어 공의 호령하고 절제節制하는 것을 익숙히 보고, 또 자기는 배가 비록 많다고 해도 적을 막아 내기는 어려울 것을 짐작하고, 매번 전쟁에 임할 때마다 우리 판옥선을 타고 공에게 지휘받기를 원하였으며, 무릇 군대의 호령과 지휘를 모두 공에게 양보하였다. 그리고 반드시 공을 '이야李爺'라고 부르면서, "공은 작은 나라에서 살 사람이 아니다."라고 하며, 중국으로 들어가 벼슬하라고 권하기를 여러 번 하였다.

　9월 15일, 모든 적들이 곧 철수해 돌아가려고 한다는 말을 듣고 공과 도독은 수군을 거느리고 출발하였다.

　19일, 좌수영[여수] 앞에 이르렀다.

　20일, 순천의 예교曳橋[181]로 나아가 진을 치니, 바로 적장인 평행장平行長의 진 앞이었다. 적이 장도獐島[182]에다 군량을 쌓아 두었는데, 군사를 보내서 가져오게 하고, 남은 것은 모조리 불태워 버렸다.

　21일, 공이 해남현감 유형柳珩[183] 등을 보내서 적진을 공격하게 하였는데, 죽인 적이 8명이었다. 조수가 썰물이어서 물이 얕아지므로 돌아왔다. 그날 명나라 육군 제

---

180 노야老爺: 중국에서 관리나 권세 있는 사람에 대한 경칭으로 이르는 말.
181 예교曳橋: 전라남도 순천시 해룡면 신성리. 왜교倭橋로도 부른다.(『난중일기』, 무술년 11월 8일.) 정유재란 때 일본군이 쌓은 '순천왜성'이 있다.
182 장도獐島: 전라남도 여수시 율촌면 여동리 장도. 지금은 육지화되었다.

독 유정劉綎[184]이 묘병苗兵[185] 1만 5천 명을 거느리고 와서 예교 북쪽에 진을 쳤다.

24일, 들으니 적장 평의지平義智[186]가 정예병 1백여 명을 거느리고 남해로부터 예교에 이르렀는데, 대개 행장行長과 함께 철병하여 돌아갈 일을 의논하기 위한 것이라고 하였다.

11월[187] 초2일, 육군과 협공하기로 약속하고 공은 도독의 해군들과 함께 나가 싸우다가, 미처 결판이 나기도 전에 사도첨사 황세득黃世得[188]이 탄환에 맞아 죽었다. 세득은 공의 처종형妻從兄이었다. 여러 장수가 들어가 조문하자, 공이 말하기를 "세득은 나라의 일로 죽었으니 그 죽음이야말로 영광스러운 것이다."라고 하였다. 유劉 제독이 진격하여 싸우기를 달가워하지 않으므로 도독陳璘은 격분해 마지않았다.

---

183 유형柳珩 : 1566~1615. 자는 사온士溫, 호는 석담石潭, 본관은 진주晉州. 경원부사慶源府使 유용柳溶의 아들로 1566년(명종 21)에 나니 이순신보다는 21년 아래다. 1592년(선조 25) 임진왜란이 일어나자 창의사倡義使 김천일金千鎰을 따라 강화에서 활동하다가 의주義州 행재소行在所에 가서 근왕勤王한 공로로 선전관宣傳官이 되었다. 1594년(갑오)에 무과에 급제한 후, 1595년(乙未)에 해남현감海南縣監이 되었다. 1597년 정유재란 때 원균元均의 패전 소식을 듣고 비분강개하여 통제사 이순신에게 와서 수군 재건에 노력하였다. 1598년(무술) 순천順天 왜교倭橋 전투에서 크게 활약하였고, 마지막 노량露梁 해전에서는 탄환을 여섯 군데나 맞고 기절할 정도로 역전하였다. 전란이 끝난 후에 부산진첨사釜山鎭僉事와 경상우수사慶尙右水使 등을 거쳐 제5대 삼도수군통제사三道水軍統制使가 되었다. 평소에 체찰사體察使 이덕형李德馨이 이순신에게 뒷날 전통을 받을 만한 인물을 물었을 때, 유형을 언급할 정도로 그는 이순신의 인정을 받았다. 여러 관직을 거친 후, 1615년(광해 7)에 황해병사黃海兵使로 있으면서 사망하였다. 시호는 충경忠景이며, 해남 민충사愍忠祠(현 용정사龍井祠)에 제향되었다.(『李忠武公全書』권16, 「同義錄」;『竹溪日記』;「한국역대인물종합정보시스템」;『한국민족문화대백과사전』.)

184 유정劉綎 : 1558~1619. 자는 성오省吾. 중국 강서江西 남창南昌 사람이다. 임진왜란 때에 2차에 걸쳐 조선에 출정하였다. 1차는 1593년(선조 26)에 부총병副總兵으로 사천병泗川兵 5천 명을 이끌고 왔고, 2차는 1597년에 제독 총병관提督總兵官으로 서로군西路軍을 지휘하여 순천 왜교성의 고니시 유키나가 군대를 육지에서 포위 공격하였다. 귀국한 후에 1619년(萬曆 47)에 요동遼東에서 청군과 싸우다 전사했다.(『明史』권247, 劉綎列傳.)

185 묘병苗兵 : 묘족苗族으로 이루어진 군대. 묘족은 중국의 귀주성貴州省을 중심으로, 운남성雲南省과 호남성湖南省, 베트남, 라오스 등지에 사는 만족蠻族을 일컫는다.

186 평의지平義智 : 1568~1600. 대마도주對馬島主 종의지宗義智(소 요시토시)이다. 소서행장小西行長(고니시 유키나가)의 사위로, 임진년에 5천 명을 거느리고 소서행장의 1번대에 예속되어 내침하여 웅천성(창원시 진해구)에 주둔하였다. 정유재란 때는 1천 명을 거느리고 소서행장의 1번대로 내침하여 남해에 주둔하였다.(德富猪一郎, 『近世日本國民史 風信氏時代(丁篇)』, 民友社, 1925, 281쪽; 같은 책(己篇), 1922, 419~703쪽.)

187 11월 : 10월이 맞다. 『난중일기』1597년(정유, 선조 31) 10월 2일 일기 참조.

초3일, 공과 도독이 군사를 내보내서 한참 싸우는데, 공은 조수가 물러나는 것을 보고 도독에게 잠시 배를 돌리자고 했으나 도독은 듣지 않았다. 명나라의 사선沙船 19척이 과연 얕은 바다에 얹혀 적에게 포위되었다. 공은 앉아서 보고만 있을 수 없다고 하여 배 7척을 내어 무기 및 무사들을 많이 싣고 장수를 골라서 보내며 경계하여 말하기를, "적들이 우리 배가 얹힌 줄 알면 반드시 기회를 타서 모두 탈취하려고 할 것이다. 너희는 다만 힘써 싸우기는 하되 스스로를 지키면서 조수가 들어오면 곧 돌아오라."고 하였다. 7척은 하나같이 공의 명령대로 하여 마침내 온전히 돌아왔지만, 명나라의 사선沙船들은 모조리 궤멸당하고 말았다.

초6일, 왜적에게 사로잡혀 갔던 변경남邊敬男이란 자가 적진으로부터 도망쳐 돌아와서 말하기를, "지난 8월에 일본에서 나왔는데, 왜적의 괴수 평수길平秀吉은 이미 죽었으며, 여러 두목들이 바야흐로 자리를 다투고 있는데 아직 결정되지 않은 상태입니다. 그래서 여기 있는 적들도 급히 철수해 돌아가려고 합니다."라고 하였다.

14일, 평행장平行長이 속히 돌아가고 싶어 하였으나 수군이 길을 막고 있는 것이 걱정되어 도독에게 많은 뇌물을 바치고 진을 물러 달라고 청하자, 도독도 화친을 허락하고자 하였다. 그날 밤 초저녁에 왜적의 소장小將[계급이 낮은 장수]이 군사 7명을 데리고 배를 타고 몰래 도독부로 들어가서 돼지와 술을 바치고 돌아갔다.

15일, 왜적의 사자使者가 또 도독부에 왔다.

16일, 도독이 그 부하 장수 진문동陳文同을 적의 진영으로 보냈더니, 조금 있다가 왜적 오도주五島主라는 자가 배 3척에 마필馬匹 및 창과 칼 등의 물건들을 싣고 와서 도독에게 바치고 돌아갔다. 이로부터 왜의 사자들이 도독부에 끊임없이 왕래하더니 도독은 공에게 화친을 허락하도록 명령하고자 했다. 공이 말하기를, "대장은 화친을 말할 수 없고, 원수는 놓아 보낼 수 없습니다."라고 하니, 도독이 부끄러워하며 얼굴

---

188 황세득黃世得 : 1537~1598. 자字는 사구士求, 본관은 성주星州. 충청남도 직산稷山에서 살았다. 이순신의 처종형妻從兄으로 1537년(중종 32)에 났으니 이순신보다는 8세 위다. 1564년(명종 19)에 무과에 급제하여, 1594년(선조 27)에 장흥부사長興府使, 1596년(선조 29)에 사도첨사蛇渡僉使가 되어 통제사 이순신의 휘하가 되었다. 1598년(선조 31) 9월 왜교 전투에서 힘써 싸우다가 전사하였다. 1704년(숙종 30) 직산읍稷山邑 선비들의 상소로 시호 충장공忠壯公과 함께 호조참판戶曹參判을 증직하였으며, 정려문旌閭門을 하사하였다. 오늘날 성주황씨星州黃氏의 시조이며, 1988년 신도비를 묘역에 세웠다.(『亂中日記』,『李忠武公全書』 권9「行錄」,『宣祖實錄』,「한국역대인물종합정보시스템」.)

을 붉혔다. 왜의 사자가 또 오자 도독이 말하기를, "내가 너희 왜인들을 위하여 이미 통제사에게 말을 했다가 거절을 당했으므로 이제 두 번 다시 말할 수는 없다."라고 하였다.

행장이 공에게도 사람을 보내어 총과 칼 따위를 선물로 가지고 와서 매우 간절히 청하자, 공이 그것을 물리치며 말하기를, "임진년 이래로 무수히 적들을 잡아서 얻은 총과 칼이 산처럼 쌓였는데 원수의 심부름꾼이 여기는 무엇 하려고 온단 말이냐."라고 하였더니, 적이 말없이 물러갔다.

행장이 사람을 보내서 말하기를, "조선 수군은 마땅히 명나라 해군과는 다른 곳에 진을 쳐야 할 터인데 어째서 지금 같은 곳에 진을 치고 있습니까." 하고 물었다. 공이 대답하기를, "우리 땅에서 진을 치는 것은 우리 마음대로 할 뿐이지 적이 알 바가 아니다."라고 하였다.

도독은 적의 뇌물을 많이 받아서 그들의 가는 길을 터 주려고 하면서 공에게 일러 말하기를, "나는 잠시 행장行長은 내버려 두고 먼저 남해에 있는 적들을 토벌하려고 하오." 하였다. 공은 대답하기를, "남해에 있는 자들은 모두 적에게 포로로 잡혀 간 사람이지 왜적이 아니오." 하였다. 도독은 말하기를, "이미 적에게 붙은 이상 그들 역시 적이오. 이제 그곳으로 가서 토벌한다면 힘도 안 들이고 머리를 많이 벨 수 있을 것이오."라고 하였다. 공은 말하기를, "황상皇上께서 적을 무찌르라고 명령하신 것은 우리나라 백성의 생명을 구원하기 위해서였소. 그런데 이제 구해 내지는 않고 도리어 그들을 죽이겠다는 것은 황상의 본의가 아닐 것이오."라고 하였다. 도독은 성을 내며 말하기를, "황상께서 내게 장검을 내려 주셨소." 하고 위협하였다. 공은 말하기를, "한번 죽는 것은 아까울 게 없소. 나는 대장으로서 결코 적을 버려 두고 우리 백성을 죽일 수는 없소."라고 하며 한참 동안 다투었다.

17일, 초저녁에 행장이 횃불을 들어서 남해에 있는 적들과 서로 호응하였는데, 대개 행장이 구원을 요청하였기 때문에 곤양昆陽과 사천泗川의 적들이 노량으로 와서 호응하는 것이라고 하므로, 공은 모든 장수에게 타일러 명령하기를, 군비를 엄하게 하고 기다리라 하였다.

18일, 유시酉時[오후 5~7시]에 적선이 남해로부터 무수히 나와서 엄목포嚴木浦[189]

에 정박하고 또 노량으로 와서 정박하는 것도 그 수를 알 수 없었다. 공은 도독에게 약속하고 이날 밤 이경[오후 9~11시]에 함께 출발하여 사경[오전 1~3시]에 노량에 이르러 적선 5백여 척을 만나 아침까지 크게 싸웠다.

이날 삼경[오후 11시~오전 1시]에 공은 배 위에서 손을 씻고 무릎을 꿇고 하늘에 빌었다. "이 원수들을 쳐 없앨 수 있다면, 죽어도 여한이 없겠나이다." 그때 문득 큰 별이 바다 가운데로 떨어졌는데, 보는 이들이 이상하게 여겼다.

19일[양력 12월 16일], 새벽에 공이 한창 싸움을 독려하고 있었는데, 갑자기 날아온 탄환에 맞았다. 공은 "싸움이 한창 급하다. 부디 내가 죽었다는 말을 내지 말라."고 하며, 말을 마치자 세상을 떠났다. 이때 공의 맏아들 회薈와 조카 완莞이 활을 잡고 곁에 있다가 울음을 참고 서로 일러 말하기를, "일이 이 지경에 이르다니, 망극, 망극하구나! 그렇지만 지금 만일 곡성哭聲을 낸다면 온 군중이 놀라고 저 적들이 기세를 올리게 될 것이다. 시구尸柩[영구]도 또한 보전하여 돌아갈 수 없을 것이다. 전쟁이 끝나기까지 기다리며 참는 것만 못하다." 하였다 그러고는 곧 시신을 안고 방안으로 들어갔기 때문에, 오직 공을 모시던 종 금이金伊 및 회薈와 완莞 세 사람만 알았을 뿐 비록 친근하게 신임하던 송희립宋希立 등도 알지 못했다. 이들은 그대로 기를 휘두르며 독전하기를 전과 같이 그치지 않았다.

적이 도독의 배를 에워싸서 거의 함몰당하게 되자 여러 장수들은 공의 배에서 기를 휘두르며 재촉하는 것을 보고 다투어 달려들어 포위를 풀고 구원하였다. 전쟁이 끝난 후에 도독이 급히 배를 저어 가까이 와서 "통제사! 속히 나오시오, 속히 나오시오!" 하고 외쳤다. 완莞이 뱃머리에 서서 울면서 "숙부님께서는 돌아가셨습니다."라고 하였다. 도독은 배 위에서 세 번이나 넘어지더니 큰 소리로 통곡하면서 "이미 죽은 후에 나를 구원해 주셨소." 하고는 또다시 가슴을 치면서 한참 통곡하였다. 도독의 군사들도 모두 고기를 던지고 먹지 않았다.

영구柩는 고금도古今島에서 떠나 아산牙山으로 돌아갔다. 지나는 길에 백성들은

---

189 엄목포嚴木浦 : 경상남도 남해군 설천면 문의리 부근 포구로 추정됨.

남녀노유 없이 통곡하면서 그 뒤를 따랐다. 선비들은 술과 제물을 차리고 제문을 지어 곡을 하였는데, 슬퍼하기를 친척의 죽음을 맞은 듯이 하였다.

도독과 부하 여러 장수도 모두 만장挽章을 지어 슬퍼하였으며, 철수하여 돌아갈 때 도독은 신창현新昌縣[190]에 들어서면서 먼저 사람을 보내서 제사 지내러 오겠다는 뜻을 알렸다. 그러나 마침 형 군문邢軍門[191]의 차관差官이 서울로 올라가는 것을 재촉하므로 도독은 다만 백금 수백 냥을 보내왔다. 아산현에 이르러서 공의 아들들을 만나보았다. 회薈가 나가서 길에서 도독을 만났는데, 말에서 내려 인사를 드리자 도독 역시 말에서 내려 손을 마주 잡고 통곡하며 물었다. "그대는 지금 무슨 벼슬을 하고 있는가." 회가 대답하기를, "선친의 장례도 아직 치르지 못했기 때문에 벼슬을 할 때가 아닙니다."라고 하였더니, 도독이 말하기를, "중국에서는 비록 초상 중에 있더라도 공로와 상을 내리는 법은 폐하지 않는데, 그대 나라에서는 더디구나. 내가 마땅히 임금께 말해야겠다."라고 하였다.

임금께서도 예조의 관리를 보내서 제사를 지내 주게 하고, 의정부 우의정右議政을 추증하였다.

다음 해 기해己亥[1599년] 2월 11일, 아산 금성산錦城山 아래 유좌酉坐[192]의 언덕에 장사 지냈는데, 덕연군德淵君[공의 부친] 선영에서 서쪽으로 1리쯤 되는 곳이다.

그 후 16년 되는 갑인甲寅[1614]에 어라산於羅山 임좌壬坐[193]의 언덕[현재의 묘소]으로 옮겨 모셨는데, 덕연군 선영에서는 북쪽으로 1리다.

---

190 신창현新昌縣 : 충청남도 아산시 신창면 읍내리.

191 형 군문邢軍門 : 형개邢玠(1540~1612)를 가리킨다. 중국 산동성 익도현益都縣 출신으로, 자는 식여式如, 호는 곤전崑田이다. 1571년(융경 5) 진사進士에 합격하여 여러 관직을 거친 후, 1597년(만력 25) 병부상서 겸 도찰원우부도어사 총독계요보정군무 겸 리양향경략어왜병부尚書兼都察院右副都御史總督薊遼保定軍務兼理粮餉經略禦倭에 임명되어 정유재란 때 조선 지원 군무를 총괄하였다. 사로병진작전四路竝進作戰을 추진하여 남해안의 일본군을 압박하였으나 수로군 외에는 성공을 거두지 못했다. (方志遠,「임진왜란 참여 명군의 장사將士와 군대 계통」,『충무공 이순신과 한국 해양』제2호, 해군사관학교 해양연구소, 2015, 151~152쪽.)

192 유좌酉坐 : 십이지十二支를 동서남북 사방에 배정함에 있어서 자子는 북쪽, 묘卯는 동쪽, 오午는 남쪽, 유酉는 서쪽에 해당한다. 유좌는 서쪽을 등지고 앉아 동쪽을 향한 자리이다.

공의 부하部曲¹⁹⁴들이 공을 위하여 사당祠堂을 세우기를 청하였다. 조정에서는 그 청을 허락하여 좌수영[전라남도 여수시] 북쪽에 사당을 세우고 충민忠愍이란 액자를 내려 주고 봄과 가을로 두 번 제사를 지내게 하였고, 이억기李億祺를 배향配享하였다.

호남의 군사와 백성들은 끊이지 않고 공을 추모하면서 다투어 재물을 바쳐 사사로이 비석을 만들고는 관찰사에게 글을 새겨 주도록 청하였다. 관찰사가 진안현감鎭安縣監 심인조沈仁祚를 보내서 비문을 쓰게 하고 '이장군타루비李將軍墮淚碑'¹⁹⁵라 하였다. 비를 동령東嶺 고개 위에 세우니, 좌수영으로 내왕하는 길목이었다.

호남의 승려들이 공을 위하여 재齋를 올렸는데 거행하지 않는 산사山寺가 없었다. 자운慈雲이란 자는 공을 따라 진중에서 항상 승군僧軍을 이끌고 많은 공을 세웠었다. 그는 공이 돌아가신 뒤에 정미 6백 섬으로 노량에서 수륙재水陸齋¹⁹⁶를 크게 열었고, 또 충민사忠愍祠에도 제물을 성대히 차려 제사를 지냈다. 옥형玉泂이란 사람도 승려로서 공을 위하여 군량을 이어 대어 자못 신임을 받았었는데, 이때 와서 스스로 아무런 보답도 드린 것이 없다고 생각하여 충민사로 와서 지키며 날마다 물 뿌리고 쓸면서 죽을 때까지 떠나지 않았다.

함열咸悅 사람 박기서朴起瑞는 그 양친이 모두 왜적에게 죽었지만 자기는 절름발이여서 종군해서 복수하지 못하는 것을 한으로 여기고 있었다. 공이 여러 차례 승첩했다는 소식을 듣고서는 마음으로 항상 공을 떠받들고 있었는데, 공이 세상을 떠났다는 소식을 듣고는 상복을 만들어 입고 삼년상을 치르고, 연상練祥¹⁹⁷ 때도 모두 와

---

193 임좌壬坐 : 십간十干을 동서남북에 배정함에 있어서 임壬은 북북서쪽에 해당한다. 임좌는 북북서쪽을 등지고 앉은 자리이다.
194 부하部曲 : 원문 '部曲'은 부하이다.(『後漢書』, 卷八, 孝靈帝紀第八, 中平六年, "何進部曲將吳匡 與車騎將軍何苗 戰於朱雀闕下".)
195 이장군타루비李將軍墮淚碑 : 전라남도 여수시 고소3길 13(고소동)에 건립되어 있는 '여수타루비麗水墮淚碑'로, 규모는 높이 94㎝, 너비 59㎝, 두께 19㎝이며, 보물 제1288호로 지정되어 있다. 1603년(선조 36)에 좌수영의 군인들이 이순신의 덕을 추모하기 위하여 세운 비로, 현재 여수 '통제이공수군대첩비'(보물 제571호) 바로 옆에 있다.(본서 권11, 동령소갈기東嶺小碣記 참조.)
196 수륙재水陸齋 : 물과 육지에서 헤매는 외로운 영혼을 위로하기 위해 불법을 강설하고 음식을 베푸는 의식. 수륙회水陸會라고도 한다. 중국 양나라 무제武帝에 의해서 시작된 것으로 우리나라에서는 고려시대부터 행해졌다.(세종대왕기념사업회, 『한국고전용어사전』, 2001.)

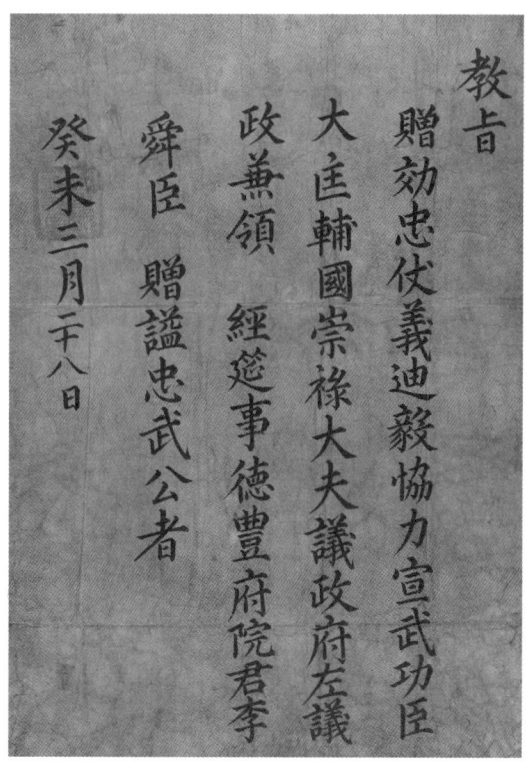

이순신 증시 교지. 1643. 아산 현충사. (사진 문화재청)

서 제사를 지냈다.

영남 해변 백성들도 사사로이 착량鑿梁[경상남도 통영시]에다 초묘草廟[198]를 짓고 어디로 나가거나 들어올 때마다 반드시 제사를 지냈다. 대개 착량은 한산도에서 가까운 곳이다.

이운룡李雲龍이 통제사가 되자 민심을 따라 거제[한산도를 가리킴]에 크게 사당을 짓고, 무릇 전선이 출항할 때마다 고하지 않음이 없었다.

갑진甲辰[선조 37년, 1604] 10월, 임진왜란 때의 공로를 논할 때, 공을 으뜸으로 삼

---

197 연상練祥 : 연제練祭와 대상大祥. 연제는 소상小祥으로, 3년상의 경우는 13개월에, 기년상일 경우는 11개월에 지내는 제사이며, 대상은 3년상일 경우 25개월에, 기년상일 경우 13개월에 지내는 제사이다. (세종대왕기념사업회, 『한국고전용어사전』, 2001.)

198 초묘草廟 : 이엉으로 지붕을 이은 사당.

았다. 효충장의 적의협력 선무공신 대광보국 숭록대부 의정부 좌의정 겸 영경연사 및 덕풍부원군效忠仗義迪毅協力宣武功臣大匡輔國崇祿大夫議政府左議政兼領經筵事德豊府院君을 추증하였다. 돌아가신 부모考妣 이상에게 추은推恩[199]하고 마을 어귀에 정문旌門을 세워 표창하였다. 인조조 계미癸未[인조 21년, 1643]에 충무忠武라는 시호를 내렸다.

부인은 상주방씨尙州方氏로 정경부인貞敬夫人[200]에 봉하니, 보성군수寶城軍守 방진方震의 따님이요, 영동현감永同縣監 방중규方中規의 손녀이며, 평창군수平昌郡守 방홍方弘의 증손녀요, 장사랑將仕郞 홍윤필洪胤弼의 외손녀이다.

아들 셋, 딸 하나를 낳았으니, 장남은 회薈로 현감이었고, 둘째는 열葆로 정랑正郞이었고, 막내는 면葂으로 이미 죽었으며, 딸은 선비 홍비洪棐[201]에게 시집갔다. 첩의 아들은 둘인데, 훈薰과 신蓋이며, 첩의 딸은 둘이다. 손자는 형제인데 지백之白과 지석之晳이며, 손녀는 하나로 윤헌징尹獻徵에게 시집갔으며, 외손자는 넷인데, 홍우태洪宇泰·홍우기洪宇紀·홍우형洪宇逈·홍진하洪振夏이며, 외손녀가 하나 있다.

---

199 추은推恩 : 조선시대에, 임금이 신하의 부모에게 관작을 내리던 일. 시종侍從·병사兵使·수사水使 등의 아버지로서 70세가 넘는 사람에게도 품계를 주었다.(『표준국어대사전』.)

200 정경부인貞敬夫人 : 조선시대에 정·종일품正從一品 문무관의 아내에게 내린 봉작封爵.

201 홍비洪棐 : 본관은 남양南陽이며, 아버지는 형조판서 문장공文莊公 홍가신洪可臣이다. 뒤에 참판으로 추증되었다. (李殷相 譯, 『完譯 李忠武公全書(下)』, 成文閣, 1989, 46쪽 각주 참조.)

행록 (2) 又

판관判官 홍익현洪翼賢[202]

공은 가정 을사乙巳[1545년]에 태어나 만력 무술년[1598]에 돌아가셨으니 향년 54세이다. 공의 타고난 성품은 맑고 곧으며 강하고 부드러운 덕을 겸비하였고, 집 안이나 집 밖에서 화내거나 기뻐하는 것을 지나치게 아니하며, 상과 벌을 주는데 공평히 하여 사졸士卒들이 두려워하지만 친애하여 능히 큰일을 할 수 있었다. 공이 통제사가 되었을 때 어떤 이가 죄를 범해 형을 받게 되자 곁에서 모시던 자제가 말하기를, "이 사람은 죄가 무거우니 가벼이 벌할 수 없습니다."라고 하자, 공이 조용히 말하기를, "형벌에는 해당하는 법률이 있으니 사람의 말로 경중이 달라지지 않을뿐더러, 또한 자제 된 도리로서 당연히 남을 살리는 방법으로 구할지언정 무거운 형벌을 주라고 청할 수는 없는 일이다."라고 하였다.

건원보乾原堡에 있을 때 호남湖南 무인으로 북도에 가서 수자리 서던 이가 아버지 상을 당해 분상奔喪하려고 하나 여력이 없어 출발하지 못하였는데, 공이 그 말을 듣고 말하기를, "나와 그가 비록 본래 아무 교분이 없으나 온 힘을 다해 구해 주어야 할 일에 어찌 알고 모르고의 구별이 있겠는가." 하고 곧바로 좋은 말 한 필을 보내 도와 주었다.

공이 수군에 있는 10년 동안 한 번도 집안일은 돌아보지 않았으며, 자녀 혼사도

---

[202] 홍익현洪翼賢 : 자는 군우君友, 호號는 송곡松谷, 본관은 남양南陽이다. 증조부는 대사헌 홍홍지洪興之이고, 조부는 기묘명현己卯名賢 홍사부洪士俯이며, 부친은 첨정僉正 홍정洪靜이다. 나라에서 그의 어짊을 알고 경기도 수운판관水運判官으로 불렀으나 사양하고 나아가지 않았다. 임진왜란이 끝난 후에 충청남도 아산시 염치읍 송곡리에 우거寓居하면서, 장자지長子池에 은거실隱居室을 짓고 학문을 연구하였다. 몸가짐이 청고淸高하고 가훈家訓이 정돈되어 모든 고장 사람들이 경모敬慕하였다 한다.(『한국역대인물종합정보시스템』)

자못 시기를 지나치는 것이었다. 공의 두 형은 공보다 앞서 죽었기에, 공이 여러 조카를 어루만져 키우면서 혹시 무엇을 얻게 되는 때면 반드시 조카들에게 먼저 주고 난 뒤에야 자기 자녀를 돌아보았다.

〈참고〉 충무공 이순신 관련 주요 논의 및 경위 일람[203]

(1) 『선조실록』에 보이는 이순신과 원균 관련 어전회의

일시	참가자	주요 논의 내용	비고(조처)
① 1594년 (선조 27) 11월 12일	선조, 김수, 김응남, 정곤수, 정탁	- 이순신과 원균 불화에 대한 원인 언급. - 양인에 대한 평가 대체로 공평하지만, 김응남, 정곤수 등 이순신에 불리한 언급. - 고언백과 김응서 등 불화와 같은 맥락으로 이해.	- 논의 시작. - 조처 없음. - 이듬해 원균 체직의 시초.
② 1596년 (선조 29) 6월 26일	선조, 김응남, 윤근수	- 선조의 통제사 이순신이 게을러졌다는 의심. - 김응남, 원균 지지·지원 발언.	- 조처 없음.
③ 1596년 (선조 29) 10월 5일	선조, 이원익 (도체찰사)	- 선조의 이순신 의심 관련 질문. - 이원익은 경상도 제장 중 제일로 평가.	- 조처 없음.
④ 1596년 (선조 29) 10월 21일	선조, 이원익, 김수, 조인득	- 선조의 원균 호평. - 이원익 : 원균은 전투에만 기용 가능, 결단코 기용해서는 안 될 인물.	- 조처 없음.
⑤ 1596년 (선조 29) 11월 7일	선조, 유성룡, 정탁, 이산해, 이원익, 윤두수	- 유성룡 : 원균에게 맡길 수 없다. - 이원익 : 이순신은 한산에서 옮길 수 없다. - 정탁 : 화해시켜서 뒷날의 공효를 당부하자.	- 조처 없음.
⑥ 1597년 (선조 30) 1월 23일	선조, 이산해, 윤두수, 김응남	- 선조 : 가토 잡지 못한 이순신 비판, 탄식. - 윤두수와 김응남 : 이순신 비판 발언.	- 파직 시초.
⑦ 1597년 (선조 30) 1월 27일	선조, 유성룡, 윤두수, 정탁, 김응남, 이산해, 이덕형 등	- 선조 : 이순신은 용서할 수 없다. 원균 기용. - 윤두수 : 이순신을 전라 충청 통제사로, 원균을 경상도 통제사로 삼자. - 선조 : 오늘이라도 원균을 임명해야 한다.	- 선조의 의도. - 파직, 하옥 논의 시작.

---

203 李殷相 譯, 『完譯 李忠武公全書』, 成文閣, 1989, 47~70쪽에 있는 내용을 요약 정리하여 연구자들의 편의를 도모하였다.

(2) 이순신의 하옥과 석방 경위

일시	주요 내용	비고(출전)
1596년(병신) 12월 5일	- 선조가 정원에 비변사의 의계를 지시. - 가토의 도해 정보 활용 방안.	『선조실록』 권83, 선조 29년 12월 5일 정묘
1597년(정유) 1월 10일	- 비변사 회계 : 오늘의 일은 가토 요격, 기회를 잃지 말아야 한다.	『양호당일기』(이덕열) 권27, 「은대일기」 同日條
同年 1월 13일	- 황신 : 1월 14일 가토 도해, 다대포 도착 사실을 보고함.	『선조실록』 권84, 선조 30년 1월 23일 갑인
同年 1월 19일	- 김응서 : 1월 11일 요시라 전언, 가토가 곧 도해하니 조처하라는 내용.	『선조실록』 권84, 선조 30년 1월 19일 경술
同年 1월 21일	- 도원수 권율이 한산도 방문, 이순신에게 가토 해상 요격을 지시함.	『이충무공전서』 권9, 행록
	- 선조 : 이순신 나국拿鞫과 원균 대체를 비변사에 의논하게 함(용서 불가 천명).	『양호당일기』(이덕열) 권27, 「은대일기」 同日條
同年 1월 22일	- 가토는 놓쳤지만, 수군으로 후속 부대를 요격하자는 비변사 계청에 윤허.	『양호당일기』(이덕열) 권27, 「은대일기」 同日條
同年 1월 23일	- 선조 : 이원익에게 하서. 이순신 나국 사실 통보, 신속 처리 당부.	『양호당일기』(이덕열) 권27, 「은대일기」 同日條
同年 1월 27일	- 비변사 당상 인견. - 선조 : 이순신 용서 불가 천명, 양인 통제사 주장 (선조 동의).	『양호당일기』(이덕열) 권27, 「은대일기」 同日條
同年 1월 28일	- 선조 : 비망기로 이순신 나국 명령, 원균을 통제사로 임명 지시.	『선조실록』 권84, 선조 30년 1월 28일 기미
同年 1월 29일	- 심유경 전언, 순역과 형세가 달라서 가토 요격 쉽지 않았을 것.	『양호당일기』(이덕열) 권27, 「은대일기」 同日條
同年 2월 4일	- 지평 김대래 이순신 나국, 단죄 주장. - 이순신 처리 비변사에 문의.	『양호당일기』(이덕열) 권27, 「은대일기」 同日條
同年 2월 5일	- 비변사 의계 : 이순신 나국에 동의, 원균을 대신 통제사로 임명. 교서 보내라.	『양호당일기』(이덕열) 권27, 「은대일기」 同日條
同年 2월 6일	- 선조 : 이순신을 원균과 교대 후, 적과 대치 중이라면 전투가 끝난 틈에 나국하라고 김홍미에게 지시.	『선조실록』 권85, 선조 30년 2월 6일 정묘
同年 2월 7일	- 의금부 도사 이결李潔 이순신 나포할 일로 떠남.	趙應祿, 『竹溪日記』, 정유 2월 초7일
	- 선조, 통제사를 원균으로 교체하는 결심 피력 (김홍미에게 전교).	『선조실록』 권85, 선조 30년 2월 7일 무진

同年 2월 10일	- 통제사 이순신 전선 63척으로 경상우병사와 부산 다대포 진격. 가토 제거 실패.	『선조실록』 권85, 선조 30년 2월 23일 갑신
同年 2월 26일	- 의금부 도사, 이순신 압송 시작(한산도).	『이충무공전서』 권9, 행록
同年 3월 4일	- 의금부 감옥에 들어감.	趙應祿, 『竹溪日記』, 정유 3월 초4일
同年 3월 12일	- 공초를 하고 진술서를 작성함供狀.	『이충무공전서』 권9, 행록
同年 3월 13일	- 선조 : 이순신의 죄목, 사형死刑 의견. - (형벌 시행, 실정 조사) 대신들에게 하문.	『선조실록』 권86, 선조 30년 3월 13일 계묘
同年 3월 14일	- 대신 : 형신刑訊은 지나치다. - 선조 : 형추刑推하라 지시.	『양호당일기』(이덕열) 권27, 「은대일기」 同日條
同年 3월 ?일	- 정탁 : 신구차伸救箚 헌의, 특별한 은전(사형 면제) 요청함.	『藥圃集』 「年譜」, 만력 25년 정유년 3월 / 권2, 箚, 논구이순신차 / 권3, 獻議, 이순신옥사의
同年 3월 30일	- 선조의 이순신 백의종군 명령 하달. - 도원수에게 보내 공을 세워 자효自效하게 하라.	趙應祿, 『竹溪日記』, 정유 3월 30일 / 『養浩堂日記』(李德悅) 권27, 「銀臺日記」 丁酉 3월 30일
同年 4월 1일	- 의금부에서 석방, 백의종군 시작.	『난중일기』 정유 4월 1일

(3) 칠천량 패전과 이순신의 통제사 재임명 경위

일시/참가자	주요 내용
① 1597년 7월 22일 / 선조, 선전관 김식	- 선전관 김식의 칠천량 패전 보고. - 원균의 최후, 고성 추원포 상륙 이후 왜군 추격(생사 불명).
② 1597년 7월 22일 / 선조, 유성룡, 윤두수, 김응남, 김명원, 이항복 등	- 선조 : 명에 통보, 남은 배 수습하고 방어 대책 수립 필요. - 이항복 : 통제사와 수사 차출, 방수케 하는 것 필요. - 선조 : 천명天命, 도원수의 독촉 운운, 주사 수습.
③ 1597년 7월 22일 / 이순신 통제사 재임명 기사	- 이순신을 전라좌수사 겸3도통제사로 삼았다.(『선조실록』 권90, 선조 30년 7월 22일 신해 5번째 기사.) - 충무공 종가 소장 '교서'에는 7월 23일로 나와 있다.(「敎兼忠淸全羅慶尙等三道水軍統制使書」, 『敎書』, 문화재청 현충사관리소, 2015.) - 선조에게 이순신의 통제사 기용을 건의한 것은 경림군 김명원과 병조판서 이항복이었다고 한다.(유성룡, 『징비록』.)

(4) 이순신의 전사戰死 상황에 대한 이설異說

1	• 새벽黎明에 갑자기 비탄飛彈에 맞았다. 이때 공의 맏아들 회와 조카 완이 활을 잡고 곁에 있다가 울음을 참고, 곧 시신을 안고 방 안으로 들어갔기 때문에, 오직 공을 모시고 있던 종 금이金伊와 회蓄와 완莞, 세 사람만 알았다.(『이충무공전서』 권9, 「행록」(李芬).]
2	• 이순신이 적탄에 맞아 쓰러지니 주변이 당황하였다. 이문욱(손문욱孫文彧의 오기)이 곁에 있다가 울음을 멈추게 하고 옷으로 시신을 가려 놓은 다음 북을 치며 진격하니 모든 군사가 순신은 죽지 않았다고 여겨 용기를 내어 공격하였다.(『선조실록』 권106, 선조 31년 11월 27일 무신, '史官의 언급'.) • 통제사 이순신이 전사한 뒤에 손문욱孫文彧 등이 임기응변으로 잘 처리한 덕택에 죽음을 무릅쓰고 혈전하였습니다. 문욱이 직접 갑판 위에 올라가 적의 형세를 두루 살피며 지휘하여 싸움을 독려하였는데 진 도독이 함몰을 면한 것도 우리 주사의 공이었습니다.(『선조실록』 권107, 선조 31년 12월 18일 기사, '도원수 權慄의 장계'.) • 비슷한 내용의 도원수 장계(『선조실록』 권107, 선조 31년 12월 25일 병자.) • 손문욱에 대한 비판적인 기사(일본에 잡혀 갔던 사실, 기회를 틈타 군공을 가로챔)(『선조실록』 권109, 선조 32년 2월 8일 무오 / 같은 책 권127, 선조 33년 7월 24일 을축 / 같은 책, 권172, 선조 37년 3월 12일 임술 / 『광해군일기』 권121, 광해 9년 11월 25일 병술.)
3	• 통제사 이순신이 송희립의 피탄 보고에 놀라 일어나다가 총환에 맞아 순직하였고, 깨어난 송희립이 이순신의 죽음을 비밀에 부치고 끝까지 독전해서 승리했다는 이설이 있다.(安邦俊, 『隱峯全書』 권7, 露梁記事.)

(5) 이순신의 전사 이후 장례 및 이장

일시	내용
1598년(무술) 11월 19일	노량 해전 당일 오전 이른 시각에 전사戰死.
동년 11월 20일 이후	이순신의 유해가 노량에서 고금도로 이동했을 것으로 추정. *고금도에 유해가 머문 구체적인 장소는 기록으로 전하는 바가 없다. 1981년 완도군이 고금도 덕동리 묘당도에 모셔져 있었다는 주장을 처음 제기했고, 1989년 '이충무공유적 고금도충무사보존위원회'가 묘당도 월송대月松臺에 안치되었다는 주장을 편 바 있다.[204]
동년 12월 초	이순신의 영구가 가족에 의해 고금도를 출발, 아산으로 향함. 예조에서 12월 11일 선조에게 보고한 내용에 의하면,[205] "이순신의 영구가 이미 고금도를 출발하여 아산의 장지葬地에 도착할 예정이다"라고 하였다. 그러므로 이순신의 유해는 대략 10여 일 동안 고금도에 모셔져 있었음을 알 수 있다.[206]

---

204 이수경, 『임진왜란 시기의 통제영 운영과 유적 활용방안 연구』, 전남대학교 대학원 문화재학 박사학위 논문, 2020, 147쪽.
205 『李忠武公全書』 권11, 附錄3, 忠愍祠記, "家人以喪歸".
206 『宣祖實錄』, 선조 31년(1598) 12월 11일(임술).

1599년(기해) 2월 11일	아산 금성산錦城山 언덕에 장사 지냄.(『이충무공전서』 권9, 「행록」.)
1614년(갑인)?	아산 어라산於羅山 언덕으로 이장함. 현재의 묘소.(『이충무공전서』 권9, 「행록」.)

이충무공전서 권10

부록 2

행장行狀[1]

승지承旨 최유해崔有海[2]

본관은 풍덕부豊德府 덕수현德水縣[3]

효충장의 적의협력 선무공신 대광보국 숭록대부 의정부 좌의정 겸 영경연사 및 덕풍부원군效忠仗義迪毅協力宣武功臣大匡輔國崇祿大夫議政府左議政兼領經筵事德豊府院君에 추증되었으며, 행[4]정헌대부 전라좌도 수군절도사 겸 충청·전라·경상 삼도수군통제사行正憲大夫水軍節度使三道水軍統制使를 지냈고, 시호諡號는 충무忠武이다.[5]

---

1 행장行狀 : 죽은 사람이 평생 살아온 일을 적은 글. 처음에는 이분李芬이 지은 이순신의 일대기行錄를 '행장行狀'이라 불러왔다.(『忠武錄(충무록)』, 해군사관학교 박물관 소장.) 그 후 최유해崔有海가 새롭게 이순신의 '행장'을 짓게 되자, 이분의 '행장'을 '행록'으로 바꾸었다.(『충무공가승忠武公家乘』, 1716년 발간.) 이후 이분이 지은 것을 '행록', 최유해가 지은 것을 '행장'이라 부르게 되었다.(『이충무공전서』 권9, 권10, 1795년 발간.) 이 행장은 최유해가 승지였던 인조 19년(1641)에 쓴 것으로 보인다.

2 최유해崔有海 : 1588~1641. 자는 대용大容, 호는 묵수당默守堂, 본관은 해주海州. 한성漢城에서 살았다. 후에 이름을 최호원崔灝源으로 고쳤다. 진사進士 최전崔澱의 아들로, 1588년(선조 21)에 났으니 이순신보다는 43세 아래다. 1613년(광해군 5)에 문과에 급제하여 벼슬은 홍문관교리, 정주목사定州牧使, 길주목사吉州牧使, 동부승지同副承旨 등을 역임하였다. 평소에 의학과 지리서 등의 학문에 모두 능하였으며, 또 백성을 사랑하고 성격이 깨끗하여 가는 곳마다 칭송을 받았다. 저서로는 『묵수당문집默守堂文集』·『서명천견록西銘淺見錄』·『길주사적기吉州史蹟記』가 남아 있다.(「한국역대인물종합정보시스템」·『한국민족문화대백과사전』.)

3 덕수현德水縣 : 본래 고구려 덕물현德勿縣(인물현仁物縣)을 신라가 덕수현으로 고쳐서 고려 때까지 이어졌으나, 조선 초기에 폐현廢縣되었다. 덕수폐현은 풍덕군豊德郡(개성군 대성면 풍덕리) 동쪽 30리에 있었다.(『新增東國輿地勝覽』 권13, 豊德郡; 1919년 조선총독부 발행 5만분의 1 지도, '白川'.) 덕수폐현의 위치는 지금의 북한 개성시에 속한 땅으로, 한강과 임진강이 합류하는 지점 부근이다.

4 행 : 관직이 품계보다 낮은 경우에 주는 직함. 이순신의 품계는 정2품 정헌대부이나, 전라좌도 수군절도사는 정3품의 관직이므로 '행'을 주었다. 관직이 품계보다 높은 경우에는 '수守'를 사용했다.

5 본 행장의 직함은 '선무공신교서'와 같다. 최유해는 충무공 시호가 내려지기 2년 전에 사망하였으므로, '시호는 충무忠武'라는 표현은 훗날 『전서』를 편집하는 과정에서 덧붙여진 것으로 추정된다.

이 공李公[이순신]의 증조부는 병조참의兵曹參議를 지낸 거琚, 증조모는 임피진씨臨陂陳氏[6]로 그 부친은 현령을 지낸 세번世蕃이다. 조부는 평시서平市署[7] 봉사를 지내고 호조참판戶曹參判에 추증된 백록百祿, 조모는 초계변씨草溪卞氏[8]로 그 부친은 생원인 함諴이다. 부친은 병절교위秉節校尉를 지냈고 순충적덕병의 보조공신 의정부 좌의정 덕연부원군純忠積德秉義補祚功臣議政府左議政德淵府院君에 추증된 정貞, 어머니는 초계변씨草溪卞氏로 그 부친은 수림守琳이다.[9]

공公의 이름은 순신舜臣, 자字는 여해汝諧, 덕수德水 사람이다. 시조는 명망 있는 가문으로 알려진 이돈수李敦守인데, 벼슬이 중랑장中郎將[10]에 이르렀으며, 증조부 이거李琚는 병조참의兵曹參議였다. 조부 이백록李百祿은 평시봉사平市奉事를 지냈는데 호조참판戶曹參判에 추증되었으며, 아버지 이정李貞은 좌의정左議政에 추증되고 덕연군德淵君에 봉해졌는데, 공公으로 인해 존귀하게 되었다. 어머니는 변수림卞守琳의 따님이다.

가정嘉靖 을사乙巳[1545년] 3월 초8일[양력 4월 28일] 자시子時[오후 11시~오전 1시]에 공이 태어났다. 변卞 씨 부인이 꿈에 참판공[조부 이백록李百祿]을 뵈었는데, 반드시 귀하게 될 것이니 이름을 순신舜臣이라 지으라고 하였다. 꿈을 이상히 여겨서 그대로 이름을 지었다. 점치는 자의 말이, "나이 50이 되면 북방에서 대장이 될 것이다."라고 하였다.

어려서부터 호탕하여 남의 구속을 받지 않았고, 뛰어나게 큰 기백이 있었다. 여러 아이들과 놀 때도 진을 치고 전쟁놀이를 하였는데 공을 받들어 장수로 삼았으며, 그 지휘하는 솜씨가 다급할 때도 질서 있고 조리가 있어 볼만하였다. 형들을 따라 시와

---

[6] "임피臨陂"는 전라북도 군산시 임피면 읍내리로, 조선시대에 임피현臨陂縣이 있었다.
[7] 평시서平市署 : 조선시대에 시전市廛에서 쓰는 자·말·저울 등과 물건값의 높고 낮음을 검사하던 관아.
[8] "초계草溪"는 경상남도 합천군 초계면 초계리이다. 조선시대에 초계군草溪郡이 있었다.
[9] 본관은 풍덕부豊德府 …… 부친은 수림守琳이다 : 이 부분은 『충무공가승忠武公家乘』(전라좌수사 이여옥李汝玉이 1716년에 발간)의 '행장行狀'에는 없고, 본서 권10 행장行狀에만 수록된 내용이다.
[10] 중랑장中郎將 : 고려 때 정5품의 무관 벼슬. 각 영령에 2명씩 두었다. 장군將軍의 아래, 낭장郎將의 위이다.

글을 배우다가 이를 탐탁치 않게 여기어 마침내 붓을 던지고 활을 당기며 말을 달리는 것으로 일을 삼았는데, 동료 중에서 따를 자가 없었다.

병자丙子[1576년] 봄, 무과 시험에 합격하였다. 무경武經인『황석공黃石公』을 강론講論하는데, 시험관이 "장량張良[11]이 적송자赤松子를 따라가서 놀았다고 했으니, 장량은 과연 죽지 않았을까?" 하고 묻자, 공은 "태어나면 반드시 죽는 것이 정한 이치이며, 또 강목綱目[통감강목]에도 '임자년壬子年에 유후留侯 장량張良이 죽었다.'라고 쓰여 있습니다. 그러니 어찌 신선을 따라가 죽지 않았을 리가 있겠습니까" 하고 대답하였더니, 시험관들이 놀라며 탄복하였다.

새로 과거에 급제하여 선산에 성묘 갔을 때, 묘 앞에 세워 둔 돌로 만든 사람石人이 넘어진 것을 보고 하인들을 시켜 일으키게 하였으나 여러 사람으로도 움직이지 못하자, 공이 혼자서 떠밀어 일으켜 세웠다.

조용히 처신하여 공명을 다투지 않으므로 세상에서는 아는 이가 없었는데, 유서애柳西厓[유성룡柳成龍]만은 어려서부터 함께 놀았기 때문에 언제나 대장 재목이라고 알아주었다.

율곡栗谷[이이李珥]이 전조銓曹[12]를 맡고 있을 때, 공의 이름을 듣고 서애西厓를 통하여 한번 만나보기를 청했으나, 공은 말하기를 "나와 율곡이 같은 성씨姓氏이니 의리상 마땅히 서로 가깝게 지내야겠으나, 전조銓曹를 맡고 있는 동안에 만나보는 것은 옳지 못하다."라고 하고는 끝내 찾아가지 않았다.

그해 겨울 함경도 동구비童仇非[13]의 권관權管이 되었다. 그때 이후백李後白이 감사가 되어 여러 진을 순시하면서 변방의 장수로서 충실하지 못한 자들에게 곤장을 쳤는데, 이곳에 와서 공을 만나고는 무척 관대하게 대하였다. 공이 형벌과 위엄이 너무 과중하다고 간하자, 감사는 웃으며 공의 말을 받아들였다.

기묘己卯[1579년]에 한성으로 돌아와서 훈련원에서 근무할 때, 병부낭중兵部郎中

---

11 장량張良 : 권9의 주 10 참조.

12 전조銓曹 : 조선시대 문무관의 선발을 담당하는 이조吏曹와 병조兵曹를 일컫는 말. 행록行錄에는 '전상銓相'(이조판서)으로 되어 있다. 율곡 이이李珥는 1582년에 이조판서, 1583년에 병조판서를 역임하였다.(『栗谷全書』『宣祖實錄』)

13 동구비童仇非 : 권9의 주 16 참조.

으로 있는 자[서익徐益]가 자기와 친한 사람을 품계를 뛰어넘어 참군參軍으로 승진시키려 하였다. 공은 규칙을 지키고 듣지 않으며 말하기를, "아래에 있는 자를 위로 올리고, 위에 있는 자를 그대로 두는 것은 공정한 처사가 아니며, 법도 고칠 수 없습니다."라고 하였다. 낭중郞中이 비록 위력으로 눌렀으나 공은 끝내 굽히지 않았다.

경진庚辰[1580년] 9월에 발포만호鉢浦萬戶[14]가 되었다. 감사 손식孫軾이 공을 중상모략하는 말을 믿고서 장차 죄를 주려고 하여, 순시하는 차에 와서는 공을 불러 병서를 강독하게 하고 또 진형陣形을 그려 보라고 하였다. 공의 붓 놀리는 솜씨가 법도가 있음을 보고 공과 더불어 이야기해 보고는 공을 더욱 기이하게 여기고 예禮로써 대우하였다.

[전라]좌수사 성박成鎛이 관아 뜰에 있는 오동나무를 베어 가려고 하였으나, 공이 따르지 않으면서 말하기를, "이것은 국가公家의 물건입니다. 오랜 세월 동안 기른 것을 하루아침에 베어 내어, 공용公用을 위해서가 아니라 사사로이 쓸 수 있습니까?"라고 하였다. 수사가 화를 냈으나 끝내 베어 가지는 못하였다. 그 후에 수사와 감사가 모여서 관하 관리들의 전최殿最[15]를 논의하면서 공을 하등下等으로 두려고 하였다. 도사都事 조헌趙憲이 논의를 그만두게 하면서 말하기를, "이모李某의 성적이 도내에서 제일이라는 것은 자세히 들었습니다. 차라리 다른 모든 진鎭을 최하로 평가할지언정 이모李某는 최하로 할 수 없습니다."라고 하였다.

임오壬午[1582년]에 무슨 일로 인하여 파직되어 돌아왔다.[16]

계미癸未[1583년] 가을에 남병사南兵使[함경남도 병마절도사] 이용李戭의 군관이 되었다. 북쪽을 향해 행군하게 되었는데, 공이 군사를 거느리고 서문西門으로 나가자 병사가 노하여 꾸짖었다. 공이 대답하기를, "서쪽은 오행五行에서 금金의 방위에 속합니다. 금金은 시절로는 가을秋에 속하고, 뜻으로는 숙살肅殺[17]을 주관하므로, 서문으로 나가는 것이 오래된 법도입니다."라고 하니, 병사가 기뻐하였다.

---

14 "발포鉢浦"는 전라남도 고흥군 도화면 발포리이다.

15 전최殿最 : 조선시대 관원들의 근무 성적을 심사하여 우열優劣을 매기는 것으로, 하下를 전殿, 상上을 최最라 하였다

16 『전서』 권수, 「年表」에는 신사년辛巳年(1581) 1월에 파직된 것으로 나온다. 권수의 내용이 잘못된 것으로 보인다.

이해 겨울에 건원권관乾原權管[18]으로 옮겨 임명되었다. 그때 사악한 오랑캐 우을 지내亐乙只乃가 변방을 시끄럽게 하여 조정이 그 때문에 걱정하였으므로, 공이 기묘한 계책을 생각해내어 그를 불러와 사로잡았다. 병사 김우서金禹瑞가 공의 공로를 시기하여 주장主將인 자기에게 보고하지 않았다는 내용으로 임금에게 보고하였다. 조정에서는 공에게 상을 주려다가 되돌려 멈추었다. 11월에 부친상을 당하였다.

병술丙戌[1586년] 정월에 삼년상을 마치고 사복시주부司僕寺主簿[19]로서 조산만호造山萬戶[20]로 나아가게 되었다. 그때 오랑캐들의 날뜀이 한창 심하였으므로 공에게 중책을 맡기면서, 그대로 녹도鹿島[21]의 둔전도 관리하게 하였다. 공은 군사가 적으므로 여러 번 방어군을 더 보내 주기를[22] 요청하였으나, 병사 이일李鎰은 허락하지 않았다.

8월에 적들이 쳐들어와서 목책을 여러 겹 에워쌌는데, 붉은 옷을 입은 자가 그들의 앞에 있었다. 공이 그를 쏘아 맞히자 적들은 퇴각하였다. 공과 이운룡李雲龍이 그들을 추격하여 포로로 잡혀 가던 사람 60여 명을 도로 빼앗아 왔다. 공도 화살을 맞았으나 그 화살촉을 몰래 뽑아 버렸다.

이일李鎰이 공을 죄주어 자기의 책임을 면하려고 동헌 뜰에서 공을 신문訊問하려 하였다. 공이 들어가려는데, 친구인 선거이宣居怡가 울면서 공에게 말하기를, "술을 마시고 마음을 진정시키시오."라고 하자 공이 말하기를, "죽고 사는 것은 천명인데, 술은 마셔서 무엇 하겠소."라고 하였다.

공이 신문을 받으면서 대답하기를, "내가 병력이 약하기 때문에 여러 번 수비병

---

17 숙살肅殺 : 냉혹하게 죽인다는 뜻으로, 가을의 엄혹嚴酷하고 소슬한 기운이 초목을 말라죽게 하는 것을 말하기도 한다. 가을이 오면 만물이 시들어 죽어가므로 가을 기운을 숙살지기肅殺之氣라고 한다.

18 건원권관乾原權管 : "건원乾原"은 건원보乾原堡(乾元堡)로, 함경북도 경원도호부慶源都護府에 속한 보堡의 이름이다.

19 사복시주부司僕寺主簿 : "사복시司僕寺"는 조선시대 때 궁중의 수레와 말에 관한 일을 맡아보던 관아이다.

20 조산만호造山萬戶 : "조산造山"은 조산포영造山浦營으로, 함경도 경흥도호부慶興都護府에 예속된 수군 진이며, 두만강 하구 강변에 있었다.

21 녹도鹿島 : 녹둔도鹿屯島. 두만강 하구에 있는 섬이다.

22 방어군을 …… 주기를 : 원문은 "첨방添防"으로, 북부의 국경을 지키기 위해 겨울에 남방의 군사들을 동원하여 추가로 배치하고 이들을 첨방군添防軍이라 불렀다.

을 증가시켜 달라고 청했습니다. 그러나 병사께서 허락하지 않았습니다. 공첩公牒[23]이 그대로 남아 있고 더욱이 내가 힘껏 싸워서 적을 물리치고 추격하여 우리 사람들을 도로 찾아왔습니다. 그런데 패군敗軍으로 단죄하려는 것은 무엇에 근거한 것입니까?"라고 하였다. 이일은 한참 동안 대답을 하지 못하다가, 다만 공을 가두어 놓고서 급히 장계를 올렸다. 임금께서는 백의종군하여 공로를 세우도록 하라고 명하였다. 이해 겨울에 시전時錢의 전투[24]에 종군하여 풀려나 돌아왔다. 이때 조정에서는 순서를 따지지 않고 특별히 발탁해 인물들을 뽑았는데, 공이 두 번째에 들어가 있었다.

기축己丑[1589]에 전라감사 이광李洸이 임금께 아뢰어 본도의 조방장助防將으로 삼았다. 11월에 무겸선전관武兼宣傳官[25]에 임명되었다. 12월에는 정읍현감井邑縣監으로 나가게 되었는데, 겸관兼官[겸직]으로써 태인泰仁[태인현]에 이르렀다. 그 당시 태인은 오랫동안 현감 자리가 비어 있었기 때문에 문서가 산더미처럼 쌓여 있었다. 공이 물 흐르듯이 처결하여 해치웠다. 백성들이 어사御史에게 글을 올려서 태인 고을을 다스리게 해달라고 청원한 것이었다.

경인庚寅[1590년] 7월, 고사리첨사高沙里僉使로 발탁되었고, 또 만포첨사滿浦僉使로 승진하였는데, 사헌부와 사간원의 대간臺諫들이 너무 빨리 승진시킨다고 아뢰자 중지하였다.

신묘辛卯[1591년] 2월에 진도군수珍島郡守로 옮겼다가 곧 가리포첨사加里浦僉使로 승진되고, 또 미처 부임하기 전에 천거되어 전라좌수사全羅左水使가 되었다. 이때 어느 친구가 꿈을 꾸었는데, 큰 나무가 키는 하늘에 닿고 가지는 땅에 넓게 퍼져 있었는데, 만백성이 거기에 의지하고 있었다. 그 나무의 뿌리가 뽑히게 되자 한 사람이 몸으로 떠받치고 있기에 자세히 보았더니 그가 바로 공이었다. 그러고는 이 꿈을 문

---

23 공첩公牒 : 공적인 일에 관한 편지나 서류.(『표준국어대사전』)
24 시전時錢의 전투 : 오랑캐의 녹둔도 침략을 응징하기 위하여 1588년(선조 21) 1월, 함경도 북병사 이일李鎰이 2,700여 명의 군사를 동원하여 시전時錢 부락 오랑캐를 정벌하고, 가옥 200여 채를 불태우며, 383명을 죽이고 승리한 전투이다. 이순신은 이 전투에 우화열장右火烈將으로 참전하여 공로를 세웠다.(김구진·이현숙, 「제승방략制勝方略의 북방北方 방어防禦 체제」, 『국역 제승방략』, 세종대왕기념사업회, 1999, 79~81쪽; 강신엽, 「朝鮮中期 李鎰의 關防政策—壯襄公征討時錢部胡圖를 중심으로—」, 『學藝誌』 제5집, 육군사관학교 육군박물관, 1997.)
25 무겸선전관武兼宣傳官 : 권9의 주 56 참조.

천상文天祥의 하늘을 떠받들었다는 꿈에 비기었다.

공이 임무를 맡고서, 왜적이 장차 쳐들어올 것을 알고 창을 벼르고 쇠사슬을 만들어 불의의 사변에 대비하였다. 그리고 지혜롭게 창작하여 대선大船을 만들었는데, 배 위에는 큰 판자를 덮고, 판자 위에는 '十' 자로 좁은 길을 내어 사람이 지나다닐 수 있게 하고, 모두 송곳과 칼[26]을 꽂아서 사방에 발을 붙일 곳이 없도록 했다. 앞에는 용의 머리, 뒤는 거북의 꼬리인데, 모두 총구멍이 전후좌우로 각각 6개씩 있어[27] 큰 탄환을 쏠 수 있었다. 적을 만나면 거적으로 위를 덮어서 송곳과 칼을 가리고 선봉이 되었는데, 적이 배에 오르려 하면 송곳과 칼에 찔리고, 와서 엄습하려 하면 일시에 총을 쏘아 대므로 향하는 곳마다 쪼개지고 쓰러지지 않는 자가 없었다. 크고 작은 싸움에서 이것으로써 공로를 세운 것이 극히 많았는데, 그 형상이 엎드려 있는 거북과 같아서 이름을 귀선龜船[거북선]이라고 불렀다.

이때 조정에서는 신립申砬의 계사啓辭[28]로 인하여 수군을 폐지하고 육전陸戰에 전력하려고 하였다. 공은 급히 임금께 아뢰기를 "해적海賊을 막기 위해서는 수군만 한 것이 없으니, 해전과 육전 중 어느 한쪽도 폐지할 수는 없다."고 하자, 조정에서도 윤허하고 따랐다.

이때[임진년, 1592년 4월] 왜적이 동래와 부산을 함락하고 장차 호남과 영남으로 넘어오려고 하였다. 공은 여러 장수들을 모아 놓고, 나아가 싸울 것인지, 이대로 지킬 것인지를 물었다. 거의 모두가 당연히 본도를 지켜야 할 것으로 여겼는데, 다만 녹도만호鹿島萬戶 정운鄭運과 군관 송희립宋希立만이 분개하여 말하기를, "큰 적이 국경을 침범하여 그 형세가 장차 돗자리를 말아 감듯 차례로 점령하는데, 홀로 제자리에서 외로운 성을 지키려고 하더라도 어찌 이곳만 온전하기를 기약할 수 있겠습니까. 나아가서 그 예봉銳鋒을 저지하는 것만 못합니다. 비록 불행하여 죽더라도 또한 신하 된 도리에 부끄러울 게 없습니다."라고 하니, 공이 기뻐하며 큰 소리로 "내가 물

---

26 송곳과 칼 : 원문은 "추도錐刀"이다. 행록行錄에는 '칼송곳刀錐'으로, 당포파왜병장唐浦破倭兵狀에는 '쇠못鐵尖'으로 나와 있다.

27 총구멍이 …… 6개씩 있어 : 원문 "전후좌우각육前後左右各六"은 착오로 보인다. 행장行狀보다 시기가 앞선 행록行錄에는 '총구멍이 좌우에 각각 6개씩 있어銃穴左右各有六穴'로 되어 있다.

28 계사啓辭 : 공사公事나 논죄論罪 등에 관하여 임금에게 계를 올려 문의하는 일을 이른다.

음을 던진 것은 여러 장수들의 진심을 알아보고자 한 것이었소. 오늘의 합당한 의리는 단지 나아가 싸우는 것뿐이니 감히 다른 말을 하는 자는 목을 벨 것이오."라고 말하니, 모든 군중이 두려워하였다.

5월 초1일, 여러 장수들이 다 모이니 함선은 24척이었고, 무기는 날카로웠으며, 군사들은 정예精銳하였고, 호령은 분명하고 엄숙하였다.

[5월] 초4일, 당포唐浦[29]에 이르니 경상우수사 원균元均이 큰 병력을 금방 잃어버리고 단지 소선小船으로 자신自身만 보전하고 있었다. 공이 맞아들여 편艑[큰 배] 한 척을 주면서 함께 일할 것을 약속하였다.

초7일, 전진하여 옥포玉浦[30]에 이르니, 적선 30여 척이 깃발을 벌려 달고 정박해 있으면서 병사들을 풀어 사방을 약탈하다가 멀리서 우리 군대를 바라보고는 다투어 노 젓기를 재촉하였다. 공이 군사를 이끌고 달려 들어가 적선 20여 척을 불태워 없애 버렸다. 이때 임금[31]은 서쪽으로 피란 갔는데, 거듭 패하던 끝에 승첩의 소식을 듣고는 온 조정이 기뻐하여 드디어 공의 품계를 가선대부嘉善大夫로 올렸다.

[5월] 29일, 밤에 공이 꿈을 꾸었는데, 백발노인이 공을 발길로 차면서 적이 가까이 왔다고 말하므로, 공이 놀라서 일어나 군사를 정돈하고 원균과 함께 전함을 거느리고 노량露梁[32]에서 적을 기다리니 과연 적들이 나타났다. 서로 맞붙어 싸운 지 얼마 안 되어 배 1척을 불태워 파괴하고 적을 뒤쫓아 사천泗川에 이르니, 멀리 산 위에 뱀이 똬리를 틀 듯이 진을 치고 있는 것이 보였고, 또 12척이 바닷가에 대어 있었다. 공이 말하기를, "아침 조수가 이미 물러갔으므로 큰 배가 물이 얕은 항구로 진격하기는 어렵다. 거짓으로 패한 것처럼 꾀어내어 넓은 바다에서 쳐부수면 적을 섬멸할 수 있을 것이다."라고 하고는, 드디어 나팔을 불어 배를 돌리게 하였다. 적이 과연 뒤

---

29 당포唐浦 : 경상남도 통영시 산양읍 삼덕리.
30 옥포玉浦 : 경상남도 거제시 옥포동.
31 임금 : 원문은 "국사國社"로, 나라의 토지를 다스리는 신령이다. 토지의 신인 사社는 곡식을 다스리는 신령인 직稷과 함께 국가의 존망을 결정 짓는 양대 신령으로서, 고대부터 국가 제례에서 가장 중요시된 대상이다. 두 글자를 합친 '사직社稷'이란 말은 후대에 나라 자체를 상징하는 말로 사용되었다. 사직은 천자가 주관하는 제례에서는 '태사太社', '태직太稷'으로 칭해졌고, 제후의 제례에서는 '국사國社', '국직國稷'으로 칭해졌다.
32 노량露梁 : 경상남도 남해군 설천면 노량리.

따라 나오므로, 거북선을 앞세우고 여러 함선으로써 제압하니 뒤집히는 적선들과 물에 빠지는 적들이 바다에 가득하였다. 남은 적들은 해안에서 울부짖을 뿐이었다. 싸우는 중에 공 또한 탄환에 맞았는데, 팔에서 등까지 꿰뚫었으나, 공은 오히려 활을 잡고 싸움을 독려하였다. 싸움이 끝난 후에 칼끝으로 탄환을 파내니, 모든 군사들이 놀라며 감탄하였다.

6월 초1일, 당포唐浦에 이르니 적선 20여 척이 바닷가에 대어 있었는데 그 안에 누선樓船[33]이 끼어 있고 적의 괴수가 그 위에 앉아 있었다. 공이 여러 장수들을 시켜서 대적하게 하였더니, 순천부사 권준權俊[34]이 편전片箭[35]으로 그 괴수를 쏘아 넘어뜨리고 마침내 그 배를 온전히 잡았다. 그 배에서 금부채를 얻었는데, 부채의 오른편에는 '우시축전수羽柴筑前守'라 씌어 있었고, 왼편에는 '귀정유구수승龜井劉矩守陞'[36] 이라고 씌어 있었으며, 가운데에는 '6월 초8일에 수길秀吉이 쓰다六月初八日秀吉書'라고 적혀 있었다.

전투가 끝난 후 조금 쉬고 있을 때 또 적이 왔다는 급한 보고가 있었다. 공은 여러 군사들에게 명령하여 잡은 적장의 누선樓船을 바다 가운데로 끌어내게 하고, 적이 볼 수 있는 가까운 거리에서 불태우자, 왜적들은 소리치며 도망쳤다. 이날 밤, 군중에 헛된 경보가 있었으나 공은 꼼짝하지 않고 누워서 오랫동안 움직이지 않으니 곧 진정되었다.

초4일, 전라우수사 이억기李億祺가 25척의 함선을 대동하고 여러 장수를 이끌고 와서 모이니 마침내 군세軍勢가 떨치게 되었다.

초5일, 고성 당항포唐項浦에 이르러 공이 초선哨船[37]을 보내 정찰하게 하였는데,

---

33 누선樓船 : 높은 누각이 설치되어 있는 큰 배.
34 권준權俊 : 권9의 주 55 참조.
35 편전片箭 : 조선의 소형 화살로, 화살 크기가 작아 일명 '아기살'이라고 하였는데, 나무로 만든 대롱인 통아 筒兒에 넣고 쏘았다. 화살이 작아 가벼운 대신 속도가 빨라 관통력이 컸고 아군이 쏜 화살을 적군이 줍더라도 통아가 없거나 편전의 발사법을 모르면 되쏠 수가 없었으므로 편전과 통아는 조선의 대표적인 장기였다.
36 구정유구수승龜井劉矩守陞 : '구정유구수전龜井流求守殿'의 오기. 본서 권2, 「당포파왜병장唐浦破倭兵狀」에 '龜井流求守殿'으로 나와 있다.
37 초선哨船 : 망보는 임무를 띠고 있는 배. 초탐선哨探船과 같은 말이다.

바다로 나가자마자 변고를 알려 왔다. 즉시 배를 줄지어 진격하니 적선들이 소소강 召所江[38]에 진을 치고 있었다. 누선 한 척이 있었는데 검은 휘장을 드리우고 푸른 일산日傘을 세워 놓았다. 공은 적의 괴수가 바닷가에 우뚝 솟아 있는 것인 줄 알고 짐짓 패한 체하여 왼쪽으로 물러나자 누선이 우뚝 홀로 나왔다. 여러 군사가 협공하여 누선을 함몰시키니 적의 괴수도 화살 한 발에 맞고 떨어졌다. 마침내 적선 1백여 척[39]을 불태우고 적의 머리 210여 급을 베었다. 물에 빠진 자, 상한 자, 화살에 맞아 넘어진 자들은 헤아릴 수 없었다. 이 승첩이 조정에 보고되어 자헌대부資憲大夫로 올랐다.

초7일, 아침에 영등포永登浦[40]에 이르렀는데, 적이 율포栗浦[41]에 있다가 우리 군대를 바라보고는 남쪽 바다로 도망가므로, 공이 여러 장수들을 시켜서 그 뒤를 추격하게 하였다. 김완金浣·이몽구李夢龜·정운鄭運 등이 각각 적선 1척씩을 잡고 적의 머리 30여 급을 얻었다.

14일, 계서啓書 한 장을 꾸며, "신이 1만 척의 함선과 1백 명의 장수로써 어느 날 출동하여 바로 일본을 공격하겠습니다."라고 써서, 밀봉하지 않고 왜적이 통행하는 길목에 던져서 적들이 의심하는 마음을 갖도록 하였다.

7월 초7일, 공이 원균, 이억기 등과 함께 군사를 모아 노량에 있다가 적이 호남을 침범하려 한다는 말을 듣고 드디어 견내량見乃梁[42]으로 진군하니, 적선 70여 척이 물이 얕은 항구에 진을 치고 있었다. 공은 말하기를, "여기는 싸울 만한 곳이 못 된다." 하고 약간의 군사를 내보내어 꾀어냈더니, 과연 적이 추격해 왔다. 한산도 바다의 넓은 곳에 이르자 군사를 돌려 적을 향해 힘껏 노를 저어 나가면서, 북소리를 요란하게 울리고 대포와 화살을 번개같이 쏘아 대자 불길은 하늘을 찌르는 듯하였다. 활을 쏘아 죽이고 창으로 찔러 죽이는데, 1만 개의 창날이 번뜩여 비린 피가 바다에 가득 찼다. 적선 73척[43]을 삽시간에 침몰시켰다. 남은 적들은 육지로 달아났는데 겨우

---

38 소소강召所江 : 당항포 포구의 가장 안쪽에 있다. 경상남도 고성군 거류면 거산리와 마암면 두호리 사이의 작은 강과 포구 일대이다.[『조선후기 지방지도』(경상도편 상), 「6. 고성부지도」, 1999, 서울대 규장각.]
39 1백여 척 : 『전서』 권2, 「임진장초」 '당포파왜병장唐浦破倭兵狀'에 의하면 26척을 분멸한 해전이었다.
40 영등포永登浦 : 경상남도 거제시 장목면 구영리.
41 율포栗浦 : 경상남도 거제시 장목면 율천리.
42 견내량見乃梁 : 경상남도 통영시 용남면 장평리와 거제시 사등면 덕효리 사이의 해협.

4백여 명이었다. 당시 적들이 우리 수군을 어렵게 여기자 평수가平秀家라는 자가 큰 소리치면서 자기가 담당하겠다고 하였는데, 그대로 여기서 패하고 말았다. 후에 사로잡혀 갔던 사람으로 적의 진영으로부터 나온 사람[44]이 있었는데, 하는 말이 "왜적의 진영에서 저희끼리 서로 조문하며 '이번에 패하여 죽은 자가 9천여 명이다.'라고 말하더라."라는 것이었다.

초9일, 남은 적들이 안골포安骨浦에 의거하고 있다는 말을 듣고, 공이 원균 등과 함께 군사를 거느리고 일제히 이르렀다. 그들은 바로 한산의 왜적을 구원하러 온 적들인데, 배 안을 쇠로 쌌으며, 젖은 솜으로 가리고, 험고한 곳에 의지하여 감히 나오지 않았다. 공은 여러 장수들을 독려하여 번갈아 가며 싸우게 했다. 해가 저물고 안개가 짙은 가운데 적들이 몰래 도망가므로 추격하여 다만 40여 척을 깨뜨렸다.[45] 이번 싸움에서 왜적의 목을 벤 것이 2백여 급이나 되어 군대의 기세가 크게 떨치고, 품계가 정헌대부正憲大夫로 올랐다.

9월 초1일, 공이 원균, 이억기, 정걸鄭傑 등과 함께 계책을 세우며 말하기를, "부산은 적의 요충지이니 나아가 그곳을 억누른다면 적들은 반드시 그 근거를 잃게 될 것이다." 하였다. 드디어 부산으로 진격해 들어가니, 적은 여러 번의 패전에 놀라서 성벽만 지키고 있었는데, 날아온 탄환에 정운鄭運이 전사하였다. 마침내 빈 배 100척을 깨뜨리고 돌아왔다.

이때 왜적이 으르렁거리며 호남을 엿보므로, 공은 마침내 진陣을 한산으로 옮겼다. 그곳은 요충지에 해당하여 바다와 산자락이 서로 엇물려 그 안에는 배를 감출 만하고 밖에서는 안을 엿보지 못하게 되어 있는데, 왜적은 반드시 이곳을 거쳐서 남쪽 지방을 침범할 것이므로, 공이 이곳에 진을 친 것이었다. 후에 명나라 장수 장홍유張鴻儒가 섬에 올라와 보고는 "참으로 적을 제압할 만한 뛰어난 곳이다."라고 말하였다.

[계사년, 1593] 8월에 조정에서 공을 삼도수군통제사三道水軍統制使로 삼자, 원균은

---

43 73척 : 『전서』 권2, '견내량파왜병장見乃梁破倭兵狀'에 의하면 이때 분멸한 척수는 59척이었다.
44 『전서』 권9, 「행록」에는 이 말을 한 사람이 웅천熊川 사람 제말諸末로 나온다.
45 앞 주의 장계에 의하면, 전과戰果에 대해 '부지기수不知其數'로만 나온다.

선배로서 공에게 지휘받게 된 것을 부끄럽게 여겼다. 공이 비록 너그러이 포용했으나, 시기와 의심이 이때부터 시작되었다.

공은 여러 번의 승리로 군심이 교만해지는 것을 여러 장수에게 경계하였으며, 군량이 이어지지 못할 것을 일찍부터 걱정하여 고기 잡고 소금 굽는 일과 둔전屯田 농사에 힘을 기울였다. 전화轉貨[장사함]하여 군량을 마련하는 것을 마치 굶주림과 갈증을 구제하는 것처럼 하여, 몇 달을 넘지 않아 배불리 먹이고도 여유가 있게 되었다. 민간에서 놋쇠를 거두어 널리 화기火器를 만드니, 기계도 또한 정교하였다.

계사癸巳[1593년]에 여기癘氣[전염병]가 크게 퍼져 죽는 자가 잇달았다. 공은 관원을 정하여 시체를 거두어 매장하고 제단을 설치하여 제사를 지내 주었는데, 어떤 사람은 감동하여 이상한 꿈을 꾸기도 하였다. 하루는 공도 또한 전염병에 걸려서 거의 열흘이나 앓으면서도 단정히 앉아서 사무를 결재하는데, 어떤 사람이 휴양하기를 청하였다. 공은 말하기를, "적과 대치하여 승패가 한순간에 결정나는데, 장수가 되어서 죽지 않은 한 조금도 해이하게 할 수 없다."라고 하였다.

을미乙未[1595년] 8월, 이원익李元翼 정승이 체찰사體察使로 남쪽에 내려오자 수군들이 각자 진정서를 바쳤다. 이 정승은 말아서 가지고 진주晉州로 와서 공과 함께 군사 관계 일을 의논하고, 그 진정서들을 공에게 처리하게 하였다. 공이 판단하고 처결함에 있어 민첩하며, 그 처결이 모두 합당함을 얻은지라, 이 정승은 공이 재주가 있는 것으로 여겼다.

이 정승이 한산진閑山陣으로 들어가서 시찰하고 돌아가려 하자, 공이 말하기를, "군사들은 틀림없이 정승께서 잔치를 베풀고 상도 주실 것으로 생각하고 있을 텐데, 이제 은혜를 베푸는 바가 없다면 아마 그들이 실망할 것 같습니다."라고 하였다. 정승이 말하기를, "내가 아무런 준비가 없으니 어찌하겠소."라고 하였다. 공은 "내가 이미 마련해 두었으니 정승의 명령으로 먹여 주시기를 청합니다."라고 말하였다. 정승이 크게 기뻐하며 허락하자 온 군중이 모두 환호하였다.

이때[정유년, 1597년 1월] 청정淸正[가등청정]이 일본으로부터 다시 쳐들어올 것이니 마땅히 앞질러 그를 공격해야 한다는 말들이 있었다. 조정에서는 공에게 명령하여 기회를 보아서 그를 제압하라고 했다. 공은 그것이 간사한 계략인 줄 알고, 형편

에 따라 지키면서 처리하지 않고 미루고 있었다. 원균元均이 그것을 이용하여 매얼
媒孼⁴⁶하였다. 조정에서는 적을 놓아 주었다고 탄핵하면서 공을 잡아 오고, 원균으로
대신하게 하였다. 공은 바로 군량 9천 9백여 섬, 화약 4천 근, 총통 4백 자루의 문서
를 원균에게 인계하였다.

　이 정승이 장계를 올려서, "이모李某는 적들이 두려워하는 인물이므로 위급한 시
기에 장수를 바꿔서는 안 됩니다."라고 하였다. 조정에서는 허락하지 않았다. 연변
의 백성들은 통곡하지 않는 사람이 없었고, "이제 모든 백성들은 다 죽었다."라고 말
하였다. 그 후 심문을 끝내고 임금께서 풀어 주면서 백의종군하여 공을 세우도록 하
라고 하였다. 옥에서 나오자 모친상을 당하여, 성복成服⁴⁷한 후 곧 길을 떠났다.

　7월 16일, 원균이 패하고 이억기도 전사하였다. 원수[권율權慄]가 공을 파견하여
진주晉州로 들어가 흩어진 군사들을 거두게 하였다. 조정에서도 다시 공을 통제사로
임명하였다. 공이 진주로부터 보성寶城에 이르러 장사壯士들을 조금씩 모아 정예 군
사 1백여 명을 얻었다. 회령포會寧浦⁴⁸에 도착하니, 경상수사 배설裵楔이 다만 전선 8
척을 가지고 있었고, 또 녹도鹿島의 전선 1척을 얻었다.

　공이 배설에게 계책을 물으니, 배설은 배를 버리고 육지로 올라가 육전陸戰을 도
와서 공을 세우는 것을 마땅하게 여겼으며, 조정에서도 육전에 병력을 합치라고 명
령하였다. 공은 임금께 아뢰어 말하기를, "임진년 이후로 적이 감히 남쪽 지방을 겁
략劫掠하지 못한 것은 실로 수군이 적의 세력을 막았기 때문입니다. 이제 만일 수군
을 거두어들인다면 적들은 반드시 호남을 거쳐 한강에 도달하는데, 다만 순풍에 돛
한 번만 달면 될 것이니, 이것이 신의 두려워하는 바입니다. 지금 신에게 전선이 오
히려 12척이 있으니, 신이 만약 죽지 않는다면 적도 감히 우리를 업신여기지는 못할
것입니다."라고 하였다.

　[8월]⁴⁹ 24일, 어란포於蘭浦⁵⁰에 이르니 적선 8척이 습격하려고 하였다. 공이 깃발

---

46 매얼媒孼 : 누룩. 누룩 매媒, 누룩 얼孼 자다. 죄를 짓게 유도하여 함정에 빠뜨림을 비유하는 말이다.
47 성복成服 : 초상이 나서 처음으로 상복을 입음.
48 회령포會寧浦 : 전라남도 장흥군 회진면 회진리에 있었던 조선시대 수군 진으로, 만호萬戶(종4품)가 관할
　　하였다.

을 휘두르며 진격하자 적들은 곧 물러나서 도망갔다.

9월 초7일, 적선 13척이 밤을 타서 침범하려는 것을 공이 소리쳐 대응하고 전선을 정돈하여 대포를 쏘며 출전하니, 적들은 동요시킬 수 없음을 알고 그대로 퇴각하였다.

16일, 적선 3백여 척이 명량鳴梁을 거쳐 곧바로 우리 진을 향해 돌진해 왔는데, 돛대와 노들이 바다를 뒤덮었다. 그런데 우리나라 수군은 다만 10척뿐이어서 중과부적衆寡不敵인지라 여러 장수는 근심하며 모두 퇴각하려고 하였다. 공만은 홀로 죽음을 각오한 마음으로 바다 가운데 닻을 내려놓고 여러 장수들을 지휘하여 막아 내게 하였다. 적들은 대장이 있는 곳을 엿보고 130여 척의 배로 여러 겹으로 에워싸고 군사를 나누어 교대로 접전하였는데, 그 형세가 마치 태산이 계란을 누르는 것 같았다.

공이 북채를 잡고 홀로 서서 크게 소리쳐 사기를 북돋우자 모두 죽을힘을 다했고, 장수 중에 조금이라도 물러서는 자는 먼저 찢어 죽여 널리 보이겠다고 하였다. 첨사 김응함金應諴이 앞으로 돌진해 오고, 거제현령 안위安衛[51]가 뒤에서 응원하였다. 공이 큰 소리로 외치기를, "안위야. 안위야. 네가 물러난다고 살 것 같으냐, 군법에 죽고 싶으냐."라고 하니, 안위가 드디어 곧장 적의 선봉을 치고 들어갔다. 적선 3척이 개미 떼같이 달라붙어 거의 함몰하게 되었는데, 안위도 죽을힘을 다해 싸워 마침내 적선이 함몰되자 적의 기세가 조금 꺾였다.

공이 독전을 더욱 엄하게 하고, 여러 장수들이 번갈아 진격하여 적선 30여 척을 짓부수니 적은 감히 버티지 못하고 포위를 풀고 도망쳤다. 비단옷을 입은 적이 바다에 떠 있는데, 항복해 온 왜인降倭[52] 준사俊沙가 그것을 가리키며, "이 자는 바로 안골포의 왜장마다시馬多時[53]다."라고 하였다. 공은 갈고리로 끌어당기게 하여 목을 베

---

49 [8월] : 일본 전선 8척이 어란포에 나타난 것은 다른 자료에 의하면 8월 24일인데, 이 「행장」에서는 7월의 내용에 이어 24일 적선 8척이 어란포에 나타난 사실을 기록하여 7월 24일로 오해될 가능성이 있다. 「행장」의 작성자가 八月을 기록하는 것을 누락한 것으로 보인다.

50 어란포於蘭浦 : 전라남도 해남군 송지면 어란리에 있었던 조선시대 수군 진으로, 만호萬戶(종4품)가 관할하였다.

51 안위安衛 : 권9의 주 159 참조.

었다.

  이 싸움이 있기에 앞서, 공은 조선 수군이 무너지고 손상된 후에 임명을 받았기 때문에, 군량도 없었고 가을옷도 준비되지 않았었다. 공은 피란선들이 모여드는 것을 보고 명령하기를, "지금 큰 적이 바다를 가로막고 있어 살길이 전혀 없다. 너희들이 내 말대로 하면 살 것이고, 그렇지 않으면 위태로울 것이다."라고 하자, 모두 "장군의 명령대로 따르겠습니다."라고 하였다. 공이 다시 말하기를, "군사들의 춥고 배고픔이 이미 극도에 달하여 적을 막아 내기 어렵다. 너희들이 남은 의복과 양식을 내어놓아 우리 군사들을 도와준다면 이 적들을 토벌할 수도 있고, 너희 목숨도 살아날 수 있을 것이다."라고 하였다. 모두 그대로 따름으로써 마침내 의복과 양식을 마련하여 군사들을 구제하였다.

  그리고 싸움이 벌어지자 마침내 피란선들을 멀리 늘여 세워 후원하는 군사들처럼 보이게 하였더니, 적은 우리 군대의 세력이 다시 강성해진 것으로 여기고 감히 다시 침범하지 못하였다. 승첩의 장계가 조정에 올라가자 임금께서도 크게 기뻐하면서 그것을 명나라 장수 경리 양호楊鎬에게 보여 주니, 경리가 자문咨文으로 말하기를, "근래에 이와 같은 승첩이 없었습니다. 내가 직접 가서 괘홍掛紅[54]을 거행하고 싶으나 길이 멀어서 할 수 없습니다."라고 하면서 붉은 비단과 은자銀子 얼마를 보내어 포상하였다. 그리고 임금께서 교지를 내려 그 공로를 드높이고 공의 품계를 숭정대부崇政大夫로 올리는 것을 의논하게 하였으나, 말하는 사람들이 공의 벼슬이 이미 높은데, 일이 끝난 후에 보답할 것이 없다고 하여 마침내 중지하고, 여러 장수들의 벼슬만 올려 주었다.

---

52 항복해 온 왜인降倭 : 임진왜란 당시 조선에 투항하여 귀화한 일본인. 투항왜投降倭, 순왜順倭 등으로도 불리었다. 항왜는 고려 말 조선 초에 침입하였던 왜인 중에서도 나타났으나, 임진왜란 중에 가장 많이 발생하였다. 조선은 항왜들을 유치하여 이들로부터 조총 등의 무기 제조와 일본의 검술 등 군사 관련 기술을 전습받기도 하였고, 북방 등 변방 방어 및 일본군에 대한 정보 탐색 등에도 활용하였다. (제장명,「임진왜란 시기 항왜의 유치와 활용」,『역사와 세계』32, 2007.)

53 마다시馬多時 : 명량 해전에서 전사한 일본 수군 장수 마다시馬多時에 대해 그동안 도쿠토미 소호德富蘇峰(德富猪一郎)와 아리마 세이호有馬成甫 등은 구루시마 미치후사來島通總로 추정하였지만, 최근에는 풍신가豊臣家 직속 수군船手衆에 소속된 마타시로우 마사카게又四郎正陰라는 주장이 나타나고 있다. (山内譲,『豊臣水軍興亡史』, 吉川弘文館, 2016, 214~216쪽.)

54 괘홍掛紅 : 좋은 일을 축하하기 위해 붉은 비단 천을 내려 걸어 주는 의식.

무술戊戌[1598년] 3월55 17일, 진을 강진康津의 고금도古今島[지금은 완도군]로 옮기니, 남쪽 백성들이 공을 의지하여 모여드는 자가 1만여 호나 되었고, 군사의 세력 또한 매우 강성해졌다. 이때 명나라 병사들이 대거 이르렀는데, 유정劉綎은 묘족苗族 병사 1만 5천 명을 거느리고 순천 동쪽에 진을 쳤고, 도독 진린陳璘은 수군 5천 명을 거느리고 와서 공의 진영에 합류했다.56 왜장 평행장平行長은 순천의 왜교倭橋에 근거하여 서로 100리 거리를 두고 군진을 펼쳤다.

명나라 병사들이 자못 우리 백성들을 약탈하므로, 공은 여사廬舍[막사]들을 헐어 버리라고 명령하여 진을 옮기려는 뜻을 보였다. 도독이 이상하게 여겨서 그 이유를 묻자, 공이 대답하기를, "백성들이 생활을 유지할 수가 없기 때문이다."라고 대답하였다. 도독이 깜짝 놀라서 공에게 편의대로 군령을 시행하게 하였다. 그래서 공이 백성들을 침탈하는 자들을 보면 묶어다가 군법대로 다스리니 명나라 군사들도 감히 함부로 하지 못하였다.

[7월]57 18일, 적이 녹도鹿島를 침범했다는 말을 듣고, 공이 도독과 함께 진격하였다. 배가 금당도金堂島58에 이르니, 다만 적선 3척이 있다가 아군我軍을 보고 먼저 도망치므로, 공은 녹도만호 송여종宋汝悰에게 8척의 전선으로 절이도折爾島를 지켜보게 하니, 도독도 30여 척을 머물러 두었다. 공과 도독은 곧 돌아와서 운주당運籌堂에서 술을 마셨다.

잠깐 있다가 송여종이 와서 적의 큰 배 1척 및 적의 머리 69급을 바쳤다. 그러나 명나라의 천총千摠은 적과 싸우지 못했다고 보고하자, 도독은 크게 화를 내면서 그의 목을 베려고 하였다. 공이 도독의 노여움을 풀어 주며 말하기를, "노야老爺59가 명나라 대장으로서 작은 나라의 원수를 무찌르러 왔으니, 진중에서 거둔 승첩은 곧 노

---

55 3월 : 3월은 오류이고 2월이 맞다. 고금도 진영으로 이동한 것은 무술년(1598) 2월이었다.

56 명나라 수군은 여러 차례에 걸쳐 고금도의 이순신 진영에 합류하였는데, 먼저 명군 유격 계금季今이 이끄는 선발대 108척의 함대가 4월 23일 고금도에 도착하였고, 진린의 본대 5,000명은 7월 16일 고금도에 도착하여 조·명 연합 함대를 구성하였다. (이민웅, 「朝·明 聯合艦隊의 형성과 露梁海戰 경과」, 『歷史學報』 178, 2003.)

57 [7월] : 월이 생략되어 있지만, 7월 16일에 고금도 진영 합류, 18일에 절이도 전투가 있었다.

58 금당도金堂島 : 전라남도 완도군 금당면.

59 노야老爺 : 중국에서 관리나 권세 있는 사람에 대한 경칭으로 이르는 말.

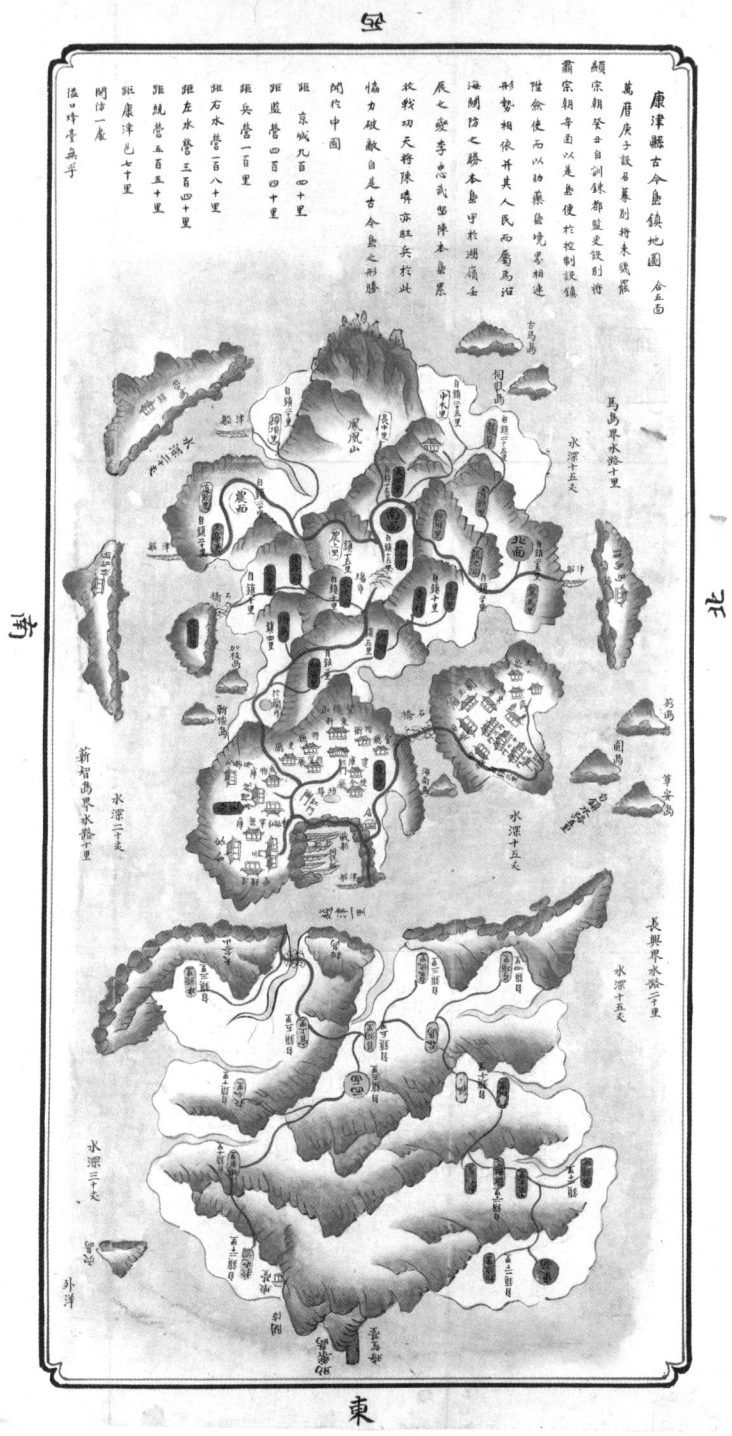

전라도 강진현 고금도 진지도. 『1872년 지방지도』. 서울대학교 규장각한국학연구원.

야의 공로입니다. 나는 당연히 이 수급과 공훈首功을 노야에게 드리겠습니다. 군사를 거느리고 나온 지 얼마 안 되어 황제에게 큰 승첩을 아뢰게 되면 이 또한 좋은 일 아닙니까."라고 하니, 도독이 크게 기뻐하고 공을 더욱 존중하게 되었다. 공이 사유를 갖추어 임금께 아뢰자, 임금께서도 명나라 장수를 영광스럽게 했다고 하여 칭찬하는 뜻의 유서諭書를 내리었다.

도독은 공의 호령하는 것과 절제하는 것이 옛날 명장의 풍도가 있음을 익히 보고서, 말할 때는 반드시 이야李爺라고 존경하여 부르고 이름을 부르지 않았다. 또 적을 만나면 공의 배로 달려와서 지휘를 공에게 양보하는 것이었다.

9월, 도독과 함께 좌수영으로 진군하였다가 장도獐島[60]에 적의 군량이 쌓여 있다는 말을 듣고 군사를 보내서 다 빼앗아 오게 하고, 미처 다 실어 오지 못한 것은 불살랐다.

21일, 공은 해남현감 유형柳珩[61]을 파견하여 적진으로 나아가 시험해 보게 하였더니, 다만 적의 머리 8급만 베고 조수가 물러나므로 돌아왔다.

10월 초2일, 유 제독[유정劉綎]과 약속하여 수륙 합동으로 적을 치기로 했는데, 수군은 나아가 싸웠지만 유 제독은 뒤처져 있으면서 진격하지 않았다. 첨사 황세득黃世得이 죽었다.

초3일, 한창 치열하게 싸우고 있을 때, 공은 조수가 물러나는 것을 보고 도독으로 하여금 잠시 배를 돌리자고 했으나, 도독이 깨닫지 못하여 명나라의 사선沙船 19척이 과연 얕은 바다에 걸리고 말았다. 적이 그 배들을 여러 겹으로 에워쌌으므로, 공은 7척의 배를 내어 군사를 골라서 보내며 경계하여 지시하기를, "적이 우리 배가 바다에 걸리는 것을 보면 반드시 기회를 타서 모두 잡으려고 할 테니, 너희는 힘써 싸우되 스스로 보전할 뿐이다."라고 하였다. 7척의 배는 공의 명령대로 하여 온전히 돌아왔으나, 사선은 모두 패몰되고 말았다.

이때 왜적의 괴수 수길秀吉은 이미 죽고,[62] 일본은 세력다툼이 아직 결정 나지 않

---

60 장도獐島 : 전라남도 여수시 율촌면 여동리.
61 유형柳珩 : 권9의 주 183 참조.
62 수길秀吉(도요토미 히데요시)은 1598년 8월 18일 사망한 것으로 알려져 있다.

았으므로 적장들은 철수하여 돌아가기에 바빴다. 평행장平行長은 우리 수군이 바다를 굳게 지키고 있는 것을 염려하여, 마음을 다해 화친을 청하면서 심부름꾼과 선물을 교대로 보냈다. 도독은 이를 허락하고 싶어 하자, 공이 말하기를, "이 적은 우리나라小邦에게는 이미 한 하늘 아래서는 같이 살 수 없는 원수입니다. 그리고 명나라에 대해서도 역시 죽여야 할 죄를 지었는데, 도독은 도리어 뇌물을 받고 화의를 도모하려고 하십니다."라고 하니, 도독이 부끄러워하면서 왜적의 심부름꾼을 타일러 내보냈다.

그 후에 왜적은 또 부하 장수를 공에게 보내어 총과 칼을 주고자 하였다. 공이 말하기를, "임진년 이후 적적賊을 소탕하여 얻은 총칼이 산더미처럼 쌓였는데, 무엇 하러 원수敵人가 보내 준 선물을 받겠느냐."라고 하니, 적장賊將이 아무 말도 하지 못했다.

그 후에 적이 도독에게 칼과 말을 선물하며 요청하니, 도독이 공에게 일러 말하기를, "나는 잠시 행장行長은 내버려 두고 먼저 남해에 있는 적을 토벌하겠다."라고 하였다. 공이 말하기를, "남해에 있는 적이란 모두 사로잡혀 가서 협박을 받아 적을 따르게 된 사람들로서 진짜 적이 아닙니다. 황제께서 적을 토벌하라고 한 것은 우리 작은 나라의 인명人命을 구원하고자 해서인데, 그들을 되찾아 올 계책은 내지 않고 도리어 죽이고자 하는 것은 무슨 일입니까?" 하니, 도독이 비록 성은 내었으나 어떻게 하지 못했다.

[11월]⁶³ 17일, 어두울 녘에 행장行長이 봉화를 올려 남해의 적들과 호응하였다.

18일, 남해의 적들은 엄목포嚴木浦⁶⁴로 배를 이동하고, 곤양昆陽과 사천泗川의 적들은 노량으로 이동하여 적선들이 바다를 뒤덮었는데, 그 기세가 매우 날카로웠다. 공은 도독과 함께 야간에 공격하기로 비밀리에 모의하고, 이경二更[오후 9~11시]에 묘도猫島에서 출발하여 사경四更[오전 1~3시]에 노량에 도착하였다. 군사들을 함매衘枚⁶⁵시키고, 또 북도 눕혀 놓고 조용히 진군하였는데, 적이 미처 준비하지 못한 사이

---

63 [11월] : 역시 월月이 생략되어 있다. 마지막 노량 해전이 11월 19일이었다.
64 엄목포嚴木浦 : 경상남도 남해군 설천면 문의리 부근 포구로 추정된다.
65 함매衘枚 : 행진할 때 떠들지 못하도록 입에 하무(나무 막대기)를 물리는 것이다.

에 치기 위해서였다.

공은 향을 피우고 하늘에 축원하기를, "이 원수를 없앤다면 죽어도 여한이 없겠습니다."라고 하였다. 오래지 않아 큰 별이 바다에 떨어졌는데, 보는 이들이 이상히 여기었다. 조선과 명나라의 두 수군이 합세하여 노를 급히 저어 곧바로 돌진하니 무기에 부딪치는 것은 부서지고, 화살에 맞은 자는 넘어졌다. 밤새도록 맞붙어 싸웠는데, 적들은 다른 일을 돌아볼 겨를이 없이,[66] 죽기 살기로 도독의 배를 에워싸기에 급급했다. 공은 여러 장수들을 지휘하여 포위당한 도독을 풀어 주고, 몸소 화살과 돌을 무릅쓰고 날이 새도록 독전하였다. 동틀 무렵에 공은 탄환에 맞아 돌아갔다. 숨을 거두면서도 자기가 죽었다는 것을 말하지 말라고 경계하였으며, 조카 완莞 등에게 그대로 기를 휘둘러 싸움 독려하기를 조금도 늦추지 말라고 명하였다. 여러 장수들이 더한층 명령대로 싸우니, 적들은 마침내 크게 패하여 남쪽으로 달아났다.

싸움이 끝난 후 도독이 공의 죽음을 듣고는 넘어지고 절면서 큰 소리로 통곡하면서, "나랏일을 같이 도모할 사람이 없어졌다."라고 말하며, 수백 냥을 부의금으로 내놓았다. 임금께서도 관리를 보내서 조상弔喪하고, 우의정을 증직하고, 공로를 기록하여 선무공신宣武功臣 1등으로 삼았다.

공은 군수를 지낸 방진方震의 따님에게 장가들어 아들 셋, 딸 하나를 두었으니, 회薈는 현감이요, 열葆은 사과司果[67]요, 면葂은 불행히도 죽었다. 따님은 홍비洪棐에게 출가하였다. 서자는 훈薰과 신藎이요, 손자 하나는 지백之白이다. 면은 무용武勇의 재주가 있었는데, 정유년에 아산에 있다가 갑자기 쳐들어온 왜적을 만나 죽었다. 후에 공이 고금도古今島에 있을 때, 꿈에 면이 나타나 울면서, 나를 죽인 왜적이 사로잡혔으니 원수를 갚아 달라고 하므로, 공이 깨어나서 군중軍中에 물어보니, 과연 새로 잡혀 온 왜적이 있었다. 그래서 왜적의 그간 행적의 자초지종을 물어보게 하였더니, 과연 면을 죽인 놈이 분명하므로, 마침내 명령하여 목을 베었다.

공은 엄격하고 진중하여 위풍이 있었으며, 사람들과 아래 군사들을 사랑하였다. 은혜를 베풂과 신의가 분명히 드러났으며, 식견과 도량이 깊고, 기쁨과 노여움을 얼

---

66 적들은 …… 없이 : 마구 죽어가는 모습, 죽음을 두려워하지 않는 모습을 의미한다고 볼 수 있다.
67 사과司果 : 무반 벼슬로 오위五衛의 정6품직이다.

굴에 잘 나타내지 않았다. 일찍이 말하기를, "대장부가 세상에 나서 쓰이면 죽을힘을 다해 충성하고, 쓰이지 못하면 농사짓고 살더라도 족하다. 권세 있는 자에게 아첨하여 뜬구름 같은 영화를 탐내는 것을 나는 수치로 여긴다."라고 하였다.

일찍이 활쏘기 시합이 있었을 때, 어느 한 재상이 공의 화살통을 보고 그것을 탐냈다. 공이 말하기를, "이것이 무엇이 아깝겠습니까마는, 다만 받으시거나 바치거나 하면 남들이 이를 무어라 이르겠습니까. 하찮은 물건 하나 때문에 이름을 더럽힌다면 어찌 올바른 도리라 하겠습니까."라고 하였더니, 그 재상도 공이 큰 그릇임을 알았다.

정읍현감井邑縣監으로 있을 적에, 도사都事 조대중曹大中에게서 서신을 받고 공도 답장을 보냈는데, 후에 조대중이 역적죄에 걸려서 공의 편지도 압수된 문서 뭉치 속에 끼어 있었다. 금부도사가 마침 공과 아는 사이였는데, 그는 공을 위해서 그 편지들을 뽑아 버리고자 하였다. 공이 말하기를, "옛날부터 도사와는 다만 서로 안부를 물어보았을 뿐이다. 이미 수색물 속에 들어 있는데 사사로이 뽑아낸다는 것은 마음에 편치 않은 일인 것 같다."라고 하였다. 그가 화禍와 복福에 동요되지 않음이 이와 같았다.

건원乾原에 근무하고 있을 때, 북방에 수자리 살던 어떤 무사가 상喪을 당하여 가려고 하나 타고 갈 것이 없어서 걱정한다는 것을 들었다. 공이 말하기를, "내가 비록 평소에 그를 잘 알지는 못하지만, 포복지구匍匐之救[68]에 어찌 서로 간에 아는 사이여야만 되는가." 하고는 드디어 자기가 타는 말을 내어주었다.

수령[정읍현감]이 되었을 때, 죽은 형이 남긴 조카들을 데려다가 길렀는데, 어떤 사람이 남솔濫率[69]의 혐의가 있다고 비난하였다. 그러자 공이 눈물을 흘리면서 말하기를, "내가 차라리 국법에 죄를 지을망정 의지할 데 없는 이것들을 차마 버려둘 수는 없다."라고 하니, 듣는 이들이 그가 어진 사람임을 알았다.

대장이 되어서도 형벌과 포상을 분명히 하였고, 친하고 덜 친한 것으로 차별을 두

---

[68] 포복지구匍匐之救 : '손발로 기며 엎어지며'란 뜻으로 급하게 구한다는 말이다. 특히 이 문자는 남이 상을 당했을 때 쓰는 것이다.(『詩經』「凡民有喪 匍匐救之」.)
[69] 남솔濫率 : 관리가 되어 식구를 너무 많이 거느리고 있는 죄.

지 않았으므로 부하들이 모두 경외하고 복종하였다. 또 매번 여러 장수들과 약속하기를, "적의 목 하나를 베는 동안 많은 적을 쏘아 죽일 수 있다."라고 하면서, 머리를 베는 공首功을 높이 쳐 주지 않고 다만 쏘아 죽임으로써 승첩하기만을 독려하였다. 그가 승첩을 여러 번 거둔 것은 이 때문이었다.

임금의 수레가 서쪽으로 피란 갔다는 소식을 듣고 공은 별도로 쌀玉粒 500여 섬을 저장해 놓고 말했다. "임금께서 만일 요동으로 건너가시게 되면, 나는 마땅히 용양龍驤[큰 배]을 이끌고 바다 위에서 임금의 수레를 맞이해야 한다. 만약 하늘이 돕는다면 국운을 회복할 수 있을 것이고, 또 설령 불행해지더라도 내 나라 땅에서 임금과 신하가 같이 죽는 것이 옳을 것이다."라고 하였다.

공은 또 진중에 있을 때 여색女色을 가까이하지 않았고, 잠을 잘 때도 띠를 풀지 않았으며, 닭이 울면 재계하고 곧 일어나서 혹은 부하들과 같이 전략을 의논하기도 하였고 혹은 옛 역사를 상고하기도 하였다. 자기 몸 돌보는 일은 매우 등한하고 담박함이 이와 같았다.

승전하여 받은 상품은 반드시 여러 부하에게 나눠 주었으며, 11년간 대부대를 통솔하고 있으면서도 집안일은 털끝만치도 돌보지 않아서, 자녀들의 혼사가 때를 놓쳤지만 근심하지 않았다. 그러나 죽은 형의 고과孤寡[고아와 과부. 곧 가족들]들을 생각하는 마음은 자기 소생들보다 훨씬 더하였다.

일찍이 원균元均과 틈이 벌어져서 근거 없는 말들이 퍼졌을 때, 공은 자제들에게 경계시켜 말하기를, "누가 만일 묻거든, 다만 '죄는 용서할 수 있습니다.[70]'라고 응대해야 한다."라고 하였다.

공의 자제들이 일찍이 공이 어떤 자에게 형벌을 내리는 것을 보고는, "그자의 죄는 느슨하게 처분할 수 없습니다."라고 하자, 공이 조용히 말하기를, "형벌은 법에 정해진 대로 하는 것이지 다른 사람들의 말에 따라 더해지거나 덜해지는 것이 아니다. 하물며 자제 된 자의 도리는 마땅히 남을 살려 주는 방도로 구해야지 무거운 형벌을 주라고 부추기는 것은 옳지 못한 일이다."라고 하였다.

---

70 죄는 …… 있습니다 : 원문은 "죄가대야罪可貸也"로, '죄를 용서할 수 있다'이다.

바다의 진영에 있을 때 시를 지었는데 그 시에 이르기를,

바다에 가을이 저물어	水國秋光暮
추위에 놀란 기러기가 줄지어 높이 나네	驚寒鴈陣高
나라 걱정에 뒤척이며 잠 못 들 때	憂心輾轉夜
새벽달이 활과 칼을 비추네	殘月照弓刀

라고 하였다. 이 시를 읽는 이는 누구나 다 그의 충성을 칭찬하였다고 한다.

　내가 사신使臣의 명을 받들고 남쪽 변경으로 내려가서 전함을 타고 견내량見乃梁을 거쳐 거제로 들어가서 한산도를 바라보니, 공의 영특한 풍모와 호방한 혼백을 그대로 뵙는 듯하였다. 어허, 하늘이 이처럼 악독한 오랑캐를 낼 적에 만약 큰 바다로써 한계를 지어 그 땅을 따로 만들지 않았더라면 반드시 우리 동방을 여러 번 피로 물들였을 것이다. 또 임진년의 침범 때, 만일 이 공李公께서 큰 배를 이끌고 적을 무찌르지 않았더라면, 동방의 백성들은 저 오랑캐들 속에 섞이고 말았을 것이다.

　거북선을 창제하여 강적을 꺾고 많은 적을 마치 썩은 나무 꺾어 버리듯이 한 것은 천지신명이 백성들을 사랑하기 때문에 이분을 내어서 그 어려운 고비를 구제한 것이리라. 만일 적이 멋대로 큰 포를 쏘며 부딪치고 불로써 공격한다면, 장차 어떻게 그들을 제압할 수 있을 것인가. 애석하여라. 공의 온갖 전략이 틀림없이 있었을 것이지만, 죽은 이를 다시 살려 내 오지 못하니,[71] 아! 슬프구나!

---

[71] 죽은 이 …… 못하니 : 원문은 "구원불가작九原不可作"이다. 구원九原은 중국 춘추시대 진晉나라 경대부卿大夫들의 묘지인데, 후에는 묘지의 범칭이 되었다. 그런데 진나라 조문자趙文子가 숙예叔譽와 함께 구원에 올라 죽은 이를 다시 살려 오지 못함을 탄식한 일이 있었다.(『國語』晉8, "趙文子與叔譽遊於九原曰死者若可作也".)

시장諡狀[72]

대제학大提學 이식李植[73]

공公의 이름은 순신舜臣이요, 자는 여해汝諧이고, 이씨李氏로 본관은 덕수현德水縣 사람이다. 고려 때 전법판서典法判書[74]인 이소李劭로부터 현달顯達[벼슬이나 덕망이 높아 세상에 드러남]하기 시작하였다. 3대를 지나 본조本朝에 이르러서 영부사領府事[영중추부사] 홍문관弘文館 대제학大提學 이변李邊이 나왔는데, 문학文學으로 진출하여 정정貞靖의 시호를 받았다. 이분이 통례원通禮院 봉례奉禮 휘諱[75] 효조孝祖를 낳았고, 봉례는 병조참의兵曹參議 휘 거磃를 낳았는데, 성종과 연산 두 조정에서 대관臺官이 되어 탄핵을 엄정하게 하였으므로 '호랑이 장령虎掌令'이라는 별명이 있었다. 그가 휘 백록百祿을 낳으니, 평시서平市署 봉사奉事를 지냈고, 호조참판戶曹參判에 추증되었다. 참판이 휘 정貞을 낳으니 병절교위秉節校尉를 지냈고, 순충적덕병의 보조공신 의정부 좌의정 덕연부원군純忠積德秉義補祚功臣議政府左議政德淵府院君으로 추증되었다. 그 부인은 정경부인貞敬夫人에 추증된 초계변씨草溪卞氏이다.

---

72 시장諡狀 : 이순신에게 충무공 시호가 내려진 것은 1643년(인조 21) 3월 28일이므로, 이 시장諡狀은 그 이전 대략 1641~1643년 사이에 작성된 것으로 추정된다. 작성자 이식李植은 그 시기에도 대제학을 맡고 있었고, 그 이전과 이후에도 오랫동안 대제학을 역임하였다.

73 이식李植 : 1584~1647. 자字는 여고汝固, 호號는 택당澤堂·남궁외사南宮外史·택구거사澤癯居士, 본관은 이순신과 같은 덕수德水로 한성에서 살았다. 1584년(선조 17)에 났으니, 율곡栗谷이 죽던 해이고 이순신이 40세 되던 해이다. 1610년(광해군 2)에 문과에 급제하여 관직 생활을 하다가 광해조의 어두운 정치를 싫어하여 1618년 벼슬을 버리고 낙향하였다. 인조 때 다시 관직에 나아가 대사간, 대사헌, 형조·예조·이조 판서 등을 지냈다. 시호는 문정文靖이며, 1686년 영의정에 추증되었다. 문장이 뛰어나 신흠申欽·이정구李廷龜·장유張維와 함께 한문 4대가로 꼽혔으며, 그의 문하에서 많은 문인과 학자가 배출됐다.(《한국민족문화대백과사전》;「한국 역대인물종합정보시스템」.)

74 전법판서典法判書 : 고려 후기 법률·사송詞訟 등에 관한 일을 관장하던 중앙 관서인 전법사典法司의 판서이다.

75 휘諱 : 죽은 어른의 생전 이름.(《漢書》권1상, 高帝紀第一上, "高祖諱邦 字季".)

가정嘉靖 을사乙巳[1545년] 3월 초8일에 공은 한성 건천동乾川洞 본가에서 태어났다. 아기를 낳자 그 어머니의 꿈에 참판공[조부 이백록李百祿]이 나타나서 하는 말이, "아들을 낳으면 반드시 귀하게 될 터이니 이름을 순신舜臣이라 하라."고 하여, 마침내 그대로 이름을 지었다. 어려서 영특하고 남의 구속을 받지 않았으며, 여러 아이들과 놀면서도 언제나 진을 치고 전쟁놀이를 하며 아이들이 대장으로 떠받들었는데, 동리에 불쾌한 일이 있으면 문득 억누르고 꺾어 버리므로 동리 사람들이 두려워하였다.

장성함에 있어서는 자신을 낮춰 공손하고 근신했으며, 글을 읽으면 큰 뜻을 통달하였다. 그러나 문자만 새기고 있는 글공부[76]는 대수롭게 여기지 않아 마침내 무예에 종사하니, 말 타며 활쏘기에서 모두 남보다 뛰어났고, 비록 무사들과 사귈망정 기상이 높고 조용하게 침묵하여 입으로 실없는 말을 하지 않았으므로 동료들이 모두 그의 앞에 나가기를 꺼려하였다.

만력萬曆 병자丙子[1576년, 32세]에 급제하였는데, 무경武經을 강론하는 시험을 치를 때, 장량張良이 벽곡辟穀[곡식으로 만든 음식을 끊음]을 하고 신선의 도를 닦았다[77]는 일에 대하여 설명하는 것이 옛날 학자들의 평론한 것과 부합되니, 시험관이 기이하게 여겼다. 그리고 또 급제한 후에도 나아가 경쟁하는 데 뜻을 두지 않아 권세가를 찾아가서 벼슬 구하는 일을 하지 않았다.

권지훈련원봉사權知訓鍊院奉事로 있을 때, 병조판서 김귀영金貴榮이 첩의 딸이 있어서 공에게 첩으로 주려고 했지만, 공은 말하기를, "내가 이제 벼슬길에 막 나서면서 어찌 권세 있는 집과 관계를 맺을 수 있겠는가." 하고는 그 자리에서 중매를 돌려보냈다.

문성공文成公 이이李珥가 이조판서로 있으면서 공의 사람됨이 어떠하다는 말을 듣고, 또 같은 문중의 사람을 서용하려고 사람을 통해 만나보자고 청했으나, 공은 응

---

76 문자만 …… 글공부 : 원문의 한자 "점필佔傳"은 점필佔畢의 오기이다. 『가승』에는 '필畢'로 되어 있다. 글을 눈으로 보기만 하고 그 뜻을 잘 알지 못함을 의미하는 말이다.

77 신선의 도를 닦았다 : 원문은 "도인導引"으로, 도가道家에서 쓰던 양생술養生術을 이른다. 대기를 몸 안에 끌어들이는 호흡법을 통해, 마음을 안정시키고 욕심을 억제하던 일이다.

하지 않으면서 말하기를, "같은 문중이니 서로 만나 볼 수도 있겠지만, 그가 벼슬을 주관하는 지위에 있는 동안에는 만날 수 없다."라고 하였다.

동구비童仇非의 권관權管이 되었다가, 임기가 차서 돌아와 훈련원에 있었다. 그러다가 충청병사의 군관軍官이 되는 등 그럭저럭 낮은 자리에 돌면서도 자기 뜻을 굽혀서 남을 추종하지 않았다. 또 주장主將이라도 잘못하는 일이 있으면 곧 할 말을 다해서 바로잡았고, 청렴하고 규율 있게 몸을 간직하였으며 조금도 사사로움이 없었다.

발포만호鉢浦萬戶로 전임되어 가 있을 때, 수사水使[수군절도사] 성박成鎛이 거문고를 만들려고 관사에 있는 오동나무를 베어 가려는 것을 보고, 공이 거절하며 허락하지 않으니, 수사가 크게 성을 냈지만 감히 베어 가지 못했다. 그리고 얼마 안 지나 경차관敬差官[서익徐益]의 비위에 거슬려 탄핵을 받아 파면되어 돌아왔다.

건원보권관乾原堡權管이 되었는데, 오랑캐 우을지내亐乙只乃가 오랫동안 변방의 걱정거리로 되어 있었다. 공은 부임하던 즉시 그를 묘책으로 꾀어내다가 사로잡아 묶어 바쳤다. 그러나, 병사兵使는 자기를 거치지 않고 그런 일을 했다고 미워하면서, 도리어 군사를 함부로 출동시켰다는 이유로 죄를 청하였다. 조정에서도 속으로는 그 공로를 가상히 여기면서도 상을 주지 않았다. 관례에 따라 참군參軍으로 승진하였다.

아버지 덕연공德淵公의 상사를 만났다가, 삼년상을 마친 다음 사복시주부司僕寺主簿로 승진하고, 조산만호造山萬戶로 발탁되었다. 이때 그곳의 감사가 조정에 건의하여 녹둔도鹿屯島에 둔전屯田을 설치하고 공에게 그것을 겸임시켜 관할하도록 하였다. 그러자 공은 그곳이 거리가 멀고 또 병력이 적음을 근심하여 여러 번 군사를 더 보내 달라고 청했으나 병사 이일李鎰은 허락하지 않았다. 그러다가 가을 추수 때가 되니 과연 오랑캐들이 군사를 몰고 와서 성채를 공격하므로, 공이 몸소 뛰쳐나가 항전하여 괴수를 쏘아 넘어뜨리자 적들이 도망갔는데, 공은 그대로 추격하여 적에게 사로잡힌 둔전병 60여 명을 도로 빼앗아서 돌아왔다.

그러나 병사는 공을 죽여 자기 책임을 면하려고 형벌을 가하는 기구를 벌려 놓고 곧 목을 베려 하니, 군관들은 둘러서서 보다가 울며 작별하면서 술을 권하며 놀란 가슴을 진정시키라고 하였다. 그러나 공은 정색하며 말하기를, "죽고 사는 것은 천명인데 술은 마셔서 무엇하겠는가."라고 하고는, 그대로 심문하는 자리로 나아가 항변하면서 문초에 서명하기를 거부하였다. 병사도 기가 죽어 공을 옥에 가두기만 하고 조정에 이를 보고하였다.

선조는 그가 무죄임을 살피시고 종군하여 다시 공로를 세우도록 명하였다. 마침 또 얼마 안 지나 배반한 오랑캐를 쳐부수고 목을 베어 바침으로써 사죄赦罪함을 입었다. 전라순찰사 이광李洸이 공을 불러 군관으로 삼고는 말하기를, "그대와 같은 재주로 어찌 이렇게 펴지 못하고 지내는가." 하고는, 임금께 아뢰어 그 도의 조방장助防將으로 삼았고, 다시 돌아와 무신겸선전관武臣兼宣傳官이 되었다.

기축己丑[1589년] 봄에 정읍현감이 되어서는 잘 다스린다는 소문이 있었다. 그때 도사都事 조대중曹大中이 정여립鄭汝立의 역모 사건에 연루되어 잡혀서 조사를 받을 무렵, 금부도사가 문서를 수색하다가 공과 주고받은 편지가 있는 것을 보고 몰래 공에게 말하며 그 문서를 뽑아 버리겠다고 하자, 공은 말하기를, "내 편지에 다른 별말이 없고, 또 이미 수색물 가운데 들어 있으니 그대로 올리지 않을 수 없다."라고 하였는데, 결국 그 일로 걸리지는 않았다. 또 대중[조대중曹大中]의 운구가 고을 앞으로 지나가므로 공은 제물을 차리고서 곡하여 영결하자 누가 그것을 보고 힐문하니, 공은 말하기를, "조 공曹公이 불복하고 죽었으니 그 죄가 틀림없는지 알 수 없고, 또 이 도의 도사를 지낸 분이라 괄시할 수 없다."라고 하였다.

재상 정언신鄭彦信 역시 옥사에 연루되었는데, 공이 마침 임명장을 가지고 서울로 올라왔다가, 그가 옛날의 스승이었기 때문에 옥문 앞으로 찾아가서 안부를 물었더니, 듣는 이들이 의롭게 여겼다.

비변사에서 무신武臣으로 차례를 초월해서 발탁해 쓸 만한 인물을 뽑는데, 공이 거기에 포함되었다. 그것은 문충공文忠公 유성룡柳成龍이 공과 한 동리에 살아서 공의 현명함을 잘 알고 있었으므로, 힘껏 조정에 천거하였기 때문이다.

경인庚寅[1590년]에 고사리첨사高沙里僉使로 올랐으나 대간臺諫들이 너무 빠르다고 논란하였으며, 얼마 안 되어 품계를 당상으로 올리고 만포첨사滿浦僉使로 임명했으나 또다시 너무 급히 승진시킨다고 논란하자 도로 고쳐 그대로 유임되었다.

신묘辛卯[1591년]에 진도군수珍島郡守로 옮기고, 곧바로 가리포첨사加里浦僉使에 임명되었으나, 두 곳 다 부임하기 전에 다시 발탁되어 전라좌도 수군절도사水軍節度使로 임명되었다.

이때 왜국과 흔단釁端[틈이 생기는 실마리]이 벌써 벌어졌으나 조정이나 민간에서는 모두 다 안심하고 있었다. 공이 홀로 이를 깊이 걱정하여 날마다 방비할 무기를 수리하고, 쇠사슬을 만들어 진鎭이 설치된 포구의 입구와 항구를 막았다. 또 귀선龜船[거북선]을 창안하여 만드니, 그 모양은 엎드린 거북과 같았는데, 위에는 판자로 덮고 추도錐刀[송곳칼]를 꽂아서 적이 밟고 올라오지 못하게 하였으며, 그 밑에 군사들을 감추고 8면의 방향에서 총銃을 쏠 수 있도록 하였다. 그것으로 선봉을 삼아 적선을 태우고 깨뜨리어 언제나 승리를 거두었다.

임진壬辰[1592년] 4월에 왜구가 크게 침범하여 먼저 부산과 동래를 함락하고 영남을 거쳐 서울로 향하였다. 공이 군사를 옮겨 치러 나가려 하자, 부하들은 모두 진을 옮겨 다른 도로 나가는 것을 어렵게 여겼다. 오직 군관 송희립宋希立과 만호 정운鄭運의 의견이 공과 합치되었다. 공은 말하기를, "오늘날의 할 일은 오직 왜적을 무찌르다가 죽는 것뿐이고, 감히 반대하는 말을 하는 자는 목을 베겠다."라고 하고, 마침내 모든 진영과 보루의 군병들을 앞바다에 모으고 기일을 정하여 떠나려고 하였다.

이때 마침 경상우수사 원균元均은 수군을 모조리 잃어버리고 사람을 보내어 구원을 청하므로, 공이 곧 군사를 이끌고 달려갔다. 옥포만호玉浦萬戶 이운룡李雲龍과 영등포만호永登浦萬戶 우치적禹致績[78]의 인도로 옥포에 이르러 먼저 왜선 30척을 깨뜨리고, 고성固城에 이르렀을 때 적이 서울을 쳐들어가 임금이 서쪽으로 피란 갔다는 소식을 들었다. 공은 서쪽을 향해 통곡하고, 군사를 이끌고 본영으로 돌아왔다.

원균 등이 다시 구원을 청하자 노량露梁으로 진군하여 왜선 13척을 깨뜨리고, 적을 쫓아 사천泗川에 이르러서는 공이 왼편 어깨에 탄환을 맞았지만, 오히려 활을 놓지 않고 종일 싸움을 독려했다. 싸움이 끝난 후에야 군사들이 비로소 이를 알고는 놀라지 않는 이가 없었다.

---

78 우치적禹致績 : 권9의 주 84 참조.

6월 초순에 적을 당포唐浦에서 만났다. 적의 괴수가 화려하게 꾸민 층루선層樓船을 타고 있었는데, 금관을 쓰고 비단옷을 입었으며 모든 기구와 의장이 무척 화려하였다. 공은 북을 치며 접근하여 싸워서 총통과 화살로 그 괴수를 쏘아 죽이고 나머지 적들도 모조리 섬멸하였다. 정오 무렵 또다시 많은 적선들이 들어오므로, 공은 획득한 층루선을 앞으로 끌어내어 적들과 1리쯤 떨어진 곳에서 불을 지르니, 배 안의 화약이 폭발하여 큰 소리와 불꽃이 진동하자, 적들이 또다시 패하여 달아났다.

얼마 후에 전라우수사 이억기李億祺가 수군을 모두 거느리고 와서 합세하여 고성 앞 포구에서 싸우는데, 적의 괴수가 3층 누각선樓閣船을 타고 푸른 일산日傘을 둘러친 속에서 마주 보고 싸우는 것을 즉시 쏘아 죽이고 30여 척을 깨뜨리자, 남은 적들은 언덕으로 올라가 달아났다. 이로부터 여러 번 싸움에 모조리 이기자 적들은 군사를 거두어 멀리 도망가므로 마침내 이억기와 함께 본영으로 돌아왔다.

적이 다시 양산梁山으로부터 호남을 향해 가려고 하므로, 공은 다시 고성 땅 견내량見乃梁으로 진군하여 바다를 새까맣게 덮을 듯이 다가오고 있는 적선과 마주쳤다. 그래서 거짓 물러나는 척하여 적을 꾀어내어 한산도 앞바다까지 와서는 군사를 돌려 크게 싸웠는데, 대포 연기가 하늘을 뒤덮은 속에서 70여 척을 모조리 깨뜨리니, 적의 대장 평수가平秀家는 몸을 빼어 달아나고, 적의 장령과 군졸로서 죽은 자가 거의 1만 명이나 되니 왜적의 진중陣中이 크게 동요되었다.

적이 또 군선과 무기를 한층 더 정비하여 안골포安骨浦로부터 수가秀家를 구원하러 오므로, 공은 그것을 역습하여 40여 척을 불태워 깨뜨렸다. 다시 부산釜山에 진을 치고 있는 적을 진격하여 적의 근거지를 뒤엎어 버리려 하였으나 적들이 높은 데로 올라가 성채를 만들어 든든히 하고 있으므로, 마침내 빈 배 100여 척만 불태우고 돌아왔다.

이때 왜군들은 여러 도에 가득 차 있고 우리 관군과 의병들은 연달아 패하여 감히 맞서서 겨루지를 못했는데, 공만이 홀로 연달아 큰 승첩을 아뢰니, 임금께서 가상히 여기고 세 번이나 품계를 올려 정헌대부正憲大夫에 이르렀고, 교서를 내려 아름다움을 칭찬하였다.

공은 본영의 지세가 한편으로 치우쳐 있었기 때문에, 위에 청하여 진鎭을 한산도로 옮기고 전라와 경상 두 도를 한꺼번에 막았다. 한산도는 거제巨濟 고을 남쪽에 있어서 전라도와 충청도로 가는 수로의 인후咽喉[길목]이었다. 조정에서는 마침내 수군통제사水軍統制使라는 제도를 설치하여 공에게 본래의 직책[전라좌수사]과 함께 겸직하여 이끌도록 하니, 통제영統制營의 설치는 여기서부터 시작되었다.

처음에 원균元均이 한 척의 배로 공에게 와서 의지하여 연명으로 승첩을 아뢰었으나, 조정에서는 공의 공로가 더 큰 것을 살펴 통제사에까지 올렸던 것인데, 원균은 그 아래에 있게 된 것을 부끄럽게 여기어 비로소 공과 사이가 벌어지게 되었다. 공은 언제나 너그러이 포용해 주려고 하였으나, 원균은 거칠고 포악하여 방자하게 분풀이를 하면서 공의 지휘를 받지 않으므로, 공은 나라의 큰일을 그르칠까 걱정하여 책임을 지고 사임하고자 하였다. 이에 조정에서는 부득이 원균을 충청병사로 전근시켰는데, 원균은 그대로 쌓인 감정을 풀지 않고 조정의 고관들과 결탁하여 백방으로 공을 모함하는 것이었다.

왜장 평행장平行長은 일찍이 대마도를 통해 우리나라를 섬기다가 이때 와서 앞장서 침략해 들어왔기 때문에 우리 사람 보기가 부끄럽다고 하면서, 거짓으로 화의를 맺자고 청하였다. 조정은 사로잡힌 왕자를 빼내고자 경상병사 김응서金應瑞를 시켜서 왕복하면서 일을 의논하게 했다. 평수길平秀吉은 이 틈에 이간책을 쓰도록 하여 행장의 부하 요시라要時羅를 시켜서 비밀히 말하기를, "화친하는 일이 이루어지지 못하는 것은 전적으로 청정淸正[가토 기요마사]이 싸우자고 주창하기 때문이다. 이번에 그가 또다시 나올 것인데, 만약 수군을 내보내서 돌아올 때 바다 가운데서 습격하여 이 사람을 멈추게 하거나 죽이기만 하면 전쟁은 저절로 중지될 것이다."라고 하였다. 그리고 이어서 청정이 탄 배의 깃발과 색깔을 알려 주었다.

조정은 그것에 크게 미혹되어 공에게 진격하기를 독촉하면서 행장의 말대로 하라고 하였다. 공은 그 말이 헤아릴 수 없이 믿을 수 없고 거짓되다고 하였으며, 형편에 따라 움직이지 않고 지키면서 일을 처리하지 않고 며칠을 미뤘다. 요시라가 다시 와서 하는 말이, "청정이 이미 바다를 건너와서 해안에 대었는데, 수군은 어찌하여 이런 기회를 놓쳤습니까."라고 하였다. 그래서 대간들은 서로 상소하여 공을 머뭇거린 죄로 탄핵하였으나, 체찰사 이원익李元翼만은 그렇지 않다는 점을 변명하였다.

유 정승[유성룡柳成龍]은 혐의를 받을까 봐 감히 구원하지 못하니, 그것은 그때 조정의 논란이 이미 두 갈래로 나뉘어 있었기 때문이다.

임금께서 측근의 신하를 보내서 몰래 사정을 알아보게 하였더니, 그 신하마저 원균의 편당이 되어 사실과는 반대로 보고하였다. 정유년[1597년] 2월에 공이 묶여 가서 심문당하고, 장차 무서운 죄목으로 처벌당하게 되었을 무렵, 정승 정탁鄭琢이 임금에게 아뢰기를, "순신舜臣은 명장이니 그 죄를 용서하여 공로를 다시 세우도록 하는 것이 옳습니다."라는 뜻을 말하자, 임금께서도 역시 공의 공로를 생각하여 특별히 용서하면서 종군하여 스스로 공로를 세우도록 하였다.

이때 공의 어머님이 아산에서 돌아가셨으므로[79] 공은 가는 길에 달려가 곡을 하고, 성복成服을 하고는 곧 떠나면서 말하기를, "내가 한마음으로 충성하고 효도하고자 했으나 인제 와서는 두 가지를 다 잃고 말았구나!" 하고 탄식하였다. 군사와 백성들이 길을 가로막고 울었고, 멀고 가까운 곳의 모든 사람들이 탄식하며 애석하게 여겼다.

원균이 대신 통제사가 되어서는 공이 확립해 놓은 군정軍政을 모조리 뒤집어엎어 버렸다. 공은 일찍이 진중에 운주당運籌堂을 지어 놓고 장수들과 함께 거기에 모여 의논하였기 때문에 군졸들까지 모두 자기 의견을 말할 수가 있었는데, 원균은 그곳에 기생과 첩들을 데려다 놓고, 울타리를 둘러쳐서 막아 놓았으며, 잔뜩 취해서 사무를 돌보지 않고 매를 때리며 잔악하게 하니, 군심이 이탈하여 모두들 적이 쳐들어오면 그저 달아나는 수밖에 없다고 하였다.

이때 요시라要時羅가 다시 와서 말하기를, "많은 군사가 방금 바다를 건너오니 차단하여 공격할 수 있습니다."라고 하자, 조정에서는 또 원균에게 분부를 내려 싸우기를 재촉하였는데, 원균은 진작 공의 하던 일을 반대했던 자였으므로, 감히 그것이 어려운 일이라 말하지 못했다. 이해 7월에 군사를 이끌고 앞으로 나아가자 왜선들이 좌우에서 유인하여 피곤하게 한 다음 밤을 타서 엄습하니, 군대는 무너지고 원균도 달아나다가 죽었다. 1백여 척의 배와 군사들이 모두 없어지고 한산도도 마침내

---

[79] 사실은 여수에서 배를 타고 고향 아산으로 오다가 배에서 돌아가시어 아산 바닷가인 해암蟹岩에 와서 대었다.

함락되어, 공이 그동안 마련해 놓았던 군량과 병기 등 몇 해 동안 쓸 만한 것들이 모두 잿더미가 되었다. 이같이 공이 죄를 얻었던 일이나 원균이 패망하고 만 것이 모두 다 왜의 첩자 때문이었다.

대개 적이 부산과 동래 지방을 먼저 점령하여 대마도와 서로 호응하는 형세가 되니, 돛을 한 번만 달면 바로 건너게 되어, 우리 군사가 비록 진군하였으나 피하고 싸우지 않으면서 왼편 바다로 돌아가 정박하였다. 또한 서해 수로와는 달리 제어하여 누를 수 있는 형세에 차이가 있어, 우리 군사가 거기를 손쉽게 끊어 막지 못하고 있었던 것인데, 조정에서는 다만 수군이 여러 번 승첩한 것만 보고 그저 싸우라고만 독촉하였고, 또한 원균도 반드시 패할 것을 알면서도 결국은 패한 것이니, 이것이 모두 멀리서 통제하려고 하였기 때문에 생긴 실패였다.

한산이 이같이 패해 버리자 적들은 서해를 거처 상륙하여[80] 남원을 함락하니 호남과 호서는 이미 지킬 수가 없었다. 이때 도원수[권율權慄]는 진주晉州에 있다가[81] 공을 보내어 남은 군사들을 거두어 모으게 했는데, 얼마 안 되어 다시 통제사가 되었다. 공은 10여 명의 부하와 함께 말을 달려 순천부順天府 경내로 들어가서 병선 10여 척을 얻고, 또 도망병 수백 명을 겨우 거두어 어란도於蘭島에서 적병을 물리쳤는데, 조정에서는 공의 군사가 약하므로 육지로 올라와서 싸우도록 하였으나, 공은 "신이 만일 육지로 올라가면 적선이 서해로 바로 올라가 서울이 곧 위태해질 것입니다." 하고 아뢰니, 임금께서도 그대로 좇았다.

이때 호남 피란민들의 배 1백여 척이 여러 섬에 흩어져 대어 있으면서 공이 방패막이가 되어 줄 것을 믿었다. 공이 그들과 약속하고 진을 친 뒤쪽에 늘여 세워 성원케 하고, 다만 10여 척을 앞에 내세워 진군하여 적을 진도 벽파정碧波亭 아래에서 맞아 싸웠다. 적선은 수백 척이 쳐들어오는데 그 형세는 마치 태산으로 누르는 것 같

---

[80] 칠천량에서 대승한 일본 수군은 고성 추원포에서 도주하는 원균을 추격하여 살해하였고, 이어 휴식을 취하다가 섬진강을 거슬러 올라와 구례에서 일본 육군 좌군과 합세하고 남원성으로 진격하였다.(有馬成甫, 『朝鮮役水軍史』, 海と空社, 1942, 243쪽.)

[81] 도원수의 본진이 있던 초계草溪(지금의 합천군 초계면)는 진주진관晉州鎭管에 속해 있었으므로, 진주에 있었다고 말한 것이다. 진주진관에는 합천, 초계, 함양, 곤양 고을의 군사들이 소속되어 진주목사가 지휘하였다.(『경국대전』, 병전, 외관직.)

았으나, 공은 조금도 동요하지 않고 일자진一字陣을 치고 대포와 화살을 사방으로 쏘아 대니 적병은 쓰러졌다. 거제현령 안위安衛가 배를 이끌고 물러가려 하므로, 공이 뱃머리에 서서 바삐 작은 배를 보내서 안위의 머리를 베어 오라고 명령했더니, 안위도 마침내 나아가 죽을힘을 다하여 싸우니 적이 크게 패하고, 또 그 이름난 장수 마다시馬多時를 사로잡아 목을 베니 군대의 위엄이 다시 떨쳤다. 승첩의 소식이 들리자, 임금께서는 품계를 숭품崇品[82]으로 올려 주려 하였으나, 대간들이 공의 작위와 봉록이 이미 높다고 하여 중지하고, 다른 여러 장수들과 그 이하 군졸들에게만 상을 내리고 말았는데, 양 경리[양호楊鎬]는 마침 서울에 있다가 위로하는 상으로 은과 비단을 보내었다.

이때 육로에서는 적의 병화를 입어 군량 운반이 계속되지 못해, 군중軍中은 그것을 걱정하였다. 그래서 공이 어느 날 밤에 피란민들의 배에다 격문을 돌렸더니, 여러 배들도 이미 공을 무겁게 의지하였으므로, 서로 다투어 양식을 실어 오고 또 옷들도 가지고 와서 군사들이 그 때문에 배불리 먹고 따뜻하게 입을 수 있었다.

공이 비록 상제의 몸으로 다시 기용되어 전쟁에 나서긴 했지만 아직도 소찬만 먹고 또 하루 두어 홉의 밥[83]밖에 먹지 않았으며, 낮에는 전략 세우는 일, 물자 조달하는 일에 힘쓰고, 밤에도 잠을 자지 않아 얼굴이 몹시 파리해졌다. 임금께서 특사를 내려보내어 권도權道[방편]를 따르라는 분부와 함께 맛있는 고기[84]까지 내려보내 주자, 공은 눈물을 흘리면서 억지로 그것을 받았다.

무술戊戌[1598년] 봄에 강진의 고금도古今島[85]로 진을 옮기고 백성들을 모아 둔전을 경작하게 하니, 남쪽 백성들이 연이어 들어와 마침내 큰 진鎭을 이루었다.

그해 가을에 명나라의 도독 진린陳璘이 수군 5천 명을 거느리고 우리나라로 왔는데, 진린은 성질이 사납고 오만한 사람이어서 임금께서 혹시 공이 서로 화목하게 지

---

82 숭품崇品 : 문·무관 종1품의 품계. 숭정대부崇政大夫와 숭록대부崇祿大夫를 가리킨다.
83 두어 홉의 밥 : 원문은 "수일미數溢米"이다. 일溢은 1되升의 24분의 1이라 하였고(『儀禮』, 喪服), 또 한 줌을 일溢, 두 줌을 국掬이라 하였다.(『孔叢子』, "一手曰溢 兩手曰掬".) 그러므로 수일미數溢米는 '두어 홉의 밥'이란 뜻이 된다.(李殷相 譯, 『完譯 李忠武公全書(下)』, 成文閣, 1989, 90쪽.)
84 맛있는 고기滋味 : 자滋는 '좋은 맛', 자미滋味는 '맛있는 음식'을 뜻하므로, 결국 '맛있는 고기'라는 말이 된다.
85 고금도古今島 : 현재 전라남도 완도군 고금면에 속한다.

내지 못할까 봐 걱정하여 은밀히 분부를 내려 잘 대접해 주라고 하였다. 공은 위의威儀를 성대히 갖추고 먼 섬에까지 나가 마중해 와서는 위로연을 크게 베풀어 주니, 명나라 군사가 모두 기뻐하였다.

그러나 그들은 오히려 우리의 여염집과 가게들을 약탈하여 우리나라 사람들이 불안해하므로, 공은 문득 군사들을 시켜서 집들을 헐고 옷들을 운반하여 배 안으로 옮겨 싣도록 하였다. 그러자 진린이 깜짝 놀라서 이상히 여기며 사람을 보내 그 까닭을 물었다. 공은 말하기를, "천자의 군대가 오자 마치 부모와 같이 우러러보았습니다. 그런데 이제 약탈해 가는 것을 보고는 군사들이 견딜 수 없어서 피해 달아나려고 하니, 나는 대장으로서 혼자 남아 있을 수 없어서 다른 섬으로 옮기려 하는 것입니다."라고 하였다. 진린이 크게 부끄럽고 두렵게 여겨, 곧 공을 찾아와서 허리를 굽혀 사과하며 간절히 만류하였다. 그래서 공이 "대인께서 만약 내 말을 들어준다면 그대로 머물러 있겠습니다." 하니, 진린이 "앞으로는 일체 공의 말대로 하고 조금도 어기지 않겠습니다."라고 하였다. 공은 다시 "천자의 군사들이 마치 우리를 속국 사람 보듯이 하며 조금도 꺼림 없이 행동하고 있습니다. 대인이 다행히 내게 형편에 맞게 그들을 금지하고 단속할 수 있도록 허락한다면 양쪽 군대가 서로 다 무사할 것입니다."라고 하자, 진린이 승낙하였다. 그 후로는 명나라 군사가 죄를 범하기만 하면 공이 곧바로 묶어다가 죄를 다스려서 온 섬 안이 편안해졌다.

녹도만호鹿島萬戶 송여종宋汝悰이 명나라 배와 함께 나가서 적을 무찔러 배 6척을 빼앗고 적의 머리 70급[86]을 베었는데, 명나라 사람들은 아무런 소득도 없었다. 진린은 이때 마침 공과 함께 술을 마시고 있다가 그 보고를 듣고는 부끄러워 성을 내므로, 공은 말하기를, "대인이 와서 우리 군사를 통솔하고 계시니, 우리의 승첩은 곧 천자 군대의 승첩입니다. 이 수급들을 어찌 감히 내가 차지할 수 있겠습니까. 얻은 것을 모두 대인께 바칠 테니, 바라건대 대인은 이 공로를 황제께 아뢰십시오."라고 하자, 진린은 크게 기뻐하며 말하기를, "평소 공이 동쪽 나라의 명장이란 말을 들었는데, 지금 보니 과연 그러하오." 하였다. 한편, 송여종은 실망하여 스스로 하소연하므

---

86 70급 : 「행록行錄」과 「행장行狀」에는 69급, 『선조실록』(권103, 선조 31년 8월 13일 병인)에는 70여 급으로 나와 있다.

로, 공은 웃으며 말하기를, "적의 머리는 썩은 고깃덩어리이다. 명나라 사람에게 준들 무엇이 아까우냐. 네 공로는 따로 내 장계에 적어 그대로 임금께 알릴 것이다."라고 하니 송여종도 또한 감복하였다.

이로부터 진린은 공의 군사 다스리는 방법을 살피고 승첩을 거두는 방략 하나하나에 공경하고 탄복하여, 우리 판옥선을 빌려 스스로 탔고 또 군중의 크고 작은 일을 반드시 공에게 와서 물었다. 그리고 또 매번 "공은 작은 나라의 인물이 아닙니다. 만일 중국으로 들어가 벼슬한다면 당연히 천하의 상장上將이 될 텐데, 왜 여기서 이렇게 곤궁하게 지내시오?" 하였다. 또 우리 선조대왕에게 글을 올리기를, "이모李某는 경천위지지재經天緯地之才[천지를 주무르는 재주]와 보천욕일지공補天浴日之功[나라를 다시 세운 공로]이 있는 분입니다."라고 하였는데, 그 말이 비록 적중하지는 않을지라도, 대개 마음으로 존경하고 따랐던 것이었다.

육군 제독 유정劉綎이 묘족苗族의 군사를 거느리고 와서 진린과 서로 약속하고 행장行長을 협공하기로 하였다. 그래서 수군은 항구로 진군하여 싸우며 승부를 내지 못하고 있었는데, 유정의 부대는 약속을 어기고 호응하지 않았다. 이것은 실상 행장이 이미 관백 수길秀吉이 죽었다는 소식을 듣고 급히 철수하여 돌아가려고 하였지만, 우리 수군이 앞을 막고 있는 것이 무서워서 유정에게 뇌물을 먹였기 때문에 그같이 공격을 늦춘 것이었다.

그리고 또 몰래 진린에게도 내통하여 길을 틔워 달라고 간절히 애걸하자, 진린도 뇌물에 걸려들어 그것을 허락해 주려고 하였다. 이에 공은 나뭇조각에 비밀히 글을 써서 던져 보이며 그 잘못하는 것임을 풍자하자 진린이 부끄럽게 여겨서 중지하였다. 행장이 그것을 알고 다시 사신을 공에게 보내 총과 칼을 바쳤으나 공은 준엄하게 거절하며 물리쳤다.

왜의 진중에 마침 양식이 떨어지자 왜적들은 명나라 사람에게 빌붙어 왕래하면서 명나라의 양식을 모두 사들여 놓고는 영문을 닫고 나오지 않았다. 진린은 뇌물을 받아 챙기려다 놓친 일을 부끄럽게 여기고는, 행장은 그대로 내버려 두고 남해의 적부터 가서 치겠다고 하면서 공에게 먼저 출발하라고 독촉하였다. 그러나 공은 힘써 다투어 말리고 그 말에 따르지 않았다.

행장이 또다시 곤궁한 상태에 빠져서 사천泗川에 진을 치고 있는 적[87]에게 구원병을 요청하면서 봉화를 올려 서로 호응하였는데, 사천의 적들은 바로 살마주薩摩州[오늘날의 규슈 남단 가고시마]의 군사로서 강하고 용감하여 대적할 상대가 없었으며, 함부로 싸움에 달려들지 않고 반드시 가장 중요한 대목에서만 나섰는데, 이때 행장이 위급해진 것을 보고 모두 나선 것이었다.

이날 밤 큰 별이 바닷속으로 떨어지니 모든 군사들은 그것을 이상하게 여겼다. 공이 명나라 배들과 함께 노량으로 나가 싸우며 밤중부터 아침에 이르기까지 수십 번 접전하여 적병이 패하여 물러났는데, 공은 문득 날아오는 탄환에 맞아 사망하였다. 공의 조카 완莞은 담략과 용맹이 있었는데, 즉시 공의 시신을 안고 방으로 들어가 숨기고 곡소리를 내지 않은 채 여전히 기를 들고 독전督戰하였으므로, 배 안의 모두가 그것을 알지 못했다.

도독이 왜선들에게 에워싸이자 우리 군사가 가서 구해 냈는데, 정오쯤에 적이 크게 패하여 달아나고, 행장도 그 틈에 배를 띄워 바깥 바다로 도망쳤다. 진린이 사람을 보내어 공을 위로했는데, 우리 배에서는 이미 발상發喪한 때였으므로, 도독이 공의 죽음을 듣고는 의자 아래로 넘어져 땅을 치며 크게 통곡하고, 양편 군대가 모두 울어 그 소리가 바다에 가득 찼다. 임금께서도 관리를 보내어 제사를 지내 주고, 의정부 우의정右議政을 추증하였다. 영구를 아산으로 모셔 올리는 길에는 선비와 백성들이 울부짖으며 제사 지내는 것이 천리千里에 끊이지 않았다.

그 이듬해[1599년] 선영 아래에 장사를 지냈다. 부하들이 조정에 청원하여 수영水營에 사당을 세우니, 임금의 명령으로 충민忠愍이라 사액賜額하였다.[88] 거제에 사는 군사와 백성들도 역시 사당을 세워 때때로 빌고 제사를 지냈으며, 호남 사람들은 동령東嶺에 비를 세워[89] 슬퍼하고 사모하는 뜻을 표시하였다.

갑진甲辰[돌아가신 후 6년, 선조 37년, 1604] 겨울에 비로소 임진년 이래의 전쟁 공로를 정리하였는데, 공을 으뜸으로 삼고, 좌의정左議政을 추증하며, 효충장의적의협

---

[87] 당시 사천에 주둔한 일본군은 시마즈 요시히로島津義弘 휘하의 가고시마鹿兒島 부대였다.
[88] 충민사忠愍祠(전라남도 여수시 덕충동 1808번지 외)는 선조 34년(1600, 즉위년청원)에 왕명으로 그의 부하들이 힘을 모아 건립한 최초의 충무공 이순신 사당이다.

력 선무공신效忠仗義迪毅協力宣武功臣이란 녹권錄券을 하사하고, 또 덕풍부원군德豊府院君에 봉하면서, 관리를 보내 제사를 지내도록 하였다. 논밭과 노비를 하사하는 등 애도하고 표창하는 예전禮典을 갖추었다.

공의 부인은 상주방씨尙州方氏였는데 정경부인貞敬夫人에 봉했다. 세 아들을 두었으니, 맏아들 회薈는 현감이요, 다음 아들 열葆은 정랑正郎이다. 그다음은 면葂으로서 재주와 용맹이 있고 또 군사에 관한 일을 좋아하므로 공이 늘 자기를 닮았다고 칭찬하더니, 정유년丁酉年 가을에 어머니를 따라 아산에 있다가 적을 만나 싸우다가 죽었다. 한 명의 딸은 선비 홍비洪棐에게 시집갔고, 서자庶子는 두 사람으로 훈薰과 신藎인데, 모두 무과에 올랐으나 벼슬은 하지 못했다.[90]

공은 집에서도 행실이 돈독했었다. 두 형이 먼저 죽자 공은 너무도 슬퍼하며 그 외로운 조카들을 어루만져 길렀고, 혼인시키고 혼수를 마련해 주는 것도 자기 자녀보다 먼저 하였다.

그는 지조를 지킴이 곧고 깨끗하여 태산같이 우뚝 서 있어서 비록 학문에만 전력하는 선비로서 엄격하게 규율을 지키는 자[91]라 하더라도 그에게 미치지 못하는 바가 있었다.

훈련원 벼슬은 무사의 직책으로 가장 하등의 것이었지만, 공은 즐거이 처신하면서 다만 자기 몸을 바르게 하여 행할 뿐이었다. 재상 유전柳㙉이, 공이 좋은 화살통을 가지고 있는 것을 보고 달라고 하자, 공은 사절하여 말하기를, "이까짓 것 하나야 매우 하찮은 것이지만, 소인이 바치고 대감이 받고 하는 것은 의리에 크게 해롭습니다."라고 하여 유 정승이 부끄러워하며 물러났다. 또 병조정랑 서익徐益은 기운이 호탕하고 이기는 것을 좋아하여 동료들도 모두 그를 꺼렸는데, 일찍이 훈련원 참하관參下官 하나를 순서를 뛰어넘어 승진시키려 하자, 공은 법규에 근거해 그것을 반대

---

89 충무공을 기리기 위해 세운 타루비墮淚碑를 말하는 것으로 추정된다. 현재 전라남도 여수시 고소대姑蘇臺(여수시 고소동 302)에는 '통제이공수군대첩비', '타루비', '동령소갈비'가 나란히 세워져 있다.

90 훈薰과 신藎은 무과에 급제한 후, 각각 정묘호란과 이괄의 난 때 전사했다고 한다. 전사 당시 직책을 언급한 기록이 없다. 따라서 관련 기록이 없었기 때문에 이렇게 적은 것으로 보인다.

91 엄격하게 …… 지키는 자 : 원문은 "승묵자율자繩墨自律者"로, 스스로 규율을 지키기를 먹줄로 잰 듯하는 자를 이른다.

하니, 서익도 공을 비난하지 못했다.

또 옥에 갇히어 처벌이 논의되고 있을 때 어떤 아전胥吏이 알려주며 하는 말이, "뇌물 쓸 길이 있으니 그대로 하면 죽음을 면할 수 있을 것이다."라고 했으나, 공은 노하며 꾸짖어 이르기를, "죽으면 죽는 것이지 어찌 구차하게 면하려 할 것이냐."라고 꾸짖었다.

그 스스로 신념을 지키고 아첨하지 아니함이 이와 같았으므로, 그는 반생을 불우하게 지냈으나 세상에서 알아주는 이가 없었다. 난리를 만나 드러나게 공로를 세워 그 정성이 위아래를 감동하게 하였지만, 그러고도 오히려 세속 평론에는 용납되지 못하고 모함에 빠져 옥에 갇힌 것도 다 이로 인한 것이었다.

그러나 공은 지혜를 내고 일을 지휘함에 있어서 한 가지도 실수하는 일이 없었고, 또 용기를 내고 기회를 결단하기만 하면 그의 앞에는 강한 적이 없었으니, 이것이 어찌 평소의 수양이 밑받침되어 된 것이 아니겠는가.

그가 군사를 다스림에는 간명하면서도 법도가 있어서 한 사람도 망령되이 죽이지 않았기 때문에 온 군중이 한뜻이 되어 감히 그의 명령을 어기는 자가 없었으며, 비록 기운을 뽐내는 억센 자라도 공을 바라보기만 하면 그만 굴복해 버리고 마는 것이었다.

또 그는 전쟁에 임해서도 조용히 생각하며 항상 여유가 있었고, 또 나아갈 만한 것을 보고야 나아가며, 지탱하기 어려우면 물러나면서 반드시 세 번 나팔을 불고 북을 쳐서 위세를 드러낸 연후에야 군대를 돌리므로,[92] 마지막 죽던 날에도 군대의 규율과 법도가 평일과 같아서 마침내 승첩하게 된 것이다.

진陣에 있을 때에는 척후를 멀리까지 보내고 엄중히 경계하기 때문에 적이 오는 것을 반드시 먼저 알아내므로 모든 군사들이 그의 귀신같이 밝음에 탄복하였다. 또 밤마다 군사들을 휴식시키고 자기는 스스로 화살의 깃털을 다듬기도 하였으며, 언제나 사부射夫들에게 빈 활만 주고 기다리다가 적선이 앞에 닥쳐온 후에야 화살을

---

[92] 세 번 …… 돌리므로 : 원문은 "삼취타요병이선고三吹打耀兵而旋故"로, 세 번 나팔을 불고 북을 친 연후에야 군대를 돌린다는 뜻이다. 항상 평소 훈련 절차에 따라서 함을 의미한다. 곧 신중하게, 매일 하던 대로의 의미가 있다.

나눠 주고 또 자기도 활을 당기어 같이 쏘는 것이었다. 그래서 부하 장수들은 공이 다시 탄환에 다칠까 염려하여 팔을 잡고 말리면서 "어째서 나라를 위해 몸을 아끼지 않습니까?" 하고 말하면, 공은 하늘을 가리키며 "내 운명은 하늘에 있거늘 어찌 너희들에게만 적과 대항하도록 하겠느냐?"라고 하였다. 그가 죽음으로써 충성을 다하려고 본래부터 작정한 것이 이와 같았다.

오호! 우리 역사상의 장수로서 보통 때에 조그마한 적을 만나 공로를 세우고 이름을 날린 이는 많았지만, 공과 같은 이는 나라가 쇠약해지고 전쟁을 꺼려하는 때에 천하에 더할 수 없이 강한 적을 만나서 크고 작은 수십 번의 싸움에 모조리 다 이겨서 서해를 가로막고 적들이 수륙으로 병진할 수 없도록 함으로써 나라를 다시 일으키는 근본을 삼은 것이니, 같은 시대에 공을 세운 신하가 있다 하더라도, 그보다 더 나은 장수는 마땅히 없을 것이다.

더구나 그의 몸을 세우는 절개와 국란國亂에 목숨을 바치면서 충성한 것과 또 군대를 거느리고 용병하는 절묘한 방식과 복잡한 사무를 처리하는 지혜 등은 이미 다 보고 아는 일인바, 비록 옛날의 명장이나 또 어진 장수들로서 한 시대에 한둘밖에 나지 못하는 그런 인물로도 이분을 넘어설 이는 없을 것이다. 공의 사적은 조정과 민간에 기록된 것이 많고 또 군사와 민중들로 그를 사모하여 읊은 시들도 여기에 이루 다 적을 수 없으므로, 이제 우선 그 대강만 모아서 이 글을 지어 삼가 태상太常[93]에 고하여 시호를 내리는[94] 데 참고하게 하려 한다.

---

[93] 태상太常 : 태상시太常寺를 뜻하는 말로, 고려시대 제사 및 시호諡號의 의정議定에 관한 일을 맡아보던 관청이다. 조선시대에는 '봉상시奉常寺'로 이름이 바뀌었다. 정2품 이상의 관직에 있던 자에게 시호를 추증追贈하는데, 봉상시의 관원이 시호를 받을 자의 행장行狀을 갖추어 이조吏曹에 보고한다.(『經國大典』, 吏典.)

[94] 시호를 내리는 : 원문은 "역명易名"으로, 이름을 바꿈의 뜻이다. 시호諡號로써 이름 대신 부르는 것을 말하므로, '시호를 내림'을 뜻한다.

전라좌수영대첩비全羅左水營大捷碑[95]

영의정領議政 이항복李恒福[96]

지난 임진년에 남쪽의 왜적들이 방자하게 배를 서로 이어 바다 위를 떠올 때, 영남을 거쳐 호남으로 가려면 가로막힌 곳이 한산閑山이며, 경계는 노량露梁이며, 그 목은 명량鳴梁인지라, 만약 한산을 잃어버리면 노량을 지킬 수 없고, 명량이 짓밟히면 서울 복판이 흔들리는데, 그날에 누구의 공로로 세 군데 험한 관문險關을 막아냈던가. 그는 곧 으뜸 공신 통제사 이 공李公이다.

임금日君께서 마침 사신으로 갈 사람이 없어서 내게 명하여 군사를 시찰하라고 하시므로, 출발하려고 하자, 다시 하교하시기를, "돌아간 통제사 이순신李舜臣은 나

---

[95] 전라좌수영대첩비全羅左水營大捷碑 : 전라남도 여수시 고소3길 13에 있으며, 비의 크기는 높이 305㎝, 너비 124㎝, 두께 24㎝이다. 「여수麗水 '통제이공 수군대첩비統制李公水軍大捷碑'」라는 명칭으로, 보물 제571호로 지정되었다. 1615년(광해군 7)에 이항복李恒福이 비글을 짓고, 김현성金玄成*이 글씨를 썼으며, 비신 상단의 '統制李公水軍大捷碑(통제이공 수군대첩비)'라는 두전頭篆은 김상용金尙容*이 썼다. 비석이 건립된 것은 1620년(광해군 12)이다. 일제강점기 때 일본인들이 이 비를 서울로 옮겼으나, 1945년 해방이 되자 여수시의 유지들이 수소문하여 서울 근정전에서 찾아내어 1946년 6월에 여수로 다시 가져왔으며, 1947년 봄에 여수시 고소대姑蘇臺 위에 비와 비각을 세웠다.(『한국민족문화대백과사전』; 해군사관학교 박물관, 『忠武公李舜臣遺跡圖鑑』, 1992; 李殷相 譯, 『完譯 李忠武公全書(下)』, 성문각, 1989, 97~98쪽.)

*김현성金玄成 : 1542~1621. 자는 여경餘慶, 호는 남창南窓, 본관은 김해金海. 한성에서 살았다. 1542년(중종 37)에 태어나, 1564년(명종 19)에 문과에 급제하였다. 관직은 교서관정자敎書館正字, 봉상시주부奉常寺主簿, 양주목사 등을 거쳐, 1617년에 동지돈녕부사同知敦寧府事에 이르렀다. 시서화詩書畵에 두루 능하였는데, 그림보다는 글씨에 뛰어났으며 특히 시에 능하였다고 한다.(『한국민족문화대백과사전』; 「한국역대인물종합정보시스템」.)

*김상용金尙容 : 1561~1637. 자는 경택景擇, 호는 선원仙源·풍계楓溪·계옹溪翁, 본관은 안동安東. 한성에서 살았다. 좌의정 김상헌金尙憲의 형으로, 1590년(선조 23)에 문과에 급제하였으며, 관직은 판돈령부사, 이조판서, 우의정 등을 역임하였다. 정치적으로 서인에 속하면서 인조 초에 서인이 노서老西와 소서少西로 갈리자 노서의 영수가 되었다. 시와 글씨에 뛰어났고, 1758년(영조 34)에 영의정에 추증되었다. 시호諡號는 문충文忠이다.(『한국민족문화대백과사전』; 「한국역대인물종합정보시스템」.)

라를 위해 애쓴 이로서, 남방을 지키다가 나라가 복이 없어서 그가 목숨을 잃었다. 내가 그를 사랑하고 장하게 여기건만, 사당도 아직 못 세워 충신을 권장하지 못했으니 네가 가서 정성껏 하라."고 하셨다. 신臣이 명령을 받고 나와서 국가에서 제사를 지내는 예전祀典을 상고해 보니, 죽음으로써 나랏일에 애쓴 이라면 제사를 지낸다고 하였고, 큰 환란을 막아 낸 이라면 제사를 지낸다고 하였으니, 이는 참으로 옳은 일로서 옛 기록에 적혀 있는 것이다.

되돌아보건대, 난리 첫 무렵에 공의 직책은 호남에 있었으므로 자기가 맡은 한계가 있었지만, 나라의 욕됨을 몹시 치욕으로 여기고, 이웃 재앙을 자신의 근심으로 여겨서, 남쪽 바다를 건너서 왜적들이 점령하고 있는 지대를 짓밟아서 옥포 싸움, 노량 싸움, 당포 싸움, 율포 싸움, 한산 싸움, 안골포 싸움 등에서 적선 220여 척을 불사르고 왜적 590여 명의 목을 베었고, 물에 빠져 죽은 놈들은 그 수조차 헤아릴 수 없었으니, 적들은 죽어라 소리만 지르고, 감히 공의 진 아래 가까이 오지도 못하였다. 그리하여 한산에 진陣을 치고 적이 쳐들어오는 것을 막았다.

정유년丁酉年에 이르러 통제사를 잘못 바꾸었다가[97] 한산이 패해 무너지자, 이때 패전한 수군의 장수들과 달아나는 군졸들, 그리고 남도 백성들이 모두 다 탄식하며 한소리로 외치기를, "만일 이 통제사가 있었다면 어찌 적들로 하여금 한 발자국인들 호남 땅을 엿보게 하였으랴." 하는 것이었다.

조정에서도 급히 공을 찾아 다시 그전 직함을 내렸더니, 공은 홀로 말을 달려 나가 군사를 모으고 배를 거두어 명량鳴梁에 진을 치자 적들은 갑자기 밤중에 기습을 해왔다. 적은 수의 군사로써 죽기를 맹세하고 13척 새로 모은 전함으로 바다를 덮고 들어오는 수만 명 왜적을 대적하여 30척을 깨뜨리고 용기를 내어 진군하니 적은 마침내 달아나고 말았다.

무술년戊戌年에 명나라에서 많은 군사를 내어 구원하러 왔는데, 수군 도독都督 진

---

96 이항복李恒福 : 권9의 주 148 참조.
97 잘못 바꾸었다가 : 원문 "대착혈지대斲血代"는 잘못해서 나무를 찍다가 손가락을 찍어 피가 난다는 고사로, 의역해서 '통제사를 잘못 바꾸었다가'로 해석했다. (李殷相 譯, 『完譯 李忠武公全書(上)』, 成文閣, 1989, 78쪽.)

린陳璘이 공과 더불어 진을 합쳤을 때, 공의 하는 일에 감탄하여 반드시 '이야李爺'라는 존칭으로 부르고 이름을 부르지 않았다. 그해 겨울에 왜적들이 합세하여 노량으로 크게 들어오므로 공은 몸소 정예 군사를 거느리고 앞장서서 막아 냈으며, 명나라 군사들도 진군하여 공과 함께 호응하였다.

이날 닭이 울 무렵 물귀신은 길을 터 주고, 바람귀신은 위세를 거두었다.[98] 사방이 훤히 트이고 새벽 별이 뜨자[99] 조선과 명나라 양 군대가 한꺼번에 나아가니 1천여 개 돛대가 날아서 춤추듯 달렸는데, 공은 앞장서서 뛰어들어 날카롭게 쳐부수니, 적들은 개미 떼 무너지듯 하여 죽는 자를 구제해 낼 겨를도 없었다. 독전督戰하는 북소리는 그치지 않았는데, 하늘에서는 장수 별이 빛을 잃더니, 공은 날이 샐 무렵 탄환에 맞아 쓰러졌다. 그러면서도 오히려 부하들에게 죽었다는 말을 내지 말라고 경계하며 "우리 군사들의 기가 꺾일까 두렵다."라고 하였다. 제독提督[100]이 공의 죽음을 듣고 배 위에 세 번 엎어지면서 "이제는 같이 일할 사람이 없어졌다."라고 탄식하였고, 명나라 군사들도 공을 조상弔喪하여 고기를 먹지 않았다. 남도 백성들은 모두 달려 나와 거리에서 통곡하며 글을 지어 제사하고, 늙은이와 어린아이들이 길을 막고 우는데, 가는 곳마다 다 그러하였다.

어허! 공 같은 이야말로 죽어서도 나랏일에 애쓰고 능히 큰 환난을 막아 낸 이가 아니겠는가. 마땅히 공로로는 으뜸 공신이 되고, 벼슬로는 최고 재상이 되며, 봉토茅土를 하사하고, 기린각麒麟閣[101]에 그 초상을 그려서 걸고, 대대로 국록을 내려주고, 또 후세 영웅으로 하여금 길이 가슴 아파하며 눈물을 흘리게 할 만하니, 대장부로서

---

98 물 귀신, 바람 귀신 : 원문의 풍이馮夷는 물귀신 이름이다.(『장자』.) 비렴廉蜚은 바람귀신 이름이다. (李殷相 譯, 『完譯 李忠武公全書(下)』, 成文閣, 1989, 97쪽.)
99 사방이 …… 뜨자 : 원문은 "진내효중軫乃曉中"으로, 진軫은 별 이름이고, 중中은 중천中天이란 뜻이다. 『예기』 월령月令에 '동짓달에는 … 이른 아침에 진성軫星이 중천에 온다仲冬之月… 旦軫中'라 하였으니, 여기 이 말은 '새벽녘'이라는 뜻이다. (전거는 앞과 같음.)
100 앞에서는 진린을 도독都督이라 했는데, 여기서는 제독提督이라 했다. 전자가 옳고 후자는 착오인 듯하다. 『백사선생집白沙先生集』 「통제사이공노량비명統制使李公露梁碑銘」에도 '제독'으로 표현되어 있다. 『전서』의 편찬자도 명확히 구분하지 못했을 가능성도 있다.
101 기린각麒麟閣 : 공신의 공적을 기록해 두는 곳.

전라좌수영대첩비. 1620년 건립. 전남 여수 고소대. (사진 문화재청)

세상에 나서 이만하면 천고에 훌륭한 인물이거늘, 하물며 이제 나는 명령을 받들어 남쪽 일을 맡아 보게 되었으니 내 어찌 이를 잘하도록 도모하지 않을 수 있겠는가.

   이때 통제사 이시언李時言이 이 말을 듣고 감격하여 이 일을 주장하자, 무릇 군중의 장교와 병졸로서 공의 덕을 입은 자들이 임금의 은혜를 칭송하고 공의 죽음을 슬피 여겨 뭇 사람이 모두 뛸 듯이 기뻐하며 도끼와 망치를 번개같이 번뜩여서 열흘도 안 되어 공사를 끝냈다.[102]

---

102 좌의정 이항복李恒福이 사도도체찰사四道都體察使가 되어 1600년(선조 33)에 남쪽 지방에 내려와서 충민사忠愍祠를 건립했던 사실을 말한다.(『선조실록』 권121, 선조 33년 1월 16일 신유.)

15년 후인 갑인甲寅에 해서절도사海西節度使 유형柳珩이 급히 편지를 보내어 노량露梁의 일을 비에 새겨서 길이 전하기를 원하므로, 나는 말하기를, "공의 덕을 입은 남쪽 백성들의 입으로 칭송하는 말이 영원히 끝나지 않을 것이며, 사직에 끼친 공의 공로는 역사에 기록되어 남을 것이니, 어찌 구태여 비문碑文에 적으리오. 다만 공이 집안에 있어서는 아비 없는 조카들을 어여삐 여겨서 자기 자식같이 한 것은 안에서 이룬 순후淳厚한 행적이요, 여러 해를 진중에 있으면서 고기 잡고, 소금 굽고, 둔전을 크게 열어 군비에 모자람이 없게 하고, 전공戰功으로 받은 상을 아랫사람들에게 남김없이 베풀어 준 것 등은 밖에서 갖추어서 이룬 원만圓滿한 행적들이었다. 그리고 화평하고 어진 덕과, 과단성 있게 일을 처단하는 재능과, 상과 벌을 꼭 맞게 하는 과단성 같은 것은, 만일 다른 사람이 이렇게 하여도 그 이름을 백세에 날릴 수 있는 것이지만, 공에게 있어서는 하찮은 일에 속하는 것이어서, 여기서는 생략한다."라고 하였다. 이에 명銘[103]을 적는다.

임진년[1592]에	在壬辰歲
미친 왜적이 역심을 품고	狂寇不臣
이웃 조선에서 학살을 시작했네	虐始於隣
여러 고을이 무너져서	列郡瓦裂
무수한 적을 맞아 싸웠어도	迎敵津津
왜적은 무인지경을 짓밟듯이 했네	若蹈無人
이때 오직 충무공 이순신만은	時維李公
기개를 더욱 떨쳐서	其氣益振
바다를 막고 백성을 어루만졌네	扼拊海漘
신종황제가 군대를 일으켜	皇耆其武
수많은 군사를 보내면서	出師甡甡
용맹한 장수 진린을 임명했네	命虎臣璘

---

103 명銘 : 비문碑文 중 운문韻文을 '명銘'이라 함.(『大漢韓辭典』, 교학사, 1998.) 여기 명銘의 번역은 한국고전번역원, 고전번역서 『백사집』 권4'를 참고하였다.

번개[104]가 깃발을 흔들고	列缺掉幟
현명이 겨울의 죽음을 맡으니[105]	玄冥司辰
왜적이 군색하여 허둥댔네	賊窘而罷
요충지 포구[106]에 진을 치고	師于阨港
그곳에서 크게 싸울 때	大戰其垠
화살이 큰 뱀[107]에게 집중되었네	矢集脩鱗
죽어 가는 뱀이 꼬리를 흔들어	斃蛇掉尾
공의 몸에 독을 뿌리니	毒于公身
신의 도움을 받지 못했네	不佑于神
노량에 물결이 출렁이고	露梁殷殷
바닷물이 오직 깊은데	維水淵淪
이곳에 비석을 세우네	樹此貞珉
영원히[108] 실추되지 않고	後天不墜
공의 명성[109]이 우뚝 서서	公名嶙峋
길이 높여 제사를 올리리라	維永宗禋

---

104 번개 : 원문의 "열결列缺"은 번개를 가리킨다. 하늘에 '열결'이라는 틈이 있는데, 여기에서 번개가 일어난다고 한다. 『초사楚辭』「원유遠遊」에 "위로 번개에 이르고, 아래로 큰 골짜기를 바라보네上至列缺兮 降望大壑."라고 하였다.

105 현명이 …… 맡으니 : 원문의 "현명玄冥"은 북방北方의 신으로, 겨울·형살刑殺·물을 주관한다. 『예기』「월령月令」에 "겨울을 주관하는 상제上帝는 전욱顓頊이고, 귀신은 현명玄冥이다."라고 하였다.

106 요충지 포구 : 원문의 "액항阨港"이 『백사집白沙集』 권4, 통제사이공노량묘비명統制使李公露梁碑銘에는 '액항阨巷'으로 나와 있으나 착오인 듯하다. '阨巷'은 '요충지 마을'이라는 뜻이다.

107 큰 뱀 : 원문의 "수린脩鱗"은 뱀을 가리키는 말인데, 여기에서는 왜적을 뜻한다.

108 영원히 : 원문의 "후천後天"은 하늘보다 뒤에까지 산다는 뜻으로, 영원히 오래 산다는 말이다.

109 공의 명성 : 원문은 "공명公名"으로, 이항복의 『백사집白沙集』 권4 「통제사이공노량비명統制使李公露梁碑銘」에는 '공명公名'이 '공석公石'으로 되어 있다. 이를 따르면 '공의 비석'으로 번역할 수 있다.

명량대첩비鳴梁大捷碑[110]

대제학大提學 이민서李敏叙[111]

만력萬曆 25년 정유丁酉[1597년] 9월에 통제사統制使 이 공李公이 수군을 거느리고 진도珍島의 벽파정碧波亭 아래에 진주進駐하였으며, 명량鳴梁 입구에서 일본 도적들

---

[110] 명량대첩비鳴梁大捷碑 : 전라남도 해남군 문내면 우수영안길 34(동외리 955-6번지)에 있으며, 비의 크기는 높이 267cm, 너비 114cm이다. '해남海南 명량대첩비鳴梁大捷碑'라는 명칭으로 보물 제503호로 지정되었다. 1685년(숙종 11)에 이민서李敏叙가 비글을 짓고, 이정영李正英*이 글씨를 썼으며, 비신 상단의 '統制使忠武李公鳴梁大捷碑(통제사충무이공명량대첩비)'라는 두전頭篆은 김만중金萬重*이 썼다. 비석이 세워진 것은 1688년(숙종 14)이다. 비글의 첫머리에 비의 이름과 글을 지은이와 글씨 쓴 이와 전자 쓴 이가 다음과 같이 적혀 있다. '有明 朝鮮國統制使 贈諡忠武公 鳴梁大捷碑(유명 조선국 통제사 증시 충무공 명량대첩비)', '資憲大夫 禮曹判書 兼弘文館大提學 藝文館大提學 知經筵春秋館成均館 義禁府事 李敏叙 撰(자헌대부 예조판서 겸홍문관대제학 예문관대제학 지경연 춘추관 성균관 의금부사 이민서 찬)', '輔國崇祿大夫 行判敦寧府事 李正英 書(보국숭록대부 행판돈녕부사 이정영 서)', '崇政大夫 行知敦寧府事 兼知經筵事同知春秋館事弘文館提學 五衛都摠府都摠管 金萬重 篆(숭정대부 행지돈녕부사 겸지경연사 동지춘추관사 홍문관제학 오위도총부도총관 김만중 전).'
1942년에 일본인들이 강제로 비를 철거하여 서울 경복궁 근정전 뒤뜰에 묻어버렸는데, 우수영 유지들이 1947년에 찾아다가 비각(문내면 학동리 1186-7)을 건립하고, 1964년에는 비각 일대를 단장하여 이순신 영정을 봉안한 (구)충무사忠武祠를 건립하였다. 2011년 3월에 현재 위치(전라남도 해남군 문내면 동외리 955-6)로 비석을 옮기고, 2017년에는 충무사도 그 옆에 신축하였다. (황도훈, 『海南指定文化財總覽』, 해남문화원, 1998; 해군사관학교 박물관, 『忠武公李舜臣遺跡圖鑑』, 1992; 해군사관학교 박물관, 『박물관도록』, 1997; 李殷相 譯, 『完譯 李忠武公全書(下)』, 성문각, 1989, 101~102쪽; 한국학중앙연구원, 「향토문화전자대전」.)
 *이정영李正英 : 1616~1686. 자는 자수子修, 호는 서곡西谷, 본관은 전주全州. 한성에서 살았다. 1636년(인조 14) 문과에 급제하여 예조참판, 한성부판윤, 동지부사, 이조판서, 판돈령부사 등을 역임하였다. 전서篆書와 주서籒書(大篆)에 뛰어났으며, 시호諡號는 효간孝簡이다.(『한국민족문화대백과사전』; 「한국역대인물종합정보시스템」.)
 *김만중金萬重 : 1637~1692. 자는 중숙重淑, 호는 서포西浦, 본관은 광산光山. 한성에서 살았다. 광성부원군光城府院君 김만기金萬基의 아우로 숙종의 초비初妃인 인경왕후仁敬王后의 숙부가 된다. 1665년(현종 6)에 문과에 급제하여, 예조참의, 공조판서, 대사헌, 대제학 등을 역임하였다. 『사씨남정기』·『구운몽』 등 국문소설의 저작자로 유명하며, 당파싸움에 밀려 유배 중 남해의 적소謫所에서 사망하였다.(『한국민족문화대백과사전』; 「한국역대인물종합정보시스템」.)

을 크게 격파하였다. 적들은 이로 말미암아 크게 기세가 꺾여서 감히 전라도를 넘보고 충청과 경기 땅을 위협하지 못했다. 이듬해 왜적들은 마침내 군사를 거두고 돌아갔으니, 세상에서는 중흥中興의 전공戰功을 세운 이로는 공을 제일로 치면서 명량전투를 가장 특별하다고 말한다.

공이 처음에 전라좌수사全羅左水使로 있었을 때, 적들이 쳐들어온다는 소식을 듣고 비분강개하여 군사들에게 맹서盟誓하고, 영남 지역으로 병사들을 나아가게 하여 연해沿海에 있는 적들을 맞아 싸웠다.

처음에 옥포玉浦에서 싸웠으며, 다시 당포唐浦에서 싸웠으며, 고성固城의 당항포唐項浦에서 또다시 싸웠다. 이들 모두가 적은 병력으로 많은 무리를 친 것인데, 살해한 적의 수를 이루 헤아릴 수 없었다. 마침내 한산도閑山島에서 대첩大捷을 거두어서 우리나라의 위세를 떨쳤고, 이어서 통제사統制使에 임명되어 삼도三道의 수군을 모두 거느리게 되었다. 이에 한산도에 수년간 주둔하게 되었으며, 적들도 또한 감히 다시는 바닷길을 어지럽히지 못하였다.

이때에 이르러 적들이 다시 병력을 일으켜 대규모로 쳐들어와, 지난날의 패배를 경계 삼고 원한을 쌓아 전력을 기울여 해로에서 일전을 치르고 곧장 북상하려고 했다. 이때 공은 모함을 입고 체포되어서 백의종군하여 원수元帥를 따르라는 명을 받았다. 얼마 후 그는 다시 옛 관직에 임명되었다. 이 무렵 원균元均은 이미 공을 대신하여 크게 군사를 출동시켜 적을 맞이하였다가, 군대가 마침내 패하여 수군과 기계, 비축한 군수물자를 모두 잃고 한산도는 이미 함락된 상태였다. 돌아보면 패전한 뒤였기에 싸울 만한 병력도 없었으므로, 공은 어렵게 험한 길을 떠돌아다니고 바닷가로 달려가서 도망친 군사들을 조금씩 모았으며, 전함戰艦 10여 척을 얻어서 드디어 명량으로 나가 지켰다. 적군이 망루望樓와 노櫓로 바다를 뒤덮을 정도였으나 공은 여러 장수에게 명령하여 배를 나아가게 하도록 독려하였으며, 바다의 좁은 목에 이

---

111 이민서李敏敍 : 1633~1688. 자는 이중彝仲, 호는 서하西河, 본관은 전주全州. 한성에서 살았다. 영의정 이경여李敬輿의 아들로, 송시열宋時烈의 문하에서 수학하였으며, 1652년(효종 3)에 문과에 급제하여 관직은 대사간, 대제학, 예조판서, 호조판서, 이조판서, 지돈령부사 등을 역임하였다. 문장과 글씨에 뛰어나 많은 시문을 남겼다. 시호는 문간文簡이다. (『한국민족문화대백과사전』.)

르러서 전함을 나란히 하고 닻을 내려 중류中流를 막고서 적을 기다렸다.

명량 지역은 목이 매우 좁고 조수가 바야흐로 심하게 밀려들어 왔기에 물살은 더욱 거셌다. 적들이 상류를 따라서 조류를 타고 몰려와서 그들의 형세가 마치 산이 내리누르는 듯하였다. 사졸士卒들은 살고자 하는 의지가 없었으나, 공은 기개를 더욱 독려할 생각을 하였고 기회를 틈타 분발하여 공격하니, 장수와 군사들 모두 결사적으로 싸웠다. 전선戰船은 마치 날아가는 듯 출입하면서 포화砲火를 사방에서 터트리니 바닷물은 들끓었다. 왜적의 배들은 불에 타고 부딪쳐 부서졌으며, 물에 빠져 죽은 자들은 이루 헤아릴 수가 없었다. 적들은 마침내 크게 패해 도망해 갔다.

전투를 시작하여 한창 무르익었을 때, 거제현령巨濟縣令 안위安衛가 조금 물러나자, 공은 뱃머리에 서서 크게 소리를 지르며 좌우의 부하들에게 안위의 머리를 베어 오라고 하였다. 안위는 두려워서 되돌아 와서 힘껏 싸웠다. 이날 적선 500척을 부수고[112] 적장 마다시馬多時의 목을 베었다. 이 무렵 남쪽 사람들이 왜적을 피해 공을 따라왔는데 그들의 배가 100여 척이었다. 싸움이 시작되기 전에 공은 배를 나누어 바다에 띄워서 군대인 것처럼 하였다.

싸움이 시작되자 배 위에서 바라본 자들이 모두 얼굴빛이 변하였고, 공의 병력이 적으니 당연히 패할 것이라 말하였다. 왜적들이 물러가고 싸움의 기운이 가라앉게 되자, 우리 배들이 우뚝하게 그대로 있고 아무런 걱정이 없는 것을 보고, 모두 크게 놀라며 다투어 와서 축하하였다. 이로부터 군대의 위세가 다시 크게 떨치게 되었다.

무릇 이일李鎰과 신립申砬이 패한 후부터 관군官軍 및 의병義兵들은 적을 만나면 번번이 도망치고 무너져, 그들의 예봉銳鋒에 감히 조금도 맞서지 못했다. 그러다가 천자天子가 보낸 대병大兵이 와서 구원하여, 크게 위세를 떨치며 왜적을 섬멸하고 차례로 삼도三都[113]를 회복하였으며, 그런 뒤에야 우리 군도 점점 견제하고 대응할 수 있게 되었다.

연안延安과 행주幸州의 승전勝戰은 비록 한때 뛰어난 승리라고 칭할 만하다. 그러

---

112 적선 500척을 부수고 : 역사적 사실과 다른 엄청난 과장인데, 전후 100년이 지나기 전에 이런 서술이 나온 것이 이채롭다.
113 삼도三都 : 세 도성 곧 한성, 평양, 개성을 일컫는다.

명량대첩비. 1688년 건립. 전남 해남 충무사. (사진 문화재청)

나 이들 모두 명明나라 군대의 위세를 빌린 것으로 겨우 성을 차지해 농성하여 막아서 지켜 온전하게 보존한 것일 뿐, 공이 한 것처럼 홀로 한쪽 방면을 맡아 죽을 각오로 격전을 벌여서 전승全勝을 거둔 것은 없었다. 그런 까닭에 왜적들은 호남과 영남에 6~7년 동안 주둔하였으나 감히 서해西海 쪽으로는 한 걸음의 땅도 밟지 못하였다.

　남원南原이 이미 함락되어 왜적들의 기세가 더욱 왕성해졌는데도 이리처럼 주위를 돌아보며 제멋대로 날뛰지 못한 것은 공에게 힘입은 바이다. 노량해전露梁海戰의 경우를 보면 크게 싸워 또한 크게 이겼고, 진중陣中에서 운명하였으니 끝내 나라를 위해 목숨을 바친 것이다. 공이 돌아가시자 적들도 물러갔는데, 그 후 조정에서는 왜적을 물리친 공로를 논하여 공을 원훈元勳으로 삼고, 선무공신宣武功臣이란 호를 뒤이어 내렸으며, 관직을 좌의정左議政에 추증追贈하고, 노량露梁에 충렬사忠烈祠[114]를

---

[114] 충렬사忠烈祠 : 비석에는 '충민사忠愍祠'로 음각되어 있으며, 『西河集』(권14, 碑銘, 故統制使李舜臣鳴梁大捷碑)에도 '忠愍祠'로 되어 있다. 그러나 『충무공가승忠武公家乘』 명량대첩비명鳴梁大捷碑銘에는 '충렬사忠烈祠'로 나와 있으며, 현재 노량에 있는 사당 이름도 '忠烈祠'이다.

세워 제사를 지냈다.

　공의 휘諱는 순신舜臣이고 자字는 여해汝諧이며, 덕수德水[115] 사람이다. 공은 평소 질서를 잘 지키고 단아하게 꾸며서 마치 선비 같았지만, 난리가 나서 적을 토벌할 적에는 계책을 결정하는 것이 기이하여 비록 옛날의 명장名將이라 해도 그보다 뛰어나지 못하였고, 충의忠義로 분발하니 해와 달을 꿰뚫을 만큼 귀신도 감동하게 함이 있었다. 이 때문에 가는 곳마다 싸워 이겼으며, 그 위세는 이웃의 왜적들이 두려워하게 하였고, 그 의로움은 중국中國에까지 감동시켰다. 공과 같은 이는 옛날에 이른바 참 장군으로 큰일을 맡길 만한 인물이었으니, 오로지 한때의 승리를 얻은 것만 가지고 귀하게 여길 수 없다. 그 자신의 처신處身하는 큰 방도와 용병用兵할 때 뛰어난 지략智略을 발휘한 것은 나라의 역사 및 다른 명銘에 자세히 서술되어 있다.

　나는 어렸을 때 명량을 지나다가 공이 싸우던 곳을 보고 나서 개탄하며 크게 한숨 지었으며, 오랫동안 이리저리 거닐면서 공의 사람됨을 상상해 본 적이 있다. 지금 남쪽 사람들이 그곳에 비석을 세우면서 사람을 보내 내게 명銘을 구하니, 의리상 감히 사양할 수 없었으니, 마침내 옛날에 들었던 이야기를 간략하게 서술하면서 사詞를 붙인다. 사는 다음과 같다.

명량의 입구가 좁아서 단속할 수 있는데	鳴梁口兮隘而束
조수가 모여 두 언덕 사이로 급히 빠지네	海潮聚兮汨兩峽
싸움에 지리 이용하여 기발한 꾀를 내니	兵因地兮利出奇
조그맣고 못난 왜적들이 버티지 못하였네	蕞羣醜兮勢莫支
사졸들이 분발하고 북소리가 울리니	士卒奮兮鼓方震
문득 왜적을 섬멸하여 남은 무리 소탕했네	俄殲賊兮蕩餘燼
장군이야말로 용기와 의리를 겸비하여	惟將軍兮勇義俱
바닷길을 막으셨으니 바다에는 근심이 없네	扼海道兮海無虞

---

115 덕수德水 : 비석에는 '아산牙山'으로 음각되어 있으며, 『西河集』(권14, 碑銘, 故統制使李舜臣鳴梁大捷碑)에도 '牙山'으로 되어 있다. 그러나 『충무공가승忠武公家乘』 명량대첩비명鳴梁大捷碑銘에는 '덕수德水'로 나와 있다. 참고로 이순신의 본관은 '덕수'이고, 그가 태어난 곳은 '한성'이며, 성장했던 곳은 '아산'이다.

성난 파도 치고서 교룡과 고래를 좇아가니	怒濤擊兮蛟鯨趨
전쟁터 바라보면 위대한 전략 생각나네	觀戰地兮想英謨
아름다운 영령께서 바다 한 모퉁이에서 빛나니	靈皇皇兮赫海隈
별을 향해 외치니 바람과 우레를 몰고 다녔네	呵星辰兮走風雷
바닷물이 마르지 않으면 비석도 갈라지지 않으리	海不竭兮石不泐
장렬함이 밝게 드러나니 무궁토록 빛이 나겠네	昭壯烈兮耀無極[116]

---

[116] 비문 끝에 글씨를 쓴 날짜와 비석 세운 날짜가 다음과 같이 따로 적혀 있다. '崇禎後乙丑三月 日書 嘉善大夫 行全羅右道水軍節度使 朴新冑 戊辰三月 日立 監役 出身 韓時達'. 번역하면, '1685년(숙종 11) 3월 일에 쓰다. 가선대부 행전라우도 수군절도사 박신주*가 1688년(숙종 14) 3월 일에 세우다. 공사를 감독한 사람은 과거 급제자 한시달이다.' (해군사관학교박물관, 『박물관도록』, 1997).
*박신주朴新冑 : 1624~1692. 자는 세경世卿, 본관은 밀양密陽이다. 어려서부터 학문을 익혔으나, 문필에 대한 뜻을 접고 무예武藝에 종사하였다. 1657년(효종 8) 무과 급제 후 경상도 병마절도사兵馬節度使, 김해부사金海府使, 도총부도사都摠府都事, 상주영장尙州營將, 장단부사長湍府使, 전라도 수군절도사水軍節度使, 충청도 병마절도사兵馬節度使 등을 역임하였다. (「한국역대인물종합정보시스템」.)

노량묘비露梁廟碑[117]

문정공文正公 송시열宋時烈[118]

남해의 노량에는 사당이 있는데, 삼간三間 짜리 건물이다. 그 안에 위패位牌를 설치하고 고故 이충무공에게 제사를 올렸다. 신종황제神宗皇帝 만력萬曆 시대인 1573년에 왜추倭酋 수길秀吉이 그 임금을 시해하였고, 이후 온 나라의 병력을 일으켜 침략해 왔다. 공은 이에 앞서 북쪽 변방北邊에 있을 때 여러 번 특별한 공로를 세웠으나 사람들이 잘 알지는 못했다. 신묘辛卯[1591년, 선조 24] 2월에 발탁되어 전라좌수사全羅左水使에 임명되었다. 공은 임지에 이르러 날마다 전구戰具를 수리하고 사졸士卒들을 잘 어루만져 복종하게 하였다. 그리고 마침내 왜적倭賊과 싸워서 옥포玉浦에서 패배시키고, 노량露梁 및 당포唐浦에서 패배시켰으며, 사량蛇梁에서 패배시켜 왜적의

---

[117] 노량묘비露梁廟碑 : 경상남도 남해군 설천면 노량로183번길 27, 남해충렬사(사적 제233호) 본전 앞에 세워져 있으며, 비의 크기는 높이 201cm, 너비 105cm이고, 두전頭篆은 '統制使贈諡忠武李公廟碑(통제사증시충무이공묘비)'로 되어 있다. 1661년(현종 2) 10월에 송시열宋時烈이 비글을 짓고, 송준길宋浚吉*이 글씨를 썼다. 비석이 세워진 것은 1663년(현종 4)이다. 비글의 첫머리에 비의 이름과 지은이와 글씨 쓴 이가 이렇게 적혀 있다. '有明 朝鮮國 三道水軍統制使 贈諡忠武李公廟碑(유명 조선국 삼도수군통제사 증시충무이공묘비)', '崇祿大夫 議政府右贊成 兼成均館祭酒 宋時烈 撰(숭록대부 의정부우찬성 겸성균관좨주 송시열 찬)', '正憲大夫 議政府左參贊 兼成均館祭酒 宋浚吉 書(정헌대부 의정부좌참찬 겸성균관좨주 송준길 서).'(해군사관학교박물관, 『박물관도록』, 1997.)

*송준길宋浚吉 : 1606~1672. 자는 명보明甫, 호는 동춘당同春堂, 본관은 은진恩津. 충청도 회덕懷德에서 살았다. 1624년(인조 2) 진사가 된 뒤 학행으로 천거받아 1630년(인조 8) 세마洗馬에 제수되었다. 이후 여러 관직에 임명되었으나 대부분 나가지 않았다. 1649년(효종 즉위) 송시열宋時烈과 함께 발탁되어 형조좌랑, 한성부판관, 사헌부집의, 대사헌, 병조판서, 이조판서 등을 역임하였다. 사후에 1673년 영의정에 추증되었다. 1674년 남인이 정권을 장악하자 1675년(숙종 1)에 관작을 삭탈당하였다. 이어 1680년 경신환국庚申換局으로 서인이 재집권하면서 관작이 복구되었다. 송시열과 동종同宗이면서 학문 경향을 같이한 성리학자로 이이의 학설을 지지하였다. 문장과 글씨에도 능하였다. 1681년 숭현서원崇賢書院 등 여러 서원에 제향되고 문정文正이라는 시호를 받았다. 1756년(영조 32) 문묘에 제향되었다.(『한국민족문화대백과사전』.)

지위가 있는 장수를 베었고, 또한 당항포唐項浦에서 패배시켜서 그들의 전선戰船 40여 척을 부수었는데, 이것은 모두 적은 수로 많은 무리를 친 것이었다. 임금께서는 교서敎書를 내려 그를 표창하고 그의 자급資級을 올려 주었다. 영등포永登浦에 이르러 그들을 패주시키고, 견내량見乃梁에 이르러서 왜적을 유인하여 패배시키니, 비린내 나는 피가 바다에 넘쳤다. 또 안골포安骨浦에서 싸워 그들의 배 40여 척을 불사르고 마침내 부산포로 나아가 싸워 또한 그들의 배 1백여 척을 격파하였다.

그리고 마침내 진영陣營을 한산도閑山島에 설치하고는 군량을 비축하고 군사를 정돈하여 어가御駕를 의주龍灣에서 맞이할 계획을 세웠다. 조정이 삼도통제사三道統制使 제도를 설치하여 공을 임명하여 그곳에 머물게 하였으므로, 왜적이 매우 두려워하여 반간계反間計를 행하여 우리 장수들을 우롱하였다. 원균元均은 또 공을 시기하여 거짓으로 곤경에 빠뜨렸다. 조정에서는 이 두 가지를 다 믿었으며, 공은 마침내 추궁과 고문을 받았다. 대신大臣의 말이 있었고 임금도 또한 공의 공로를 생각하여, 관직만을 삭탈하고 종군시켜 공을 세우도록 책임지웠다. 때마침 어머님이 돌아가시

---

118 송시열宋時烈 : 1607~1689. 자는 영보英甫, 호는 우암尤菴·우재尤齋, 본관은 은진恩津이다. 충청도 옥천에서 태어나 뒤에 회덕懷德으로 옮겨가서 살았다. 8세 때부터 친척인 송준길宋浚吉의 집에서 함께 공부하게 되어, 훗날 양송兩宋으로 불리는 특별한 교분을 맺게 되었다. 27세 때 생원시生員試에 장원으로 합격하며 학문적 명성이 널리 알려졌고, 1635년(인조 13)에 봉림대군鳳林大君(후일의 효종)의 사부師傅로 임명되었다. 1649년 효종이 즉위하자 비로소 벼슬에 나아갔다. 1658(효종 9) 이조판서에 임명되어 왕의 절대적 신임 속에 북벌 계획의 중심 인물로 활약하였다. 1659년(효종 10) 효종이 급서한 뒤, 벼슬을 버리고 낙향하였다. 이후 현종 15년 간 부단한 초빙이 있었으나 관직을 단념하였다. 다만 1668년(현종 9) 우의정에, 1673년(현종 14) 좌의정에 임명되었을 때, 잠시 조정에 나아갔을 뿐, 시종 재야에 머물렀다. 그러나 재야에 은거하여 있는 동안에도 선왕의 위광과 사림의 중망 때문에 막대한 정치적 영향력을 행사할 수 있었다. 1674년(현종 15) 효종비의 상으로 인한 제2차 예송에서 송시열의 예론을 추종한 서인들이 패배하자 예를 그르친 죄로 파직 삭출되어, 1675년(숙종 1) 덕원德源, 장기長鬐, 거제로 유배되었다. 1680년(숙종 6) 경신환국庚申換局으로 서인들이 다시 정권을 잡자, 유배에서 풀려나 영중추부사겸영경연사領中樞府事兼領經筵事로 임명되었다. 1689년(숙종 15) 기사환국己巳換局이 일어나 서인이 축출되고 남인이 재집권했는데, 이때 세자 책봉에 반대하는 소를 올렸다가 제주도로 유배되었다. 그해 6월 서울로 압송되어 오던 중 정읍에서 사약을 받고 죽었다. 1694년(숙종 20) 갑술환국甲戌換局으로 다시 서인이 정권을 잡자 관작이 회복되었다. 이해 수원, 정읍, 충주 등지에 송시열을 제향하는 서원이 세워졌고, 다음 해 문정文正이라는 시호가 내려졌다. 1744년(영조 20)에 문묘에 배향되었다. 문장과 서체에서도 뛰어났는데, 시詩·부賦·책策·서序·발跋·소차疏箚·묘문墓文 등 모든 글에 능했으나, 특히 비碑·갈碣·지문誌文 등 묘문에 명성이 있어 청탁을 받아 지은 것이 수백 편에 이르렀다.(『한국민족문화대백과사전』.)

므로 공은 가는 길에 분상奔喪하여 통곡하고, 곧 떠나면서 말하기를, "내가 한마음으로 충성하고 효도하려 하였는데, 지금에 와서 모두 잃고 말았다." 하니, 군사와 백성들이 말馬을 에워싸고 울었고, 원근 사람들이 탄식하고 애석해했다.

원균이 공을 대신하여 통제사가 되었으나 적의 꾐에 빠져 군대가 패하여 달아나다가 죽었으며, 한산도는 마침내 함락되었다. 왜적이 드디어 서해西海를 거쳐 진격하며 남원南原을 함락하였으므로, 조정은 마침내 공을 다시 통제사로 임명하였다.

공이 10명의 부하들과 말을 달려 순천부順天府에 들어가서 도망한 군졸 약간을 거두어 마침내 어란도於蘭島와 벽파정碧波亭의 싸움에서 모두 적을 대패大敗[119]시켰다. 승첩의 소식이 조정에 이르자, 임금께서 공을 숭품崇品[120]으로 승진시키고자 하니, 공의 관작과 품계가 이미 높다는 말이 있으므로 드디어 중지하고, 장사將士들에게만 상을 주는 것에 그쳤다. 명나라 장수 양호楊鎬도 은자銀子와 비단을 보내어 위로의 상賞으로 내리고 이어 명나라 조정에 아뢰니, 공의 이름이 마침내 천하에 알려지게 되었다.

그때 공은 아직도 소찬素饌[121]을 먹고 거적자리에서 잠을 잤는데, 임금께서 특별히 사신을 시켜 유지諭旨를 내리고 또 고기반찬[122]을 보내니, 공이 눈물을 흘리며 애써 따랐다. 임금께서 공의 수군水軍이 외롭고 약함을 염려하시어 후퇴해서 형세를 관찰하게 하고자 하니, 공이 치계馳啓하기를, "신이 한 번 이 포구港를 떠나면 적이 반드시 상륙하여 승승장구乘勝長驅할 것입니다." 하였다.

이 무렵 명나라 장수 진린陳璘과 유정劉綎이 수로와 육로로 와서 모였는데, 공이 그들을 접대하여 대응接應하는 데 법도가 있었기 때문에 그들의 환심歡心을 모두 얻었다.

---

119 대패大敗 : 비문에는 '대파大破'로 나와 있다. (해군사관학교 박물관, 『박물관도록』, 1997.) 그러나 『충무공가승충무공가승忠武公家乘』(권2, 露梁廟碑銘)에는 '大敗'로 되어 있다. 정유년(1597) 8월 28일 전투와 9월 16일 펼쳐진 명량해전 승첩을 이른다.

120 숭품崇品 : 종1품 숭록대부崇祿大夫와 숭정대부崇政大夫를 가리킴. 이때 이순신은 정2품 정헌대부였다.

121 소찬素饌 : 고기나 생선이 들어 있지 않은 반찬.

122 고기반찬 : 원문은 "초목지자草木之滋"로, 상중喪中에 먹는 고기를 뜻한다. 『예기禮記』 「단궁 상檀弓上」에 "증자曾子가 '상중에 질병이 있으면 고기를 먹고 술을 마시되 반드시 초목지자草木之滋를 쓴다.' 하였는데, 생강과 계피 같은 것을 말한다曾子曰喪有疾 食肉飮酒 必有草木之滋焉 以爲薑桂之謂也."

공이 고금도古今島에 나아가 웅거해 있으면서 백성을 모집하여 농사를 경작하게 하면서 공사公私 간에 서로 편리하게 하니, 남방의 백성들이 끊이지 않고 모여들었다.

적장 행장行長이 급히 철군하여 돌아갈 것을 도모하여 길을 열어 주기를 매우 공손한 태도로 요구하였다. 그런데 두 명나라 장수는 그 뇌물을 받고 모두 허락하고자 하므로 공은 넌지시 비난하기를 매우 지극하게 하였다. 행장이 또 공에게도 사신을 보내 총과 칼을 주자, 공이 원수인 적과는 사신을 소통할 수 없다 하고 엄한 말로 물리치자, 장사將士들은 용기가 저절로 배가 되었다. 행장은 계획이 궁해지자, 드디어 사천泗川에 주둔한 적적賊을 이끌어 자신을 돕게 하였다.

충렬사 노량묘비 탁본(왼쪽, 국립중앙박물관)과 비각(오른쪽). 1663. 경남 남해.

148

어느 날 저녁에 큰 별이 바다 가운데로 떨어지므로 군중軍中이 두려워하였다. 무술戊戌[1598년, 선조 31] 11월 19일에 공이 진린陳璘과 함께 노량露梁에서 적을 맞아 싸워 그들을 크게 무찔렀다. 그러나 공이 갑자기 적의 총탄에 맞고 절명하였으며, 진공이 포위를 당하여 위급하였다. 공의 조카 완莞은 담력과 지략이 있었는데, 울음소리를 내지 않고 아무렇지도 않은 듯이 싸움을 독려하여 마침내 진 공陳公을 포위한 것을 풀었고, 행장은 겨우 도망갈 수 있었다.

이윽고 발상發喪하니, 우리 군대와 명나라 장수 두 진영陣營이 다 부르짖어 통곡하였고, 그 소리가 바다에 가득하였다. 남해南海에서 아산牙山에 이르기까지 영구靈柩를 맞이하여 통곡하면서 제전祭奠을 올리는 것이 천 리 길에 끊이지 않았고, 또한 삼년상三年喪을 입은 자도 있었다. 승도僧徒들은 곳곳에서 재齋를 베풀었다. 모든 사람들이 말하기를, "우리의 목숨을 살려 주고 우리의 원수를 갚아 준 분은 공이다."라고 하였다.

공은 안으로 행실이 돈독하고 곧은 절개가 있었고, 옳지 못한 것이 있다고 생각하면 비록 고관이나 요직에 있는 사람일지라도 반드시 의義에 근거해 부끄럽도록 굴복시켰고, 꾀를 내어 일할 때는 전혀 미비한 점이 없었으며, 용기를 내어 기회를 결단하면 그의 앞에 굳건하게 대적할 자가 없었다. 군사 행정이 간결하되 법도가 있고, 한 사람도 함부로 죽이지 않으므로 삼군三軍이 한뜻이 되어 감히 군령을 어기는 자가 없었다. 그가 대의大義를 들어 왜적의 사신을 물리침에 이르러서는 뇌물을 받은 자로 하여금 얼굴이 붉어지게 하였으며, 화친和親을 주장한 사람으로 하여금 이마에 진땀을 흘리게 하였으니, 장충헌張忠獻[123]이나 악무목岳武穆[124]도 이보다 더할 수 없을 것이다. 그러므로 나라가 극도로 쇠약하고 전쟁을 기피하다가 그 끝에 천하의 막

---

[123] 장충헌張忠獻 : 중국 남송 때 문무를 겸전한 인물인 장준張浚을 가리킨다. '충헌忠獻'은 그의 시호諡號다. 남송 초기에 주전파主戰派의 거물로서 지추밀원사知樞密院事, 상서우복야尙書右僕射 등의 관직을 맡아 금金나라의 공격을 잘 막아냈다. 주화파의 거물 진회秦檜에게 배척당해 근 20년 동안(1146~1163) 지방으로 좌천당했다. 고종이 죽고 1163년 효종이 즉위하자, 다시 추밀사樞密使로 임명되어 군무를 총괄하면서 금나라와 일전을 벌여 승리하였으나, 다시 패하여 위기에 몰리자 주화파들이 땅을 떼어 주고 화친하였다. 이에 병을 얻어 죽었다. 두 아들에게 유서로 말하기를, "재상이 되어 중원의 회복과 조종祖宗의 치욕을 씻지 못하고 죽으니, 나는 조상의 묘지에 묻힐 수는 없고, 형산衡山 아래에 묻어주면 좋겠다."라고 하였다.(『宋史』 권361, 張浚列傳.)

강한 적을 만나, 크고 작은 수십 번의 싸움에서 모두 전승全勝을 거두어 동남東南의 적로賊路를 차단하여 국가 중흥中興의 터를 닦아 위대한 공을 세웠고, 황상皇上의 은총을 입어 인부印符를 내려주라는 명령이 있었으니, 온 나라의 백성이 비록 집집마다 신주를 모시고 제향을 올린다 할지라도 지나칠 것이 없다.

더구나 이 노량은 공의 정독旌纛[기와 둑. 곧 깃발]이 있는 곳이며 호령號令이 닿은 곳으로, 그 혼백魂魄이 있어 두려울 만한 것이니, 진실로 억만년이 지나도 산을 박차고 바다를 내뿜으며, 바람이 성내고 구름이 모여서 항상 대마도對馬島를 짓밟고 강호江戶[일본 동경의 옛 이름]를 공격할 기세를 갖추었으니, 그를 엄히 받들기를 더욱 먼저 해야 할 일이다. 옛날에 사당이 있으나 초라하고 좁고 낮아서 공의 신령을 모시기에 부족하였다. 그래서 통제사統制使 정익鄭榏[125]은 포은圃隱 선생의 이손耳孫[126]인데, 공의 충의忠義에 감동하여 이미旣[127] 이 사당을 고쳐 새롭게 하고, 또 큰 돌을 캐다가 비석[128]을 만들면서 학사學士 민정중閔鼎重[129]을 통하여 나에게 그 사실事實을 쓰게 하였다. 글이 이미 대충 이루어지자, 판서判書 홍명하洪命夏[130]가 그 일을 왕에

---

124 악무목岳武穆 : 중국 남송 때 명장 악비岳飛를 가리킨다. '무목武穆'은 그의 시호諡號이다. 북송 말 남송 초기에 금나라와의 전투에서 매번 승리하고, 국내의 도적을 토벌한 공로로 고종高宗(1127~1162)으로부터 '정충악비精忠岳飛'라는 깃발을 하사받았다. 이후 '정충'은 악비를 상징하는 단어가 되었다. 주전파와 주화파가 대립하며 힘겹게 금나라에 맞서 나라를 지탱하고 있던 남송은 악비 등의 연이은 승리로 안정을 유지할 수 있었다. 이에 입지가 좁아진 주화파는 재상 진회秦檜를 중심으로 악비를 역모죄로 모함하여 옥에 가두었고, 악비는 결국 1142년 39세의 젊은 나이로 처형되었다. 남송 조정은 뒤에 충무忠武의 시호를 다시 내리고, 악왕묘라는 사당을 지어 그를 크게 추앙했다. 악비는 효성과 충성이 지극했는데, 등에 '진충보국盡忠報國(충성을 다해 나라에 보답한다)'이라는 네 글자를 새기고 다녔다. 어떤 사람이 그에게 "천하가 어느 때나 태평하겠습니까?"라고 하니, 그는 "문신文臣이 돈을 사랑하지 않고, 무신武臣이 죽음을 아끼지 않으면 천하가 태평할 것이다文臣不愛錢 武臣不惜死 天下太平矣."라고 하였다.(『宋史』 권 365, 岳飛列傳.)

125 정익鄭榏 : 본관은 연일延日. 황해도 해주海州에서 살았다. 1592년(선조 25)에 났으며, 1612년(광해 4)에 무과에 급제하였다. 여러 관직을 거쳐 1657년(효종 8) 1월에 통제사에 부임한 후, 1658년 3월까지 근무하였다.(『한국역대인물종합정보시스템』;『道先生來歷事蹟擧槩』, 해군사관학교 박물관 소장.)

126 이손耳孫 : 현손玄孫의 손자, 곧 7세손이다.

127 이미旣 : 비문에는 '즉即'으로 나와 있다. (해군사관학교 박물관, 『박물관도록』, 1997.) 그러나 『충무공가승忠武公家乘』(권2, 露梁廟碑銘)에는 '기旣'로 되어 있다.

128 비석 : 원문 "생계牲繫"는 비석을 뜻하며, 생비牲碑와 같은 말이다. '牲'은 제사에 쓰는 소, '繫'는 '매달다'는 뜻인데, 옛날 궁전이나 사당 안에 제사에 쓰기 위한 소를 매어 두던 돌을 '생비牲碑'라 하였다. (교학사, 『大漢韓辭典』, 1998.)

게 아뢰었더니, 효종대왕께서 급히 초본草本을 올리라 하여 특별히 을람乙覽[131]해 주셨으니, 또한 어찌 파목頗牧[132]을 그리워했던 뜻이 아니었겠는가.

지금은 효종대왕이 승하하시어 능소陵所 근처의 잣나무만 쓸쓸할 뿐이니, 공의 굳센 혼백이 거듭 구원九原에서 흐느껴 울 것이다. 여기에 아울러 기록해서 시말을 갖추어서 옛일을 살피면서 그를 위하여 피눈물을 닦는다. 공의 휘는 순신舜臣, 자는 여해汝諧인데, 덕수인德水人이다. 때는 숭정崇禎 신축辛丑[1661년, 현종 2] 10월 일이다.

금상今上[현종] 계묘癸卯[1663년]에 사당에 액자를 내려 '충렬忠烈'이라 하였는데, 이때에 이르러 은덕을 갚게 되니 유감이 없다. 비석을 세우는 일을 전후하여 도운 사람은 통제사 박경지朴敬祉[133] 공과 김시성金是聲[134] 공인데, 이해 7월 일에 추가하여 새겼다.

---

129 민정중閔鼎重: 1628~1692. 자는 대수大受, 호는 노봉老峰, 본관은 여흥驪興. 한성漢城에서 살았다. 1649년(인조 27) 문과에 장원급제한 후 예조좌랑, 사간원정언, 사헌부집의, 동래부사, 병조참의, 공조판서, 한성부윤, 좌의정 등을 역임하였다. 1689년(숙종 15) 기사환국己巳換局으로 남인이 집권하자 노론의 중진들과 함께 관직을 삭탈당하고 벽동碧潼에 유배되어 그곳에서 죽었다. 시호는 문충文忠이다. (『한국민족문화대백과사전』.)

130 홍명하洪命夏: 1607~1667. 자는 대이大而, 호는 기천沂川, 본관은 남양南陽. 한성漢城에서 살았다. 1644년(인조 22) 문과에 급제한 후 이조정랑, 동부승지, 한성부우윤, 대사간, 부제학, 대사헌, 형조판서, 예조판서, 병조판서, 우의정, 좌의정, 영의정 등을 역임하였다. 시호는 문간文簡이다. 성리학性理學에 조예가 깊었으며, 특히 효종의 신임이 두터워 효종을 도와 북벌 계획을 적극 추진하였다. (『한국역대인물종합정보시스템』; 『한국민족문화대백과사전』.)

131 을람乙覽: 임금이 글을 보는 일. 임금이 낮에는 정사를 보고 자기 전인 을야乙夜(오후 9~11시)에 글을 읽는다고 하여 생긴 말이다.

132 파목頗牧: 염파廉頗와 이목李牧인데, 중국 전국시대 조趙나라의 유명한 장수들이다.

133 박경지朴敬祉: 1610~1669. 자는 형보亨甫, 본관은 밀양密陽. 경상북도 선산善山에서 살았다. 1636년(인조 14)에 무과에 급제한 후 여러 관직을 거쳐 1660년(현종 1) 3월에 통제사에 부임한 후, 1662년 3월까지 재직하였다. (『한국역대인물종합정보시스템』; 『道先生來歷事蹟擧槩』, 해군사관학교 박물관 소장.)

134 김시성金是聲: 1602~1676. 자는 문원聞遠, 본관은 청도淸道. 경상북도 하양河陽에서 살았다. 1636년(인조 14)에 무과에 급제한 후, 여러 관직을 거쳐 1662년(현종 3) 3월에 통제사에 부임한 후, 1664년(현종 5) 3월까지 재직하였다. (『한국역대인물종합정보시스템』; 『道先生來歷事蹟擧槩』, 해군사관학교박물관 소장.)

신도비神道碑[135]

영의정領議政 김육金堉[136]

우리나라가 200년 동안이나 태평하여 백성들이 병란을 알지 못하다가 총을 쏘고 칼을 멘 도적들이 동남쪽에서 쳐들어와 삼경三京[한성·개성·평양]을 모조리 빼앗기고 7개 도가 도탄에 빠졌을 때, 도원수 권 공權公은 한성 근처에서 적을 노려 큰 승리를 얻었고, 통제사 이 공李公은 바다에서 활약하여 큰 공을 세웠으니, 두 분이 아니었더라면 명나라의 수군과 육군의 군사들인들 어디를 믿고 힘을 썼을 것이며, 종묘사직의 무궁한 국운인들 무엇을 힘입어 다시 만들 수 있었겠는가. 그런데 도원수의 무덤

---

[135] 신도비神道碑 : 충청남도 아산시 음봉면 고룡산로 12-38(음봉면 삼거리 산 2-7)에 있다. 사적 제112호 '아산 이충무공묘' 입구이자, 덕수이씨德水李氏 묘역 입구이다. 1660년(현종 1)에 비석에 글 새기는 작업이 완성되었으나, 가문의 힘이 모자라 세우지 못하다가 1693년(숙종 19)에야 비가 건립되었다. 비석의 전체 높이는 365cm이고, 두전頭篆은 '贈左議政行統制使諡忠武李公神道碑銘(증좌의정행통제사시충무이공신도비명)'으로 되어 있다. 김육金堉이 비글을 짓고, 오준吳竣*이 글씨를 썼으며, 이정영李正英*이 두전을 썼다. 비글의 첫머리에 비의 이름, 지은이, 글씨 쓴 이, 두전 쓴 이가 이렇게 적혀 있다. '有明 朝鮮國 正憲大夫 全羅左道水軍節度使 兼三道統制使 贈效忠仗義 迪毅協力 宣武功臣 大匡輔國 崇祿大夫 議政府左議政 兼領經筵事 監春秋館事 德豐府院君 贈諡忠武 李公神道碑銘 幷序(유명 조선국 정헌대부 전라좌도수군절도사 겸삼도통제사 증효충장의 적의협력 선무공신 대광보국 숭록대부 의정부좌의정 겸영경연사 감춘추관사 덕풍부원군 증시충무 이공신도비명 병서)', '大匡輔國 崇祿大夫 議政府領議政 兼領經筵 弘文館 藝文館 春秋館 觀象監事 世子師 金堉 撰(대광보국 숭록대부 의정부영의정 겸영경연 홍문관 예문관 춘추관 관상감사 세자사 김육 찬)', '崇政大夫 行議政府右參贊 吳竣 書(숭정대부 행의정부우참찬 오준 서)', '嘉善大夫 兵曹參判 李正英 篆(가선대부 병조참판 이정영 전)'. (李殷相 譯, 『完譯 李忠武公全書(下)』, 成文閣, 1989, 116쪽; 한국학중앙연구원, 「한국향토문화전자대전」, 디지털아산문화대전, 신도비.)

*오준吳竣 : 1587~1666. 자는 여완汝完, 호는 죽남竹南, 본관은 동복同福(지금의 전라남도 화순). 1618년(광해군 10) 문과에 급제한 후 대사헌, 예조판서, 형조판서, 판중추부사 등을 역임하였다. 문장에 능하고 글씨를 잘 써서 삼전도비三田渡碑 등 수많은 비문을 썼다. (『한국민족문화대백과사전』; 「한국역대인물종합정보시스템」.)

*이정영李正英 : 권10의 주 110 참조.

에는 이미 큰 비석을 세웠지만 통제사의 산소에는 아직 사적을 기록한 비문이 없으니, 이 어찌 신하들과 여러 선비들이 유감으로 여기는 바가 아니겠는가?

이제 공의 외손 홍 군洪君이 판서 이식李植이 지은 공의 시장諡狀을 가지고 와서 내게 보이며 비문을 청하였는데, 나는 이미 늙어 나이 80에 가까운지라, 붓과 벼루와 서로 멀어져 공의 기개와 공훈을 진실로 만분의 하나도 형용하기 어렵지마는, 그 깨끗한 충성과 큰 절개를 마음으로 크게 우러러보는 것은 진작 어려서부터였다. 어찌 감히 말로써 핑계를 대며 형식적으로 사양하여 한번 이야기해 보고 싶어 하던 것을 다 해 보지 않을 수 있겠는가? 이에 감히 사양하지 아니하고 적어 본다.

공은 덕수이씨德水李氏로, 이름은 순신舜臣, 자는 여해汝諧인데, 세종조 대제학大提學 정정공貞靖公 이변李邊의 5대손[137]이다. 가정嘉靖 을사乙巳[1545년, 인종 원년]에 났는데, 아이 때부터 이미 영특하여 보통 사람보다 뛰어났고, 아이들과 함께 놀 때도 진陣을 치는 형상을 만들고 대장으로 추대되므로 사람들이 매우 다르다고 여겼다. 이미 장성하여서는 활 쏘는 재주가 남보다 뛰어났다.

만력萬曆 병자丙子[1576년]에 무과에 급제할 때, 무경武經인 『황석공서黃石公書』를 강講할 적에 시험관이 묻기를, "장량張良이 적송자赤松子를 따라가 놀았다고 하였으니 끝내 죽지 않았겠는가?"라고 묻자, 공이 대답하기를, "한漢나라 혜제惠帝 6년에 유후留侯 장량이 죽었다고 하는 것이 『강목綱目』에 적혀 있으니, 어찌 신선을 따라가 죽지 않았을 리가 있겠습니까."라고 하니, 시험관들이 서로 돌아보며 무인武人으로서 어찌 이것을 알고 있는가 하고 감탄하였다.

서애西厓 유 정승[유성룡柳成龍]은 공과 더불어 젊어서부터 서로 좋아하던 사이인

---

136 김육金堉 : 1580~1658. 본관은 청풍淸風, 자字는 백후伯厚, 호는 잠곡潛谷. 기묘명현己卯名賢의 한 사람인 김식金湜의 고손이며, 이이李珥의 문하인 김흥우金興宇의 아들이다. 광해군 때 성균관 유생으로 정인홍鄭仁弘을 유생의 명부인 청금록靑衿錄에서 삭제하는 일을 주도하여 성균관에서 쫓겨나 경기도 가평加平의 잠곡潛谷에서 농사를 짓고 살았기 때문에 이를 호로 삼았다. 인조반정 이후 복귀하여 1624년(인조 2)에 문과에 장원으로 급제하였다. 이후 병조참판, 형조판서, 대사헌, 예조판서, 우의정, 영의정 등을 역임하였으며, 대동법大同法을 건의하고 시행하는 데 노력하였다. 문집으로 『잠곡유고』가 있고, 『해동명신록海東名臣錄』·『구황찰요救荒撮要』·『벽온방』 등 많은 저서를 남겼다. 시호는 문정文貞이다.(『한국역대인물종합정보시스템』; 『한국민족문화대백과사전』.)

137 5대손 : '5세손'이 올바른 표현이지만, 원문에는 "5대손五代孫"으로 되어 있다.

지라 언제나 공을 대장大將의 재목이라고 칭찬했다. 율곡栗谷 이이李珥 선생이 이조판서吏曹判書로 있을 적에 서애를 통하여 만나보기를 청했으나, 공은 따르지 않으며 말하기를, "같은 문중이니 한번 만나볼 만도 하지만 그가 인물 고르는 자리銓地[즉 이조판서]에 있는 동안은 만나는 것이 옳지 않다."라고 하였다. 또 공이 훈련원봉사訓鍊院奉事로 있을 때 병조판서兵曹判書 김귀영金貴榮이 서녀庶女가 있어 공을 불러 사위 삼으려 했다. 공은 말하기를, "내가 이제 처음 벼슬길에 나섰는데 어찌 권세 있는 집안에 몸을 의탁해서 되겠는가." 하고는 그 자리에서 중매드는 이에게 사절하였다.

또 공은 변방 장수가 되었을 때나 군관이 되었을 때에 한 가지도 사욕을 채우는 일이 없었으며, 상관이라도 잘못이 있으면 철저히 말하여 바로잡아 비록 미움을 받을지언정 꺼리지 아니하였다. 일찍이 건원보권관乾原堡權管으로 있을 적에 오랑캐 울지내鬱只乃[138]가 오랫동안 변방의 걱정거리가 되었는데, 공이 그놈을 붙잡아 오자 병사兵使 김우서金禹瑞가 그 공을 시기하여, 군사를 제 맘대로 부렸다는 죄목으로 장계를 올려 상을 받지 못했다.

공이 건원보에 있는 동안 부친의 상사를 당하여 분상奔喪[139]했다가 삼년상을 마치자 곧 사복시주부司僕寺主簿가 되었는데, 겨우 반달 만에 다시 조산만호造山萬戶로 임명되었다. 순찰사[함경도] 정언신鄭彦信이 녹둔도鹿屯島에 둔전을 설치하고 공을 시켜 이를 겸하여 관할管轄하도록 하였다.

공이 둔전의 방수하는 군사가 적다고 하여 여러 차례 군사를 더 보내 달라고 청했으나, 병사 이일李鎰이 허락하지 않았다. 가을이 되자 과연 오랑캐들이 크게 쳐들어오는지라, 공은 힘써 싸워 이를 막아 내고 그 괴수를 쏘아 죽인 후 그대로 추격하여 사로잡혀 간 둔전 군사 60여 명을 빼앗아 돌아왔다. 병사는, 공을 죽이고 스스로 자기 잘못을 벗어나려고 하여 곧 병영 아래에서 목을 베려고 하였다.

본영의 군관 선거이宣居怡가 공의 손목을 잡고 눈물을 지으면서 술을 권하며 마

---

138 울지내鬱只乃 : 『잠곡선생유고潛谷先生遺稿』 권2, 「이통제충무공신도비명李統制忠武公神道碑銘」에는 '울기내鬱其乃'로 되어 있다.

139 분상奔喪 : 외지에서 친상親喪의 소식을 듣고 집으로 급히 돌아가는 것이다. 또 돌아가기까지 복인服人이 취하는 행동 절차를 이른다.

음을 진정시키려고 하자, 공은 정색하고 말하기를, "죽고 사는 것이 모두 천명天命이 거늘 술은 마셔서 무엇 하겠습니까."라고 하고는 뜰 안으로 들어가 항변하며 조금도 굴복하지 아니하자, 병사도 그만 기가 꺾여서 다만 가두어 놓고 장계를 올릴 뿐이었다. 그러나 위에서 그의 무죄임을 살피시고 백의종군[140]하게 하였다. 다시 곧 오랑캐의 목을 바친 공로로 용서를 받았다.

신도비. 1693. 아산 이충무공묘. (사진 문화재청)

---

140 백의종군 : 원문에는 '대죄자효戴罪自效'라고 되어 있다. '죄를 진 채 스스로 공을 세운다.'는 것이다.

기축己丑[1589년]에 선전관宣傳官으로서 정읍현감井邑縣監에 임명되었다. 경인庚寅[1590년]에는 서애西厓가 힘써 조정에 천거하여 고사리첨사高沙里僉使로 승진되고, 얼마 후 계급을 올려 만포첨사滿浦僉使가 되었으나, 대관臺官들이 너무 빨리 승진된 것이라 하여 원래대로 고쳤다. 신묘辛卯[1591년]에는 진도군수珍島郡守와 가리포첨사加里浦僉使에 임명되었으나 모두 부임하지 않고, 전라좌수사로 발탁되었다. 이때 왜인과 흔단釁端[틈이 생기는 실마리]이 이미 벌어져 공은 이것을 깊이 걱정하여 날마다 방비할 기구들을 수리하고 거북선을 창작했는데, 판자로 덮고 못을 꽂았으며 군사를 감추고 대포를 배열하여 마침내 그 힘으로 승첩을 얻었다.

　임진壬辰[1592년]에 왜적이 부산과 동래를 함락하고 거침없이 나아가자 공은 군사를 옮겨 그것을 치고자 하였으나, 부하들은 모두 본진을 벗어나는 것을 어렵게 생각하므로, 공이 말하기를, "오늘 할 일은 오직 적을 치다가 죽을 따름이다."라고 하고는 여러 진보의 군사堡兵를 합하여 떠나려 할 때, 마침 경상우수사 원균元均이 사람을 보내어 구원을 청하므로, 공이 군사를 이끌고 옥포玉浦로 나아가 만호 이운룡李雲龍, 우치적禹致績 등을 선봉으로 삼아 먼저 왜선倭船 30척을 깨뜨렸다. 고성固城에 이르러 한성이 이미 함락되고 임금의 수레가 한성을 떠났다는 말을 듣고 서쪽을 향하여 통곡하고 군사를 이끌고 다시 본영으로 돌아왔다.

　원균이 또 구원병을 청하므로 공이 다시 노량露梁으로 나아가 적선 13척을 깨뜨리고, 사천泗川까지 쫓아가 싸울 적에 어깨에 탄환을 맞았지만, 오히려 활을 놓지 않고 종일토록 싸움을 독려했으므로 아무도 그것을 아는 이가 없었다.

　6월에 또 당포唐浦에서 싸웠는데, 왜적이 그림을 그린 층루선層樓船을 타고 오므로 편전을 쏘아서 금관을 쓰고 비단 전포戰袍를 입은 적의 장수를 죽이고, 또 남은 적들을 모두 섬멸하였다. 정오에 왜선이 다시 크게 이르자, 공은 붙잡은 적선을 앞에 세우고 적과 1리쯤 떨어진 곳에서 불을 지르니 화약이 폭발하여 불꽃이 치솟고 벼락 치는 소리가 나자 적들이 크게 패하여 달아났다.

　전라우수사 이억기李億祺도 와서 고성에서 합세하여 또다시 층루선에 타고 있는 적장을 죽이고 30여 척을 깨뜨리니, 적이 육지로 올라가 달아났다. 드디어 이억기와 함께 본영으로 돌아왔다. 왜적이 또 호남으로 향해 가려고 하므로 공이 고성으로 나갔더니 적선이 바다를 덮고 오는지라, 거짓으로 물러나 적을 꾀어내어 한산도에 이르러 70여 척을 깨뜨리니 적장 평수가平秀家는 몸을 빼서 달아나고, 죽은 자는 거의 1만 명이나 되어 왜병들이 놀라 떨었다.

공은 진에 있을 때 밤낮으로 엄중히 경계하여 언제나 갑옷을 벗고 누운 적이 없었는데, 어느 날 밤 달빛이 몹시 밝으므로 공이 갑자기 일어나 술 한잔을 마시고 모든 장수들을 불러 모아 이르기를, "적은 간사한 꾀가 많은지라, 달이 없을 때 으레 우리를 습격해 오지만, 달이 밝을 때도 오기 쉬우니 경비하지 않으면 안 된다."라고 말하고, 드디어 나발을 불어 모든 배로 하여금 닻을 들게 하였다. 잠시 후에 탐망선이 적이 온다고 보고하는데, 지는 달은 서산에 걸리고 적선은 그림자를 따라 어둠 속으로 오는 것이 이루 다 헤아릴 수 없었다. 중군中軍이 대포를 쏘고 고함을 지르자 여러 배에서 모두 응하니, 적은 우리가 방비하고 있음을 알고는 감히 달려들지 못하고 물러가므로, 모든 장수가 공을 신神으로 여겼다.

공이 부산으로 진격해서 적의 근거를 엎어 버리려 했으나 적들은 성채를 쌓아 놓고 높이 올라가 있었기에, 다만 빈 배 1백여 척만 불태우고 돌아왔다. 공이 연달아 승첩을 아뢰자 임금께서 이를 가상히 여겨서 품계를 정헌대부正憲大夫로 올려 주고 교서를 내려서 그의 공로를 표창하였다. 공이 한산도閑山島로 진을 옮겨 전라, 경상 두 도를 제압할 것을 청하자 조정에서 허락하였다. 마침내 수군통제사水軍統制使의 제도를 만들어 공으로 하여금 겸하게 하니, 통제영統制營 제도가 이로부터 시작되었다.

공이 따로 쌀 오백 섬을 쌓아서 봉해 두므로, 어떤 이가 무엇에 쓸 것이냐고 물었더니, 공은 대답하기를, "임금이 지금 의주義州에 계신데, 만일 요동遼東으로 건너가게 된다면 배를 가지고 가서 임금의 수레를 맞아 국운의 회복을 꾀하는 것이 나의 직책이요, 이것은 임금께서 드실 양식으로 쓸 것이다."라고 하였으니, 그의 멀리까지 생각함이 모두 이와 같았다.

원균元均은 성품이 본래 급하고 질투가 많고 또 스스로 선배로서 공의 아래에 있기를 부끄럽게 여겨 지휘를 따르지 않았다. 공은 입을 다물고 그의 장점과 단점을 말하지 않고, 자기에게 허물을 돌려 직책을 갈아 달라고 청했으나, 조정에서는 원균으로써 충청병사를 삼았다. 그러자 원균은 조정의 대신들과 사귀며 백 가지로 공을 모함하였다.

이때 적장 행장行長과 청정淸正이 거짓으로 서로를 도모하는 형상을 하고, 요시라要時羅를 시켜 이간질하게 하면서 먼저 청정을 치도록 하게 하자, 조정에서는 그 말을 믿고 공에게 군사를 이끌고 나아가라고 재촉했다. 그러나 공은 적의 간사한 꾀를 알고 형편에 따라 대처하려고 지키면서 일을 처리하지 않고 미루고 있었다. 헐뜯어 말하기 좋아하는 자들이 그것을 머뭇거린 죄로 탄핵하여, 정유년[1597] 2월에 공을 잡아 올려 감옥에 가두었다. 체찰사 이원익李元翼이 장계를 올려서 말하기를, "적이 꺼리는 것은 수군이니, 이순신을 교체하여서는 안 되고, 원균을 보내서도 안 된다."라고 하였으나, 조정에서는 듣지 않았다. 이원익 정승이 탄식하기를, "나라의 일도 이제는 어찌할 수 없게 되었다."라고 하였다.

그러자 임금께서 대신들로 하여금 의논하도록 하였더니, 판부사判府事 정탁鄭琢이 말하기를, "군사의 기밀은 멀리서 헤아릴 수 없는 것이며, 또 그가 나아가지 않은 데에는 그 까닭이 없지 않을 것이니, 청컨대 뒷날 다시 한번 공로를 세우도록 하십시오."라고 하여, 마침내 백의종군白衣從軍하도록 하였다. 그때 어머님이 아산牙山에서 돌아가시니, 공이 울부짖으며, "나라에 충성을 다했건만 죄를 입었고, 어버이를 섬기려고 했건만 돌아가시고 말았구나."라고 하니, 듣는 이들이 모두 슬퍼하였다.

공이 진에 있을 적에 운주당運籌堂을 짓고 여러 장수와 함께 거기서 군사를 의논하였는데, 원균이 공을 대신해서는 공이 해 오던 모든 일을 변경시켜 그 집에다 첩을 두고 울타리를 둘러쳐서 막으니, 여러 장수들은 그의 얼굴을 보기 어려웠고, 못된 짓만 하므로 군중의 인심을 크게 잃고 말았다.

요시라가 또다시 와서 말하기를, "청정의 후원後援하는 군사들이 지금 오고 있으니, 그것을 막아 치는 것이 좋다."라고 하였다. 또 조정에서도 싸우라고 재촉하였으므로, 7월에 원균이 전군을 다 거느리고 나갔다가, 적이 밤을 타고 엄습하여 원균의 군사가 모두 무너져 달아나다가 죽고, 전함 100척도 모두 다 한산에서 깨지고 말았다.

그래서 적들은 호남 바다로부터 상륙하여 남원을 함락시키니, 조정에서는 마침내 공을 상중에서 기용하여 다시 통제사를 삼았다. 공은 부하 10여 명과 함께 말을 달려 순천으로 가서 남은 배 10여 척을 얻고 흩어진 군사 수백 명을 모아 어란도於蘭島에서 적을 깨뜨렸다. 이때 조정에서는 수군이 약하다고 하여 공에게 육지로 올라와서 싸우도록 명령하자, 공은 "적이 곧바로 전라도와 충청도로 쳐들어오지 못하는 것은 수군이 그 길목을 막고 있기 때문입니다. 전선이 비록 적다고 할지라도 신이 죽지 않은 이상 적이 우리를 업신여기지 못할 것입니다."라고 아뢰었다.

호남의 피란선들이 여러 섬에 흩어져 대어 있는 것이 100여 척이었는데, 공이 그들과 약속한 다음 진을 친 후방에 늘여 세워 응원케 하고, 공의 배 10여 척이 앞에 나서 적을 벽파정碧波亭에서 맞았다. 적선 수백 척이 와서 덮쳤으나 공은 동요하지 않고 진을 정돈하여 기다리다가, 적이 가까이 오자 대포와 화살을 한꺼번에 쏘고 군사들도 모두 죽기로 싸워서 적이 크게 패하여 달아나고 적의 명장名將 마다시馬多時의 목까지 베니, 군대의 위세가 다시 떨쳤다.

승첩한 소식이 들려 임금께서 그에게 품계를 높여 상을 주려고 하니, 대간臺諫들이, 이미 지위와 봉록이 높다고 하면서 그것을 저지하였다. 그때 명나라 경리 양호楊鎬가 서울에 있다가 글을 보내어 치하하기를, "근래에 와서 이런 승첩이 없었으므로 내가 직접 가서 괘홍掛紅을 행하고자 하나 길이 멀어서 가지 못한다."라고 하고는 백금과 붉은 비단을 보내어 표창하니, 괘홍이란 중국 사람들이 폐백으로써 축하하는 예식을 말하는 것이다.

무술戊戌[1598년] 봄에 진鎭을 고금도古今島로 옮겼는데, 공은 비록 상중에서 기용되어 군문에 종사하면서도 날마다 겨우 몇 홉 밥을 먹어 얼굴이 여위므로, 위에서 특별히 사신을 보내어 방편을 따르라고[141] 유지諭旨를 내렸다.

이해 가을에 명나라 장수 도독 진린陳璘이 수군 5천 명을 거느리고 와서 자못 우리 백성을 침탈하고 어지럽게 하므로, 공이 군중에 영을 내려 막사들을 뜯어 내게 하니 도독이 급하게 달려와 물었다. 공이 이르기를, "우리 군사와 백성이 천자의 장수가 온다는 말을 듣고 마치 부모를 기다리듯 하였는데, 정작 와서는 약탈만 일삼고

---

[141] 방편을 따르라고 : 원문은 "종권從權"이다. 여기서 '권權'은 방편方便이란 뜻으로 쓴 것이며, '종권從權'은 방편을 따르라는 뜻이다. 원칙적인 상제의 예법대로 행하는 것은 '경經'이요, 형편을 따라 경우에 순응해서 방편적으로 하는 것을 '권權'이라 한다.(李殷相 譯, 『完譯 李忠武公全書(上)』, 成文閣, 1989, 70쪽.)

있어 모두가 도망칠 생각만 하고 있으니, 내가 어찌 혼자 남아 있겠소."라고 하였다. 진린이 공의 손을 잡고 말리므로, 공이 다시 말하기를, "천자의 군사들이 나를 속국 신하라 이르며 조금도 꺼림이 없으니, 만일 편의대로 제어할 권한을 준다면 거의 보존할 수 있을 것이오."라고 하자, 진린이 또한 허락하니, 그 후부터는 온 섬 안이 무사해졌다.

부하 장수 송여종宋汝悰이 명나라 수군과 함께 적을 쳐서 70명의 목을 베었는데, 명나라 수군은 하나도 얻은 것이 없어 진린이 부끄러워하며 성을 내므로, 공이 위로하기를, "대인大人께서 와서 우리 군사를 지휘하고 계시니, 우리 군사의 승첩은 곧 명군의 승첩인데 내가 어찌 감히 그것을 차지할 수 있겠소. 얻은 것을 모두 바치겠소."라고 하니, 진린이 몹시 기뻐하여 말하기를, "일찍이 공의 명성을 들었는데, 이제 보니 과연 그러하오이다."라고 하였다. 그러자 송여종이 실망하여 불평하므로, 공이 웃으며 말하기를, "그까짓 썩은 고깃덩이를 아껴서 무엇 하겠느냐. 네 공은 내가 다 장계로 아뢰겠다."라고 하니, 송여종도 또한 복종하였다.

진린이 공의 군사 다스리고 전략 세우는 것을 보고 탄복해 말하기를, "공은 실로 작은 나라에 있을 인물이 아니다. 만일 중국으로 들어가면 반드시 천하의 대장이 되리라." 하고는 우리 선조대왕께 글을 올려 말하기를, "이 통제사는 천지를 주무르는 재주와 나라를 바로 잡은 공이 있다."라고 하였으니, 이는 진심으로 탄복했기 때문이다. 마침내 명나라 황제에게까지 아뢰니, 황제 또한 가상히 여겨서 공에게 도독都督의 인장印章을 내렸는데, 그것은 지금까지도 통제영에서 간직하고 있다.

9월에 명나라 제독 유정劉綎이 묘족苗族 군사 1만 5천 명을 거느리고 예교曳橋[142] 북쪽에 진을 치고, 10월에 수군들과 더불어 적을 협공하기로 약속하여, 공은 도독과 함께 나가 싸우던 중에 첨사 황세득黃世得이 탄환에 맞아 죽었다. 황세득은 공의 처종형妻從兄이므로 여러 장수들이 들어와 조상하자, 공은 말하기를, "세득은 나라의 일에 죽었으니 영광스러운 일이다."라고 하였다.

행장行長이 도독에게 뇌물을 보내며 진영 물리기를 청하니 도독이 공에게 뒤로

---

142 예교曳橋 : 전라남도 순천시 해룡면 신성리. 왜교倭橋로도 부른다.(『난중일기』, 무술년 11월 8일.) 정유재란 때 일본군이 쌓은 '순천왜성'이 있다.

물러나도록 하려 하자, 공이 말하기를, "대장이란 화친을 말해서는 안 되고 또 원수는 놓아 보낼 수 없다."라고 하니 도독이 부끄러워하였다. 행장이 공에게 사람을 보내어 말하기를, "조선 군사는 마땅히 명나라 군사와 진을 따로 쳐야 할 터인데 지금 한곳에 같이 있는 것은 무엇 때문인가."라고 하자, 공은 "우리 땅에서 진을 치는 것은 우리 뜻대로이지, 적이 알 바가 아니다."라고 대답하였다.

행장行長이 곤양昆陽과 사천泗川에 있는 적들과 횃불을 들어 서로 신호하므로, 공은 군사를 단속하여 대기하자 남해南海의 적들이 노량露梁으로 와서 정박해 있는 것이 무수히 많으므로, 공이 도독과 함께 이경二更[오후 9~11시]에 떠나면서 하늘에 빌기를, "이 원수만 섬멸할 수 있다면 죽어도 여한이 없겠습니다."라고 하자, 문득 큰 별이 바닷속으로 떨어졌는데 보는 이들이 모두 놀라고 이상하게 여겼다. 사경四更[오전 1~3시]부터 적을 만나 큰 전투가 벌어져 아침에 이르러 크게 깨뜨리고 200여 척을 불태웠다. 그대로 남해 지경까지 추격하여 친히 화살과 포탄을 무릅쓰고 싸움을 독려하다가 날아드는 탄환에 맞았다. 좌우에서 공을 부축하여 장막 안으로 들어가자 공은 말하기를, "싸움이 한창 급하니 내가 죽었다는 말을 내지 말라."고 하였다. 말을 마치자 숨을 거두니, 이때 공의 나이 54세였다. 공의 조카 완莞이 공의 말대로 배 위에서 기를 흔들며 싸움을 독려하기를 공처럼 하였다. 적이 도독의 배를 에워싸서 몹시 급박하게 되었으므로 여러 장수들이 대장선에서 깃발 휘두르는 것을 보고 다투어 달려가 구원하였다. 정오 때에 적이 크게 패하여 먼바다 밖으로 도망하였다.

도독이 배를 움직여 가까이 오며 "통제공 어서 나오시오." 하고 부르자, 완莞이 울면서 "숙부님은 돌아가셨습니다."라고 대답하니, 도독이 펄쩍 뛰다가 넘어지기를 세 번이나 하면서 말하기를, "죽은 뒤에도 능히 나를 구원해 주었소."라고 하고는 가슴을 치며 통곡하였다. 두 진에서 통곡하는 소리가 바다를 진동시켰다.

영구를 아산으로 모셔올 때 연도의 모든 백성과 선비들이 울부짖었으며, 차리는 제사가 천 리에 끊어지지 않았다. 임금께서도 즉시 제관祭官을 보내어 조상하며, 우의정右議政을 증직하였다. 갑진甲辰[선조 37, 1604년]에는 일등 공신으로 책봉하고, 효충장의 적의협력 선무공신迪毅恊力效忠仗義宣武功臣의 호를 내리며, 좌의정으로 올려 덕풍부원군德豊府院君으로 봉하고, 시호諡號를 충무忠武[142]라 하였다. 좌수영 근처에 사당을 세워 충민忠愍이라 사액賜額하고, 호남 사람들은 수영 동쪽 산마루에 비[144]를 세워 비통하고 사모하는 뜻을 표시하였다. 기해己亥[1599년] 2월에 아산의 얼음목冰項[145] 선산先山에 장사지냈다.

공은 담력과 도량이 보통 사람보다 뛰어났고 지조가 굳세었으며, 스스로 몸가짐이 법도를 따르는 학자와 같았고, 효도와 우애는 타고난 천성이었으며, 집안에서도 행실이 돈독하여 일찍 죽은 두 형이 남긴 조카들을 자식 같이 길렀으며, 일용하는 물품과 혼사 예절까지도 반드시 조카들을 먼저 하고 자기 아들은 뒤에 했다. 비록 죄 없이 옥에 갇힐 때도 죽고 사는 문제로 마음이 동요되지 않았으니, 공은 본시부터 이같이 수양한 바가 있으므로 지혜와 생각을 내면 한 가지도 버릴 것이 없었고, 적의 정황을 귀신같이 헤아려서, 마침내 승리를 거두어 호서와 호남 수천 리 땅을 온전케 함으로써 나라를 다시 일으키는 근본이 되게 하였다.

바다[146]를 뒤덮고 오는 적의 세력을 가로막은 것은 저 장순張巡,[147] 허원許遠[148]과 같았고, 몸을 굽혀 있는 힘을 다하고 죽은 뒤에야 멈춘 것은 저 무후武侯[149]와도 같았

---

143 충무忠武 : 시호諡號는 인조 21년(1643)에 내려졌다.

144 동쪽 산마루에 비 : 타루비墮淚碑를 이른다.

145 얼음목冰項 : 충청남도 아산시 음봉면 원남리에서 남쪽 삼거리 마을로 넘어가는 어르목(어리목) 고개. 『대동지지』'충청수영 9대로'에 어라항현於羅項峴으로 나온다. 어라항현은 어래현御來峴 또는 빙항치氷項峙로도 표기된다. 현종이 온양온천에 머물 때, 자전慈殿의 환후 소식을 듣고 지름길로 귀경하면서 이 고개를 넘었다 해서 어래현御來峴으로 불렸다. (申景濬, 「道路考」, 『旅庵全書』권2, 溫泉行宮御路; 서울대학교 규장각, 『조선후기 지방지도』, 牙山縣 地圖.)

146 바다 : 원문은 "강회江淮"이나 여기에서는 바다의 의미로 해석하였다. '강회'는 원래 중국의 장강長江과 회수淮水 유역을 말한다.

147 장순張巡 : 755년 당나라 현종玄宗 때 안녹산安祿山의 난이 일어나자 황하 이북이 모두 반군 소유가 되었다. 장순은 허원許遠과 함께 군사를 일으켜 수양성睢陽城을 지켰다. 수양성은 지금의 하남성河南城 상구현商邱縣으로 강회江淮 지방을 막아 주는 요충지였다. 757년 장순은 수양성을 지킨 공로로 어사중승御史中丞에 임명되었다. 그러나 반군에게 포위된 지 1년이 넘자 성안에는 먹을 것이 모두 떨어지고 사람을 잡아먹게 되었는데, 장순은 자기의 첩妾을 내주어 군사들에게 억지로 먹였으며, 성안 인심도 끝끝내 이반離叛되지 않아 적에게 항복하지 않았다 한다. 마침내 더 이상 버틸 수 없어 성이 함락되고 장순은 반군에게 잡혀 죽었다. (『舊唐書』권187下, 列傳 137下, 忠義下, 張巡.)

148 허원許遠 : 755년 당나라 현종玄宗 때 안녹산安祿山의 난이 일어나자 수양태수睢陽太守로 임명되었으며, 시어사侍御史 본주방어사本州防禦使로 승진하였다. 장순 등과 함께 수양성을 잘 지켰으나 반군에게 포위된 지 1년이 넘자 마침내 성이 함락되고, 적에게 붙잡혀 낙양洛陽의 감옥에 수감되었다가 죽임을 당했다. (『舊唐書』권187下, 列傳 137下, 忠義下, 許遠.)

지만, 그러나 나랏일에 죽은 것은 다 같을지라도 크게 승리하며 공을 거둔 이는 오직 공 한 분뿐이시니, 혹시 저 이른바 "세 분과 다르다."라고 한다면 맞는 것인가, 틀린 것인가? 과연 그 공로는 온 나라를 덮었고 이름은 천하에 들렸으니, 어허, 위대하시도다.

공이 일찍이 시를 지어 노래하기를, "바다에 맹세하니 고기와 용들이 감동하고, 산에 맹세하니 초목이 알아주네誓海魚龍動 盟山草木知."라고 하였는데, 이 글을 외우는 사람마다 눈물 흘리고 분격하지 않는 이가 없었다.

부친의 이름은 정貞이니, 순충적덕병의 보조공신 대광보국 숭록대부 의정부 좌의정 겸 영경연사 덕연부원군純忠積德秉義補祚功臣大匡輔國崇祿大夫議政府左議政兼領經筵事德淵府院君을 추증하였고, 조부의 이름은 백록百祿이니, 선교랑宣敎郞 평시서봉사平市署奉事인데, 가선대부 호조참판 겸 동지의금부사嘉善大夫 戶曹參判 兼同知義禁府事를 추증하였고, 증조부의 이름은 거据이니, 통정대부通政大夫 병조참의兵曹參議요, 어머니는 정경부인貞敬夫人을 추증받은 초계변씨草溪卞氏이다.

공은 보성군수寶城郡守 방진方震의 따님에게 장가들어 아들 셋과 딸 하나를 낳았는데, 큰아들은 현감인 회薈요, 둘째 아들은 정랑正郎인 열葂이다. 막내아들은 면葂으로 공이 자신과 같다고 하여 가장 아꼈는데, 임진壬辰[150]에 어머님을 모시고 바다로 나가는 어귀에서 피란해 있다가, 적을 만나 혼자 싸우다 죽으니, 나이 17세[151]였다. 딸은 선비 홍비洪棐에게 시집갔다.

회薈는 아들 둘, 딸 하나를 낳았는데, 맏아들은 참봉參奉 지백之白이요, 둘째는 지

---

149 무후武侯 : 제갈량諸葛亮을 가리킨다. 자字는 공명孔明, 낭야琅邪(산동성) 양도陽都 사람으로 181년(광화 4)에 태어났다. 일찍 부모를 여의고 숙부를 따라 후한後漢 말의 난리를 피해 형주荊州에서 밭을 갈고 지냈다. 젊어서부터 그 인물이 비범하므로 와룡臥龍이라 일컬었다. 촉한蜀漢 선주先主 유비劉備가 삼고초려三顧草廬 끝에 그를 영입하니 제갈량이 27세 때였다. 오吳나라 군의 힘을 빌어 적벽赤壁에서 위 무제魏武帝 조조曹操의 군사를 크게 격파하고, 드디어 유비의 군사軍師가 되었으며, 촉한의 기반을 충실히 닦았다. 221년(건안 26) 유비가 소열제昭烈帝로 즉위하자 승상丞相이 되었다. 223년 유비가 죽고 후주後主가 즉위하면서 제갈량을 무후(무향후武鄕侯)에 봉했다. 그는 나가면 장수 노릇을 하고, 들어오면 정승이 되었으며, 234년 위나라를 정벌하다가 병이 들어 오장원五丈原에서 54세로 죽었다. (『三國志』 권35, 蜀書5, 諸葛亮傳.)
150 임진壬辰 : 정유丁酉(1597년)의 착오이다.
151 17세 : 이는 착오이다. 면은 1577년(정축)에 출생하여 1597년(정유)에 죽었으니 21세 때였다.

석之晳이요, 딸은 윤헌징尹獻徵에게 시집갔다. 그리고 열葆은 자식이 없어서 지석之晳으로서 양자를 삼았다. 사위 홍비는 아들 넷, 한 딸을 두었는데, 큰아들은 우태宇泰요, 둘째는 현감 우기宇紀니, 비명비명을 청하러 온 이가 바로 이 사람이다. 셋째는 우형宇逈이요, 넷째는 진하振夏요, 딸은 윤수경尹守慶에게 시집갔다. 지백之白은 겨우 낮은 벼슬밖에 못 하고 또 자식이 없어서 지석의 맏아들인 광윤光胤을 양자로 삼았다. 지석은 두 번째 장가들어 아들 여섯, 딸 하나를 낳았으나, 아직 모두 어리니 공의 후손이 어찌 이리도 번성치 못할까. 아마도 틀림없이 훗날에 큰 인물이 나려는 때문일 것이다. 명명은 다음과 같다.[152]

옛날 임진년에	昔歲龍蛇
바다에 큰 파도가 일어나	海動鯨波
예가 해를 쏘듯 침략했네[153]	射天之羿
북해를 넘을 수 있다고 말하며[154]	謂北可超
다리 놓듯 많은 배를 띄워서	舟泛如橋
기세가 요계[155]까지 넘보았네	氣凌遼薊
세 도성[156]이 이미 모두 짓밟히고	三都旣蹦

---

152 한국고전번역원 고전번역서, 김육金堉, 『잠곡유고潛谷遺稿』 권13, '이통제충무공신도비명李統制忠武公神道碑銘'이 있다.

153 바다에 …… 침략했네 : 임진왜란 때 왜적이 조선을 침략한 일을 말한다. 원문의 '경파鯨波'는 고래처럼 큰 파도로 외적의 침략을 뜻한다. 원문의 '사천射天'은 '하늘의 해를 쏜다.'라는 말인데, 하늘은 명나라를 가리킨다. 임진왜란 당시에 일본이 명나라를 치겠다고 주장하며 조선에 길을 터 달라고 요청한 정명가도征明假道를 의미한다. 예羿는 요堯임금 때 활을 잘 쏘던 사람이다. 하늘에 열 개의 해가 떠서 만물을 태워 죽이자, 요임금의 명을 받아 예가 활을 쏘아 아홉 개를 떨어뜨리고 한 개만 남겨 두었다고 한다.(『淮南子』 권8 「本經訓」.)

154 북해를 …… 말하며 : 사람이 할 수 없는 불가능한 일을 말한다. 왜적이 조선과 명나라를 침략하여 승리할 수 없다는 뜻이다. 맹자가 제齊나라 선왕宣王에게 왕도王道 정치를 권유하며 말하기를 "왕께서 왕도 정치를 행하지 못하는 것은 태산泰山을 겨드랑이에 끼고 북해北海를 뛰어넘는 유형처럼 어려운 일이 아니고, 왕께서 왕도 정치를 행하지 못하는 것은 나무의 가지를 꺾는 유형처럼 쉬운 일이다王之不王 非挾太山以超北海之類也 王之不王 是折技之類也"라고 하였다.(『孟子』 「梁惠王上」.)

155 요계 : 요동遼東과 계문薊門으로, 명나라의 수도인 북경北京을 가리킨다.

일곱 도¹⁵⁷가 모두 불에 탔을 때	七省皆燼
누가 소매를 떨치고 일어났나	孰有投袂
충무공이 떨치고 일어나서	公乃奮起
입을 꽉 다물어 이가 부서졌고	嚼而碎齒
죽기를 스스로 맹세했네	以死自誓
온교처럼 눈물을 흩뿌리고¹⁵⁸	溫嶠灑泣
사아처럼 뱃전을 두드린 뒤¹⁵⁹	士雅擊楫
통제사의 직책을 맡았네	職是統制
왜적이 첩자 보내 이간질하여	敵間謀猜
다른 장수가 이미 오고	他將已來
무슨 죄로 충무공을 잡아갔나	何罪而逮
성군께서 은혜를 내리고	聖主垂恩
어진 재상이 처벌의 불가함을 진언하여	賢相進言
원균이 패한 뒤에 장수를 이었네	敗而後繼
깃발이 새로 빛을 발하고	旌旗變色
군대의 규율이 엄숙하여	紀律嚴肅
군사의 마음이 더욱 용맹해졌네	軍心益銳
벽파진 전투에서 승리하여	碧波一捷

---

156 세 도성 : 원문에는 "삼도三道"로 되어 있으나 "삼도三都"의 잘못이므로 『잠곡유고潛谷遺稿』 권13의 「이통제충무공신도비명李統制忠武公神道碑銘」에 따라 원문을 '삼도三都'로 바로잡고 번역하였다. 삼도三都는 한성漢城·개성開城·평양平壤인데, 임진왜란 때 이 세 곳이 모두 함락되었다.

157 일곱 도 : 원문의 "칠성七省"은 팔도八道 가운데 전라도를 제외한 칠도七道를 말한다.

158 온교처럼 눈물을 흩뿌리고 : 진晉나라 명제明帝 때 소준蘇峻이 반란을 일으키자, 온교가 표기장군驃騎將軍이 되어 눈물을 뿌리며 배에 올라 온갖 고생을 겪은 끝에 마침내 난리를 평정하였다. 시호는 충무忠武이다. (『晉書』 권67 「溫嶠列傳」.)

159 사아처럼 …… 두드린 뒤 : 원문의 "사아士雅"는 동진東晉의 장군 조적祖逖의 자字이다. 원문의 "격즙擊楫"은 노를 들어 뱃전을 친다는 뜻으로, 중원中原의 회복을 다짐하며 충성을 맹세하는 것을 비유하는 말이다. 여기에서는 이순신이 조선을 침범한 왜적을 격퇴하겠다는 굳은 다짐을 뜻한다. 조적이 군대를 거느리고 석륵石勒의 침범을 격퇴하기 위하여 강을 건너다가 강 복판에서 노를 들어 뱃전을 두드리며 말하기를 "조적이 중원을 맑게 하지 못하고 다시 강을 건넌다면 이 강에 몸을 던지리라祖逖不能淸中原而復濟者 有如大江."라고 하였다. (『晉書』 권62 「祖逖列傳」.)

위엄과 명성이 거듭 진동하고	威聲震疊
굳센 적이 갑자기 약해졌네	堅敵忽脆
왜적들이 급하게 달아나며	逋寇劻勷
도리어 동쪽 바다 바라보고	却望東洋
이미 살아 돌아가길 꾀하였네	已生歸計
왜적을 놓아줄 수 없기에	敵不可縱
전사들이 용기가 배가 되고	戰士倍勇
나라를 회복할 형세가 있었네	恢復之勢
개선가를 장차 올리려고 할 때	凱歌將獻
장군별이 붉은빛을 내며 떨어져서	芒星赤隕
충무공이 하늘나라로 떠났네	公朝上帝
양의가 군사를 정돈하자	楊儀整軍
중달이 이미 달아나니[160]	仲達已奔
일만 군사가 한결같이 눈물 흘렸네	萬人一涕
슬픔이 봉영蓬瀛[161]에 진동하고	悲動蓬瀛
눈물이 바다에 넘쳐흐르니	淚溢滄溟
명성이 백대 뒤에도 전해지리	名流百世
붉은 명정이 바람에 흔들리자	丹旌低仰
병사와 백성이 부모를 잃은 듯	士民如喪
천 리 길에 제단을 설치했네	千里設祭
공훈이 높고 지위가 지극하여	功高位極

---

160 양의 …… 달아나니 : 양의楊儀는 촉한蜀漢의 명장이고, 중달仲達은 위魏나라 장수 사마의司馬懿의 자 자이다. 제갈량이 위나라를 공격하기 위하여 출병하였다가 오장원五丈原에서 병으로 죽자 양의楊儀가 군대를 수습하여 퇴군할 때 사마의가 후미를 추격하였다. 양의가 제갈량의 사전 계책에 따라 위나라 군 사를 공격하려는 모습을 보이자 사마의가 두려워 접근하지 못하였다. 그러자 백성들이 "죽은 제갈량이 산 사마중달을 패주시켰다死諸葛走生仲達"라고 하였다.(『三國志』권35 「蜀書」 '諸葛亮傳'.)

161 봉영蓬瀛 : 발해渤海의 바다 가운데 있는 삼신산三神山 중의 봉래산蓬萊山과 영주산瀛洲山을 말한다. 여기서는 남해, 곧 조선을 가리킨다.

기린각에 화상을 걸었으니	像留麟閣
우리 충무공은 떠나지 않았네	我公非逝
죽음을 슬퍼하여 망자를 높이고[162]	隱卒崇終
기련산을 본떠서 무덤을 만들어[163]	祁連象封
시종일관 은혜를 베풀었네	終始其惠
충민사가 있어서	忠愍有祠
편액의 글씨가 힘차고	恩額淋漓
봄가을에 제사를 올리네	春秋牲幣
평소에 충무공을 사모했으나	平生景慕
이미 황천길에 막혀 있으니	已隔泉路
눈물이 어찌 마를 날이 있으랴	眼淚何霽
글솜씨가 거칠고 서툴러도	荒詞雖耄
곽유도의 비문에 부끄러움 없으니[164]	無愧有道
양과 돼지를 비석에 묶을 수 있네[165]	羊豕可繫

현감縣監 회와 정랑正郞 열이 모두 승정원 좌승지承政院左承旨로 추증되었으니, 이것은 원종공신原從功臣으로 책록되었기 때문이다.

지석之晳은 뒤에 벼슬이 사직령社稷令에 이르렀고, 아들 여섯, 딸 하나를 두었는데, 맏아들 광윤光胤은 이미 종손이 되어 참봉공參奉公의 뒤를 이어 벼슬이 참봉參奉

---

162 죽음을 ······ 높이고 : 원문의 "은졸隱卒"과 "숭종崇終"은 일반적으로 임금이 죽은 이에게 제사를 지내거나 시호를 내리는 일을 말한다.

163 기련산을······만들어 : 원문의 "기련祁連"은 감숙성甘肅省 청해靑海에 있는 기련산祁連山으로, 천산天山이라고도 한다. 한漢나라 무제武帝 때 곽거병霍去病이 기련산 주위에 있는 흉노족을 정벌하기 위하여 여섯 차례나 출정하여 큰 공을 세웠는데, 그가 죽은 뒤에 그의 무덤 위 봉분을 기련산 모양으로 만들어 공적을 기렸다.(『史記』 권111 「衛將軍驃騎列傳」.)

164 곽유도의 ······ 없으니 : 원문의 "유도有道"는 후한의 은사隱士인 곽태郭太를 가리킨다. 자가 임종林宗이고, 유도는 유도지사有道之士라는 과목科目으로 천거되었기 때문에 불린 이름이다. 채옹蔡邕이 곽태의 비문 제목을 「곽유도비문郭有道碑文」으로 짓고 노식盧植에게 말하기를, "나는 비명碑銘을 지은 것이 많았는데, 모두 그들의 덕德에 부끄러움이 있었으나 오직 이 사람의 비문은 부끄러움이 없다."라고 하였다.(『後漢書』 권58, 「高士傳」.)

이었고, 다음으로 광헌光憲, 광진光震은 수사水使가 되었고, 광보는 우후虞候가 되었으며, 그다음은 광우光宇, 광주光冑이다. 딸은 생원 홍서하洪叙夏에게 시집갔고, 서자는 광세光世이다.

참봉參奉[광윤光胤]은 아들 여섯, 딸 하나를 두었는데, 맏이 홍의弘毅는 도사都事요, 홍저弘著는 영장營將이요, 그다음은 홍서弘緖, 홍건弘健이고, 홍유弘猷는 광헌光憲의 뒤를 이었고, 그다음은 홍무弘茂이다. 그리고 딸은 김진숙金震橚에게 시집갔다.

수사水使[광진光震]의 두 서자는 홍수弘樹, 홍재弘梓이고, 우후虞候[광보光輔]의 두 아들은 홍규弘規, 홍구弘矩이고, 딸은 박성서朴聖瑞에게 시집갔다. 광우光宇의 딸은 김한정金漢鼎에게 시집갔으며, 광주光周의 두 아들은 홍택弘澤, 홍협弘協이다.

도사都事[홍의弘毅]의 두 아들은 만상萬祥, 언상彦祥이며, 영장營將[홍저弘著]의 한 아들은 봉상鳳祥, 한 딸은 홍원익洪元益에게 시집갔다. 홍서弘緖의 두 아들은 운상雲祥, 두상斗祥이다. 홍건弘健에게는 세 아들이, 홍유에게는 두 아들이, 홍무弘茂에게는 세 아들이 있는데 모두 다 어리다.

그리고 이 비석에 글을 새기는 공사가 끝나기는 경자庚子[현종 원년, 1660년]이었으나, 힘이 모자라서 세우지 못했다가, 이제 34년 만에야 광진光震이 본도 수군절도사가 되어 옴으로써 비로소 무덤 길 앞에 세우게 되었는바, 여러 자손들로 전일 기록에 미처 올리지 못한 이들을 삼가 여기에 기록하며, 다만 외손들도 조금 먼 분들은 번거로워서 싣지 아니한다.

숭정崇禎 기원후紀元後 계유癸酉[숙종 19, 1693년] 4월 일에 세우다

---

165 양과 …… 있네 : 비석을 세우고 무덤에 제사를 지낼 수 있다는 뜻이다. 원문의 "양시가계羊豕可繫"는 옛날에 제사를 지낼 때 희생으로 쓸 짐승을 사당이나 묘소 앞에 세워 놓은 돌에 붙잡아 매는 것인데, 전하여 비석碑石을 뜻하는 말로 쓰였다. 비석을 계생석繫牲石이라고 한다. 『예기禮記』제의祭義에 "종묘에 제사하는 날에 임금이 희생인 소를 끌고 가면 세자가 임금을 돕고 경대부가 차례대로 따른다. 종묘의 문에 들어가서 비석에 희생을 잡아맨다祭之日 君牽牲 穆答君 卿大夫序從 旣入廟門 麗於碑."라고 하였다. '여麗'는 '계繫'와 뜻이 같다. 이에 대해 서현徐玄이 설명하기를, "옛날에 종묘宗廟에 비석을 세움은 본래 짐승을 묶어 두기 위해서 세운 것이었는데, 후세에 거기에 공덕을 기록하기 위하여 비문을 쓰는 풍속이 생겼다."라고 하였다.

〈참고〉 신도비문神道碑文에 적힌 충무공 이순신 세계도표世系圖表

	1대	2대	3대	4대	5대
忠武公	薈	之白	光胤(양자)	弘毅	萬祥
					彦祥
				弘著	鳳祥
					女 (洪元益에게 출가)
				弘緒	雲祥
					斗祥
				弘健	(三男 모두 어리다)
				弘猷(出系)	
				弘茂	(三男 모두 어리다)
				女 (金震櫶에게 출가)	
		之晳(出系)			
		女 (尹獻徵에게 출가)			
	荍	之晳(양자)	光胤(출계)		
			光憲	弘猷(양자)	(二男 모두 어리다)
			光震	弘樹(庶子)	
				弘梓(庶子)	
			光輔	弘規	
				弘矩	
				女 (朴聖瑞에게 출가)	
			光宇	女 (金漢鼎에게 출가)	
			光冑	弘澤	
				弘恊	
			女 (洪叙夏에게 출가)		
			光世(庶子)		

	1대	2대	3대	4대	5대
	勉 (미혼으로 순국)				
	女 (洪棐에게 출가)	宇泰			
		宇紀 (金堉에게 神道碑文을 청하러 간 이)			
		宇迥			
		振夏			
		女 (尹守慶에게 출가)			
	*薰(庶子)				
	*蓋(庶子)				
	*庶女 (任振에게 출가)				
	*庶女 (尹孝全에게 출가)				

* : 비문 내용에 적히지 않은 것이다.

고화도¹⁶⁶유허비高和島遺墟碑¹⁶⁷

영부사領府事 남구만南九萬¹⁶⁸

옛날 선조宣祖 정유년[1597]에 고故 통제사統制使 충무忠武 이 공李公은, "전쟁이 일어나 일이 많으니, 군량을 모으는 것이 가장 중요하다."라고 하였으며, 형세와 편의를 자세히 살펴서 나주羅州의 고화도高和島를 택하였다. 그리하여 전진戰陣[전쟁을 치른 진영]의 남은 곡식과 산야에서 운반해 오는 곡식¹⁶⁹을 모두 이곳에 보관하게 하고는 군사들을 모집하여 들어와 둔전을 하게 한 다음 별장別將을 두어 주관하게 하였다.

---

166 고화도高和島 : 비글의 첫머리 비의 이름에는 '고하도高下島'로 되어 있다. 고화도는 그 지명이 고하도高下島(『동국여지승람』), 보화도寶花島(『난중일기』), 고화도高和島, 비하도悲霞島(『木浦詩社』), 고하도孤霞島(『木浦府史』), 칼섬 등으로 다양하게 전해오는데, 오늘날 명칭은 '고하도高下島'이다. (崔德源, 『高下島의 遺蹟研究』, 조선대학교대학원 석사학위논문, 1975; 정진술, 「왕건의 나주 공략과 고하도」, 『해양담론』 창간호, 도서출판 문현, 2014, 154~155쪽.)

167 고화도유허비高和島遺墟碑 : 전라남도 목포시 고하도길 175(달동 산230번지) 모충각慕忠閣 안에 있으며, 비의 크기는 높이 227cm, 너비 112cm, 두께 37cm이다. 모충각과 비는 '고하도이충무공기념비高下島李忠武公紀念碑'라는 명칭으로, 전라남도유형문화재 제39호로 지정되었다. 1709년(숙종 35)에 남구만南九萬이 비글을 짓고, 조태구趙泰耈가 글씨를 썼으며, 비신 상단에 있어야 할 두전頭篆은 없다. 비는 1722년(경종 2)에 건립되었다. 비글의 첫머리에 비의 이름과 지은이와 글씨 쓴 이가 이렇게 적혀 있다. '有明 朝鮮國 故三道統制使 贈左議政 忠武李公 高下島遺墟記事之碑(유명 조선국 고삼도통제사 증좌의정 충무이공 고하도유허기사지비)', '大匡輔國 崇祿大夫 領中樞府事 致仕 奉朝賀 南九萬 撰(대광보국숭록대부 영중추부사 치사 봉조하 남구만 찬)', '大匡輔國 崇祿大夫 議政府領議政 兼領經筵 弘文館 藝文館 春秋館 觀象監事 世子師 趙泰耈 書(대광보국 숭록대부 의정부영의정 겸영경연 홍문관 예문관 춘추관 관상감사 세자사 조태구 서)', '資憲大夫 兵曹判書 兼知經筵事 弘文館大提學 藝文館大提學 知春秋館 成均館事 世子左副賓客 李光佐 □(자헌대부 병조판서 겸지경연사 홍문관대제학 예문관대제학 지춘추관 성균관사 세자좌부빈객 이광좌*□)'. □에는 원래 '篆(전)' 자가 있었던 듯하나 그 글자가 없는 것은 비신 상단에 두전이 없는 까닭과 관련이 있는 것 같다. 이 비는 일제강점기에 야산에 버려져 있었던 것을 광복이 되면서 현 위치에 세웠다. 1949년에 비각을 건립하였고, 1963년에 목포시장 송성룡이 중수하였다. (남구만, 『약천집藥泉集』 권19, '高下島李忠武公記事碑'; 『한국민족문화대백과사전』; 해군사관학교 박물관, 『忠武公李舜臣遺跡圖鑑』, 1992; 李殷相 譯, 『完譯 李忠武公全書(下)』, 성문각, 1989, 119쪽.)

이 섬은 남쪽에서 서쪽으로 잇닿는 지점의 바닷길에 위치하여, 오른쪽으로는 영남과 연결되고 왼쪽으로는 서울의 어귀에 도달하며, 가까이는 군대에 군량을 공급하여 격렬한 전투의 밑천으로 삼고, 멀리는 행재소行在所에 양식을 바쳐 궁핍함을 구제하는 데에 이용하였다.

---

*조태구趙泰耈 : 1660~1723. 자는 덕수德叟, 호는 소헌素軒, 본관은 양주楊州. 한성에서 살았다. 1660년(현종 1)에 나서, 1686년(숙종 12)에 문과에 급제하였다. 여러 관직을 거친 후, 1720년(경종 즉위년)에 우의정에 올랐다. 당시 소론의 영수로서 노론과 대립하던 중 1721년에 노론 4대신(김창집·조태채·이이명·이건명)의 주청에 의해 연잉군延礽君(뒤에 영조)이 세제世弟로 책봉되고 대리청정이 실시되자, 최석항崔錫恒·조태억趙泰億·박태항朴泰恒·이광좌李光佐 등과 함께 이를 반대하여 대리청정의 환수를 실현시켰다. 결국 노론 4대신을 탄핵한 뒤 사사死賜하는 신임사화辛壬士禍를 일으키고, 영의정에 올랐다. 이어 소론 정권을 수립하고 최석항·김일경 등과 국론을 주도하였다. 이후 소론은 과격파와 온건파로 나뉘어 정책 결정에 논란이 많았는데, 그는 온건파의 주장이 되었다. 사후에 1725년(영조 1) 신임사화의 원흉으로 탄핵을 받고 관작이 추탈되었으나 순종 때 복권되었다. 글씨를 잘 썼다.(『한국역대인물종합정보시스템』;『한국민족문화대백과사전』.)

*이광좌李光佐 : 1674~1740. 자는 상보尚輔, 호는 운곡雲谷, 본관은 경주慶州이다. 이항복李恒福의 현손으로 1694년(숙종 20) 문과에 장원급제하고 여러 관직을 거친 후, 1721년(경종 1)에 호조참판에 등용되었다. 1721~1722년에 신임사화가 일어나 노론이 제거되고 소론이 정권을 잡자, 예조판서, 좌부빈객左副賓客, 병조판서를 거쳐, 1723년에 우의정, 1725년(영조 1)에는 영의정에 올랐으나, 다시 노론의 등장으로 파직당하였다. 1728년에 정미환국丁未換局으로 소론 정권이 다시 등장하자 영의정에 올랐다. 1728년 이인좌李麟佐의 난을 평정한 뒤 분무원종공신奮武原從功臣 1등에 봉해졌다. 1730년에는 소론의 거두로서 영조에게 탕평책을 건의했다. 이때 왕의 간곡한 부탁으로 노론 민진원閔鎭遠과 제휴하여, 노론과 소론의 연립 정권을 세웠다. 이로써 재임 기간에는 비교적 격심한 당쟁이 없도록 하는 데 힘썼다. 1737년에 다시 영의정이 되었으나, 1740년(영조 16)에 탄핵을 받아 울분 끝에 단식하다가 죽었다. 1755년에 관작이 추탈되었으나 순종 때 복권되었다. 글씨와 그림에 조예가 깊었다. 시호諡號는 문충文忠이다.(『한국역대인물종합정보시스템』;『한국민족문화대백과사전』.)

168 남구만南九萬 : 1629~1711. 자는 운로雲路, 호는 약천藥泉, 본관은 의령宜寧. 한성漢城에서 살았다. 일찍이 송준길宋浚吉의 문하에서 수학하여 1656년(효종 7)에 문과에 급제하였다. 1679년(숙종 5) 윤휴尹鑴·허견許堅 등을 탄핵하다가 남해南海로 유배되었다. 이듬해 경신대출척庚申大黜陟으로 남인이 실각하자 도승지, 부제학, 대사간 등을 거쳐, 대제학, 병조판서, 우의정, 좌의정을 역임하고, 1687년(숙종 13) 영의정에 올랐다. 이즈음 송시열宋時烈의 훈척 비호를 공격하는 소장파를 주도해 소론少論의 영수로 지목되었다. 1689년(숙종 15) 기사환국으로 남인이 득세하자 강릉에 유배되었으나 이듬해 풀려났다. 1694년(숙종 20) 갑술옥사甲戌獄事로 다시 영의정에 기용되었다. 1701년(숙종 27) 희빈장씨禧嬪張氏의 처벌에 대해 중형을 주장하는 노론의 주장에 맞서 경형輕刑을 주장하다가 숙종이 희빈장씨의 사사賜死를 결정하자 사직하고 낙향했다. 그 뒤 다시 서용되었으나, 1707년(숙종 33) 관직에서 물러나 봉조하奉朝賀가 되었다가 기로소에 들어갔다. 당시 정치 운영의 중심 인물로서 국정 전반에 걸쳐 경륜을 폈을 뿐만 아니라 문장에 뛰어나 책문冊文·반교문頒敎文·묘지명 등을 많이 썼다. 시조 「동창이 밝았느냐」가 『청구영언青丘永言』에 전한다. 시호는 문충文忠이다.(『한국역대인물종합정보시스템』;『한국민족문화대백과사전』.)

국가를 위한 깊은 계책과 장구한 생각이 우연이 아니었다. 그런데 시대가 바뀌고 일의 형편도 달라져서 자취가 없어지고 규정이 파괴되어, 별장은 비록 옛 칭호가 그대로 남아 있으나 군사와 백성들은 이미 도망쳐 흩어진 자가 많았다. 근년에 또다시 진을 당곶唐串[170]으로 옮겨서 이미 적을 제압하는 형세를 잃었고, 또 재물과 곡식을 저축한 것들이 적으니 본진의 유민들은 이것을 서글피 여겨 한탄한 지가 오래되었다. 통제사統制使 오중주吳重周가 군사와 백성들의 뜻으로써 돌을 실어 와서 비석에 글을 새겨 고하도의 처음 진을 설치했던 곳에 세워서 충무공의 옛 제도를 회복하려 하였다. 그러나 겨우 돌을 다듬기를 마치자마자 해직되어 돌아갔다. 그렇지만 군사와 백성들이 간절하게 바라는 마음을 끝내 막을 수가 없었으며, 공사하고 남은 재물을 또한 비석을 새기는 비용에 충당할 수 있었다. 이에 다만 얻지 못한 것은 이 사실을 기록하는 글뿐이었다. 이 때문에 나에게 찾아왔다.

내가 글을 짓고 감탄하며 말하기를, "충무공이 미래를 예측하여 세운 원대한 계책이 여기에 있구나. 예로부터 나라가 위태롭고 어려운 시기에 전쟁하여 반드시 승리하고 국가가 다시 떨쳐 일어날 수 있었던 것은 식량을 저축해 둔 것에 힘입지 않은 적이 없었다. 조영평趙營平[171]이 금성金城에서 오랑캐를 쳐부순 것은 황중湟中[172]의 둔전屯田 덕분이었고, 당나라 덕종德宗이 봉천奉天에서 굶주림을 면한 것은 한황韓滉[173]이 쌀을 수송한 덕분이었으니, 공이 여기에 진을 설치함은 그 뜻이 진실로 이 두 가지에 있었을 것이다." 하니, 혹자가 말하기를, "공은 이때 적과 교전하고 있어 군량이

---

169 운반해 오는 곡식 : 원문의 "운래運來"는 비문과 『약천집藥泉集』(권19, '高下島李忠武公記事碑')에는 '운미運米'로 되어 있다.

170 당곶唐串 : 전라남도 목포시 용당동·이로동의 안장산 남쪽 하당下塘 포구로 추정된다. (조선총독부 5만분의 1 지도, 「木浦」, 1919년 발행.) 지금은 모두 매립되어 육지가 되었다.

171 조영평趙營平 : 중국 전한前漢 때 유명한 장수 조충국趙充國을 가리킨다. 영평營平은 그의 봉지封地 이름이다. 대장군 곽광霍光을 도와 선제宣帝(기원전 74~기원전 58)를 옹립한 공로로 영평후營平侯에 봉해졌다. 선제 때, 서쪽 오랑캐가 쳐들어왔는데, 나이 70여 세임에도 금성金城(지금의 감숙성 난주 부근)에 출전하여 적을 막아 냈다. 그는 둔전屯田 방략을 조정에 건의하여 선제의 승인을 받아 실행함으로써, 군사들로 하여금 농사를 지으며 지구전을 벌여 군량을 스스로 해결하였다. (『漢書』권69, 趙充國辛慶忌傳.)

172 황중湟中 : 황수湟水 언저리에 있는 지방. 황수는 청해성青海省 청해호에서 발원하여 동남으로 흐르다가 감숙성甘肅省 난주蘭州에서 합류하는 황하의 지류이다. (譚其驤 主編, 『中國歷史地圖集』, 제2책, 秦·西漢·東漢時期, 中國地圖出版社, 1996.)

고하도 유허비 비각. 1722. 전남 목포. (사진 문화재청)

날로 시급하였으나, 공이 곡식을 모아 군사들에게 먹일 수 있었던 것은 진실로 사람들이 누구나 다 알고 있는 바입니다. 그러나 조정에 곡식을 바치려 했다는 것은[174] 사람들이 알지 못하는 바이니, 지금 무엇으로 반드시 그러한 줄을 압니까?" 하였다.

이에 내가 말하기를, "그렇지 않다. 그렇지 않다. 내가 일찍이 공의 유사遺事를 보니, 계획하여 조처한 것이 단지 목전의 일뿐만이 아니었다. 공이 처음 전라 좌수영의 절도사였을 때에 임금의 수레가 서쪽으로 파천해 갔다는 소식을 듣고는 별도로 정미 500석을 저축하여 봉함하고 말씀하기를, '주상께서 멀리 용만龍灣[의주]에 계시니, 기성箕城[평양]의 적이 만약 또다시 서쪽으로 돌진한다면 임금의 수레가 장차 압록강을 건너가게 될 것이다. 나의 직분은 마땅히 큰 배를 바다에 띄워서 임금의 수레를 맞이하여 국가를 회복하는 것이요, 비록 혹시 불행하더라도 임금과 신하가 우리나라 땅에서 함께 죽는 것이 옳다.'라고 하였다. 공의 이 말씀을 살펴보면 공의 깨끗한 충성과 웅장한 지략이 어찌 다만 군량을 궁핍하지 않게 하려는 것에 그쳤겠으며, 어찌 다만 한 직분을 구차하게 지키려는 것에 그쳤겠는가. 그렇지 않다. 한산도閑

---

173 한황韓滉 : 당나라 덕종德宗 때, 검교예부상서檢校禮部尙書 진해군절도사鎭海軍節度使가 되어 절강浙江 지역을 다스렸다. 783년(건중 4)에 주자朱泚가 반란을 일으켜 도성 장안長安을 점령하자, 덕종은 봉천奉天(지금의 섬서성陝西省 건현乾縣)으로 피란하였다. 한황은 조정에 비단 10만 필을 바치고, 군사를 보내 강회江淮로 진군해 오는 반란군을 격퇴하고 요충지 수양睢陽을 확보하여 동서간 조운로를 유지함으로써, 덕종이 굶주리지 않게 되었다.『新唐書』권126, 韓休列傳(子 韓滉);『舊唐書』권129, 韓滉列傳.]
174 비문 서두에 있는 '행재소에 양식을 바쳐 궁핍함을 구제하려고 했다.'라는 내용을 의미한다.

山島와 고금도古今島 사이는 수사가 깃발을 들고 왕림하는 곳이고 돌아보는 눈길이 미치는 지역이니, 여기에 둔전을 설치하고 양식을 저축한다면 또한 급할 때에 충분히 가져다 쓸 수 있었을 터인데, 하필 영營[통제영]에서 멀리 떨어져 바다를 돌아 서쪽으로 가서 서울을 향한 이곳에다가 이 진을 설치하였겠는가." 하였다.

통제사 오중주는 체직된 뒤에도 마침내 공의 끼친 제도를 다시 일으키고, 공의 처음 지니신 뜻을 밝혀서 반드시 뒤에 오는 통제사로 하여금 다시 이 일을 거행하게 해서 지금 진鎭[고하도]의 백성들이 길이 바라보고 사모할 곳이 있게 하였으니, 이 또한 가상한 일이다.[175]

---

[175] 비석 뒷면에는 이와 같은 글이 적혀 있다. "崇禎紀元後 九十五年 壬寅 八月 日立 五代孫 鳳祥 適爲統制使 董訖此役." 번역하면, "1722년 임인 8월 일에 세우다. 5세손 봉상*이 마침 통제사가 되었다가 이 공사를 감독하여 마치다"이다.
 * 이봉상李鳳祥 : 1676~1728. 자는 의숙儀叔, 본관은 덕수德水. 충청남도 아산牙山에서 살았다. 충무공 이순신의 5세손으로 1702년(숙종 28)에 무과에 급제하여 포도대장, 삼도수군통제사, 총융사, 한성부우윤 등을 역임하였다. 1725년(영조 1) 형조참판으로서 훈련대장과 금위대장을 겸임하였다. 이때 이광좌李光佐와 조태억趙泰億 등의 죄상을 논박하였다가, 정미환국丁未換局으로 그들이 다시 정권을 잡자 어영대장에서 좌천되어 충청도 병마절도사로 나갔다. 1728년(영조 4) 이인좌李麟佐가 반란을 일으켜 청주를 함락하였을 때 작은아버지 이홍무李弘茂와 함께 반란군에게 붙잡혀 죽었다. 충청감영에 들어온 이인좌가 항복할 것을 권하였지만 충무가忠武家의 충의忠義를 내세워 끝내 굽히지 않았다 한다. 어사 이도겸 李道謙이 청주로부터 돌아와 그 순절을 전하자, 영조는 정려를 세우고 좌찬성에 추증하였으며, 뒤에 헌종이 청주에 표충사表忠祠를 세워 제향하게 하였다. 시호는 충민忠愍이다. (『한국역대인물종합정보시스템』; 『한국민족문화대백과사전』.)

제승당유허비制勝堂遺墟碑[176]

도사都事 정기안鄭基安[177]

아! 여기는 이순신 장군의 제승당 터이다.

바로 그가 이 집에 앉아 지휘하고 호령할 때 천지의 귀신도 그 정성을 굽어보고,

---

[176] 제승당유허비制勝堂遺墟碑 : 경상남도 통영시 한산면 한산일주로 70(두억리 874)에 있는 사적 제113호 '통영 한산도 이충무공유적' 안에 있다. 제승당유허비는 지금 2개가 세워져 있다. ① 본래의 비로 1739년(영조 15)에 세워졌는데, 비의 크기는 높이 173cm, 너비 64cm, 두께 26cm이다. 정기안鄭基安이 비글을 짓고, 통제사 조경趙儆이 비글을 썼다. 첫머리에 적힌 비의 이름은 '故統制使 忠武公 李舜臣 閑山制勝堂 遺墟碑(고통제사 충무공 이순신 한산제승당 유허비)'이며, 1877년에 땅에 묻혔다가 최근에 다시 일으켜 세웠다. ② 1877년(고종 14)에 통제사 이규석李奎奭*(충무공 이순신의 10세손)이 세운 비로, 비의 크기는 높이 170cm, 너비 65cm, 두께 25cm이다. 정기안의 옛글을 그대로 새겼으며, 다만 첫머리에 새겨진 비의 이름은 이남식李南軾*이 새로이 썼는데, 이렇게 적혀 있다. '有明 水軍都督 朝鮮國 贈宣武功臣 領議政 德豊府院君 行三道統制使 諡忠武 李公舜臣 閑山島 制勝堂遺墟碑(유명 수군도독 조선국 증선무공신 영의정 덕풍부원군 행삼도통제사 시충무 이공순신 한산도 제승당유허비)'.(해군사관학교 박물관, 『忠武公李舜臣遺跡圖鑑』, 1992; 해군사관학교 박물관, 『박물관도록』, 1997; 경상남도 제승당관리사무소, 『制勝堂誌』, 1990.)

*이규석李奎奭 : 자는 군백君伯, 본관은 덕수德水이다. 고故 통제사 이승권李升權(충무공 이순신의 8세손)의 손자이자, 병마절도사 이겸회李謙熙의 아들로 1835년(헌종 1)에 났다. 음관蔭官으로 시작하였으나 1855년(철종 6)에 무과에 급제한 후, 경상좌도 병마절도사, 함경북도 병마절도사, 평안도 병마절도사 등을 역임하였다. 1877년(고종 14) 5월에 3도수군통제사에 임명되어 1879년(고종 16) 2월에 체직되었다. 1884년 갑신정변 실패 후 수구파 정권이 등장하자 친군영좌영사親軍營左營使, 친군영후영사, 협판내무부사, 공조판서, 춘천부 유수 등을 지냈으며, 1894년 제1차 김홍집내각金弘集內閣이 성립되자 이에 참여하기도 하였다.(『한국역대인물종합정보시스템』; 『한국민족문화대백과사전』; 李殷相 譯, 『完譯 李忠武公全書(下)』, 成文閣, 1989, 162쪽.)

*이남식李南軾 : 자는 경첨景瞻, 호는 남파南坡 또는 성곡星谷, 본관은 전주全州이다. 부총관 이겸회李謙會의 아들로 1803년(순조 3)에 났다. 1825년(순조 25)에 무과에 급제하여 관직은 선전관, 한성판윤, 지의금知義禁 등을 역임하였다. 무관 출신이지만 행서行書에 일가를 이루어 금석문金石文을 많이 남겼으며, 그림은 산수와 절지折枝를 잘 그렸다고 한다.(『한국역대인물종합정보시스템』; 『한국민족문화대백과사전』)

제승당 유허비와 비각. 1739. 경남 통영 한산도.

바람, 구름, 번개, 비가 그 변란을 도와 왜적들이 바다에 깔려 날뛰면서도 이 집 밖에서만 웅성거리고 차마 감히 가까이 다가오지 못했던 것이니, 어찌 그리 장하시던고.

이제 다시 수백 년이 지나 섬돌과 주춧돌은 옮겨지고 우물과 부엌마저 메워졌지만, 안개와 파도가 끝없이 아득하게 펼쳐질 때 송백이 우거진 속에 있어 어부와 초동들은 아직도 손가락으로 제승당의 옛터를 가리켜 주니 백성들은 이같이 오래도록 잊어버리지 못하고 있다.

슬프다. 옛날 주周나라 소공召公이 막을 잠깐 쳤던 자리라고 거기 나는 아가위나무[178] 한 가지도 베지 말라는 노래를 지어 만고萬古에 읊조리거늘, 사직을 바로잡고 우리 창생蒼生을 살리심이 그 누구의 힘이겠는가. 차마 이 터에 풀이 우거져 있게 할

---

177 정기안鄭基安 : 초명은 사안思安. 자는 안세安世, 호는 만모晩慕, 본관은 온양溫陽이다. 우의정 정순붕鄭順朋의 5세손으로 1695년(숙종 21)에 났으며, 1728년(영조 4)에 문과에 급제하였다. 관직은 지평持平, 정언正言, 헌납獻納, 사간司諫, 집의執義를 지냈다. 1752년 승지를 거쳐 대사간이 되었고, 이어 1766년 한성부우윤, 지중추부사를 지내고 기로소耆老所에 들어갔다. 시호는 효헌孝憲이다. (『한국역대인물종합정보시스템』; 『한국민족문화대백과사전』)

178 아가위나무 : 원문은 "감당소발야甘棠所茇也"로, '감당甘棠'은 『시전詩傳』의 편명篇名이다. '발茇'은 막을 친다는 말이다. "조그마한 아가위도 베지 말고 꺾지 마라. 소백召伯이 쉬던 데니라. 조그마한 아가위도 베지 말고 치지 마라. 소백이 막을 친 데니라蔽芾甘棠 勿剪勿伐 召伯所茇 蔽芾甘棠 勿剪勿敗 召伯所憩." (李殷相 譯, 『完譯 李忠武公全書(下)』, 成文閣, 1989, 121쪽.)

수 있겠는가?

세월이 흐르고 역사가 지나가 차츰 더 아득해지면 저 어부와 목동들마저 집터를 잊어버려 물어볼 곳조차 없어질는지 그 또한 누가 알겠는가. 이제 통제공[조경]이 흙을 쌓아 터를 돋우고 돌을 다듬어 비를 세웠다. 이는 대개 여기를 표시하기 위한 것이다.

아! 이제는 천하 만세에 여기가 이 장군의 제승당 터였던 줄을 알게 되리라. 이에 군자가 말하되, "통제공[조경]은 이것으로 인하여 능히 임금을 섬길 수 있게 되었다."라고 하였다. 그분[이순신 장군]을 사모하지 않고서야 어찌 이 비를 세울 수 있겠는가. 진실로 사모하기에 반드시 본받을 것이며, 진실로 본받기에 반드시 충성되고 의로울 것이며, 충성되고 의로울 수 있기 때문에 임금을 섬기는 데 달리 그 무엇이 있겠는가?

여기 비를 세우고 글씨를 쓴 이는 통제사 조경趙儆[179]이요, 글을 지은 사람은 도사都事 정기안鄭基安이다.

---

179 조경趙儆 : 자는 경백儆伯, 본관은 평양平壤. 거주지는 한성漢城이다. 1677년(숙종 3)에 났으며, 1702년 (숙종 28)에 무과에 급제한 뒤, 관직은 가산군수嘉山郡守, 전라도 병마절도사, 곡산부사谷山府使, 금군별장禁軍別將 등을 역임하였다. 1739년(영조 15) 7월에 통제사에 임명되어 1741년(영조 17) 3월에 체직되었다. 한산도 제승당制勝堂을 건립하였다.[「道先生來歷事蹟攀櫜」(해군사관학교 박물관 소장); 『숙종실록』; 『영조실록』; 「한국역대인물종합정보시스템」.]

전승대비戰勝臺碑[180]

홍문제학弘文提學[181] 조명정趙明鼎[182]

아! 이곳은 고故 충무공 이순신이 번호藩胡[오랑캐]를 격파한 장소이다. 만력萬曆 정해丁亥[1587년]에 공이 조산만호造山萬戶[183]로서 녹둔보鹿屯堡[184]의 둔전관屯田官을 겸직할 때, 오랑캐들이 가을 곡식이 무르익는 것을 보고 무리를 거느리고 와서 목책을 에워싸고 군사를 풀어 크게 노략질하였다. 공은 진鎭의 북쪽 3리쯤 되는 높은 봉

---

180 전승대비戰勝臺碑 : 함경북도 나선시(나진·선봉시) 선봉군 조산리에 있다. 비석 앞면에 큰 글씨로 '勝戰臺'(승전대)라 새기고, 뒷면에 비문이 적혀 있다. 비석의 전체 높이는 2.48m, 비신의 높이는 1.58m이며, 비각 안에 놓여 있다. 함경도 관찰사로 재임 중이던 조명정趙明鼎이 1762년(영조 38)에 비글을 지었다. 충무공 이순신의 5세손 이관상李觀祥이 같은 해 1월에 함경북도 병마절도사에 임명되자, 관찰사 조명정에게 비글을 청하여 같은 해에 건립하였다. 이관상은 1763년(영조 39) 2월에 파직되었다. 이관상이 건립한 전승대비(승전대비)는 얼마 지나지 않아 마멸이 심해져 이순신의 후손인 이한응李漢應이 함경도 절도사로 부임하여 1774년(영조 50)에 새로 조각하였다 한다. (국사편찬위원회, 『국역비변사등록』 141책, 143책; 국립진주박물관, 『삶에서 신화까지 忠武公 李舜臣』, 2003, 30~31쪽; 조선유적유물도감편찬위원회, 『북한의 문화재와 문화유적(조선시대편) Ⅱ』, 서울대학교출판부, 2002.)

181 원래 비문의 탁본에는 '가의대부 함경도 관찰사嘉義大夫 咸鏡道觀察使'로 나타난다. (국립진주박물관, 『삶에서 신화까지 忠武公 李舜臣』, 2003, 31쪽.)

182 조명정趙明鼎 : 1709~1779. 자는 화숙和淑, 호는 노포老圃, 본관은 임천林川. 한성漢城에서 살았다. 1709년(숙종 35)에 나서, 1740년(영조 16)에 문과에 급제하였다. 관직은 대사헌, 이조판서, 홍문관제학을 역임하였다. 강경한 노론의 처지에서 소론과 정쟁을 벌이다 여러 차례 유배를 당하였다. 시호는 문헌文獻이다. (『한국역대인물종합정보시스템』; 『한국민족문화대백과사전』.)

183 "조산造山"은 일반적으로 조산보造山堡로 불리나, 공식 명칭은 조산포영造山浦營이다. 소맹선小猛船 2척, 무군소맹선無軍小猛船 1척이 배치되어 수군 만호가 거느렸다. 조선 후기에는 군선 배치가 혁파되었다. (『성종실록』; 『중종실록』; 『명종실록』; 『新增東國輿地勝覽』 권50, 慶興都護府; 『經國大典』, 兵典; 『續大典』, 兵典; 『鶴峯逸稿』 권3, 「北征日錄」; 『制勝方略』 권1, 「列鎭防禦」.)

184 녹둔보鹿屯堡 : 1589년(선조 19)에 조정에서 선전관 김경눌金景訥을 보내 '둔전관屯田官'이라 호칭하고 녹둔도 가운데에 목책木柵을 설치하였다. (李選, 『制勝方略』 권1, 「列鎭防禦」, 鹿屯島.) 뒤에 토성을 쌓았는데 둘레가 1,247자尺이고, 조산보와 거리는 20리로, 조산만호가 관할하였다. (『大東地志』 권20, 慶興, 鹿屯島古堡.)

전승대비 비각(위), 그리고 비 앞면(아래 왼쪽)과 뒷면(아래 오른쪽). 함북 경흥. (국립중앙박물관 소장 일제강점기 사진)

우리에 올라가 그들을 막았다. 적들이 오는 길에 기병奇兵을 숨겨 두었다가, 날이 저물어 적들이 돌아갈 때 포를 쏘고 북을 울려 그들을 공격하여 죽거나 상한 자들이 매우 많아서, 적들은 크게 두려워하며 감히 가까이 오지 못하였다. 뒷사람들이 그 봉우리를 전승대戰勝臺[185]라고 하였다.

선조 임진년에 왜구들이 크게 일어나 우리나라를 분탕질하니, 임금은 피란하고 종묘사직은 무너지게 되므로, 공이 먼저 일어나 적을 토벌함에, 처음은 당포唐浦, 다음은 한산閑山, 세 번째는 명량鳴梁에서 깨뜨린 뒤, 공은 비록 끝내 몸을 바쳤으나 적세는 이미 꺾이어 다시는 떨치지 못하였다. 우리 동국我東에 오늘이 있음은 실로 공의 힘이라고 할 수 있다. 공의 충성은 해와 달을 뚫고, 공로는 이정彝鼎[종묘의 제기]에 새겼는데, 이런 자그마한 한 조각의 대臺로 공의 경중을 논할 것이 아니되, 공이 기이한 전술로 적군을 섬멸한 것은 이미 소관小官[낮은 벼슬]에서 시작되었고, 조정에서 공을 알아주고 등용하니, 마침내 만고에 없는 공훈을 세우게 된 것은 실로 여기서부터 시작되었던 것이니 이대로 묻히게 할 수 없다.

공의 5세손인 관상觀祥[186]이 이번에 관북절도사關北節度使[함경도 북병사]가 되어 빗돌을 다듬고 또 천리에 편지를 내어 나에게 음기陰記[비 뒷면의 글]를 구하니, 아! 이는 옛말에 "물을 차마 버려둘 수 없으며 이 땅을 어떻게 차마 황폐하게 할 수 있을 것이냐"[187]라고 하던 것이다.

녹둔도鹿屯島[188]는 일명 사차마沙次麻로, 부府[경흥부] 남쪽 56리에 두만강豆滿江이 바다로 들어가는 곳에 있다. 정해丁亥[1587년]에 조산만호造山萬戶 이순신에게 명하

---

185 전승대戰勝臺 : 조명정의 이 글에서는 전승대가 녹둔도 섬 안에 있었던 봉우리峯로 이해된다. 참고로 조선총독부가 1926년에 발행한 「조선교통도」 慶興 06호, 古邑洞 지도(국사편찬위원회 한국근대지리정보)에는 '勝戰臺(승전대)'라는 지명이 옛 조산보성 동북쪽 약 2km 지점에 표시되어 있는데, 그곳은 두만강 서쪽으로 녹둔도가 아니다.
186 관상觀祥 : 이관상李觀祥이다. 충무공 이순신의 5세손으로, 황해도 수군절도사, 안악군수, 경상우병사, 함경북도 병마절도사 등을 역임하고, 영변부사寧邊府使로 재임 중 1770년(영조 46) 8월에 사망하였다. (『영조실록』;『국역비변사등록』.)
187 "물을 차마…… 것이냐" : 원문은 "수불인폐 지불인황水不忍廢 地不忍荒"으로, 중국 당나라 때 문학자 한유韓愈가 지은 「유자후 나지묘비柳子厚羅池廟碑」에 처음 사용하였다. 자후子厚는 유종원柳宗元의 자字, 나지묘羅池廟는 그의 사당 이름이다.

여 둔전을 겸하여 관리하도록 하였는데, 가을 9월에 부사 이경록李景祿[189]이 연군煙軍[190]을 데리고 수확하려 할 때, 오랑캐추장 앙니응개印尼應介[191]와 사송아沙送阿 등이 그들의 무리를 추도楸島에 불러 모아 먼저 기병으로 목책을 포위하도록 하고 병사를 풀어 크게 약탈하도록 하니, 수호장守護將 오형吳亨과 감관監官 임경번林景藩 등이 힘써 싸웠으나 막지 못하고 모두 전사하였다. 이경록과 이순신은 죽기를 각오하고 싸워 겨우 함락되는 것을 면하였다. 앙니응개가 해자를 밟고 돌입하자 출신出身 이몽서李夢瑞[192]가 화살 한 발을 쏘아 거꾸러뜨리니 나머지 적들은 모두 흩어졌

---

188 녹둔도鹿屯島 : 두만강 하구 동쪽에 있는 땅으로, 원래는 섬이었으나 지금은 육지가 되었다. 본래 조선의 영토였으나 지금은 러시아 영토가 되었다. 1580년 1월에 김성일金誠一이 함경도 순무어사巡撫御史로 녹둔도 땅을 직접 순시하고 일기에 다음과 같이 적어 놓았다. "녹둔도는 조산보造山堡에서 동쪽으로 5리 되는 곳에 있다. 두만강이 조산 동북쪽에 와서는 두 줄기로 갈라져 흐른다. 한 줄기는 동남쪽으로 흘러서 바다에 들어가고, 한 줄기는 남쪽으로 흘러서 바다에 들어간다. 그 복판이 하나의 큰 들판이 되었는데, 들판의 넓이가 거의 100여 리나 되며, 기름진 전답이 눈길 닿는 데까지 끝없이 펼쳐졌다. 전에 이 섬에 목책木柵을 설치하였다. 3월 초하루가 되면 섬에 들어가서 농사를 짓고 10월 초하루에는 조산으로 돌아오는데, 이를 입첩入疊이라고 부른다. 해마다 풍년이 들어 변경 군사들의 식량이 충분하였는데, 이응거도에 보를 설치하여 호인들과 틈이 생긴 뒤부터는 포로로 잡혀갈까 염려하여 지금까지 농사짓는 것을 금단한다고 한다. 섬에 들어가 10여 리를 가다가 예전에 목책을 설치했던 곳에 도착해 말에서 내려 풀을 깔고 앉아서 군사와 말을 조금 쉬게 하였다. 그런 다음 곧바로 말에 올라 강을 건너서 조산보로 들어갔다鹿屯島在造山堡東五里 豆滿江到造山東北 分爲二流 一派東南流入海 一派南流入海 中爲一大野 野廣幾百餘里 沃饒之田 極目無涯 前者設木柵于島 三月初一日 入島農作 十月初日 還造山 名曰入疊 歲比豊稔 邊軍食足 自伊應巨島設立 結聚胡人之後 恐爲被搏 禁耕至今云 入島行十餘里 到舊設柵處 下馬班荊而坐 小歇軍馬 即上馬 越江入造山堡.『鶴峯逸稿』권3,「北征日錄」, 경진년(1580, 선조 13) 1월 18일.]

189 이경록李景祿(李慶祿) : 1543~1599. 자字는 백수伯綏, 본관은 전주全州. 한성漢城에서 살았다. 효령대군孝寧大君의 6세손으로 1543년(중종 38)에 났으니, 이순신보다는 2년 위다. 1576년(선조 9년)에 무과에 급제하여 호조좌랑, 경흥부사, 김해부사 등 여러 관직을 역임하고, 1592년에 나주목사가 되었다. 이해에 임진왜란이 일어나서 창의사倡義使 김천일金千鎰을 도와 크게 공을 세웠으며, 그 공으로 통정대부에 올랐고 제주목사로 전직되었다. 제주 목사로 재임 중 병사 300명을 뽑아 바다를 건너 선조를 호위하겠다는 장계狀啓를 올려 충신으로 칭송되었으며, 섬에서 7년 넘게 근무한 공로를 포상하여 가자加資되었다. 1599년(선조 32) 임지에서 순직하였으며, 인조반정에 공로를 세운 아들 완풍부원군完豊府院君 이서李曙 덕분에 완녕부원군完寧府院君·영의정에 추증되었다. 충무공 이순신과 자주 서신을 교환하는 친밀한 사이로, 이순신이 1596년(병신) 2월에 청어, 대구, 화살대, 곶감, 삼색 부채를 선물하기도 했다.(「한국역대인물종합정보시스템」;『한국민족문화대백과사전』;『난중일기』병신년, 2월 13일.)

190 연군烟軍 : 조선시대에, 각 호戶에 배당하여 부역에 동원하던 인부. 국가의 큰 공사가 있을 때 호적을 통하여 그 지역에서 동원하였다. 연호군과 같은 말이다.(『표준국어대사전』.)

191 앙니응개印尼應介 : 마니응개亇尼應介의 착오.『선조수정실록』(권21, 선조 20년 9월 1일 정해),『制勝方略』(권1,「列鎭防禦」, 鹿屯島),「북관유적도첩」(守柵拒敵, 고려대학교 박물관 소장) 등에 모두 '마니응개亇尼應介'로 되어 있다.

다. 이경록과 이순신은 뒤를 공격하여 잡힌 농민들을 다시 빼앗아 오고 오랑캐 셋의 목을 베었다. 『관북지關北誌』에 나온다.

---

192 이몽서李夢瑞 : 1556~1608. 자는 응길應吉, 본관은 완산完山. 거주지는 충청남도 아산牙山이다. 1556년(명종 11)에 나서, 1585년(선조 18)에 무과에 급제하였다. 관직은 장연현감에 이르렀으며, 임진왜란 때의 전공으로 원종공신原從功臣에 책록되었고, 1675년(숙종 1)에 군기시 첨정軍器寺僉正으로 추증되었다. 함경도 영흥의 정충사精忠祠에 배향되었다.(『한국민족문화대백과사전』; 『난중일기』 정유년 6월 23일.)

이충무공전서 권11

부록 3

충민사기 (1)忠愍祠記 一[1]

영의정領議政 이항복李恒福[2]

임금[선조]의 34년[1600][3] 정월에 신臣 이항복李恒福에게 남쪽 지방으로 가서 군사의 업무들을 살펴보도록 명령하셨다. 편전으로 불러서 명을 내리시면서 말씀하셨다. "고故 통제사 이순신은 왕실에 마음을 다하고 끝내 국가의 일王事을 위해 죽었으니, 나는 그를 사랑하며 안타깝게 생각한다. 그런데 아직까지 사당을 세우지 못하였다. 이에 그대에게 그의 공적을 밝히도록 명령한다."라고 하였다.

이때 신臣 이항복은 명을 받들어 감격하면서도 두려운 마음으로 역마驛馬를 타고 바닷가에 이르러서, 여러 장수들과 함께 그의 충忠을 드러내고 덕德을 기록하여 영원히 보여 주고 그치지 않는 방법을 상의하였더니, 모두가 동의하였다. 이에 통제사 이시언李時言[4]이 실질적으로 그 일을 맡았고, 충청 수군절도사 오응태吳應台[5]와 전라

---

[1] 『백사선생집白沙先生集』 권4하, 유사遺事, '고통제사이공유사故統制使李公遺事'에도 실려 있다. 충민사忠愍祠는 전라남도 여수시 충민사길 52-23(덕충동 1829번지)에 있으며, 사적 제381호로 지정되었다. 1600년(선조 33)에 건립되고, 선조宣祖가 사액賜額하였다.

[2] 이항복李恒福 : 권9의 주 148 참조.

[3] 34년[1600] : 원문은 "상지삼십사년上之三十四年"이다. 간지가 빠져 있어 혼란을 주는데, 즉위년부터이면 1600년, 유년칭원법踰年稱元法에 따르면 1601년(선조 34)에 해당한다. 여기서는 선조 33년(1600)이 올바르며, 그 이유는 다음과 같다. ① 좌의정 이항복이 사도도체찰사四道都體察使로서 남방으로 떠난 것은 1600년(선조 33) 1월이며, 그가 귀경歸京한 것은 그해 6월이다. 그는 곧바로 영의정에 임명되었다.(『선조실록』 권121, 33년 1월 29일 갑술; 같은 책 권126, 33년 6월 15일 병술.) ② 김시양金時讓(1581~1643)의 『부계기문涪溪記聞』(1612)에 이항복이 경자년(1600)에 호남 체찰사로 있었다고 했다. ③ 『난중잡록亂中雜錄』에 "경자년(1600)에 충민이라 시호(사액)를 내렸다."라고 했다. (趙慶男, 『亂中雜錄』戊戌, 11월 19일, '其後庚子 賜謚忠愍'.) ④ 경신년(1620)에 건립된 동령소갈東嶺小碣에 "20년 전에 이항복이 체찰사로 내려와 충민사를 건립하였."를 역산하면 1600년이다. ⑤ 김정호金正浩도 『대동지지大東地志』 순천도호부조에서 '충민사忠愍祠는 선조 경자년(1600)에 건립하고 같은 해에 사액하였다.'라고 했다. (김대현, 「여수 충민사의 건립경위 및 연대에 관한 재고찰」, 『이순신연구논총』, 순천향대학교 이순신연구소, 2014, 208~212쪽.)

우도 수군절도사 김응추金應秋⁶가 서로 함께 이 일을 도왔으며, 목포만호木浦萬戶 전희광田希光⁷, 금갑도만호金甲島萬戶 송희립宋希立⁸, 발포만호鉢浦萬戶 소계남蘇季男⁹, 가리포첨사加里浦僉使 변홍달卞弘達¹⁰이 일을 위해 분주히 만났다.

---

4 이시언李時言 : 1557~1624. 자는 계중季仲, 본관은 전주全州. 한성漢城에서 살았다. 1557년(명종 12)에 나서, 1579년(선조 12) 23세에 무과에 급제하였다. 여러 관직을 거쳐 1592년에 황해도 좌방어사가 되었다. 임진왜란 중 전라병사, 전라도 방어사, 평안도 조방장, 해주목사, 충청병사 등으로 많은 공로를 세웠다. 1599년(선조 32) 1월에 제4대 통제사에 임명되어 1602년(선조 35) 1월에 병으로 체직되었다. 이후 경상우수사, 한성부판윤, 평안 병사, 황해병사, 함경도 북병사, 공조판서, 좌변포도대장 등을 역임하였고, 1618년(광해군 18)에 전흥부원군田興府院君이 되었다. 1624년(인조 2)에 이괄李适이 반란을 일으키자, 내응內應할 위험이 있음을 내세워 기자헌奇自獻을 비롯한 35명이 처형될 때 함께 처형당하였다.(『선조실록』; 『광해군일기』; 『인조실록』; 『道先生來歷事蹟擧槩』(해군사관학교 박물관 소장); 「한국역대인물종합정보시스템」; 『한국민족문화대백과사전』.)

5 오응태吳應台 : 1542~? 자는 길중吉仲, 본관은 낭산朗山. 전라북도 용안龍安(현 익산)에서 살았다. 1542년(중종 37)에 났으니, 이순신보다 3년 위다. 1570년(선조 3)에 무과에 급제하였으며, 임진왜란 중 회령부사會寧府使, 함경도 북병사, 전라도 방어사 등을 역임하였다. 1598년(선조 31) 초에 충청수사로 임명되어 그해 말까지 근무했으나, 선조宣祖의 지적에 따르면, 노량 해전에 참가하지 않았다고 한다. 이후 함경도 남병사와 북병사를 거쳐, 1608년(광해군 즉위년)에 경상좌수사에 임명되었다.(『선조실록』; 『광해군일기』; 「한국역대인물종합정보시스템」.)

6 김응추金應秋 : 김억추金億秋의 착오이다. 『백사선생집白沙先生集』 권4하, 유사遺事, '고통제사이공유사故統制使李公遺事'에는 '김억추金億秋'로 바로 되어 있다. 김억추金億秋는 전라우수사를 두 차례 역임하였다. 1차는 1597년 7월부터 1598년 3월까지 근무하다 부친상으로 체직되었다. 2차는 1599년 1월부터 1601년 3월까지 근무하였다.(충무공명량대첩유적사업회, 『全羅右水營誌』, 先生案, 1995.) 권9의 주 152 참조.

7 전희광田希光 : 1551~? 자는 사화士華, 본관은 여황驪惶. 강화江華에서 살았다. 1580년(선조 13년)에 무과에 급제하였으며, 1594년(선조 27)에 목포만호로서 한산도에 와서 통제사 이순신에게 보고한 뒤, 1597년(선조 30) 말에도 이순신 예하에서 활약하였다. 전란 뒤 전라도에서 관직을 수행하다가, 1603년(선조 36) 전라도 암행어사 목장흠睦長欽의 장계로 파직되었다.(「한국역대인물종합정보시스템」; 『난중일기』; 『선조실록』.)

8 송희립宋希立 : 권9의 주 73 참조.

9 소계남蘇季男 : 1562~? 자는 여윤汝胤. 전라북도 태인泰仁에서 살았다. 1591년(선조 24)에 무과에 급제하여, 1597년(선조 30) 8월에 발포만호로서, 통제사에 재임명된 이순신을 처음으로 보성에서 뵈었다. 1601년(선조 34) 월곶첨사에서 파직되었다.(『선조실록』; 『난중일기』; 「한국역대인물종합정보시스템」.)

10 변홍달卞弘達 : 1559~? 자는 경민景敏, 호는 규암葵菴, 본관은 초계草溪. 전라남도 장흥長興에서 살았다. 충청도 수사를 지낸 변국간卞國幹의 아들로 1589년(선조 22)에 무과에 2등으로 합격하였다. 선전관宣傳官을 지내고, 1594년(선조 27) 4월에 도원수 권율權慄의 군관으로 한산도에 심부름차 내방하였다. 정유년(1597)에 이순신이 권율의 막하에서 백의종군 중일 때도 수차례 이순신을 찾아왔다. 1598년 12월에 별장別將, 1601년(선조 34)에서 1604년까지 가리포첨사를 역임하고, 뒤에 부사府使와 병마절도사兵馬節度使를 지냈다.(『선조실록』; 『난중일기』; 『湖南節義錄』; 『加里浦鎭僉使先生案』; 「忠愍祠記」; 「한국역대인물종합정보시스템」.)

몇 달 뒤에 전라도 병마절도사 안위安衛[11]가 사람을 시켜 약간의 재화錢幣를 내어서 가지고 와서 공사工事를 돕게 하였다. 그리고 공公이 평소에 거느리고 있던 다수의 장교將校[12]와 군중軍中의 문무관文武官, 사졸士卒들 모두가 마음과 힘을 다하여 환호 속에 일을 하러 나왔으며, 뭇사람들이 있는 재주를 다하고 수많은 사람이 연장을 들고 다 함께 작업을 하였다.

　이에 그해[1600년] 모월某月에 공사를 마쳤다. 그리하여 본인 이항복李恒福이 드디어 일을 마쳤음을 조정에 보고하였고, 그에 따라 사당의 액호額號을 청하여 그 일을 영광되게 하였다. 이어서 공公의 세계世系와 이력履歷과 일의 시종始終을 서술한다.

　삼가 살피건대, 고故 증대광보국숭록대부 의정부 우의정 행정헌대부 전라좌도 수군절도사 겸 삼도통제사贈大匡輔國崇祿大夫議政府右議政行正憲大夫全羅左道水軍節度使兼三道統制使 이 공李公의 이름은 순신舜臣이고, 그의 선대들은 덕수德水 사람이다. 고려 때에 벼슬하여 합문지후閤門祗候 문림랑文林郎 자금어대紫金魚袋 지삼사사知三司事를 역임한 소邵에서부터 5세五世를 지나 정정공貞靖公 변邊에 이르러 벼슬이 영중추부사領中樞府事까지 이르렀다. 그의 손자인 거琚는 병조참의兵曹參議를 지냈으며, 거琚는 평시서봉사平市署奉事를 지낸 백록百祿을 낳았고, 백록은 정貞을 낳았는데, 이분이 실로 공公을 낳았다. 9세九世 동안 관직이 끊이지 않았고 대대로 인재가 있었는데, 공公에 이르러 비로소 크게 드러났다. 모친은 초계변씨草溪卞氏로 장사랑將仕郎 수림守琳의 딸이다.

　공公은 1545년[인종 원, 을사] 3월 8일에 태어났다. 점쟁이가 말하기를, "나이 50이 되면 병권을 가진 장수가 되어 북방에 출정出征할 것이다."라고 하였다. 자라서는 유학을 공부하였는데, 글씨 쓰는 것을 특히 잘했다. 20살이 되자 그는 그러한 학문을 모두 그만두고, 전투와 무예와 관련된 것만을 전적으로 배웠다. 1576년[선조 9]에는 무과에 합격하였고,[13] 이후 발포만호鉢浦萬戶가 되었다가[14] 파직되어 집에 머물렀다.

---

11 안위安衛 : 권9의 주 159 참조.

12 장교將校 : 원문은 "군교羣校"로, 『백사선생집白沙先生集』 권4하, 유사遺事, 고통제사이공유사故統制使李公遺事에는 '군교郡校'로 되어 있다.

13 이순신은 32세에 식년병과에 합격하였다.

1584년[선조 17]에는 부친상을 당하였고,[15] 1586년[선조 19]에는 3년상을 마치고[16] 사복시주부司僕寺主簿를 거쳐 조산포만호造山浦萬戶[17]가 되었다.

1587년[선조 20]에 조정에서 녹둔도鹿屯島[18]에 둔전屯田을 설치하여 공公에게 그 일을 관장하게 하였다.[19] 공公은 지역이 멀리 떨어져 있고 수비할 군사가 적다는 내용으로 군사를 더 보내 주기를 여러 차례 요청하였다.

그해 8월에 적賊이 둔전의 울타리를 기습하여 포위하였다. 털로 된 붉은 색의 옷을 입은 적 몇 명이 앞에서 있으면서 가장 드러났으므로 공公이 활을 연달아 쏘아 죽여서 물리쳤고, 울타리를 열고 나가서 추격하여 포로로 잡혔던 남녀 60여 명을 도로 빼앗아 왔다. 이때 한창 싸움이 진행 중이었는데, 공公이 지나가는 화살을 맞았지만 남몰래 화살을 직접 뽑아냈다. 얼굴에 드러내지 않아서 군대 전체가 그러한 사실이 있었음을 아는 자가 없었다.

당시 주장主將[20]이 공公을 영문營門으로 잡아들여서, 공은 조사를 받게 되었다. 친구인 선거이宣居怡가 공公이 벌을 면하지 못할 것을 염려하여 공의 손을 잡고 눈물을 흘리면서, 술을 권하며 놀란 마음을 진정시키려 하였다. 공公은 정색하여 말하기를, "죽고 사는 것은 천명天命이다. 술을 마셔 무엇 하겠나."라고 하였다.

이후 조사를 받게 되자 공公이 굴복하지 않고 말하기를, "나는 군사가 적다는 내용으로 누차 보고하여 늘려 주기를 청했습니다."라고 하였다. 이 사실이 조정에 알려지자, 임금께서 이르기를, "그는 싸움에 진 군대의 무리와는 다르니, 백의종군白衣從軍하게 하라."고 하였다. 그해 겨울에 시전時錢[21]의 싸움에 종군하여 공을 세워서

---

14 이때 이순신은 36세였다. 발포는 전라남도 고흥군에 있다. 발포만호는 종4품에 해당하며 회령포會寧浦·여도呂島·녹도鹿島와 함께 사도진관蛇渡鎭管에 속하였다.

15 이때 이순신은 40세였다.

16 이때 이순신은 42세였다.

17 "조산포造山浦"는 함경도 북병사 관할의 수군 만호 진이다. 권10의 주 183 참조.

18 녹둔도鹿屯島 : 권9의 주 47 참조.

19 이때 이순신은 43세였다.

20 당시 주장主將 : 북병사北兵使 이일李鎰이다.

21 시전時錢 : 두만강 건너에 있던 오랑캐의 부락 이름이다. 1588년(선조 21) 정월 15일에 북병사 이일李鎰이 회령부사 변언수邊彦琇와 온성부사 양대수楊大樹를 시켜 강을 건너 시전의 오랑캐를 급습하도록 하였는데, 이때 충무공 이순신이 참가하여 공을 세웠다.

도로 풀려났다.

1589년[선조 22]에는 정읍현감井邑縣監이 되었다.²² 1591년[선조 24, 신묘, 47세]에는 진도군수²³에서 바로 승진하여 가리포첨사加里浦僉使²⁴가 되었고, 그대로 전라좌도 수군절도사全羅左道水軍節度使²⁵에 발탁되었다.

그다음 해인 임진년[선조 25, 1592, 48세] 여름에는 일본의 관백關白 평수길平秀吉²⁶이 나라의 모든 힘을 쏟아 쳐들어와서 부산釜山과 동래東萊 등의 성성들을 연이어 함락시키고 길을 나누어 서울을 향하여 올라오면서 곧바로 중원中原[중국]을 치겠다고 호언豪言하였다.

공公이 여러 장수들을 모아 놓고 일을 계획하였는데, 이때 녹도만호鹿島萬戶²⁷ 정운鄭運²⁸ 및 공公의 군관軍官 송희립宋希立²⁹이 분발하여 죽음을 각오하고 스스로 힘을 다할 것을 원하였고, 그 말이 의기義氣가 복받치고 개탄하였으므로 공公이 크게 기뻐하였다.

5월 4일에 수군水軍을 거느리고 바다로 내려가니,³⁰ 경상우수사慶尙右水使 원균元均이 편지를 급히 보내와서 공과 한산도閑山島에서 서로 만나자고 약속하였다. 이때 공에게 전선戰船 80여 척³¹이 있었으므로 원균과 합세하여 옥포玉浦 앞바다에 이르

---

22 이때 이순신은 45세였다.
23 진도군수 : 전라남도 진도군. 군수는 종4품이다.
24 가리포첨사加里浦僉使 : 전라남도 완도에 있는 수군 첨사 진으로, 1521년(중종 16)에 진이 설치되었다. 종3품이다.
25 전라좌도 수군절도사全羅左道水軍節度使 : 전라남도 여수시에 좌수영이 있고, 정3품이다. 진도군수와 가리포첨사에 부임하지 않고 수군절도사에 임명되었으므로, 정읍현감에서 곧바로 수군절도사로 부임하게 되었다.
26 평수길平秀吉 : 토요토미 히데요시를 일컫는다.
27 녹도鹿島 : 전라남도 고흥군 소재로 현재의 녹동항 옆에 있다.
28 정운鄭運 : 권9의 주 75 참조.
29 송희립宋希立 : 권9의 주 73 참조.
30 이순신의 수군은 당포唐浦에 도착하였으며, 당포는 경상남도 통영시 산양면에 있다. 이순신의 조카 이분李芬이 이순신의 행장을 기록한 「행록行錄」에 의하면, 원균이 적에게 패해 전선 73척 모두를 버리고 다만 남은 것은 이운룡李雲龍과 영등포(거제도)만호 우치적禹致績이 타고 있는 배가 각각 1척씩이었으며, 이때 원균은 작은 배 1척을 타고 걸망포傑望浦에 있었다고 한다.(『이충무공전서』 9권 부록 1 「행록行錄」.)
31 80여 척 : 전선은 24척이었고, 사후선과 포작선을 합해서 85척이었다. 이미 전쟁 직후에 전선과 사후선 등을 구분하지 못한 것을 알 수 있다.

렀다.

이 무렵 적선賊船 30여 척이 사면四面에 휘장을 두르고 붉고 흰 깃발紅白旗들을 세우고 바다 한가운데에 정박해 있으면서 남은 군사들을 나누어 언덕으로 올려보내서 마을 내의 집들을 불태워서 연기와 불꽃이 온 산에 두루 퍼져 있었다.

우리 군사가 갑자기 이르는 것을 본 적들은 일시에 배에 올라 노를 재촉하여 나와서 진을 쳤다. 공公은 바다 가운데서 적을 맞아들여서, 제군諸軍을 독려하여 적선 26척을 불태우고 그다음 날에 결전決戰하기로 약속하였다. 그런데 서쪽에서 온 사람이 전언傳言하기를, "임금宣祖께서 서쪽으로 몽진하였고, 경성京城은 적에게 함락되었다."라고 하니, 여러 장수들은 각각 본진本鎭으로 돌아갔다.

그때 임금은 의주義州에 계시어 남쪽 길이 막혀서 소식이 통하지 않았는데, 승첩한 보고가 행재行在에까지 올라오자 백관들이 목을 뽑아 서로 치하했으며, 드디어 공도 가선대부嘉善大夫로 품계가 올랐다.

그 후 얼마 되지 않아서 공公의 꿈에 백발노인이 나타나서 공公을 발로 차서 일으키며 말하기를, "적이 쳐들어왔다."라고 하였다. 공公이 깜짝 놀라 벌떡 일어나서 재촉하여 전함 23척을 거느리고 노량露梁에서 원균과 만났더니, 적이 정말로 와 있었다.

처음에 한 번 교전하여 적선 한 척을 불태워 부수고서, 적을 추격하여 사천泗川의 바다 가운데 이르러 멀리 바닷가에 있는 산山 한 곳을 바라보니, 적군 1백여 명이 장사진長蛇陣을 치고 있고 그 아래쪽에는 적선 12척이 언덕을 따라 열을 지어 정박해 있었다. 그런데 이때 조수潮水가 이미 빠져나갔기 때문에, 항구港口의 물이 얕아서 배가 더이상 앞으로 나아갈 수가 없었다. 그러자 공公이 말하기를, "우리가 만일 거짓 후퇴하는 척하면 적이 반드시 배를 타고 우리를 추격해 올 것이니, 지금 계책을 써서 그들을 바다 가운데로 유인한 다음 우리가 거함巨艦으로 그들을 연합하여 공격한다면 이기지 못할 리가 없을 것이다."라고 하였다. 마침내 나각螺角[32]을 울리며 배

---

32 나각螺角 : 소라의 껍데기로 만든 취주 악기의 한 가지이다. 법라法螺와 같다.

충민사. 1600년 건립. 전남 여수. (사진 문화재청)

를 돌려 후퇴하니, 1리里도 채 못 가서 적이 과연 배를 타고 추격해 왔다.

공公이 일찍이 본영本營에 있을 때 날로 왜구들이 침입하는 것을 걱정거리로 여겨서 지혜를 새롭게 짜내어 군함을 제조했는데, 새로운 방식으로 만들어 낸 것이었다. 위에 판자로 덮개를 설치하여 형태가 마치 엎드린 거북과 같았다. 그런데 이때에 이르러 공이 그 귀선龜船[거북선]을 돌진하도록 하여 먼저 적진賊陣에 시험하여 적선 12척을 불태우니, 남은 적들은 멀리 바라보면서 발을 동동 구르며 소리만 외치고 있었다. 한창 싸울 때 적의 탄환이 공의 왼쪽 어깨에 맞아 관통하여 등까지 이르렀다. 공公은 오히려 활을 잡아 화살을 쏘면서 싸움을 독촉하여 그치지 않았다. 그러다가 싸움이 끝나자 공은 사람을 시켜 칼끝을 이용하여 탄환을 빼내게 하자, 온 군중이 이때야 공公이 탄환을 맞은 사실을 알게 되었고 깜짝 놀라지 않은 자가 없었다.

다시 진군하여 당포唐浦에 이르니,[33] 또 적선 12척이 강기슭에 나누어 정박해 있었다. 중앙에 큰 배大船 한 척이 있었는데, 배 위에는 층루層樓를 설치하고 밖으로는 붉은 비단으로 된 휘장紅羅帳을 드리웠고, 적의 우두머리賊酋 한 사람이 금관金冠을

---

33 같은 해 6월 2일이고, 적선은 21척이었다.

쓰고 비단옷錦衣을 입고 여러 적들을 지휘하고 있었다.

공공이 여러 장수에게 노를 빨리 저어서 곧장 돌격하도록 명령하자, 순천부사順天府使 권준權俊이 아래에서 위를 쳐다보고 활을 쏘아 적의 우두머리를 적중시켜 화살을 맞자 활시위 소리에 따라 곧바로 거꾸러지니, 모든 군사들이 기뻐하였다.

해가 저물자 사량蛇梁 앞바다로 배를 돌려 진을 쳤는데, 군대 내에서 밤중에 놀라 시끄럽고 혼란이 그치지 않았으나 공공은 꿈쩍하지 않고 누워서 일어나지 않았다. 한참 뒤에 사람을 시켜 요령搖鈴[방울]을 흔들게 하자, 모든 군사들은 그제야 진정되었다.

그 후 6월 4일 당항唐項[고성 당항포] 앞바다로 진군하였을 때, 전라우수사全羅右水使 이억기李億祺가 전선 25척을 거느리고 와서 함께 모였다. 이에 앞서 여러 장수들이 항상 지원 없는 외로운 군사들을 이끌고 적진 깊이 들어가는 것을 걱정하였는데, 이때에 이르러 이억기가 온 것을 보고는 모든 군사의 기운이 더해졌다.

그 이튿날에 여러 군사들이 바깥 바다로 나갔더니, 여러 적들이 당항의 앞 포구에 진을 치고 있었다. 공공이 먼저 척후선을 보내어 가서 적의 형세를 탐지하게 했는데, 척후선이 해구海口를 나가자마자 즉시 포砲를 쏘아 적이 있음을 알렸다. 그러자 모든 군사들이 일제히 노를 빨리 저어 배의 앞과 뒤를 서로 연결시켜 마치 고기를 꿰듯이 나아가 소소강召所江에 이르니, 적선 26척이 항구 가운데에 나열해 있었다. 중앙에 있는 한 큰 배大船가 있었는데, 배 위에 3층의 판자로 된 누각板閣[판옥板屋]을 설치하였고 밖으로는 검은 비단으로 된 휘장黑絹帳을 드리웠으며 앞에는 푸른 일산을 세웠다. 멀리서 바라보니 휘장 안에 어렴풋이 누군가를 모시고 사람들이 서 있었으므로 그가 그들의 장수頭酋임을 알았다.

몇 번 싸우지도 않고 공공이 거짓 패하여 후퇴하니, 층각層閣을 갖춘 큰 배가 공이 패하여 후퇴하는 것을 보고는 돛을 올리고 곧바로 쫓아서 나왔다. 모든 군사들이 협공하여 민첩하게 적들을 쳐부수니, 적의 장수賊酋는 화살에 맞아 죽었고, 적선 100여 척을 불에 태웠으며, 적군의 목 210여 급級을 베었고, 물에 빠져 죽은 적군도 매우 많았다. 이 일이 임금에게 알려졌으며, 공의 품계가 자헌대부資憲大夫에 올랐다.

그 후 7월 6일에는 공공이 원균, 이억기 등과 노량露梁[34]에서 만났다. 적선 70여 척이 견내량見乃梁³⁵으로 옮겨 정박해 있다는 소식을 듣고 우리 군사가 바다 가운데 이르자, 적들이 우리 군사의 매우 많은 것을 보고서 배를 돌려 항구로 들어가 버렸다. 그 항구 안에는 원래 오래된 군영이 있었는데, 적선 70여 척이 한데 나열하여 진을 쳤다. 이곳은 항구가 물이 얕고 좁은 데다 숨겨진 암초가 많아서 배를 운행하기 어려운 곳이었다. 공公이 약간의 군사를 내보내어 그들을 유인하니, 적의 모든 무리들이 마침내 추격해 왔다. 공公이 싸우기도 하고 후퇴하기도 하면서 적을 유인하여 한산도閑山島³⁶ 앞바다로 이르렀다. 이에 공은 배를 돌려서 그들을 다시 쫓아가면서 깃대를 휘둘러 북을 치고 함성을 지르며 화살과 대포를 모두 발사하니, 적은 기세가 꺾이어 조금 물러났다. 여러 장수와 군리軍吏들이 환호성을 지르고 펄쩍펄쩍 뛰면서 적선 63척을 불태우니, 남은 적 400여 명은 배를 버리고 육지로 올라가서 달아났다.³⁷

　여러 군사들이 진군하여 안골포安骨浦 앞바다에 이르니³⁸ 또 적선 40여 척이 있었는데, 중앙에 있는 3척의 배에는 위로 층루層樓를 세웠고, 기타 여러 배들은 차례로 열을 지어 정박해 있었다. 적들은 이미 누차 패하였으므로 아군이 곧바로 돌격해 올 것을 두려워하여, 앞으로는 수심이 얕은 항구를 차지하고 뒤로는 험고한 지형에 의지하여 감히 나오지 않았다. 그러자 공公이 여러 군사들을 독려하여 번番을 나누어 쉬게 하고 번갈아 진격하게 했는데, 날이 저물어 바다 안개가 사방에 가득 끼자, 남아 있던 적의 20여 척은 밤을 틈타서 닻을 끊고 달아났다. 이 싸움에서 적의 목 250여 급을 베었고, 물에 빠져 죽은 적은 또 그 숫자를 헤아릴 수도 없었으므로, 군대의 위세가 크게 떨치었다.³⁹ 공公의 품계가 정헌대부正憲大夫에 올랐다.

　공公은 매양 싸워서 이길 적마다 여러 장수들을 경계하여 말하기를, "이기는 데에 익숙해지면 반드시 교만하게 되니, 여러 장수들은 이를 조심해야 한다."라고 하였다.

---

34 노량露梁 : 권9의 주 90 참조.
35 견내량見乃梁 : 권9의 주 107 참조.
36 한산도閑山島 : 현재 경상남도 통영시 한산면이다.
37 이때 거둔 승리를 한산대첩閑山大捷이라 한다.
38 동년 7월 10일이다.
39 안골포해전安骨浦海戰이라 부른다. 안골포는 웅천현에 속한 포구로 수군 진영이 있었으며, 현재 경상남도 창원시 진해구 안골동이다.

이때 적들이 누차 호남湖南을 엿보면서 으르렁거리기를 그치지 않고 있었다. 공公은, 국가의 군량이 모두 호남에 의지하고 있으니 "만일 호남이 없어진다면 이는 국가가 없는 것이다."라고 하였다.

계사癸巳[선조 26, 1593년, 49세] 7월 15일에 한산도로 나아가 진을 쳐서 적의 해로海路를 막았다. 이해 8월에는 조정에서 공公에게 삼도수군통제사三道水軍統制使를 겸임시키고 본직本職은 처음 하던 것처럼 그대로 지니면서 수군舟師을 총제總制할 수 있도록 하였다. 공公이 6년 동안 군중에 있으면서 본도本道의 군량 저축이 크게 줄어들어 공급해 줄 수 없음을 알게 되자, 마침내 물고기를 잡고 소금을 굽는 것을 장려하고, 둔전屯田을 넓게 설치하였다. 국가를 이롭게 하고 군軍에 도움을 줄 수 있는 일이라면 용감하게 달려들어서 좌우를 살피지 않고 마치 좋아하는 것을 하듯이 하여 털끝만큼 아주 작은 것도 빠뜨리지 않았으므로, 군량이 여유가 있게 되어 모자라거나 떨어져 본 적이 없었다.

정유丁酉[선조 30, 1597년, 53세] 정월에 적의 장수인 청정淸正이 재차 바다를 건너왔다. 조정에서 공公이 그들을 되받아 공격하지 않았다고 하여 그를 옥에 가두고, 원균을 기용하여 그 대신에 상장上將으로 삼았다. 공公이 압송되는 길에는 남녀노유가 모두 길을 가로막고 부르짖어 통곡하였다. 공이 옥에서 심문을 받게 되자 임금께서 공公을 용서하고, 백의白衣로 원수元帥의 진중陣中으로 보내서 공에게 죄를 진 상태에서 스스로 공로를 세우도록 하였다.

그해 7월에 원균이 끝내 패하였다. 도원수都元帥 권율權慄이 공公에게 진주晉州에 가서 남은 군졸들을 거두어 모으게 하였다. 그 후 얼마 안 되어 조정에서 공公을 다시 기용하여 통제사로 삼았다.

그런데 이때는 처음으로 패한 뒤라서 배舟船와 병기器械가 남아 있는 것이 없었다. 그래서 공公은 명을 들은 즉시 홀로 말을 타고 회령포會寧浦로 빨리 달려갔으며, 가는 도중에 경상우수사慶尙右水使 배설裵楔을 만났다. 이때 배설이 거느린 전선은 단지 8척이었고, 또한 녹도鹿島의 전함 1척을 얻었다. 공公이 배설에게 진취進取[앞으로 취할]의 계책을 물으니, 배설이 말하기를, "일이 다급합니다. 배를 버리고 육지로 올라가서 스스로 호남湖南의 진영 밑에 의탁하여 싸움을 도와서 공을 세우는 것만 못 합니다."라고 하였다. 공公이 그의 말을 들어주지 않자 배설은 끝내 배를 버리고 가 버렸다.

공公은 전라우수사全羅右水使 김억추金億秋를 불러 관할하에 있는 장수 5인을 소집하여 병선을 수습하게 하고, 장수들에게 분부하여 치장해서 전함으로 만들어 군대의 위세軍勢를 돕도록 하였다. 그리고 약속하기를, "우리는 왕명을 함께 받았으니, 의리상 생사를 같이해야 한다. 국가의 일이 여기까지 이르렀으니, 어찌 한번 죽는 것을 아끼겠는가. 오직 충의에 죽고, 죽더라도 또한 영예가 있을 것이다."라고 하니, 여러 장수들이 모두 감격하며 경외하였다.

이때 공公은 무너지고 깨진 끝에 기용되어 다시 통제사에 임명되었는데, 호남과 영남의 여러 고을이 모두 적의 소굴이 되어, 행장行長[40]은 육로에서, 의지義智는 수로에서 재빨리 계책을 세우고 예기銳氣를 기르면서 우리의 틈을 엿보고 있었다. 그런데 공公은 홀로 손상되고 남은 군졸과 13척의 전선을 거느리고 몸을 의지할 곳이 없이 벽파정碧波亭 앞바다 가운데에서 머뭇거리고 있었으므로, 보는 이들은 위태롭게 여겼다. 공公이 하루는 갑자기 군중軍中에 명령을 내려 이르기를, "오늘 밤에 적이 반드시 우리를 습격할 것이니, 여러 장수들은 각각 군대를 정돈하고 경계를 엄중히 하도록 하라."고 하였다. 이날 밤에 적이 과연 군대를 몰래 출동하여 쳐들어왔다. 그러자 공公이 스스로 일어나 큰 소리로 호통을 쳐서, 여러 군사들에게 움직이지 말고 각각 닻을 내려서 기다리도록 명령을 내리고 싸움을 독려하는 데 더욱 힘을 썼으므로, 적은 포위를 풀었다. 그러자 공公은 회군回軍하여 우수영右水營의 명량鳴梁 바다 가운데로 와 있었다.

다음날 날이 밝자 적선 500~600척이 바다를 온통 뒤덮어 올라오는 것을 바라보았다. 이에 앞서 배를 타고 피란 나온 호남의 백성士庶들은 모두 진영 아래 모여서 공公을 의지하여 생명을 보전하고 있었다. 이때에 공公은 적은 군사로 많은 적을 대적하기 어려웠기 때문에 먼저 피란선避亂船들을 차례로 뒤로 물러가서 배열하여 진을 치도록 하여 군사들인 것처럼 꾸몄다. 그리고 자신은 전함을 거느려서 맨 앞에

---

40 행장行長 : 고니시 유키나가小西行長이다.

나가 있었다. 적들은 공公이 전함을 정돈하여 나온 것을 보고서 각각 노를 빨리 저어서 곧바로 진격해 왔으며, 깃발과 망루가 바다 가운데 가득 찼다.

때마침 아침 일찍 조수가 막 밀려 나가면서 항구의 물살이 매우 사납고 급하게 흘렀다. 거제현령巨濟縣令 안위安衛가 배를 몰아 조수를 따라 내려가다가 바람을 타면서 빨리 달려가니 마치 쏜살같았다. 곧장 적진 앞으로 돌진하니, 적이 사면에서 포위하였다. 안위는 죽음을 무릅쓰고 돌진하여 싸웠으며, 공公은 모든 군사들이 그를 따르도록 독려하여, 먼저 적선 31척을 격파하였다. 적이 뒤로 약간 물러나자, 공公이 노를 치면서 군사들에게 맹세하고 승세를 타서 앞으로 진격하니, 적들이 죽는다고 크게 소리 지르면서 감히 대적하지 못하고 모두가 도망쳤다. 공公 또한 보화도寶花島[목포 고하도]로 옮겨서 진을 쳤다.

이때 한산도의 여러 장수들은 각자 도망쳐서 본도本道의 피란민들과 함께 여러 섬으로 들어갔으므로, 공公이 날마다 부하 장수들을 보내 여러 섬에 타이르게 하여 흩어진 군졸들을 불러 모았다. 그리고 전함을 수리하고 병기를 준비하였으며 소금을 굽고 판매하게 하니, 2개월 내에 수만여 석의 곡식을 얻게 되었다. 그러자 장사將士들이 구름처럼 모여들어서 군대의 위세가 다시 떨치었다.

무술戊戌[선조 31, 1598년, 54세] 2월 17일에는 고금도古今島로 나아가서 진을 쳤다. 이때 행장行長은 군사들을 거두어들이고 요해처要害處를 점거하여 순천順天의 왜교倭橋[41]에 진을 쳤다. 공公은 왜교와 백 리쯤 거리를 두고 진을 쳤다. 그해 7월에 명나라 장수 도독都督 진린陳璘이 수군 5,000명을 거느리고 와서 공公과 합진合陣하였고, 도독都督[42] 유정劉綎은 묘병苗兵[43] 1만 5천명을 거느리고 순천의 동쪽에 진을 치고서 장차 바다와 육지에서 일제히 적을 공격하려고 하였다.

그런데 명나라 군사들이 우리 군사를 침범하여 소란을 일으키자, 공公이 군중軍中에 명령을 내려 그 막사들을 철거하게 하였다. 그것을 보고 진 도독이 이상하게 여

---

41 왜교倭橋 : 전라남도 순천시 해룡면 신성리. 왜교성倭橋城 또는 예교曳橋라 하였다. 정유재란 때 일본군이 쌓은 순천왜성順天倭城이 있다.

42 도독都督 : '제독提督'이 올바름. 유정劉綎은 '제독총병관提督總兵官'으로 서로군西路軍을 지휘하였다.

43 묘병苗兵 : 묘족苗族 출신으로 이루어진 군대를 말한다. 중국 사천성四川省과 운남성雲南省 일대에서 모집한 군사들이다.

겨 그에 대하여 물었다. 공公이 대답하기를, "명나라 군사들이 수시로 침범하여 소란을 일으키므로, 새로 모인 우리 백성들이 모두 먼 곳으로 옮겨가려는 것입니다."라고 하였다. 도독이 크게 놀라면서 공公이 편의에 따라 임의대로 처리하게 하여, 후일에 재차 침범하여 소란을 일으키는 자가 있을 경우에는 죄를 주도록 허락하였다. 그 후로는 명나라 군사들이 조금도 침범하지 못하였고, 온 진영이 이를 힘입어 서로 안정되었다.

이때 행장은 공公의 위명威名을 두려워하여 자기 아장亞將을 보내어 조총鳥銃과 장검長劍을 공에게 바쳤다. 공은 그것을 물리치며 말하기를, "내가 임진년[1592]부터 적을 죽인 것이 셀 수 없고, 그들에게서 노획한 총과 검劍만으로도 사용하기에 넉넉하다."라고 하였다. 적이 또 도독을 통하여 은銀과 술과 고기를 보내려 하자, 공公이 거절하며 말하기를, "이 적은 명나라에도 또한 용서받기 어려운 죄가 있는데, 노야老爺께서 도리어 그의 뇌물을 받으려고 합니까."라고 하였다. 그 후 적의 사신이 다시 오자, 도독이 그를 사절하여 말하기를 "내가 통제공에게 이미 부끄러운 일을 당했는데, 어찌 재차 그럴 수 있겠는가."라고 하였다.

이해 11월 18일에는 남해와 부산의 여러 적들이 구원하러 왔고, 선봉先鋒은 이미 노량露梁에 도착해 있었다. 공公이 도독에게 말하기를, "우리 군사가 앞뒤로 적을 맞게 되었으니, 묘도猫島로 물러가 진을 치고 있다가 여러 장수들과 다시 약속하여 마음을 굳게 먹고 결전을 벌이는 것만 못합니다."라고 하니, 도독이 그대로 따랐다.

이날 삼경三更[오후 11시~오전 1시]에는 공公이 배 위에서 꿇어앉아 하늘에 축원하기를, "오늘은 진실로 죽기를 결심하였으니, 하늘에 바라건대 반드시 이 적을 섬멸하게 해 주십시오."라고 하였다. 축원을 마치자 친히 정예한 군사를 거느리고 앞서서 노량으로 진군하였다.

19일 사경四更[오전 1~3시]에 적이 도독[진린]을 포위하여 매우 위태로운 상황이 되었다. 공公이 곧바로 전진하여 그를 구하였다. 그리고 친히 활과 돌들이 쏟아지는 것을 무릅쓰고 손으로 직접 북을 치다가 갑자기 탄환에 맞고 쓰러졌다. 운명하기 직전에 휘하麾下를 돌아보고 이르기를, "내가 죽었다는 말을 하지 말아서, 군사들이 놀라지 않게 하라."고 하였다. 도독은 공公이 죽었다는 말을 듣고는 세 번이나 배에 엎어져 넘어지면서 말하기를, "함께 일을 할 만한 사람이 없다."라고 하였다. 그리고 남쪽의 백성들은 공公이 죽었다는 말을 듣고 분주히 길거리에서 통곡하였고, 시장에서는 술을 마시지 않았으며, 집안 사람이 상여를 모시고 고향으로 돌아갈 때는 남쪽 지방의 선비들이 제문祭文을 지어 제사하였고, 늙은이나 어린애들도 길을 가로막고 통곡하여 경계에 이를 때까지 행렬이 끊이지 않았다.

공公은 군수郡守 방진方震의 딸에게 장가들어 2남 1녀를 낳았다. 큰아들 회薈는 여러 차례 공을 세워 훈련원첨정訓鍊院僉正이 되었고, 다음은 열䓲[44]이며, 딸은 선비士人 홍비洪棐에게 시집갔다.

공公이 일찍이 과거에 응시하여 강講을 할 적에 장량전張良傳에 대한 내용에 이르러 고관考官이 묻기를, "장량이 적송자赤松子를 따라 노닐었다고 하는데, 진짜 죽지 않았을까?"라고 하자, 공公이 답하기를, "『강목綱目』에 유후留侯 장량張良이 죽었다고 썼으니, 장량의 뜻이 어찌 참으로 신선이 되려고 했겠습니까."라고 하니, 온 좌중이 공을 대단히 기이하게 여겼다.

공公이 발포만호鉢浦萬戶가 되었을 때 강직하여 윗사람에게 아부하지 않았다. 한번은 주장主將이 사람을 보내어 보堡의 마당에 있는 오동나무를 이용하여 거문고를 만들려고 하였다. 공公이 허락하지 않으면서 말하기를, "이것은 관가官家의 나무이다. 심은 사람은 이미 뜻이 있어서 심은 것인데, 베려는 자는 또한 무슨 생각으로 베려고 하는가?"라고 하였다. 그러자 주장이 목이 메어 탄식을 하였으며, 공公을 중상할 거리를 만들려고 마음먹었다. 그러나 끝내는 공公의 관직에 있는 기간 동안 문제점들을 찾으려 했으나 털끝만 한 죄도 잡아내지 못하였다.

공公이 북변北邊에 있을 적에는 어떤 사람이 상喪을 당하고도 가난하여 급히 돌아갈 것을 마련하지 못하자, 공公이 그 말을 듣고 불쌍히 여겨 즉시 자신이 타는 말을 풀어서 그에게 주었다.

공公이 일찍이 말하기를, "장부丈夫가 세상에 태어나서, 나라에 쓰이면 몸을 바쳐

---

[44] 둘째 아들의 본래 이름은 '울蔚'이었는데, 정유년에 '열䓲'로 고쳤다. '䓲'은 '예' 또는 '열'로 읽히는데, 이순신은 음을 '열'로 정하였다. 정유년(1597) 5월 3일 일기에, "'䓲'은 음이 '悅(열)'이다. 싹이 처음 튼다는 것이나, 초목이 기운차게 자란다는 것이니 글자 뜻이 매우 좋다."라고 하였다.

보답할 것이요, 쓰이지 못한다면 들판에서 농사를 짓는 것으로 만족할 것이다. 그러니 권세가들에게 아첨하여 한때의 영화를 훔치는 것은 내가 매우 부끄럽게 여기는 것이다."라고 하였다. 대장이 되었어도 이 도리를 지켜서 변함이 없었다. 그리하여 사람을 접대함에 있어서는 온화하고 소탈하며 친절하여 간격을 두지 않았고, 일을 맡으면 과감하게 처리하여 조금도 굽히지 않았다. 사람들에게 형벌을 주거나 상을 주는 데 있어서 귀한 자이거나 권력이 있는 자인지와 친하고 친하지 않은 자를 가지고 죄의 경중을 그 뜻대로 처리하지 않았다. 그 때문에 뭇 아랫사람들이 공公을 두려워하면서도 사랑하였고, 그가 가는 곳마다 그의 치적을 칭송하였다.

왜교倭橋에서의 싸움에서 공公의 처종형妻從兄 황세득黃世得[45]이 전사하여 여러 장수들이 조문을 하자, 공公이 말하기를, "세득은 왕사王事에 죽었으니, 슬퍼할 것이 아니라 바로 영광스런 것이다."라고 하였다.

공公은 7년 동안 군중軍中에 있으면서 몸과 마음이 괴로웠으나, 여자를 가까이하려 하지 않았고, 전쟁에 이겨서 상을 받으면 반드시 여러 장수에게 나누어 주고 조금도 남겨 두지 않았다.

일찍이 원균元均과 군사軍事와 관련된 문제로 둘이 어긋남이 있었는데, 말들이 쌓여 서로 가까이할 수 없었다. 공公은 일찍이 그의 자제들에게 경계하여 말하기를, "만일 누가 그 일에 대해서 묻는 사람이 있거든, 너희들은 의당 저 사람에게 공로가 있다고 말하고 단점은 말하지 말라."고 하였다.

한 군졸이 형刑을 당하게 되었을 적에 자제들이 곁에서 말하기를, "죄가 무거워서 용서할 수 없습니다."라고 하자, 공公이 천천히 말하기를, "너희들의 도리는 마땅히 살리는 방도를 가지고 사람을 구제해야 하는 것이다."라고 하였다.

공公의 두 형이 그보다 먼저 죽었으므로, 공公은 부모가 죽어 외로운 아이들을 돌보아서 마치 자기가 낳은 자식처럼 은애恩愛를 베풀어서, 모든 집안의 물건이 있으면 반드시 조카를 우선으로 삼고 자식을 뒤로 미루었다. 그대들君子은 여기에서 공公의 행실이 집안에서도 돈독하였음을 알 수 있을 것이다.

---

45 황세득黃世得 : 권9의 주 188 참조.

충민사기 (2)忠愍祠記 二

박승종朴承宗[46]

아아! 하늘이 나라에 많은 어려움을 내릴 때는 반드시 충신과 열사를 내어서 병사를 거느리고 적과 싸우려는 의기를 보이거나 혹은 국가의 일을 위해 죽어서 절개를 드러냈다. 이는 당시에 기강을 세우고 후세에 명성을 드리우는 것으로, 역사에 눈물이 얼룩져 있음을 가히 지적할 수 있을 것이다.

임진壬辰[1592년, 선조 25]의 난에 바다 건너 왜의 우두머리 수길秀吉[47]이 하늘을 덮칠 듯한 기세로 감히 태양을 쏘듯이 중국을 치려는 계책을 품어 나라의 온 힘을 기울여서 왔으니 그들 군대의 세력은 매우 날카로웠다. 그때 우리나라는 태평한 지 오래되었고 백성들이 병란을 알지 못하였으니, 영남에서 서울까지 흙이 무너지고 기와가 깨지듯이 수습하지 못하고 마침내 삼경三京[48]을 지키지 못하였고, 대가大駕[49]가

---

[46] 박승종朴承宗 : 1562~1623. 자는 효백孝伯, 호는 퇴우당退憂堂, 본관은 밀양密陽. 한성漢城에서 살았다. 1586년(선조 19)에 문과文科에 급제하여 1589년 봉교奉敎, 지제교知製敎, 병조정랑兵曹正郎을 지내고 1600년 동지사冬至使로서 명나라에 갔다. 1604년 부제학副堤學, 1607년 병조판서, 1610년(광해군 2) 형조판서, 판의금부사判義禁府事, 1618년 우의정 겸 도체찰사都體察使, 좌의정, 영의정이 되어 밀양부원군密陽府院君에 봉해졌다. 앞서 1619년에 이이첨李爾瞻의 사주로 윤인尹訒과 이인경李寅卿 등이 경운궁慶運宮에 난입하여 인목대비仁穆大妃를 죽이려 할 때 죽음을 무릅쓰고 저지했고, 1617년 폐모론廢母論에도 극력 반대했다. 아들 자흥自興의 딸이 광해군의 세자빈世子嬪이었으며, 1623년 인조반정仁祖反正이 일어나자 아들과 함께 목매어 자결했다. 시호는 숙민肅愍이다.[『한국역대인물종합정보시스템』; 『한국민족문화대백과사전』; 『두산백과』(인터넷).]

[47] 수길秀吉 : 도요토미 히데요시豊臣秀吉이다. 어릴 때의 이름은 히요시日吉. 처음의 성姓은 기노시타木下, 뒤에 하시바羽柴, 이후 도요토미豊臣로 바꿨다. 오다 노부나가織田信川를 따라 각지의 정전征戰에 참가하였고, 그의 계승자로서 1585년 칸파쿠關白, 1586년 다이죠太政 대신이 되었다. 1590년 호죠 우지마사北條氏政 토벌로 전국 통일을 완료했다. 제후를 억압하여 중앙 집권적인 근세 봉건사회를 확립하려 하였으며, 제후의 무력 삭감을 위해 전란을 일으켰다. 1592년(선조 25) 명나라를 친다는 명분을 내세우면서 임진왜란을 일으켰고, 1597년(선조 30) 다시 정유재란을 일으켰으나 병을 앓아 1598년에 사망했다.[『시사상식사전』(인터넷), 『두산백과』(인터넷).]

서쪽으로 거둥하였으니, 당시의 어려움과 위기를 차마 어찌 이루 말할 수 있겠는가.

나라가 무사들에게 은혜를 베풀어 키운 것이 이미 2백 년이 되었는데 몸을 돌보지 않고 피 흘려 싸운 사람은 한 사람도 없고 왜적을 임금에게 보내고 있었으나, 홀로 통제사 이순신 공은 수군舟師을 모아 큰 국란을 저지하였다. 훈련도 제대로 받지 못한 군사들을 분발하게 하여 기세가 등등한 적들을 감당하며, 당포唐浦에서 싸웠고, 한산閑山에서 싸웠으며, 부산釜山에서도 싸웠다. 이 모든 싸움에서 의義로써 군사들의 기운을 북돋우고 자신이 직접 모든 군사들을 이끌고 앞장서니, 적이 감히 바다를 통해 서쪽으로 오지 못하였다.

정유丁酉[선조 30, 1597년]에 이르러 공公은 바야흐로 파직된 상태였다. 그런데 한산閑山에서 수군이 패하자 공은 다시 통제사에 임명하는 명령을 받았으나, 군사들은 죽고 무너졌고 부하들은 흩어져서, 비록 지혜로운 자라 하더라도 어찌할 수가 없었다. 공公은 이에 홀로 말을 타고 곧바로 나아가서 배舟를 찾고 군사들을 모아서 떨어진 사기를 격려하면서 명량鳴梁[진도의 울돌목]에서 대첩을 거두었고, 예교曳橋[50]에서 승리하여 작은 군사로 대군을 격파하여 재차 기적과 같은 공을 세웠다. 비록 악비岳飛[중국 남송의 명장]의 남훈南薰에서의 싸움,[51] 유기劉琦[52]가 거둔 순창順昌에서의 대첩이라도 어찌 이보다 더 할 수 있겠는가.

명군明軍 도독인 진린陳璘이 남해 앞바다에서 왜적과 싸우고 있었는데, 그의 처지가 위태로운 상태에 빠졌다. 공公은 배를 이끌고 홀로 나아가 모두 무찌르고 적의 예봉을 꺾었다. 그러나 하늘에서 별이 떨어지고 큰 나무가 바람에 부러지듯이 [전사戰

---

48 삼경三京 : 한성·평양·개성을 말한다.

49 대가大駕 : 임금이 타는 수레이다. 어가御駕. 여기서는 선조宣祖를 지적하며, 서쪽으로 거둥한 것은 의주로 파천한 사실을 말한다.

50 예교曳橋 : 전라남도 순천시 해룡면 신성리. 왜교倭橋로도 부른다.(『난중일기』, 무술년 11월 8일.) 정유재란 때 일본군이 쌓은 순천왜성順天倭城이 있다.

51 악비는 용병용兵할 때 적은 병력으로 많은 적군을 이기기를 잘하였다고 한다. 그는 두충杜充의 휘하에 있을 때 군사 8백 인을 이용해 50만의 도적 무리를 남훈문南薰門 밖에서 격파하였다.(『치평요람』128권, 송 고종 대사기왈大事記曰.) 권10의 주 124 참조.

52 유기劉琦 : 유기劉錡의 오기이다. 유기劉錡는 송宋나라 때 금金의 군대를 물리친 명장이다. 한편, 유기劉琦는 중국의 삼국시대 형주자사 유표劉表의 맏아들이므로, 내용상 잘못 표기한 것임을 알 수 있다.

死]하였으니, 삼군三軍이 낙담하였으며 온 나라가 함께 마음 아파하였다.

진린陳璘이 승전고를 울리며 조정으로 돌아오니 임금께서 한강 가에 나아가 마중하였다. 공公의 충렬에 대하여 말을 듣고서 임금의 얼굴은 눈물로 흠뻑 적셔졌다. 성을 버리고 군대를 모두 잃어버린 무리들은 머리가 그대로 성하게 달려 있으면서 자신의 집 창문 아래에서 늙어서 죽는데, 공公은 충렬로써 끝내 목숨을 잃게 되었으니, 어찌하여 하늘이 은혜를 베푸는 것이 같지 않은 것인가.

아! 만일 공이 그날 죽지 않았으면, 일개 공신에 지나지 않을 것이었다. 이제 마침내 그 충성을 드러내고 절개를 표창함이 우주[천지]에 찬란하니 비록 죽었다 하여도 산 것과 다름없다. 돌아보면 구차하게 목숨을 보전한 자들은 저 나뭇잎에 붙어 있는 먼지와 다를 것이 없다. 이러한 것으로 저들과 비교한다면 하늘의 베푼 은혜가 또한 풍족하다고 할 만하다.

오성鰲城 이항복李恒福 공이 남쪽 지방을 직접 총괄하여 살필 때에 비로소 좌수영에 사당廟을 세우고, 이억기李億祺 공을 배향하였다. 좌수영은 공이 그의 일을 시작한 곳이며, 억기는 일을 함께 한 사람이기 때문이다.

조정에 보고하여 충민忠愍이라 사액이 내려졌는데, 세월이 오래되어 많은 일이 폐기되고 무너졌다. 기유己酉[광해군 원년, 1609년] 9월에 내가 외람되이 관찰사로 와서 좌수영을 순시하다가 이곳[충민사]에 제사를 지냈는데, 길 가는 사람들이 마음 아파하고 늙은이들은 눈물을 흘렸다. 공公의 충렬이 사람들의 마음속에 들어 있지 않으면 어찌 이처럼 할 수 있겠는가.

공의 충렬이 하늘에선 별이 되고 땅에서는 강과 산이 되어서 빛나고 환하게 비추니, 사당을 만들기를 기다리지 않아도 처음부터 밝게 빛난 것이었다. 그러나 절의를 숭상하는 것은 삼강오륜이 의지하는 바이며, 사당을 보전하고 수호하는 것은 다스리는 것에서 먼저 할 바이다. 내가 순천부順天府에 이야기하여 노비를 지급하고 전결에 세를 면제하여 주어 제사를 끊이지 않게 하여 영원무궁하게 하였으니, 뒤를 이어 오는 사람들은 또한 이와 같은 것들을 마음에 두도록 해야 할 것이다.

아아! 바닷바람이 시원하게 불고 바다 위에 뜬 해는 멀고 멀어 아득하네. 사당에 참배하고 나왔더니, 영령이 이 자리에 계신 듯하네.

통제영충렬사기 統制營忠烈祠記[53]

문정공文正公 송시열宋時烈[54]

충무공 이순신의 노량露梁에 있는 사당이 이미 새롭게 세워지자, 효종대왕은 그의 비석의 글牲繫을 가져오도록 하여 내용을 읽으셨다. 지금 국왕께서 계묘癸卯[현종 4년, 1663년]에 '충렬忠烈'이라 쓴 액자를 내리셨다.

이보다 앞서 통제영의 서쪽에도 역시 사당[55]이 있어서 그 신을 제사하였다. 대개 이 통제영은 선조대왕이 공을 위하여 처음으로 설치한 것이었다. 예관禮官이 액자를 받들어 내려온다는 소식을 듣게 되자, 지금 통제사인 김시성金是聲[56]이 막하幕下의 부하인 유하柳遐 및 이형백李馨白 등과 함께 말하기를, "모두가 똑같은 충무공의 사당이다. 그러니 생각건대 조정에서는 영예로운 호칭을 함께 주도록 하지 않겠는가?"라고 하였다. 드디어 문미門楣[57]에 장식을 덧붙여 기다렸으나 이윽고 바라는 대로 되지 않으니, 서로 탄식하기를 그치지 않았다.

그해 10월에 사간司諫 민유중閔維重[58]이 경연經筵하는 자리에서 임금에게 보고한 것을 영의정 정태화鄭太和[59]와 예조판서 홍명하洪命夏[60]가 서로 협력하고 도왔다. 임금이 말하기를, "노량에 내려 준 이름을 그 사당에도 함께 내려 주라."고 하였다. 이에 참찬 송준길宋浚吉[61]이 힘 있는 글씨로 크게 잘 써서 마치 햇빛이 빛나는 것과 같

---

53 통제영충렬사기統制營忠烈祠記 : 통제영충렬사는 경상남도 통영시 여황로 251(명정동 179번지)에 있으며, '통영충렬사統營忠烈祠'라는 명칭으로 사적 제236호로 지정되었다. 1606년(선조 39)에 건립되고, 1663년(현종 4)에 임금으로부터 '충렬사'라는 현판을 받았다.
54 송시열宋時烈 : 권10의 주 118 참조.
55 내용상 통영 충렬사를 이르는 것으로 보인다.
56 김시성金是聲 : 권10의 주 134 참조.
57 문미門楣 : 문의 위쪽에 가로댄 나무. 곧 도리를 말한다.

204

았는데, 이를 이형백李馨白에게 주어서 돌아가 사당에 걸도록 하였다. 대개 사간 민유중은 참찬 송준길의 사위이다. 장인과 사위⁶²가 함께 아름다운 일을 행하여 임금께서 선왕의 뜻을 이어서 받드는 아름다움을 밝혀 칭송하게 되었으니 또한 성대한 일이다.

나는 이미 충무공의 사실을 노량 사당에 있는 기문⁶³에 대략 기록하였다. 이에 다시 쓰지 않겠으며, 다만 액자를 걸게 된 과정이 이와 같음을 저술하여 둔다.

이번 달 초순에 은진恩津 송시열宋時烈이 기록하다

---

58 민유중閔維重 : 1630~1687. 자는 지숙持叔, 호는 둔촌屯村, 본관은 여흥驪興. 한성漢城에서 살았다. 숙종의 비 인현왕후仁顯王后의 아버지이자, 대사헌 민기중鼒重과 좌의정 민정중閔鼎重의 동생이다. 1650년(효종 1) 21세에 문과에 합격하여, 1671년부터 형조판서, 대사헌, 의정부우참찬, 한성부판윤, 호조판서 겸 총융사 등 요직을 역임하였다. 숙종이 즉위하면서 남인南人이 집권하자, 흥해興海로 유배되었다. 1680년(숙종 6) 경신대출척으로 남인이 실각하자, 다시 조정에 들어와 공조판서, 호조판서 겸 선혜청 당상, 병조판서 등을 역임하며 서인 정권을 주도하였다. 이듬해 3월 국구國舅가 되자 여양부원군驪陽府院君에 봉해졌다. 이듬해 금위영禁衛營의 창설을 주도하여 병권과 재정권을 모두 관장하였다. 시호는 문정文貞이다.(「한국역대인물종합정보시스템」;『한국민족문화대백과사전』.)

59 정태화鄭太和 : 1602~1673. 자는 유춘囿春, 호는 양파陽坡, 본관은 동래東萊. 한성漢城에서 살았다. 좌의정 정치화鄭致和와 예조참판 정만화鄭萬和의 형으로서, 1628년(인조 6)에 문과에 합격하였다. 1644년 말부터 육조의 판서와 대사헌을 되풀이 역임하였으며, 1649년 48세의 나이로 우의정에 올랐다. 어려운 시기에 난감한 직책을 되풀이 역임할 수 있었던 것은 성품이 온화하고 대인 관계가 원만하여 적대 세력을 두지 않았기 때문이다. 그 뒤 좌의정에 승진되었으나 어머니의 죽음으로 취임하지 못하고 향리에 머물렀다. 1651년(효종 2)에 상복을 벗으면서 영의정이 되어 다시 조정에 나아갔다. 1673년(현종 14) 병으로 사직하기까지 20여 년 동안 5차례나 영의정을 지내면서 효종과 현종을 보필하였다. 북벌 정책과 예송禮訟으로 신료들의 반목이 격화되던 시기여서 당색을 기피했고, 또한 정치화·정만화·정지화鄭知和 등을 비롯한 일가 친족들이 현·요직에 많이 올라 있었으므로 매우 고통스러운 세월을 보냈다. 1673년 다섯 번째의 영의정 자리에서 물러난 뒤 사망하였다. 현종의 묘정에 배향되었으며, 시호는 익헌翼憲이다(뒤에 충익忠翼으로 바꿈).(「한국역대인물종합정보시스템」;『한국민족문화대백과사전』.)

60 홍명하洪命夏 : 권10의 주 130 참조.

61 송준길宋浚吉 : 권10의 주 117 참조.

62 장인과 사위 : 원문은 "빙얼氷蘖"이다. 빙氷은 빙옹氷翁으로 장인을 이른다. 본래『晉書』「衛玠傳」에 '부공빙청婦公氷淸(처의 아버지가 얼음같이 맑다.)'이라고 한 데서 나온 말이다. 얼蘖은 나무에서 돋아나는 새싹을 말하니 여기서는 사위이다.(李殷相 譯,『完譯 李忠武公全書(下)』, 成文閣, 1989, 137쪽.)

63 기문 :『이충무공전서』권10,「노량묘비」를 이른다.

충렬사. 1606. 경남 통영. (사진 문화재청)

통제영충렬사비의 뒷면에 새긴 글 統制營忠烈祠碑陰記

동상同上[64][위와 같다. 문정공 송시열]

선조대왕이 위로는 명나라 황제의 위엄에 기대고 아래로는 공公의 의기에 의지하여 나라를 다시 일으킨 위대한 업적은 고금으로 떨쳐서 빛이 났다. 진晉나라 원제元帝와 송宋나라 고종高宗은 이에 견주어 말할 수 없을 것이다.

공公이 돌아가시자 임금[선조宣祖]께서 문충공 이항복李恒福에게 명하여 사당 건물을 세우도록 하였다.[65] 이항복은 이어 비문牲繫文을 지었다.[66] 비문의 내용은 만력萬曆 갑인甲寅[광해군 6, 1614년]에 이루어졌으나 지금 통제사인 민섬閔運이 비로소 돌에 글을 새겼다.[67] 비석의 머리돌인 용 모양을 새긴 이수螭首와 비석의 받침돌인 거북 모양의 귀부龜趺가 모두 갖춰졌다. 갑인甲寅부터 이번 갑자甲子까지 햇수로는 1주기인데, 거기에 7년이 더 지났다. 그 사이에 몇 차례나 통제사를 거쳤어도, 이제야 그 일을 마치게 되었다. 비록 일이 빠르고 느리게 진행되는 것에는 운수가 있지만, 만일 통제사 민섬이 공의 의로움을 끝없이 사모하지 않았으면 어찌 이러한 일이 이루어지게 되었겠는가. 매우 가상한 일이다.

가만히 생각건대, 진晉나라 원제元帝와 송宋나라 고종高宗은 예주자사豫州刺史였

---

64 동상同上 : 『가승』에는 "원비명여좌수영비문동原碑銘與左水營碑文同"으로 되어 있다.
65 『이충무공전서』 권11, 부록 3, 충민사기忠愍祠記 참조. 이항복이 지은 것이다.
66 '전라좌수영대첩비全羅左水營大捷碑'이다(본서 권10 참조). 『백사선생집白沙先生集』 권4, 비명碑銘, '통제사이공노량비명統制使李公露梁碑銘'으로 나오는데, 이는 오류이다.
67 이는 통영 충렬사 경내에 있는 '통제사충무이공충렬묘비명統制使忠武李公忠烈廟碑銘'을 가리키는 말이다. 그 비 글은 원래 이항복李恒福이 1614년에 지은 여수 '전라좌수영대첩비'의 내용을 송시열이 1681년에 그대로 다시 옮겨 쓴 것이다. 그것을 통제사 민섬閔運이 새로운 비석에 글을 새겨 1681년에 세웠다. 그래서 이 충렬묘비는 좌수영대첩비로도 불린다. (해군사관학교 박물관, 『박물관도록博物館圖錄』, 1997, 102쪽.)

충렬사 통제사충무이공충렬묘비. 경남 통영. (사진 문화재청)

던 조적祖逖[68]과 무목공武穆公 악비岳飛를 쓰지 못하였기에 마침내 천고의 한이 되었다. 그러나 우리 임금께서는 공公을 기용하여 끝내 뛰어난 공로를 이루도록 하였다. 공公도 이에 있어서 그렇다면 불우했다고 말할 수 없을 것이다.

그러나 또한 문충공 이항복이 없었다면, 그 누가 이와 같은 일을 드러낼 수 있었겠는가. 통제사 민섬 또한 같은 한 부류[69]라 칭할 수 있겠다.

때는 숭정崇禎 중광작악重光作噩[70][숙종 7, 신유辛酉, 1681년]

입추일立秋日에 송시열이 기록하다

---

68 조적祖逖 : 266~321. 동진東晉 때 범양范陽 주현遒縣 사람이다. 자는 사치士稚이다. 진晉 원제元帝 때 예주자사豫州刺史가 되어 북벌을 강력하게 주장했다. 건흥建興 원년(313)에 부하를 이끌고 도강渡江하다가 물 가운데서 노를 치면서(중류격즙中流擊楫) 반드시 중원中原을 회복하겠다고 맹세했다. 옹구雍丘에 주둔하면서 황하黃河 이남을 모두 진나라의 영토로 만들었다. 강개하여 절조를 숭상한 것으로 알려져 있다.[『중국역대인명사전』(네이버 인터넷); 한국고전종합DB(한국고전번역원 인터넷).]

69 같은 한 부류 : 원문 "장기군張其群"은 장기군張其軍이 맞다. 한유韓愈의 시에 "阿買不識字 頗知書八分 詩成使之寫 亦足張吾軍(아매가 글자를 알지 못하나 자못 팔분체 글씨는 쓸 줄 알므로 내가 시를 지어 쓰게 했더니 역시 내 군사로 벌림 직하다.)"이 있다. 장기군의 뜻은 '한 패거리, 같은 부류'이다.(李殷相 譯, 『完譯 李忠武公全書(下)』, 成文閣, 1989, 138쪽.)

70 중광작악重光作噩 : 중광은 10간干 중에 신辛의 고갑자이고, 작악은 12지支 중 유酉의 고갑자이다.

동령소갈기東嶺小碣記[71]

현감縣監 심인조沈仁祚[72]

20년 전으로 거슬러 헤아려보면, 오성부원군 이항복이 체찰사가 되어 하직 인사를 하게 되었을 때, 선왕[선조]께서 처음으로 내린 명령이 충민사忠愍祠를 세우기 위한 것이었다. 그는 명을 듣고 내려왔고, 드디어 대첩大捷한 내용을 적은 비문을 찬술하여 통제사 유형柳珩에게 주었다.[73]

[그는] 의기에 북받쳐서 자신이 맡겠다고 하고, 남들보다 앞장서서 일에 필요한 비용들을 모으고 작업할 사람匠人들을 불러 모았다. 그러나 일이 쉽게 이루어지지 않았고, 이 공사는 중지하게 되었다. 얼마 되지 않아서 공[유형]도 다른 직책을 맡아서 자리를 옮기게 되었으며, 여러 곳을 거쳐 황해도 절도사節度使에 임명되었다. 그의 몸은 비록 다른 도에 있었지만, 이내 이 공사를 마쳐야겠다는 마음을 항상 가지고 있었다. 그는 힘과 마음을 다하여 황해도 강음江陰에서 돌石을 구하여 배에 실어서 바다를 거쳐 한강京江으로 들여왔다. 조정에서는 국왕에게 아뢰어 청하여 이곳

---

71 동령소갈기東嶺小碣記 : '동령소갈'(동쪽 마루의 작은 비석)은 전라남도 여수시 고소 3길 13(고소동 620번지)에 있다. 비석의 크기는 총 높이 114cm, 너비 58cm이다. 고소대姑蘇臺 비각 안에 '통제이공수군대첩비'(전라좌수영대첩비), 타루비墮淚碑와 함께 나란히 세워져 있다. 이 비는 원래 1620년(광해군 12)에 세워졌는데, 오래되어 훼손이 심해지자 1698년(숙종 24, 무인) 정월 1일에 다시 갈아 세웠다. (순천대학교박물관·여수시, 『全羅左水營의 역사와 문화』, 1993; 여수시·조선대학교박물관, 『여수시의 문화유적』, 2000; 여수시, 『여수시 문화재도록』, 2001.)

72 심인조沈仁祚 : 1556~1605. 자는 길보吉甫, 본관은 청송青松, 한성漢城에서 살았다. 1588년(선조 21) 진사시進士試에 합격하였고, 1598년(선조 31)에 어사도감御史都監 직장直長에 임명되었다. 1599년(선조 32) 10월 진안현감鎭安縣監에 임명되었으나 1604년(선조 37) 5월에 간원의 탄핵을 받아 파직되었다. 한호韓濩(한석봉)와 더불어 글씨를 잘 썼다고 한다. (『선조실록』; 『죽계일기竹溪日記』; 『만헌선생문집晩軒先生文集』; 『식암선생문집息庵先生文集』; 이희겸李喜謙, 『청야만집清野謾輯』; 「한국역대인물종합정보시스템」.)

73 유형이 통제사인 시기는 1602년(선조 35) 정월부터 1603년 2월까지이다. 이항복이 유형에게 비문을 지어서 준 시기가 이 기간 중임을 알 수 있다.

동령소갈비. 1620. 전남 여수 고소대. (국립중앙박물관 소장 일제강점기 사진)

전라좌수영으로 그 돌을 옮겨왔지만, 그 돌이 바닷가에 방치된 지 여러 해가 되었다.

지금 절도사 안륵安玏[74]이 새로 도임하던 날 몸을 깨끗이 하고 삼가 제사를 지내고 나서 분개하여 충혼을 위로하여 답하였으며, 길이 전하여 없어지지 않을 뜻[75]이 영원하도록 도모한 지도 오래되었다. 때마침 어르신[이순신]의 맏아들인 전 현감 이회李薈 씨가 와서 이러한 사정을 보고서, 서로 손을 잡고 눈물을 흘렸다. 그리고 곧바로 막하幕下에 속해 있던 전 현감 임영林英[76]과 전 판관 정원명鄭元溟[77] 등에게 원근

---

74 안륵安玏 : 단성현감丹城縣監, 운산군수雲山郡守, 밀양군수, 강계부사 등을 역임하고, 1618년(광해군 10) 6월에 전라좌수사에 임명되어 1620년(광해군 12)에 체직되었다. 이후 오위도총부 도총관과 충청수사 등을 역임하였다. [『선조실록』;『광해군일기』;『인조실록』;『승정원일기』;『湖左水營誌』(1815);『竹溪日記』.]

75 충무공 이순신의 '애국충정'을 말한다.

76 임영林英 : 자字는 영보英甫, 호號는 야은野隱, 본관은 부안扶安이다. 1583년(선조 16)에 무과武科에 급제하여 남포현감藍浦縣監 등을 지냈다. 1595년에 통제사 이순신의 계원유사繼援有司가 되어 도양장 둔전 경영에 힘을 보탰다. (『난중일기』; 본서 권16, 부록「同義錄」.)

에 있는 석공石工들을 불러 모으도록 하였으며, 다시 비를 운반하고 세울 경비를 거두었고, 분호조分戶曹 참의 이창정李昌庭[78]과 순천부사 강복성康復誠[79]은 온 힘을 다하여 많은 도움을 주었다. 이에 가까운 곳에 있는 고을 수령과 변장들 또한 물자를 보내거나 일을 도왔으며, 밤낮으로 온 힘을 다하여 반년을 넘겨서야 마치게 되었다.

예전의 어느 누구보다 뛰어난 열렬한 충성을 단단한 돌 비석에 새기고 만세에 사라지지 않도록 하였으니, 진실로 처음에 유형柳珩[80]을 비롯한 여러 분君子들의 힘이 아니었다면 어찌 이러한 일이 이루어졌겠는가. 유형이 죽음이 가까워지자 그의 자제들에게 일러 말하기를, "이 어른[이순신]의 비가 세워지지 않으면, 내 묘 앞에 비석을 세우지 말라."고 하였으니, 그가 이 어른[이순신]을 우러러 사모하는 정성은 죽더라도 또한 잊지 않으려 했던 것이다.

경신庚申[광해군 12, 1620년] 정월에 비를 세웠으며, 타루비墮淚碑[81]도 또한 이 비 옆으로 옮겨 왔다. 이보다 앞서 바닷가의 사졸들이 어른[충무공 이순신]을 위해 비석을 세웠으며, 바라보면 반드시 눈물을 흘렸던 것이다.

아! 이충무공의 일에 대해서는 사람들의 말로 전하여 모두가 비碑의 역할을 하였다. 비록 돌을 세우는 것을 기대하지 않았지만, 돌을 세운 것은 사람들이었다. 대략 그간의 사정을 간략하게 써서 따로 자그마한 돌 하나를 세운다.

---

77 정원명鄭元溟 : 전라남도 순천에서 살았다. 갑오년(1594) 7월에 격군들을 정비하지 않은 죄로 통제사 이순신에게 감옥에 갇힌 바 있다. 정유년(1597)에 이순신이 백의종군 중 순천에 이르러 정원명의 집에서 묵었다. 정원명은 보리밥을 지어 바쳤다. 관직은 판관判官을 지냈다. (『난중일기』.)

78 이창정李昌庭 : 1573~1625. 자는 중번仲蕃, 호는 화음華陰, 본관은 연안延安. 한성漢城에서 살았다. 1608년(광해군 즉위)에 문과에 합격하여 순천부사, 동래부사 등을 역임하고, 1623년(인조 1) 충청수사忠淸水使가 되어 문무재겸文武才兼의 실력을 발휘하였다. 1625년(인조 3) 선위사로 안변에 가서 명나라 사신을 기다리던 중 사망하였다. (「한국역대인물종합정보시스템」;『한국민족문화대백과사전』.)

79 강복성康復誠 : 1550~1634. 자는 명지明之, 호는 죽간竹磵. 본관은 신천信川. 충청북도 충주에서 살았다. 1579년(선조 12)에 사마시에 합격한 뒤, 참봉參奉·직장直長·찰방察訪 등을 역임하였다. 1595년 유성룡柳成龍의 천거로 장수현감이 되었으며, 여러 관직을 거쳐 1619년(광해군 11) 3월에 순천부사에 임명되어 1621년(광해군 13)까지 재직하였다. 뒤에 정헌대부正憲大夫까지 승진하였다. (「한국역대인물종합정보시스템」;『한국민족문화대백과사전』.)

80 유형柳珩 : 권9의 주 183 참조.

〈참고 1〉 동령소갈기東嶺小碣記의 지은이에 대해

본서에는 동령소갈의 지은이가 현감 심인조沈仁祚로 되어 있는데, 본서의 원전 격인 『충무공가승忠武公家乘』(1716)에는 '지은이의 이름을 잃어버렸다撰人名佚' 라고 적혀 있다. 그런데 심인조는 한호(한석봉)와 하루 차이로 연이어 죽었다(黃 暹, 『息庵先生文集』 권1, 詩, "沈仁祚 韓濩間日連死")고 한다. 한호는 1605년에 죽 었으므로, (李喜謙, 『淸野謾輯』, "韓濩 字景洪 號石峯 嘉靖癸卯生 於松都…卒年六十三 [石峯墓碣]") 심인조도 1605년에 죽은 것이 명백하다.

동령소갈기 찬자撰者는 이항복이 20년 전(1600)에 체찰사로 내려와서 충민사 를 세웠다고 했으므로, 이 동령소갈기가 작성된 연대는 1620년이다. 그러므로 동령소갈기의 찬자는 이미 1605년에 죽은 심인조가 될 수 없다. 이는 『이충무 공전서』 편찬자의 착오로 보인다. 아마 타루비墮淚碑 비문의 찬자 심인조를 동 령소갈의 찬자로 착각한 듯하다.

---

81 타루비墮淚碑 : 전라남도 여수시 고소 3길, 13(고소동 620번지)에 있다. 비석의 크기는 높이 94cm, 너비 59cm로, 보물 제1288호로 지정되었다. 고소대姑蘇臺 비각 안에 '통제이공수군대첩비'(전라좌수영대첩 비), 동령소갈東嶺小碣과 함께 나란히 세워져 있다. 이순신의 부하들이 1603년(선조 36, 만력 31)에 건립 하였다. 진안현감鎭安縣監 심인조沈仁祖가 지은 그 비문의 내용은 다음과 같다. "營下水卒爲統制使李公 舜臣 立短碣 名曰墮淚 盖取襄陽人思羊祜 而望其碑則 淚必墮者也 萬曆三十一年秋立"(예하 수군 부하들이 통제사 이공 순신을 위해 짤막한 비석을 세우고 그 이름을 '타루'라 하였다. 타루란 이름은 대개 양양 사람 들이 양호를 그리워하며 그 비를 바라보면 반드시 눈물을 흘렸다는 것에서 취한 것이다. 1603년 가을에 세우다). '墮淚碑'란 이름은 원래 중국 진晉나라 때 양양태수襄陽太守 양호羊祜가 그곳 백성들을 잘 다스 렸기 때문에 양양 사람들이 그의 덕을 사모하여 그가 늘 거닐던 현산峴山 위에 비를 세우고 사당을 짓고 해마다 제사를 지냈는데, 언제나 그 비석을 바라보고는 눈물을 지었기 때문에 두예杜預가 그 비석을 타루 비墮淚碑라 이름 지었다는 데서 유래하였다. (『晉書』 권34, 羊祜列傳; 순천대학교박물관·여수시, 『全羅左 水營의 역사와 문화』, 1993; 여수시·조선대학교박물관, 『여수시의 문화유적』, 2000; 여수시, 『여수시 문 화재도록』, 2001; 본서 권9, 「행록行錄」.)

동령소갈의 뒷면에 새긴 글東嶺小碣陰記[82]

영부사領府事 남구만南九萬[83]

이충무공이 1592년 왜구倭寇가 침입하였을 때, 전라도 좌수사全羅道左水使로서 바다를 막고 적을 물리쳤으며 삼도통제사三道統制使의 직책을 그대로 겸하였다. 그는 끝내 노량露梁에서 대첩大捷하는 공功을 이루었지만 순국하였다.

이때 유형柳珩 공公은 해남현감海南縣監으로서 실제 그 군대에서 막하로 도움을 주면서 계획을 도와 전쟁을 독려하였다. 충무공은 한 발의 탄환에 맞아 전사하였고, 유형 공은 6발을 맞았으나 살았다. 양 공은 이 전쟁에서 비록 관직에서는 위아래에 있었고 죽고 삶을 달리했으나, 그들이 나라를 다시 일으켜서 중흥시키는 데 실로 모두 역할을 하였다.

적이 물러가고 일들이 안정된 후에, 조정은 전라좌수영全羅左水營이 실로 충무공이 처음으로 일한 곳이었고 군민들이 추모하는 마음이 더욱 깊다고 여기고, 사당廟宇을 짓고 큰 비를 세우도록 명하였다. 뛰어난 공적을 칭찬하고 백성들의 바라는 바를 위로하는 것으로 이곳은 제외할 수 없는 장소이기 때문이었다.

이때 유형 공이 또한 전라우수사全羅右水使에서 통제사로 승진하여 임명되면서 이 일을 계획적으로 처리하였다. 비를 세우는 공사가 아직 끝나지 않았는데, 황해병사黃海兵使로 옮겨 가게 되었다. 그는 강음江陰[84]에서 돌을 얻어 강으로 내보내고 바

---

82 동령소갈의 뒷면에 새긴 글東嶺小碣陰記 : "동령소갈東嶺小碣"은 전라남도 여수시 고소 3길 13(고소동 620번지)에 있다. 그 비석의 앞면의 글은 지은 이를 알 수 없고, 뒷면의 글은 남구만南九萬이 지은 것이다. 앞면에는 '庚申 元月'(광해군 12년, 1620년 1월)이란 연대가 비문 내용에 새겨져 있고, 뒷면에는 비문 끝에 '崇禎紀元後周甲 戊寅正月 日立'(숙종 24년, 1698년 1월)이라는 연대가 새겨져 있다.
83 남구만南九萬 : 권10의 주 168 참조.
84 강음江陰 : 황해도 평산 지역에 있는 지명이다.

다로 띄워서 운반하여 이곳으로 보냈다. 뒷사람이 이 일을 이어받아서 비석이 이미 완성되었고, 또한 그 옆에 작은 비小碣를 세워 비석을 세우게 된 자세한 과정을 기록하였다.

유형 공의 증손인 유성채柳星彩⁸⁵가 지금 또한 좌수영에 전라좌수사로 부임하여 와서⁸⁶ 멀리 충무공과 그의 선조의 유적을 추모하고, 또 그의 선조가 비를 세우는 것에 온 마음을 다하여 다른 관직으로 옮겨 갔어도 돌을 운반하여 일을 마치기에 이른 것들을 기념하였다. 이를 위해 비각을 다시 고쳐서 짓고, 비에 새긴 글을 닦고 씻어 내었으니 처음 세웠을 때의 것과 같았다. 또한 비 옆에 작은 비小碣의 자획이 잘 보이지 않고 이지러져 떨어진 것들이 있어서, 쪼고 갈아 다시 새겨서 영원히 후세에게 보이려 하였다.

아! 충무공의 몸은 죽었어도 공을 이루었고, 유형 공은 다행히 함께 죽지 않고 살아남아 뒷일을 도왔으며, 수사인 유성채 군이 선조의 발자취를 이어서 선조의 뜻을 이어 일을 이어간 것은 모두 기록할 만하다. 이에 기록하여 둔다.

---

85 유성채柳星彩 : 1645~1707. 자는 춘보春甫, 본관은 진주晉州. 충청남도 공주公州에서 살았다. 충경공忠敬公 유형柳珩의 증손으로 송시열宋時烈의 문하에서 공부하였는데, 송시열이 항상 그의 웅략雄略을 칭찬하며 무사武事를 권하자, 이를 따라 1676년(숙종 2) 무과에 급제하여 부호군, 인동부사, 전라좌수사(1697~1699), 황해병사, 부총관, 평안병사 등을 역임하였다. 1707년(숙종 33)에 통제사 남오성南五星의 후임으로 임명되었으나 부임하지 않고, 그해에 사망하였다.[『숙종실록』;『승정원일기』;『비변사등록』;『湖左水營誌』(1815);『紀年便攷』;『嶺南邑誌』; 고전번역서『陶谷集』권8, 應製錄;「한국역대인물종합정보시스템」.]

86 『湖左水營誌』「先生案」에 따르면 정축년(1697, 숙종 24년)에 부임해서 임기를 채운 것으로 보인다.

무덤 표석의 뒷면에 새긴 글墓表陰記[87]

판부사判府事 이이명李頤命[88]

통어사統禦使[89]를 지낸 이봉상李鳳祥[90] 군이 나에게 이야기하기를, "우리 선조 충무공의 묘가 아산현牙山縣 나산羅山[91]의 남쪽으로 향한 들에 있습니다. 묘 앞에 작은 옛날 비석碣이 있는데 짧고 거칠어서 지금 다른 돌로 바꾸려고 하니, 공[이이명李頤命]께서 한마디 해 주신 것을 받아서 적으려고 합니다."라고 하였다.

내가 이야기하기를, "충무공의 충성은 해와 달을 꿰뚫었고, 명성은 온 천하華夷에 알려져 있습니다. 바다에서 활약하여 왕실을 다시 일으킨 것과 같은 일들은 역사책에 쓰여 있으며, 깃발에 기록하였고, 싸움터마다 사당과 비석을 세웠습니다. 사당에 제기俎豆를 마련하여 제사를 지내고 산소의 앞길에 묘비를 세워 그의 공을 밝히고 덕을 빛내려 한 것은 세상 사람들이 모두 듣고 보아서 알고 있습니다. 다시 무엇 때

---

87 무덤 표석의 뒷면에 새긴 글墓表陰記 : 『소재집疎齋集』 권14, 묘표墓表, 이충무공묘표李忠武公墓表에도 동일한 내용이 실려 있다.

88 이이명李頤命 : 1680~1722. 자는 지인智仁 또는 양숙養叔, 호는 소재疎齋, 본관은 전주全州이다. 할아버지는 영의정 이경여李敬輿, 아버지는 대사헌 이민적李敏迪이다. 1680년(숙종 6)에 문과에 급제했으며, 홍문관의 수찬, 교리, 응교, 사헌부지평, 사간원헌납, 이조좌랑, 의정부사인 등을 역임하였다. 1686년 사헌부의 집의로서 문과 중시에 급제하였으며, 강원도 관찰사에 특제特除되었다. 승정원의 승지가 되었고, 1689년 기사환국으로 영해로 유배되었다가 1694년 갑술옥사 후 호조참의, 승지, 강화부 유수, 대사간이 되었다. 형 이사명李師命의 죄를 변호하다가 공주로 유배되었으며, 1701년 예조판서를 거쳐, 대사헌, 한성부판윤, 이조판서, 병조판서가 되었고, 1706년 우의정, 1708년 좌의정에 올랐다. 1721년(경종 1) 세제의 대리청정이 실패로 돌아가자 김창집金昌集 등과 함께 관작을 삭탈당하였다. 노론 4대신으로 알려진 인물이다. 시호諡號는 문충文忠이다. [『한국민족문화대백과사전』(인터넷).]

89 통어사統禦使 : 1633년(인조 11)에 경기·충청·황해 삼도의 수군을 통솔하기 위하여 설치한 종2품 관직. 통어영統禦營은 교동喬桐(인천광역시 강화군 교동도)에 있었다.

90 이봉상李鳳祥 : 권10의 주 175 참조.

91 나산羅山 : 현재 충청남도 아산시 음봉면 어라산於羅山이다.

문에 글을 지으려 하십니까? 하물며 우리나라 사람들은 비록 부녀자나 아이들도 모두 임진壬辰[1592년]에 이 통제사가 충신이 되었음을 알고 있습니다. 설사 옛 비석이 끝내 기울어지고 또한 갈라졌다 하더라도, 나무꾼이나 목동들은 반드시 무덤 앞에 있는 풀 한 포기라도 차마 상하게 하지 못할 것입니다. 그러니 비석이 있고 없음은 걱정할 필요가 없습니다. 어찌하여 반드시 고치려 하십니까."라고 하였다.

이봉상 군이 말하기를, "옛날 두원개杜元凱[92]는 스스로 자신의 공명을 위하여 오히려 비석을 강물 속에 빠뜨려 두었다고 하는데, 지금 저희 후손들은 이 비석이 오래가지 못할 것을 알고 있기에 영원히 전할 방법을 도모하지 않을 수 있겠습니까."라고 하였다.

나는 이에 그 말을 새 비석에 기록한다. 또한 이봉상군에게 이야기하기를, "양강襄江[93]이 아직 언덕으로 바뀌지 않았습니다. 두 씨가 강한江漢의 공훈을 다시 잇게 하면 그 이름은 마땅히 더 오래갈 것이니, 어찌 돌이 나오기를 기다리겠습니까. 영원히 전하는 방법은 이런 데 있는 것이 아닙니다. 오히려 나는 일찍이 충무공이 이룬 큰 공이 천하에 실재하며 동국에만 있는 것이 아님을 논하였습니다. 왜선이 바다를 덮어서 서쪽으로 향하였을 때 한산과 명량에서 대첩을 거두지 않았다면, 왜선은 돛대를 달아 질풍처럼 달려가서 곧바로 요동과 광녕[요서의 중심지]을 공격하고, 북경皇城은 반드시 계엄 상태일 것이며, 신종황제는 비록 천하의 군병을 움직여 우리나라를 구하려 해도 또한 겨를이 없었을 것입니다. 그날 중국의 장수와 대신들이 여기에 나타났다고 해도 역사책에 기록하여 후세에 전해지고 있는지 그 여부는 알 수 없습니다. 명나라의 문헌에는 이미 이를 찾을 수 없습니다. 다시 탄식하면서 이 글을 쓰니, 천하의 후세 사람들이 의논하기를 기다립니다.[94]"라고 하였다.

---

92 두원개杜元凱: "원개元凱"는 진晉나라 두예杜預의 자字이다. 그가 자신의 명성을 후세에 길이 전하려 하였는데, "높은 언덕이 골짜기가 되고 깊은 골짜기가 구릉이 될 수도 있다高岸爲谷 深谷爲陵."라고 하면서, 자기의 공적을 새긴 비석 두 개를 만들어, 하나는 만산萬山의 아래에 두고 하나는 현산峴山 위에 세웠다.(『晉書』卷34, 杜預列傳.) 후자를 이른바 현산비峴山碑라 하였다.

93 양강襄江: 중국 호북성 양양현襄陽縣 현산峴山 근처를 흐르는 강이다. 두원개杜元凱가 비석을 빠뜨린 강이다.

94 천하의 …… 기다립니다: 원문 "以竢天下後世之議云"은 『소재집疎齋集』권14, 묘표묘표, 이충무공묘표李忠武公墓表에는 "以竢天下後世之公議云"(천하 후세의 공정한 평을 기다립니다)라고 되어 있다.

〈참고 2〉 충무공 이순신의 묘소

현재 충무공의 묘소 앞에 세워져 있는 표석表石의 앞면에는 '效忠仗義 迪毅協力 宣武功臣 大匡輔國 崇祿大夫 議政府左議政 兼 領經筵事 德豐府院君 行正憲大夫 全羅左道 水軍節度使 兼 忠淸全羅慶尙 三道水軍統制使 諡忠武 李公舜臣之墓 貞敬夫人 尙州方氏祔左'(효충장의 적의협력 선무공신 대광보국 숭록대부 의정부좌의정 겸 영경연사 덕풍부원군 행정헌대부 전라좌도 수군절도사 겸 충청전라경상 삼도수군통제사 시충무 이공순신지묘 정경부인 상주방씨부좌)라고 새겨져 있다.

충무공이 무술년(1598) 11월 19일 새벽에 노량 바다에서 돌아가신 뒤, 공의 시신은 일단 고금도(전라남도 완도군)로 이동했다가 가족에 의해 아산으로 옮겨졌다. 처음에는 기해년(1599) 2월 11일에 금성산錦城山 아래에 장사 지냈다가, 돌아가신 지 16년 되는 갑인년(1614)에 다시 어라산於羅山 아래로 옮겨 장사한 곳이 바로 현재의 묘소다.

묘소 주위를 돌로 쌓았는데, 돌난간에 전자篆字로 '有明 水軍都督 朝鮮國 贈領議政 德豐府院君 行三道統制使 諡忠武 德水李公之墓 貞敬夫人 尙州方氏祔左'(유명 수군도독 조선국 증영의정 덕풍부원군 행삼도통제사 시충무 덕수이공지묘 정경부인 상주방씨부좌)의 43자를 왼쪽으로 읽어나가게 둘러 새겼다. 무덤의 주위는 18m 20cm, 봉분 높이는 2m 15cm가량이다.

그런데 표석에는 좌의정左議政의 증직을 새겼는데, 묘소 주위의 돌난간에는 영의정領議政의 증직을 새긴 것을 보면, 묘소의 돌난간은 정조正祖 때 영의정의 증직을 받은 뒤에 수보했던 것으로 보인다.(李殷相 譯, 『完譯 李忠武公全書(下)』, 성문각, 1989, 143쪽.)

고금도유사기古今島遺祠記[95]

동상同上[위와 같다. 이이명]

고금도古今島[96]의 관왕묘關王廟[97]는 명나라 수군 도독 진린陳璘이 세웠다. 명나라 황제 신종神宗[98]이 만력 무술년[선조 31, 1598]에 재차 군사를 보내서 왜적을 치게 되어, 진린이 광동廣東의 병사 5,000명을 거느리고 와서 우리 통제사 이공과 함께 바닷길을 막기 위해 이 섬에 와서 주둔하였다. 사당이 건립된 것은 그때이다.

이순신 공이 노량에서 전사할 시기에 이르러, 왜의 괴수 수길秀吉이 죽었다. 진린 공은 군사를 거두어 서쪽으로 돌아가게 되자, 남은 재물을 그대로 두어 이곳 섬사람

---

[95] 고금도유사기古今島遺祠記 : 전라남도유형문화재 제336호로 지정된 '완도 고금도 관왕묘비莞島古今島關王廟碑'의 비문과 같은 내용이다. 고금도 관왕묘비는 완도군 고금면 충무사길 86-31(덕동리 700번지)에 있으며, 비의 크기는 높이 253cm, 너비 93cm, 두께 20cm이다. 관왕묘비는 사적 제114호로 지정된 '완도 묘당도 이충무공유적莞島廟堂島忠武公遺蹟' 경내에 있다. 관왕묘비는 1713년(숙종 39) 12월에 건립되었으며, 이이명李頤命이 비문을 짓고, 이우항李宇恒*이 글씨를 썼다. 비의 두전頭篆은 없으며, 비문 첫머리에 '古今島關王廟碑'(고금도관왕묘비)라는 비의 이름과 지은이와 글씨 쓴 이가 다음과 같이 적혀 있다. '大匡輔國 崇祿大夫 原任議政府左議政 李頤命撰'(대광보국 숭록대부 원임의정부좌의정 이이명찬), '嘉善大夫 三道統制使 兼 慶尙右道 水軍節度使 李宇恒書'(가선대부 삼도통제사 겸 경상우도 수군절도사 이우항 서). 그리고 비문 끝에 '明 崇禎紀元後 八十六年 癸巳十二月 領議政 李頤命撰'(명 숭정기원후 86년 계사12월 영의정 이이명 찬)이라는 연대가 새겨져 있다. 비문은 『소재집疎齋集』권14, 비碑, 고금도관왕묘비古今島關王廟碑에도 실려 있다.

*이우항李宇恒 : 자는 여구汝久, 본관은 광주廣州, 아버지는 삼도수군통제사 이도빈李道彬이다. 무과에 급제하여 함경북도 병마절도사, 총융사, 전라병사, 포도대장, 부총관 등을 역임하고, 1713년(숙종 39) 5월 통제사로 부임하여 1714년(숙종 40) 7월에 총융사로 전직되었다. 1721년(경종 1)에 부사직副司直이 되었으며, 이해 왕위 계승 문제를 둘러싼 노론과 소론 사이에 일어난 신임사화辛壬士禍로 소론의 탄핵을 받아 고금도古今島에 유배되었다가 이듬해 1722년(경종 2)에 장살되었다. 1727년(영조 3)에 신원伸寃되었다. 시호는 경무景武이다.(『숙종실록』; 『경종실록』; 「한국역대인물종합정보시스템」; 『한국민족문화대백과사전』; 「道先生來歷事蹟擧槩」, 해군사관학교 박물관 소장.)

[96] 고금도古今島 : 전라남도 완도군 고금면에 있다. 조선 선조 31년(1598)에 삼도수군통제사 이순신李舜臣이 주둔하고 있던 곳이다.

들에게 사당과 제사를 부탁하였다. 그 후 세월이 오래 흘러 사당이 기울어지고 관우의 화상은 형태가 흐릿해졌으며, 제사는 지내지 않게 되었다. 때로 뱃사람들이 술을 걸러서 가지고 와서 순풍을 빌었다.

우리 현종 병오丙午[현종 7, 1666년]에 절도사 유비연柳斐然[99]이 그곳이 황폐해진 것을 마음 아파하면서 모연승募緣僧[100] 천휘天輝에게 맡겨 기와와 기둥을 수리하고, 곁에 암자를 두어 그곳을 지키게 하였다. 그리고 제사를 다시 지내게 하고 또한 왼쪽 곁채左廡에는 진린과 이순신 두 분을 배향하게 하였는데, 이러한 일이 조정에는 알려지지 않았다.

지금 임금 갑자甲子[숙종 10, 1684년]에 관찰사 이사명李師命[101]이 사당과 곁채를 더 늘려서 고쳤으며, 비로소 사당의 이름과 제사를 내려 줄 것을 청하였다. 조정에서 명이 내려졌지만, 일을 맡은 자가 태만하여 시행되지 않았다.

경인庚寅[숙종 36, 1710년]에 전임 의정議政인 이이명李頤命이 전에 내려진 명을 거듭 내려서 국가에서 예전으로서 제사를 지낼 것을 청하였다. 예조와 대신들이 의논

---

97 관왕묘關王廟 : 중국의 장수 관우關羽의 사당이다. 관우는 자는 운장雲長이며 삼국시대 촉蜀의 장수이다. 시호諡號는 장목후壯繆侯(壯穆侯)이다. 조조는 관우를 한수정후漢壽亭侯로 봉했으며, 유비의 아들인 유선劉禪은 260년 관우에게 장목후壯繆侯라는 시호를 주었다. 송나라 때에는 무안왕武安王, 명나라 신종 때에는 협천호국 충의대제協天護國忠義大帝를 봉하여 관왕關王 혹은 관제關帝라고도 부른다. 민간에서 충의忠義와 무용武勇의 상징으로 여겨져 무성武聖이나 관성제군關聖帝君, 관제성군關聖聖君 등으로 숭배되었고, 줄여서 관성제, 관제군, 관제, 성제 등으로도 불렸다. 조선에서 관우에 대한 숭배는 임진왜란 때 파병된 명나라 병사들을 통해 조선에 전해졌다. 이 관왕묘는 고금도에 설치된 것을 말하며, 서울에는 1598년(선조 31)에 남관왕묘南關王廟가 세워졌고, 1602년(선조 35) 동관왕묘東關王廟가 명의 경리 만세덕萬世德의 요청으로 세워졌으며, 그 외에도 서묘, 북묘가 있었다. 지방에도 전라도 남원, 경상도 성주 등 다수의 관왕묘가 설치되었다.(李殷相 譯,『完譯 李忠武公全書(下)』, 成文閣, 1989, 147~148쪽;『한국민족문화대백과사전』;『두산백과』.)

98 신종神宗 : 중국 명明의 제13대 황제로서 만력萬曆(1573~1620)이라는 연호年號를 사용하여 만력제萬曆帝라고도 부른다. 이름은 주익균朱翊鈞, 묘호廟號는 신종神宗이다.

99 유비연柳斐然 : 1627~1685. 자는 문중文仲, 호는 포옹浦翁, 본관은 진주晉州이다. 1646년(인조 24)에 20세로 무과에 급제하여 해남현감, 경흥부사, 숙천부사, 길주목사, 함경북도 병마절도사 등을 지냈다. 1665년(현종 6) 8월에 전라우도 수군절도사가 되어 1667년 7월까지 있었으며, 충청도 병마절도사와 우포도대장을 거쳐 1669년 삼도수군통제사에 올랐다. 1672년에 평안도 병마절도사, 1675년(숙종 1) 훈련대장, 1677년 경기도 수군절도사를 지내고 1680년 경신환국 때 파직되었다.(『한국민족문화대백과사전』; 홍형덕 편집,『全羅右水營誌』先生案, 충무공명량대첩유적사업회, 1995.)

100 모연승募緣僧 : 사찰 중건 등 불사佛事 비용을 마련하기 위해 일반인들에게 돈이나 물건을 기부하도록 유도하여 좋은 인연을 맺도록 하는 승려.

하기를, "진린과 이순신의 사당은 관왕묘의 뜰에 있는데, 관왕은 국가와 대등한 예로 제사를 지내기에[102] 액자를 내려 줄 수 없습니다. 다만 제물牲과 폐백을 갖추어 해마다 2월의 경칩驚蟄과 9월의 상강霜降 때에 관원을 보내 모두 제사하게 하는 것이 마땅합니다."라고 하니, 국왕이 이를 허락하였다.

사당이 남겨진 지 100년이 지났고, 대보단大報壇[103]이 조성된 이후에야 비로소 제사를 지내게 되었다. 마치 기다린 것처럼 되었으니, 이는 매우 기이한 일이다. 혹자가 말하기를, "이곳에 관왕의 사당을 세우고, 진린 공과 이순신 공 두 분을 배향하였으니, 그 뜻은 어떠한 것인가."라고 하였다.

아! 관 공은 살아서는 대의를 밝혔고, 죽어서는 명신明神[104]이 되었으니, 아주 오랜 세월 동안 바른 기운이 우주에 서렸다. 명나라가 일어날 때에 신령스런 이상한 일들이 많이 나타났기에, 중국에서는 지금까지도 집에서는 시동을 모셔 놓고 그를 제사 지내고 있으며,[105] 공의 혼령은 물과 같아서 이르지 않는 곳이 없다. 어찌 우리나라에서만 홀로 제사를 지내지 않을 수 있겠는가.

진린 공은 천자의 토벌 명령을 받들어서 황령皇靈을 드날렸으니, 마땅히 신령의 도움을 얻을 수 있었고, 하물며 그의 정성이 드러나서 세상에 매우 드물게[영원히]

---

101 이사명李師命 : 1647~1689. 자는 백길伯吉, 호는 포암蒲菴, 본관은 전주全州. 한성漢城에서 살았다. 대사헌 이민적李敏迪의 아들로, 1680년(숙종 6년) 문과에 장원급제하였다. 시재가 뛰어나 당대의 시인 김창흡金昌翕과 명성을 다투었다. 서인에 가담하여 같은 서인 김석주金錫胄·김익훈金益勳 등이 남인 허견許堅 등이 역모를 꾀한다고 고발한 경신대출척에 가담하여, 남인을 몰아내는 데 공을 세워 보사공신保社功臣 2등으로 책록되고 완녕군完寧君에 봉해졌다. 1682년에 전라도 관찰사, 1685년 형조판서가 되고, 이듬해 병조판서가 되었으나, 1688년에 탄핵을 받아 삭주에 유배되었다. 이듬해 1689년 남인이 다시 정권을 잡는 기사환국 때 사사되었다가 뒤에 신원伸寃되었다. 문장과 시재가 뛰어난 석학이었으나, 당쟁에 깊숙이 관여한 탓으로 유배지에서 최후를 마쳤다.(「한국역대인물종합정보시스템」;『한국민족문화대백과사전』.)

102 국가와 … 지내기에 : 원문은 "항례抗禮"이다. 대등한 예를 의미하는 것으로, 국왕이 관왕묘에 가서 읍례하는 것과 배례하는 것에 대한 논의가 담겨 있다. 이때 좌의정 서종태徐宗泰와 판부사 이이명 등이 이 문제를 논의하였다.(『숙종실록』 권48, 숙종 36년 3월 2일 정묘.)

103 대보단大報壇 : 숙종 30년(1704)에 임진왜란 때 군대를 파견해 준 명나라 황제 신종神宗과 의종毅宗의 은혜에 보답하기 위해 창덕궁 내에 쌓은 제단祭壇.

104 명신明神 : 밝은 신. 주례 주周禮註에 '명신은 신 중에도 밝히 살피는 신이니 해와 달과 산천 같은 신들을 이른다明神之明察者 謂日月山川也.'라 하였다.(李殷相 譯,『完譯 李忠武公全書(下)』, 성문각, 1989, 146쪽.)

고금도 관왕묘비 비각. (사진 문화재청)

감응하지 않았던가. 이순신 공은 그의 공이 천하에 알려졌고, 나라가 어려운 때에 그의 몸을 바쳤으니, 중국에서 떨쳤던 관왕의 위엄과 거의 같은 것이었다고 해야 할 것이다.

진 공과 이 공의 사귐은 서로 마음을 터놓고 가까이 지낼 정도였다. 『주역周易』에 이르기를, "만물은 같은 무리끼리 모이게 마련이다."[106]라고 하였으니, 진실로 그 부류이다. 비록 시간으로는 백세의 간격이 있고, 거리는 만 리가 된다고 할지라도 모두 모일 수 있는 것이다. 3공들의 의열義烈이라면, 같은 무리가 아니라고 할 수 있겠는가? 같은 사당에서 성대하게 일어나게 되었으니, 어찌 의심할 것이 있겠는가.

옛날 공자가 『춘추春秋』를 편찬하면서 차라리 "동쪽 오랑캐 나라에서 살고 싶다."[107]고 했다. 이는 중원에 왕도의 자취가 없어진 것을 슬퍼한 것이었다. 또한 관 공은 일찍이 춘추를 읽는 것을 좋아하였는데, 그의 웅대한 넋이 오늘날 오랑캐들이 다

---

105 집에서는 …… 있으며 : 원문은 "가시이호유家尸而戶侑"로, 집에서 시동尸童을 모셔놓고 제사 지낸다는 뜻이다. 尸(시)는 옛날 제사할 때 신을 대신하여 앉히는 사람이며, 우리나라에서는 대개 그 자손 중에서 제일 나이 어린 아이를 뽑아 앉혔기 때문에 시동이라 하였고, 뒷날에는 화상으로 그것을 대신하였다. (李殷相 譯, 『完譯 李忠武公全書(下)』, 성문각, 1989, 146쪽.)

106 만물은 …… 마련이다 : 원문은 "방이유취方以類聚"로 『주역周易』 계사繫辭 상上에 보인다. "방향에 따라 동류가 모이고 물건으로 무리를 나누니 길과 흉이 생겨난다方以類聚 物以群分 吉凶生矣."라 하였다.

스리는 중국에서 편안히 있을 수 있겠는가. 장차 동방의 우리나라에서 한漢나라를 사모하는 풍토를 즐기지 않겠는가. 그가 바람과 구름을 타고 하늘로 오르듯 말을 타고 수레를 몰아서 강림하여 왼쪽에 명나라 도독 진린을 두고 오른쪽에 통제사 이순신이 있어서 모두 함께 우리나라를 내려다보고 있음을 생각하게 되면, 우리 임금께서 그들의 유적이 있어서 제사를 지내는 것이 어찌 의미가 없겠는가.

아! 중국이 천하의 힘을 기울여서 속국을 구제한 것은 천자와 제후가 있은 이래로 들어보지 못한 것이다. 그들이 왜적을 치러 왔던 시기에 진영을 설치한 지역 곳곳에 비록 사당을 세워서 우리가 과거의 은혜를 잊지 않게 하더라도 지나친 것은 아닐 것이다. 진린 공에 대해서는 더욱 잊을 수 없는 것이 있다. 명나라 군대가 와 있던 전후 10년에 화의론이 끼어들었는데, 여러 장수들은 그 잘못을 저지르지 않은 자가 없었다. 예교曳橋의 싸움에 수군과 육군이 협공하여 적의 장수인 행장行長을 거의 사로잡을 수 있었는데, 명의 제독인 유정劉綎이 몰래 왜적과 화친하여 갑자기 포위를 풀어 주었다.

이때 진린 공만 홀로 배를 띄워 육지를 향하여 [공격하면서] 말하기를, "나는 차라리 순천順天의 귀신이 되더라도, 의리상 적을 놓아줄 수 없다."라고 하였으며, 또한 우리 장사將士들을 낮추어 보지 않았다. 그는 이순신 공을 마치 가장 아끼고 존경하는 친구처럼 공경하였으며, 이순신 공의 말을 따르지 않는 것이 없었고, 이순신 공이 "천지를 주무르는 재주"를 지녔다는 말까지 하였다. 그는 진陣에 이르러 이순신 공의 죽음을 보자, 매우 슬프게 울었고, 돌아가는 길에 그의 상여 앞에서 제사를 지냈다. 이는 비록 이순신 공이 자신의 공을 그에게 양보하여 그가 정성스러운 마음誠心을 가지게 한 것이지만, 진린 공의 용맹과 적과 싸우려 했던 의기, 그리고 자신의 몸을 아끼지 않고 어진 사람을 좋아하였기에 참으로 이른바 군대 내의 어른이었다. 만일 이때 명나라 여러 장군이 모두 진린 공과 같았다면, 어찌 왜적의 배 한 척이라도

---

107 동쪽 …… 살고 싶다 : 원문은 "욕거구이欲居九夷"로, 『논어』자한편子罕篇에 나오는 말이다. 공자께서 '구이 땅에 살고 싶다'고 하자, 혹이 이르기를 '누추한 곳인데 어찌 하시겠습니까?' 공자께서 이르시기를 '군자가 거하는 것에 어찌 누추한 것이 문제이겠는가?'子欲居九夷 或曰 陋如之何 子曰 君子居之 何陋之有"라 하였다.

돌아갈 수 있었겠는가. 진린 공은 명으로 돌아가서 공로가 1등에 책정되었다고 한다. 그는 광동廣東 사람이며, 자는 조작朝爵, 호는 용애龍崖이다.

이순신 공은 본관이 덕수德水이며, 자는 여해汝諧이다. 그의 뛰어난 공적은 모두 공의 묘지명墓誌銘 및 전쟁터에 있는 비석에 실려 있다. 그러므로 여기에는 자세히 쓰지 않겠다.

공의 증손 이광보李光輔[108]가 수군우후水軍虞候가 되니 봉급을 덜어 내어 돌을 마련하고, 절도사 신찬申璨[109]이 그 비용을 보태 주었으며 비갈문碣文을 써서 사당의 뜰에 세우려 했다.

지금에야 제사를 지내게 되었고, 비로소 사당의 일과 관련한 내력을 적게 되었다. 절도사 신찬은 이미 죽었으니, 이에 일을 맡은 승려인 처환處還에게 맡겨서 이러한 내용을 새기도록 하였다.

---

[108] 이광보李光輔: 충무공 이순신의 증손자로, 1689년(숙종 15)부터 1691년까지 전라우도 수군 우후虞候 (정4품)로 봉직하였다. (홍형덕 편집, 『全羅右水營誌』先生案, 충무공명량대첩유적사업회, 1995.)

[109] 신찬申璨: 자字는 군옥君玉, 본관은 평산平山. 한성漢城에서 살았다. 1654년(효종 5)에 나서 1684년 (숙종 10)에 무과에 합격하였다. 1704년(숙종 30)부터 1706년(숙종 32)까지 전라우수사를 역임하였다. (「한국역대인물종합정보시스템」; 홍형덕 편집, 『全羅右水營誌』先生案, 충무공명량대첩유적사업회, 1995.)

제승당기制勝堂記[110]

좌의정左議政 조현명趙顯命[111]

조경趙儆[112] 공이 통제사로 있을 때, 나는 비변사에 있었다. 국왕에게 올린 그의 장계를 볼 때마다, 제도를 변통하여 새롭고 기이한 대책 내기를 좋아하지 않았고, 반드시 이 충무공이 했던 옛일에서 폐지된 것을 잘 닦아서 조치를 취할 것을 앞세웠다. 대개 몸가짐을 정중히 하고 법도를 지켰으니, 옛 장수들의 기풍을 크게 갖추었다.

한산도閑山島가 통제영 앞에 있어서, 수군舟師[113]이 견내량見乃梁을 거쳐 노량露梁의 입구로 나아가려면 모두 이곳을 거쳐야 했다. 이곳은 참으로 바닷길의 요충이다. 충무공이 일찍이 이 섬의 앞바다에서 왜선 70척을 깨뜨리고, 바로 섬 가운데에 진을 쳤다. 군량을 쌓고 무기들을 고쳐서 드러나지 않게 바다의 큰 장벽으로 삼았다. 원균이 공을 밀어내고 그 자리를 대신하였으나, 그 사이에 적들의 계략에 빠졌고, 마침내

---

110 『귀록집歸鹿集』 권8, 기記, 한산도제승당기閑山島制勝堂記가 실려 있다.
111 조현명趙顯命 : 1691~1752. 자는 치회稚晦, 본관은 풍양豊壤. 한성漢城에서 살았다. 1719년(숙종 45)에 문과에 합격하였으며, 1721년(경종 1) 연잉군延礽君(뒤에 영조)이 왕세제로 책봉되자 겸설서兼說書로서 세제 보호론을 주창하여 소론의 핍박으로 곤경에 처해 있던 왕세제 보호에 힘썼다. 1728년(영조 4) 이인좌李麟佐의 난에 종군하여 분무공신奮武功臣 3등에 녹훈, 풍원군豊原君에 책봉되었다. 이후 대사헌과 도승지를 거쳐 1730년 경상도 관찰사, 이어 전라도 관찰사를 지낸 뒤 1734년 공조참판, 어영대장, 부제학, 이조·병조·호조 판서 등 요직을 두루 역임하고, 1740년(영조 16) 우의정에 발탁되었다. 1747년(영조 23) 9월에 좌의정에 승진하여 1749년(영조 25) 9월까지 재임하였다. 이때 문란한 양역 행정의 체계화를 위한 기초 작업으로서 군액軍額 및 군역 부담자 실제 수의 파악에 착수하여 이를 1748년 『양역실총良役實摠』으로 간행하게 하였다. 1750년 영의정에 올랐다. 이른바 노소탕평을 주도했던 정치가라 할 수 있으며, 당색을 초월하여 진신縉紳 사이에 교유가 넓었다. 시호는 충효忠孝이다.(『영조실록』; 「한국역대인물종합정보시스템」; 『한국민족문화대백과사전』.)
112 조경趙儆 : 권10의 주 179 참조. 그는 1739년(영조 15) 7월에 통제사로 부임하여 1741년(영조 17) 3월까지 재임하였다.(『道先生來歷事蹟擧槩』, 해군사관학교 박물관 소장.)
113 수군舟師 : 『귀록집歸鹿集』 권8, 기記, 한산도제승당기閑山島制勝堂記에는 '주강舟舡'으로 표기되어 있다.

일제강점기의 제승당 유허비 비각. (사진 국립중앙박물관)

또한 도망가다 죽었다고 한다.

  공이 섬에 계실 때에 제승당制勝堂을 세우고 머물렀다. 공이 이미 돌아가시자, 통제영은 비로소 지금 있는 곳으로 옮겨서 지어졌고, 제승당은 마침내 폐기되었다. 이에 공의 옛터는 자취도 없이 모두 사라졌으니, 또한 100년이 되었다. 이에 조경 공이 올라가서 살펴보고는 탄식하여 말하기를, "이곳을 황폐하도록 내버려 둘 수 없다."라고 하였으며, 드디어 이 집을 다시 세우게 되었다. 그 규모와 제도는 하나같이 모두 충무공의 옛것을 살펴서 만들었으며, 또한 관청 건물로 수십 칸을 설치하여 큰 규모로 군사 훈련이 있을 때 군사들이 음식을 먹을 수 있는 곳으로 삼았다. 그는 나에게 편지를 써서 사람을 보내 알리고 제승당의 기문記文을 청하였다. 나는 "승낙한다."라고 하였다.

  사람에게 충의라는 것은 본래 성품 속에 있는 것이지만, 반드시 권장하기를 기다린 후에야 일어나는 것이다. 그러니 이 제승당을 짓는 것은 남쪽의 백성들에게 충의를 권장하려는 것이다. 남쪽의 백성에게 충무공은 대개 일찍부터 부모와 같은 사랑이 있었고, 신명과 같은 경외심이 있었다. 그러나 세월이 이미 오래 지나 보고 들은 것이 점차 멀어져서 옛날에 집집마다 제사 지내던 것이 지금은 점차 지내지 않게 되기에 이르렀다. 이러한 때에 그것을 일으켜 세우지 않는다면 백성들에게 어찌 권할 바가 있겠는가. 또한 이 제승당은 충무공이 일찍이 산과 바다에 맹세하고, 물고기와 용을 부추기고 초목을 떨게 하던 곳이다. 그가 노기를 띠며 크게 소리를 지르시고[114] 밝으신 신령이 계셔서 두려워할 만한 것이었음을 조금이라도 어렴풋하게 느낄 수 있는 곳이며, 동쪽으로는 대마도對馬島 오랑캐들이 있는 곳과 가깝고, 북쪽으로는 노량露梁에서 충무공이 돌아가신 터를 바라볼 수 있는 곳이다.[115]

바람이 성을 내듯 불어 대고 구름은 모여들어 고래가 삼키는 듯 악어가 씹어 먹을 듯 왜적이 침입함에, 산이 슬퍼하고 물도 시름하였고 사망한 장수들[116]의 혼백은 슬픈 노래를 불렀다. 비록 보통의 나그네가 지나가더라도 머리털이 서고 눈초리가 찢어지지 않을 수 없다. 그런데 하물며 남쪽의 사람들이 부모처럼 사랑하고 신명처럼 경외하였는데, 그들이 의지하고 회상하고 추모하고 마음에 격앙되고 강개함은 더욱 어떠하겠는가. 그것은 적과 싸우려는 충성과 전쟁에서 책임을 지고 죽겠다는 의기를 또한 다투어 권장하는 것이니, 막을 수 없는 것이다.

이것이 변방을 굳건히 하고 왕실을 방어하려는 방법이니, 어찌 보탬이 적다고 하겠는가. 나는 일찍이 외람되게 경상도 관찰사의 자리에 있었는데, 배를 타고 그곳을 지나면서 그의 뛰어난 모습을 생각하고 그리며 무언가를 느낀 것이 오래되었다. 지금 이 역사役에 대하여 문머리門楣에 내 이름을 넣게 되니 행운이다. 그러니 글을 짓지 못한다고 사양하는 것은 옳지 않으니, 이와 같이 기문을 작성한다.

---

114 노기를 …… 지르시고 : 원문은 "음오질타喑噁叱咤"로, 노기 띤 호령 소리를 이른다. 『사기』에 "項王喑噁叱咤 千人自廢"라 하였다. '廢'는 항복한다는 뜻이다. (李殷相 譯, 『完譯 李忠武公全書(下)』, 성문각, 1989, 149쪽.)

115 바라볼 수 있는 곳이다 : 과장된 표현이라고 볼 수 있다. 노량은 서쪽에 있고, 거리가 상당히 멀다.

116 사망한 장수들 : 원문은 "원학猿鶴"이다. 『포찰자抱札子』에 주周나라 목왕穆王이 남방을 정벌했을 때 모든 군사가 화신이 되었는데, 군자는 원숭이와 학이 되고, 소인은 사충沙蟲이 되었다고 한다. 훗날 전쟁에서 죽은 장수들을 원학이라고 했다 한다. (李殷相 譯, 『完譯 李忠武公全書(下)』, 성문각, 1989, 150쪽.)

충렬사[117]를 고쳐 지은 기문忠烈祠重修記

후손 통제사統制使 이봉상李鳳祥[118]

무릇 신하가 국가에 큰 훈공과 큰 충절이 있으면, 반드시 사당을 세우고 그에게 제사를 지내서 그의 노고에 대해 보답하고 그의 충절을 장려하였다. 옛날 만력萬曆 임진壬辰[선조 25, 1592년]에 선조인 충무공께서 왜구가 마구 날뛸 때 그들을 막는 큰 책임을 맡아 군사를 위무하고 무기들을 손질하여 흉악한 무리들의 칼날을 막아 적들이 감히 가까이 오지 못하도록 하였다. 그래서 얼마 남지 않은 백성들이 심한 고통에서 빠져나오게 하였고 무참하게 죽임을 당하는 것을 면하게 하였다.

전쟁에 나아가 목숨을 아끼지 않아서 끝내 자신이 죽어서 나라에 몸을 바쳤으니, 그의 위대하고 큰 공렬功烈과 그의 뛰어난 충성과 절개는 모두 역사와 비문 내용에 실려 있다. 지금 자세히 설명할 필요는 없다.

그런데 이곳 노량을 둘러보니 참으로 선조인 충무공께서 돌아가신 곳이다. 깃발旌纛을 세우고, 노기를 품고 크게 호령하던 곳이어서 엄연한 정령이 진실로 억만년 사라지지 않을 것이며, 엄히 받드는 조치가 더구나 먼저 이루어져야 할 곳이다. 옛날에 사당이 있었으나, 비좁고 허술하여 공의 신령을 봉안할 수 없었다. 그래서 숭정崇禎 무술戊戌[효종 9, 1658년]에 통제사 정익鄭榏 공이 충무공의 충성에 감명을 받아, 집을 고치고 새로이 하였으며, 또한 돌을 마련하여 글을 새겼다.

이 일이 조정에 알려지자, 효종대왕께서 비문의 초본을 급히 가져오게 하여 특별히 살펴보셨으며, 현종대에 이르러서 '충렬忠烈'이라는 은혜로운 액자를 내리고, 봄과 가을로 제사와 돌아가신 날에 제사를 이곳에서 지내도록 명하셨다. 임금께서 공

---

117 충렬사忠烈祠 : 통영과 남해 두 곳에 있다. 이것은 남해 노량에 있는 것을 가리킨다.
118 이봉상李鳳祥 : 권10의 주 175 참조.

충렬사. 경남 남해. (사진 문화재청)

적에 대하여 상을 내리고 절개에 대하여 표창하는 은전은 이에 이르러 더욱 유감이 없게 되었다.

다만 사당 건물을 세운 것도 세월이 오래되어 기울어 무너지려 하는데, 부족한 내가 외람되게 이 자리에 있으면서 또한 다시 손을 대어 오래가도록 만들 기회를 만났다. 그러니 사당을 고쳐서 새롭게 할 것을 생각하지 않을 수 있겠는가. 이에 부하인 조이웅趙以雄과 서한필徐漢弼 등에게 명하여 장인匠人들을 부르고 재목을 모아서 많은 사람들이 눈물을 흘렸던 마음을 담아 분수에 넘치지만, 넓고 아름다운 집을 새로이 만들어 제사를 지내고 제물을 올리기를 영원토록 기약할 수 있게 되었으니, 부족한 나의 끝없는 감흥도 장차 이곳에 깃들일 수 있을는지? 이에 감히 충렬사를 짓고 고치게 된 내력을 간략하게 적어서, 훗날 이를 보는 사람들에게 신하된 자가 절개를 다하는 뜻과 국가가 충신을 현양하는 예전 등 두 가지가 모두 갖추어져 무너지지 않았음을 알게 하려 한다.

충민사 재실에 대한 기忠愍祠齋室記

후손 절도사節度使 이명상李命祥[119]

충민사忠愍祠는 우리 선조이신 충무공의 사당을 세워 위패를 보관한 곳이다. 해마다 봄가을로 제사를 지낼 때마다 조정에서는 향香과 축문祝文을 보내고 수령과 변장을 헌관獻官으로 임명하였으며, 이곳 유생들이 모두 나아가 일을 맡았다. 그들이 숭배하여 받들고 보답하는 제사를 지내는 예전이 이보다 더할 수는 없다.

오직 사당의 문밖에 동쪽과 서쪽에 재실齋室을 지을 겨를이 없어서, 단지 승려가 머무는 몇 칸짜리 집이 있을 뿐이다. 재계하기 위해 머물 때마다, 언제나 구차하고 어려운 사정을 걱정해야 했다.

숙종 35년 기축己丑[1609년][120]에 5세손 충민공이 이곳 전라좌수영을 맡게 되어[121] 이곳에 와서 사당의 모습을 비로소 새로이 하고, 또한 재실齋舍을 새로 만들었다. 100여 년 동안 부족하였던 제도를 이에 이르러 갖추게 되었다.

지금 임금[영조] 8년인 임자壬子[1732년]에 못나고 어리석은 내가 또한 외람되게 중책을 띠고 이곳에 오게 되었다.[122] 수십 년 사이에 사촌 형제들이 선조가 명성을 떨친 곳에 임명되었으니, 이 한 진영의 성대한 일이라 할 만하다. 선조께서 끼치신 은택과 남긴 아름다운 일은 그 공로가 빛나서 우리가 보고 들은 것이 마치 어제의

---

119 이명상李命祥 : 충무공 이순신의 5세손으로, 무과에 급제한 후 훈련주부, 선전관, 별해첨사別害僉使, 곡산부사谷山府使, 부호군 등을 거쳐 1732년(영조 8) 7월에 전라좌수사가 되었고, 1734년(영조 9)에 체직되었다. 이후 전라병사, 공홍수사公洪水使, 회령부사, 부총관 등을 역임하였다.[『승정원일기』.;『영조실록』.;『호좌수영지』(1815).]

120 원문에는 '숙묘삼십육년기축肅廟三十六年己丑'으로 되어 있다. 기축년은 숙종 35년이다. 충민공이 전라좌수사로 임명된 것은 숙종 35년이므로 '숙묘삼십오년기축肅廟三十五年己丑'이 정확하다.

121 이봉상은 1709년(숙종 35)에 전라좌수사로 임명되었다.(『승정원일기』446책, 숙종 35년 1월 6일.)

122 이명상은 1732년(영조 8)에 전라좌수사에 임명되었다.(『승정원일기』747책, 영조 8년 7월 8일.)

일과 같으며, 예나 지금의 일을 살펴보면 모르는 사이에 눈물이 옷깃을 흠뻑 적신다. 세월이 많이 흘러 사당 건물의 온갖 것이 황폐해졌고, 재실이 거의 모두 기울어져 무너지게 되었으니, 옛 모습 그대로 수리하고 새로 잇는 것을 어찌 오늘을 기다린 것이 아니겠는가.

드디어 다음해 겨울에는 대략 재료와 힘을 모아서 터를 넓히고 기둥과 서까래를 교체하였으며, 창고와 관아 건물과 담장 및 좌우의 재실을 모두 새롭게 하여 모습이 바뀌었다. 이윽고 완성되어 군건하게 되었어도 사치스럽거나 허술함이 없다.

감독한 사람은 군관 박치장朴致章이다. 그의 증조부는 박대복朴大福이며, 옛날에 우리 선조를 보좌하여 처음부터 끝까지 나라의 어지러운 시기를 함께하였으며, 국가의 부역軍庸에 나란히 참여하였다. 지금 그의 후손 또한 나를 도와 이 공사를 마쳤다. 이 어찌 우연이라고 하겠는가.

아! 선조의 맑고 순수한 충성과 위대한 업적은 정승 이항복 공의 기문에 실려서 지금도 문머리門楣 사이에서 비추고 있으며, 이는 영원토록 길이 전할 만한 것이다. 후대의 사람들이 군더더기로 더하는 말이 필요 없겠지만, 재실을 종형이 있을 때 처음 지었고, 부족한 내가 있을 때 다시 손을 대서 고쳤으니, 한마디의 사실을 기록하지 않을 수 없다. 이에 그간의 진행 과정을 기록하여, 뒷날 이 자리를 이어서 건물을 수리할 자에게 준다.

제승당을 고쳐 지은 기문制勝堂重修記

후손 통제사統制使 이태상李泰祥[123]

이 제승당 건물은 우리 선조가 임진년에 군대를 주둔시킬 때에 지은 것이다. 중간에 건물을 짓고 없어진 자취는 좌의정 조현명趙顯命과 승선承宣 정기안鄭基安[124]의 기록에 상세하다.

일단 우후虞候가 머물면서 방어하는 시설을 견내량見乃梁으로 옮긴 이후부터, 시간이 흐르면서 건물을 이용하는 주인이 없고 또한 유허遺墟의 비각碑閣이 자리 잡은 곳에는 웅덩이가 파여서 물이 고여 있으며, 난리를 막아 내던 군영의 울타리에는 기와가 비뚤어져 있고 나무가 썩어 있으며, 비석의 귀부龜趺와 이수螭首에는 이끼가 끼었다. 지나가는 사람들은 이곳을 거닐다가 굽어보고 올려다보면서 구름과 물이 모두 하얗게 보이는 것을 가슴 아파하고, 옛 자취가 날로 묵어 가는 것을 아쉬워하지 않는 이가 없었다.

보잘것없는 나는 못난 자손으로 이 때문에 염려스러워서 이에 장인들을 모으고 땅을 살펴서 오래 전할 수 있는 방법을 꾀하였다. 이 건물은 조경趙儆 공이 지은 그대로인 채로 수리하였다. 비각은 제승당 뒤쪽으로 옮겼으며, 썩어서 이지러진 곳은 교체하고, 마멸되어 희미해진 비석의 글자는 새롭게 하였다.

---

[123] 이태상李泰祥 : 1707~1776. 자는 내숙來叔, 본관은 덕수德水. 거주지는 충청남도 온양溫陽이다. 충무공 이순신의 5세손으로 1728년(영조 4)에 무과에 합격하여 여러 관직을 거쳐, 1747년에 전라좌수사가 되었다. 이어 경상좌병사, 경기수사, 포도대장, 북병사 등을 역임하고, 1760년(영조 36년) 6월에 통제사에 올라 1762년(영조 38) 8월까지 재직하였고, 충청병사, 금군별장, 부호군 등을 역임하였다. [『戊申別試文武科榜目』; 『승정원일기』; 『영조실록』; 『호좌수영지』(1815); 『道先生來歷事蹟彙棨』.]

[124] 정기안鄭基安은 도사都事의 직에 있었을 때 「제승당유허비制勝堂遺墟碑」를 지었다. (『이충무공전서』 권10, 제승당 유허비制勝堂遺墟碑.) 이 내용은 그의 저서인 『만모유고晩慕遺稿』에 실려 있다. 정기안에 대해서는 권10의 주 177 참조.

무릇 건물을 짓고 없어지는 것은 진실로 우리 선조의 경중을 삼을 수 없는 것이지만, 소위 "물을 차마 버려둘 수 없으며, 땅을 차마 황폐하게 내버려 둘 수 없다."[125]라는 말과 같이, 또한 인정상 그만둘 수 없는 것이기도 하며, 오늘을 위해 준비된 말이라 하겠다.

훗날 그대 군자君子들은 그 또한 우리 일가의 사적인 일이어서 무너진 곳을 그때마다 잘 고치고 정비하여 썩어서 무너지는 것을 면하게 하였다고 여기지 마라. 이 제승당에 올라서 남은 자취를 어루만지는 자는 마음으로 성대히 느끼고 크게 탄식이 일어날 것이며, 몸을 버려 국가를 위해 죽은 의리를 다투어 권하게 될 것이다. 이는 진실로 조경 공이 그날에 이 집을 중건한 뜻이며, 또한 모자란 내가 구구하게 사람들에게 바라는 것이라 하겠다.

〈참고 3〉 제승당에 대하여

이 제승당은 충무공 이순신이 한산도에 진을 친 이후에 늘 이 집에서 기거하고 또 회의도 하던 곳이다. 정기안鄭基安의 제승당유허비문制勝堂遺墟碑文 등 여러 가지 기록 등에 의하여 공公이 바로 이 집에서 눕고 자고 했던 것을 알 수 있다. 이 집을 흔히 운주당運籌堂이라고도 불렀다. 거기서 모든 작전계획運籌을 세우고 또 부하 장수들과 의논했던 곳이기 때문이다.

그러므로 운주당이란 이름은 한산도뿐만 아니라 공이 가는 곳마다 그가 거처하는 곳을 편의상의 명칭으로 그렇게 부르기도 했던 모양이다. 공의 행록行錄(본서 권9) 중에 공이 고금도에 있을 때의 기사를 쓰면서 무술년(1598) 7월 24일에 "공이 진 도독陳都督을 위하여 운주당에서 주연을 베풀었다."라고 하였음

---

125 "우물을 …… 없다." :원문은 "수불인폐 지불인황水不忍廢 地不忍荒"으로, 현자가 살던 곳은 황폐되지 않는다는 뜻이다. 안정顔亭의 마지막 장章이다. 안정은 북송北宋의 정이천程伊川이 지은 안락정명安樂亭銘을 가리킨다. 안락정은 공자의 제자인 안연顏淵이 안빈낙도安貧樂道하며 살던 옛터에 지은 정자인데, 그 명銘의 마지막 장에 "우물을 차마 버려둘 수 없으며 땅을 차마 황폐하게 내버려 둘 수 없네. 아, 올바른 그의 학문 어찌 잊을 수 있겠는가水不忍廢 地不忍荒 嗚呼正學 其何可忘." 하였다.[『性理大全』卷76;「한국고전종합DB」(한국고전번역원 인터넷).]

을 보아 알 수 있다.

그런데 이 제승당의 첫 번 건축은 공이 한산도에 들어와 진을 쳤던 그때이었겠지만, 공의 난중일기亂中日記를 상고하면 그것이 온통 불에 타서 다시 지었던 것임을 알 수 있다.

을미년(1595) 9월 14일에 충청수사 선거이宣居怡를 작별하는 시를 썼던 직후 열흘이 겨우 지난 25일 기사에 녹도鹿島 하인이 실수하여 불이 났는데, 대청과 수루 방이 모두 타버리고 군량과 화약과 군기를 넣어 둔 창고만은 불타지 않았다는 기록이 있다. 그리고 이후의 일기에 다음과 같은 기록이 있다.

9월 28일	밥 먹은 뒤에 집 짓는 곳으로 올라갔다.
10월 초2일	대청에 들보를 올렸다.
10월 초5일	이른 아침에 수루로 올라가 역사하는 것을 살펴보면서, 수루 위 바깥 기둥에 올려 바르는 흙을 항복한 왜인들을 시켜 운반하게 했다.
10월 초9일	대청을 짓는 공사를 다 마쳤다.
10월 초10일	늦게 대청에서 공무를 보았다.
10월 11일	일찍 수루방樓房으로 올라가 종일토록 역사를 살펴보았다.
10월 12일	일찍 수루 위로 올라가 역사를 살펴보았다. 서쪽 행랑을 만들어 세웠다.
10월 13일	일찍이 새로 짓는 수루에 올라갔다. 대청에 흙 올려붙이는 일을 항복한 왜인들을 시켜 역사를 마치게 했다.
10월 16일	새벽에 새로 지은 수루 방으로 올라갔다. … 그대로 새 수루 방에서 잤다.

이러한 기사를 통해 공이 기거하던 누각을 을미년(1595) 10월에 지었던 것을 알 수 있거니와, 이것도 이 제승당의 내력을 헤아리는 데 좋은 자료가 되리라 생각한다.

더욱이 공의 '수국추광모水國秋光暮' 같은 시도 바로 이 새 방이 낙성된 지 3~4일밖에 안 되는 그해(을미년) 10월 20일의 작품으로서 추정한다면, 더욱더 흥미 있는 일이기도 하다.

　그랬던 것이 정유년(1597)에 공이 감옥으로 묶여 들어가고 원균元均이 대신 통제사가 되어 왔을 때는 그 누각이 완전히 악용되어 울타리를 막아 치고 기생을 데리고 노는 향락장이 되었다. 그러자 그나마도 정유년 칠천량 해전에서 원균이 죽고 배설裵楔이 도망가며 한산도를 불 질러 버리는 바람에 다 타 버리고 말았다. 그것도 어느덧 150여 년이 지나 영조 때 와서 통제사 조경趙儆의 손에 의해 그 유적지에 이 집을 다시 짓고 보수 또 중수하여 오늘에 이른 것이다.(李殷相 譯, 『完譯 李忠武公全書(下)』, 成文閣, 1989, 154~155쪽.)

〈참고 4〉 역대 통제사 일람표

1. 이 표는 『도선생 내력사적 거개道先生來歷事蹟擧槩』(해군사관학교 박물관 소장)에 기록된 삼도수군통제사 선생안先生案을 중심으로 작성한 것이다. 『도선생 내력사적 거개』에는 1대(1593) 이순신부터 174대(1841) 이응식李應植 통제사까지의 재임 내력이 적혀 있다.
2. 175대(1843) 허계許棨부터 마지막 209대(1894~1896) 홍남주洪南周까지의 기록은 『통제사 선생안統制使先生案』(통영충렬사 소장)의 기록을 참조하여 보충하였다.
3. 『도선생 내력사적 거개』와 『통제사 선생안』에 있는 통제사 이름 가운데 애매한 것은 『승정원일기』와 『조선왕조실록』의 기록과 대조하여 바로잡았다. 특히 두 기록에는 역모죄로 처형되었던 36대 '변사기邊士紀'가 누락 되어 있으므로 『승정원일기』의 기록을 참조하여 보충하였다. 그러므로 역대 통제사는 303년 동안 총 209대가 된다.
4. 『승정원일기』에 나와 있는 통제사 임명 일자와 선생안에 적혀 있는 재임 시작 일자는 대부분 다르다. 그것은 선생안에 적혀 있는 일자는 통제사가 실제로 통제영에 부임한 일자를 적어 놓았기 때문이다.
5. 역대 통제사는 칙령勅令 제139호, 〈삼도 통제영의 폐지에 관한 안건三道統制

營廢止件〉 반포로 1895년(고종 32) 7월 15일에 공식적으로 폐지되었다. 그러나 선생안에는 209대 홍남주洪南周가 1896년(병신) 5월 24일에 병사病死한 것으로 통제사가 종료되었다.

6. 역대 통제사 중에 충무공 이순신의 자손은 12명이며, 성명 머리에 *표로써 표시하였다. 또한 역대 통제사 가운데 두 번 재임한 중임자重任者는 모두 14명이다.

7. 이 표를 작성하는 데 참고한 문헌은 다음과 같다.『도선생 내력사적 거개道先生來歷事蹟擧槩』(해군사관학교 박물관 소장). ;『통제사 선생안統制使先生案』(통영 충렬사 소장). ;『조선왕조실록』. ;『승정원일기』. ;『비변사등록』. ;『교서敎書』(현충사관리소, 2015). ; 李殷相 譯,『完譯 李忠武公全書(하)』, 成文閣, 1989, 155~162쪽.

대	성명	재임 기간	비고
1	이순신李舜臣	1593년(선조 26) 9월~1597년(선조 30) 2월	9월 12일 임명
2	원균元均	1597년(선조 30) 2월~1597년(선조 30) 7월	전사戰死
3	이순신李舜臣	1597년(선조 30) 7월~1598년(선조 31) 11월	중임重任, 전사戰死
4	이시언李時言	1599년(선조 32) 1월~1602년(선조 35) 1월	
5	유형柳珩	1602년(선조 35) 1월~1603년(선조 36) 2월	
6	이경준李慶濬	1603년(선조 36) 2월~1605년(선조 38) 9월	
7	이운룡李雲龍	1605년(선조 38) 9월~1607년(선조 40) 6월	
8	이기빈李箕賓	1607년(선조 40) 6월~1609년(광해 1) 7월	
9	이경준李慶濬	1609년(광해 1) 7월~1611년(광해 3) 8월	중임
10	우치적禹致績	1611년(광해 3) 8월~1614년(광해 6) 4월	
11	성우길成佑吉	1614년(광해 6) 4월~1615년(광해 7) 7월	
12	이정표李廷彪	1615년(광해 7) 7월~1615년(광해 7) 윤8월	병사病死
13	이영李英	1615년(광해 7) 9월~1616년(광해 8) 2월	병사病死
14	유지신柳止信	1616년(광해 8) 3월~1617년(광해 9) 4월	
15	정기룡鄭起龍	1617년(광해 9) 4월~1619년(광해 11) 9월	
16	김예직金禮直	1619년(광해 11) 9월~1621년(광해 13) 3월	
17	정기룡鄭起龍	1621년(광해 13) 3월~1622년(광해 14) 2월	중임, 병사
18	원수신元守身	1622년(광해 14) 5월~1623년(인조 즉위) 4월	
19	구인후具仁垕	1623년(인조 즉위) 4월~1625년(인조 3) 4월	
20	이수일李守一	1625년(인조 3) 5월~1627년(인조 5) 8월	

21	이항李沆	1627년(인조 5) 8월~1629년(인조 7) 7월	
22	구굉具宏	1629년(인조 7) 7월~1631년(인조 9) 8월	
23	신경원申景瑗	1631년(인조 9) 8월~1632년(인조 10) 2월	
24	변흡邊潝	1632년(인조 10) 2월~1633년(인조 11) 5월	
25	구인후具仁垕	1633년(인조 11) 5월~1634년(인조 12) 1월	중임
26	신경인申景禋	1634년(인조 12) 1월~1636년(인조 14) 2월	
27	윤숙尹璛	1636년(인조 14) 2월~1637년(인조 15) 3월	
28	신경인申景禋	1637년(인조 15) 3월~1639년(인조 17) 4월	중임
29	유림柳琳	1639년(인조 17) 4월~1640년(인조 18) 11월	
30	유정익柳廷益	1640년(인조 18) 11월~1641년(인조 19) 6월	
31	이확李廓	1641년(인조 19) 6월~1642년(인조 20) 2월	
32	유림柳琳	1642년(인조 20) 2월~1642년(인조 20) 10월	중임
33	이현달李顯達	1642년(인조 20) 10월~1644년(인조 22) 4월	
34	이완李浣	1644년(인조 22) 4월~1646년(인조 24) 3월	
35	김응해金應海	1646년(인조 24) 3월~1648년(인조 26) 3월	
36	변사기邊士紀	1648년(인조 26) 2월~1650년(효종 1) 1월	승정원일기 보충
37	유정익柳廷益	1650년(효종 1) 1월~1652년(효종 3) 9월	중임
38	황헌黃瀗	1652년(효종 3) 9월~1654년(효종 5) 5월	
39	이원로李元老	1654년(효종 5) 5월~1654년(효종 5) 10월	
40	남두병南斗柄	1654년(효종 5) 10월~1656년(효종 7) 1월	
41	유혁연柳赫然	1656년(효종 7) 1월~1657년(효종 8) 1월	
42	정익鄭榏	1657년(효종 8) 1월~1659년(효종 10) 3월	
43	조필달趙必達	1659년(효종 10) 3월~1659년(현종 즉위) 8월	
44	김적金適	1659년(현종 즉위) 8월~1660년(현종 1) 3월	
45	박경지朴敬祉	1660년(현종 1) 3월~1662년(현종 3) 3월	
46	김시성金是聲	1662년(현종 3) 3월~1664년(현종 5) 3월	
47	정부현鄭傅賢	1664년(현종 5) 3월~1666년(현종 7) 11월	
48	박경지朴敬祉	1666년(현종 7) 11월~1667년(현종 8) 1월	중임
49	이지형李枝馨	1667년(현종 8) 1월~1669년(현종 10) 3월	
50	이도빈李道彬	1669년(현종 10) 3월~1669년(현종 10) 8월	병으로 체직
51	유비연柳斐然	1669년(현종 10) 8월~1670년(현종 11) 3월	
52	김경金鏡	1670년(현종 11) 3월~1670년(현종 11) 11월	
53	유여량柳汝樑	1670년(현종 11) 11월~1671년(현종 12) 7월	

54	신여철申汝哲	1671년(현종 12) 7월~1672년(현종 13) 3월	
55	이지원李枝遠	1672년(현종 13) 3월~1673년(현종 14) 3월	
56	노정盧錠	1673년(현종 14) 3월~1675년(숙종 1) 3월	
57	신유申瀏	1675년(숙종 1) 3월~1677년(숙종 3) 1월	
58	윤천뢰尹天賚	1677년(숙종 3) 1월~1679년(숙종 5) 3월	
59	이인하李仁夏	1679년(숙종 5) 3월~1679년(숙종 5) 6월	
60	전동흘全東屹	1679년(숙종 5) 6월~1680년(숙종 6) 10월	
61	민섬閔暹	1680년(숙종 6) 10월~1682년(숙종 8) 3월	
62	원상元相	1682년(숙종 8) 3월~1684년(숙종 10) 2월	
63	변국한邊國翰	1684년(숙종 10) 2월~1685년(숙종 11) 3월	
64	김세익金世翊	1685년(숙종 11) 3월~1686년(숙종 12) 6월	
65	유중기柳重起	1686년(숙종 12) 6월~1687년(숙종 13) 10월	
66	이세선李世選	1687년(숙종 13) 10월~1689년(숙종 15) 6월	
67	신여철申汝哲	1689년(숙종 15) 6월~1691년(숙종 17) 5월	중임
68	이성뢰李聖賚	1691년(숙종 17) 5월~1691년(숙종 17) 6월	부친상 사직
69	심박沈樸	1691년(숙종 17) 6월~1693년(숙종 19) 4월	
70	목임기睦林奇	1693년(숙종 19) 4월~1694년(숙종 20) 8월	
71	최숙崔橚	1694년(숙종 20) 8월~1695년(숙종 21) 8월	
72	김중기金重器	1695년(숙종 21) 8월~1695년(숙종 21) 11월	
73	이기하李基夏	1695년(숙종 21) 11월~1696년(숙종 22) 7월	
74	정홍좌鄭弘佐	1696년(숙종 22) 7월~1697년(숙종 23) 9월	
75	이홍술李弘述	1697년(숙종 23) 9월~1699년(숙종 25) 7월	
76	민함閔涵	1699년(숙종 25) 7월~1701년(숙종 27) 5월	
77	유성추柳星樞	1701년(숙종 27) 5월~1702년(숙종 28) 3월	
78	원덕휘元德徽	1702년(숙종 28) 3월~1703년(숙종 29) 2월	
79	홍하명洪夏明	1703년(숙종 29) 2월~1704년(숙종 30) 4월	
80	이창조李昌肇	1704년(숙종 30) 4월~1705년(숙종 31) 8월	
81	이상전李尙詮	1705년(숙종 31) 8월~1706년(숙종 32) 4월	
82	남오성南五星	1706년(숙종 32) 4월~1707년(숙종 33) 10월	
83	오중주吳重周	1707년(숙종 33) 10월~1708년(숙종 34) 11월	
84	정홍좌鄭弘佐	1708년(숙종 34) 11월~1710년(숙종 36) 9월	중임
85	조이중趙爾重	1710년(숙종 36) 9월~1711년(숙종 37) 12월	
86	김중원金重元	1711년(숙종 37) 12월~1713년(숙종 39) 5월	

87	이우항李宇恒	1713년(숙종 39) 5월~1714년(숙종 40) 7월	
88	이석관李碩寬	1714년(숙종 40) 7월~1714년(숙종 40) 11월	병사
89	이택李澤	1714년(숙종 40) 11월~1716년(숙종 42) 윤3월	
90	윤각尹慤	1716년(숙종 42) 윤3월~1717년(숙종 43) 10월	
91	이상집李尙㬉	1717년(숙종 43) 10월~1718년(숙종 44) 4월	
92	오중주吳重周	1718년(숙종 44) 4월~1718년(숙종 44) 10월	중임
93	김중기金重器	1718년(숙종 44) 10월~1720년(숙종 46) 1월	중임
94	이수민李壽民	1720년(숙종 46) 1월~1722년(경종 2) 3월	
95	*이봉상李鳳祥	1722년(경종 2) 3월~1723년(경종 3) 3월	
96	신익하申翊夏	1723년(경종 3) 3월~1723년(경종 3) 4월	병사
97	남태징南泰徵	1723년(경종 3) 4월~1724년(경종 4) 4월	
98	윤오상尹五商	1724년(경종 4) 4월~1725년(영조 1) 4월	
99	이재항李載恒	1725년(영조 1) 6월~1726년(영조 2) 12월	
100	이복연李復淵	1726년(영조 2) 12월~1728년(영조 4) 2월	
101	김흡金潝	1728년(영조 4) 2월~1729년(영조 5) 12월	
102	이수량李遂良	1729년(영조 5) 12월~1731년(영조 7) 7월	
103	정수송鄭壽松	1731년(영조 7) 7월~1733년(영조 9) 4월	
104	박찬신朴纘新	1733년(영조 9) 4월~1733년(영조 9) 6월	잡혀감
105	김집金潗	1733년(영조 9) 6월~1736년(영조 12) 4월	
106	윤택정尹宅鼎	1736년(영조 12) 4월~1738년(영조 14) 3월	
107	구성익具聖益	1738년(영조 14) 3월~1739년(영조 15) 7월	
108	조경趙儆	1739년(영조 15) 7월~1741년(영조 17) 3월	
109	송징래宋徵來	1741년(영조 17) 3월~1743년(영조 19) 3월	
110	이우李玗	1743년(영조 19) 3월~1744년(영조 20) 3월	
111	이의풍李義豊	1744년(영조 20) 3월~1745년(영조 21) 12월	
112	*이언상李彦祥	1745년(영조 21) 12월~1747년(영조 23) 10월	
113	장태소張泰紹	1747년(영조 23) 10월~1749년(영조 25) 9월	
114	정찬술鄭纘述	1749년(영조 25) 9월~1751년(영조 27) 6월	
115	구선행具善行	1751년(영조 27) 6월~1753년(영조 29) 4월	
116	조동점趙東漸	1753년(영조 29) 4월~1754년(영조 30) 윤4월	
117	김윤金潤	1754년(영조 30) 윤4월~1755년(영조 31) 3월	
118	이장오李章吾	1755년(영조 31) 3월~1755년(영조 31) 7월	총융사 이배移拜
119	이경철李景喆	1755년(영조 31) 7월~1757년(영조 33) 11월	

120	오혁吳瑛	1757년(영조 33) 11월~1759년(영조 35) 12월	
121	이윤성李潤成	1759년(영조 35) 12월~1760년(영조 36) 8월	
122	*이태상李泰祥	1760년(영조 36) 8월~1762년(영조 38) 8월	
123	이은춘李殷春	1762년(영조 38) 8월~1763년(영조 39) 10월	
124	정여직鄭汝稷	1763년(영조 39) 10월~1765년(영조 41) 윤2월	
125	윤태연尹泰淵	1765년(영조 41) 윤2월~1766년(영조 42) 6월	
126	이주국李柱國	1766년(영조 42) 6월~1768년(영조 44) 5월	
127	*이한응李漢膺	1768년(영조 44) 5월~1769년(영조 45) 1월	
128	이국현李國賢	1769년(영조 45) 1월~1771년(영조 47) 1월	
129	장지항張志恒	1771년(영조 47) 1월~1771년(영조 47) 2월	
130	원중회元重會	1771년(영조 47) 2월~1772년(영조 48) 9월	
131	조제태趙濟泰	1772년(영조 48) 9월~1774년(영조 50) 7월	
132	구현겸具顯謙	1774년(영조 50) 7월~1775년(영조 51) 4월	
133	조완趙㟓	1775년(영조 51) 4월~1776년(정조 즉위) 6월	
134	이방수李邦綏	1776년(정조 즉위) 6월~1777년(정조 1) 5월	
135	이창운李昌運	1777년(정조 1) 5월~1778년(정조 2) 9월	
136	이경무李敬懋	1778년(정조 2) 9월~1779년(정조 3) 3월	
137	서유대徐有大	1779년(정조 3) 3월~1781년(정조 5) 4월	
138	구명겸具明謙	1781년(정조 5) 4월~1783년(정조 7) 2월	
139	*이한창李漢昌	1783년(정조 7) 2월~1785년(정조 9) 1월	
140	이방일李邦一	1785년(정조 9) 1월~1786년(정조 10) 1월	
141	김영수金永綬	1786년(정조 10) 1월~1786년(정조 10) 7월	병사
142	유진항柳鎭恒	1786년(정조 10) 7월~1787년(정조 11) 5월	
143	조심태趙心泰	1787년(정조 11) 5월~1788년(정조 12) 3월	
144	*이한풍李漢豊	1788년(정조 12) 3월~1789년(정조 13) 3월	
145	신응주申應周	1789년(정조 13) 3월~1791년(정조 15) 4월	
146	이윤경李潤慶	1791년(정조 15) 4월~1793년(정조 17) 6월	
147	신대현申大顯	1793년(정조 17) 6월~1794년(정조 18) 9월	
148	이득제李得濟	1794년(정조 18) 9월~1796년(정조 20) 12월	
149	윤득규尹得逵	1796년(정조 20) 12월~1798년(정조 22) 11월	
150	임율任嵂	1798년(정조 22) 11월~1800년(정조 24) 5월	
151	*이인수李仁秀	1800년(정조 24) 5월~1802년(순조 2) 3월	
152	이윤겸李潤謙	1802년(순조 2) 3월~1804년(순조 4) 6월	

153	유효원柳孝源	1804년(순조 4) 7월~1806년(순조 6) 5월	
154	이당李溏	1806년(순조 6) 5월~1807년(순조 7) 12월	
155	신대영申大英	1808년(순조 8) 1월~1810년(순조 10) 11월	
156	오재광吳載光	1810년(순조 10) 11월~1812년(순조 12) 12월	
157	조계趙啟	1812년(순조 12) 12월~1813년(순조 13) 1월	병사
158	서영보徐英輔	1813년(순조 13) 2월~1815년(순조 15) 7월	
159	신홍주申鴻周	1815년(순조 15) 7월~1817년(순조 17) 4월	
160	서춘보徐春輔	1817년(순조 17) 4월~1819년(순조 19) 5월	
161	오의상吳毅常	1819년(순조 19) 5월~1820년(순조 20) 6월	병사
162	신경申絅	1820년(순조 20) 6월~1821년(순조 21) 11월	
163	박기풍朴基豊	1821년(순조 21) 11월~1823년(순조 23) 8월	
164	조화석趙華錫	1823년(순조 23) 8월~1825년(순조 25) 3월	
165	이석구李石求	1825년(순조 25) 3월~1827년(순조 27) 3월	
166	*이유수李惟秀	1827년(순조 27) 3월~1829년(순조 29) 2월	
167	김영金煐	1829년(순조 29) 2월~1830년(순조 30) 4월	
168	*이항권李恒權	1830년(순조 30) 4월~1832년(순조 32) 3월	
169	유화원柳和源	1832년(순조 32) 3월~1833년(순조 33) 3월	
170	이완식李完植	1833년(순조 33) 3월~1835년(헌종 1) 3월	
171	임성고任聖皐	1835년(헌종 1) 3월~1837년(헌종 3) 3월	
172	이정회李鼎會	1837년(헌종 3) 3월~1839년(헌종 5) 2월	
173	*이승권李升權	1839년(헌종 5) 2월~1841년(헌종 7) 3월	
174	이응식李應植	1841년(헌종 7) 3월~1843년(헌종 9) 4월	
175	허계許棨	1843년(헌종 9) 4월~1845년(헌종 11) 2월	
176	백은진白殷鎭	1845년(헌종 11) 2월~1847년(헌종 13) 1월	
177	서상오徐相五	1847년(헌종 13) 1월~1848년(헌종 14) 1월	
178	김건金鍵	1848년(헌종 14) 1월~1849년(철종 즉위) 8월	
179	유기상柳基常	1849년(철종 즉위) 8월~1851년(철종 2) 8월	
180	이응서李膺緒	1851년(철종 2) 8월~1853년(철종 4) 8월	
181	이규철李圭徹	1853년(철종 4) 8월~1855년(철종 6) 4월	
182	김한철金翰喆	1855년(철종 6) 4월~1856년(철종 7) 8월	병사
183	이희경李熙絅	1856년(철종 7) 8월~1857년(철종 8) 3월	
184	유상정柳相鼎	1857년(철종 8) 3월~1858년(철종 9) 5월	
185	임태영任泰瑛	1858년(철종 9) 5월~1858년(철종 9) 12월	

186	심낙신沈樂臣	1859년(철종 10) 2월~1860년(철종 11) 8월	병사
187	이경순李景純	1860년(철종 11) 9월~1861년(철종 12) 2월	
188	신관호申觀浩	1861년(철종 12) 2월~1862년(철종 13) 12월	
189	정규응鄭圭應	1862년(철종 13) 12월~1864년(고종 1) 2월	
190	이봉주李鳳周	1864년(고종 1) 2월~1866년(고종 3) 2월	
191	김건金鍵	1866년(고종 3) 2월~1868년(고종 5) 4월	중임
192	이현직李顯稷	1868년(고종 5) 4월~1870년(고종 7) 2월	『승정원일기』 보완
193	정규응鄭圭應	1870년(고종 7) 3월~1871년(고종 8) 10월	중임, 병사
194	채동건蔡東健	1871년(고종 8) 12월~1874년(고종 11) 2월	
195	이주철李周喆	1874년(고종 11) 2월~1875년(고종 12) 3월	
196	권용섭權容燮	1875년(고종 12) 3월~1876년(고종 13) 3월	
197	이종승李鍾承	1876년(고종 13) 4월~1876년(고종 13) 10월	
198	신환申桓	1876년(고종 13) 12월~1877년(고종 14) 4월	
199	*이규석李奎奭	1877년(고종 14) 5월~1879년(고종 16) 2월	
200	정낙용鄭洛鎔	1879년(고종 16) 2월~1882년(고종 19) 8월	『승정원일기』 보완
201	정기원鄭岐源	1882년(고종 19) 8월~1882년(고종 19) 10월	
202	이원회李元會	1882년(고종 19) 12월~1885년(고종 22) 1월	
203	정운익鄭雲翼	1885년(고종 22) 2월~1886년(고종 23) 1월	
204	*이규안李奎顔	1886년(고종 23) 3월~1888년(고종 25) 2월	『승정원일기』 보완
205	민경호閔敬鎬	1888년(고종 25) 3월~1890년(고종 27) 3월	
206	정기택鄭騏澤	1890년(고종 27) 3월~1891년(고종 28) 12월	
207	민형식閔炯植	1892년(고종 29) 4월~1894년(고종 31) 3월	
208	민영옥閔泳玉	1894년(고종 31) 3월~1894년(고종 31) 9월	모친상 사직
209	홍남주洪南周	1894년(고종 31) 10월~1896년(건양 1) 5월	병사

가승 서문家乘序[126]

영의정領議政 이여李畬[127]

옛날 문무文武는 2개의 길로 나뉘지 않았었다. 중국의 하夏, 은殷, 주周 시대 이후 문文과 무武의 길이 비로소 나뉘었고, 덕행과 용기와 지략을 능히 겸하는 자가 드물게 되었다. 이로 말미암아 군사를 다룰 수 있는 자로 이러한 이름을 온전하게 지닌 선비를 얻기 힘들어졌다. 아! 세상에 참된 무인을 보지 못한 지 오래되었다. 충무 이 공과 같은 이가 장수가 된 것이 그에 가깝지 않겠는가.

옛날 선조 임금 때인 임진년에 섬 오랑캐가 들고일어나 우리 세 도성을 짓밟았으니, 거의 위태로워 나라가 없는 상태였다. 오직 충무공이 수군을 이끌고 바닷길을 막아 육지와 바다 모두로 진출하려는 세력을 막고 은연중에 바다의 장성 역할을 한 것에 의지하였으니, 적들이 감히 마음대로 날뛰지 못하였다.

대개 충무공은 수십 번의 크고 작은 싸움에서 적은 수로 많은 적을 무찔렀으며, 상황에 따라 대책을 세워 그의 앞에는 어떠한 억센 적도 없었으며 일찍이 패한 적이 없다. 이는 비록 옛날 명장이라 하더라도 뛰어넘을 수 없는 것이었다. 세상에서 병법을 이야기하는 자[128]는 진실로 공을 최고라고 칭하지 않을 수 없다.

---

126 가승 서문家乘序 : 이여李畬,『수곡선생집睡谷先生集』권10 서序,『이충무공가승李忠武公家乘』에도 실려 있다.

127 이여李畬 : 1645~1718. 자는 치보治甫, 호는 수곡睡谷·포음浦陰, 본관은 덕수德水. 한성漢城에서 살았다. 택당 이식李植의 손자이며, 송시열宋時烈의 문하생이다. 1680년(숙종 6)에 문과에 급제한 후 예문관검열藝文館檢閱, 홍문관정자弘文館正字, 승지承旨, 부제학 등을 지냈고, 1689년(숙종 15) 기사환국己巳換局으로 송시열과 함께 면직되었다. 1694년 형조참판, 이어서 대사간, 성균관대사성, 대제학, 대사헌, 홍문관제학, 예조참판, 한성부판윤, 경기감사, 이조판서, 1701년 의금부판사義禁府判事, 1703년 좌의정, 1710년 영의정에 올랐다. 시호는 문경文敬이다. 저서로는『수곡집睡谷集』이 있다.(『한국역대인물종합정보시스템』;『한국민족문화대백과사전』.)

『충무공가승』과 『충무록』.

    그런데 공은 실로 행실이 돈독한 군자이다. 그가 어머니를 섬길 때는 효성스럽게 하였고, 형제들과 우애가 있으며, 몸을 바르게 하여 아부하지 않았으며, 자신의 몸가짐을 지키는 것을 매우 엄격하게 하였으니, 그가 평소에 지닌 교양을 알 수 있다.

    그러니 나라가 오랫동안 쇠약해진 때를 당한 나머지 천하에 더할 수 없이 강한 왜구를 막아 내고, 나라를 위해 본인의 몸을 잊고서 죽음으로써 임무를 행하였다. 그의 위엄은 오랑캐들을 떨게 하였고, 이름은 중국에 알려졌으며, 그의 순전한 충성은 해와 달을 꿸 만하였으며, 큰 절개는 우주를 지탱할 만하였다. 본래 그가 세운 큰 공은 군사의 전략만으로 대강 말할 수 없는 것이다.

    아! 위대하다. 공은 어려서 독서를 하여 큰 뜻에 통하였으며, 글자나 따지는 것에는 급급해하지 않았다. 그리하여 지금 그가 남긴 편지와 시문으로 아직 한두 개 남아 있는 것들은 비분하고 한탄하며 격렬한 내용을 담아 충효와 지극한 정성에서 나오지 않은 것이 없으니, 또한 적을수록 더욱 귀하게 여기지 않을 수 있겠는가.

    공의 생애와 임금이 내린 포상과 비석에 새긴 글은 전후로 밝게 빛나서 국내에 거

---

128 병법을 이야기하는 자 : 원문은 "도검韜鈐"이다. 옛날 중국의 병서兵書 가운데 육도六韜와 옥검편玉鈐篇이 있었는데, 이를 합하여 일컫는 말이다. 전轉하여, 병법兵法 혹은 무武와 관련된 일을 가리킬 때 쓰인다.

의 가득 차 넘치고 있다. 공의 현손玄孫 전 신녕현감新寧縣監 이홍의李弘毅[129] 씨가 그의 부친의 뜻을 따라 자료를 모으고 책을 꾸몄고, 아울러 공이 남긴 약간의 시문과 다른 사람들이 공을 추모하며 읊은 것으로 증험할 수 있는 것을 편찬한 것들을 모아서 합하여 하나의 책으로 만들었다. 이를 '충무공가승忠武公家乘'[130]이라 하였으니, 공에 대한 내력을 모두 갖추게 되었다.

때마침 공의 5세손인 이봉상李鳳祥[131]이 호남 좌수영의 절도사가 되었는데, 이곳 좌수영은 실로 충무공이 공로를 떨친 곳이다. 장차 이를 간행하려 하여 나에게 서문序文을 요구하였으니, 공은 실로 나와 덕수德水를 본관으로 하는 같은 종파宗派이다. 내 할아버지 택당澤堂 이식李植[132] 공께서는 이미 공의 행위를 들어 시장諡狀을 지으셨고,[133] 나의 작은아버지 외재畏齋 이단하李端夏[134] 공께서 또 공의 시詩에 발문을 쓴 것이 모두 책에 실려 있다. 그러니 내가 이 일에 대하여 어찌 글을 잘 짓지 못한다고 하며 사양할 수 있겠는가. 또한 그 일을 받아들인 것은 우연이 아닌 것이 있는 것 같

---

129 이홍의李弘毅 : 1648~1735. 자는 치원致遠, 본관은 덕수德水. 충청남도 아산牙山에서 살았다. 충무공 이순신의 현손玄孫(4세손)으로, 충무공의 음덕으로 1667년(현종 8)에 제릉齊陵 참봉에 임명되었다. 이후 종묘서봉사宗廟署奉事, 사옹원직장司饔院直長, 와서별제瓦署別提를 거쳐 1675년(숙종 1)에 의금부도사義禁府都事가 되었다. 그러나 권세가에 아부하지 않아 이후 20년 동안 관직을 잃고 지냈다. 이후 장원서 별제掌苑署別提, 광흥창 주부廣興倉主簿, 신녕新寧·화순和順(부임하지 않음)·전의全義(부임하지 않음)·서흥瑞興 현감을 지냈다. 1727년(영조 3)에 나이 80세가 되자 가선대부嘉善大夫로 승진하고 덕원군德原君에 봉해졌다.[『三世家狀』(해군사관학교 박물관 소장);『이충무공전서』권1, 詩, 無題一聯, 附題 又宋時烈.]

130 『충무공가승忠武公家乘』: 이순신의 4세손인 이홍의李弘毅가 주도하여 편찬한 것으로, 그의 조카인 이봉상李鳳祥이 전라좌수사(1709년 1월~12월 재임)에 임명된 것을 계기로 1709년(숙종 35)에 처음으로 간행하였다. 이후 판부사 이이명李頤命의 발문跋文을 수록한『충무공가승』이 1712년(숙종 38)에 간행되었다. 그후 1715년(숙종 41)에 전라 좌수사로 부임한 이여옥李汝玉이 발문跋文을 붙여 1716년(숙종 42)에 간행하였다. [李畲,「家乘序」; 李頤命,「家乘跋」; 李汝玉,「家乘跋」;『승정원일기』;『호좌수영지』(1815);『충무공가승』(장서각 소장, 1712년판)/(규장각 소장, 1716년판); 윤정,「肅宗代『忠武公家乘』편찬의 경위와 정치적 함의―『李忠武公全書』의 원전에 대한 검토―」,『역사와 실학』제55집, 역사실학회, 2014.]

131 이봉상李鳳祥 : 권10의 주 175 참조. 이봉상은 1709년(숙종 35) 1월에 전라좌수사에 임명되어 12월까지 재임하였고, 통제사는 1722년(경종 2) 3월~1723년(경종 3) 3월에 재임하였다.

132 이식李植 : 권10의 주 73 참조.

133 『이충무공전서』권10에「시장」이 실려 있다. 그리고『택당선생별집澤堂先生別集』권10, 행장行狀 하, 통제사 증좌의정이공시장統制使贈左議政李公諡狀에 실려 있다.

다. 삼가 이 글을 써서 보내어 신녕공 이홍의 씨의 선조를 추모하는 정성을 이루게 하고, 또한 절도사 이봉상 군이 선조의 충렬에 욕됨이 없도록 격려하는 바이다.[135]

---

134 이단하李端夏 : 1625~1689. 자는 계주季周, 호는 외재畏齋, 본관은 덕수德水. 한성漢城에서 살았다. 택당 이식李植의 아들로서 송시열의 문하생이 되었다. 1662년(현종 3) 문과에 합격한 후 이조정랑, 동부승지, 이조참의 등을 거쳐 1674년 대사성으로 대제학을 겸임하였다. 이어 숙종이 즉위한 뒤, 서인으로서 제2차 복상 문제로 파직되어 이듬해 삭직당했다가 1680년(숙종 6) 경신대출척으로 풀려났다. 이듬해 홍문관제학이 되어 『현종개수실록』 편찬에 참여했다. 1682년 대사헌, 1684년 예조판서, 1686년 우의정, 이듬해 좌의정에 올랐으나 병으로 사직하였다. 저서로는 문집인 『외재집』과 편서로 『북관지北關誌』가 있다. 시호는 문충文忠이다. (「한국역대인물종합정보시스템」; 『한국민족문화대백과사전』.)

135 『충무공가승忠武公家乘』 이여李畬의 서문 끝에는 행을 바꿔 "崇禎 紀元後 八十二年 己丑 秋 判中樞府事 李畬 謹序(숭정 기원후 팔십이년 기축 추 판중추부사 이여 근서)", 다시 행을 바꿔 "節度君 初在湖南左水營 欲營刊役 旋以病遞 後六年 受任咸鏡南閫 始克芝梓 而序文則仍舊不改(절도군 초재호남좌수영 욕영간역 선이병체 후육년 수임함경남곤 시극지재 이서문칙잉구불개)"가 더 적혀 있다. 풀이하면, "기축己丑(1709년, 숙종 35) 가을에 판중추부사 이여가 삼가 서문을 썼다". "절도군(이봉상)이 처음 전라좌수영에 있었을 때 본영에서 발간하고자 했으나 병으로 체직되어 미루었다. 6년 뒤에 함경도 남병사의 직임을 받아 비로소 향기로운 판각을 완성하였는데, 서문은 옛것 그대로 두고 고치지 않았다."이다.

가승 발문 (1)家乘跋 一

판부사判府事 이이명李頤命[136]

나는 일찍이 남쪽 변방으로 쫓겨나 귀양을 간 적이 있다.[137] 노량露梁을 건너다가 공이 싸운 곳을 바라보았는데, 때마침 해가 저물고 바람과 우레가 일어나 바다의 파도를 몰아치고 있었다. 나는 공이 밤에 장렬하게 싸우던 일을 생각하여 보았다. 나는 죄인이어서 감히 공의 사당에 참배하여 제물을 올리고 글을 지어 조문하지 못하고, 홀로 마음속으로 말하기를, "이 싸움에서 수길[豊臣秀吉]이 죽은 지 얼마 되지 않아, 여러 적은 철수하여 돌아갈 것을 생각하였다. 공이 모든 싸움에 보여 준 위엄으로 남은 적들을 썩은 가지를 꺾듯이 쉽사리 소탕할 수 있었는데, 어찌하여 사방을 두루 막고 스스로 아끼지 않아서, 끝내 몸을 바치기에 이르렀는가. 세상에서 공은 자신이 공을 이루고 나면 몸이 위태로울 것을 생각하고, 화살과 탄환이 날아오는데도 피하지 않았다고 말한다. 아! 과연 그러할까?"라고 하였다.

지금 공의 조카인 이분李芬이 지은 행록行錄을 보았더니, 공의 말과 행한 일을 아주 자세히 기록하였다. 그러나 다만 공이 싸움에 나아가면서 하늘에 축원하고 죽기를 맹세하였으며, 조금도 얼굴빛과 말에 그러한 기미가 없었다고 하였다. 이는 또한 알 수 없는 일이다.

대개 공이 7년 동안의 해전에서 홀로 특별한 공로가 많았다. 화의가 진행되자 명나라 장수들이 그를 저지하였고, 원균이 참소하여 조정의 논의가 그를 배척하였

---

136 이이명李頤命 : 권11의 주 88 참조.
137 이이명李頤命은 1689년(숙종 15) 6월에 영해寧海로 귀양 갔다가, 1692년(숙종 18) 6월에 남해南海로 귀양지를 옮겨서, 1694년(숙종 20) 4월까지 그곳에서 귀양을 살았다.(『숙종실록』권21, 숙종 15년 6월 21일 병술; 권24, 숙종 18년 6월 4일 임오; 권26, 숙종 20년 4월 24일 신묘.)

다. 전공을 마음대로 세울 수 없는 것이 많았으며, 자신의 몸이 형틀에서 거의 죽기에 이르기도 하였다. 이에 비록 어리석은 사람도 또한 면하지 못할 것임을 알았을 것이다. 가려져 알지 못하면서 화를 당하는 것보다 차라리 명백하게 충절을 세우는 것만 못한 것이다. 더군다나 이들 적들이 물러가게 되면 또한 죽을 만한 곳이 없었다. 공의 명석함으로 살펴본다면, 일찍 스스로 자신의 자리를 살펴서 정하였어도 비록 아들이나 조카라 하더라도 또한 깨닫지 못하였을 것이다. 공이 죽어서 국가에 보답한 것은 진실로 평생 동안 쌓은 것으로, 죽고 삶 그리고 화禍와 복은 이미 하늘에 맡겼다. 이는 나라가 망하면 함께 망하고, 나라가 살게 되면 함께 살려고 한 것이다. 어찌 차마 스스로 죽어서 영원히 나라를 다시 회복하려는 뜻을 저버리려 했겠는가.

국왕[선조宣祖]이 서쪽으로 피란 갔을 때, 공은 임금이 이미 중국으로 넘어갈 계획이 있음을 듣고서, 잘 도정된 쌀 500석을 항시 따로 비축하였다. 어떤 사람이 혹시 어디에 쓸 것인지 물었더니, "국왕이 의주를 넘어가게 되면, 나는 마땅히 이 쌀을 실어서 바다로 가서 임금의 수레를 맞이하고 회복하기를 도모하려 하며, 그럴 수 없다면 임금과 신하는 우리나라 안에서 함께 죽어야 옳다."라고 하였다.

당시의 장수와 여러 재상들은 험악한 길을 가면서 임금이 탄 수레의 고삐를 잡고 따라다니며, 단지 타지에 피란하는 세월에 절개 다 하기를 스스로 맹세하였으나, 나라를 다시 일으키는 것을 자신의 임무로 삼은 자는 드물었다. 공이 홀로 스스로 기약한 것은 이와 같이 중대한 것이었는데, 그가 스스로 죽음을 가볍게 여겼겠는가.

대개 세상이 어지러울 때는 하늘이 난을 그치도록 하는 인물을 반드시 내어서, 혹 그가 공훈을 이루게 되면 그 영화를 누리고, 그 몸이 죽었으면 그 의로움을 드러낸다. 풍신수길이 죽고 공도 또한 죽은 것은 하늘의 뜻이지 공의 뜻은 아니었다.

공의 현손인 이홍의李弘毅 등 여러 사람이 『가승家乘』을 보여 주면서 나에게 한마디 말을 해 줄 것을 청하였다. 이에 노량露梁에서 배를 탔을 때 마음에서 느꼈던 것을 책 끝에 써서 공의 죽음에 조의를 표하지 못했던 한을 갚으려 한다.[138]

〈참고 5〉 충무공 이순신의 죽음에 대한 견해

노산 이은상의 『완역 이충무공전서』에는 충무공의 죽음에 대해 두 가지 견해에 대한 언급이 있다. 하나는 스스로 죽음을 취한 것이라고 보는 '자살설'이고, 다른 한 가지는 그렇지 않다는 '전사설'이다.

그는 자살설에 대해 세 가지로 나누어 설명하고 있다. 첫째 충무공이 7년간 수십 회의 전투에서 모두 승리하는 신기한 전략 전술이 있었는데, 마지막에 적탄을 맞았다는 것은 의아스럽지 않을 수 없다. 둘째 '면주선등免胄先登'에서 동짓달 새벽에 왜 갑주를 벗고 앞장섰는가에 대한 의심이다. 셋째 만약 큰 공을 세우고 죽지 않았더라도 국왕이나 조정에 의해 살 수 없음을 알고 죽음을 스스로 택했다는 것이다.

서하西河 이민서李敏敍는 김덕령金德齡 장군의 전기에서 "장군(김덕령)이 죽고부터 여러 장수가 모두 저마다 스스로 제 몸을 보전하지 못할까 의심했던 것이니, 저 곽재우郭再祐는 마침내 군사를 해산하고 숨어서 벽곡辟穀하며 화를 피했고, 이순신李舜臣도 바야흐로 전쟁 중에 갑주를 벗고 스스로 탄환에 맞아 죽었다."라고 기록하였다.

다음으로 '전사설'이다. 첫째 충무공은 생사화복을 천명에 맡기고 살았는데, 뒷일을 미리 걱정하여 자기 목숨을 함부로 내던질 수가 있었겠냐는 것, 둘째 국가에 대한 절대적인 충성을 보인 그가 경솔하게 목숨을 내던졌다고 볼 수 없다는 것, 셋째 위의 「가승발」 필자인 소재疎齋 이이명李頤命은 충무공이 자살한 것이 아니라는 자기의 견해를 확실히 밝혔다.

말미에 그는 이순신이 스스로 죽었을 리가 없다는 의견, 의문이 남지만 위대한 성웅의 죽음을 불문에 부치는 것이 좋겠다는 자신의 견해, 그리고 「가승발」의 이이명이 옳게 정리했다고 결론지었다.(李殷相 譯, 『完譯 李忠武公全書(下)』, 成文閣, 1989, 166~167쪽.)

---

138 『충무공가승忠武公家乘』 이이명李頤命의 가승발家乘跋 끝에는 '歲 萬曆 壬辰後 再壬辰 季春 大匡輔國 崇祿大夫 行判中樞府事 完山 李頤命跋'(세 만력 임진후 재임진 계춘 대광보국 숭록대부 행판중추부사 완산 이이명발)이 더 적혀 있다. 풀이하면, '만력 임진(1592) 후 두 번째 임진(1712) 3월에 행판중추부사 이이명이 발문을 쓰다.'이다.

부연하자면, 자살설에서 언급한 '면주선등'에서 면주는 '갑옷을 벗은 것'이 아니라 '투구를 벗은 것'으로 이는 '전장에서 장수가 목숨을 바칠 각오로 전투에 임한다'는 의미의 관용적인 표현이라는 점이 밝혀졌고, 서하 이민서의 글은 당대부터 논란이 되었을 뿐 아니라 이이명과 같은 전혀 다른 의견이 있을 정도로 자살설의 근거로 보기에는 부족하다.

충무공 이순신은 『난중일기』 마지막 부분에 보이는 대로 이유 없이 우리나라에 침입해서 국가와 백성에게 큰 피해를 준 일본군을 고이 돌려보낼 수 없었기 때문에, 마지막까지 목숨을 건 복수전을 수행하였다. 최후의 노량 해전이 가장 큰 규모이자 가장 격렬한 전투로 진행되는 과정에서, 이순신이 적의 유탄을 맞고 전사한 것이 분명한 역사적 사실이다.

가승 발문 (2)家乘跋 二

절도사節度使 이여옥李汝玉[139]

이여옥李汝玉은 평소에 또한 충무공의 순전한 충성과 바른 공적을 공경하고 사모할 줄 알아서, 공의 업적을 이야기할 때마다 양팔을 휘두르고 눈을 부릅떴다가 이어서 눈물을 흘리지 않을 때가 없었다. 이에 지금 공이 능력을 발휘하여 공적을 쌓은 곳으로 부임하여 와서 직접 공이 싸워서 적을 크게 무찌른 유적을 보았다. 그런즉 넓디넓은 바다에 큰 파도가 일어나는데 높다란[140] 거북선들은 공의 용병술과 지혜를 쓰던 모습들을 개략적으로 말해 주고 있었다.

아! 저 산에 있는 풀과 나무 및 바다에 있는 물고기와 용龍은 아직도 공의 충성을 알고 공의 의기에 감격하지 않겠는가. '바다에 비치는 가을 달빛'[141]은 더욱 공의 어둡지 않은 혼령을 생각하게 한다. 그러니 내가 공이 남기신 시편을 외웠더니, 남아 있는 향기를 느끼면서 감격하여 감흥이 일어나는 것이 지난 번에 비해 또한 3배 4배나 되었다. 대개 눈으로 보는 것에 생각이 따랐기에 그렇게 된 것이다.

여기에 공의 『가승家乘』을 간행한 것이 있으니, 공의 5세손 병사 이봉상李鳳祥

---

139 이여옥李汝玉 : 본관은 한산韓山. 한성漢城에서 살았다. 부친은 이교李穚이고, 부모의 거주지는 충청남도 서산瑞山이다. 무과에 합격한 후, 1686년(숙종 12)에 선전관에 임명되어 가리포첨사加里浦僉使, 용천부사龍川府使, 김해부사 등을 역임하였다. 1715년(숙종 41) 3월 전라좌수사에 임명되어 4월에 부임한 후, 1717년(숙종 43) 3월까지 재직하였다. 이후 경상좌병사, 황해수사, 경기수사, 부호군副護軍 등을 역임하였다. 1724년(경종 4)에 나이 80세가 가까웠는데, 황해병사로 있던 아들 이기복李基福이 죽었다. 1727년(영조 3) 행부호군에서 파직되었다.[『승정원일기』;『萬家譜』4책 32면, 韓山李氏(한국학자료센터 소장);『호좌수영지』(1815);「한국역대인물종합정보시스템」.]

140 높다란 : 원문의 "백척百尺"은 백척간두百尺竿頭의 '百尺'과 같은 뜻으로, 높다는 의미이다.

141 바다에 …… 달빛 : 이 표현은 충무공 이순신의 시 "水國秋光暮 驚寒鴈陣高 憂心輾轉夜 殘月照弓刀"의 구절에서 엿보인다. (『충무공전서』권1, 시詩 한산도야음閑山島夜吟.)

씨¹⁴²가 일찍이 전라좌수영의 절도사였을 때에 간행한 것이다. 일전에 병사공이 함경도 남병영에 있을 때 나에게 편지를 보내서 이야기하기를, "우리 선조의 가승家乘에 실린 것에 빠진 것과 간략한 것이 많습니다. 그래서 근래에 다시 그것을 완비하였고, 이곳에서 다시 목판으로 새기고, 초본初本은 버리려 합니다."라고 하였다.

내가 가만히 생각해 보니, 이곳은 참으로 공께서 처음부터 끝까지 활동하신 곳이었다. 영령을 모신 건물과 대첩비와 타루비가 모두 이곳에 있으며, 뒷사람들이 영원히 우러러 공경하는 곳이 되었다. 홀로 이 책의 간행을 이곳이 아닌 다른 곳에서 한다는 것은 흠이 되는 일이 아니겠는가.

마침내 병사공에게 남병영에서 간행한 1건을 청하여 얻어서 중간重刊하고서 충민사忠愍祠에 보관하게 되었다. 조금이라도 나의 경모하는 정성이 펼쳐지기를 바라며, 운에 따라 글을 짓는 것이 힘들고 말도 변변치 못함에도 감히 여러 군자들의 서문과 발문이 있는 곳에 군더더기를 붙였으니, 또한 분에 넘칠 뿐이다.¹⁴³

---

142 원문의 "봉상보鳳祥甫"는 '봉상 씨' 혹은 '봉상 군'이라는 뜻이다. '보甫'는 나이가 서로 비슷한 벗 사이나 아랫사람을 부를 때 성姓 또는 이름 다음에 붙여 쓰던 말이다.(『표준국어대사전』.) 이봉상李鳳祥(1676~1728)은 이여옥李汝玉보다 나이가 20여 세 아래였다.

143 『충무공가승忠武公家乘』의 이여옥 발문 끝에는 '歲 丙申 至月 初吉 湖南左水使 李汝玉 謹識'(세 병신 지월 초길 호남좌수사 이여옥 근지)가 더 적혀 있다. 풀이하면, "병신丙申(1716년) 11월 초1일, 전라좌수사 이여옥 삼가 기록하다."이다.

장계 초본 발문狀啓草本跋

후손 통제사統制使 이태상李泰祥[144]

임진년[선조 25, 1592]에 섬 오랑캐들이 날뛰어서 우리 선조가 전쟁에서 크게 이긴 공로와 은혜를 갚으려 힘을 다한 충성은 우주까지 미쳤고, 해와 달에서 빛나며, 시간이 흘러서 지난 일이 거의 170여 년이 되었다.

이제 못나고 어리석은 내가 외람되게도 큰 은혜를 입어 선조의 옛 자리에 부임하여 와서 보니, 바다와 산에 맹세한 곳이었으며, 적병을 모두 죽이고 창을 잡고 시를 읊으시던 곳으로, 완연히 옛날 그대로 있었던 것과 같아서 곱절이나 서글픈 마음이었다.

하물며 그날 크게 승리를 거두었음을 보고하던 계본啓本이 전래되던 묵은 장부들 속에 방치된 지 오래였다. 그것들이 영원히 사라지게 될 것을 염려하여 추려 내어서 다시 베껴서 책 상자에 보관하여 진기한 보물을 다루듯 할 것이다.

〈참고 6〉 이태상이 발췌한 장계 초본에 대하여

이순신의 장계로서 현재까지 그 초본이 전해오는 것은 ①『충민공계초忠愍公啓草』(국립해양박물관 소장), ②『임진장초壬辰狀草』(현충사 소장), ③『충무공유사忠武公遺事』(규장각 소장), ④『요람要覽』(국립해양박물관 소장), ⑤『이충무공전서李忠武公全書』, ⑥『충무공계초忠武公啓草』(해군사관학교 박물관 소장), ⑦『충무이

---

144 이태상李泰祥: 권11의 주 123 참조.

공순신임진왜변장계忠武李公舜臣壬辰倭變狀啓』(성균관대학교 존경각) 등이 알려져 있다. 이들 초본 가운데 이태상李泰祥이 발췌하였을 가능성이 있는 것은 ①번과 ②번이다.

① 『충민공계초』는 1662년(현종 3)에 편찬되었다. 위 발문에 의하면, 이태상이 통제사에 부임하자마자 통제영 장부 더미 속에 오랫동안 방치되어 있던 충무공 이순신의 장계 초본들을 추려 내어 베꼈다고 했다. 그런데 이태상이 통제사로 재임한 것은 1760년(영조 36) 8월에서 1762년(영조 38) 8월까지이다. 그러므로 『충민공계초』는 시기적으로 이태상이 베꼈던 초본이 아님을 알 수 있다.

② 『임진장초』는 작성 시기가 『충민공계초』(1662)보다는 늦고, 『이충무공전서』(1795)보다는 빨랐을 것으로 추정된다. 그러므로 통제사 이태상이 베꼈을 가능성은 있다. 그러나 『임진장초』에는 '삼도수군통제사인'이 아닌 '전라좌도 수군절도사인'이 찍혀 있는 것이 걸림돌이 된다. 이 때문에 통제사 이태상이 작성한 것으로 보기 어려운 점이 있다.

이러한 점 등으로 미루어 살펴보건대, 이태상이 발췌한 『장계초본』은 아직 발견되지 않았을 가능성도 있다.

사원록祠院錄

참의參議 윤행임尹行恁[145]

임자년[정조 16, 1792]에 규장각이 임금의 분부를 받들었는데, 왕께서 이르기를 "충무공 이순신은 그의 큰 공훈이 금석金石처럼 모범이 되었고, 그의 명성은 천하에 빛나고 있다. 평시에 그가 지은 시문과 그 외에 여러 사람이 기술한 것이 많다. 이러한 것들을 아직 모아 놓은 책이 없으니, 크게 흠이 되는 일이다. 너爾는 그것들을 모아서 책을 만들고,『이충무공전서李忠武公全書』라고 하도록 하라."고 하셨다.

저臣 윤행임尹行恁은 명을 받들고 황송하고 두려웠다. 삼가『가승家乘』에다 공사公私의 문헌을 붙여서 15권[권수 포함]으로 편집하였다. 삼가 생각하건대, 충무공은 이미 큰 공로를 세우고 절의에 순국하였기에 무릇 전쟁하던 곳, 태어나고 자란 고향에서 제사를 지내지 않는 곳이 없으므로, 그의 깃발이 머문 곳은 초목도 오히려 사랑스러운데, 하물며 그의 영혼이 깃든 사원祠院이겠는가.『주자대전朱子大全』의 부록에 실린 예에 따라서, 이에 사원록祠院錄을 작성한다.

---

145 윤행임尹行恁 : 1762~1801. 초명은 윤행임尹行任이다. 자는 성보聖甫, 호는 석재碩齋·방시한재方是閒齋·시천당蓍泉堂·유여관留餘觀·불기헌弗欺軒, 본관은 남원南原. 한성漢城에서 살았다. 1782년(정조 6) 별시문과에 급제한 후, 검열과 주서를 거쳐, 초계문신抄啓文臣으로 선발되어 규장각 대교에 임명되었다. 1783년 정조로부터 '석재碩齋'라는 호를 받고, 왕명으로 1795년 간행된「이충무공전서李忠武公全書」를 편찬하는 데 참여하였다. 시파時派로서 1788년 벽파僻派의 탄핵으로 성환에 유배되었다. 이후 규장각직각, 대사간을 거쳐, 비변사부제조, 이조참의에 임명되었으나, 벽파의 공격으로 제학 정민시鄭民始와 함께 고양으로 유배되었다. 1794년 유배에서 풀려나와 서유방徐有防·이시수李時秀 등과 함께 정리사整理使가 되었다. 1800년(순조 즉위년) 도승지, 이조참판, 홍문관제학, 양관 대제학을 겸하였다. 이해에 수렴청정을 하던 정순왕후貞純王后의 천주교 탄압으로 강진현 신지도薪智島에 유배되었으나, 풀려나와 예조판서와 전라도 관찰사를 역임하였다. 전라도 관찰사로 재직할 때 서학을 신봉했다고 탄핵을 받아 신지도에 안치되었다가, 1801년(순조 1)에 참형을 당하였다. [『승정원일기』;『역대서화가사전』(인터넷);『한국역대인물종합정보시스템』;『한국민족문화대백과사전』.]

충민사忠愍祠[146]

호남 순천부 수군절도사영에서 동쪽 5리 떨어져 있는 마래산馬來山 아래에 있다. 처음에 본영의 교리校吏였던 박대복朴大福[147]은 공을 따라다닌 것이 7년으로, 왜란이 평정된 후 공의 충절에 감격하여 몇 칸짜리 사당집祠屋을 지었다. 선조 신축년[선조 34, 1601][148]에 오성부원군 이항복李恒福은 군대를 시찰하기 위해 남쪽으로 내려와 여러 장수들과 사당을 세울 것을 의논하였고, 통제사 이시언李時言[149]이 그 일을 맡아서 이미 건물이 준공되었다. 우부승지 김상용金尙容[151]이 액자를 내려줄 것을 청하였으며, 국왕이 허락하였다. 또한 평안도의 을지문덕乙支文德과 경상도의 김유신金庾信과 함경도의 윤관尹瓘의 여러 사당의 예를 살펴서 토지를 내려주었다.

붙임 : 배향하여 같이 모신配食 여러 분

전라우도 수군절도사 이억기李億祺[151] 공은 임진壬辰[선조 25, 1592년]의 싸움에서

---

146 충민사忠愍祠 : 전라남도 여수시 충민사길 52-23(덕충동 1829번지)에 있으며, 사적 제381호로 지정되었다. 1600년(선조 33)에 영의정 이항복이 왕명을 받아 건립을 추진하고, 통제사 이시언李時言이 건립을 지휘하였다. 이순신과 관련한 최초의 사당이며, 선조宣祖가 직접 사액賜額하였다. 현재 사당에 위패를 모신 분은 충무공 이순신 외에 의민공毅愍公 이억기李億祺, 충현공忠顯公 안홍국安弘國, 충민공忠愍公 이봉상李鳳祥이다. 1919년 일제에 의해 강제 철거된 후, 1947년 지역 주민들에 의해 복원되었다.(김대현, 「여수 충민사의 건립경위 및 연대에 관한 재고찰」, 『이순신연구논총』, 순천향대학교 이순신연구소, 2014, 208~212쪽; 尹晶, 「17세기 李舜臣 사적 정비와 宣祖代 역사의 재인식」, 『震檀學報』 제125호, 진단학회, 2015, 65쪽; 순천대학교 박물관, 『全羅左水營의 역사와 문화』, 1993, 196쪽; 여수시, 『여수시 문화재도록』, 2001, 26쪽.)

147 박대복朴大福 : 박승복朴承福이라 불렸으며, 자는 선부善夫, 호는 호암浩菴, 본관은 밀양密陽이다. 1588년(선조 21)에 무과에 급제하여 선전관, 주부가 되고, 임진왜란 때는 좌수사 이순신의 막하에서 활약하였다. [『影印 李忠武公全書』(影印本) 권16, 부록(成文閣版) 436쪽 참조].

148 원문 "선묘조 신축宣廟朝 辛丑"에서 신축은 경자庚子(1600)가 옳다.

149 이시언李時言은 1599년(선조 32, 기해) 정월부터 1601년(선조 34, 신축) 5월까지 충무공을 이어 통제사에 임명되었다. 광해군 때는 평안병사, 훈련대장이 되었고, 대후금 변정對後金邊政에 크게 기여하였다. 1624년(인조 2) 이괄李适이 반란을 일으키자 연좌되어 전 영의정 기자헌奇自獻을 비롯한 35명과 함께 참수斬首되었다.[『한국민족문화대백과사전』(인터넷); 李殷相 譯, 『完譯 李忠武公全書(下)』, 成文閣, 1989, 156쪽.]

150 김상용金尙容 : 권10의 주 95 참조.

151 이억기李億祺 : 권9의 주 94 참조.

충무공과 함께 당항포唐項浦에서 왜적을 격파하고 배 30여 척을 불태웠으며, 또 한산도閑山島에서 싸워서 크게 그들을 무찔렀다. 을미乙未[선조 28, 1595년]¹⁵²에 충무공이 참소를 당하여 관직에서 떠나고, 원균元均이 대신하면서 그가[충무공] 정한 규칙約束을 모두 바꿨으며, 사납고 고약하여 자기 생각만을 고집하다가 적에게 패하여 달아나다 죽었다. 이억기 공은 이에 힘써 싸우다 죽었다. 이항복 공은 장계를 올려 그를 배향할 것을 청하였고, 국왕이 허락하였다.

보성군수 안홍국安弘國¹⁵³ 공은 1597년에 해군을 이끌고 원균의 진으로 가서 중군장이 되었으며, 원균이 패하게 되자 그도 안골포安骨浦에서 죽었다. 숙종 정사년[숙종 3, 1677년]에 호남 유생湖南儒生 박성고朴聲古가 추가로 배향하기를 상소하였고, 국왕이 허락하였다.

> **〈참고 7〉 충민사忠愍祠와 옥형玉洞**
>
> 충민사에 중 옥형의 일화가 있다. 그는 본래 충무공 이순신의 배에 타고 같이 전쟁을 하던 이로 언제나 공의 곁을 떠나지 않았는데, 공이 전몰한 뒤에 공의 인격과 정의를 잊을 수 없어 충민사 사당 곁에 조그마한 암자를 짓고 거기서 늘 지키고 있으면서 언제나 제사를 지냈다.
> 그렇게 치성하기를 나이 80세가 넘도록 하였는데, 매번 해상에 무슨 변고가 있을 때면 반드시 옥형의 꿈에 공이 나타나므로 옥형은 더욱더 "공의 나라 위한 충혼이 죽어도 이 같으니라."고 예찬하며 죽는 날까지 숭배하였다 한다.(『승평지昇平志』; 李殷相 譯, 『完譯 李忠武公全書(下)』, 成文閣, 1989, 170쪽.)

---

152 원문에는 '乙未'로 되어 있으나, '丁酉'의 잘못이다. '정유'는 1597년(선조 30)이다.
153 안홍국安弘國 : 1555~1597. 자字는 신경藎卿이며, 본관은 순흥順興이다. 1583년(선조 16) 무과에 급제한 후, 1592년 왕을 모시고 의주까지 따라갔다. 이해 3도수군통제사 이순신李舜臣의 휘하에서 전공을 세웠다. 1597년 보성군수를 거쳐 3도수군통제사 원균元均의 휘하의 중군中軍을 지내고 정유재란 시에 군선 30여 척을 이끌고 안골포安骨浦 해전에서 승리하고, 가덕도 해전에서 전사했다. 순천의 충민사忠愍祠, 보성의 정충사旌忠祠에 제향되었다. 시호는 충현忠顯이다.(『한국민족문화대백과사전』.)

충무사忠武祠

호남湖南 해남현 남쪽 5리 떨어진 곳에 있는 용정리龍井里에 있다. 효종조 임진壬辰 [효종 3, 1652년]에 호남 유생들의 건의로 사당을 세웠다.

붙임. 배향하여 같이 모신配食 여러분

통제사 유형柳珩[154] 공은 창의사 김천일金千鎰을 따라서 의병을 일으켜 왜적을 토벌하였다. 을미乙未[선조 28, 1595년]에 해남현감에 임명되었으며, 충무공을 도와 명량鳴梁[155]에서 크게 승리를 거두었다. 사당을 세우게 되자 나란히 함께 제사를 지냈다.

영유현령永柔縣令 이유길李有吉[156] 공은 임진왜란[157] 때에 명량에서 공을 세웠다. 무오戊午[광해군 10, 1618년]에 영유현령에 임명되었다. 이해에 명나라가 건주建州를 치는 것을 내세워 구원병을 청하였다. 강홍립姜弘立은 원수가 되었고, 선천군수宣川郡守 김응하金應河는 우영장右營將이 되었으며, 이유길 공은 좌영장左營將이 되었다. 이유길 공은 김응하 공과 함께 죽기를 맹세하고 분전하며 몸을 돌보지 않았다. 유정劉綎과 교일기喬一奇를 따라 멀리 외진 지역까지 깊이 들어가서 부차령富車嶺[158]에 이르렀는데, 명나라 군대가 패하고, 강홍립은 투항하였다. 그러나 이유길 공은 홀로 김응하 공과 함께 나무에 의지하여 적을 향해 활을 쏘았으나 화살이 다하여 사망하였다. 이에 이르러 배향하였다.

---

154 유형柳珩 : 권9의 주 183 참조.

155 명량鳴梁 : 노량露梁의 착오이다. 유형은 『난중일기』 정유년(1597) 10월 16일부터 등장한다.

156 이유길李有吉 : 자는 유지有之, 본관은 연안延安으로, 청련靑蓮 이후백李後白의 손자이다. 임진년(1592)에 부친이 서울 집에서 왜적에게 피살되자 복수할 뜻을 굳히고, 통제사 이순신 막하로 가서 명량해전에 참전하여 공을 세우니 나이 17세였다. 제주판관을 거쳐 1618년(광해군 10)에 영유현령永柔縣令에 부임하자, 강홍립姜弘立 원수의 중군中軍이 되어 만주에 원정하였다. 1619년 심하전역深河戰役에서 분전하다 죽게 되자, 저고리에 피로 '三月四日死' 다섯 글자를 써서 말의 머리털에 달아 보내고 죽었다. 그 말이 홀로 3일 만에 집으로 돌아와 길게 울고 나서 죽었다. 1681년(숙종 7)에 이조참판, 1829년(순조 29)에 영의정에 추증하고, 충의忠毅라 시호하였다.[『湖南節義錄』; 「龍井祠事跡碑」(해남읍 용정리 용정사 소재); 해군사관학교 박물관, 『忠武公李舜臣遺跡圖鑑』, 1992;『조선왕조실록』.]

157 임진왜란 : 원문의 "임진壬辰"은 정확하게는 정유丁酉가 옳은 표현이다.

158 부차령富車嶺 : 요동 심하深河에 있다. 심하는 명나라와 후금의 접경 허투알라 근처의 강이다.

이계년李桂年[159] 공은 1592년에 상을 당하였어도 일어나 의병을 모집하고 충성을 권하고 격려하여 장사 수백 명을 얻어서 '웅의병熊義兵'이라고 불렀다. 그는 진주로 가서 창의사 김천일金千鎰을 만나서 함께 성을 지킬 것을 계획하였다. 그러나 성이 함락되자 여러 장수들과 촉석루矗石樓에 올라서 강을 내려다보면서 탄식하여 말하기를, "하늘이시여, 땅이시여, 힘을 다하였으니, 우리는 죽습니다."라고 하였다. 김천일 공과 함께 여러 사람들은 서로 붙들고 통곡을 하면서 북쪽으로 향하여 4번 절을 하고서는 강에 몸을 던져 죽었다. 이에 이르러 배향하게 되었다.

〈참고 8〉 충무사忠武祠에 대하여

전라남도 해남현 용정리에 있었던 충무사忠武祠는 지금은 그 명칭이 사라졌다. 같은 위치인 해남군 해남읍 용정길 14(용정리 602)에 지금은 해남군향토문화유산 제16호로 지정된 '해남 용정사海南龍井祠' 일명 오충사五忠祠가 있다. 사당이 처음 건립된 1652년(효종 3, 임진)에는 충무공 이순신만을 배향하고 '충무사'라 불렀다. 그 후 1770년(영조 46)에 충경공忠景公 유형柳珩을, 1796년(정조 20)에 의민공毅愍公 이억기李億祺를 추가로 배향하면서 사당 이름을 '민충사愍忠祠'로 고쳤다. 그리고 1829년(순조 29)에 충의공忠毅公 이유길李有吉과 참의공參議公 이계년李桂年을 추가로 배향하면서 '오충사五忠祠'로 이름을 고치고, 광복光復 후에는 용정사龍井寺로 개칭하였다.[본서 권11, 祠院錄「忠武祠」. ;「龍井祠事蹟碑」(해남읍 용정리 용정사 소재). ; 해군사관학교 박물관, 『忠武公李舜臣遺跡圖鑑』, 1992.]

---

[159] 이계년李桂年 : 1541~1593. 자는 수경壽卿, 본관은 청주淸州. 전라남도 해남海南에서 살았다. 1573년(선조 6)에 무과에 급제한 후 남원판관南原判官, 도총부도사都摠府都事 등을 거쳐 어모장군禦侮將軍에 올라 훈련원첨정訓鍊院僉正을 지냈다. 모친상 중에 임란왜란을 만나 창의倡義하여 장사 수백 명을 거느리고 진주성에 들어가 창의사倡義使 김천일金千鎰을 도와 역전하다가, 1593년 6월 제2차 진주성 전투에서 성이 함락되며 전사하였다. 1707년(숙종 33)에 병조참의를 추증하였다. [「한국역대인물종합정보시스템」;「龍井祠事蹟碑」(해남읍 용정리 용정사 소재); 해군사관학교 박물관, 『忠武公李舜臣遺跡圖鑑』, 1992;『선조실록』.]

한편, 1964년에 해남군 문내면 학동리에 '충무사忠武祠'가 새로 건립되었다가, 2017년에 현재의 해남군 문내면 동외리 955-6로 옮겨졌다. 이곳에는 숙종 14년(1688)에 건립되었다가 일제강점기인 1942년에 강제로 옮겨져 경복궁 근정전에 묻혀 있던 보물 제503호인 '해남 명량대첩비'[본서 권10, '명량대첩비(대제학 이민서)']가 함께 이전되어 있다.

오충사 비각. 전남 해남. (사진 디지털해남문화대전)

충렬사 (2)忠烈祠 二

하나는 영남 남해현 북쪽으로 30리 되는 노량露梁에 있다. 효종조 무술戊戌[효종 9, 1658년]에 통제사 정익鄭榏[160]이 사당을 세웠다.[161] 현종조 계묘癸卯[현종 4, 1663년]에 액자를 내렸으며, 우암尤菴 문정공[송시열宋時烈]이 그의 비문을 짓고,[162] 효종께서 일

---

160 정익鄭榏 : 권10의 주 125 참조.
161 李殷相 譯, 『完譯 李忠武公全書(下)』, 成文閣, 1989, 172쪽에는, 통제사 정익鄭榏이 1661년(현종 2)에 충렬사를 새로 지었다고 하였다. 이것은 착오이며, 여기 나와 있는 대로 1658년(효종 9)이 올바르다. 정익鄭榏은 1657년(효종 8) 1월~1659년(효종 10) 3월 기간에 통제사로 재임하였기 때문이다. 송시열의 '露梁廟碑'(1661)에 따르면, "전에도 사당이 있었지만 초라하여 통제사 정익이 중건하였다."라고 했다. 그러므로 이미 정익이 통제사로 재임한 1658년 이전에 사당이 세워져 있었음을 알 수 있다. 1663년(현종 4)에 '忠烈祠'라는 사액을 받았다.

찍이 이를 가져다 보고서 매우 칭찬하셨다.

하나는 통제영 세병관洗兵館의 서쪽에 있다. 선조조 병오丙午[선조 39, 1606년]에 통제사 이운룡李雲龍[163]이 명을 받들어 사당을 세웠다.[164] 현종조 계묘癸卯에 액자를 내렸으며, 노량에 있는 사당과 호칭이 같다.

> **〈참고 9〉 충렬묘비忠烈廟碑에 대하여**
>
> 경상남도 통영시 충렬사 내에는 '충렬묘비'가 서 있다. 그 두전頭篆에는 '統制使 忠武 李公 忠烈廟碑銘'(통제사 충무 이공 충렬묘비명)이라 새겼고, 비문 첫머리에는 '統制使 忠武 李公 忠烈廟碑銘 幷序'(통제사 충무 이공 충렬묘비명 병서)라 하고, '推忠奮義 平難忠勤 貞亮竭誠 效節協策 扈聖功臣 大匡輔國 崇祿大夫 議政府左議政 兼 領經筵事 監春秋館事 世子傅 鰲城府院君 李恒福 撰'(추충분의 평난충근 정량갈성 효절협책 호성공신 대광보국 숭록대부 의정부좌의정 겸 영경연사 감춘추관사 세자부 오성부원군 이항복 찬), '大匡輔國 崇祿大夫 領中樞府事 兼 領經筵事 宋時烈 書'(대광보국 숭록대부 영중추부사 겸 영경연사 송시열 서), '大匡輔國 崇祿大夫 議政府領議政 兼 領經筵 弘文館 藝文館 春秋館 觀象監事 金壽恒 篆'(대광보국 숭록대부 의정부영의정 겸 영경연 홍문관 예문관 춘추관 관상감사 김수항* 전)이라 하였다.
>
> 요약하면 '통제사 충무공 이순신의 충렬묘비명'은 좌의정 이항복이 지은 '좌수영대첩비' 비문을 그대로 옮겼고, 영중추부사 송시열이 비문을 썼으며, 영의정 김수항이 두전을 썼다.
>
> 부연하면, 본래 좌수영대첩비 비문은 이항복이 1614년(광해군 6)에 짓고, 1615년(광해군 7)에 비석에 글을 새기고, 1620년(광해군 12)에 건립한 것인데, 여기 충렬묘비는 이 비문을 지은 지 67년 뒤인 1681년(숙종 7)에 건립하면서, 이항복의 비문을 그대로 옮겨 새긴 것이다.(해군사관학교 박물관, 『박물관도록』, 통제

---

162 '노량묘비露梁廟碑'를 가리킨다. 경상남도 남해군 설천면 노량로183번길 27(설천면 노량리 350번지) 남해충렬사(사적 제233호) 본전 앞에 세워져 있다.(『이충무공전서』 권10.)

163 이운룡李雲龍 : 권9의 주 49 참조.

164 여기 적힌 대로 1606년(선조 39)에 통제사 이운룡李雲龍이 건립하였다. 이운룡의 통제사 재임 기간은 1605년(선조 38) 9월~1607년(선조 40) 6월이다.

사충무이공충렬묘비명 탁본, 1997, 102쪽; 본서 권11, 송시열의 '統制營 忠烈祠碑 陰記'.)

(* 김수항金壽恒: 1629~1689. 자는 구지久之, 호는 문곡文谷, 본관은 안동安東. 한성에서 살았다. 1629년(인조 7)에 나서, 1651년(효종 2)에 문과에 장원급제하여 전적典籍이 되었다. 이어 병조좌랑, 이조정랑, 부제학, 도승지, 예조·이조 참판 등을 지냈으며, 1662년 예조판서에 발탁되었다. 그 뒤 육조의 판서를 두루 거쳤으며, 1672년에 우의정, 좌의정을 역임하였다. 1680년 이른바 경신대출척이 일어나 남인들이 실각하자 영중추부사領中樞府事로 복귀, 영의정이 되어, 이후 8년 동안 재임했다. 1689년 기사환국으로 남인이 재집권하자 진도로 유배되었다가, 같은 해에 61세로 사사되었다. 절의로 이름 높던 김상헌의 손자로 가학家學을 계승했으며, 특히 송시열이 가장 아끼던 후배로서 한때 사림의 종주로 추대되었다. 시문에 뛰어났고, 필법이 단아해 전서와 해서·초서에 모두 능하였다. 1694년에 신원, 복관되었다. 1886년(고종 23)에는 현종 묘정에 배향되었고, 진도의 봉암사鳳巖祠, 영암의 녹동서원鹿洞書院, 영평의 옥병서원玉屛書院 등에 제향 되었으며, 양주의 석실서원石室書院, 전주의 호산사湖山祠에 추가 제향되었다. 저서로는 『문곡집文谷集』이 있다. 시호는 문충文忠이다.)(「한국역대인물종합정보시스템」; 『한국민족문화대백과사전』.)

〈참고 10〉 세병관洗兵館에 대하여

세병관은 경상남도 통영시 세병로 27(문화동 62번지)에 있으며, 통제영의 중심 건물로 보물 제293호로 지정되어 있다가 2002년에 국보 제305호로 승격 지정되었다. 1963년 10월 24일 해체 수리할 때 종도리의 홈 속에서 '세병관중수상량문'이 발견되었는데, 을사년(1605, 선조 38) 1월에 짓기 시작하여 그해 가을 7월 14일에 상량했다고 기록되어 있다.(문화재청, 「국가문화유산포털」.) 그러므로 세병관은 제6대 이경준 통제사(1603. 2.~1605. 9.)가 1605년에 완성한 건물이다. '세병관洗兵館'이라 이름한 것은 '干戈止息挽 水洗兵'(간과지식만 수세병)이라는 문자에서 '洗兵'이라는 두 자를 따온 것인데, 이때는 이미 전쟁이 끝난 지 7년이나 되었으므로 군사들이 무장을 풀게 된 것을 뜻한다. 그때의 자세한 경위는 지금 세병관 뜰에 있는 '頭龍浦記事碑'(두룡포기사비, 경상남도 유형문화재 제112호)에 적혀 있는데, 이 비는 창원부사 박홍미朴弘美(1571~1642)가 비문을 짓고, 1625년

(인조 3) 3월에 세운 것이다.[李殷相 譯,『完譯 李忠武公全書(下)』, 成文閣, 1989, 173~174쪽; 김현구,『朝鮮後期 統制營의 財政運營에 관한 研究—統營穀을 中心으로—』, 부산대학교 문학박사 학위논문, 1994, 12~13쪽; 경상남도,『慶南文化財大觀(道指定篇)』, 1995.]

 초대 통제사 이순신李舜臣은 전라좌수사로서 삼도수군통제사를 겸했기 때문에 여수에 있는 전라좌수영이 통제영 본영이었다. 이순신은 한산도를 진陣이라 불렀으므로 한산도는 '통제진統制陣'이라 할 수 있다. 왜교 전투에 참전했던 의병장 진경문陳景文(1561~1642)도 당시 이순신의 주둔지를 '통제진統制陣'이라 불렀다.(진경문,『섬호집剡湖集』, 국립광주박물관, 2016, 350쪽.) 임진왜란 전쟁이 진행되면서 통제진도 이순신이 옮겨다닌 발음도發音島, 고하도高下島, 고금도古今島로 위치가 바뀌었다. 그러다가 1601년(선조 34) 5월에 제4대 통제사 이시언李時言이 전라좌수사에서 경상우수사로 자리를 옮기면서부터 경상우수영(거제 오아포)이 통제영 본영이 되었다.(『선조실록』권137, 선조 34년 5월 3일 경자.) 그 뒤 경상우수사 겸 통제사 이경준李慶濬이 1604년(선조 37)에 경상우수영을 거제 오아포에서 두룡포頭龍浦(지금 통영시)로 옮겨 설치하면서, 통제영은 지금의 통영시에 정착하였다.(조경남,『난중잡록』권4, 3월조;『統營志』奎10876.) 그리고 1607년(선조 40) 8대 이기빈李箕賓부터는 통제사를 본직으로 경상우수사를 겸직으로 삼는 체제가 완성되었다.(『선조실록』권211, 선조 40년 5월 6일 무진.)

세병관. 경남 통영. (사진 문화재청)

현충사顯忠祠

호서湖西[충청도] 아산현 동쪽으로 20리 떨어진 곳으로 백암白巖에 있는데, 이는 충무공이 살던 곳이다. 숙종 갑신甲申[숙종 30, 1704년][165]에 본도의 유생들이 상소하여 사당을 세울 것을 청하였으며, 국왕이 허락하였다. 정해년[숙종 33, 1707]에 액자를 내렸다.

붙임. 배향하여 같이 모신配食 여러분

강민공剛愍公 이완李莞[166]은 충무공의 조카이다. 19살 때에 충무공을 따라서 남해에서 싸웠다. 충무공이 탄환에 맞아 돌아가시자, 공은 비밀에 부쳐 발상發喪하지 않고서 싸움을 독려하기를 더욱 급하게 하여 큰 승리를 거두었다. 천계天啓 정묘丁卯[인조 5, 1627년]에 오랑캐의 난이 발생하자 의주부윤으로서 힘써 싸우다가 굴복하지 않고 죽었다. 영조 병오丙午[영조 2, 1726년]에 본현의 유생들이 상소를 올려서 추가로 배향할 것을 청하자, 국왕이 허락하였다.

충민공忠愍公 이봉상李鳳祥[167]은 충무공의 5세손이다. 그는 형조참판으로서 영조 무신戊申[영조 4, 1728년]에 충청도 병마절도사로 나아가 있었다. 역적인 이인좌李麟佐가 성을 함락하여 공이 붙잡혔으나 꾸짖는 소리가 입에서 떠나지 않다가 죽었다.

---

165 『증보문헌비고』 권211, 學校考, 各道祠院 1, 忠淸道, '牙山顯忠祠'(아산 현충사)조에는 1706년(숙종 32, 병술)에 건립한 것으로 나온다. 1704년은 유생들이 상소한 연대, 1706년은 국왕이 허가한 연대로 추정된다.

166 이완李莞 : 1579~1627. 자는 완이莞爾, 본관은 덕수德水. 충청남도 아산牙山에서 살았다. 이순신李舜臣의 맏형 이희신李義臣의 아들이자, 『행록』의 저자 이분李芬의 동생으로, 1592년 임진왜란 때 이순신 휘하에서 종군하였고, 1598년 노량 해전에서 이순신이 전사한 사실을 알리지 않고 독전하여 대승을 거두었다. 1599년(선조 32) 무과에 급제하여, 1608년(광해군 즉위년)에 남포현령藍浦縣令, 1618년(광해군 10)에 평양중군이 되었고, 1623년 충청도 병마절도사에 올랐다. 1624년(인조 2) 이괄李适의 난군을 평정한 공으로 가선대부에 올랐고, 의주義州 부윤이 되었다. 1627년(인조 5) 정묘호란이 일어나 적이 의주를 포위하였을 때, 적과 싸우다가 중과부적으로 패하자 병기고에 불지르고 종제 이신李藎과 함께 분사焚死하였다. 병조판서에 추증되고, 1726년(영조 2)에 아산 현충사에 배향되었다. 시호는 강민剛愍이다. (「한국역대인물종합정보시스템」; 『한국민족문화대과사전』.)

167 이봉상李鳳祥 : 권10의 주 175 참조.

신해辛亥[영조 7, 1731년]¹⁶⁸에 본현의 유생들이 상소를 올려서 추가로 배향할 것을 청하였으며, 국왕이 허락하였다.

〈참고 11〉 일제강점기에 현충사顯忠祠를 새로 세우게 된 경위

1704년(숙종 30)에 건립된 현충사는 수백 년 동안 제사가 끊이지 않고 이어졌다. 그러나 일제강점기가 되자 현충사 사당은 점점 허물어지고, 충무공 이순신의 묘소의 산판조차 일본인의 손에 빚으로 넘어가게 되었다. 이 소식에 접한 뜻있는 인사들이 당시 동아일보를 중심으로 그 내용을 전국에 보도하였다. 그 결과 국내의 저명인사는 물론이고 소학생, 직공, 노동자 및 해외의 동포에 이르기까지 그야말로 전 민족이 눈물의 성금을 내어 총수입금 16,021원 30전이 모아졌다. 이 돈으로 빚을 갚고 현충사를 다시 세웠는데, 총비용이 15,631원 65전 지출되었고, 잔액 389원 65전은 기금으로 삼았다. 1934년 6월 5일에 현충사의 낙성식을 성대하게 거행하였다.(李殷相 譯, 『完譯 李忠武公全書(下)』, 成文閣, 1989, 174쪽.)

현충사. 충남 아산. (사진 문화재청, 2015년)

---

168 『증보문헌비고』 권211, 學校考, 各道祠院 1, 忠淸道, '牙山顯忠祠'(아산 현충사)조에는 1732년(영조 8, 임자)에 배향한 것으로 나온다. 1731년은 유생들이 상소한 연대, 1732년은 국왕이 허가한 연대로 추정된다.

유사遺祠

호남 강진현 남쪽으로 70리 떨어진 고금도古今島에 있다. 만력萬曆 정유丁酉[선조 30, 1597년]에 충무공과 도독 진린陳璘이 함께 군대를 주둔하면서 이 섬에 관왕묘關王廟를 지었다. 현종 병오丙午[현종 7, 1666년]에 절도사 유비연柳斐然이 중수하면서, 진린과 이충무공을 동쪽 곁채東廡와 서쪽 곁채西廡에 배향하였다. 숙종 갑자甲子[숙종 10, 1684년]에 관찰사 이사명李師命[169]이 사당과 곁채廡를 늘려서 고쳐 지었으며, 이름을 내려줄 것을 청하였다. 조정에서는 진린과 이 충무공의 사당이 관왕묘의 뜰에 있음을 들어 관우는 국가와 대등한 예로 대우하기 때문에 사액할 수 없다고 하였으나, 다만 관왕묘에 향을 내리는 것은 허락하였다. 당저當宁[지금 임금] 신축辛丑[정조 5, 1781년]에 어필로 액자를 걸었는데, '탄보묘誕報廟'가 이것이다.

붙임. 함께 위패를 모시는 여러분

명나라 도독都督 진린陳璘 공은 광동廣東의 군사 5천 명을 통솔하여 와서 도왔다. 그는 충무공과 함께 노량露梁에서 공을 세웠다.

부총병副摠兵 등자룡鄧子龍 공은 수군을 거느리고 진린 공을 따라 동방을 정벌하였다. 충무공과 함께 3척의 큰 배를 타고 선봉이 되어 부산과 남해에서 적을 맞아 싸웠다. 공은 평소 옳지 못한 일에는 정의심을 갖고 한탄하였다. 나이가 70세가 넘었어도 의기가 넘쳐 일등의 공을 거두려고 급히 장사壯士 200인을 데리고 충무공의 배에 뛰어올라서 곧바로 앞으로 나아가 돌격했으며, 적을 죽이고 다치게 한 것이 셀 수 없었다. 다른 배에서 화기火器를 잘못 던진 것이 공의 배로 들어와 배에 불이 붙자 적들이 기회를 이용하였고, 공은 싸우다 죽었다. 충무공이 달려가 구원하였으나 또한 사망하였다. 지금 임금 임자壬子[정조 16년, 1792년]에 특별히 명하여 함께 배향하고 이어서 또한 제사 지내도록 하였다.

---

169 이사명李師命 : 권11의 주 101 참조.

〈참고 12〉 고금도 유사遺祠의 연혁과 변천

고금도古今島 유사遺祠는 그 명칭이 관왕묘關王廟 → 탄보묘誕報廟 → 충무사忠武祠로 바뀌어 왔다. 전라남도 완도군 고금면 충무사길 86-31(덕동리 700번지)에 있으며, '완도 묘당도 이충무공유적莞島 廟堂島 李忠武公遺蹟'이라는 명칭으로 사적 제114호로 지정되었다.

① 관왕묘 창건
통제사 이순신이 1598년 2월부터 고금도에 진을 설치하자, 이해 7월에 명나라 수군 도독 진린陳璘이 5천 명의 수군을 거느리고 와서 합세하였다. 진린은 고금도에 머물던 어느 날 밤 꿈에 군신軍神 관운장關雲長이 현몽하자 그를 제향하는 관왕묘를 건립하고 흙으로 빚어 만든 관운장의 상을 모셨다. 이렇게 1598년에 고금도 관왕묘가 창건되었다. 진린이 귀국한 뒤에도 고금도 주민들에 의해 이 관왕묘의 제향은 계속되었다.

  1665년 8월에 전라우수사로 부임한 유비연柳斐然은 관왕묘가 소홀하게 보존되고 본래의 의미를 잃어가고 있음을 알게 되자, 퇴락한 관운장의 상을 다시 수리하고 중수重修를 위한 자재를 마련하여 중僧 천휘天輝로 하여금 건물을 고쳐 짓도록 하였다. 그리고 이 중수와 함께 관왕묘 곁에 옥천암玉泉庵이라는 암자를 건립하여 수호와 제향을 맡겼다. 이때 진린 도독이 동무東廡에 배향되고, 1683년(숙종 9)에는 충무공 이순신이 서무西廡에 추배 되었다.

  1684년(숙종 10) 당시 전라도 관찰사 이이명李頤命이 장계를 올려 관왕묘를 명나라 장수 이여송李如松의 무열사武烈祠와 같은 대우를 요청했으나 실행되지 못했다.

  1689년(숙종 15)에 전라우도 수군 우후로 부임한 이광보李光輔는 충무공 이순신의 증손자로서, 관왕묘비關王廟碑 건립을 추진하다가 힘이 모자라 중단하였다. 1704년(숙종 30)에 전라 우수사로 부임한 신찬申璨이 관왕묘의 퇴락이 매우 심한 것을 보고, 당시 관왕묘를 수호하고 있던 처환處還이란 중을 시켜 1705년에 중수하였다. 관왕묘는 이때 동서東西의 익사翼舍 곧 동무東廡 서무西廡를 새로 지었다.

1710년(숙종 36)에 원임 대신 이이명의 주청으로 조정에서는 인근 5개 지역 수령(장흥부사, 가리포첨사, 영암군수, 강진현감, 해남현감)을 제관으로 삼아 매년 춘추로 두 차례씩 제향함으로써, 관왕묘는 비로소 국가적인 사당이 되었다.

1713년(숙종 39)에는 전에 이광보가 추진하다가 완성하지 못했던 관왕묘비를 건립하였으며, 비문은 당시 좌의정으로 있던 이이명이 짓고, 글씨는 전라 우수사 이우항李宇恒이 썼다.

② 탄보묘誕報廟 사액賜額

1791년(정조 15)에 정조대왕正朝大王의 꿈에 관왕묘가 현몽하자 왕은 그 은혜에 보답한다는 의미로 '탄보묘誕報廟'라는 글자를 써서 내려줌으로써 관왕묘는 사액 사당이 되었다.

1792년(정조 16)에는 진린의 부장이었던 등자룡鄧子龍을 추배하여 동무에 진린과 같이 배향하였고, 곧이어 1801년(순조 1)에는 수호 암자의 이름도 옥천사玉泉寺로 고쳐 중수하였다.

일제강점기 말엽에 이르러 탄보묘에 대한 일제의 탄압이 격심해졌고, 1940년에는 관왕상이 철거, 소각되었으며 제향도 중단되었다. 1941년에는 옥천사의 불상을 관왕묘 정전正殿에 모시는 조건으로 묘각廟閣만은 겨우 보존될 수 있었다.

③ 충무사忠武祠로 변천

해방이 되자 관내 유림들은 관왕묘에 다시 제향을 모시고, 1953년에는 사당에 충무사忠武祠라는 현판을 새로 내걸고 충무공 이순신의 위패를 정전正殿에 봉안하였다. 1959년에는 이순신과 함께 노량 해전에서 순국한 가리포첨사 이영남李英男을 동무에 추배하였다. 그 후 지금까지 많은 증축이 이루어져 현재는 (사당 안쪽으로부터 밖으로) 사당·동무·서무·내삼문·동재東齋·서재西齋·관왕묘 비각·외삼문·홍살문 등이 있다.(李濟現,『忠武公 李舜臣과 古今島忠武祠』, 이충무공유적 고금도 충무사 보존위원회, 1989, 41~50쪽.)

유묘遺廟

영남 거제부에 있다. 통제사 이운룡李雲龍이 사당을 세웠다. 모든 전선戰船들은 출발하게 되면, 이곳에 고하지 않는 것이 없었다.

> **〈참고 13〉 유묘遺廟에 대하여**
>
> 여기에 나오는 유묘遺廟는 현재 거제도에서 그 자취를 찾아볼 수 없다. 다만, 한산도의 제승당制勝堂은 『통영지統營志』(奎10876)에 충렬사忠烈祠 등과 함께 사우祠宇로 나와 있다. 제승당은 한산도 두억포頭億浦에 있는데, 충무공 이순신이 주둔하여 승첩을 거두었던 곳이며, 유허비遺墟碑가 있다고 했다.
> 역시 이렇게만 보면 제승당을 유묘로 유추해 볼 수도 있다. 다만 이 제승당을 통제사 이운룡李雲龍이 다시 세웠다는 기록이 없고, 통제사 이순신이 처음 건립한 후 정유재란 칠천량해전 때 불에 타버린 후, 1740년(영조 16)에 통제사 조경趙儆이 중건했다는 점이 이러한 추정에 걸림돌이 된다.

월산사月山祠

호남 함평읍에서 동쪽 5리에 있다. 숙종조 임진壬辰[숙종 38, 1712년]에 고을 사람들이 처음에는 칠실漆室 이 공의 사당을 세웠다. 영조 신해辛亥[영조 7, 1731년]에 전라도 유생들이 충무공과 칠실 이덕일李德一[170]의 옛 공적이 당포唐浦에 있다고 하여, 당

---

170 이덕일李德一 : 1561~1622. 자는 경이敬而, 호는 칠실漆室, 본관은 함평咸平. 전라남도 함평에서 살았다. 1594년(선조 27) 무과에 급제하였으며, 1597년 정유재란 때 의병을 조직하여 공을 세워 통제사統制使 이순신李舜臣에게 인정받아 막하에 들어갔다. 1610년(광해군 2) 축성제구책築城制寇策을 논하여 이정구李廷龜의 천거로 절충장군折衝將軍이 되었으며, 1611년(광해군 3)에 통제영 우후統制營虞候로 임명되었다. 사후에 함평의 월산사月山祠에 제향되었다. 저서에 『칠실유고漆室遺稿』가 있다. [『影印 李忠武公全書』(影印本) 권16, 부록(成文閣版) 474쪽; 『한국민족문화대백과사전』; 『湖南節義錄』.]

포에서 그리 멀지 않은 곳인 월산月山 아래로 옮겨 세웠으며, 충무공의 위패를 주벽主壁으로 모시고 제사를 지냈다.

붙임. 배향하여 같이 모신 분配食

우후虞候 이덕일李德一 공은 호는 칠실漆室이며, 함평인이다. 임진왜란[선조 25, 1592] 때에 붓을 버리고 슬프고 분한 마음을 품었다. 낮에는 말을 달리고 칼 쓰기를 익히고 밤에는 병서를 읽었다. 정유년[선조 30, 1597]에 왜가 다시 쳐들어오자, 공은 지방 백성을 군사로 모집하여 고산孤山에 터를 잡아 흰 기旗에 크게 '정충精忠' 2자를 써서 세우고 적과 대항하였다. 사람들은 그를 '함평 이 장군李將軍'이라 불렀다. 충무공이 무안務安에 있을 때, 그의 아름다운 명성을 듣고 불러서 맞아들여 계책을 자문하였으며, '국사國士'로 대접하였다. 나중에 그는 관직이 통제영 우후虞候에 이르렀으며, 이때에 이르러 배향하였다.

〈참고 14〉 월산사月山祠에 대하여

전라남도 함평군 대동면 학동로 438-13(대동면 향교리 426-2번지)에 있다. 1712년(숙종 38)에 '칠실사당漆室祠堂'으로 출발한 사당은 1731년(영조 7)에 충무공 이순신을 배향하며 '월산사'로 이름을 바꾸었다. 이후 130여 년이 지나 월산사도 다른 서원, 사우와 마찬가지로 대원군의 서원 철폐로 훼철되었으며, 1911년에 칠실공 후손들이 사우 터에 유허비를 건립하여 제향해 왔다. 그러나 일제 말엽인 1940년 일본 경찰에 의해 이 비가 폐지될 운명에 처하였던 것을 후손들이 진정하여 땅에 묻는 것으로 위기를 넘겼고, 해방된 해인 1945년 11월 다시 빛을 보아 재건되었다. 함평군은 2020년 12월에 월산사를 함평군 제1호 향토문화유산으로 지정하였다.(해군사관학교 박물관, 『忠武公李舜臣遺跡圖鑑』, 1992, 192쪽.)

월산사. 전남 함평. (사진 함평군)

유애사遺愛祠

호남 정읍현 남쪽으로 10리 떨어진 진산리辰山里에 있다. 숙종조 신유辛酉[숙종 7, 1681년]에 고을 사람들이 충무공이 부임하였던 곳이라 하여, 여아동余兒洞에 사당을 창건하였다. 이후 9년이 지나 진산리辰山里로 옮겨 지었다.

〈참고 15〉 유애사遺愛祠의 변천에 대하여

유애사는 전라북도 정읍시 진산1길 29-9(진산동 344-1번지)에 있으며, 전라북도 기념물 제18호로 지정되었다. 충무공 이순신과 이 지역 출신 임진왜란 유공자인 유춘필柳春苾[171]과 유희진柳希津[172]을 배향하고 있다.

『증보문헌비고增補文獻備考』에 따르면, 정읍에 '충렬사忠烈祠'를 1629년(인조 7)에 건립하였다고 되어 있다. 유애사가 창건되기 1주갑 이전이다. 유애사는 위에서 보는 것처럼 1681년(숙종 7)에 여아동에 창건되어 1689년(숙종 15)에 진산리로 이건移建되었다. 이것만 보아서는 충렬사와 유애사가 동일한 사당인지 다른 사당인지 알 수가 없다. 그런데 「매일신보每日新報」 1935년 1월 10일 자에 "충렬사忠烈祠는 정읍군 정주읍 진산리에 있다."라고 나온다. 그리고 유애사도 전라북도 정읍시 진산동(진산리)에 있다. 그러므로 『증보문헌비고』의 충렬사와 진산리 유애사는 같은 장소에 있었던 동일한 사당임을 알 수 있다. 그렇다면 『증보문헌비고』의 1629년 건립 기사는 착오일 가능성이 있다.

『승정원일기』에 따르면, 유애사는 1786년(정조 10)에도 '유애사'로 불리고 있었다. 그해 2월 29일(계묘)에 정읍 유생 유택규柳宅奎 등이 유애사에 사액賜額하여 달라는 청원을 하였으나 충렬사忠烈祠와는 사체事體가 다르다는 이유로 불허되었다.[173] 또한 『이충무공전서』가 편찬된 1795년에도 유애사로 불리고 있었다. 그리고 유애사에는 1824년(순조 24)에 유희진柳希津을, 1854년(철종 5)에 유춘필柳春芯을 추가로 배향하였다. 아마 이때부터 유애사는 충렬사로 불리기 시작했던 것 같다. '崇禎紀元後 五丁丑(1877) 四月'이라는 연대가 음각된 유허비각遺墟碑閣 내부의「忠烈祠 遺墟碑閣 創建 有司」(충렬사 유허비각 창건 유사) 편액에 '충렬사忠烈祠'로 명칭이 나타나는 것이 그 증거이다. 이후 유애사는 계속해서 '충렬사'로 불려지고 있었다. 「매일신보每日新報」(1935. 1. 10.)에 유춘필을 철종 갑인甲寅(1854년)에 조령朝令으로 '충렬사忠烈祠'에 배향했다고 언급한 것을

---

171 유춘필柳春芯 : 1566~1597. 자는 국형國聲, 호는 단구丹邱, 본관은 고흥高興. 전라북도 정읍井邑 덕지촌德芝村에서 살았다. 1585년(선조 18) 무과에 급제하여, 군자감주부軍資監主簿에 올랐다. 1592년 임진왜란이 일어나자 문중 조카 항렬 되는 유희진柳希津과 함께 순창군수 김재민金齋閔, 전 좌랑佐郎 김경수金景壽 등과 장성에서 의병義兵을 일으켰다. 호남의 곡식을 충무공 이순신의 진영에 무사히 수송하였다. 정유재란 때 고을에서 왜적과 싸우다 전사하였다(墓碣銘).(李殷相 譯, 『完譯 李忠武公全書(下)』, 成文閣, 1989, 177쪽에서 옮김.)

172 유희진柳希津 : 1558~1597. 본관은 고흥高興. 전라북도 정읍에서 살았다. 임진왜란을 맞아 문중의 유춘필柳春芯과 함께 의병을 일으켜 종군했다. 정유년(1597) 11월에 왜적과 싸우다 전사하니, 그곳을 왜종동倭終洞이라 불렀다. 뒤에 고을 선비들이 상소하여 표창하기를 청하여 사헌부 집의執義에 추증되었다(執義 柳公 實蹟記).(李殷相 譯, 『完譯 李忠武公全書(下)』, 成文閣, 1989, 177쪽에서 옮김.)

173 『승정원일기』 정조 10년(1786) 2월 29일 계묘, "沈豐之 以禮曹言啓曰 觀此井邑幼學柳宅奎等上言 則亟命有司 特賜顯額于故忠武公李舜臣井邑遺愛祠事 令該曹稟處矣 舜臣掃七年憑淩之寇 樹三南捍蔽之功者 未嘗不權輿於是邑 其所褒尙而表揚之者 比他土尤萬萬 但賜額若非特恩 則固非臣曹所敢仰請者 況遺愛之祠 事體與忠烈祠 逈然不同 有不可輕議 上言內辭緣置之 何如 傳曰 允."

보면 그것을 알 수 있다.

충렬사(유애사)는 흥선대원군 등장 후 서원 철폐 정책으로 없어졌다. 그래서 『대동지지』(1864년경) 사원祠院 조에도 명칭이 보이지 않는다. 다만 사당이 없어지면서 이곳에 비석과 비각을 세웠는데, 충무공 이순신, 집의공執義公 유희진, 주부공主簿公 유춘필이라고 새긴 비석 3개를 충무공을 중심으로 나란히 세워 놓았다.

한편, 정읍시청 옆에 있는 지금의 충렬사는 『증보문헌비고』와 「매일신보」에서 말하는 '충렬사'와는 전혀 다른 최근에 새롭게 건립된 충렬사이다. 일제강점기에서 해방이 되자 이 지역 유지들이 충렬사 보존회를 구성하여 전북 도내 중고등학생과 지방 유지의 성금을 모아 1949년에 착공했으나 6·25전쟁으로 중단되었다가 1963년 4월에 완공한 것이다. 그 위치는 정읍시 충정로 228-13(수성동 615-1번지)으로 충무공원 안이다. 충렬사에는 충무공 이순신의 위패와 영정을 봉안하였다. 영정은 동양화가 월전月田 장우성張遇聖이 정읍군의 요청으로 1962년에 그린 것이다. 장우성은 1953년에 현충사의 충무공 이순신 표준영정도 그린 바 있다.

또 한편으로 이렇게 충렬사가 새롭게 건립되면서, 유애사도 1974년 11월에 진산리(진산동)의 옛터에 다시 복원되었다. 유애사 현판은 충무공 이순신의 종손인 이응렬李應烈이 썼다.

유애사. 전북 정읍. (사진 문화재청)

* 참고문헌 : 『증보문헌비고』 권212, 學校考 11, 各道祠院 2, 全羅道. ; 해군사관학교 박물관, 『忠武公李舜臣遺跡圖鑑』, 1992, 191~192쪽. ; 『승정원일기』 정조 10년(1786) 2월 29일 계묘 ; 『大東地志』 권11, 全羅道, 井邑. ; 「每日新報」 제9809호, 1935년 1월 10일, "衆星이 拱之하는 忠烈祠의 偉觀 壯嚴無非한 聖境". ; 문화재청, 「국가문화유산포털」.

충효당忠孝堂

정퇴서원靜退書院[174]은 호서湖西 온양군 남쪽 설아산雪莪山 아래에 있다. 이곳은 정암靜菴 조광조와 퇴계退溪 이황 두 선생을 제사 지내는 곳이다. 왼쪽에 충효당忠孝堂이 있어서, 이곳에서는 충무공忠武公과 창암愴巖 강봉수姜鳳壽[175] 및 양심당養心堂 윤현尹俔[176]을 제사 지냈다. 충무공은 충忠으로, 창암과 양심당은 효孝로 모신 것이다. 이후 사당이 허물어졌기 때문에 서원에서 한곳에 모아 제사를 지냈다.

초가로 된 사당草廟

거제부巨濟府에 있는 착량鑿梁[177]은 왜구가 패하고 물러난 뒤에 바닷가의 군인과 백

---

[174] 정퇴서원靜退書院 : 1634년(인조 12, 갑술)에 건립되어 조광조趙光祖와 이황李滉을 배향하였다. 이후 1692년(숙종 18, 임신)에 맹희도孟希道, 홍가신洪可臣, 조상우趙相禹를 추배追配하였다. 1705년(숙종 31, 을유)에는 조이후趙爾後를 추배하였다. 정퇴서원에 딸린 충효당忠孝堂도 1634년(인조 12)에 건립되었는데, 1692년(숙종 18, 임신)에 이순신李舜臣, 강봉수姜鳳壽, 윤현尹俔을 배향하였다.(『增補文獻備考』 권211, 學校考, 各道祠院 1, 忠清道.)

[175] 강봉수姜鳳壽 : 1543~?. 자는 덕수德叟, 호는 송암松庵. 본관은 진주晉州이다. 충청남도 온양 출신으로 1580년에 별시문과에 급제, 여러 고을의 수령을 지냈으며, 평창군수를 끝으로 관직에서 물러났다. 효성이 지극하였으며, 1666년(현종 7) 송준길宋浚吉의 상소로 정문이 세워졌다. 온양의 사당에 추가 배향된 것은 1692년(숙종 18)이다.(『한국민족문화대백과사전』.)

성들이 충무공의 충절에 감명을 받아 초가집을 세우고 공의 초상을 모시고 제사를 지냈으며, 장삿배들도 지나가면서 반드시 제사를 지냈다.

> ⟨참고 16⟩ 초묘草廟에 대하여
>
> 초묘는 『통영지統營志』에 그 명칭이 '굴량초묘掘梁草廟', '착량초묘鑿梁草廟', '당사사堂祠' 등으로 기록되어 있는데, 지금은 착량묘鑿梁廟로 불린다. 착량묘는 경상남도 통영시 착량길 27(당동 8번지)에 있으며, 경상남도기념물 제13호로 지정되었다. 『도선생내력사적거개道先生來歷事跡擧槩』의 이운룡李雲龍 통제사(1605년 9월~1607년 6월) 조항에, "亂後 南民追慕李公功德 建草廟于鑿梁之上矣 移建于西門外"(난후 남민추모이공공덕 건초묘우착량지상의 이건우서문외)라 적혀 있다. 풀이하면, "임진왜란이 끝난 뒤 남쪽 지방의 백성들이 이 공(이순신)의 공덕을 추모하여 착량 위쪽에 초가집 사당을 건립하였는데, 통제사 이운룡이 서문 밖으로 옮겨 건립하였다."이다.
>
> 1877년(고종 14)에 충무공 이순신의 10세손인 이규석李奎奭 통제사가 초가집을 기와집으로 고쳐서 짓고, 그 이름을 '착량묘'라 하였으며, 이곳에 호상재湖上齋를 지어 지방민들의 자제를 교육하였다.
>
> 원래 착량이라는 말은 통영시 당동과 미륵도 사이의 비좁은 협수로를 일컬었다. 충무공은 이곳을 '착포량鑿浦梁' 혹은 '착량鑿梁'이라 불렀었는데, 토박이 지명은 '판도목', '판데', '폰데'라 부른다. 1760년(영조 36)에 통제사 이태상李泰祥이 처음으로 나무다리를 가설하여 '굴량교堀梁橋'라 일컬었다.
>
> * 참고문헌 : 『난중일기』.; 『統營志』奎10876.; 『統營誌』奎12186.; 『도선생내력사적거개道先生來歷事跡擧槩』(해군사관학교 박물관 소장).; 경상남도, 『慶南文

---

176 윤현尹俔 : 호는 양심당養心堂. 사후에 1665년(현종 6) 효행으로 의금부도사義禁府都事에 증직되었다. (『현종실록』 권10, 현종 6년 5월 11일 병신; 『溫陽郡邑誌』奎17383.)

177 거제부巨濟府에 있는 착량鑿梁 : 두룡포(현 통영시) 일대가 원래는 거제巨濟의 한 방리坊里였기 때문에 거제부에 있는 착량이라 한 것이다. 두룡포頭龍浦는 1677년(숙종 3)에 고성현固城縣으로 이속되면서 춘원면春元面으로 개칭되었다. (『統營志』奎10876.)

化財大觀(道指定篇)』, 1995. ; 김일룡, 『統營地名總攬』, 통영문화원, 2014.

착량묘. 경남 통영. (사진 문화재청)

〈참고 17〉 충무공 가문의 정려旌閭에 대하여

지금 충청남도 아산시 염치면 백암리白岩里에 충무공 집안의 충신 4명과 효자 2명을 표창한 정려가 있다.

1. 충무공
2. 조카 완莞(강민공剛愍公)
3. 4세손 홍무弘茂(충숙공忠肅公)
4. 5세손 봉상鳳祥(충민공忠愍公)
5. 7세손 은빈誾彬, 제빈悌彬

이상 여섯 명인데, 다시 한편으로 여기에 표창된 4명 충신만이 아니라, 충무공 가문에서는 5세世 동안에 7명이나 나라에 생명을 바친 이가 났다고 하여 5세世 7충忠으로 전한다.

1. 충무공
　　2. 면葂(공의 3子)
　　3. 완莞(공이 조카 강민공)
　　4. 훈薰(공의 庶子)
　　5. 신藎(공의 庶子)
　　6. 홍무弘茂(공의 4세손 충숙공)
　　7. 봉상鳳祥(공의 5세손 충민공)

① 이면李葂
이면은 충무공이 33세 때인 1577년(선조 10, 정축) 2월에 셋째 아들로 태어났다. 그러므로 임진년에는 나이 16세, 정유년(1597)에는 21세였다. 그동안에 충무공의 진중인 한산도에 몇 차례 내왕하였으나 주로 어머님을 모시고 아산 또는 여천에서 지냈다. 충무공은 자식 중에서 면이 자신을 많이 닮았다 하여 가장 사랑하였다.

　이면은 정유년 10월에 아산 고향에서 왜적과 싸우다가 세 놈을 죽인 나머지 기운이 지쳐 마침내 적의 칼에 죽으니 이때 나이 21세로 아직 총각이었다.

　충무공이 고금도에 있을 때 낮잠을 자다가 꿈을 꾸었는데, 면이 나타나 자기를 죽인 원수를 갚아달라고 하자 놀라 깨어나 배 안에 포로로 잡혀 온 왜적을 수색하여 결국 원수를 갚았다는 일화가『난중일기』와『이충무공전서』권9,『행록』등에 기록되어 있다.

　지금 면의 무덤은 아산 백암리 고택 오른편 여러 무덤 위 뒷산 언덕 아래 있으며, 정조대왕 때 특별히 이조판서를 추증하였다.

② 이완李莞(강민공)
이완은 자字가 열보悅甫이며, 충무공의 맏형 희신羲臣의 넷째 아들로서 1579년(선조 12, 기묘) 4월에 났다. 정유재란이 일어났을 때는 나이 19세였다. 숙부인 충무공의 막하에서 활동하였다. 최후의 노량해전 때까지 그는 줄곧 충무공을 보좌하여 같이 싸웠다.

　전쟁이 끝난 다음 해 21세에 무과에 급제하고, 1624년(인조 2)에 46세 때 충청병사忠淸兵使로부터 의주부윤義州府尹으로 옮겼다. 1627년(인조 5)에 정묘호란이 일어나자 성을 지키며 끝까지 싸우다가 중과부적으로 몸을 불 속에 던져 스스로 죽으니 나이 49세였다. 조정에서는 병조판서를 추증하고 강민공剛愍公이란 시호를 내렸다. '剛'은 정의를 지켜 굴복하지 아니함을 말하고, '愍'은 백성을 다스리되 사랑과 자비로써 하였다는 뜻이다.

그의 무덤은 지금 경기도 용인시 수지구 고기동 산20-1에 있다.

③ 이훈李薰

이훈은 충무공의 서자로 일찍이 임진왜란 때는 전라남도 보성 땅에서 자라고 있었으며, 뒤에 무과에 급제하였다. 1624년(인조 2)에 이괄李适의 반란군을 진압하다가 서울 서대문 밖에서 전사하였다. 정조대왕 때 병조참의에 추증되었다. 나이는 알 수 없다.

④ 이신李藎

이신도 충무공의 서자로서 훈의 동생이다. 무과에 급제하여 종형 완莞을 따라가서 그와 함께 의주에 있다가 1627년 정묘호란 때 완과 같이 죽었다. 정조대왕 때 병조참의에 추증되었다. 나이는 알 수 없다.

⑤ 이홍무李弘茂(충숙공)

이홍무는 충무공의 4세손으로 자는 자장子長, 1665년(현종 6) 9월에 났다. 일생 행적은 상고할 길이 없고, 다만 최후에 그 조카 충청병사 충민공忠愍公 봉상鳳祥과 함께 청주淸州에 있다가, 이인좌李麟佐의 반란을 만나 붙잡혔으나, 굴복하지 않고 마침내 죽었다. 뒤에 자헌대부 이조판서를 추증하고, 충숙忠肅이란 시호를 내렸다. 난리를 만나 나라를 잊지 않았으니 '忠'이요, 굳셈과 덕으로써 극복해 나갔으니 '肅'이란 뜻이다.

⑥ 이봉상李鳳祥(충민공)

이봉상은 충무공의 5세손으로 자가 의숙儀叔, 1676년(숙종 2) 4월에 났다. 27세에 무과에 급제하고, 여러 직위를 거쳐 충청도 병마절도사가 되었다가 경종이 즉위하자 포도대장이 되니 나이 46세였다. 다시 그 이듬해에 삼도수군통제사 겸 경상우도 수군절도사가 되었다가 2년 뒤에 총융사로서 한성부 부윤이 되었다.

　1726년(영조 1) 50세에 형조참판으로서 훈련대장과 금위대장 등을 겸하다가 당파싸움에 밀려 얼마 후 도로 충청도 병마절도사가 되었다. 1728년(영조 4) 3월에 이인좌 등이 반란을 일으켜 청주를 먼저 손에 넣으려고 병기를 상여에 싣고 고을 북쪽 숲속에 두고서 마치 장례 지내는 것처럼 하면서 한편으로 청주 병영의 편비장偏裨將을 천금으로 매수하여 밤중에 성문을 열고 인도해 들이게 되었다. 그는 마침 숙부되는 홍무(충숙공)와 함께 술을 마신 뒤에 침실에 누워 있었다.

　이인좌의 병사들이 침실로 쳐들어와서 싸움이 벌어졌으나 마침내 팔이 끊어져 사로잡히고 말았다. 이인좌가 그를 포섭하고자 했으나 그는 끝내 굴복하지 않고 반란군의 칼에 죽으니 나이 53세였다. 그날 숙부 이홍무도 같이 죽었다.

　뒤에 그의 장렬한 죽음이 알려지자 영조는 특별히 좌찬성左贊成을 추증하고, 충민忠愍이라 시호를 내렸다. 제 몸을 던져 임금을 받들었으니 '忠'이요, 제 나라에서 난리를 치렀으니 그것이 '愍'이다는 뜻이다.

⑦ 이은빈李闇彬
이은빈은 충무공의 7세손이며, 자는 사질士質이다. 1766년(영조 42)에 충청남도 아산에서 출생했다. 1802년(순조 2)에 무과에 급제하여, 가선대부 전라도 병마절도사에 이르렀고, 1847년(헌종 13)에 81세로 죽었다.

　젊어서 부친이 병환 중인데, 의원이 "이 병엔 남생이를 잡아 삶아 먹어야 한다."라고 하니, 때는 마침 엄동설한이라 산에서 남생이를 구함이란 하늘에서 별 따기 인데, 눈 속에 나막신을 신고 산에 오르니 맷방석만큼 둥그렇게 눈이 녹아 있고 거기에 남생이 한 마리가 기어 나와 있었다. 그는 크게 기뻐하며 그 남생이를 잡아서 가지고 와서 부친에게 달여 드렸다.

　나중에 부친이 돌아가시자 3년간을 묘 옆에 초막을 치고 기거하니, 하루는 호랑이가 와서 같이 자며 방한防寒을 하여 주었다. 또 공이 기거하는 집 대청에서 부친 산소가 마주 바라다보이니 죽을 때까지 대청에서는 담배와 술을 하지 않았다. 이러한 지극한 효심들이 조정에 알려져 정려旌閭를 내려 표창하였다.

⑧ 이제빈李悌彬
이제빈은 충무공의 7세손으로 자는 본인本人이다 1772년(영조 48)에 아산에서 태어나, 다섯 살에 능히 글을 읽었고, 어버이 섬기는 것이 벌써 어른과 다름없었다. 나이 16세에 부친이 돌아가시자 장례를 극진히 치렀고, 집이 가난하여 어머니를 모실 길이 없음을 언제나 아프게 여겼다. 1801년(순조 1) 30살 때, 무과에 급제하여 벼슬이 절충장군 경상좌수사에 이르렀고, 1837년(헌종 3)에 죽었다.

일찍이 어머니가 돌아가시자 손가락을 끊어 피를 드리어 반나절을 더 살아 계시게 하였으며, 비가 오나 눈이 오나 날마다 그 무덤에 가서 곡하므로, 초동 목자들이 무덤 아래 풀을 베며, "효자 다니는 길이다."라고 하였다.
(李殷相 譯, 『完譯 李忠武公全書(下)』, 成文閣, 1989, 178~182쪽.)

이충무공전서 권12

부록 4

죄 없는 이순신을 변명하여 구원하는 차자伸救箚[1]

우의정右議政 정탁鄭琢[2]

엎드려 아룁니다. 이모李某[이순신]는 몸소 큰 죄를 범하여 법률에 정한 죄명이 매우 엄중하지만, 성상께서 바로 극형을 내리지 아니하시고, 본인을 변명하는 진술原招을 한 뒤에 다시 엄격하게 추궁할 것을 허락하셨습니다. 이는 다만 옥사를 다스리는 체모와 순서가 그러한 것일 뿐만 아니라, 또한 성상께서 인仁을 행하시려는 한 가지 생각으로 끝까지 그 진상을 밝혀냄으로써 혹시라도 살릴 수 있는 길이 있음을 보이시려고 원하신 것이 아니었겠습니까? 우리 성상께서 살리기를 좋아하는 덕好生之德이 또한 죄를 지어 반드시 죽어야 하는 처지에 놓인 자에게까지 미치었으니 신은 감격함을 이길 수가 없습니다.

신이 일찍이 위관委官에 임명되어 추국推鞫에서 죄수를 문초해 본 적이 진실로 한

---

[1] 이 신구차伸救箚는 『충무공가승忠武公家乘』권2에는 제목이 '정상[탁]신구차鄭相[琢]伸救箚'로 되어 있으며, 『약포집藥圃集』권2, 차箚에는 제목이 '논구이순신차論救李舜臣箚'로 되어 있다. '논구이순신차論救李舜臣箚'에는 "初 收議入啓 又具此箚未進 特命依議減死 議見下."(처음에 의론을 수렴하여 입계하였다. 또 이 차자를 마련하여 아직 진달하지 않고 있었는데, 특명으로 헌의獻議에 따라 사형을 감면하라고 하였다. 헌의는 아래에 보인다.)라는 부가문이 붙어 있다. 신구차의 내력에 대해 『약포집藥圃集』(1760년 간행) 연보年譜에도 비슷한 내용이 나와 있다.

[2] 정탁鄭琢 : 1526~1605. 자字는 자정子精, 호는 약포藥圃·백곡栢谷, 본관은 청주淸州이다. 1552년(명종 7) 성균 생원시를 거쳐 1558년 식년문과에 급제한 후 정언, 예조정랑, 헌납, 도승지, 대사성, 강원도 관찰사, 대사헌, 이조참판, 예조판서, 형조판서, 이조판서를 역임하고, 1592년 임진왜란이 일어나자 좌찬성으로 왕을 의주까지 호종하였다. 1595년 우의정에 오르고, 1597년 정유재란이 일어나자 이해 3월에는 옥중의 이순신李舜臣을 극력 신구伸救하여 죽음을 면하게 하였으며, 수륙병진협공책水陸併進挾攻策을 건의하였다. 이후 좌의정, 판중추부사, 영중추부사에 올랐고 호종공신扈從功臣 3등에 녹훈되었으며, 서원부원군西原府院君에 봉해졌다. 시호는 정간貞簡이다. 예천의 도정서원道正書院에 제향되었다. 저서로 『약포집』, 『용만문견록龍灣聞見錄』 등이 있다. 천문·지리·상수象數·병가兵家 등에도 정통하였다.[『한국민족문화대백과』(인터넷).]

두 번이 아닙니다. 대개 죄인들이 한 차례의 심문을 겪게 되면 큰 상처가 나서 그 사이에 죽어 버리고, 비록 재론할 만한 정상情狀이 있더라도 저절로 목숨이 이미 끊어져서 어찌할 길이 없었으므로 신은 일찍이 이를 항상 염려하였습니다. 이제 모某[이하 모某는 이순신을 이른다]는 이미 한 번의 형신刑訊을 치렀는데, 만약 또다시 형신을 가한다면 엄중한 추국에 반드시 살아남는다고 보장하기 어려우니, 성상께서 살리기를 좋아하시는 본의를 상하게 할까 두렵습니다.

임진년[1592] 당시에 왜선倭船이 바다를 뒤덮고 적세가 하늘을 찌르던 날에 국토를 지키던 신하 중에는 성을 버린 자가 많았고, 지방의 군사를 통솔하던 장수들도 군사를 온전히 보존한 자가 적었으며, 조정의 명령은 거의 사방에 미치지 못하였습니다.

모某가 일어나 수군水軍을 거느리고 원균元均과 함께 적의 흉봉兇鋒을 꺾어서 국내의 민심이 차츰 살아났고, 의를 부르짖은 자들도 힘이 났으며, 적에게 빌붙었던 자들이 마음을 돌렸으니, 그의 공로가 참으로 컸습니다. 그리하여 조정에서도 매우 가상히 여겨 높은 작위로 올려 주고 통제사의 칭호를 하사하기까지 하였으니, 마땅하지 않은 것이 아니었습니다. 처음에 군사를 이끌고 적을 칠 때, 거침없이 뛰쳐 나아가 앞장서서 싸움에 나아가는 용기는 원균보다 못하다고 사람들이 간혹 의심하지만, 이는 참으로 그렇다고 하겠습니다. 원균이 거느린 선척은 마침 그때 조정의 지휘를 잘못 받들어서 많이 불타고 침몰했습니다. 모某의 온전한 군사들이 없었다면 새로운 상황을 만들어 내어 놀라운 공로를 세울 수 없었을 것입니다.

모某는 대장이 되어 진격해야 할 때를 보면 기회를 놓치지 않고 수군을 잘 움직여 명성과 위세를 크게 떨쳤습니다. 그러니 전쟁에 나아가서 피하지 않는 용기는 원균이 틀림없이 지니고 있다 하더라도, 마침내 적을 꺾고 함락한 공로는 모某 역시 원균에게 양보할 점이 많지 않을 것입니다.

다만 그때에 원균도 이만큼如許 큰 공이 없지 않았는데, 조정에서 은전을 내리는 것이 모某에게는 모두 미쳤으며 원균에게는 도리어 부족하여 조정과 민간에서는 지금도 원통하다고 하는 자들이 있으니, 이는 가장 애석한 것이라 하겠습니다. 원균이 수군을 거느리는 일에는 재주가 특별히 뛰어나고, 천성이 충실하며, 일을 맡으면 피하지 않아서 마구 찌르는 것衝突을 잘하기 때문에, 두 장군이 몸과 마음을 다하여 협력하면 적을 물리치는 것은 어렵지 않습니다. 신[정탁鄭琢]은 어전御前에서 매양 이러한 일을 아뢰었습니다. 조정은 두 장군이 서로 사이가 좋지 않기 때문에 원균을 다시 기용하지 않았으며, 단지 모某만을 머무르게 하여 수군의 일을 전적으로 맡도록 하였습니다.

모某는 적을 방어하는 일에 대해 능숙하였기 때문에, 수하手下의 재주 있고 용감한 자들은 모두 쓰이기를 즐겨하여 일찍이 군사를 잃은 적이 없었으며, 위엄과 명성도 예나 다름없었습니다. 왜노倭奴들이 수군을 가장 두려워한 것은, 혹시 아닐 수도 있겠으나, 거기에 있지 않았는가 합니다. 그가 변방을 진압하는 데 공로가 있는 대강의 내력大段이 이와 같지만, 혹자는 모某가 한번 공로를 세운 뒤로 다시는 내세울 만한 공로가 별로 없다고 여겨, 이것을 가지고 그를 과소평가합니다.

신은 개인적으로竊 그렇지 않다고 생각합니다. 4~5년 이래로 명나라 장수들은 화친을 주장하고, 명나라 조정에서는 일본을 신하국으로 봉하려는 일까지 생겨서, 우리나라의 모든 장사壯士들은 그 사이에서 손을 쓸 수 없었기 때문에, 모某가 다시 힘을 펼치지 못한 것은 그의 죄가 아닙니다. 근래 왜노들이 또다시 쳐들어왔을 때, 모某가 미처 주선周旋하지 못한 것은 그 사이에 정세로 볼 때, 또한 논할 만한 사정이 있었을 것입니다. 대개 지금은 변방 장수들이 한번 움직이려고 하면 반드시 조정의 명령을 기다려야 하므로, 다시는 장군이 지방의 군사 지휘에 관한 일을 마음대로 할 수 없습니다. 왜노들이 아직 바다를 건너오기 전에 조정에서 비밀리에 하교하였어도, 제때 전달되었는지 여부도 알 수 없으며, 바다의 바람이 순풍이었는지 역풍이었는지, 배가 운항하기에 좋았는지의 여부도 또한 알 수 없습니다. 그리고 수군들이 번대番隊로 나뉜 부득이한 사정은 도체찰사都體察使가 스스로 탄핵한 장계狀啓에 분명히 실려 있습니다. 그러니 수군이 급박한 상황에서 힘을 쓸 수 없었던 것은 형세가 또한 그러한 것이었기 때문이므로, 이것을 모某에게만 전부 책임이 돌아가게 해서는 안 될 것 같습니다.

지난날 장계 속에 그가 진술한 일들은 허망함에 가까우므로 매우 괴이하고 놀라운 것이지만, 이 말이 만약 아랫사람들이 과장한 것에서 나왔다면 아마도 역시 중간

약포 정탁 초상. 예천박물관.

에 제대로 살피지 못한 이유가 있을 수 있습니다.[3] 그렇지 않다면 모某가 정신이 이상한 자가 아닌 이상 감히 이와 같은 짓을 하겠습니까? 신은 삼가 이해가 되지 않습니다.

만약 난리가 일어나던 초기에 군공軍功을 아뢰는 장계에서, 하나하나 사실대로 하지 않고 남의 공로를 탐내어 자신의 공로로 삼은 것은 거짓으로 속이는 것이 되니, 이것으로 죄를 묻는다면 모某가 또한 무슨 말을 하겠습니까?

---

3 통제사 이순신이 1596년(선조 29) 12월 27일에 장계를 올렸는데, 그 내용은 거제현령巨濟縣令 안위安衛 및 군관 급제及第 김난서金蘭瑞, 군관 신명학辛鳴鶴 등이 밀모密謀하여 부산 왜영에 불을 질러 적의 가옥 1천여 호와 화약 창고 2개, 군기軍器와 잡물 및 군량 2만 6천여 섬이 든 곳집과 왜선倭船 20여 척을 불태우고, 왜인 24명이 불에 타 죽었다는 것이었다.(『선조실록』 권84, 선조 30년 1월 1일 임진.) 그러나 이 전과는 도체찰사都體察使 이원익李元翼이 자신이 거느린 군관 정희현鄭希玄에게 지시하여 이루어진 일로 곧 판명되었다. 이순신은 통신사선 일로 부산에 다녀온 군관으로부터 자기가 세운 공이라는 보고를 받고 치계馳啓한 것이었다.(『선조실록』 권84, 선조 30년 1월 2일 계사.)

그러나 완전한 덕을 지닌 사람이 아니라면 남과 내가 서로 상대할 때 남보다 위에 있고자 하는 마음을 품지 않는 자는 대개 적어서, 이전에 하던 것을 머뭇거리면서 버리지 못하고 구차苟且하게 처리하는 사이에 잘못을 저지르지 않는 자가 거의 없습니다. 그러기에 다만 위에 있는 사람이 잘못을 저지른 것의 크고 작음을 살펴서 경중을 두고 처분하는 것일 뿐입니다.

대개 장수된 자는 군민軍民의 운명을 맡고 있어서 국가의 안위에 관계된 사람이기에 그 중요함이 이와 같습니다. 그러므로 옛날의 제왕들이 군권을 위임하고 특별히 은전과 신의를 보였으며, 큰 죄를 저지르지 않으면 곡진하게 보호하고 안전하게 하여 그 임무를 다하게 하였으니, 그 뜻하는 바가 있었습니다.

대저 인재란 나라의 이기利器이므로 비록 저 통역관이나 회계장부를 맡은 산사算士에 이르기까지도 진실로 재주와 기예가 있으면 모두 다 마땅히 사랑하고 아껴야 합니다. 하물며 장수의 재질을 가진 자는 적을 막아 내는 데 가장 크게 관련이 있으므로, 법을 적용하는 것에만 맡겨 두고 너그러이 용서하지饒貸 않을 수 있겠습니까?

모某는 진실로 장수의 재질을 지녔으며, 재능은 해전과 육전을 겸비하여 혹시라도 불가능한 일이 없었습니다. 이와 같은 사람은 쉽게 얻지 못하거니와, 변방의 백성들이 촉망하는 바이고 적들이 두렵게 여기고 있는 바입니다. 만일 죄명이 매우 엄중함을 들어 조금도 용서하지 않고, 또 공로와 죄상을 서로 비교하지 않고 공로와 능력의 유무를 생각하지 않으며, 그 정세를 천천히 살피지도 않고 끝내 큰 벌을 내린다면, 공이 있는 자도 스스로 더 권면할 수 없고, 능력이 있는 자도 스스로 더 힘쓰는 것이 없을 것입니다.

비록 원균처럼 유감을 품은 자일지라도 아마 스스로 마음이 편안할 수만은 없을 것이고, 안팎의 인심도 하나같이 맥이 빠지게 될 것입니다. 이는 실로 우려스럽고 위태로운 모양이며, 한갓 적에게는 다행스러운 것이 될 것입니다. 일개 모某의 죽음은 진실로 아깝지 않지만 국가에 있어서는 관계되는 바가 가볍지 않습니다. 어찌 거듭하여 염려하지 않을 수 있겠습니까?

옛날에 장수를 교체하지 않아서 마침내 큰 공을 거두게 하였던 것으로, 진秦나라 목공穆公이 맹명孟明에게 대한 것과 같은 사실은 진실로 한둘이 아니었습니다. 신이 먼 옛날의 일을 인용하지 않고 단지 성상께서 최근에 하신 일만 아뢰겠습니다. 박명현朴名賢[4] 또한 한때의 맹장猛將으로, 일찍이 국법에 저촉되었으나 조정에서 특별히 그 죄를 용서해 주었습니다. 얼마 되지 않아 충청도에 변란[5]이 있었고, 그 변란은 기축己丑[선조 22, 1589년] 때[6]보다 더 심했지만, 박명현이 일거에 난을 평정하여 종묘에 공을 남겼습니다. 그것이야말로 허물을 용서하고 공을 거두도록 책임을 지운 뜻이 지극한 것이었습니다.

지금 모某는 사형에 해당하는 죄에 빠져서 거의 십악十惡[7]을 범하였으므로 죄명이 매우 엄중한 것은 진실로 성교聖敎와 같으며, 모某 역시도 공론이 지극히 엄중하고 상형常刑이 두려운 것이어서 스스로 목숨을 보전할 가망이 없다는 것을 알고 있습니다. 바라옵건대 은혜로운 명을 내리셔서 특별히 형신을 감하여 주시고, 그로 하여금 공을 세워 은혜에 보답하도록 하신다면, 그는 감동하여 성상의 은혜를 천지 부모와 같이 받들어서 목숨을 걸고 보답하려는 마음은 반드시 박명현보다 뒤지지 않을 것입니다.

성상께서 중흥을 이루신 것에 대해 공훈을 이룬 훈신圖閣之勳臣들이 오늘날 죄인胥靡에게서 일어나지 않으리라는 것을 어찌 알겠습니까. 그렇다면 성상께서 장수를 부리고 인재를 쓰는 도리와, 공로를 의논하고 재능을 논의하는 은전과, 사람이 허물을 고쳐 스스로 새로워지는 길을 허용하는 것이 한꺼번에 모두 얻어질 것이니, 성상께서 난리를 평정하는 정치에 도움을 주는 것이 어찌 적다고 하겠습니까.[8]

---

4 박명현朴名賢[朴命賢] : 1561~1607. 자字는 군빙君聘, 본관은 죽산竹山. 충청남도 홍주洪州에서 살았다. 1561년(명종 16)생으로 이순신보다 16년 아래다. 29세에 무과에 합격하였다. 1596년(선조 29) 충청도 홍산鴻山에서 이몽학李夢鶴의 반란이 일어났을 때, 목사牧使 홍가신洪可臣의 부름을 받아 무장武將 임득의林得義와 함께 반란을 평정하는 데 큰 공을 세우고, 토포사와 충청도 방어사, 전라도 병마절도사 등을 지냈다. 1604년 논공행상論功行賞에서 청난공신淸難功臣 제2등에 책록하고 연창군延昌君에 봉했다. (『한국역대인물종합정보시스템』; 『한국민족문화대백과사전』; 『선조실록』.)

5 원문은 "호우지변湖右之變"으로, 1596년(선조 29)에 충청도 홍산鴻山에서 이몽학李夢鶴이 일으킨 반란을 이른다.

6 기축己丑 때 : 1589년(기축, 선조 22) 정여립鄭汝立의 모반 사건을 이른다.

7 십악十惡 : 『당률소의唐律疏議』와 『대명률大明律』에 정한 10가지의 큰 죄. 곧, 모반謀反, 모대역謀大逆, 모반謀叛, 악역惡逆, 부도不道, 대불경大不敬, 불효不孝, 불목不睦, 불의不義, 내란內亂을 말한다. (세종대왕기념사업회, 『한국고전용어사전』, 2001.)

이때 원균은 안에서 선동하고 비방하였으며, 교활한 왜적들은 밖에서 속여서 조정을 의혹하게 하였으며, 뭇사람들은 번갈아 가며 날뛰면서 반드시 공을 죽을 지경에 집어넣으려 하였다. 이제 이 차자箚子를 보면, 공의 죄상은 대개 없는 것이 없이 되어 있으니 이는 모두 원균 때문이었다.

그때 선조가 명철하고 덕이 높지 않았다면, 과연 저 백기白起[9]가 두우杜郵에서 죽었듯이 그도 죽음을 면하기가 또한 어렵지 않았겠는가. 원균은 처음에 패전한 장수로서 공에게 의지하여 적을 물리쳤다. 이러한 원균의 공로야말로 모두 공[충무공 이순신]의 공로였던 것이다.

공이 떠나고 원균이 대신하였지만 곧바로 패전하고 제 몸조차 적의 칼끝에 죽었다. 그러니 공의 공로는 더욱더 드러났고, 그리하여 공의 옳고 그름은 구태여 변명을 기다리지 않아도 명확해졌다. 세상에서 말하기를, 공이 거의 죽을 지경에 이르렀으나 벗어나게 되자 공로가 클수록 용납되기 어려울 것을 스스로 알고서는, 마침내 싸움에 임해서 자기 몸을 버렸으며, 공의 죽음은 원래 작정한 것이었다고 한다. 그러나 그때 그가 처한 경우와 처지로 보면 또한 이러한 말에 거의 가까운 점도 있다. 아! 슬픈 일이다.

---

8 『약포집藥圃集』 권2, '논구이순신차論救李舜臣箚'에는 이 뒤에, "臣謹因禁府收議 嘗陳固陋 非但不合羣議 辭亦不能達意. 而愚臣一得冀或聖擇 茲敢不辭煩瀆 更申前說 以備芻蕘 恭俟聖諭 如或臣之聲言 少裨國事之千一 則臣萬死猶幸 臣苦患感冒 已經二旬 尙此彌留 未得躬詣闕下 謹具箚以進 輕冒宸嚴 彌增隕越之至 取進止.(신은 삼가 의금부에서 수렴한 의론을 따라서 일찍이 고루한 견해를 진술하였으나, 여러 의론에 합치되지 않았을 뿐만 아니라, 말 또한 뜻을 다 전달하지 못했습니다. 그러나 어리석은 신의 수많은 생각 끝의 견해가 혹여 성상께 채택되기를 바라면서, 이에 감히 번거롭게 해 드리는 것을 마다하지 않고, 다시 앞서의 말을 거듭하면서 천박한 견해를 갖추어, 삼가 성상의 유지論旨를 기다립니다. 만약 신의 어리석은 말이 나랏일에 천분의 일이라도 보탬이 있다면 신은 만 번 죽어도 오히려 다행입니다. 신이 지독한 감기에 걸려 이미 20일이 지났는데도 아직까지 이처럼 낫지 않아서, 직접 대궐에 나아가지 못하고 삼가 차자를 갖추어 올립니다. 성상께 경솔함을 범해 매우 송구스럽습니다. 재결하여 주시기 바랍니다.)"라는 내용이 덧붙어 있다.

9 백기白起 : 중국 전국시대戰國時代 진秦나라의 장수로 용병술에 뛰어났다. 진소왕秦昭王에게 등용되어 군대를 이끌고 한韓나라와 위魏나라의 연합군을 격파하였고, 조趙나라와 초楚나라 등의 70여 개 성을 탈취했다. 초나라의 수도 영郢을 공격해 함락시켜 무안군武安君에 봉해졌다. 진나라가 한단邯鄲을 포위했다가 실패했는데, 그는 이 전투에 병을 핑계로 참전하지 않았다 하여 소양왕으로부터 검을 받은 후 자결하였다. 백기白起가 죽은 곳은 두우杜郵이며, 지금의 섬서성陝西省 함양시咸陽市이다. 이와 관련하여 두우륙杜郵戮(杜郵之戮)이라는 표현이 사용되는데, 충신이 죄 없이 죽임을 당하는 것을 뜻하였다.(『史記』 권73, 白起王剪列傳第十四;『後漢書』 권58, 虞傅蓋臧列傳第四十八, 傳燮, "忠臣將復有杜郵之戮矣".)

공이 돌아가신 뒤 114년 되는 신묘년[숙종 37, 1711]에 이여李畬[10]가 쓰다.

〈참고 1〉 정탁鄭琢의 헌의獻議 '이순신 옥사의李舜臣獄事議'

정탁鄭琢은 이순신을 구명하기 위하여 처음에는 헌의獻議를 올리고, 다시 차자 箚子를 준비하여 올리려던 차에 임금의 사형 감면 지시가 내려진 것을 알고 그만두었다고 한다.[11] 본서의 신구차伸救箚는 바로 두 번째 올리려고 했던 차자이다. 그러므로 선조宣祖에게 올려져 선조의 마음을 돌리게 된 것은 이 신구차가 아니라 처음 올렸던 헌의獻議 '이순신 옥사의李舜臣獄事議'이다. 정탁의 『약포집藥圃集』 권3에 나와 있는 '李舜臣獄事議(이순신 옥사의)' 원문과 번역문을 아래에 소개한다.

琢 議以爲李舜臣獄事 體面極重 固難輕議 而處置一款 亦甚關重 當倭奴之再動入寇也 不能及時遮截 其間情勢 容或有可論 朝廷命令之及時傳通與否 海上風勢之順逆 皆不可知也 其元情招辭 自當一一見出 至於心術隱微之間 發於施爲之際 固不無可疑之端 與元均處置之事 一也 其他做錯之事 恐亦非一二 而自古將臣全德者蓋寡 且古者 當國家多事之時 苟有一才 則雖至於刑餘黥卒 屠狗賤士 皆在收用之類 縱有不逮之事 曲護而安全之 以盡其用 其意有在 今如舜臣者 亦未易多得 舜臣久將舟師 備諳邊情 嘗挫劇賊 頗有威聲 倭奴之最怕舟師者 未必不在於此 敵人之欲圖舜臣者 固未嘗一日忘于心 而不費數兩黃金 而一朝坐見我國遽加顯戮 恐爲敵人之幸也 舜臣以罪已致王獄 律名甚嚴 若以此而終不得免死 則敵人聞之 必置酒相慶 抑恐南邊許多將士 亦皆解體 此深可慮 一舜臣之死 固不足惜 而其於國事 不無大段機關 臣謹按 周官八議 有議功議能之刑 而大明律 亦載此條 人臣有犯十惡者 或以此而宥之 此古今之通義也 舜臣旣以能辦大功 朝廷至賜以統制使之號 其功其能 似或可議 今舜臣繫獄 旣示以律名之甚嚴 復以其有功有能之議 特命減死 使之立功自效 則朝家處置之道 似不失宜 臣有

---

10 이여李畬 : 권11의 주 127 참조.
11 『약포집藥圃集』, 연보年譜, 만력萬曆 25년 정유년 3월.

妄見 敢此煩瀆 惶恐不已 伏惟上裁 議上 特命減死"(『藥圃先生文集』卷之三, 獻議, 李舜臣獄事議)

 탁의 의론은 이렇습니다. 이순신의 옥사는 일의 성격이 매우 중대하여 진실로 가볍게 논의하기 어렵거니와, 처리하는 일도 관계됨이 매우 중요하다고 생각합니다. 왜노들이 다시 준동하여 쳐들어올 적에 제때 차단하지 못한 것은 그 사이의 정세에 대해 논할 만한 것이 있을 수 있습니다. 조정의 명령이 제때 전달되었는지 여부와 바다에서 바람의 형세가 순풍이었는지 역풍이었는지 모두 알 수 없습니다. 그 원정原情(범죄의 동기와 정상)은 초사招辭(범죄 진술서)에 저절로 낱낱이 드러나겠지만, 마음의 은미한 사이와 실행한 행위의 관계에 이르러서는 진실로 의심할 만한 단서가 없지 않으니, 이는 원균을 처리한 일과 마찬가지입니다. 그 밖에 잘못한 일도 아마 한 두 가지가 아닐 것이나 예로부터 장신將臣 중에서 덕을 온전히 갖춘 이는 대체로 드물었습니다.
 그리고 옛날에는 나라에 일이 많을 때를 당하여서 진실로 한 가지 재주라도 있으면 비록 형벌을 당한 경졸黥卒(얼굴에 문신한 병졸)이나 개를 잡아 파는 천한 사람들이라 하더라도 모두 거두어 쓰는 대상에 넣어 두고, 비록 미치지 못하는 일이 있더라도 애써 감싸 주어 안전하게 하여서 그 쓰임을 다하도록 했으니, 그 뜻하는 바가 있었습니다.
 지금 이순신과 같은 자는 또한 많이 얻기가 쉽지 않습니다. 이순신은 오래도록 수군을 거느려서 변방의 정세를 자세히 알고 있고, 일찍이 극악한 왜적을 무찔러 위엄과 명성이 꽤 있습니다. 왜노들이 수군을 가장 두려워하는 것도 반드시 여기에 있습니다. 적들 가운데 이순신을 도모하려는 자는 진실로 하루도 마음에서 잊은 적이 없는데, 몇 냥의 황금도 쓰지 않고 하루아침에 가만히 앉아서 우리나라가 갑자기 현륙顯戮(공공연히 죽임)을 가하는 것을 보게 된다면, 적들의 행운이 될까 두렵습니다. 이순신은 죄 때문에 이미 의금부에 송치되어 있고 죄목도 매우 중대합니다. 만일 이 때문에 끝내 죽음을 면할 수 없게 된다면 적들이 이 소식을 듣고 반드시 술자리를 마련하여 서로 경하할 것이고, 또 남방 변경의 많은 장사들은 모두 맥이 빠지게 될 것이니, 이것이 매우 염려됩니다. 일개 이순신의 죽음은 진실로 애석할 것이 못 되나, 국사에 있어서는 크게 관계됨이 없지 않습니다.

　신이 삼가 살피건대, 주관周官의 팔의八議에 의공議功과 의능議能의 형刑이 있어서 대명률大明律에도 이 조목이 실려 있습니다. 신하 가운데 열 가지 악을 범한 자가 있어도 간혹 이로써 용서해 주었으니, 이는 고금에 통용되는 의리입니다.

　이순신은 이미 능력으로 큰 공을 세웠기 때문에 조정에서 통제사의 칭호를 내려 주기까지 하였으니, 그의 공과 그의 능력에 대해 혹시 논의할 만한 것도 있을 듯합니다. 지금 이순신이 옥에 갇힌 것만 해도 이미 율명律名이 매우 엄중하다는 것은 보여 주었으니, 다시 그가 공이 있고 재능이 있다는 의론으로 특명을 내려 사형을 감해 주어 그로 하여금 공을 세워 스스로 보답하게 한다면, 조정에서 처리하는 도리가 마땅함을 잃지 않을 듯합니다. 신이 부질없는 소견이 있어서 감히 이렇게 성총聖聰을 번거롭게 하고 더럽히게 되어 황공하기 그지없습니다.

　엎드려 바라건대, 주상 전하께서 재가하여 주십시오. ― 의議가 올라가자 사형을 감면하라는 특명이 내렸다.

(한국고전종합DB, 『藥圃先生文集』 卷之三, 獻議, 李舜臣獄事議에서 옮김)

〈참고 2〉 이순신에 대한 신구伸救 운동

이순신이 정유년(1597) 3월 4일에 의금부에 투옥[12]된 이후, 선조는 3월 13일에 비망기로 이순신의 죄상을 직접 열거하며, 신하로서 임금을 속인 자는 반드시 죽이고 용서하지 않는 것이므로, 지금 형벌을 끝까지 시행하여 실정을 캐내려 하는데 어떻게 처리할 것인지 대신들에게 하문하라는 지시를 내렸다.[13]

　3월 14일에 의금부가 대신들의 의견을 수합하였더니,[14] 지중추부사知中樞府

---

[12] 조응록趙應祿, 『죽계일기竹溪日記』, 정유 3월 초4일.
[13] 『선조실록』 권86, 선조 30년(1597) 3월 13일 계묘.
[14] 이덕열李德悅, 『양호당일기養浩堂日記』 권27, 은대일기銀臺日記, 萬曆 25년 정유 3월 14일.

事 정탁鄭琢만이 홀로 "이순신은 명장이니 죽여서는 안 됩니다."라고 헌의獻議하였다. 정탁만이 홀로 이러한 변론을 하였던 사실은 유성룡의 『징비록』[15] 말고도, 정탁이 '논구이순신차論救李舜臣箚'에서 "신은 삼가 의금부에서 수렴한 의론을 따라서 일찍이 고루한 견해를 진술하였으나, 여러 의론에 합치되지 않았을 뿐만 아니라, 말 또한 뜻을 다 전달하지 못했습니다臣謹因禁府收議 嘗陳固陋 非但不合羣議 辭亦不能達意."라는 말 가운데 분명히 드러난다.

그런데 이와 다른 기록도 있다. 당시 좌승지左承旨로 있었던 이덕열李德悅이 『양호당일기養浩堂日記』에서, "대신에게 의견을 수합하였더니, 모두 공功이 있는데도 율律에 붙이는 것은 아마도 혹 너무 지나친 듯하니 끝까지 물어서 실정을 알아낸 뒤에 처리하는 것이 마땅합니다."라고 말하며,[16] 대신들 모두가 이순신의 처형을 반대하였다는 뜻으로 받아들여지는 말을 남겼다.

그러나 당시 이순신을 신문訊問하여 죽이고자 하는 선조宣祖의 의지가 매우 강했기 때문에 대신들도 위험을 무릅쓰고 함부로 얽혀들 분위기는 아니었던 것으로 보인다. '논구이순신차論救李舜臣箚'에서 정탁이 "만약 신의 어리석은 말이 나랏일에 천분의 일이라도 보탬이 있다면 신은 만 번 죽어도 오히려 다행입니다如或臣之譬言 少裨國事之千一 則臣萬死猶幸."라고 비장하게 말하고 있는 것으로 보아도, 당시의 분위기가 위태로웠고, 정탁의 건의가 매우 용기 있는 행동이었음을 알 수 있다. 『행록』에도 나와 있는 것처럼, 서울에 사는 수군 여러 장수들의 친척들조차도 혹시나 연관되지 않을까 전전긍긍하던 것이 당시 분위기였다.

선조의 감형 지시가 3월 30일에 의금부를 통하여 내려진 것을 보면,[17] 정탁의 헌의獻議를 접한 선조가 여러 날 고심 끝에 감형을 결심한 것 같다. 상기 헌의에서 보듯이 정탁의 문장은 간명하면서도 매우 설득력이 있었다.

이 외에도 여러 사람들에 의해서 이순신의 구명 운동이 이루어진 것으로 후

---

15 유성룡柳成龍, 『초본징비록草本懲毖錄』, 朝鮮史料叢刊 제11, 130쪽, "命議于大臣 獨判中樞府事鄭琢言 舜臣名將不可殺".

16 이덕열李德悅, 『양호당일기養浩堂日記』 권27, 은대일기銀臺日記, 萬曆 25년 정유 3월 14일, "李舜臣事 收議大臣 則皆以爲有功按律 恐或過重 究問得情後 處之爲當 傳日 刑推."

17 조응록趙應祿, 『죽계일기竹溪日記』, 정유 3월 30일; 이덕열李德悅, 『양호당일기養浩堂日記』 권27, 은대일기銀臺日記, 만력 25년 정유, 3월 30일.

대에 편찬된 여러 문집들에 언급되어 있으나 정확하지는 않다. 다만 이순신이 하옥되기 전에 우의정 겸 도체찰사都體察使 이원익李元翼이 이순신을 다른 사람으로 대신하게 하면 일이 잘못될까 염려됩니다라는 장계를 올린 바 있으나,[18] 선조의 결심을 바꾸지는 못했다.

이순신을 천거했던 당시 영의정 유성룡柳成龍은 충분히 구원할 만한 위치에 있었으나, 동서 간의 당파 싸움이 치열한 때여서 자기가 나서면 오히려 이순신에게 불리할 것이었기 때문에 함구하고 있었던 것으로 보인다. 이 점은 이식李植이 시장諡狀에서도 지적한 바가 있다.

---

18 『오리선생속집梧里先生續集』 권2, 狀啓, 四道都體察使時狀啓, 정유 二月 初一日.

통제사 이순신에게 드리는 편지 與李統制書

참판參判 정사신鄭士信[19]

들으니 조정의 명령이 엄중하여 포승에 묶여 오는 도중에 계시다니 놀랍고 두렵고 황공스러우며 의혹스러움을 말로 표현할 수 없습니다. 어찌 조그마한 왜의 작은 두목小酋[20]이 교묘한 말과 속임수를 부려 하늘을 가리는 구름이 될 것이라 생각했겠습니까. 하늘의 해가 밝게 떠 있으니 반드시 어두운 곳을 비추는 것처럼, 억울함을 씻어 내고 풀게 될 것임을 걱정하지는 않습니다.

그러나 이로부터 변방의 상황이 한번 잘못되면 흉악한 적이 더욱 방자해지는 것이 염려되니, 하늘과 땅을 누구에게 의지하여 마음을 세울 것이며, 백성들은 무엇을 믿고서 목숨을 잇겠습니까? 그렇게 되면 넘어지고 자빠지고 재앙이나 복이 어찌 영감令公 한 몸에만 미치겠습니까. 나라의 일을 생각해 보면, 참으로 마음이 즐겁지 않습니다.

물에 빠진 자를 보면 구제해 주는 것이 인간의 마음에서 우러나오는 상례입니다.

---

[19] 정사신鄭士信 : 1558~1619. 자는 자부子孚, 호는 매창梅窓·신곡神谷, 본관은 청주淸州이다. 1558년(명종 13)에 났으니 이순신보다 13년 아래다. 1582년(선조 15)에 문과에 급제하고, 박사, 정언, 예안현감, 병조정랑, 예조정랑, 수찬 등을 지냈다. 1592년 임진왜란 때 지평으로서 왕을 따라 평양으로 피난 중 반송정盤松亭에서 이탈하였다 하여 삭직당하였다. 그 뒤 강원도에서 의병을 모아 많은 왜적을 무찌른 공으로 경상도 도사와 선산군수가 되고, 1609년에 동지사로 명나라에 다녀온 뒤 선계변무璿系辨誣의 공으로 광국원종光國原從의 훈勳에 책록되고, 장례원관결사, 밀양부사 겸 경상도 중도방어사에 이르렀다. 사후 예조참판에 추증되었고, 저서로는 『매창집』이 있다.(『한국역대인물종합정보시스템』 ; 『한국민족문화대백과사전』.)

[20] 작은 두목小酋 : 요시라要時羅를 가리킨다. 요시라는 임진왜란 때에 고니시 유키나가小西行長 막하에서 통사 역할을 하면서 첩자 활동도 하였다. 조선 측에서도 요시라에게 관직이나 은자銀子를 주면서까지 왜군의 정보 습득에 노력하고 있었는데, 오히려 이를 이용해 조선 진영을 이간시키는 반간계反間計로 수군통제사 이순신을 하옥시키는 계기를 만들어 내기도 했다.

더구나 조정의 공의公議가 아직 없어지지 않았다면, 어찌 뛰어난 훈공과 높은 절개를 끝내 어두운 구렁텅이에 빠뜨리기야 하겠습니까. 공손히 처분을 기다려서 억울한 것을 바로잡는 것 외에는 다시 무엇을 바라겠습니까. 다만 염려되는 것은, 엄하게 일정을 세우고 날을 정하였기 때문에 몸을 상하기 쉬우니, 특히 힘써 몸을 잘 보존하고 유지하여서 임금의 은혜에 보답하고 어머니의 염려를 위로할 수 있기를 바랍니다.

소관小官은[저는] 변란이 일어난 처음에 관직을 잃고서 상황이 좋지 않았는데, 단지 집안 식구 때문만은 아니었습니다. 관동 지역을 떠돌아다니다가 양양襄陽에서 임시로 군수직을 맡고 있었는데, 우연히 군사들을 격려하는 약간의 수고로움과 적의 목을 베는 자그마한 공을 이루었습니다. 이는 죽게 된 상황에서 살아나려는 하나의 사건이었으므로 나의 공로로 자처하지 않았는데, 뜻하지 않게 강공姜公이 왕에게 아뢰어서 은혜를 입어 벼슬을 받게 되었습니다. 스스로 돌아보니 매우 부끄럽고 남에게 말할 것이 못 되었습니다.

이후에 비로소 임금이 파천한 곳에 도착하여 은혜에 감사를 드리고, 직무는 없이 직위만 지니고 주어진 일에 힘썼으며, 임금을 호위하여 서울로 돌아왔습니다. 이번에 명을 받아 남쪽으로 내려가다가 판부공判府公[정탁]이 계신 집을 방문하여 영감令公께서 이러한 명을 받게 되었음을 듣고서, 판부공과 서로 마주 보면서 분격하였습니다. 그러나 직무를 늦출 수 없어서 잠시라도 머물러 법관의 물음에 진술하셔서 판결이 내려지는 것을 보지 못하고, 편지를 남겨 저리邸吏에게 맡기고 떠나게 되니, 다만 목이 더욱더 메일 뿐입니다.

이 통제사를 제사 지내는 글 (1) 祭李統制文 一[21]

도독都督 진린陳璘

유세차維歲次 만력萬曆 27년 기해己亥[1599년] 정월 임오壬午 초하루에서 10일을 넘긴 11일에 흠차총령 수병어왜총병관 전군도독부 도독첨사欽差総領水兵禦倭総兵管前軍都督府都督僉事 진린이 삼가 돼지와 양[22]과 맑은 술의 제물을 갖추어 조선 수군통제사水軍統制使 이모李某[이순신]의 영령 앞에 제사를 올리며 아룁니다.

아아! 통제사는 멀리 번방藩邦의 4자빠짐 나라에서 5자빠짐 위난危難을 편안하게 하는 지혜로 피폐한 군대를 이끌고 2자빠짐 바둑알처럼 작은 고을에서 왜적이 서쪽을 엿보는 것을 막아서 우리가 안에서 방비하도록 하였습니다. 창을 베고 철갑鐵甲을 입고 하루가 다하도록 쉴 틈이 없었으며, 배를 손보고 무기를 만드느라 한 해가 다 가도록 조금도 그만두지 않았습니다. 그래서 떠돌아다니는 이들을 불러온 것이 만萬 집이나 되었고, 적을 피하여 도망갔다가 돌아온 자가 천千 명이나 되었습니다.

노량의 전투에서 통제사가 선봉에 있다가 왜적의 전함에 의해 우리 배가 거의 함몰될 지경에 이르자 또한 그대가 우리를 호위하여 매우 위태로운 상황에서 벗어났습니다. 왜적이 이로 말미암아 공격하는 기세가 꺾이고 천천히 싸우다가 또 물러가서 마침내 짐승을 사냥하고 풀을 베듯 쉽게 왜적을 물리쳤습니다.[23]

나는 통제사가 이런 죽음의 재앙을 면할 수 있으리라 생각하였는데, 누구인들 그대가 날아가던 탄환에 맞아 세상을 떠날 줄 알았겠습니까? 생각건대, 그대가 평소에

---

21 이 "제이통제문祭李統制文"은 『충무공가승』에는 "중조수군도독진린제문中朝水軍都督陳璘祭文"으로 되어 있다.

22 돼지와 양 : 원문의 '강렵剛鬣'은 돼지, '유모柔毛'는 양羊을 말한다. 『예기禮記』「곡례 하曲禮下」에 "종묘에 제사하는 예에 소를 일원대무一元大武라 하고, 돼지를 강렵이라 하고, 작은 돼지를 돌비腯肥라 하고, 양을 유모라고 한다凡祭宗廟之禮 牛曰一元大武 豕曰剛鬣 豚曰腯肥 羊曰柔毛."라고 하였다.

사람들을 마주하여 일찍이 말하기를 "나라를 욕되게 한 사람은 다만 한 번의 죽음으로 부족하다."라고 하였습니다. 돌아봄에 지금 나라의 땅이 이미 되돌아왔고 큰 원수를 이미 갚았는데도 무엇 때문에 오히려 평소의 생각을 실행하였습니까?

아아, 통제사여! 나라가 쇠잔하면 누가 함께 다스리고, 군사의 일이 낭패를 보면 누가 떨쳐 일어나겠습니까? 어찌 나라를 지키는 장수를 잃고,[24] 또 훌륭한 높은 성곽[25]을 잃게 되리라고 생각했겠습니까? 지난 일을 추억하다가 여기에 생각이 이르니, 어찌 눈물을 흘리지 않겠습니까? 영령께서 어둡지 않다면 이곳에 와서 변변찮은 제물祭物[26]을 흠향하십시오.

---

23 짐승을 …… 물리쳤습니다 : 이순신이 왜적을 쉽게 섬멸한 일을 말한다. 903년에 이무정李茂貞과 주전충朱全忠 등이 환관을 죽인 일에 대하여 사마광司馬光이 논하기를 "선악을 살피지 않고 시비를 가리지 않은 채 풀을 베고 짐승을 사냥하듯 사람들을 마구 죽이니, 어찌 난리가 일어나지 않겠는가不察臧否 不擇是非 欲草薙而禽獮之 能無亂乎."라고 하였다.(『通鑑節要』권48,「唐紀」昭宗 3년.)

24 나라를 …… 잃고 : 원문의 "기보祈父"는 병기와 갑옷을 관장하던 직책으로 여기에서는 통제사 이순신을 가리키고, "조아爪牙"는 맹수의 발톱과 어금니로 훌륭한 장수나 무사를 뜻한다. 『시경詩經』「소아小雅 기보祈父」에 "기보여, 나는 왕의 발톱과 어금니이다祈父 予王之爪牙."라고 하였다.

25 훌륭한 높은 성곽 : 원문의 "영선伶鮮"은 아름답다(伶)와 곱다(鮮)의 합성어로, '훌륭한'의 뜻이고, "백치百雉"는 '높은 성곽'을 의미한다. 1치雉는 3장丈이다.

26 변변찮은 제물祭物 : 원문의 "이지泥沚"는 "소지沼沚"와 같은 말로, 늪이나 물가에서 자라는 물풀을 가리킨다. 여기에서는 이런 곳에서 자라는 물풀을 제물로 올림을 말한다. 『춘추좌씨전春秋左氏傳』은공隱公 3년 기사에 "진실로 마음이 밝고 신의가 있으면 시내나 못에서 자라는 수초水草, 부평이나 마름 같은 채소, 광주리나 솥 같은 용기, 웅덩이나 길에 고인 물이라도 모두 귀신에게 제물로 바칠 수 있고 왕공에게 올릴 수 있다苟有明信 澗溪沼沚之毛 蘋蘩蘊藻之菜 筐筥錡釜之器 潢汙行潦之水 可薦於鬼神 可羞於王公."라고 하였다.

이 통제사를 제사 지내는 글 (2) 祭李統制文 二[27]

영의정領議政 오윤겸吳允謙[28]

모년 모월 모일에 사도체찰사四道體察使를 겸한 행직行職 영중추부사 이덕형李德馨, 부사副使 동지중추부사 한준겸韓浚謙, 종사관從事官 홍문관부수찬 오윤겸吳允謙 등이 삼가 맑은 술과 포와 젓갈의 제물을 갖추어 와서 삼도수군통제사를 겸하고 우의정에 추증한 고故 이 공李公[이순신]의 영위靈位에 제사를 올립니다.

아아! 국가에서 임진년 이후에 장신將臣[대장] 가운데 나랏일로 죽은 사람이 한둘이 아니나 공의 죽음이 가장 애통합니다. 간혹 격앙하고 비분강개하여 적진에 달려갔다가 목숨을 버린 사람도 있고, 간혹 적진에 가서 힘써 싸우다가 죽음에 이르러도

---

[27] 이 제문을 작성한 시기는 오윤겸이 홍문관수찬으로 임명된 때인 1601년 2월에서 5월 사이 및 같은 해 9월에서 12월 사이로 보인다. 참고로 이덕형이 겸사도체찰사, 한준겸이 부사로 활동하는 내용은 1601년(선조 34) 1월 17일 이후이다.(『선조실록』 권133, 선조 34년 1월 17일 병진.) 이 제문은 『추탄선생집楸灘先生集』 권3, 제문, '제통제사이공순신문祭統制使李公舜臣文'에도 실려 있다. 다만 이때 사도체찰사를 겸하고 있던 이덕형이 주관하여 제사를 지냈다. 따라서 문장의 내용은 이덕형이 주체가 되어 제사를 지내는 내용으로 작성되어 있다.

[28] 오윤겸吳允謙 : 1559~1636. 자는 여익汝益, 호는 추탄楸灘·토당土塘, 본관은 해주海州. 한성漢城에서 살았다. 1559년(명종 14)에 났으니 이순신보다는 14년 아래다. 성혼成渾의 문인으로, 1589년(선조 22)에 전강殿講에서 장원해 영릉참봉英陵參奉 등을 역임하였다. 1592년 임진왜란이 일어나자 양호체찰사兩湖體察使 정철鄭澈의 종사관으로 발탁되었으며, 평강 현감으로 5년간 봉직하면서 1597년 별시 문과에 급제하였다. 안주 목사, 호조참의, 좌부승지 등을 역임하였다. 1617년(광해군 9)에 첨지중추부사가 되어 회답겸 쇄환사回答兼刷還使의 정사로 일본에 가서 임진왜란 때 잡혀갔던 포로 150여 명을 쇄환했다. 인조반정 이후 대사헌, 이조·형조·예조의 판서를 두루 역임하였다. 1624년(인조 2) 이괄李适의 난이 일어나자 왕을 공주까지 호종하였다. 1626년(인조 4)에 우의정에 올랐다. 이듬해 정묘호란이 발생하자 왕명을 받고 자전慈殿과 중전을 모시고 먼저 강화도로 피난했으며, 환도 뒤 좌의정을 거쳐 1628년 70세로 영의정에 올랐다. 1633년 좌의정에 재임되고 기로소에 들어갔다. 시호는 충간忠簡이다. 광주廣州의 구암서원龜巖書院에 배향되고, 평강의 산앙재영당山仰齋影堂에 제향되었다. 저서로는 『추탄문집』, 『동사일록東槎日錄』, 『해사조천일록海槎朝天錄』 등이 전하고 있다.(『한국역대인물종합정보시스템』; 『한국민족문화대백과사전』.)

피하지 않은 사람도 있고, 간혹 성에 군사를 배치하여[29] 괴롭게 지키다가 성이 함락되어 죽은 사람도 있고, 간혹 시세와 힘이 다하여 어찌할 수 없음을 알고서 자결한 사람도 있습니다. 그들이 나라를 위하여 자신의 몸을 버리고 죽음을 택한 일은 모두 숭상할 만합니다.

그런데 공의 죽음은 더욱 큰 공적이 있습니다. 공이 한산도에 있을 때 은연중에 호랑이와 표범처럼 용맹한 위세가 있어서 적들이 감히 움직이지 못하였습니다. 그러나 공이 한산도를 떠나자 장수와 군사들이 낙심하고 요충지가 한번 무너져서 패전이 잇달았습니다. 공이 떠났다가 다시 돌아와서 함몰된 이후에 혼란한 나머지의 것을 이어받았습니다. 비록 옛날의 명장에게 이를 감당하게 하더라도 진실로 군사를 부릴 방법이 없었을 것인데도 공은 군사를 수습하고 보충하여 열흘이나 한 달도 되지 않아 수십 척의 전함을 마련하여 바야흐로 세력이 커지는 왜적을 크게 꺾었습니다.

노량露梁의 전투에서 몸소 왜적의 흉한 칼날을 무릅쓰고 죽을 각오로 먼저 배에 올라서 명나라 장수의 포위를 풀어 왜적의 간담을 서늘하게 하였습니다. 몸에 왜적의 탄환을 맞았으나 얼굴에 의기를 드러냈고, 남은 위엄이 미쳐서 장수들이 힘을 다하여 끝내 죽은 제갈량諸葛亮이 산 사마의司馬懿를 달아나게 했던 것과 같은 공적을 이루었습니다.[30] 대개 공의 거취去就와 생사生死가 국가의 성패에 관계되고 군정軍情의 향배에 연계된 사람은 오직 공 한 사람일 뿐입니다. 이것이 공의 죽음을 가장 슬퍼하는 까닭입니다.

공이 죽은 지 2년이 지났어도 임금께서 공의 충성을 아름답게 여기고 공의 죽음을 슬퍼하여 공이 군대의 일을 살피던 곳에 사당을 세우고 사당의 편액을 내렸습니다. 생각건대, 공은 평생 적을 무찌를 뜻을 지녀 국경에서 적을 빨리 쫓아내지 못한 일에 한을

---

29 성에 군사를 배치하여 : 원문의 "영성嬰城"은 '성 위에 군인을 빙 둘러 배치하고 성을 지키는 것'을 말한다.

30 죽은 …… 이루었습니다 : 원문의 "성이사주생지적成以死走生之績"에서 '사주생사死走生'은 '사제갈주생중달死諸葛走生仲達'을 줄여 표현한 것이기 때문에 "죽은 제갈량諸葛亮이 산 사마의司馬懿를 달아나게 하였다."라고 번역하였다. 제갈량이 위나라를 공격하기 위하여 출병하였다가 오장원五丈原에서 병으로 죽자 양의楊儀가 군대를 수습하여 퇴군할 때 사마의가 후미를 추격하였다. 양의가 제갈량의 사전 계책에 따라 위나라 군사를 공격하려는 모습을 보이자 사마의가 두려워 접근하지 못하였다. 그러자 백성들이 "죽은 제갈량이 산 사마중달을 패주시켰다死諸葛走生仲達."라고 하였다.(『三國志』 권35, 「蜀書」 諸葛亮傳.)

품고 전사하였으니, 비록 저승에 있더라도 또한 이곳을 돌아보며 잊지 않을 것입니다.

불녕不寧[자기의 겸칭]들이 임금의 명을 받아 남쪽으로 와서 바닷가에 체찰부體察府를 열었으나 변방의 정세가 날마다 위태로워 승산勝算을 미리 정할 수 없습니다. 만약 공께서 진영에 계셨다면 반드시 오늘의 근심이 없을 것입니다. 말이 여기에 이르니 어찌 거듭하여 슬퍼하지 않겠습니까?

이덕형은 공과 애당초 한 번도 만난 적이 없었으나 왜교倭橋의 일[31]에서 편지를 비밀스럽게 의논하여 서로 마음을 터놓게 되었는데, 공은 나의 뜻에 감동하고 저는 공의 지략智略에 감복하였습니다. 공이 매번 말하기를, "왜적을 평정한 뒤에 수군의 규모를 세우고 계획할 때 일을 맡길 만한 사람이 있다."라고 하였습니다. 승전보와 함께 부음訃音의 나쁜 소식이 이르러 길을 가다가 말을 멈추고 눈물을 흘렸던 상황은 지금 생각해도 기가 막힙니다.

아아! 강산이 의구하고 군사들이 여전히 남아 있으나 노로 뱃전을 치며 맹세하던 공이 돌아오지 않아 통곡합니다. 나라의 장성長城이 이미 무너졌으니 어찌하겠습니까? 죽은 공을 다시 살릴 수 없음을 생각하니,[32] 이 몸이 백번 죽어도 공을 대신할 수 없어[33] 답답합니다. 이에 술[34]을 올리며 부질없이 옷깃 가득 눈물을 뿌립니다. 영령께서 계시면 이곳으로 오셔서 흠향하십시오.

---

31 왜교倭橋의 일 : 1598년 11월에 제독 유정劉綎이 순천왜성順天倭城의 적장 소서행장小西行長과 비굴하게 화의和議를 맺고 금백金帛과 인질을 서로 교환한 다음 소서행장의 군사가 완전히 철수한 뒤에 빈 성에 들어간 일을 말한다. 유정은 성안에 들어가서 땅에 이미 묻은 시체와 적군의 포로로 있던 우리나라 사람의 목을 베어 전투에서 노획한 수급首級으로 충당하고 표제表題에 '서로대첩西路大捷'이라 쓴 공문을 경략經略 형개邢玠에게 보내 자신의 공을 허위로 보고하였다. '왜교'는 전라남도 순천시 해룡면 신성리에 있는 석성石城이다. 순천왜성順天倭城이나 예교曳橋라고도 부른다.

32 죽은 …… 생각하니 : 원문 "구원九原"은 진晉나라 향대부鄕大夫들의 묘지로 사용하던 곳으로, 무덤을 뜻한다. 조문자趙文子가 숙향叔向과 구경九京에 가서 노닐다가 말하기를, "죽은 이들을 만약 일으킬 수 있다면 나는 누구를 따라 돌아갈까死者若可作生 吾誰與歸."라고 하였다.(『國語』권14.)

33 이 몸이 …… 없어 : 원문의 "백신百身"은 그대를 살릴 수만 있다면 백번 죽더라도 기꺼이 자신의 목숨을 바치겠다는 말이다. 『시경』 「진풍秦風 황조黃鳥」에 "대신 죽어 살릴 수만 있다면, 백번 죽더라도 기꺼이 하리라如可贖兮 人百其身."라고 하였다.

34 술 : 원문의 "지면漬綿"은 '적계지면炙鷄漬綿'으로, 술에 솜을 담가 말린 뒤 구운 닭을 싼다는 뜻이다. 후한後漢의 고사高士 서치徐穉는 먼 곳으로 문상問喪하러 갈 때 솜을 술에 적셔 햇볕에 말린 다음 그것으로 구운 닭을 싸서 가지고 간 뒤 솜을 물에 적셔 술을 만들고 닭을 앞에 놓아 제수를 올린 뒤 떠났다고 한다.(『後漢書』권35 徐穉列傳.)

이 충무공의 무덤에 제사하는 글 祭李忠武墓文

여양부원군驪陽府院君 민유중閔維重[35]

기운이 하늘 궁궐에 성대하고	氣殷天門
정신이 높은 산에서 내려오니[36]	神降高嵩
버들잎을 뚫는 묘한 활 솜씨가 있고[37]	穿楊妙藝
붓을 던져 큰바람을 탔네[38]	投筆長風
벽진에서 승진하여	稍陞碧珍
마침내 수사를 맡았는데[39]	遂鎭海閫
하늘 끝 동남쪽은	際天東南
진실로 섬 오랑캐와 이웃했네	實隣島孼

---

35 민유중閔維重 : 권11의 주58 참조. 『충무공가승』에는 '감사 민유중 제묘문監司閔維重祭墓文'으로 되어 있다.

36 정신이 …… 내려오니 : 산이 신령한 기운을 내려 이순신처럼 훌륭한 인물이 탄생하였다는 뜻이다. 『시경』 「대아大雅」 '숭고崧高'에 "드높은 산이 우뚝 하늘에 닿았네. 산이 신령한 기운을 내려 보후甫侯와 신백申伯을 낳았네崧高維嶽 駿極于天 維嶽降神 生甫及申."라고 하였다. 보후甫侯와 신백申伯은 주周나라 선왕宣王 때의 어진 재상이다. 보후는 여후呂侯이다.

37 버들잎 …… 있고 : 이순신이 활을 대단히 잘 쏘았다는 뜻이다. 원문의 "천양穿楊"은 '버들잎을 뚫는다'는 말로, 명사수를 가리킨다. 춘추시대 초楚 공왕共王 때의 장군 양유기養由基가 백보百步 떨어진 곳에서 활로 버들잎을 쏘아 백발백중시켰다는 고사에서 유래하였다. (『史記』 권4, 「周本紀」.)

38 붓을 …… 탔네 : 원문의 "투필投筆"은 '투필종융投筆從戎'의 준말로, 문무를 버리고 무무에 종사함을 뜻한다. 남조南朝 송宋나라의 종각宗慤이 어렸을 때 숙부에게 자신의 소원을 말하기를, "거센 바람을 타고 만리 파도를 헤쳐나가는 것이 소원입니다願乘長風破萬里浪."라고 하였다. 뒤에 진무장군振武將軍이 되어 큰 공훈을 세우고 조양후洮陽侯에 봉해졌다. 왕발王勃의 「등왕각서滕王閣序」에 "붓을 던질 생각이 있어 종각의 거센 바람을 사모한다有懷投筆 慕宗慤之長風."라고 하였다. (『宋書』 권76, 宗慤列傳.)

39 벽진에서 …… 맡았는데 : 이순신이 1591년 2월에 진도군수珍島郡守와 가리포진加里浦鎭 수군첨절제사水軍僉節制使에 임명되었다가 전라좌도全羅左道 수군절제사水軍節制使에 임명된 일을 말한다. '벽진碧珍'은 보통 경상북도 성주星州를 지칭하나 이순신의 행적과 전혀 맞지 않는다. 진도와 진도의 벽파진碧波津을 합하여 '벽진'이라 한 듯하다.

임진년⁴⁰이 되는 해에	執徐之歲
길을 빌린다고 분란을 일으켜	啓釁虞途
흉악한 무리가 침범하여⁴¹	兇徒射天
요망한 기운이 나라에 가득했네	祅祲彌區
사람들이 직분을 생각하지 않았으나	人不職思
공은 나라 위한 계책을 품었고	公懷國計
출병하여 도의 경계를 넘어서	出師逾界
왜적의 세력을 막았네	以遏賊勢
노량의 공적이 우뚝하고	露梁屹屹
한산도에 승전고가 울렸으나	閑山殷若
공을 대신한 이가 계책을 잃어	代斲失畫
군사와 백성이 의지할 곳이 없었네⁴²	士民靡托
장수 중에 공을 다시 기용하니	起公于徒
장졸이 찡그린 얼굴 펴서 웃었고	轉顰爲笑
공이 패전에서 남은 군사를 모아	收贏于輸
적은 군사로 많은 왜적을 격파했네	破衆以少
신종황제가 무장에게	帝命虎臣
군사를 정돈하여 조선에 출정하라 했는데	整旅東征
공이 활집과 화살통을 차고서	公屬櫜鞬

---

40 임진년: 원문의 "집서執徐"는 고갑자古甲子로 임壬인데, 여기에서는 임진년을 말한다.

41 길을 …… 침범하여: 임진왜란 당시에 일본이 명나라를 치겠다는 명분을 내세워 명을 치러 가는 길을 조선에 터 달라고 요청한 정명가도征明假道를 의미한다. 원문의 "우도虞途"는 춘추시대의 작은 나라인 우虞나라의 길을 빌린다는 뜻이고, "사천射天"은 '하늘의 해를 쏜다.'라는 말인데, 하늘은 명나라를 가리킨다. 노魯나라 희공僖公 5년에 진晉 헌공獻公이 우나라의 길을 빌려서 괵虢나라를 정벌하여 멸망시킨 뒤에 다시 군사를 돌려 우나라를 멸망시킨 고사가 있다. 『좌전左傳』에 이르기를, "우나라에 길을 빌려 괵나라를 멸하였다假道于虞 以滅虢"라고 하였다.(『春秋左氏傳』 僖公 5년.)

42 공을 …… 없었네: 이순신이 모함으로 투옥되어 원균이 임무를 대신하였으나 마땅한 장수를 얻지 못해 칠천량 해전에서 왜적에게 대패한 일을 말한다. 원문의 "대착代斲"은 남을 대신해서 감당하기 어려운 일을 함을 말한다. 『노자老子』 74장에 "용렬한 목수가 훌륭한 목수를 대신해 나무를 깎으면 손을 다치지 않는 때가 거의 없다夫代大匠斲者 希有不傷其手矣."라고 하였다.

명나라 군사를 공손히 맞았네	克祗其迎
동짓날 진수[43]가 뜬 새벽에	軫中冬曉
유리하여 토벌을 시작하니	利訖天討
번개가 위엄을 펼치고	列缺張威
수신이 길을 열었네	馮夷啓道
두 나라 군사가 일제히 일어나	兩師齊作
삼군이 공의 공적을 아뢰었고	三軍奏功
왜선이 조각조차 남지 않아	片舸不遺
푸른 바다에 파도가 사라졌네	滄海波空
고래가 다 죽으며	鯨鯢就殲
꼬리가 잘린 채 요동쳐서	折尾猶掉
공의 몸을 해치니	公身是毒
신의 도움으로 보전하지 못했네[44]	神祐莫保
장차 천자의 명이 내려져	將錫天命
해와 달처럼 밝게 빛났으니	炳如日星
살아서 제후[45]에 봉해져도	生膺茅土
이보다 영화롭지 않으리라	不足爲榮
저 아산[46]을 바라보니	瞻彼陰岑

---

43 진수 : 원문의 "진軫"은 28수宿 가운데 남방주조칠수南方朱鳥七宿의 하나인 진수軫宿에 딸린 별자리이다. 『천문유초天文類抄』에서 진軫은 "장군과 악부樂府에서 노래하여 즐기는 일을 주관한다. … 밝고 크면 천하가 번영하고 백성이 편안하고 세상이 임금의 교화를 받는다軫主將軍 樂府歌謳之事 … 明大則天下昌 萬民康 四海歸王."라고 하였다.

44 고래가 …… 못했네 : 노량 해전에서 왜군이 대패하여 마지막 발악을 할 때 이순신이 전사한 일을 말한다. 원문의 "경예鯨鯢"는 작은 물고기를 마구 잡아먹는 흉포한 암수 고래로, 왜적을 비유한다.

45 제후 : 원문의 "모토茅土"는 천자天子가 제후諸侯를 봉할 때 제후에게 주는 흙을 말한다. 옛날 천자가 제후를 봉할 때 해당 방면의 색을 상징하는 흙, 곧 동방은 청토靑土, 서방은 백토白土, 남방은 적토赤土, 북방은 흑토黑土를 꾸러미에 싸서 주고 사社를 세우게 하였다.(『書經』「禹貢」.)

46 아산 : 원문의 "음잠陰岑"은 아산牙山의 옛 이름이다. 이병도에 의하면, 아산은 백제시대의 아술현牙述縣으로, 아牙의 훈訓이 '엄'이며, 아산현의 뒷날 이름이 음술[陰峯, 陰岑]이며, 그 음이 염사廉斯와 흡사하다.(이병도, 『한국고대사연구韓國古代史研究』, 박영사, 1983, 246~364쪽.)

둥근 무덤[47]은 공이 묻힌 곳인데	睪如攸寄
차가운 달빛이 아득하고	苦月茫茫
소나무와 잣나무가 시들었네	松栢其萎
나는 외람되게 관찰사로 와서[48]	我叨觀風
이 땅에 절의를 세우고	植節玆土
공의 충렬을 생각하며	緬惟英烈
사모하는 마음이 일어나네	興我景慕
변변찮은 제물을 마련하여	玆將菲具
신명께서 오시기를 바라니	冀格神明
혼령께서 아신다면	魂兮有知
저의 박한 정성을 흠향하소서	歆余薄誠

---

47 둥근 무덤 : 원문의 "고여睪如"는 무덤의 둥근 모습을 묘사한 말이다. '고睪'는 '고皐'와 같다. 『열자列子』「천서天瑞」에서 배움에 피곤하여 쉬고 싶다는 자공子貢의 말을 듣고 공자가 말하기를, "쉴 곳이 있다. 저 무덤을 바라보면 봉긋하고 볼록하고 언덕 같고 막힌 것 같으니, 쉴 곳임을 알 수 있다有焉爾 望其壙 睪如也 宰如也 墳如也 鬲如也 則知所息矣."라고 하였다.

48 나는 외람되게 관찰사로 와서 : 민유중閔維重이 충청도 관찰사에 임명된 것은 1668년(현종 9) 1월 22일(신유)이며, 1년간 근무하였다.(『승정원일기』, 현종 9년 1월 22일 신유.)

현충사에 봉안할 때 제사하는 글 顯忠祠奉安祭文[49]

판서判書 민진후閔鎭厚[50]

선조[51] 연간에	在穆陵世
섬 오랑캐가 명나라를 친다고 할 때	島夷射天
서울을 지키지 못하고	王京不守
여러 고을이 무너졌네	列郡靡然
공이 이때 명을 받아	公時受命
왜적을 섬멸할 뜻을 품고	志殲寇賊
전함을 지휘하여	樓船所撤
피를 흘리지 않고 승리했네	有捷無衂
명성이 천하에 진동하여	聲震夷夏
황제가 빛나게 칭찬했으나	帝褒煌煌
장군별이 문득 떨어지니	大星遽殞
어찌 하늘이 공을 죽게 하였나	其奈天亡
삼군이 통곡할 때	三軍號哭

---

[49] 이 제문은 1706년(숙종 32)에 현충사를 건립한 뒤 이순신의 위패를 봉안할 때 민진후閔鎭厚가 지은 제문이다. 1707년에 사액을 받았다.

[50] 민진후閔鎭厚: 1659~1720. 자는 정순靜純, 호는 지재趾齋, 본관은 여흥. 한성漢城에서 살았다. 여양부원군驪陽府院君 민유중閔維重의 아들이며, 숙종 계비 인현왕후의 오빠이다. 1686년(숙종 12) 28세에 별시 문과에 급제하여 승문원정자承文院正字가 되었다. 곧이어 1689년(숙종 15)에 기사환국으로 관작을 삭탈당하고 귀양살이를 하였다. 1694년(숙종 20)에 인현왕후가 복위됨에 따라 세자시강원 설서說書로 다시 기용되었고, 이후 충청도 관찰사, 대사간, 강화부유수, 형조참의, 한성부판윤, 의금부판사, 동지사冬至使, 판돈령부사, 예조판서 등을 지냈다. 시호는 충문忠文이다. 문집에 『지재집趾齋集』이 있다. (『한국역대인물종합정보시스템』; 『한국민족문화대백과사전』.)

[51] 선조: 원문의 "목릉穆陵"은 선조宣祖의 능호陵號이다.

부모를 잃은 듯했는데	若喪父母
바다와 산에 맹세한 시구가	誓海盟山
아직도 일구로 전해오네[52]	尙傳逸句
공의 큰 절개는	惟公大節
이미 무와 충을 겸했으니	旣武且忠
우리 동방을 다시 안정시킨	再奠吾東
이 일은 누구의 공인가	伊誰之功
또 집안 행실이 뛰어나	亦越內行
효우에 돈독했고	克篤孝友
마침내 성취함에	畢竟成就
기본이 있었네	其本則有
이곳 아산 땅을 돌아보니	睠玆牙土
진실로 공이 살던 곳인데	寔公之居
아무 물가와 언덕에서	某水某丘
노닐며 즐겼네[53]	以遊以娛
집처럼 쌓아 올린 무덤[54]은	若堂有封
충의의 혼백이 깃든 곳이고	毅魄攸藏
뽕나무와 가래나무가 이미 오래되어	桑梓旣古
소나무와 잣나무가 처량하네	松栢凄凉
영령께서 바람 타고 깃발 흔들며[55]	風馬雲旗

---

52 바다와 …… 전해오네 : 원문의 "서해맹산誓海盟山"은 『이충무공전서』 권1에 실린 「무제일련無題一聯」의 "바다에 서약하니 어룡이 움직이고, 산에 맹세하니 초목이 아네誓海魚龍動 盟山草木知."라는 시구를 가리킨다. '일구逸句'는 시 전체에서 일부만 전하는 시를 말한다.

53 아무 …… 즐겼네 : 아산은 이순신이 어릴 적에 노닐고 낚시하던 고향임을 말한 것이다. 당唐나라 한유韓愈의 「송양거원소윤서送楊巨源少尹序」에 "아무 물가와 언덕은 내가 어릴 적에 낚시하며 노닐던 곳이다某水某丘 吾童子時所釣遊也."라고 하였다.

54 집처럼 …… 무덤 : 원문의 "당유봉堂有封"은 '당봉堂封'으로, 집처럼 사방을 사각형으로 반듯하고 높게 쌓아 올린 무덤을 형용하는 말이다. 공자가 말하기를, "내가 무덤을 보니 마치 집처럼 쌓아 올렸다吾見封之若堂者矣."라고 하였다. 『禮記』 「檀弓上」.

돌아오는 모습과 비슷하니	彷彿歸來
나그네가 그곳을 가리키고	行旅指點
노인들이 옛일을 생각하네	父老興懷
옛날에 우리 선왕[현종]께서	昔我聖考
가마 타고 여기 들러	車駕過此
공의 충렬을 추억하며	緬想忠烈
융성하게 제사를 올렸네[56]	禮隆牢祀
공의 유적에 이르러	遺躅所曁
특별히 표창하고	褒典特殊
비석과 사당을 세움에	竪碑建祠
영남과 호남에 하였네	于嶺于湖
제사를 받드는 일이	俎豆之奉
아산 고을만 빠져서	獨闕吾鄕
온 고을 사람들이	所以一方
논의하여 상소를 올렸네	倡議騰章
임금께서 말하기를 '아,	聖主曰咨
내가 너희 말을 따르겠다.'라고 하니	予其汝從
선비들이 일을 감독하고	士董其事
장인들이 능력을 발휘했네	工奮其庸
사당이 새롭게 되어	廟宇載新
영령께서 길이 편하리니	永妥英靈

---

55 영령께서 …… 흔들며 : 이순신의 혼령이 제사에 내려오는 모습을 표현한 것이다. 굴원의 『이소離騷』에 "꿈틀대는 여덟 마리 용을 몰고, 펄럭이는 구름 깃발 꽂고 가네駕八龍之蜿蜿兮 載雲旗之委蛇."라고 하였고, 진晉나라 부현傅玄의 「오초가吳楚歌」에 "구름으로 수레를 삼고 바람으로 말을 삼네雲爲車兮 風爲馬."라고 하였다.

56 옛날에 …… 올렸네 : 현종이 1665년 5월 1일에 예관을 보내 아산에 있는 이순신의 무덤에 제사를 지낸 일을 말한다. 현종은 온양온천에 목욕하러 왔다가 4월 23일에 이순신 사당에 제사 지내는 일을 의논하고, 5월 1일에 예관을 보내 이순신 묘소에 제사를 지내게 하였다.

선비와 관리가 달려와서	衿紳駿奔
살진 고기와 향긋한 술을 올리네	牲肥醪香
원근이 교화에 감동하여	遠近風動
충의가 솟아나니	忠義聳激
우리를 살피고 도와서	顧我佑我
싫어하지 마소서	庶幾無斁

현충사상량문顯忠祠上樑文[57]

목사牧使 임홍량任弘亮[58]

나라를 망하지 않게 한 사람은 누구인가? 모두 충무공忠武公의 뛰어난 공렬을 추앙한다. 죽어서 사당에 제사를 지낼 만하여 정성스럽게 높이 받들어 게시하니, 백대百代 뒤에도 명성이 있고 천년 뒤에도 사모할 것이다. 고故 충신인 충무 이 공李公은 천지의 빼어난 기운을 받고 강산의 정기를 모아 비로소 태어나니 가정嘉靖 을사년[1545][59]의 해이다. 이름을 '순신舜臣'으로 정하고 자字를 '여해汝諧'로 지은 것은 중화重華[순임금]와 고요皐陶[60]의 어짊을 사모했기 때문이다.

대대로 순후한 선비 집안인 덕수이씨德水李氏는 연원이 원대하여 가정에 올바른 법도가 있고 사헌부의 기풍[61]이 늠름하였다. 효우孝友의 성품과 행실의 순수함은 하

---

57 이 글은 임홍량이 1706년(숙종 32)에 아산 현충사를 건립하며 상량식을 할 때 지은 상량문이다. 현충사는 1706년에 건립하고 이듬해에 편액을 받았다. 임홍량의 『창추유고敞帚遺稿』 권4에 실려 있으며, 제목이 「충무이공순신사우상량문忠武李公舜臣祠宇上樑文」으로 되어 있다. 일부 자구가 다르고, 구절의 위치가 다른 부분도 있다.

58 임홍량任弘亮 : 1634~1707. 자는 사인士寅, 호는 창추敞帚, 본관은 풍천豊川. 충청남도 아산牙山에서 살았다. 1662년(현종 3) 29세에 문과에 합격한 후 승정원 가주서假注書, 전라도사全羅都事, 병조좌랑, 문천·풍기 군수, 진주목사, 평산·순천 부사 등을 거쳐, 진주목사, 오위장五衛將, 나주목사 등을 역임하였다. 저서로는 『창추유고敞帚遺稿』가 있다.(『승정원일기』; 「한국역대인물종합정보시스템」; 『한국민족문화대백과사전』.)

59 을사년[1545] : 원문의 "전몽旃蒙"은 '을乙'의 고갑자古甲子인데, 이순신이 태어난 을사년(1545)을 가리킨다.

60 고요皐陶 : 원문의 "필해弼諧"는 신하들이 화합하여 임금을 잘 보필한다는 뜻으로, 고요가 한 말이다. 고요가 일찍이 우禹 임금에게 말하기를 "임금이 진실로 덕을 실천하면 신하들의 계책이 밝아지고 보필이 조화로울 것입니다允迪厥德 謨明弼諧."라고 하였다.(『書經』 皐陶謨.)

61 사헌부의 기풍 : 원문의 "상대霜臺"는 사헌부司憲府의 다른 이름이다. 이순신의 증조부 이거李琚가 1491년 7월부터 사헌부 장령掌令으로 있으면서 엄정하게 탄핵하고 업무를 집행했기 때문에 이렇게 말한 것이다.

늘에서 받았고, 호탕한 재주와 영특한 기상은 어릴 적부터 그러하였다. 배 속에 간직한 시서詩書⁶²가 장군의 마음에서 표현되었고, 가슴에 간직한 병법이 어릴 적 전쟁놀이에서 보였다. 마음이 만 명의 사내보다 뛰어나서 정원후定遠侯[반초]가 붓을 던진 일⁶³에 뜻을 두었고, 기운이 온 세상을 덮어서 천산天山에서 설인귀薛仁貴가 활을 걸어 적장을 쏘던 일⁶⁴에 견주었다. 일찍이 무과武科에 발탁되었으나 용양장군龍驤將軍 왕준王濬의 뜻을 펼치지 못하였다.

　권세가 있는 집안의 구혼求婚을 물리쳐 몸가짐을 깨끗하게 하였고,⁶⁵ 문중의 이조판서와 만남을 사절하여 사사로운 청탁을 부끄럽게 여겼다.⁶⁶ 단아한 선비처럼 신실信實하여 법도대로 자신의 몸을 다스렸고, 사람됨이 뛰어나고 걸출하여 서검書劍⁶⁷을 그리 중요하지 않은 일로 여겼다. 한 번 충청도 병사兵使의 군관軍官이 되어서 강

---

62 배 속에 간직한 시서詩書 : 원문의 "복유시서腹有詩書"는 배 속에 시서를 담아둠, 곧 학문을 부지런히 닦아 자신의 것으로 만든다는 뜻이다. 당나라 한유韓愈의 「부독서성남符讀書城南」에 "사람이 사람답게 됨은, 시서를 배 속에 담아 두기 때문이네. 시서는 부지런히 해야 소유할 수 있고, 부지런히 아니 하면 배 속이 텅 비네人之能爲人 由腹有詩書 詩書勤乃有 不勤腹空虛."라고 하였다.

63 정원후定遠侯가 붓을 던진 일 : 정원후는 한漢나라 반초班超의 봉호封號이다. 명제明帝 때 반초는 집이 가난하여 글을 배우며 어머니를 모시다가 붓을 던지면서 탄식하여 "대장부가 별다른 지략이 없더라도 부개자傅介子나 장건張騫이 이역異域 땅에서 공을 세운 것을 본받아 봉후封侯가 되어야지, 어찌 오래도록 붓이나 만지고 있을 것인가?"라고 하고서 붓을 내던졌다. 뒤에 공을 세워 정원후에 봉해졌다.(『後漢書』권47, 班超列傳.)

64 천산天山에서 …… 쏘던 일 : 당나라 고종高宗 때 설인귀薛仁貴 장군이 일찍이 천산에서 구성九姓의 10만 남짓의 돌궐족突厥族을 향하여 화살 석 대를 쏘아 세 사람을 차례로 죽이자, 돌궐족이 기가 꺾여서 모두 항복하였다. 그러자 군중軍中에서 노래하기를, "장군이 화살 석 대로 천산을 평정하니, 장사들은 길이 노래하며 관문에 들어가네將軍三箭定天山 壯士長歌入漢關."라고 하였다.(『舊唐書』권83, 薛仁貴列傳.)

65 권세가 …… 하였고 : 이순신이 김귀영金貴榮 서녀庶女와의 혼인을 거절한 일을 말한다. 정승 김귀영이 서녀를 이순신과 혼인시키기 위해 사람을 보내 뜻을 전달하니, 이순신이 말하기를, "내가 벼슬길에 처음 나왔는데, 어찌 권문權門에 의탁하면 되겠는가?"라고 하고서 거절하였다.(『白湖集』권21, 「事實」統制使李忠武公遺事.)

66 문중의 …… 여겼다 : 이순신이 이조판서 이이李珥와의 사사로운 만남을 거절한 일을 말한다. 유성룡柳成龍이 이순신에게 이조판서 이이를 만나보라고 권하자, 이순신이 말하기를, "동종同宗으로 말하면 마땅히 만나볼 만하지만 전형銓衡하는 자리에 있는 것이라면 만날 수 없다."라고 하고서 끝내 가지 않았다. 이순신과 이이는 모두 덕수이씨이다.(『白湖集』앞 주와 같음.)

67 서검書劍 : 글을 읽어 관리가 되고 칼을 잡고 종군從軍하는 것으로, 문관이나 무관이 되는 것을 말한다. 책과 칼은 옛날 선비들의 일상 소지품으로 곧 학문과 의기를 뜻한다. 맹호연孟浩然의 시 「자락지월自洛之越」에 "삼십 년을 허둥지둥, 학문과 의기 다 못 이뤘네遑遑三十年 書劍兩無成."가 있다.

직하여 아부하지 않았고, 두 번 함경도 변경의 보병보兵堡을 주관하였으나 전전하여 뜻을 펴지 못하였다. 남쪽 변방에서 오동나무를 보호하여 상관의 명령에도 베지 못하게 하였고,[68] 북쪽 변방에서 녹둔도鹿屯島의 둔전屯田을 감독하며 오랑캐 추장의 목을 두 번이나 올렸다.

그런데 어찌하여 공적이 보상을 받지 못하고 충성이 도리어 의심을 받게 되었는가? 칼과 톱의 형틀이 앞에 있어도 위세에 뜻을 굽히지 않고, 삶과 죽음은 천명이라 여겨 횡액에도 마음이 동요하지 않았다. 이 때문에 반평생 어려웠고,[69] 이 때문에 10년 동안 불우하였다. 그래서 난새가 가시나무에 깃들자 모두 한패가 되어 화합하지 못하였고,[70] 천리마가 마구간에 엎드려 네 발굽을 오그린 채 능력을 펼치지 못하였다. 회음후淮陰侯 한신韓信은 국사國士일 때 처음으로 재상 소하蕭何의 지우知遇를 받았고,[71] 무목왕武穆王 악비岳飛는 군영의 부하였을 때 다행히 종택宗澤의 추천을 받았다.[72]

당시에 외진 변방에 혼란이 일어나서 조정이 근심하고, 임금이 전쟁에 대비할 생

---

68 남쪽 …… 하였고 : 이순신이 전라도 흥양현興陽縣의 발포만호鉢浦萬戶로 있을 때 상관이 관아의 오동나무를 베지 못하게 했던 일을 말한다. 이순신이 발포만호로 있을 때 주장主將이 사람을 보내 보정堡庭에 있는 오동나무를 베다가 거문고를 만들려고 하자, 이순신이 거절하며 말하기를, "이것은 관가官家의 나무이다. 심은 사람이 이미 뜻이 있어 심었을 터인데, 베는 자는 또 무슨 뜻으로 벤단 말인가?"라고 하였다. (본서 권9, 이분의 「행록」; 『白沙集』 권4, 「遺事」 故統制使李公遺事.)

69 어려웠고 : 원문의 "건둔蹇屯"은 『주역』의 건괘蹇卦와 둔괘屯卦로, 어려운 상황이라는 뜻이다. 『주역』 「건괘 단상」에 "건은 어려움이니 험함이 앞에 있다蹇難也 險在前也."라고 하였고, 「둔괘 단상」에 "둔은 강과 유가 막 교차하여 어려움이 생긴다屯 剛柔始交而難生."라고 하였다.

70 난새가 …… 못하였고 : 이순신이 원균 등의 모함을 받아 화합하지 못하고 뜻을 펼치지 못한 일을 말한 것이다. 원문의 "불함不咸"은 화합하지 못한다는 뜻이다. 후한後漢의 고성 영考城令 왕환王渙이 말하기를, "탱자와 가시나무는 난새나 봉황이 깃들 곳이 아니니, 백 리쯤 되는 작은 고을이 어찌 큰 현인이 있을 곳이겠는가枳棘非鸞鳳所棲 百里豈大賢之路."라고 하였다. (『後漢書』 권76, 循吏列傳 仇覽.)

71 회음후淮陰侯 …… 받았고 : 소하蕭何와 한신韓信은 한나라 고조高祖 유방劉邦이 천하를 통일할 때 큰 역할을 한 책사와 장군이다. 한나라 고조高祖가 대장을 뽑을 때 소하가 한신을 천거하며 말하기를, "장수들은 쉽게 얻을 수 있으나 한신 같은 이는 국사國士라 짝할 만한 사람이 없다."라고 하자, 고조가 대장단大將壇을 설치하고 특별한 예를 베풀어서 한신을 대장에 임명하였다. (『史記』 권92, 淮陰侯列傳.) 여기에서는 유성룡柳成龍이 이순신을 알아 추천했던 일을 말한 것이다.

72 무목왕武穆王 …… 받았다 : 악비와 종택은 금나라의 침략을 막는 데에 큰 공을 세운 장수이다. 악비가 종택의 부하로 있을 때 종택이 악비를 장수로 등용하여 여러 차례 금나라 군대를 물리쳤다. (『宋史』 권360, 宗澤傳; 같은 책 권365, 岳飛傳.)

각을 할 때 장수로 삼을 만한 사람이 누구였는가? 임금께서 "일도一道[전라도] 전함의 수군을 거느리게 하니 그대는 명심하라."고 하였으며, 특별한 발탁은 이미 보통 일이 아니었고, 책임 또한 수군절도사를 전담하였다. 바야흐로 밤이 깊을 때도 호령하고 두려워하며[73] 위험한 상황에 미리 대비하여 위기를 늦출 수 있었다.[74] 톱밥과 대나무 토막을 모아 둔 일은 사행士行 도간陶侃의 빈틈없는 일 처리 방식이고,[75] 복파장군伏波將軍과 하뢰장군下瀨將軍은 한漢나라 장수의 규모였다.[76] 판자 지붕과 방패 창문을 달아서 거북선의 묘한 제도를 만들었고, 쇠말뚝과 쇠사슬을 설치하여 왜적들이 함부로 오가는 것을 막았고, 마음속으로 묵묵히 지혜와 방략을 운용하여 눈앞에 이미 강한 적이 없었다.

임진년[1592]과 계사년[1593]에 이르러 국운이 기울어 독사와 돼지 같은 왜적들이 흉계를 부려 동해에서 돛을 달고 달려와 재앙이 순식간에 닥쳤고, 부산포와 동래가 연달아 함락되어 적의 기세가 바람과 우레처럼 일어났다. 영남 70개 고을이 흙이 무너지듯 함락되자 왜적이 빈틈을 타고 곧바로 진격하였고, 수천 리 충청도와 경기도가 기와가 깨지듯 격파되자 관리들이 제멋대로 멀리까지 말을 내달렸다. 부절符節과 인끈을 찬 수령과 관찰사는 피신하여 자기의 처자만 보호하였고, 장수[77]들은 왜적의 처리를 임금에게 남겼다.[78] 상산商山[상주]과 달천㺚川[충주]에서 두 장수의 병

---

73 바야흐로 …… 두려워하며 : 원문의 "호척號惕"(『주역』 원문은 척호惕號)은 늘 조심하는 마음을 품고 경계와 호령을 엄하게 하는 것이다. 『주역』「쾌괘夬卦 구이九二」에 "두려워하고 호령함이니, 늦은 밤에 적병이 있더라도 걱정할 것이 없다惕號 莫夜有戎 勿恤."라고 하였다.

74 위험한 상황에 …… 있었다 : 원문은 "음우지주무陰雨之綢繆"이다. '미우주무未雨綢繆'와 같은 말로, 비가 오기 전에 미리 빈틈없이 꼼꼼하게 준비하여 위험스러운 사태를 방비한다는 뜻이다. 『시경』「빈풍豳風 치효鴟鴞」에 "하늘이 비를 내리지 않을 때, 저 뽕나무 뿌리를 주워, 틈과 구멍을 꼼꼼히 얽어매라迨天之未陰雨 徹彼桑土 綢繆牖戶."라고 하였다.

75 톱밥과 …… 방식이고 : 원문의 '목설죽두木屑竹頭'는 톱밥과 대나무 토막이고, '사행士行'은 진晉나라 도독都督 도간陶侃의 자字이다. 도간이 배를 만들 때 톱밥과 대나무 조각을 상자에 담아 두게 하였더니, 사람들이 모두 그 까닭을 알지 못했다. 나중에 청사 앞에 눈이 내려 질척거릴 때 톱밥을 뿌렸고, 환온桓溫이 촉蜀을 정벌할 때 비축한 대나무 조각으로 대나무 못을 만들어 사용하였다.(『通鑑節要』 권27, 「晉紀」 肅宗.)

76 복파장군伏波將軍과 …… 규모였다 : 이순신이 수군절도사가 된 것을 말한다. 복파伏波와 하뢰下瀨는 모두 한나라 때 장군의 명호名號이다. 남월南越의 승상 여가呂嘉가 반란을 일으켜 남월 왕 조흥趙興과 왕태후王太后 및 한나라 사신을 죽이자, 무제武帝가 노박덕路博德을 복파장군으로 삼고, 양복楊僕을 누선장군樓船將軍으로 삼아 정벌하게 하였다.(『史記』 권113, 南越列傳.)

사들이 시신으로 수레에 실려 왔고,[79] 경기도 구성駒城[용인]에서 세 장수의 군사들이 갑옷을 벗고 달아나서 마치 사람이 없는 땅을 짓밟듯 하였으니,[80] 누가 임금을 위해 난리를 막을 수 있었겠는가?

이에 우리 공께서 유곤劉琨처럼 창을 베고 자면서 눈물을 흘렸고,[81] 사아士雅 조적祖逖처럼 노를 들어 뱃전을 치며 맹세[82]하였으나 임금께서 아득한 관서關西[평안도]의 땅으로 피신하였다는 소식을 듣고서 놀랐으며, '저 동쪽으로 흐르는 장강을 바라본다.'[83]라는 임금의 서글픈 교서敎書를 보고 통곡하였다. 왜장[소서행장小西行長]이

---

[77] 장수 : "거입곡居笠轂"으로 표기되어 있다. 여기에서는 장수의 임무를 말한다. 입곡笠轂과 관련된 표현으로는 『좌전』선공宣公 4년 조에 "又射 汰輈 以貫笠轂(또 활을 쏘니, 화살이 수레의 멍에를 매는 부분인 끝채를 지나 입곡을 꿰뚫었다)"이라 하였고, 주에는, "병거兵車에는 일산盖이 없으므로, 지위 높은 자가 타면 옆에서 사람이 입笠을 들고 호위한다."라고 하였다.

[78] 왜적의 …… 남겼다 : 후한後漢 광무제光武帝가 노로에 있을 때 경감耿弇이 장보張步의 공격을 받고 있다는 말을 듣고서 구원하기 위해 직접 출동하였다. 진준陳俊이 경감에게 황제의 군대가 도착할 때까지 잠간 전투를 멈추고 기다리자고 건의하자, 경감이 말하기를, "황제의 수레가 곧 도착할 터인데, 신하로서 마땅히 소를 잡고 술을 걸러서 백관을 기다려야 한다. 도리어 적군의 처리를 임금에게 남기려고 하는가乘輿且到 臣子當擊牛釃酒 以待百官 反欲以賊虜遺君父邪."라고 하였다.(『後漢書』권80, 耿弇列傳.)

[79] 상산商山과 …… 실려 왔고 : 이일李鎰이 1592년 4월 25일에 상주 전투에서 패하여 달아나고, 신립申砬이 1592년 4월 28일에 충주 탄금대彈琴臺 전투에서 전사하여 수많은 장졸이 죽은 사실을 말한 것이다.

[80] 경기도 …… 하였으니 : 전라도·경상도·충청도의 관찰사 이광李洸·김수金睟·윤국형尹國馨이 삼도三道의 근왕병勤王兵을 거느리고 1592년 6월 6일에 용인에 집결한 왜적과 싸우다가 패하여 달아난 일을 말한다.

[81] 유곤劉琨처럼 …… 흘렸고 : 원문의 "온교溫嶠"는 '유곤劉琨'의 잘못이므로, '유곤劉琨'으로 바로잡아 번역하였다. 원문의 "침과枕戈"는 창을 베개 삼아 자는 것으로, 나라를 회복하려는 굳센 의지를 말한다. 유곤劉琨이 일찍이 친구 조적祖逖과 함께 중원을 수복할 뜻을 품었는데, 다른 친구에게 보낸 편지에서 "나는 창을 베고 아침이 오기를 기다리면서 역적의 머리를 효시하려는 생각뿐인데, 항상 조생이 나보다 말채찍을 먼저 쥘까 염려한다吾枕戈待旦 志梟逆虜 常恐祖生先吾著鞭"라고 하였다. 조생祖生은 조적을 가리킨다.(『晉書』권62, 劉琨列傳.)

[82] 사아士雅 …… 맹세 : 원문의 "격즙擊楫"은 노를 들어 뱃전을 친다는 뜻으로, 중원中原의 회복을 다짐하며 충성을 맹세하는 것을 비유하는 말이다. 여기에서는 이순신이 조선을 침범한 왜적을 격퇴하겠다는 굳은 다짐을 뜻한다. 원문의 '사아士雅'는 동진東晉의 장군 조적祖逖의 자字이다. 조적이 군대를 거느리고 석륵石勒의 침범을 격퇴하기 위하여 강을 건너다가 강 복판에서 노를 들어 뱃전을 두드리며 말하기를, "조적이 중원을 맑게 하지 못하고 다시 강을 건넌다면 이 강에 몸을 던지리라祖逖不能清中原而復濟者 有如大江."라고 하였다.(『晉書』권62, 祖逖列傳.)

[83] 저 동쪽으로 …… 바라본다 : 선조가 의주로 피란 가서 1592년 8월 1일에 내린 교서에서 "저 장강을 바라봄에 또 동쪽으로 흐르니, 도성에 돌아가려는 일념은 강물처럼 도도하다瞻彼長江 亦流于東 思歸一念 如水滔滔."라고 한 내용을 축약하여 표현한 것이다.[『선조수정실록』권26, 선조 25년(1592) 8월 1일(戊子).].

"대왕의 행차가 어디로 가는가?"라고 협박을 하였으니 임금께서 욕본 것이 매우 심하였고, "압록강에서 술을 흠뻑 마시겠다."라고 큰소리를 쳤으니 나라의 수치를 누가 씻어 주겠는가? 충분忠憤이 열렬하여 적과 함께 살고 싶지 않았고, 의기가 당당하여 다만 나라 위해 한번 죽으려고 하였다.

먼저 일찍이 옥포玉浦에서 시험하여 한 달에 세 번 승전보를 아뢰었고, 명량鳴梁에서 왜적을 크게 짓밟아 나날이 불어나는 왜적을 여러 차례 물리쳤다. 신종황제神宗皇帝가 10줄의 칙서勅書를 내리니 한 글자의 칭찬이 곤룡포袞龍袍보다 영광이었고,[84] 관직의 자급資級은 세 등급의 품계를 더하여 2품品의 높은 자리에 올랐다. 삼도수군통제사三道水軍統制使는 우리 공公부터 관직이 만들어졌고, 충청도와 전라도로 왜적이 가는 길을 방어하자 공의 공적을 가상하게 여겨 방어를 맡겼다. 남방에 대한 걱정이 거의 풀리고 중흥의 공훈을 기약하였는데, 어찌 제齊나라가 반간계를 써서 연燕나라를 속이고,[85] 진秦나라가 첩자를 보내 조趙나라를 속일[86] 줄 생각이나 했겠는가?

왜적이 바야흐로 유언비어를 퍼뜨려 속였을 때 일이 대부분 의심스러웠고, 사람들이 또 재주를 시기하고 공적을 꺼려 재앙을 장차 예측하기 어려웠으나 공은 스스로 만전萬全의 좋은 계책을 믿어서 하루아침에 큰 탈이 일어날까 걱정하지 않았다. 그러나 죄 없이 감옥에 갇힌 원통함을 스스로 밝힐 방법이 없었고, 충효를 모두 잃은 아픔을 저 푸른 하늘에 하소연할 수도 없었다. 악의樂毅가 참소를 받자 연나라가 끝내 기겁騎劫을 등용하였다가 패배하였고, 염파廉頗가 성벽을 지키며 싸우지 않자

---

84 한 글자의 …… 영광이었고 : 원문의 "일자지곤포一字之袞褒"는 한 글자의 칭찬이 곤룡포袞龍袍보다 영광스럽다는 뜻이다. 『어람경사강의御覽經史講義』에서 『춘추春秋』의 법을 논하면서 "한 글자의 칭찬이 화려한 곤룡포보다 영광스럽고 한 글자의 비판이 부월斧鉞보다 엄하다一字之褒 榮於華袞 一字之貶 嚴於斧鉞"라고 하였다. (『通塞撮要』 4권, 正祖.)

85 제齊나라가 …… 속이고 : 전국시대 연燕나라의 명장 악의樂毅가 소왕昭王 때 제나라 70여 성의 항복을 받았다. 제나라 장수 전단田單이 "악의가 제나라의 왕이 되려 한다."라고 반간계反間計를 썼다. 혜왕이 이 말을 믿고 악의를 의심하여 기겁騎劫을 장군으로 삼아 악의를 대신하게 하였다가 제나라에 크게 패하였다. (『史記』권80, 樂毅列傳.)

86 진秦나라가 …… 속일 : 조趙나라가 진나라와 장평長平에서 대치할 때 염파廉頗가 성벽을 고수하며 싸우려 하지 않자, 진나라가 간첩을 보내 "염파는 늙고 병든 장수라 두렵지 않고, 다만 조사趙奢의 아들 조괄趙括을 제일 두려워한다."라고 이간책을 써서 염파 대신 조괄趙括을 장수로 삼게 하였다. 그 결과 진나라 장수 백기白起가 조나라 군사 수십만을 죽이고 조괄 역시 사살되었다. (『史記』권81, 廉頗藺相如列傳.)

조괄趙括로 대신하게 하였다가 군대가 패망하였다.

　임금께서 바야흐로 누구를 등용해야 할지 신하에게 물었을 때 모두 공을 들며 다시 노련한 장수에게 맡겨야 한다고 하였으니, 장준張浚이 다시 강가에 이르자 군사들이 마음으로 기뻐했고[87] 위상魏尙이 거듭 운중雲中을 지키자 오랑캐가 넋을 잃었다.[88] 상처 입고 살아남은 군사들을 수습하는 한편 해지고 잃어버린 무기를 고치고 보충하였으며, 상중喪中의 애통한 마음을 힘써 눌러 몸을 잊고 나라를 위해 목숨을 바쳤다. 벽파정碧波亭 아래에서 남은 용기를 내어 먼저 배에 올랐고, 운주당運籌堂 안에서 여러 부하의 계책을 받아들여 모두 실행하였다.

　명나라 군사가 협력하여 적을 여섯 번 치고 일곱 번 치는 온갖 계책을 다 쓰고, 우리 군대가 위엄을 떨쳐 북을 한 번 치고 두 번 치면서 그치지 않았다. 크고 작은 백여 차례의 접전에 어떤 공격인들 취하지 않고 어떤 전투인들 이기지 않았겠는가? 열세 척의 남은 배를 통솔하여 약한 군사로 강한 왜적을 대적하고 적은 군사로 많은 왜적을 대적하였다. 경리經理 양호楊鎬가 일찍이 문밖에 걸어 놓을 붉은 비단[89]을 축하의 선물로 주었고, 명나라 신종 황제가 노란색의 인수印綬를 묶은 도독인都督印을 하사하였다.

　공이 바다와 산에 맹세하던 기상은 시에서 볼 수 있고, 나라와 백성을 구한[90] 공렬은 칭찬 속에 더욱 드러났다. "임금의 수레를 용만龍灣[의주]에서 모셔 오겠다."라고 한결같이 맹세하였고, "우리 국토에서 백성들을 편안하게 하겠다"라고 거듭하

---

87 장준張浚이 …… 기뻐했고 : 장준은 송나라 고종高宗 때의 충신으로, 송나라를 회복할 뜻을 품고 온 힘을 다해 금金나라를 공격하였다. 추밀원사樞密院事에 임명되어 명을 받는 즉시 강가로 나아가 군사들을 사열하니, 군사들이 모두 기뻐하여 용기백배하였다.(『宋史』권361, 張浚列傳.)

88 위상魏尙이 …… 잃었다 : 전한前漢 때 위상魏尙은 운중태수雲中太守가 되어 뛰어난 지략으로 흉노匈奴를 물리쳤으나 흉노의 수급首級을 보고하면서 실제보다 6명을 더 보고하여 견책을 받고 감옥에 갇혀 있었다. 풍당馮唐의 진언進言으로 문제文帝의 용서를 받고 풀려나와 다시 운중태수가 되어서 승승장구하자 오랑캐들이 두려워하였다.(『漢書』권50, 馮唐傳.)

89 걸어 놓을 붉은 비단 : 원문은 "괘홍掛紅"으로, 축하할 때 문밖에 붉은 비단을 드리우는 것을 말한다. 중국에서 행하는 예식의 하나이다. 충무공의 신도비명에도 이를 언급하고 있는데, "괘홍掛紅이란 것은 중국 사람들이 폐백幣帛으로써 서로 축하하는 예식이다."라고 하였다.(『이충무공전서』권10, 부록 2, 비문, 신도비神道碑, 영의정 김육領議政金堉,『잠곡선생유고潛谷先生遺稿』1, 신도비명神道碑銘, 이통제충무공신도비명李統制忠武公神道碑銘.)

여 기약하였으나 어찌 오장원五丈原에서 별이 떨어져 삼군三軍이 빛을 잃을[91] 줄 생각했겠는가? "오늘은 진실로 죽기를 결단한다."라고 하였으나 어찌 전쟁에서 죽겠다는 초심을 저버리지 않고 하늘도 공을 남겨 두지 않아 끝내 순절하려던 평소 뜻을 이루게 하였는가? 용이 큰 못에서 죽으니 천지가 이 때문에 근심이 맺히고, 호랑이가 깊은 산을 떠나니 바람과 구름이 빛을 잃었다.

지휘와 전략은 정녕코 임종하던 때의 유언과 같고, 호령과 위엄은 용맹하게 달려가 왜적에게 포위된 명나라 장졸을 구하였다. 제갈량은 몸이 비록 죽었어도 중달仲達[사마의]이 스스로 달아났고, 선진先軫은 죽었어도 얼굴이 살아 있는 듯하여 적군이 오히려 두려워하였다.[92] 임금께서 우리 명장을 잃은 일을 애도하고 백성들은 우리 만리장성이 무너졌다고 탄식하였다. 공안公安의 백성들도 구래공寇萊公의 상여가 지나가자 상심하였고,[93] 양양襄陽의 노인들도 현산峴山의 양호羊祜 비석 앞에서 눈물을 흘렸다.[94]

죽음을 슬퍼하고 망자를 높여[95] 『주례周禮』에 따라 공신 중에 으뜸으로 기록하고,[96] 증직贈職과 치제致祭는 『한의漢儀』에 따라 은총을 넉넉하게 내렸다. 황하黃河와

---

90 나라와 백성을 구한 : 원문의 "보천욕일補天浴日"은 큰 공을 세우는 것을 말한다. 여와씨女媧氏가 오색 돌을 구워서 터진 하늘을 꿰매고補天, 희화羲和가 감연甘淵에서 해를 목욕시켰다浴日는 고사에서 유래하였다.(『列子』湯問.)

91 오장원五丈原에서 …… 잃을 : 오장원은 섬서성 미현郿縣에 있는 들판이다. 제갈량이 위나라를 치러 갔다가 이곳에서 죽었는데, 그가 죽던 날에 큰 별이 떨어졌다. 이순신이 죽기 전날에 진린이 하늘을 살피다가 장군별이 떨어지는 것을 보고 이순신의 죽음을 예견하였으므로 이렇게 적은 것이다.

92 선진先軫은 …… 두려워하였다 : 선진은 춘추시대 진晉나라 대부의 이름이다. 선진이 임금의 잘못에 분개하여 돌아보지 아니하고 침을 뱉었다. 뒤에 적狄과 전쟁할 때 "나는 임금에게 무례하였으니 죽어야 한다."라고 하고서 갑옷과 투구를 벗고 적진에 들어가 싸우다가 죽었다. 적인狄人이 그의 머리를 돌려주었는데, 얼굴이 마치 살아 있는 사람과 같았다.(『春秋左氏傳』僖公 33년.)

93 공안公安의 …… 상심하였고 : 원문의 "내상萊相"은 내국공萊國公에 봉해진 재상 구준寇準을 가리킨다. 구준이 뇌주雷州 공안公安으로 귀양 가서 죽은 뒤에 상여가 공안현公安縣을 지날 때 공안 백성들이 모두 길가에 나와 통곡하며 제사를 지냈다.(『宋史』권281, 寇準傳.)

94 양양襄陽의 …… 흘렸다 : 원문의 "현산峴山"은 호북성湖北省 양양현襄陽縣 남쪽에 있는 산이다. 진晉나라 양호羊祜가 일찍이 양양 태수로 있으면서 선정을 베풀고 현산에 올라가서 놀았다. 양호가 죽은 뒤에 백성들이 그의 공적을 기려 현산에 비석을 세우고, 오갈 때 비석을 보면서 슬프게 울어 타루비墮淚碑라 하였다.(『晉書』卷34, 羊祜列傳.)

95 죽음을 …… 높여 : 원문의 "은졸隱卒"과 "숭종崇終"은 일반적으로 임금이 죽은 이에게 제사를 지내거나 시호를 내리는 일을 말한다.

태산泰山이 마르고 닳도록 공신부터 자손까지 잘살게 하기를 맹세하고, 단서丹書와 철권鐵券을 내리고 공훈을 종묘 제기에 새겨 빛나게 하였다.[97] 큰 소리로 다스리고 호령하던 곳에 모두 사당을 세워 제사를 지냈고, 생전에 사랑했던 고향과 은혜가 미쳤던 곳에는 땅을 쓸어 깨끗하게 하고서 제사를 지내지 않은 곳이 없었다. 큰 절개와 큰 공훈이 우뚝하여 정려旌閭의 표창을 높이 걸었고, 충민사忠愍祠와 충렬사忠烈祠에는 임금이 내린 편액의 글자가 환하게 빛나고 있다.

아아! 조카가 노량의 공훈을 이어서 끝내 서쪽 변방에서 순국하였으니,[98] 제갈량諸葛亮의 아들 제갈첨諸葛瞻이 면죽綿竹 싸움에서 죽은 것을 우리나라에서 다시 보게 되었다.[99] 용천검龍泉劍이 칼집 속에서 울어 성난 기운이 아직도 남아 있고, 고래처럼 커다란 물결이 바다 위에 잔잔하여 공의 위풍이 여전히 남아 있다. 살아서 존경하고 죽어서 애도하니,[100] 성대한 의례가 비록 나라의 법전대로 한 일일지라도 시축尸祝[축문]을 받들고 사직社稷[나라]을 세워 모심에[101] 제사가 유독 공이 살던 아산의 마을에만 빠져 있다. 여기 아산현牙山縣 남쪽 백암리白巖里는 진실로 공이 옛날에 살던 곳인지라 옛날의 마을과 거리는 여전히 옛날의 모습이 남아 있고, 아무 시내와 언덕은 아직도 옛날의 공의 자취를 기억하고 있다.

이승과 저승의 간격이 없을 터이니 온서溫序의 넋이 혹시라도 왔을까?[102] 영혼이

---

96 『주례周禮』에 …… 기록하고 : 원문의 "공종功宗"은 공신 중에 으뜸인 사람을 말한다. 『서경』 「낙고洛誥」에 "공이 으뜸인 사람을 기록하여 공로에 따라 큰 제사를 지내도록 하라記功宗 以功作元祀."고 하였다.

97 공훈을 …… 하였다 : 임홍량任弘亮의 『창추유고敞帚遺稿』 권4, 「충무이공순신사우상량문忠武李公舜臣祠宇上樑文」에는 '난훈벌어정이爛勳伐於鼎彛' 아래에 뒷부분의 "용천후어합중 여노유재 경파식어해상 위풍상존龍泉吼於柙中 餘怒猶在 鯨波息於海上 威風尙存." 4구가 실려 있다..

98 조카가 …… 순국하였으니 : 원문의 "아함阿咸"은 '조카'라는 뜻으로, 이순신의 조카 이완李莞(1579~1627)을 말한다. 정묘호란이 일어나 적이 의주를 포위하였을 때 적과 싸우다가 중과부적으로 패하자 병기고에 불을 지르고 종제從弟 이신李藎과 함께 죽었다. 병조판서에 추증되고, 1706년 아산 현충사에 배향되었다. 시호는 강민剛愍이다.

99 제갈량諸葛亮의 …… 되었다 : 제갈량의 아들 제갈첨諸葛瞻은 면죽綿竹에서 위나라의 장수 등애鄧艾와 싸우다가 죽었다. 여기에서는 이순신의 셋째 아들 이면李葂(1577~1597)이 죽은 것을 말하였다. 이면은 영리하고 말타기와 활쏘기를 잘했는데, 정유재란 당시 아산을 습격한 왜적에 맞서 싸우다가 죽었다.

100 살아서 …… 애도하니 : 이순신이 생전과 사후에 모두 임금의 큰 은총을 받았다는 뜻이다. 자공子貢이 공자에 대해 말하기를, "살아서는 세상이 존경하고 죽어서는 세상이 슬퍼하니, 어떻게 공자께 미칠 수 있겠는가其生也榮 其死也哀 如之何其可及也."라고 하였다.(『論語』 「子張」.)

옛 현충사. 1971. 충남 아산.

의지할 곳이 없으니 승상 제갈량의 사당은 어느 곳에 있는가?[103] 신명神明을 사당에 모시지 못했으나 시골 노인들이 세시의 명절마다 공을 생각하며 감동하였고, 세상일은 사람에게 달려 있으나 마을의 선비들이 세월이 오래되면 잊을까 걱정하였

---

101 시축尸祝을 …… 모심에 : '시축尸祝'은 보통 신주神主를 마주하여 축문을 읽는 축관祝官을 말하는데, 여기에서는 신주를 앞에 두고 축문을 읽으며 제사를 지내는 일을 뜻한다. 노담老聃의 제자 경상초庚桑楚가 외루畏壘 고을을 다스린 지 3년 만에 고을이 크게 번성하자, 고을 백성이 서로 경상초를 칭송하여 말하기를, "경상자가 처음 왔을 때 우리가 깜짝 놀라 기이하게 여겼다. 지금 하루하루 헤아리면 부족하더라도 1년으로 헤아리면 넉넉하니, 아마도 성인인 듯하다. 그대들은 어찌하여 서로 함께 그를 시축으로 받들고 사직을 세워 모시지 않는가庚桑子之始來 吾洒然異之 今吾日計之而不足 歲計之而有餘 庶幾其聖人乎 子胡不相與尸而祝之 社而稷之乎."라고 하였다.(『莊子』「庚桑楚」.)

102 온서溫序의 …… 왔을까? : 온서는 후한後漢의 관리로, 자字가 차방次房이다. 그는 외효隗囂의 별장別將 구우苟宇에게 붙잡혀 온갖 회유를 받았으나 따르지 않다가 칼로 자결하였다. 광무제光武帝가 이 소식을 듣고서 낙양성洛陽城 부근에 장지葬地를 하사하고 후하게 장사를 지냈다. 뒤에 장자長子 온수溫壽의 꿈에 온서가 나타나 말하기를, "오래도록 객지에서 떠돌다 보니 고향 생각이 난다."라고 하였으므로, 온수가 글을 올려 황제의 허가를 받아 고향의 선영先塋에 다시 장사를 지냈다.(『後漢書』권81, 獨行列傳 溫序.)

103 승상 …… 있는가? : 원문의 "승상丞相"은 촉한蜀漢 제갈량諸葛亮을 말한다. 두보杜甫의 「촉상蜀相」에 "승상의 사당을 어느 곳에서 찾을까? 금관성 밖에 잣나무가 무성한 곳이네丞相祠堂何處尋 錦官城外柏森森."라고 하였다. 제갈량의 사당은 사천성四川省 성도成都 금관성錦官城에 있다. 두보의 시를 빌어 충무공의 사당이 고향에 없음을 한탄한 것이다.

다. 대개 힘이 부족하고 공사가 커서 아직 사당을 지을 겨를이 없었으나 해가 가고 시간이 흘렀어도 마치 기다림이 있는 듯하였다. 다행히 오늘 많은 선비가 일제히 분발하고 온 지방의 중론이 모두 같았다. 그래서 고관高官과 선생先生[수령]에게 두루 고하여 소식이 임금께도 알려졌고, 도포를 입은 선비들에게 널리 알려서 먼 지방에도 소식이 미쳤다.

집터를 보고 방위를 살펴서 옛집과의 거리가 멀지 않고 가까운 곳에 서쪽을 등지고 동쪽을 향해 새롭게 사당을 지으니 진실로 알맞은 곳의 자리에 부합하였다. 8월 무렵에 터를 파서 점쾌에 알맞게 하였고, 동짓달에 목수에게 자를 주어[104] 재목을 모아 공사를 시작하게 하였다.

길이[105]를 재고 먹줄을 쳐서 이미 일을 벌이자 공수반公輸般과 공수工倕[106] 같은 장인들이 재주를 다하고, 용마루·기둥·들보·서까래를 모두 갖추자 장인과 석공들이 재주를 다하였다. 이 냇가에 가지런히 집을 지으니[107] 아름답게도 완전하고 알맞으며, 정면이 맑고 상쾌하니[108] 아름답게도 웅장하고 화려하다.[109] 사당 모습이 엄숙히 임하여 황홀하게 신령께서 계신 듯하고, 높은 산을 우러르고 행실이 뛰어나서 흠모하는 마음이 일어난다. 귓가에 '아랑兒郎'을 외치는 소리가 기쁘게 들리고, 눈앞에 우뚝 솟은 사당을 즐겁게 바라본다. 두 개의 들보를 이미 올려서 상량을 축하하는

---

104 목수에게 자를 주어 : 원문의 "수구授矩"는 목수에게 자를 주어 공사를 시작하게 함을 말한다. '구矩'는 규구規矩의 준말이다. 규規는 원형을 제대로 살리기 위한 그림쇠(컴퍼스)이고, 구矩는 각도를 정확하게 재기 위한 꺾쇠자를 말한다. 흔히 수평기준水準과 먹줄繩을 덧붙여 '규구준승規矩準繩'이라고 해서 도량형度量衡을 상징한다.

105 길이 : 원문의 "심인尋引"은 길이의 단위이다. 심尋은 8척尺이고, 인引은 1장丈이다.

106 공수반公輸般과 공수工倕 : 원문의 "반수般倕"는 요堯임금 때의 명장名匠인 공수반과 공수의 합칭合稱이다.

107 이 냇가에 …… 지으니 : 『시경』 「소아小雅 사간斯干」에 "이 물가에 가지런히 물이 흐르고, 남산이 그윽하네. 대나무가 더부룩 자라는 듯하고, 소나무가 무성한 듯하네. 형과 아우가 서로 좋아하고, 서로 도모함이 없네秩秩斯干 幽幽南山 如竹苞矣 如松茂矣 兄及弟矣 式相好矣 無相猶矣."라고 하였다. 「사간斯干」은 새로 집을 지어 낙성落成할 때 연회를 베푼 자리에서 형제간에 서로 화목하게 잘 살기를 축원한 노래이다.

108 정면이 맑고 상쾌하니 : 『시경』 「소아小雅 사간斯干」에 "뜰이 평평하고 반듯하며, 기둥이 높고도 곧네. 정면이 밝고 상쾌하며, 어두운 곳이 그윽하니, 군자가 편히 쉬는 곳이네殖殖其庭 有覺其楹 噲噲其正 噦噦其冥 君子攸寧."라고 하였다.

노래 여섯 수¹¹⁰를 완성한다.

젊은이들,¹¹¹ 동쪽에 들보를 던지게	兒郞偉拋樑東
완연히 뽕나무와 가래나무가 옛날과 같네	宛然桑梓舊時同
살던 마을과 사당이 인근에 영원히 있어서	遺閭廟宇長隣近
어둡지 않은 혼령께서 감동하리라	不昧精靈庶感通

젊은이들, 남쪽에 들보를 던지게	兒郞偉拋樑南
행궁에 임금 기운이 상서로운 구름처럼 끼어 있네	行宮御氣瑞雲曇
추억함에 선왕[현종]께서 행차하던 날에	却憶先王臨幸日
예관이 제사하여 은총이 컸었네	禮官賜祭寵恩覃

젊은이들, 서쪽에 들보를 던지게	兒郞偉拋樑西
긴 시내 한 줄기가 긴 둑을 감싸네	長川一帶繞長堤
영인산¹¹²은 아산의 진산인데	寧仁山作牙城鎭
큰 절개와 표상이 산과 나란하네	偉節層標可等齊

---

109 아름답게도 웅장하고 화려하다 : 진晉나라 조무趙武가 집을 완공하자 진나라 대부들이 모두 모여 하례를 올렸는데, 그중에 장로張老가 송축하기를, "아름다워라, 웅장한 집이여! 아름다워라, 화려한 집이여! 여기에서 노래하고, 여기에서 곡을 하고, 여기에서 국빈과 종친들을 모으리라美哉輪焉 美哉奐焉 歌於斯 哭於斯 聚國族於斯."고 하였다.(『禮記』「檀弓下」.)

110 상량을 …… 여섯 수 : 원문의 "육위六偉"는 상량문을 말한다. 상량식上梁式에서 동서남북과 상하 여섯 방위에 만두를 던지며 '아랑위兒郞偉'라는 상투어가 여섯 번 들어가기 때문에 흔히 '육위사六偉詞' 또는 '육위송六偉頌'이라고 부른다.

111 젊은이들 : 우리나라에서는 "아랑위兒郞偉"를 일반적으로 '어여차', '어영차', '영차' 등의 감탄사로 풀이하고 있는데, '위偉' 글자가 문門의 관중關中 방언임을 고려할 때 '젊은이兒郞 들偉'이라는 뜻이 된다. 여기서는 '젊은이들'이라는 뜻으로 번역하였다.

112 영인산 : 원문의 '영인산寧仁山'은 영인산靈人山의 잘못인 듯하다. 임홍량의 『폐추유고敝帚遺稿』에는 영인산靈人山으로 되어 있다. 이민구李敏求가 1644년에 지은 「침해당기枕海堂記」에 "아산牙山의 진산鎭山은 영인산靈人山이다. 산의 서쪽은 완만하고 동쪽은 가파르며, 북쪽으로 솟은 곳이 신풍新豊 고개이고, 고개 아래 평평한 곳이 창성倉城이다."라고 하였다.(『東州集』제3권, 枕海堂記.)

젊은이들, 북쪽에 들보를 던지게	兒郞偉抛樑北
무덤가 숲이 울창하여 묘소를 보호하네	佳城鬱鬱護幽宅
면양의 무덤이 무후사 옆에 있고[113]	沔陽墓傍武侯祠
삼 척의 비석은 희생을 돌에 매던 곳이네	三尺螭頭牲繫石

젊은이들, 위쪽에 들보를 던지게	兒郞偉抛樑上
하늘이 드넓어 일월성신이 빛나네	太虛寥廓耀乾象
만약 충의를 빛과 다투려 한다면	若將忠義爭輝光
하늘의 밝은 해와 달을 반드시 보라	天上須看日月朗

젊은이들, 아래쪽에 들보를 던지게	兒郞偉抛樑下
잣나무 판자와 소나무 기둥으로 큰 집을 짓네	栢版松楹揭大廈
봄가을 제사를 사당에서 어기지 않으면	芬苾春秋祠罔愆
천년 뒤에도 충의를 표창하는 풍속이 있으리	表忠千載尙風化

엎드려 원하건대, 들보를 올린 뒤에 영혼이 평안하여 복과 상서를 내리고, 뒷사람들이 제사를 지내는 정성에 강림하여 제사 지내는 음식과 향을 영원히 누리고, 하늘에 계신 선조대왕宣祖大王의 혼령이 오르내리는 것을 도와 자손과 백성들을 보우하십시오. 기운이 산하가 되어 우리나라를 웅장하게 하여 우뚝 솟고,[114] 이름이 우주에 걸려 영원토록 드리워 길이 남고, 백성의 기강을 세우고 백성의 풍속을 교화하여 모두 윗사람을 공경하고 어른을 위해 죽을 줄 알게 하고, 세상 법도를 붙들고 세상 교화를 일으켜서 다투어 절의를 세우고 충성을 본받도록 권면하십시오.

---

113 면양의 …… 있고 : 면양沔陽은 제갈량諸葛亮의 무덤과 사당이 있는 곳인데, 팔진도八陣圖 유적이 남아 있다. 제갈량의 사당은 263년 봄에 건립하였다. 여기에서는 아산에 이순신의 무덤과 현충사가 있음을 말한 것이다.

114 기운이 …… 솟고 : 남송南宋의 명상名相 조정趙鼎이 임종을 앞두고 자신의 명정銘旌에 쓰기를, "이 몸이 기미를 타고 천상으로 돌아가고, 기상은 산하가 되어 본조에 웅장하리身騎箕尾歸天上 氣作山河雄本朝."라고 하였다.(『宋史』 권360, 趙鼎列傳.)

거북선을 노래하다 龜船頌

판부사判府事[115] 이병모李秉模[116]

성곽을 방어책으로 삼고 성벽과 보루를 견고함으로 삼는 것은 야전野戰에는 이로우나, 이를 가지고 수전水戰을 할 수 없다. 갑옷과 투구를 입어 부상을 피하고 방패를 써서 몸을 가리는 것은 이는 한 사람을 지키는 방법이지만, 이를 가지고 삼군三軍을 지키려고 한다면 모두 보호하지 못한다. 만약 물에서 싸우되 성곽의 방어책이 있고, 군사들이 움직이되 성벽과 보루의 견고함이 있고, 갑옷과 투구를 입지 않아도 부상을 피하고, 방패를 쓰지 않아도 몸을 가릴 수 있어서 일만의 군사들을 병풍처럼 보호하며 백 리를 순식간에 갈 수 있다면, 우리는 편안하되 적이 수고롭고 우리가 적을 공격해도 적은 우리를 공격하지 못할 것이다. 오직 거북선을 사용해야 그렇게 할 수 있다.

아아! 이 거북선은 나의 종친인 충무공이 처음으로 만든 것이다. 공은 일찍이 거북선을 사용하여 왜선 300척을 격파하였고, 한산도에 진영鎭營을 열어 전라도와 충청도를 방어하고 서해로 가는 길을 차단하였다. 성대하게도 나라를 다시 일으킨 명신名臣 중에서 으뜸이 되었으니, 공훈이 사직을 보존하였고 명성이 천하에 알려졌다. 공의 자유자재하여 기묘하게 변화하는 전략은 후세 사람들이 헤아릴 수 있는 바

---

115 판부사判府事 : 판중추부사判中樞府事의 준말. 이병모李秉模가 판부사로 있었던 것은 1795년(정조 19) 1월~1797년(정조 21) 3월 기간이다.(『승정원일기』.)

116 이병모李秉模 : 1742~1806. 자는 이칙彝則, 호는 정수재靜修齋, 본관은 덕수德水. 한성漢城에서 살았다. 이단하李端夏의 현손으로, 1773년(영조 49) 32세에 문과에 합격하여 이조좌랑, 우부승지, 대사간, 경상도 관찰사, 이조참판, 예조·병조 판서, 홍문관제학, 함경도·평안도 관찰사 등을 역임하고, 1794년 우의정과 좌의정을 거쳐 1799년 영의정이 되었다. 1800년에 책봉주청사冊封奏請使로 사행使行 중에 정조의 상을 당하였다. 순조가 즉위하자 실록 총재관에 임명되고, 1803년(순조 3) 다시 영의정에 임명되었다. 시호는 문익文翼이다.(「한국역대인물종합정보시스템」;『한국민족문화대백과사전』.)

가 아닐지라도 공이 기계에 담은 것을 모색한다면 또한 만에 하나 정도는 논할 수 있다.

공이 옛날에 목릉穆陵[선조]의 조정에서 섬나라 오랑캐의 소란을 깊이 걱정하여 이미 수군절도사에 임명되자 군정軍政을 크게 정비하고 쇠사슬을 만들어 항구를 가로질러 설치하였고, 몽충투함蒙衝鬪艦[117]의 옛날 제도를 본뜨되 자신의 새로운 생각을 뒤섞어서 거북선을 만들었다.

거북선의 제작 방법은 배 위에 판자를 덮고 그 위에 끝이 뾰족한 칼과 날카로운 쇠를 줄줄이 꽂았고, 거북선 안에는 사공과 무사들을 숨겨서 배를 몰며 싸움을 할 수 있게 하였으며, 거북선의 전후와 좌우에 구멍을 내어 대포와 화살을 쏠 수 있게 하였다. 적군 중에서 위로 달려드는 자는 예리한 칼끝에 찔리고, 사방에서 달려드는 자는 총탄에 맞아 몸에 구멍이 뚫렸다. 적들이 바야흐로 죽은 자를 구하거나 다친 자를 부축할 겨를도 없으나 우리는 이전처럼 파도를 넘나들 수 있고, 화살과 총알을 무릅쓰고서 싸울 수 있고, 박간拍竿[118]이 있어도 적선에 달려들어 부딪칠 수 있었다. 그리고 싸우다가 지키기도 하고 더디게 가다가 빠르게 가기도 하여 온돌집에 있는 듯 편안하고 군사들은 비바람을 맞을 걱정도 없었다. 어찌 병법서兵法書에서 이른바 "먼저 이길 수 없게 만들고서 적을 이길 수 있을 때를 기다린다."[119]라고 한 것이 아니겠는가?

거북선 모양이 곱사처럼 둥글게 솟아 마치 거북이가 등에 햇볕을 쬐는 듯하므로 '귀선龜船[거북선]'이라 하니, 거북이의 모양에서 이름을 취하였다. 어떤 이가 말하기를, "거북이는 갑각류甲殼類이다. 『주역』 괘卦에서 '이괘離卦'이니, 밖이 강하고 안이

---

117 몽충투함蒙衝鬪艦 : 몽충蒙衝은 몽충艨衝, 몽동艨艟으로 쓰기도 한다. 몽충투함은 제갈량諸葛亮이 만든 전함의 일종인데, 흔히 몽충으로 약칭한다. 몽충은 배가 좁고 길고 견고하며 겉은 생우피生牛皮로 덮고 전후좌우에 활을 쏘는 구멍이 있으며, 속력이 빨라 적선에 돌진할 때 사용하였다. 삼국시대 오吳나라 주유周瑜가 적벽대전赤壁大戰에서 몽충투함으로 화공火攻을 써서 조조曹操의 대군을 격파하였다.(『三國志』 권35, 「蜀書」 諸葛亮傳.)

118 박간拍竿 : 병거兵車나 전함戰艦에 설치하고 강간杠杆이나 활차滑車를 이용하여 멀리 석괴石塊·정판釘板·화종火種 등을 투척하여 적군을 타격하는 무기이다.

119 먼저 …… 기다린다 : 손자孫子가 말하기를, "옛날에 전쟁을 잘하는 사람은 먼저 이길 수 없게 만들고서 적을 이길 수 있을 때를 기다린다[昔之善戰者 先爲不可勝 以待敵之可勝]."라고 하였다.(『孫子』 「軍形」.)

부드러워 과병戈兵의 상象이 있어서 그 형태를 취한 것이다."라고 하였다. 일찍이 논하건대, 공은 어진 사람이면서 지혜가 으뜸에 가까웠다. 대개 집·쟁기·보습·질그릇·야철冶鐵·배·수레 등 생활에 유익한 도구들은 지혜로운 사람이 아니라면 처음으로 만들 수 없고, 삼군三軍을 거느리며 사람의 생명을 맡는 일은 오직 어진 사람만이 능히 할 수 있다.

전쟁은 위태로운 일이고 물은 지극히 위험한 곳이다. 위태로운 일로써 지극히 위험한 곳을 다니려면 어찌 방법을 신중하게 하지 않겠는가? 그러므로 기구를 만든 뒤에 움직이고, 온갖 안전한 대책을 세워서 패하지 않았으니, 이것이 거북선을 잘 만든 까닭이다. 공이 재주가 있어서 물건을 만들어 일을 성취함[120]은 제갈공명諸葛孔明[제갈량]과 같았고, 온갖 일을 익숙하게 종합함은 태위太尉 도간陶侃[121]과 같았고, 모든 일을 능숙하게 처리함[122]은 정서장군征西將軍 사현謝玄[123]과 같았다. 그러므로 실마리를 내어 마침내 승리를 거두어서 후세에 이름을 날렸으니, 이는 덕을 온전하게 하였던 한 가지 일이지 기술에만 전념하지 않은 것이다.

돌아보건대, 지금 변방의 방비가 허술하고 인재가 적으니, 진실로 조문자趙文子가 구원九原에서 죽은 이를 살리고 싶었던 생각[124]이 있다. 「귀선송龜船頌」 한 편을 지어서 공이 거북선을 만들고 사람을 사랑하던 사실을 논하여 남의 목숨을 맡은 이들

---

120 물건을 …… 성취함 : 원문의 "개물성무開物成務"는 만물의 뜻에 통하여 천하의 일을 완수함, 곧 사물의 속성을 드러내어 인사人事가 온당함을 얻게 하는 것이다. 여기에서는 거북선 등의 새로운 물건을 만들어 업무를 성취했다는 뜻으로 번역하였다. 『주역』「계사전 상繫辭傳上」에 "『주역』은 사물을 열어 주고 일을 이루어 천하의 도를 포괄함이 이와 같을 뿐이다. 이 때문에 성인이 이것으로 천하의 뜻을 통하여 천하의 일을 정하고 천하의 의심을 결단하는 것이다夫易開物成務 冒天下之道 如斯而已者也 是故聖人以通天下之志 以定天下之業 以斷天下之疑."라고 하였다.

121 도간陶侃 : 동진東晉 때의 명장으로 자는 사행士行이다. 영가永嘉의 난 때 무창武昌을 지켰고, 명제明帝 때 정남대장군征南大將軍이 되어 왕돈王敦과 소준蘇峻의 난을 평정하는 등 40여 년 동안 많은 공을 세웠다. 벼슬이 시중 태위侍中太尉에 이르고 장사군공長沙郡公에 봉해졌다.(『晉書』 권66, 陶侃列傳.)

122 모든 …… 처리함 : 원문의 "이극개당履屐皆當"은 맑은 날에 짚신을 신고 비 오는 날에 나막신을 신는다는 말로, 모든 일을 능수능란하게 처리할 수 있는 역량을 지녔다는 뜻이다.

123 사현謝玄 : 동진東晉 양하陽夏 사람으로, 자는 유도幼度이다. 부견苻堅이 회음淮陰 지방을 호시탐탐 노려 장군을 물색할 때 극초郄超가 사현을 추천하며 말하기를, "내가 일찍이 사현과 환공桓公의 막부에서 함께 있었는데, 그가 인재를 쓰는 것을 보니 비록 신발을 담당하는 사람이라 할지라도 또한 적임자입니다吾嘗與玄共在桓公府 見其使才 雖履屐間 亦得其任."라고 하였다. 사현이 출정하여 기대에 어긋나지 않게 부견의 군대를 대파하였다.(『晉書』 권79, 謝玄列傳.)

의 경계로 삼는다. 송頌에 이르기를,

거북선 이름은	船以龜名
우리 공이 만들었고	刱自我公
거북 모양 본떠서	爰像其形
몽충을 대신했네	用代艨艟
뱃머리의 익조[125]가 평범하고	鷁首則凡
치미[126]가 기이하지 않으며	鴟尾匪奇
물에 뜨면 낙수에서 나온 거북 같고[127]	浮疑出洛
엎드리면 모래섬을 진 듯하네	伏似負坁
입에서 포를 다투어 뿜으면	口丸競噴
바람에 우박처럼 흩날리고	散如風雹
빽빽하게 박은 거북 등의 칼날이	背刃森束
찬란하게 별처럼 빛나고	燦若星灼
큰 파도가 드넓어도	鯨濤浩蕩
평지처럼 달리며 살피네	視猶平陸
좌우로 부딪치며	左撞右抵
바람과 우레처럼 내달리고	風驅電馳
우리가 적군을 공격해도	我則加人

---

[124] 조문자趙文子가 …… 생각 : 원문의 "구원九原"은 전국시대에 진晉나라 경대부卿大夫의 묘지가 있었던 곳이다. 조문자가 숙향叔向과 구경九京에 가서 노닐다가 말하기를, "죽은 사람을 만약 일으킬 수 있다면 나는 누구와 함께 돌아갈까死者若可作也 吾誰與歸."라고 하였다.(『國語』권14, 「晉語」.)

[125] 뱃머리의 익조鷁鳥 : 『회남자淮南子』「본경훈本經訓」에 "익鷁은 큰 새이다. 그 새의 모양을 그려서 뱃머리에다 붙이기 때문에 익수鷁首라고 한다."라고 하였다. 왕준王濬이 익주자사益州刺史가 되어 오나라를 칠 때 전함을 만들고 뱃머리에 익조鷁鳥와 괴상한 짐승들을 그려 물귀신을 무섭게 하였다.(『晉書』권42, 王濬傳.)

[126] 치미鴟尾 : 본래 건물의 용마루 양쪽 끝부분에 올리는, 솔개의 꼬리 모양을 본떠 만든 기와를 말한다. 여기에서는 배의 후미에 솔개의 꼬리를 모양을 본떠 만들어서 방향을 조정하는 장치를 말한다.

[127] 물에 …… 같고 : 거북선의 모습이, 우禹임금이 치수治水할 때 낙수洛水에서 나온 거북이처럼 생겼다고 말한 것이다.

적군은 우리를 보지 못하네	人莫我窺
왜적 함대가 운집해도	敵艦雲集
부딪치면 눈처럼 흩어지니	觸之霏解
섬 오랑캐가 넋이 나가	島夷褫魄
서로 보며 놀라네	相視驚怪
순식간에 동서를 오가니	倐忽東西
귀신인가 의심하고	疑鬼疑神
제작은 옛 배를 본뜨지 않았으니	制不師古
운용은 사람에게 달려 있네	用之在人
본떠서 닮게 하여	倣而像之
기구가 옛것과 같다 해도	器則如舊
신묘하게 운용했으니	神而用之
누가 공의 뒤를 잇겠는가	孰繼公後
진실로 마땅한 사람이 아니라면	苟非其人
기계가 허사가 되니	器則爲虛
이 때문에 송을 지어	是用作頌
감히 환난[128]에 대비하네	敢備衣袽

---

128 환난 : 원문의 "의여衣袽"는 물이 새는 곳을 막기 위한 옷가지로, 환난에 대비함을 말한다. 『주역』 「기제괘旣濟卦 육사六四」에 "물이 새는 곳에 옷과 해진 옷을 마련해 두고 종일토록 조심한다繻有衣袽 終日戒."라고 하였는데, 『정전程傳』에서 "배에 새는 곳이 있으면 헝겊 조각으로 막는다舟有罅漏 則塞以衣袽."라고 하였다.

상아로 만든 홀에 새긴 글 牙笏銘[129]

동상同上[이병모]

윗부분을 둥글게 너비를 줄여 만들고	圓殺之制
구부렸다가 곧게 펴는 의리가 있으니	紃直之義
홀은 좋은 물건이네	笏惟良器
공도보가 요망한 뱀을 죽였고[130]	孔斃妖蛇
단수실이 역적 주자를 쳤으니[131]	段擊朱賊
홀에 강직한 기운이 모였네	氣鍾剛直
장량이 앞의 젓가락으로 붓을 대신하여	爰代前箸
선을 그어 계획을 설명하고	用替指畫
승리를 손에 움켜쥐었네[132]	決勝掌握
홀을 잡고 공경을 잊지 말라는	執不忘敬
명언이 여기에 있으니	名言在玆
공께서 유독 홀을 보배로 여겼네	公獨寶之

---

129 이 글은 이병모가 이순신의 상아홀을 보고 지은 명이다. 원문의 '아홀牙笏'은 상아로 만든 홀로, 고관이 조회 때 손에 드는 수판手版이다.

130 공도보가 …… 죽였고 : 공도보孔道輔는 송宋나라 인종 때의 직신直臣이다. 영주寧州의 좌막佐幕으로 있을 때 천경관天慶觀에 요망한 뱀이 나타나자, 자사刺史가 하루에 두 번 뱀을 찾아가 보고, 온 고을 사람들이 용이라 여겨 뱀을 공손하게 대하였다. 그러나 공도보는 요망한 뱀이 백성을 속이고 풍속을 어지럽힌다고 말하면서 홀笏로 뱀을 때려죽였다. (『宋史』권297, 孔道輔列傳 ; 『古文眞寶』「後集」권6, 擊蛇笏銘.)

131 단수실이 …… 쳤으니 : 단수실段秀實은 당唐나라 사람으로, 자가 성공成公이고 시호가 충렬忠烈이다. 사농경司農卿으로 있을 때 인망이 높았는데, 주자朱泚가 모반하려 하자 주자의 얼굴에 침을 뱉고 홀로 이마를 내리친 뒤 살해당하였다. (『新唐書』권153, 段秀實列傳.)

〈참고 3〉 아홀牙笏에 대하여

이 아홀은 현재 유물이 사라지고 보이지 않는다. 아홀명牙笏銘을 지은 이병모 李秉模가 판부사로 있었던 것이 1795년(정조 19) 1월~1797년(정조 21) 3월 기간 이므로, 당시까지도 이 유물이 종가에 있었던 모양이나, 그 후 어느 때인가 사라진 것으로 보인다.

---

132 장량이 …… 움켜쥐었네 : 원문의 "전저前箸"는 차전저借前箸의 줄임말로, 모신謀臣이 붓 대신 젓가락으로 작전 계획을 세우는 것을 말한다. 한漢나라 고조高祖가 항우項羽와 천하를 다툴 때 형양滎陽에서 항우에게 포위를 당하였다. 고조가 우려하여 역이기酈食其에게 방책을 묻자, 역이기가 6국의 제후를 세우면 된다고 건의하였다. 이 계획에 대하여 고조가 식사 도중에 장량張良에게 물었을 때 장량이 말하기를, "신이 청컨대 앞의 젓가락을 빌려서 헤아려 보겠습니다臣請借前箸以籌之."라고 대답한 뒤 대책을 아뢰었다. 이에 대해 장안張晏이 주석하기를, "음식을 먹는 젓가락을 빌려 붓 대신 선을 그으면서 계획을 이야기한 것이다求借所食之箸 用指畫也"라고 하였다.(『史記』 권55, 留侯世家; 『漢書』 권40, 張良傳.)

금대에 대한 명金帶銘[133]

이 띠帶는 유격遊擊 왕원주王元周가 준 물건이다.

동상同上[이병모]

허리에 차면 몸이 빛나고	束之賁躬
장식하여 문채가 나는데	追而成章
공물 중에 황금[134]을 사용했네	三品之黃
충성과 절개를 금대의 고리로 삼고	忠貞爲鉤
믿음과 의리를 장식으로 삼았으니	信義爲飾
덕에 맞는 복식이네	稱德之服
선물이 마음에서 우러나고	貺出中心
제품이 중국에서 왔으니	制自上國
값비싼 선물을 주었네[135]	百朋之錫
느슨하게 차지 말고	匪伊緩之
단정하게 착용함을 잊지 말고	毋忘整暇
허리 아래를 봐도 안 되네[136]	視故不下

---

133 제목의 "금대金帶"는 금칠한 허리띠이다. 이것은 보물 326호로 지정되어 현재 아산 현충사에 보관 중이며, 요대腰帶로도 부른다.

134 공물 중에 황금 : 원문의 "삼품지황三品之黃"은 공물貢物로 바치는 금金·은銀·동銅 세 가지 중에 황금이라는 뜻이다. 『서경』「하서夏書」우공禹貢에서 양주揚州의 공물 부분에 "그곳의 공물은 금·은·동 세 가지 금속이다厥貢 惟金三品."라고 하였다.

135 값비싼 선물을 주었네 : 원문의 "백붕지석百朋之錫"은 값비싼 재물을 많이 보내 주는 것을 말한다. 옛날에 조개 껍질을 돈으로 사용할 때 오패五貝를 일관一串, 양관兩串을 일붕一朋이라고 했는데, 일붕은 다섯 냥이다. 『시경』「소아小雅」청청자아菁菁者莪에 "이미 군자를 만나니, 나에게 백붕을 주었네旣見君子 錫我百朋."라고 하였다.

〈참고 4〉 금대金帶에 대하여

이 금대金帶는 제목 아래에 "유격 왕원주王元周가 선물한 것이다."라고 하여 출처를 알 수 있다. 더욱 확실한 것은 공의 친필 일기 『일기 무술日記戌』(1598) 1월 기사 뒤의 일기 외 기사에 10월 초4일(무술년)에 "왕王 유격에게서 온 것. 왕원주, 금칠한 허리띠 1개王遊擊 所致 王元周 金帶 一"라고 적혀 있는 것을 볼 수 있다. 즉 1598년 10월 4일에 고금도에 주둔 중인 이순신이 명나라 유격 장군 왕원주로부터 받은 선물이다. 당시로서는 대단한 가치가 있었을 것으로 보이는 이 귀중한 금대를 선물한 것으로 미루어 볼 때, 왕원주는 진심으로 이순신을 존경했던 것으로 보인다.

---

136 허리 …… 안 되네 : 다른 사람과 마주할 때 허리 아래를 보지 말라는 뜻이다. 『예기』 『곡례曲禮』에 "군자는 우러러 눈썹 위를 보지 않고, 나지막이 허리띠 아래를 보지 않는다君子仰視不上眉 低視不下帶."라고 하였다.

금배에 대한 명 金盃銘[137]

동상同上[이병모]

공이 옛날에 혼인할 때	公昔合졸
이 술잔을 썼는데	惟玆之勺
아름답게 잘 꾸며서	麗精賁餙
노란 치마와 색깔이 같았네	坤裳齊色
혼례 뒤에 음식을 먹어	禮成同牢
자손에게 복을 주었는데[138]	祉延錫類
삼대에 걸쳐 장수가 되는 일을	三世爲將
도가에서 꺼렸네[139]	道家所忌
공의 후손이 번창하여	公後克昌
대대로 병사와 수사가 되었고	赫世閫鉞
왜적을 섬멸했으나	島夷就殲

---

137 이 글은 이병모가 이순신의 금배 한 쌍을 보고 지은 명이다. 이은상李殷相은 이 금배에 대해 명나라 파총把摠 진국경陳國敬이 1598년 11월 4일에 이순신에게 준 화주배花酒盃로 파악하였다. 현재 화주배는 아산 현충사에 보관되어 있다. 그리고 이병모가 화주배의 출처를 몰라서, 글에서 '이순신이 혼인에서 합환주合歡酒를 마시던 용도로 쓴 술잔'이라고 잘못 보았다고 하였다. 이순신의 유물을 기록한 「이씨유록李氏遺錄」 가운데 파총 진국경이 준 물건 중에 '화주배 한 쌍一對'이 적혀 있다.(『李忠武公全書』 권14, 「附錄」 六 紀實下 李氏遺錄.)

138 자손에게 복을 주었는데 : 원문의 "석류錫類"에서 '유類'는 선선을 가리키니, 하늘이 착하고 훌륭한 자손을 내려 준다는 뜻이다. 『시경』 「대아大雅」 기취旣醉에 "효자의 효성이 다하지 않으니, 길이 그대에게 선선을 물려주리孝子不匱 永錫爾類."라고 하였다.

139 삼대에 …… 꺼렸네 : 무경칠서武經七書의 하나인 『이위공문대李衛公問對』에서 당나라 태종太宗이 말하기를, "도가에서 삼대에 걸쳐 장수 됨을 꺼리는 것은 병법을 함부로 전하면 안 되기 때문이고, 또한 전하지 않을 수도 없기 때문이다. 경은 삼가 조심하라道家忌三世爲將者 不可妄傳也 亦不可不傳也 卿其愼之."고 하였다.

공이 어찌 죽이기를 좋아했으랴	公豈嗜殺
공훈이 사직을 편안하게 하여	功存奠社
백성들이 죽음을 면하였고	民免方肉
하늘이 공의 충의를 도움에	天裴忠義
이치에 어긋나지 않았으니	厥理不忒
나를 믿지 못한다면	謂余不信
이 술잔에 새긴 글을 보라	示此銘刻

〈참고 5〉 금배金盃의 명칭에 대하여

이 술잔의 이름은 세 가지가 전해 온다.

① 화주배花酒盃 : 이순신의 친필 일기 『일기 무술日記戊戌』(1598) 1월 기사 뒤의 잡기사에 나오는 명칭이다. 이것은 10월 초4일(무술년)에 파총把摠 진국경陳國敬에게서 선물 받은 '花酒盃 一對(화주배 한 짝)'이다.
② 금배金盃 : 여기 이병모가 읊은 명칭이다.
③ 도배桃盃 : 이순신 종손 댁에서 전해 오는 명칭이다. 모양이 복숭아 같다 하여 부르는 이름이라 한다. 이것은 보물 제326호로 지정되어 현재 아산 현충사에 보관 중이다.

이처럼 화주배(꽃 모양 술잔), 금배, 도배라는 명칭으로 다르게 불리므로 서로 다른 물건으로 볼 수도 있으나, 사실은 동일한 물건을 가리키는 것으로 판단된다. 종손 댁에서 보관 중인 술잔이 이것 외에는 보이지 않고, 또 그 형태가 우리나라 물건이 아닌 중국식으로 보이기 때문이다.

이병모는 이 술잔(금배)을 이순신이 결혼할 때 사용한 것이라 읊고 있다. 그는 이 술잔이 매우 일찍부터 이순신 가문에 보관되어 있었던 것으로 잘못 알고 한 말일 것이다.

한산도에서 선유하면서, 이 통제사에게 올림
宣諭閑山島呈李統制[140]

교리敎理 조팽년趙彭年[141]

난리에 고아와 다친 이가 모두 상심했으나	喪亂孤殘兩可傷
공을 보면 문득 조금 마음이 든든했네	見公便覺意差强
물새 그린[142] 배들이 바람 따라 춤을 추자	傍船彩鷁隨風舞
바다를 횡행하던 왜적들이 칼을 보고 숨었네	橫海長鯨見劍藏
변방의 우리 수군이 날랜 매처럼 빠르고	塞上水軍飛俊鶻
허리의 화살 뽑아 천랑성[143]을 쏘았네	腰間羽箭射天狼
지금부터 오계송[144]을 이어서 지으리니	從今要續浯溪頌
오활하고 미친 서생이라 비웃지 마라	莫笑書生迂且狂

---

140 이 글은 교리 조팽년이 삼도수군통제사 이순신에 올린 시이다. 『계음집溪陰集』 권1에 「상이통제순신上李統制舜臣」의 제목으로 실려 있고, 2구의 '견見'이 '대對'로 되어 있다.

141 조팽년趙彭年 : 1549~1612. 자字는 기수期叟, 호號는 계음溪陰, 본관은 한양漢陽. 전라남도 강진에서 살았다. 1549년(명종 4)생으로 이순신보다 4살 아래다. 1576년(선조 9) 문과文科에 급제하여 전의현감全義縣監과 여산군수礪山郡守를 역임하였다. (『한국역대인물종합정보시스템』; 『한국민족문화대백과사전』.)

142 물새 그린 : 원문의 "채익彩鷁"에서 '익鷁'은 바람을 잔잔하게 한다고 여기는 물새인데, 뱃머리나 돛대 끝에 그림을 그려 걸었다.

143 천랑성 : 원문의 "천랑天狼"은 사나운 늑대라는 뜻을 가진 천랑성이다. 여기에서는 사나운 왜적을 비유한다.

144 오계송 : 원문의 "오계浯溪"는 호남성湖南省 기양현祁陽縣의 서남쪽에 있는 계곡이고, '오계송'은 원결元結이 지은 「대당중흥송大唐中興頌」을 말한다. 「대당중흥송」은 안녹산의 난을 평정하여 중흥을 이룩한 숙종의 공덕을 칭송한 글이다. 안진경顏眞卿이 글씨를 오계의 석벽에 새겼다. (『古文眞寶大全』 권2, 大唐中興頌.)

당포에서 이 통제사에게 올림 唐浦呈李統制[145]

종사관從事官 정경달丁景達[146]

작은 우리나라가 진실로 막강하여	一片靑邱固莫强
예로부터 천하에서 감당할 나라가 없었네	向來天下不能當
수나라 양제가 압록강을 건넜다가 전군이 패하였고[147]	隋皇渡鴨全師敗
당나라 태종이 요동을 치다가 군단이 사망했네[148]	唐帝征遼合陣亡
이십만 홍건적이 여성에서 섬멸되었고[149]	廿萬紅巾殲女聖

---

145 이 글은 종사관 정경달丁景達이 당포에서 삼도수군통제사 이순신에 올린 장편 고시이다. 정경달은 1594년에 이순신의 계청啓請으로 종사관從事官이 되었다.

146 정경달丁景達 : 1542~1602. 본관은 영성靈城(영광靈光), 자字는 이회而晦, 호는 반곡盤谷. 전라남도 장흥長興에서 살았다. 참봉參奉 정몽응丁夢鷹의 아들로 1542년(중종 37)에 났으니 이순신보다는 3년 위이다. 1570년(선조 3)에 문과文科에 급제하였다. 임진왜란이 일어나자 선산부사善山府使로서 의병을 모으고, 경상감사慶尙監司 김성일金誠一과 병마절도사 조대곤曺大坤 등과 함께 기략奇略을 써서 선산善山 금오산金烏山 아래서 왜적을 무찔렀다. 이어 김성일의 계청으로 의병義兵 도대장都大將이 되고, 강덕룡姜德龍·정기룡鄭起龍·이해李垓 등 여러 의병들과 함께 죽령竹嶺 아래 진을 치고 왜적과 싸웠다. 선산부사에서 파직된 후 장흥長興 본가에서 지내다가, 1594년에 이순신의 특청에 의하여 통제사 종사관 겸 삼남 독발사三南督發使가 되어 도원수都元帥 등에게 연락하는 일, 관하 여러 고을을 순행하며 군병 독려 및 군량 조달하는 일, 둔전屯田과 목장牧場을 보살피는 일 등에 진력했다. 이 공로로 1595년에 통정대부通政大夫(정3품)로 승진하였다. 정유년에 이순신이 옥에 갇히자 그의 석방을 위하여 노력했다.(『盤谷集』;『文獻備考』;『國朝文科榜目』;『宣祖實錄』;『竹溪日記』;『한국민족문화대백과사전』.)

147 수나라 …… 패하였고 : 수隋나라 양제煬帝가 612년에 고구려 2차 원정에 나섰을 때 우중문于仲文과 우문술宇文述이 별동대 30만을 이끌고 평양까지 진격하였다가 을지문덕乙支文德에게 살수薩水에서 전멸한 일을 말한다.(『三國史記』권44,「列傳」4 乙支文德.)

148 당나라 …… 사망했네 : 당唐나라 태종太宗이 645년에 고구려를 침략하였다가 안시성安市城 성주 양만춘楊萬春에게 대패한 일을 말한다.

149 이십만 …… 섬멸되었고 : 1361년 10월에 반성潘誠·사유沙劉 등이 홍건적 10만의 무리를 이끌고 다시 고려를 침범하여 개성을 함락하였으나 안우安祐·김득배金得培 등이 반격하여 이듬해 1월에 개성을 탈환하고 홍건적을 압록강 밖으로 쫓아낸 일을 말한다. 원문의 "여성女聖"은 지명으로 보이나 어디인지 미상이다.

왜장 아지발도의 삼천 군사가 팔량치에서 죽었네[150]	三千拔道殞坡良
달량의 왜구들이 수많은 창칼 아래 죽었고[151]	達梁小醜千鋒血
손죽도의 남은 왜적이 화살 한 발에 죽었네[152]	損竹殘兇一箭殤
자손들이 만대에 오래도록 계승하여[153]	萬世子孫長肯構
나라의 백년대계가 튼튼하게 되었네[154]	百年家國繫苞桑
요순의 태평성대처럼 온갖 상서가 모이고	堯天舜日諸祥集
임금이 노래하면 신하가 답하여 일마다 편안했네	君唱臣賡庶事康
슬프게도 조정의 계책이 잘못되니	可惜廟謨顚且倒
천도만 따랐어도 평소와 같았으리	只應天道變還常
왜선들이 바다를 뒤덮어 침략하자	倭船蔽海來充斥
장졸들이 창 던지고 다투어 달아났네	將卒投戈競遁藏
조총 소리 한 방에 대열이 텅 비고	小礮一聲空列陣
대군이 세 번 패해 희망을 잃었네	大軍三退缺人望
왜적이 칼을 휘둘러 민가가 피로 붉게 물들고	兇鋒撲地閭家赤
불길이 하늘에 가득하여 햇빛도 처량했네	兵火漫天日色凉
대대로 녹을 먹던 신하들은 어디로 도망가고	世祿近臣逃底處

---

150 왜장 …… 죽었네 : 원문의 "발도拔道"는 고려 말에 남원을 침범한 왜장倭將 아지발도阿只拔都이고, "파량坡良"은 전라북도 운봉雲峰 팔량치八良峙를 말한다. 이성계가 1380년에 운봉 전투에서 아지발도를 죽였다. 이 사적을 기념하기 위하여 운봉현雲峯縣 동쪽 16리 황산荒山에 황산대첩비荒山大捷碑를 건립하였다. 비문은 김귀영金貴榮이 지었다.(『東園集』 권3, 荒山大捷之碑.)

151 달량의 …… 죽었고 : 달량達梁은 전라남도 해남海南에 있다. 1555년에 달량왜변達梁倭變이 일어나자 전주 부윤 이윤경李潤慶이 진압에 큰 공을 세웠다.(『國朝寶鑑』 권23.)

152 손죽도의 …… 죽었네 : 손죽도損竹島는 조선시대에 전라도 흥양현興陽縣, 현재의 전라남도 여수시 삼산면에 속한 섬이다. 1587년에 왜적이 침입하자 녹도만호 이대원李大源이 항전하였으나 중과부적衆寡不敵으로 전사하였다.[『宣祖實錄』 권21, 선조 20년 정해(1587) 3월 2일(신묘).]

153 계승하여 : 원문의 "긍구肯構"는 '긍구긍당肯構肯堂'의 준말로, 자손이 선대의 유업을 잘 계승한다는 뜻이다. 『서경』「대고大誥」에 "만약 아버지가 집을 지으려 작정하여 이미 그 규모를 정했는데도, 아들이 기꺼이 당기를 마련하지 않는데, 하물며 기꺼이 집을 지으랴若考作室 旣底法 厥子乃弗肯堂 矧肯構."라고 하였다.

154 튼튼하게 되었네 : 원문의 "계포상繫苞桑"은 무더기로 뿌리가 나서 깊이 서린 뽕나무에 미리 매어 놓듯 미리 예방하여 안전을 도모하는 것을 말한다. 『주역』「비괘否卦」 구오九五에 "망하지 않을까 망하지 않을까 염려하여, 무더기로 자라는 뽕나무에 매어 놓으면 안정되리라其亡其亡 繫于苞桑."라고 하였다.

은혜 입은 장수들은 어디로 달아났나	叨恩名將走何方
충신은 다만 경상병사 김시민이 있고	忠臣只有金兵使
사내는 오직 밀양부사 박진이 보였네	男子惟看朴密陽
경주에서 상처 입어 후회했을 뿐이고	慶府受傷徒自悔
김산의 작은 승리[155]가 또한 영광이었네	金山小捷亦云光
문을 닫은 이각의 흉계를 예측할 수 없었지만	閉戶李公兇不測
의병 모은 곽재우의 충의를 잊을 수 없었네	徵兵郭氏義難忘
창졸간에 이일이 상산 전투에서 패하였고[156]	商山戰敗由倉卒
지레 겁을 먹어 황간에서 헛되이 놀랐네	黃澗虛驚是刦腸
신립이 충주 들판에서 경솔하게 싸워 불리했고	忠野輕挑宜不利
서울은 형세 급해 진실로 방어가 어려웠네	王城勢急固難防
종묘사직이 어찌하여 왜적에게 더럽혀졌나	宗祊詎作腥塵汚
임금의 수레가 황급히 평안도로 향하였네	玉輦聊巡浿上湟
경복궁에 불이 붙어 해와 달이 어두웠고	宮闕煙生星日暗
왕릉에 먼지 일어 천지가 황량해졌네[157]	廟陵塵合地天荒
맹장들이 바람처럼 일어나 깃발이 날리고	猛將風生旗脚遍
의병들이 구름처럼 모여서 칼날이 번뜩였네	義師雲合劍鋒鋩
용인에서 군대가 패해 위엄이 손상됐으나[158]	退軍龍縣兵威損
권율이 행주산성에서 대승을 아뢰어 형세를 떨쳤네	奏捷山城國勢張

---

155 김산의 작은 승리 : 김산金山은 현재의 경상북도 김천시金泉市이다. 임진왜란 때 김면金沔·조종도趙宗道·문위文緯 등이 거창·고령 등지에서 의병을 규합하여 김산과 개령開寧 사이에 주둔한 적군과 우지牛旨에서 대치하여 적을 격퇴하고 무계戊溪에서 승전한 일을 말한다.

156 이일이 …… 패하였고 : 이일李鎰이 임진왜란 때 경상도 순변사巡邊使로 북상하는 왜적을 상주에서 맞아 싸우다가 대패한 뒤 충주로 달아난 일을 말한다.

157 왕릉에 …… 황량해졌네 : 임진왜란 때에 왜적이 성종成宗의 능인 선릉宣陵과 중종中宗의 능인 정릉靖陵을 파헤치고 관을 불태운 일을 말한다.

158 용인에서 …… 손상됐으나 : 전라·경상·충청 감사 이광李洸·김수金睟·윤국형尹國馨이 삼도三道의 근왕병勤王兵을 거느리고 1592년 6월 5일에 용인龍仁에 집결한 왜적과 싸우다가 패배하여 달아난 일을 말한다.

관서 길을 막는 일이 어찌 인력으로 되겠는가	關路支撐豈人力
임진강의 패배[159]는 하늘의 재앙이었네	臨津走敗是天殃
경기도의 방어는 김 장군이 맡았고	堤防畿甸知金將
완산의 항전에는 조헌이 있었네	鎭拒完山有趙郎
아비가 죽자 아들이 이어서 충절이 빛났고[160]	父死子承忠節炳
아우가 죽자 형이 이어서 충의가 드러났네	弟亡兄繼義聲彰
충성과 노고를 어찌 명나라에 호소한 일과 비교하랴	忠勞誰比號天闕
왜적에게 굴복함을 모두 죄악이라 말하였네	罪惡咸稱膝犬羊
사람들이 임금 모셔 북방을 지키고	人戴聖君扶北極
천자가 장수들에게 남쪽 조선을 지키라고 했네	天教諸將護南鄉
영남 길을 가로막아 울타리로 삼았고	橫遮嶺路爲屛翰
한산도를 지켜서 요충지로 만들었네	把截閑山作保障
통제사 이순신 장군은 원래 뜻이 커서	統制將軍元倜儻
혼란한 시기에 뛰어난 계책을 세웠네	扶持雄略屬搶攘
석 자 남짓 화살을 손에 잡고서	手提神箭餘三尺
수만의 왜적과 적선을 무찔렀네	撞破倭奴幾萬航
적의 목을 벤 것은 일일이 셀 수도 없고	斬級不須論箇箇
흐르는 붉은 피가 끝내 바다에 가득했네	血流終見海汪汪
위엄이 이미 왜국에 떨쳤고	威風已振扶桑國
장한 기상이 일본 왕을 꺾었네	壯氣應摧日本王
이억기·정운·선거이·권준이 세상에 함께 빛나고	李鄭宣權同赫世
안위·김득광·배흥립·구사직이 명성을 함께 전했네	安金裵具共流芳
두세 명의 호걸이 충성을 바쳐서	二三豪傑輸忠力

---

159 임진강의 패배 : 도원수都元帥 김명원金命元이 지휘하는 관군이 임진강에서 왜군의 북상을 저지하려다가 적의 전술에 말려들어 패배한 일을 말한다.

160 아비가 …… 빛났고 : 고경명高敬命·고인후高因厚 부자가 1592년 7월 10일 금산錦山 전투에서 전사하고, 이듬해 1593년 6월 말 진주성 2차 전투에서 아들 고종후高從厚가 전사한 일을 말한다.

쉰 남짓 성곽의 성가퀴를 지켰네	五十餘城保女牆
덕이 이기고 악이 망함은 이치가 그러하고	德勝凶亡關理勢
어질면 왕성하고 강포하면 패함이 하늘에 달렸네	仁王強敗有穹蒼
왜적의 죄악을 귀신도 알고 있고	南夷罪戾通神鬼
조선의 참상을 천자에게 알렸네	東土瘡痍徹聖皇
기주와 절강의 포수들이 구름처럼 일어나고	礮手雲興空冀浙
형주와 양양의 기병들이 메아리처럼 달려왔네	騎兵響起捲荊襄
매가 날고 학이 날듯 성채를 부수고	鷹飛鶴翼鏖城砦
천둥 치고 바람 불듯 왜적을 무찔렀네	雷震風馳蕩虎狼
신묘한 무위를 드날리며 엄혹하게 죽이니	神武揚時嚴殺戮
위엄이 미치는 곳에 적들이 허둥지둥 도망쳤네	餘威及處走顚僵
임금 수레 맞이하여 서울로 돌아오고	奉迎龍馭回京洛
남은 왜적 몰아내자 바닷가에서 움츠렸네	驅逐餘兇縮海傍
바람이 천지를 쓸어 옛 대궐을 맑게 하고	風掃乾坤清舊闕
조야에 명령 내려 무너진 기강을 일으켰네	令行朝野振頹綱
어진 세자가 신주를 받들어 궁궐로 돌아오고	仁儲奉廟還宮殿
어진 정승이 반열에 나와 조정에서 도왔네	賢相隨班佐廟廊
우리 임금 정성이 효과 있음을 알겠고	知我聖君忠有効
명나라 황제 덕은 헤아리기 힘듦을 알겠네	感吾皇上德難量
형벌과 시상이 슬프게도 경중을 잃었으니	堪嗟刑賞乖輕重
은혜와 위엄이 지나쳤기 때문만은 아니었네	不是恩威太抑揚
백발의 몸으로 전쟁터에 나갈 줄 몰랐는데	白首不知馳戰陣
무슨 일로 바다에서 배를 타게 되었나	滄波何事駕風檣
적의 소굴에서 3년 보내 장한 마음이 죽었고	三年賊窟雄心死
전장에서 스무 달을 지내 원기가 상하였네	廿朔兵塵元氣傷
임금의 명을 받아 임지에서 죽어야지	受命只堪殪府地
위급할 때 어찌 차마 우리 땅을 떠나랴	臨危何忍去吾疆

낙동에서 흉악한 왜적의 머리를 이미 바쳤고	洛東已獻零兇馘
바다에서 전함에 군량을 다시 조달했네	海上還調戰艦糧
고을의 백성들이 굶주려 부질없이 걱정하고	邑渴民飢徒費慮
사람이 가볍고 책임이 무거워 비방만 받았네	人輕責重只招謗
장군 명령 받들어 돕는 일만 생각하고	惟思奉贊將軍令
임무에 미쳐 수고와 부상을 염려하지 않았네	不念勞傷從事狂
위급한 심정은 드높이 조정에 걸어 두고	危悃崢嶸懸斗極
고단한 이 몸은 파도에 몸을 맡겨 떠다녔네	孤身漂泊寄滄浪
사량보 너머로 미친 듯 바람 불고	蛇梁堡外顚風作
당포성 근처에 큰비가 쏟아지네	唐浦城邊大雨滂
선창에 홀로 기대 마음이 착잡해도	獨倚篷窓心咄咄
긴 칼을 비껴차고 생각이 당당하네	橫磨長劍意堂堂
수군을 이미 정비하여 좋은 약속을 하고	舟師已整成芳約
대장이 전함을 지휘하길 기다리네	大將方期棹戰艦
단칼에 적의 소굴을 곧바로 무찌르면	一劍直將屠醜穴
천 척의 왜선이 넓은 바다에 가라앉으리	千帆應見沒茫洋
처음에 급급히 우리 배를 삼키려고 하여도	初爲汲汲吞舟計
끝내 구차하게 수레에 대드는 사마귀 꼴이 되리	終作區區拒轍螗
전투에서 주저하면 꾸짖음이 있으나	臨戰逗遛雖有責
군대를 이끌고 경솔히 나아감은 조심해도 무방하네	提師輕進戒無妨
농사에 힘씀은 진실로 군사의 근본이고	務農固是兵家本
파종은 절기에 맞추어 서둘러야 하네	播種要令趁節忙
상을 줄 때는 많고 적음을 고르게 해야 하고	論賞亦當均厚薄
형벌을 내릴 때는 자상함을 먼저 해야 하네	臨刑先可示慈詳
배 속에서 시를 읊다 한동안 고개를 돌리니	舟中吟罷長回首
비바람이 아득히 전쟁터에 자욱하네	風雨茫茫鎖戰塲

이 통제사에 대한 만시挽李統制[161]

판서判書 이수광李晬光[162]

위명이 오래도록 왜적을 두렵게 하고	威名久慴犬羊羣
세상 덮는 뛰어난 공이 천하에 알려졌네	盖世奇功天下聞
왜구가 밤중에 바다 밖으로 달아나고	蠻祲夜收湖外月
장군별이 새벽에 바다 구름에서 떨어졌네[163]	將星晨落海中雲
파도가 영웅의 한을 풀어 주지 못하고	波濤未洩英雄恨
역사서에 부질없이 전쟁의 공훈만 실려 있네	竹帛空垂戰伐勳
오늘날 사내 중에 몇 명이나 알고 있을까	今日男兒知幾箇
슬프다, 충의 있는 이순신 장군이여	可憐忠義李將軍

---

161 이 글은 판서 이수광이 1598년 말이나 1599년 초에 이순신의 죽음을 애도하며 지은 만시이다. 『지봉집芝峯集』 권5에 실려 있고, 제목이 「도이통제순신전몰悼李統制舜臣戰歿」로 되어 있다.

162 이수광李晬光 : 1563~1628. 자는 윤경潤卿, 호는 지봉芝峯, 본관은 전주全州. 한성漢城에서 살았다. 1563년(명종 18)에 났으니, 이순신보다 18년 아래이다. 1585년(선조 18)에 문과에 합격하여 승문원부정자, 성균관전적, 호조·병조 좌랑 등을 거쳐, 1590년에 성절사聖節使의 서장관으로 명나라를 다녀왔다. 1592년 경상도 방어사 조경趙儆의 종사관, 북도 유어사北道宣諭御史, 1597년 성균관대사성이 되었으며, 이해에 명나라 황궁이 불타게 되자 진위사陳慰使로서 명나라를 다녀왔다. 이후 부제학, 안변부사, 홍주목사 등을 거쳐, 1611년에 사절의 부사로 다시 명나라를 다녀왔다. 이때 유구琉球 사신과 섬라暹羅(타이) 사신을 만나 그들의 풍속을 듣고 기록하였다. 1616년 순천부사, 1623년 인조반정 후 도승지 겸 홍문관제학, 대사간, 이조참판, 공조참판, 대사헌, 이조판서를 지냈다. 시호는 문간文簡이며, 저서로는 『지봉집芝峯集』이 있다. (「한국역대인물종합정보시스템」 ; 『한국민족문화대백과사전』)

163 장군별이 …… 떨어졌네 : 이순신이 1598년 11월 19일에 노량 해전에서 전사한 일을 말한다.

좌수영左水營[164]

동상同上[이수광]

좌수영은 지세가 남쪽 끝에 이어지고	地勢連南極
해 뜨는 동쪽에 웅장하게 임해 있네	雄臨日出東
외로운 성이 좌수영 앞에 있고	孤城前左水
외딴 섬 고금도엔 바람이 부네	一島古今風
방어하는 요충지가 막중한데	控禦關防重
단청한 바닷가의 사당[165]이 비어 있네	丹靑海廟空
슬프다, 통제사 이순신이여	哀哉李統制
천년 뒤에도 뛰어난 공적을 말하리라	千載誦奇功

---

164 좌수영左水營 : 오늘날의 전라남도 여수시에 있는데, 조선시대에는 순천부에 속하였다. 이수광이 순천부사順天府使로 부임한 뒤 1618년 겨울 무렵에 좌수영에 들러 이순신을 회고하며 지은 시이다. 이 시가 수록된 「승평록昇平錄」에는 이수광이 1616년 9월부터 1619년 3월까지 지은 시가 실려 있다. 『지봉집』 권18에 제목이 「수영水營」으로 되어 있고, "고금古今은 섬 이름이고, 통제사 이순신의 사당은 수영에 있다古今島名李統制舜臣祠在水營."라고 한 주석이 부기附記되어 있다.

165 사당 : 여수 충민사忠愍祠를 말한다.

⟨참고 6⟩ 진남관鎭南館

진남관은 조선시대 전라좌수영의 관아官衙로, 전라남도 여수시 동문로 11(여수시 군자동 472번지)에 있다. 정면 15칸, 측면 5칸, 모두 합해서 75칸의 대형 건물이며, 국보 제304호로 지정되었다. 원래 임진왜란 때는 진남관 자리에 진해루鎭海樓가 있었다. 『난중일기』에 따르면, 전라좌수사 이순신이 진해루에 앉아서 공무를 처결하거나(임진년 4월 6일), 예하 장수들을 불러 모아 회의를 하거나(임진년 5월 1일), 군관들과 활을 쏘았던(계사년 5월 4일) 곳으로, 전라좌수영의 모든 중요한 업무와 행사들이 이곳에서 수행되었다. 진해루는 1597년 정유재란 때, 일본군들에 의해서 좌수영이 모두 불탔을 때 함께 불타 없어졌다.

그 후 이시언李時言이 전라좌수사로 부임하여 1598년(무술) 11월부터 1601년 5월까지 근무하면서, 좌수영의 건물營舍들을 옛터에 중창重創하였는데(『湖左水營誌』, 1815), 이때 진남관鎭南館이 새롭게 건립되었을 것으로 추정된다. 새롭게 건립된 그 진남관은 1664년(현종 5)에 부임한 좌수사 이도빈李道彬이 고쳐 건립改建하였고, 판서 유혁연柳赫然이 액자 글자書額를 썼다.(『湖左水營誌』, 1815.)

그 후 진남관은 좌수사 이여옥李汝玉(1715. 4. ~ 1717. 2. 재임) 때인 1716년(숙종 42) 9월에 화재로 없어졌다가, 2년 후 1718년(숙종 44)에 좌수사 이제면李濟冕(1717. 2. ~ 1718. 5. 재임)이 신축하여 오늘에 이르고 있다.(『鎭南館記板』, 1718.)

진남관. 전남 여수. 1905. 사진의 중앙 좌측 긴 지붕의 건물이 진남관이다.

진남관은 그 후에도 여러 차례 중수하였으며, 1953년에는 보수공사 도중, 1718년에 건축될 당시 이제면 좌수사가 쓴 현판이 천정에서 발견된 바 있다. 일제강점기 때인 1910년에는 보통학교로 사용하기 시작하여 혹은 중학교 혹은 야학 등 교육기관으로 사용하였다.

2017년에는 여수시가 진남관 해체 보수 정비사업을 시작하여 2023년 3월에 중수 상량식을 열었고, 공사는 2024년경에 마칠 예정이다.

(『湖左水營誌』, 1815;『湖左水營誌』, 1847; 이은상 역, 『완역 이충무공전서』, 성문각, 1989, 213~214쪽;『全羅左水營의 역사와 문화』, 순천대학교 박물관·전라남도 여수시, 1993, 195쪽.)

〈참고 7〉 장군성비將軍城碑와 이장군 방왜축제비李將軍防倭築堤碑

장군성비는 장군도(전라남도 여수시 중앙동 산 1) 섬 안에 세워져 있는 비로, 전면에 '將軍城(장군성)'이라는 세 글자가 쓰여 있다. 장군도와 돌산도 사이의 바다를 막아 물속에 쌓은 성이 있다는 것에서 '장군성'이라는 명칭이 유래되었다 한다. 장군도는 여수항 선창과 돌산도 사이에 있는 섬으로, 주위가 6백 m인 작은 섬이다. 옛날에 연안 바닷길을 따라 전라도와 경상도를 오가려면 반드시 장군도 수로를 지나야 하는 해상 요충지였다.

여수는 임진왜란 당시 이순신 장군의 전적지였기 때문에, '장군도' 이름도 거기에서 유래되었을 것으로 생각하기 쉬우나 그렇지 않다. 장군도라는 이름과 '장군성'이라는 비석의 주인공은 연산군 때 전라좌수사로 부임한 함천군咸川君 이량李良이다.

이량이 1497년(연산군 3)에 전라좌수사로 부임하여(『연산군일기』 권22, 연산 3년, 3월 2일 갑진) 장군도 동쪽으로부터 돌산도 북쪽 사이의 좁은 해협에 수중 제방을 쌓아 왜구 선박의 통로를 봉쇄하였다. 수중 제방이므로 이를 잘 아는 우리 측은 그곳을 피하여 안전하게 다닐 수 있지만, 수중 제방을 모르는 왜구 선박들은 모르고 지나가다 여기에 걸려들게 된 것이다.

이로부터 사람들이 이 섬 이름을 장군도將軍島라 부르고, 또 그 섬에 장군성將軍城이란 글자 석 자를 새긴 비석을 세웠다 한다.

한편, 이장군 방왜축제비는 1497년(연산군 3)에 전라좌수사로 부임해 온 이량 장군이 장군도 동쪽과 돌산도 북쪽 사이의 해협에 왜적의 침입을 봉쇄하고자 제방을 쌓은 사실을 적은 것으로, 원래는 장군성비將軍城碑와 나란히 세워져 있었다고 한다. 이량의 5세손 이배원李培元이 글을 짓고, 6세손 이필李泌이 글씨를 써서 1643년(인조 21)에 장군도에 세운 것이다. 그 후 비가 훼손되자 이곳 수사로 온 8세손 이삼李森이 1710년(숙종 36)에 좌수영성 서문 밖 지금의 충무동에 다시 비를 세웠고, 1984년에 진남관으로 옮겨 보존되고 있다.

진남관에 보존되어 있는 비의 이름은 전면 우측에 '李將軍 咸川君 諱良 防倭築堤碑'(이장군 함천군 휘량 방왜축제비)라고 되어 있다. 뒷면에 '崇禎 紀元後 重庚寅 十一月'(숭정 기원후 중경인 십일월)이라는 명문이 있어, 1710년(숙종 36)에 이량의 8세손 이삼李森이 세운 것임을 알 수 있다.

(이은상 역, 『완역 이충무공전서』, 성문각, 1989, 214쪽; 『全羅左水營의 역사와 문화』, 순천대학교 박물관·전라남도 여수시, 1993, 202~207쪽; 여수지역사회연구소, 『여수시 문화재도록』, 여수시, 2001, 96쪽.).

충민사 (1)忠愍祠 一[166]

동상同上[이수광]

제일가는 중흥의 명장으로	第一中興將
위기에서 우리 동방을 살렸네	艱危活我東
산하에 노기가 남아 있고	山河餘怒氣
우주에 웅혼한 기풍이 있네	宇宙有雄風
대마도엔 봄 물결이 잔잔하고	對馬春濤息
부상에는 새벽안개가 걷혔네[167]	扶桑曙靄空
지금 푸른 바다 위에서	至今滄海上
누가 다시 전공을 이을까	誰復嗣戎功

---

166 충민사忠愍祠 : 정유재란 때 노량露梁 해전에서 전사한 이순신을 모신 사당으로, 1600년에 건립하였다. 전라우수사 이억기李億祺와 보성군수 안홍국安弘國을 함께 제향하였다. 이수광이 1619년 봄 무렵에 여수 충민사에서 이순신을 회고하며 앞의 「좌수영」 시에 차운하여 지은 시이다. 『지봉집』 권18에 제목이 '충민사 용전운忠愍祠 用前韻'으로 되어 있고, 제목 아래에 "바로 이순신의 사당으로 수영에 있다卽李舜臣祠水營."라는 주가 부기되어 있다. 7구의 '지금至今'이 '지금只今'으로 되어 있다.

167 대마도엔 …… 걷혔네 : 이순신의 충혼이 남아 있어서 대마도對馬島[왜구]가 잠잠해졌다는 뜻이다. '부상扶桑'은 해가 뜨는 동쪽에 있다는 신목神木으로 일반적으로 동해를 뜻하는데, 여기서는 일본日本을 가리킨다.

충민사 (2) 忠愍祠 二[168]

참봉參奉 정운희丁運熙[169]

눈물 뿌리며 외로운 군사 앞에 맹세하고	灑泣誓孤軍
제 몸을 바쳐 변방의 왜적을 소탕했네	殺身淸塞氛
흉문[170]도 반드시 피하지 않았는데	凶門應不避
죽을 곳에서 어찌 살기를 꾀했으랴	亡地豈圖存
진을 쳤던 물가에 사당을 새로 열었고	陣磧開新廟
기련산의 옛 무덤을 본떠 무덤을 만들었네[171]	祁山像舊墳
충성이 지금도 사라지지 않아서	精忠今不泯

---

168 이 글은 참봉 정운희가 여수 충민사에 들러 이순신을 회고하며 지은 시이다. 『고주집孤舟集』 권1에 제목이 「충민사忠愍祠」로 되어 있고, 제목 아래에 "충무공 이순신의 사당이다. 전라도 좌수영에 있으며 편액을 내렸다李忠武公舜臣祠也 在全羅道左水營 賜額."라고 한 주석이 부기되어 있다.

169 정운희丁運熙 : 1566~1635. 자는 지회之會, 호는 고주孤舟, 본관은 영성靈城(영광). 전라남도 홍양興陽(고흥)에서 살았다. 1566년(명종 21)에 났으니, 이순신보다 21년 아래다. 1589년(선조 22) 사마(진사)시에 합격하였다. 1597년 정유재란 당시 이순신李舜臣이 명량鳴梁에서 싸울 때 백진남白振南과 함께 피란선避亂船 10여 척을 모아 후원하여 승리를 도왔고, 군량미 지원에도 힘썼다. 1612년(광해군 4) 명나라 절강총병浙江總兵이라는 자가 조선이 일본과 내통하여 명나라를 치려는 음모가 있다고 신종神宗에게 무고하여 이를 조사하기 위하여 온 지휘指揮 황응양黃應賜에게 서찰을 보내어 해명하였다. 저서로는 『고주집孤舟集』이 있다. (「한국역대인물종합정보시스템」 ; 『한국민족문화대백과사전』 ; 『호남절의록湖南節義錄』.)

170 흉문 : 북문北門이다. 고대에 장군이 출전할 적에 북쪽 문 하나를 부수고 나가 필사必死의 결심을 보였다. 『회남자淮南子』 「병략훈兵略訓」에 "장수가 이미 부월斧鉞을 받으면 흉문을 부수고 나간다旣已受斧鉞 乃鑿凶門而出."라고 하였는데, 주석에 "흉문凶門은 북쪽으로 향한 문이다. 장군이 출전할 때 상례喪禮로 하는 것은 반드시 죽겠다는 마음을 가지고 있기 때문이다."라고 하였다.

171 기련산의 …… 만들었네 : 원문의 "기산祁山"은 감숙성甘肅省 청해靑海에 있는 기련산祁連山으로, 천산天山이라고도 한다. 한漢나라 무제武帝 때 곽거병霍去病이 기련산 주위에 있는 흉노족을 정벌하기 위하여 여섯 차례나 출정하여 큰 공을 세웠는데, 그가 죽은 뒤에 그의 무덤 위 봉분을 기련산 모양으로 만들어 공적을 기렸다. (『史記』 권111, 衛將軍驃騎列傳.)

두 임금[172]의 은혜로 제사를 지내고 있네　　　　　　　　　　香火兩朝恩

---

172 두 임금 : 선조宣祖와 인조仁祖를 말한다.

이 통제사를 애도하다 哀李統制[173]

영의정領議政 유성룡柳成龍[174]

한산도와 고금도	閑山島古今島
넓은 바다 가운데 두어 점이 푸르네	大海之中數點碧
당시에 백전노장 이순신 장군이	當時百戰李將軍
한 손으로 친히 하늘 한쪽을 붙들었네	隻手親扶天半壁
왜적을 다 죽여 피가 파도에 넘치고	鯨鯢戮盡血殷波
맹렬한 불길이 왜적의 소굴[175]을 태웠네	烈火燒竭馮夷窟
공이 높아 시샘하는 모함을 면치 못했으나	功高不免讒妬構
기러기 털처럼 가벼운 목숨을 어찌 아꼈으랴	性命鴻毛安足惜
그대는 보지 않았는가, 현산 동쪽 한 조각 비석 보며	君不見峴山東頭一片石
양공이 죽은 뒤 사람들이 눈물을 흘린 것을[176]	羊公去後人垂泣
쓸쓸하게도 두어 칸 민충사는	凄凉數間愍忠祠
해마다 비바람에 □ … □	風雨年年□□□

---

173 이 글은 영의정 유성룡이 여수 충민사에 들러 이순신을 회고하며 지은 시이다. 『서애집西厓集』 권2에 제목이 「애이통제哀李統制」로 되어 있다. 『서애선생문집西厓先生文集』 권2, 시詩에도 '哀李統制(애이통제)'라는 제목으로 실려 있다.

174 유성룡柳成龍 : 권9의 주 14 참조.

175 왜적의 소굴 : 원문의 "풍이굴馮夷窟"에서 '풍이馮夷'는 본래 수신水神 하백河伯의 이름인데, 여기에서 '풍이굴'은 왜적의 소굴을 말한다.

176 현산 …… 흘린 것을 : 현산峴山은 호북성湖北省 양양현襄陽縣 남쪽에 있는 산이다. 양호羊祜가 양양을 다스리며 선정을 베풀어 민심을 얻었고, 항상 추윤보鄒潤甫와 함께 현산에 올랐다. 그가 죽자 후세 사람이 현산에 비석을 세웠는데, 비석을 보는 사람들이 모두 슬퍼하며 눈물을 흘려서 타루비墮淚碑라 불렀다.

□ … □ 수리하지 않으니[177]　　　　　□□□□□不修

때때로 섬사람들[178]이 소리 죽여 곡하네　　時有蜑戶吞聲哭

---

177 해마다 …… 않으니 : 원문의 '풍우연년風雨年年'과 '불수不修' 사이에 '팔자결八字缺'이 있어서 글자가 빠진 부분을 'ㅁ'로 표시하였다. 『서애집西厓集』에서는 이 부분을 공란으로 비워 두었다.

178 섬사람들 : 원문의 "단호蜑戶"는 남방 부족의 이름으로 만단蠻蜑이라고도 한다. 대부분 조개나 진주를 캐고 물 위에서 생활하기 때문에 단호蜑戶라고 하였다. 여기에서는 조선의 남쪽 지방에 사는 백성들을 말한다.

복파관伏波館[179]

충간공忠簡公 윤계尹棨[180]

성 아래 바다가 만 리 너머 펼쳐지고	城下滄溟萬里開
큰 칼을 홀로 차고 높은 누대에 기대네	獨携雄劍倚高臺
하늘이 명승을 아낀 지 천년이 되었는데	天慳景物千年在
이 땅에서 명군과 왜군이 백 번이나 싸웠네	地歷華夷百戰來
지는 해에 노을이 흩어져 감흥이 일어나고	落日銷霞添逸興
큰바람이 달빛을 보내 술잔을 재촉하네	長風送月促深盃
슬프게도 통제사의 혼을 부르는 곳에서	可憐統制招魂處
늦가을[181]에 해변의 뿔피리 소리가 애절하네	海曲淸秋畫角哀

---

179 복파관伏波館 : 전라우수영의 객사客舍 이름이다. 전라우수영은 전라남도 해남군 문내면에 있다. (홍형덕 편집, 『전라우수영지全羅右水營誌』, 1995.)

180 윤계尹棨 : 1603~1636. 자는 신백信伯, 호는 신곡薪谷, 본관은 남원南原. 한성漢城에서 살았다. 1627년(인조 5) 25세에 정시庭試 문과에 급제한 후 승문원 권지부정자, 전적, 홍문관교리, 이조좌랑, 남양부사 등을 역임하였다. 1636년(인조 14) 병자호란 때 근왕병勤王兵을 모집하여 남한산성으로 들어가려다 청군에게 잡혀서 죽었다. 시호는 충간忠簡이다. (『한국역대인물종합정보시스템』; 『한국민족문화대백과사전』.)

181 늦가을 : 원문의 "청추淸秋"는 보통 만추晩秋, 곧 늦가을을 가리킨다. 9월 9일 중양절重陽節을 청추절淸秋節이라고도 한다.

영파당寧波堂[182]

동상同上[윤계]

중국과 동이의 구역이 여기에서 나뉘고	華夷區域此橫分
큰 바다가 하늘에 닿아 운무가 자욱하네	大浸稽天瘴霧熏
구리 기둥 세운 위엄으로 전쟁을 없앴고[183]	銅柱威聲無戰伐
금성을 지키는 방략으로 농사를 중시했네[184]	金城方略重耕耘
성 위의 멋진 누각이 바다를 누르고	麗譙直壓龍王窟
늘어선 진영에서 대마도의 구름이 보이네	列鎭平臨馬島雲
거북선은 옛 선박 제도 중에 제일이라	最是龜船舊制度
주민들이 여전히 이순신 장군을 얘기하네	居人猶說李將軍

---

182 영파당寧波堂 : 경상좌도 수군절도사영의 객사客舍이다. 좌수영은 오늘날의 부산광역시 남구 감만동에 있었다. 윤계가 영파당에 들러 이순신을 추모하며 지은 시이다.

183 구리 기둥 …… 없앴고 : 왜적을 몰아내고 구리 기둥을 세워 경계를 표시하자 전쟁이 없어졌다는 뜻이다. 후한後漢 때 복파장군伏波將軍 마원馬援이 교지국交趾國을 원정遠征한 뒤에 중국과 남방의 경계선을 표시하기 위해 두 개의 구리 기둥銅柱을 세웠다.(『後漢書』 권24, 馬援列傳.)

184 금성을 …… 중시했네 : 이순신이 임진왜란 때 병사들을 시켜 둔전屯田을 경작했던 일을 말한다. '금성金城'은 진晉나라 때 단양군丹陽郡 강승현江乘縣에 있던 지명이다. 진나라 때 환온桓溫이 강릉江陵에서 북쪽으로 정벌하러 가다가 금성에 주둔할 때 군사를 시켜 농사를 짓게 하였다.(『晉書』 권98, 桓溫傳.)

이 통제사를 슬퍼하다 感李統制

동상同上[윤계]

하늘에 기대니 칼에서 바람이 일어나고   倚天看劍坐生風
바다가 아득하여 푸른 하늘에 닿아 있네   溟海茫茫浸碧空
슬프다, 당시의 통제사 이순신이여   可惜當年李統制
큰 나무가 꺾여서 황천에 계시네[185]   飄零大樹九原中

---

[185] 큰 나무가 …… 계시네 : 큰 나무가 부러지듯 이순신이 세상을 떠난 것을 말한다. 원문의 "대수大樹"는 후한後漢 광무제光武帝 때의 장군인 풍이馮異를 말한다. 풍이는 사람됨이 겸손하여 길을 가다가 다른 장군을 만나면 항상 한쪽 옆으로 피하였으며, 휴식을 취할 때 다른 장수들이 모여 전공에 대해 떠들었으나 풍이는 항상 큰 나무 아래로 가서 쉬었다. 그래서 군중의 사람들이 대수장군大樹將軍이라 부르면서 좋아하였다.(『後漢書』 권17, 馮異列傳.)

충간공 윤계의 시에 차운하다 次尹忠簡公韻[186]

참판參判 이경의李景義[187]

장군께서 떠나니 시원하게 바람 불고	將軍一去颯餘風
큰 바다에 파도 일어 만 리가 텅 비네	鯨海波濤萬里空
몇 명의 영웅이 눈물을 흘렸나	幾箇英雄墮淚處
현산의 비석이 운무 속에 있네	峴山碑在瘴雲中

---

[186] 이 글은 참판 이경의가 윤계尹棨의 「이 통제사를 슬퍼하다感李統制」 시에 차운한 시이다.

[187] 이경의李景義 : 1590~1640. 자는 자방子房, 호는 만사晚沙, 본관은 연안延安. 한성漢城에서 살았다. 1619년(광해 11) 30세에 문과에 장원급제하였다. 성균관전적, 형조·병조 좌랑, 성균관직강, 평안도 어사, 헌납, 교리, 홍주목사, 대사간, 이조참의, 이조참판 등을 역임하였다.(『한국역대인물종합정보시스템』;『한국민족문화대백과사전』.)

이순신 장군을 애도하다 悼李將軍[188]

봉상시정奉常寺正 차천로車天輅[189]

세상에 둘도 없는 장군이고	宇宙無雙將
수군 장수 중에서 공적이 제일이네	樓船第一功
고래처럼 포악한 왜적을 말하지 않고	鯨鯢談笑外
곰과 범처럼 용맹한 군사를 지휘했네	熊虎指揮中
수군[190]이 구름 낀 섬 사이를 헤쳐 가고	蒼兕排雲嶠
구름이 바다의 바람에 걷히네	晴雲捲海風
백전의 장사보다 먼저 명성을 날리고	先鳴百戰壯
만 명의 영웅 중에 홀로 우뚝 섰네	獨立萬夫雄
남월의 반란군이 양복에게 놀랐고[191]	南越驚楊僕
동오의 사람들이 왕준을 피하였네[192]	東吳避阿童
부상에 한나라 군대가 나타나자	扶桑漢甲照

---

188 이 글은 차천로가 이순신의 공적을 기리고 죽음을 애도한 시이다. 『오산집五山集』에는 이 시가 실려 있지 않다.

189 차천로車天輅 : 1566~1615. 자는 복원復元, 호는 오산五山·귤실橘室·청묘거사淸妙居士, 본관은 연안延安. 1556년(명종 11)에 났으니 이순신보다 11년 아래다. 서경덕徐敬德의 문인으로, 1577년(선조 10) 22세에 알성문과에 급제하여 개성교수開城敎授를 지내고, 1583년 문과중시에 급제하였다. 1589년 통신사 황윤길黃允吉을 따라 일본에 다녀왔고, 봉상시판관奉常寺判官, 교리, 봉상시첨정을 지냈다. 한호韓濩, 권필權韠, 김현성金玄成과 더불어 서격사한書檄詞翰이라 하였으며, 시에 능해 한호의 글씨, 최립崔岦의 문장과 함께 '송도삼절松都三絶'이라 불렸다. 아버지 식軾, 아우 운로雲輅와 함께 세인世人으로부터 '3소三蘇'라 불렸고, 가사歌辭와 글씨에도 뛰어났다. 저서로 『오산집五山集』, 『오산설림五山說林』이 있다. (「한국역대인물종합정보시스템」; 『한국민족문화대백과사전』.)

190 수군 : 원문의 "창시蒼兕"는 수군水軍을 말한다. 창시는 선박을 관장하는 관원官員이라고도 하고, 물에 사는 짐승이라고도 한다. 주周나라 강태공姜太公이 제후의 군사를 맹진孟津에 모아 놓고 왼손에 황월黃鉞, 오른손에 백모白旄를 잡고서 창시를 부르며 맹세한 고사故事가 있다. (『史記』권32, 齊太公世家.)

석목에서 초나라 군사가 비었네[193]	析木楚氛空
승전보가 명나라에 알려지고	捷報飛天上
공의 위엄에 왜적이 두려워했네	威聲慴日東
전쟁이 끝나 국정에 참여할 만했는데	兵休可以國
장군별이 떨어지니 공을 어찌할까	星落奈何公
칼집 속에서 쌍교검[194]이 울고	匣吼雙蛟劍
활집에 강한 활[195]이 들어있네	櫜收八札弓
등우의 화상을 남궁에 걸지 못했는데	南宮未畫鄧
큰 나무 부러져 풍이가 갑자기 돌아갔네[196]	大樹忽摧馮
장군의 막사[197]에 병서[198]가 남아 있고	玉帳韜鈐在

---

191 남월의 …… 놀랐고 : 원문의 '양복揚僕'은 '양복楊僕'의 잘못이므로 '양복楊僕'으로 바로잡아 번역하였다. 양복은 한漢나라 무제武帝 때의 장수이다. 남월南越의 승상 여가呂嘉가 반란을 일으켜 남월 왕 조흥趙興과 한나라 사신을 죽이자, 무제가 양복을 누선장군樓船將軍으로 삼고 노박덕路博德을 복파장군伏波將軍으로 삼아 정벌하게 하였다. 양복이 수군水軍을 이끌고 남월을 정벌하여 장량후將梁侯에 봉해졌다.(『史記』 권113, 南越列傳.)

192 동오의 …… 피하였네 : 원문의 "아동阿童"은 왕준王濬의 자字이다. 서진西晉의 용양장군龍驤將軍 왕준이 촉蜀에서 2천여 명이 탈 수 있는 거대한 전함을 만들고 익주益州에서 내려가 금릉金陵을 공격하여 오吳나라를 멸망시켰다.(『晉書』 권42, 王濬列傳.)

193 부상에 …… 비었네 : 명나라 군사가 조선에 와서 왜적이 전투에서 패한 것을 말한다. 원문의 "부상扶桑"은 조선朝鮮, "한갑漢甲"은 명나라 군대, "석목析木"은 우리나라, "초분楚氛"은 왜적을 가리킨다. 석목析木은 12개 성차星次의 하나로 인방寅方, 곧 동방인 우리나라와 요동 일대를 비추므로, 이 일대를 가리킨다.

194 쌍교검雙蛟劍 : 춘추시대 초楚나라 검사劍士 차비佽飛가 차던 검이다. 차비가 강을 건널 때 두 마리의 교룡이 배를 습격하자, 보검을 빼서 강물 속으로 뛰어들어 교룡의 머리를 베니 물결이 잠잠해졌다고 한다.(『淮南子』 道應訓.)

195 강한 활 : 원문의 "팔찰궁八札弓"은 여덟 겹의 갑옷을 뚫을 정도로 강한 활을 말한다. '찰札'은 갑옷의 미늘이다.

196 등우의 …… 돌아갔네 : 이순신의 화상畫像을 그려 공신각功臣閣에 걸지 않았는데도 문득 세상을 떠나 안타깝다고 말한 것이다. 등우鄧禹는 한漢나라 광무제光武帝를 도운 개국공신으로 남궁南宮에 화상을 그려 걸었다.(『後漢書』 권16, 鄧禹傳.)

197 장군의 막사 : 원문의 "옥장玉帳"은 군대에서 원수元帥가 거처하는 막사幕舍인데, 옥처럼 견고하다는 뜻에서 붙여진 이름이다.

198 병서 : 원문의 "도검韜鈐"은 고대의 병서兵書인 『육도六韜』와 『옥검편玉鈐篇』의 합칭合稱으로, 일반적으로 병서를 말한다.

대장의 막사[199]에 뿔피리와 북소리가 그쳤네	靑油鼓角終
왜적들이 술 마시며 기뻐하고	蠻兒欣酌酒
명나라 장수들이 통곡하며 전쟁에 임했네	漢將痛臨戎
이 노장은 진실로 대적할 사람이 없으니	此老眞無敵
남은 사람들이 어리석음을 깨달았네	餘人若發蒙
역사에 공의 이름을 특별히 적고	特書歸史筆
임금께서 애도하며 추증했네	哀贈輊宸衷
태백성[200]이 공의 넋과 함께하고	太白英魂帶
성난 오자서의 혼령[201]과 통하네	靈胥怒氣通
누가 공의 공훈을 돌에 새겨	誰能鑴美石
위대한 업적을 빛나게 할까	偉績動昭融

---

199 대장의 막사 : 원문의 "청유靑油"는 대장군의 막사인 청유막靑油幕인데, 청유라는 기름을 발랐기 때문에 이렇게 불렀다.
200 태백성太白星 : 금성金星으로, 군사를 맡은 별이기 때문에 이렇게 말한 것이다.
201 성난 오자서의 혼령 : 오吳나라 왕 부차夫差가 충신 오자서伍子胥를 죽인 뒤 시신을 가죽 부대에 싸서 절강浙江에 던졌는데, 오자서는 분노가 풀리지 않아 때때로 절강에 높은 파도를 일으킨다고 여겼다.(『史記』권66, 伍子胥列傳.)

이 충무공을 애도하다 哀李忠武[202]

조경남 趙慶男[203]

6년 동안 한산도에서 용맹한 군사를 거느리고	六載閑山擁虎熊
몇 번이나 거북선으로 왜적[204]을 무찔렀나	幾時龜艦剪狐叢
언성에 금패 보내 악비를 소환했고[205]	偃城金字招鵬擧
하상에 단신으로 위국공이 돌아왔네[206]	河上單師返魏公
벽파진에서 세 번 이겨 살아서 충절을 다하고	三捷碧波生盡節

---

202 이 글은 조경남이 1598년에 노량 해전에서 전사한 이순신을 애도하며 지은 시이다. 『난중잡록亂中雜錄』 1598년 11월 19일 기사에 시가 실려 있다. 원문의 '귀함龜艦'이 '귀선龜船', '금자金字'가 '금패金牌'로 되어 있다. 제목이 『충무공가승』에는 "애이통제哀李統制"로 되어 있다.

203 조경남趙慶男 : 1570~1641. 자는 선술善述, 호는 산서山西·산서병옹山西病翁·산서처사·주몽당주인晝夢堂主人, 본관은 한양漢陽. 전라북도 남원에서 살았다. 1570년(선조 3)에 났으니, 이순신보다 25년 아래이다. 1579년(선조 12) 10세에 글을 써 남을 놀라게 했으며, 13세에 난리를 예견하여 일기를 쓰기 시작했다. 18세에는 조헌趙憲의 문하로 들어가 의리와 도덕을 터득했다. 1598년(선조 31) 29세에 전라도 병마절도사 이광악李光岳 막하에서 명나라 군대와 합세하여 금산·함양 등지의 왜군을 무찔렀다. 1608년(선조 41) 향시鄕試 양장兩場, 1614년(광해군 6)에는 삼장三場에 합격했다. 1624년(인조 2) 진사시에 3등으로 합격하였으나 세상에 나오지 않았다. 사후 주포서원周浦書院에 향사되었다. 13세 때인 1582년(선조 15)에서 1610년(광해군 2)까지 사적을 일기체로 기술한 『난중잡록亂中雜錄』 4권 2책이 있는데, 『속잡록續雜錄』 4권 2책과 더불어 의병 활동의 생생한 기술과 명·청과의 외교 활동의 객관적 기술로 그 사료적 가치가 매우 높다. '산서야사山西野史' 또는 '대방일기帶方日記' 등의 명칭으로 불리고 있으며, 『선조수정실록』을 편찬할 때 사료史料로 활용되었다. (「한국역대인물종합정보시스템」; 『한국민족문화대백과사전』.)

204 왜적 : 원문의 "호총狐叢"은 총사叢祠(서낭당)에서 여우狐 소리를 흉내 내고 진秦나라에 반란을 일으킨 진승陳勝을 말하는데, 여기에서는 왜적을 가리킨다. 진나라 때 진승이 '진승왕陳勝王'이라고 쓴 비단을 물고기 배 속魚腹에 미리 넣어 군중을 현혹하고, 밤에 총사叢祠에 사람을 보내 여우가 우는 흉내를 내며 '대초흥 진승왕大楚興 陳勝王(큰 초나라가 흥하고 진승이 왕이 된다.)'이라고 외치게 한 뒤에 군사를 일으켜 진나라를 공격하였다. (『史記』 권48, 陳涉世家.)

와해²⁰⁷에서 하루아침에 죽어서 충성을 바쳤네	一朝瓦海死輸忠
깃발을 휘두르고 북을 울리며 산에 맹세한 말²⁰⁸	揮旗鳴鼓盟山說
영웅과 더불어 남았으니 눈물이 끝없이 흐르네	留與英雄淚不窮

---

205 언성에 …… 소환했고 : 남송南宋 악비岳飛의 일을 빌어서, 간신들이 이순신을 모함하여 서울로 압송했던 일을 비유한 것이다. 언성偃城은 하남河南에 있는 지명이다. 원문의 "금자金字"(금패金牌)는 송나라 때 사서敕書나 군사軍事의 기밀 등 긴급한 사안을 역말로 전달할 때 사용하는 금자패金字牌를 말하고, "붕거鵬擧"는 악비의 자字이다. 고종高宗 때에 금金나라 군대가 대거 남침하자, 악비가 악가군岳家軍 수만 명을 이끌고 북상하여 언성에서 격전을 치른 끝에 대승을 거둔 후에 황하를 건너 진격하려고 하였다. 그러자 진회가 고종에게 악비의 철군을 주청한 뒤 열두 번이나 회군을 명하는 위조 금패를 보내 철군하도록 하였다.(『宋史』권365, 岳飛列傳.)

206 하상에 …… 돌아왔네 : 남송의 충신 장준張浚의 일을 빌어서, 이순신이 백의종군한 일을 비유한 것이다. 원문의 "단사單師"는 단신單身이고, "위공魏公"은 위국공魏國公 장준張浚이다. 장준이 남송 고종高宗 때 천섬경서제로선무사川陝京西諸路宣撫使에 임명되어 금나라를 방어하다가 진회의 모함을 받아 영주永州로 좌천되었다. 효종孝宗 때에 호구湖寇가 반란을 일으키자 임금의 조서를 받아 단사單師로 하상河上에 와서 적군을 대파하였으며, 뒤에 위국공魏國公에 봉해졌다.(『宋史』권361, 張浚列傳.)

207 와해瓦海 : 이순신이 1598년 11월 19일에 전사한 노량露梁 앞바다를 말한다.

208 산에 맹세한 말 : 『이충무공전서』권1에 실린 「무제일련無題一聯」을 말하는데, 이 시에서 "바다에 서약하니 어룡이 움직이고, 산에 맹세하니 초목이 아네誓海魚龍動 盟山草木知."라고 하였다.

노량 충렬사에서 짓다 題露梁忠烈祠[209]

금산군錦山君 성윤誠胤[210]

장군은 충성과 용기가 우리나라에서 제일이라	將軍忠勇冠東韓
도끼 잡고 늠름하게 다시 단에 올랐네	杖鉞桓桓再上壇
깨진 배를 다시 모아 왜적을 격파했고	還拾敗船猶破賊
궁색한 왜구를 쫓다가 총알을 맞았네	謾追窮寇獨當丸
공이 커도 끝내 상을 받기 어려움을 알고서	心知功大終難賞
목숨 바쳐 마침내 충심을 보이려고 결심했네	志決身殲竟露肝
만고 영웅의 혼령은 어느 곳에 있는가	萬古英靈何處在
한 칸의 사당에 들판 구름이 차갑네	一間祠屋野雲寒

---

209 이 글은 이성윤李誠胤이 남해의 노량 충렬사에 가서 이순신을 추모하며 지은 시이다.

210 이성윤李誠胤 : 1570~1620. 자는 군실君實, 호는 매창梅窓·호기互棄. 본관은 전주全州이다. 성종의 4세손이며, 익양군益陽君 이회李懷의 증손이다. 1592년(선조 25) 임진왜란이 일어나자, 선전관이 되어 세자 광해군을 따라 피란하여 신주神主를 봉안하였다. 선조가 승하하자 혼전魂殿을 지켜 그 공으로 도정으로 승진하였고, 또 광해군의 분조에 호종한 공으로 호종공신 2등에 올랐다. 광해군의 폐정에 항의하다가 노여움을 사서 남해에 안치安置되어, 그곳에서 죽었다. 1623년 인조반정으로 새 왕이 등극하자 금산군錦山君으로 추봉하였다. 시호는 충정忠貞이다.(『한국민족문화대백과사전』.)

충무공 행장을 읽고 느낌이 있어 시를 짓다
讀忠武公行狀有感[211]

장령掌令 조극선趙克善[212]

장부의 기골이 남들과 달랐고	丈夫風骨異諸人
산악의 정기 받아 평생 보답을 꿈꾸었네	夢報平生岳降神
공훈이 성대하여 우주를 붙들었고	勳業盛來扶宇宙
장군별이 떨어지자 군사와 백성이 통곡했네	將星流處哭軍民
통제사로 삼도를 맡은 지 몇 년 인가	幾年統制專三道
천년 뒤에도 위명이 사방에 떨치리라	千載威名動四隣
열사들이 명성 듣고 의기를 더하는데	烈士聞聲增意氣
행장을 다 읽으니 눈물이 수건을 적시네	遺文讀罷涕沾巾

---

211 이 글은 조극선이 승지 최유해崔有海가 지은 이순신의 「행장行狀」을 읽고 지은 시이다. 최유해의 행장은 『이충무공전서』 권10에 실려 있다. 『야곡집冶谷集』 권1에 제목이 「독충무공행장유감讀忠武公行狀有感」으로 되어 있고, '악岳'이 '악嶽'으로, '건巾'이 '진脣'으로 되어 있다.

212 조극선趙克善 : 1595~1658. 자는 유제有諸, 호는 야곡冶谷, 본관은 한양漢陽이다. 1623년(인조 1) 학행으로 추천되어 동몽교관童蒙教官, 종부시주부, 공조좌랑을 역임하고 한때 은거하였다. 그 뒤 익위사사어翊衛司司禦, 호조·이조 정랑, 이어서 면천·순창·온양 군수, 1657년 사헌부 지평持平과 장령掌令 등을 역임하였다. 시호는 문목文穆이며, 저서로 『야곡집』 10권과 『야곡삼관기冶谷三官記』 등이 있다.(『한국민족문화대백과사전』.)

통제사 이순신 공의 묘소에 들러 짓다
過統制使李公墓[213]

참봉參奉 박류朴橊[214]

장군의 무덤이 큰길 가에 있고	將軍墓臨大路
장군의 무덤 옆에 큰 나무가 있네	將軍墓有大樹
큰 나무에 거센 바람이 끊임없이 불어서	大樹烈風吹不盡
당시에 장군께서 노한 모습을 상상하네	當年想像將軍怒
장군께서 왜적 40만을 공격할 때	將軍擊賊四十萬
큰 바다 가운데 해가 저물었네	大海洋中白日暮
해가 질 때 큰 나무가 부러지자	白日暮兮大樹摧
하늘 보고 울면서 조물주에게 호소했네[215]	天公爲泣眞宰訴
공의 굳센 넋이 동남쪽을 진압하여	公之毅魂鎭東南
여우가 굴에 숨고 고래가 떨었네	狐狸竄穴鯨鯢怖
공의 충성과 공렬은	公之忠烈
고인에게 구해도 짝할 사람이 없으니	求之古人無其伍
마땅히 무후 제갈량과	當與諸葛武侯
수레를 타고 함께 달릴 만했네	同駕而並騖
내가 난리를 만나 우연히 이곳에 들러서	我逢亂離偶過之

---

213 이 글은 참봉 박류가 충청남도 아산에 있는 이순신의 묘소에 가서 지은 시이다.
214 박류朴橊 : 자字는 직중直仲, 본관은 무안務安. 거주지는 한성漢城이다. 1599년(선조 32)에 태어나 1624년(인조 2) 26세에 증광시增廣試(진사)에 합격하였다.(「한국역대인물종합정보시스템」.)
215 해가 …… 호소했네 : 이순신이 노량 해전에서 전사하자 장졸과 백성들이 하늘을 보며 조물주에게 이순신 장군을 다시 살려 달라고 호소한 일을 말한 것이다. 원문의 "천공天公"은 하늘이고, "진재眞宰"는 조물주이다.

빈산 한 줌의 무덤에 재배하네	再拜空山一抔土
아아, 산이 드높아 높이가 만 길이니	吁嗟乎有山屹屹高萬丈
만고 영웅의 기풍이 물가에서 떨치리	萬古英風振河滸

이충무공 묘소 원경(위)과 근경(아래). 충남 아산. (사진 문화재청, 2015년)

이 통제사를 애도하다 哀李統制[216]

승지承旨 최유연崔有淵[217]

옛날에 왜국이 우리나라를 엿보며	昔倭窺我邦
말과 공작을 바쳤고[218]	獻馬與孔雀
경건하게 소국이 대국을 섬기듯	虔若小事大
말을 낮추고 폐백을 후하게 했네	卑辭厚幣帛
조정이 믿고 의심치 않았으나	朝廷信不疑
지사가 들보 보며 탄식하니[219]	志士徒仰屋
어떤 이가 재상에게 말하기를	有人謂宰臣

---

216 이 글은 최유연이 1632년 7월 25일에 이순신을 애도하며 지은 시이다. 『현암유고玄巖遺稿』 권2에 제목이 「팔애병서八哀幷序」로 되어 있다. 이 시는 두보杜甫의 「팔애시八哀詩」를 본떠 지은 것이다. 총병總兵 양원楊元, 경리經理 양호楊鎬, 부사府使 송상현宋象賢, 목사牧使 김여물金汝吻, 부사府使 고경명高敬命, 제독提督 조헌趙憲, 통제사 이순신, 석주거사石洲居士 권필權韠의 순서로 실려 있다. 『현암유고』에는 원문의 '가고笳鼓'가 '가고歌鼓'로 되어 있고, '상공相公' 뒤에 '서애西厓', '정만호鄭萬戶' 뒤에 '운運', '귀선龜船' 뒤에 '공소조公所造'의 주석이 추가되어 있다.

217 최유연崔有淵 : 1587~1656. 자는 성지聖止·성지聖之·지숙止叔, 호는 현암玄巖·현석玄石·방장산인方丈山人, 본관은 해주海州. 거주지는 한성漢城이다. 1621년(광해군 13) 별시에 장원으로 합격하고, 1623년(인조 1) 문과文科에 갑과甲科 2등으로 급제하여 주서注書를 지내고, 이후 지평持平, 우부승지右副承旨, 춘방관春坊官을 역임하였다. 1638년에는 모친의 병을 이유로 체직遞職을 청하였고, 1641년(인조 19) 좌부승지에 올랐다. 1644년(인조 22) 도교道教 부흥에 대한 상소를 올리고 소격서昭格署의 복치復置를 주장하여 사간원司諫院이 그의 삭탈관직을 건의하는 상소를 올리기도 하였다. 저서로는 1675년(숙종 1)에 간행된 『현암유고玄巖遺稿』가 있다. (『한국역대인물종합정보시스템』;『玄巖遺稿』.)

218 공작을 바쳤고 : 일본에서 공작孔雀 한 쌍을 보내오자 1589년 8월 2일에 공작을 해조該曹에서 처리하라고 전교하였다. [『선조실록』 권23 선조 22년 기축(1589) 8월 2일(정축).]

219 지사가 …… 탄식하니 : 원문의 "앙옥仰屋"은 '앙옥절탄仰屋竊歎'의 준말로, 누워서 들보를 쳐다보며 한숨만 내쉬는 것을 말한다. 송宋나라 부필富弼이 신종神宗에게 상소하여 아뢰기를 "노신은 드릴 말씀이 없고 그저 지붕을 우러르며 속으로 탄식할 뿐입니다老臣無所告訴 但仰屋竊歎者."라고 하였다.

'왜적을 어떻게 대적할까'라고 하였네	漆齒何以敵
재상이 수염을 만지고 웃으며	宰臣綽髯笑
'왜적은 기러기·오리와 같으니	蠻兵類鴈鶩
들판에서 말을 타고 달리면서	原野一馬蹄
채찍을 들어 모두 섬멸할 수 있다'라고 하였네	擧鞭可殲滅
바다를 지키는 수군을 없애고	海戍廢舟師
군함[220]을 모래언덕에 방치했으나	艅艎沙岸閣
당시에 절도사 이순신은	維時李節度
젊을 때부터 재능이 출중했네[221]	小少自穎脫
조산보의 임무를 맡아서	受任造山堡
녹둔도의 오랑캐를 짓밟으니	大蹂鹿屯賊
오랑캐가 감히 움직이지 못하여	羣醜不敢動
용맹한 기상을 사막에 떨쳤네	猛氣振沙漠
조정으로 돌아온 뒤에	歸來朝市間
관리들 사이에서 불우하게 지냈으나[222]	陸沈千夫側
안목 있는 정승[223]이 있었으니	清鑑在相公
어찌 천거[224]할 힘이 없었으랴	豈無吹噓力
호남좌수사의 자리는	湖南左水閫

---

220 군함 : 원문의 "여황艅艎"은 오吳나라 왕 요僚의 배인데, 후대에 군함의 뜻으로 사용하였다.(『說略』 권23, 工考下.)

221 재능이 출중했네 : 원문의 "영탈穎脫"은 '모수자천毛遂自薦' 고사에서 나온 말로, 재능의 출중함을 비유하는 말이다. 전국시대 평원군平原君의 식객食客이었던 모수가 자신을 천거하며 말하기를, "만약 나를 일찍이 주머니 속에 넣었다면 주머니 속에서 자루가 튀어나와서 송곳의 끝만 보였을 뿐만이 아닙니다使遂早得處囊中 乃穎脫而出 非特其末見而已."라고 하였다.(『史記』 권76, 平原君列傳.)

222 불우하게 지냈으나 : 원문의 "육침陸沈"은 육지에 물이 없는데도 물에 빠졌다는 말로, 좋은 벼슬에 발탁되지 못하고 불우하게 묻혀 사는 것을 말한다.

223 정승 : 서애西厓 유성룡柳成龍을 말한다.

224 천거 : 원문의 "취허吹噓"는 입으로 불어 바람을 일으켜서 깃털을 날려 보내는 것으로, 남을 칭찬하고 장려하여 추천함을 말한다. 『송서宋書』 권74 「심유지열전沈攸之列傳」에 "날개로 알을 품고 입김을 불어 주는 듯하여 관직에 오르게 되었다卵翼吹噓 得升官秩."라고 하였다.

정읍현감에서 발탁되었고	拔擢自井邑
위급한 상황을 사전에 크게 대비하여	大修陰雨備
은연중에 한 나라를 대적할 만했네[225]	隱若一敵國
왜적의 군함이 바다를 뒤덮어	蠻船蔽滄海
살기가 남쪽 땅에 미치자	殺氣亘南陸
장수들이 모두 넋을 잃어	羣帥皆褫魄
왜적의 칼날을 다시 막기 어려웠네	兇鋒更難遏
공이 노로 뱃전을 치고 와서	公乃擊楫來
한산도에서 크게 방어하고	閑山雄所扼
한 손으로 포악한 왜적을 막아	隻手捍暴客
한 번 싸움에 피바다를 이루었네	一戰海成血
마침내 통제사에 임명할 때	遂加統制命
임금께서 글을 내려 총애하며 직급을 올려 주니	天書紆寵秩
왜적들이 한 걸음도 전진하지 못한 지	賊不進一步
어느덧 3년이 지났네	荏苒三歲月
왜장이 교묘하게 반간계를 써서	蠻酋巧行間
다른 장수가 와서 즉묵을 망치려 했는데도[226]	他將殘卽墨
우리 조정은 첩자를 얻었다고 좋아하며	我邦喜得諜
공을 교체함이 지나치게 빨랐네	易置太神速
공을 의금부에 바로 하옥하고	公旋下金吾

---

225 은연중에 …… 만했네 : 광무제光武帝 때 한漢나라 장수 오한吳漢이 성도城都로 쳐들어가서 공손술公孫述의 군대를 대파하였다. 이때 오한이 강한 적과 대치하고 있으면서도 태연자약하게 작전 계획을 수립하자, 광무제가 말하기를, "오공은 은연 중에 하나의 나라를 대적할 만하다吳公隱若一敵國矣."라고 하였다.(『後漢書』 권18, 吳漢列傳.)

226 왜장이 …… 했는데도 : 전단田單이 반간계로 악의樂毅를 기겁騎劫으로 교체하게 하여 승리했던 것처럼, 왜장倭將이 이순신을 모함하고 원균으로 대신하게 하여 조선을 위험에 빠뜨리려고 했던 일을 말한다. 전국시대 때 연燕나라 장수 악의樂毅가 제齊나라의 성 70여 개를 빼앗았으나 거莒와 즉묵卽墨만 남아 포위한 상태에서 3년 동안 함락시키지 못하였다. 연나라 혜왕惠王이 전단田單의 반간계에 속아 악의를 소환하고 기겁騎劫을 대신 보내자, 제나라 장수 전단이 계책을 써서 승리를 거두었다.(『史記』 권80, 樂毅列傳.)

조괄이 중군을 맡게 되자[227]	中權換趙括
견고한 요충지를 한 번에 잃었고	關防一失險
백성들의 목숨이 모두 짓밟혔네	生靈盡魚肉
나랏일이 이미 잘못된 뒤에	國事已去後
공에게 절도사의 깃발을 다시 내리니	更授公旌節
공이 또 크게 승리를 올리고	公又大獻捷
곧바로 일본을 치려고 하였네	直欲吞日域
명나라 장수 도독 진린이	天將都督璘
진영을 나란히 하여 힘을 합했을 때	比營聲勢合
왜적들이 다시 멋대로 날뛰면서[228]	值賊更陸梁
장기가 낀 바다에서 깃발을 휘둘렀네	瘴海旌旗獵
공이 목욕재계하고 밤에 하늘에 기도하며	公浴夜祈天
'왜구를 섬멸하고 바로 죽겠다'라고 했는데	殲寇卽殞絶
새벽녘에 전투가 한창 무르익었을 때	雞鳴戰方酣
슬프게도 장군별이 떨어졌네	慘憯將星落
피리 불고 북을 쳐서 승리를 올렸으나	笳鼓齊獻凱
통곡 소리 하늘에 사무치니	哭聲旋天徹
군사들이 처량하게 남았고	凄凉餘部曲
흰 상여가 고향으로 돌아갔네	故山歸素紼
진린 도독이 우리 임금 뵙고서	都督見吾王
눈물 흘려 옷깃이 젖었고	涕淚衣裳濕

---

227 조괄이 …… 되자 : 조괄趙括은 조趙나라 장수인데, 여기에서는 원균元均을 가리킨다. 조나라가 진秦나라와 장평長平에서 대치할 때 염파廉頗가 성벽을 고수하며 싸우려 하지 않자, 진나라가 간첩을 보내 "염파는 늙고 병든 장수라 두렵지 않고, 다만 조사趙奢의 아들 조괄趙括을 제일 두려워한다."라고 이간책을 써서 염파 대신 조괄趙括을 장수로 삼게 하였다. 그 결과 진나라 장수 백기白起가 조나라 군사 수십만을 죽이고 조괄 역시 살해되었다.(『史記』 권81, 廉頗藺相如列傳.)

228 멋대로 날뛰면서 : 원문의 "육량陸梁"은 제멋대로 날뛰는 것으로, 장형張衡의 「서경부西京賦」에 "온갖 짐승이 멋대로 날뛴다百獸陸梁."라고 하였다.

왜적을 소탕하여 남해가 맑아지니	掃蕩南海淸
공의 공훈에 어느 누가 비길 수 있으랴	其功誰比列
굳센 필력으로 사관이 표창하고	健筆太史襃
옛 사당에 화상이 엄숙하네	古廟遺像肅
옛날에 송광사를 지날 때	昔過松廣寺
노승 혜희가	惠熙有老衲
공을 따라 전쟁터에 다녔는데	從公矢石間
내 앞으로 다가와 말하기를	爲余前致說
'공은 지모가 뛰어났을 뿐만 아니라	非徒公智謀
신명이 전쟁을 도왔고	神明助戰伐
지금도 바다에 경보가 있으면	至今有海警
꿈속에 분명하게 보입니다	夢裏見髣髴
매우 슬프게도 만호 정운은	最悼鄭萬戶
용감하여 대적할 자가 없었고	斗膽更無匹
갑옷 입고 큰 창을 잡고서	被甲杖大槍
북을 치며 노 젓기를 재촉했습니다	擊鼓促柂楫
왜장들이 범을 보듯 겁을 먹어	渠酋畏如虎
가는 곳마다 모두 피했는데	所向皆辟易
전투 중에 총알에 맞아서	方戰中石砲
승리 전에 몸이 먼저 죽었습니다'라고 했네	身先死未捷
내가 지리산에 놀러 가서	余遊方丈山
저 멀리 노량 쪽을 바라보니	露梁送遠目
공이 옛날에 싸우던 곳이지만	是公古戰塲
어느 누가 지금 다시 일으킬 수 있으랴	誰人今復作
거북선이 부질없이 저절로 떠 있어서	龜船徒自橫
시를 지어 충혼을 위로하니	一詩慰忠魄
공의 넋이 혹시 죽지 않았다면	混沌倘不死

| 저승에서 반드시 감격하리라 | 幽冥應感激 |

태평정太平亭[229]

좌참찬左參贊 이경전李慶全[230]

가을날 변방에서 장군기[231]를 흔들던 일을 생각하며	塞門秋思動牙旌
남쪽으로 기러기가 날아올 때 길손이 기둥에 기대네	南鴈來時客倚楹
만 리 요충인 수영은 풍경이 빼어나고	萬里關防形勝地
백 년의 공훈으로 장부의 명성이 전해지네	百年勳業丈夫名
명량의 옛 나루터에 찬 안개가 자욱하고	鳴梁古渡寒煙積
진도[232]의 외로운 성 저 멀리 구름이 끼어 있네	沃島孤城遠靄平
무수한 전함이 바다를 오가는데	無數舳艫潮滿處
밤이 깊어 밝은 달이 복파영[233]을 비추네	夜深明月伏波營

---

229 이 글은 이경전이 전라우수영에 있던 태평정太平亭을 방문하여 이순신을 회고한 시이다. 통제사 이순신이 1596년 윤8월에 여기서 하룻밤을 묵었다.(『난중일기』 병신년, 윤8월 26일.)

230 이경전李慶全 : 1567~1644. 자는 중집仲集, 호는 석루石樓, 본관은 한산韓山. 한성漢城에서 살았다. 1590년(선조 23) 24세에 증광 문과에 급제한 후 예조·병조 좌랑, 충홍도忠洪道·전라도 관찰사, 좌참찬, 주청사奏請使, 형조판서를 지내고, 한평부원군韓平府院君에 진봉되었다. 저서로 『석루유고』가 있다.(「한국역대인물종합정보시스템」;『한국민족문화대백과사전』.)

231 장군기: 원문의 "아정牙旌"은 장군기將軍旗로, 아기牙旗 또는 아문기牙門旗라고도 한다. 상아로 장식한 큰 깃발이고, 대장군의 의장儀仗에 쓰였다.

232 진도 : 원문의 "옥도沃島"는 옥주沃州, 곧 진도珍島의 옛 이름이다.

233 복파영伏波營 : 전라우수영을 말한다. 전라우수영의 객사客舍 이름이 복파관伏波館이다. 복파영은 원래 후한後漢 마원馬援의 군영을 가리키는 말이었는데, 후대에 군영의 의미로 쓰였다.

충민사에서 짓다 題忠愍祠[234]

판서判書 홍우원洪宇遠[235]

우리나라 지형이 천하의 장관이고	靑邱地形天下壯
하늘 담은 큰 바다가 삼면을 둘렀네	涵空巨浸環三陲
명산과 높은 산이 성대하게 서려 있고	名山喬岳鬱磅礴
크고 넓은 하천이 드넓게 넘실대네	大川洪河相浩瀰
천년의 뛰어난 정기가 빼어남을 모아서	千年間氣鍾秀異
때때로 뛰어난 인물을 낳았네[236]	往往人傑生魁奇
당당한 통제사를 하늘이 낳으니	堂堂統制天所挺
기개가 뛰어나 진실로 사내였네	氣岸卓犖眞男兒
훤칠한 팔척장신에 팔이 길어 활 잘 쏘고[237]	頎頎八尺猿臂長

---

234 이 글은 홍우원이 1634년에 순천 충민사에 가서 이순신을 회고하며 지은 시이다. 『남파집南坡集』 권3에 제목이 「제충민사題忠愍祠」로 되어 있고, '조익鵬翼'이 '조익鳥翼', '달천㺚川'이 '달천達川', '봉랑封狼'이 '시시豺兕', '진도陣陶'가 '진도陣濤', '신사神祠'가 '신사新祠', '여위餘威'가 '여성餘聲'으로 되어 있다.

235 홍우원洪宇遠 : 1605~1687. 자는 군징君徵, 호는 남파南坡, 본관은 남양南陽이다. 형조판서 홍가신洪可臣의 손자로, 1645년(인조 23) 별시문과에 급제한 후 여러 관직을 거쳐, 예조판서, 이조판서, 공조판서를 역임하였다. 1680년(숙종 6) 경신대출척으로 남인이 몰락하자 유배되었고, 이후 문천으로 이배되었다가 현지에서 사망하였다. 1689년 기사환국으로 복작復爵되었고, 이듬해 영의정에 추증되었다. 시호는 문간文簡이다. 안성의 남파서원南坡書院과 백봉서원白峯書院에 제향되었다. 저서로는 『남파집南坡集』 13권이 있다. (『한국역대인물종합정보시스템』; 『한국민족문화대백과사전』; 『승정원일기』.)

236 천년의 …… 낳았네 : 이순신이 천지의 정기를 받아서 태어났다는 뜻이다. 원문의 "간기間氣"는 예로부터 영웅과 위인은 위로 성상星象의 정기精氣에 응하여 천지 사이의 특수한 기운을 받아서 태어나되, 세대를 격하여間世 나온다고 하는 데서 유래하였다.

237 팔이 …… 쏘고 : 원문의 "원비猿臂"는 원숭이처럼 팔이 길어서 활을 잘 쏜다는 의미이다. 한漢나라 장수 이광李廣에 대해 "이광은 사람됨이 키가 크고 원숭이처럼 팔이 길어 활 잘 쏜 것 역시 타고난 자질이다廣爲人長 猿臂 其善射亦天性也."라고 하였다. (『史記』 권109, 李將軍列傳.)

제비턱과 용 수염에 범의 눈썹 지녔네[238]	燕頷虯鬚仍虎眉
젊어서 붓을 버려 병법을 배우고[239]	早年投筆學敵萬
씩씩한 용기와 힘은 곰과 같았네	赳赳勇力如熊羆
칼 솜씨의 비술은 백원을 비웃고[240]	秋蓮秘術笑白猿
밝은 달밤의 활 솜씨는 양유기[241]를 넘었네	明月妙藝超由基
서릿발과 번개 같은 기개로 무재를 갖추었고[242]	清霜紫電閃武庫
뛰어난 병법[243]을 누가 엿볼 수 있으랴	豹略龍韜誰得窺
준마가 일찍이 대로를 달려야 했으나	霜蹄早合騁亨衢
대붕이 오래 낮은 가지에 깃들어 탄식했네[244]	長翮久嗟栖卑枝
변방에서 누런 먼지 일으키며 말을 내달려서	黃雲塞上一躍馬

---

238 제비턱에 …… 지녔네 : 후한後漢 반초班超의 모습으로, 귀인의 관상을 표현할 때 썼다. 관상가가 일찍이 반초에게 말하기를, "제비의 턱에 범의 머리를 지녀서 높이 날아 고기를 먹으리니, 이는 바로 만 리 제후의 관상이다燕頷虎頭 飛而食肉 此萬里侯相也."라고 하였다. 뒤에 반초는 서역을 평정하여 정원후定遠侯에 봉해졌다. (『後漢書』 권47, 班超列傳.)

239 젊어서 …… 배우고 : 원문의 "투필投筆"은 '투필종융投筆從戎'의 준말로, 문무를 버리고 무무에 종사함을 뜻한다. 남조南朝 송宋나라의 종각宗慤이 어렸을 때 숙부에게 자신의 소원을 말하기를, "거센 바람을 타고 만 리 파도를 헤쳐나가는 것이 소원입니다願乘長風 破萬里浪."라고 하였다. 뒤에 진무장군振武將軍이 되어 큰 공훈을 세우고 조양후洮陽侯에 봉해졌다. 왕발王勃의 「등왕각서滕王閣序」에 "붓을 던질 생각이 있어 종각의 거센 바람을 사모한다有懷投筆 慕宗慤之長風."라고 하였다. (『宋書』 권76, 宗慤列傳.)

240 칼 솜씨의 …… 비웃고 : 이순신이 검술에 매우 뛰어났음을 말한 것이다. 원문의 "추련秋蓮"은 칼집에 연꽃이 아로새겨진 보검이다. 검광劍光이 가을의 연꽃처럼 번쩍임을 뜻한다고 보기도 한다. 이백李白의 「호무인胡無人」에 "유성처럼 빠른 화살을 허리춤에 꽂고, 번쩍이는 보검을 상자에서 꺼내네流星白羽腰間 挿 劍花秋蓮光出匣."라고 하였다. 원문의 "백원白猿"은 검술의 명인을 말하는데, 백원공白猿公 또는 백원옹白猿翁이라고도 한다. 춘추시대 월越나라 처녀가 월나라 왕에게 검술을 배우러 길을 가던 도중에 흰 원숭이白猿가 변신한 원공袁公을 만나 검술 시합을 벌였는데, 원공이 상대하다가 나무 위로 날아올라 다시 흰 원숭이로 변신하여 사라졌다고 한다. (『吳越春秋』 권9, 句踐陰謀外傳.)

241 양유기養由基 : 춘추시대 초楚나라 공왕共王 때의 장군으로, 100보 떨어진 거리에서 활을 쏘아 버들잎을 백발백중시켰다. (『戰國策 西周策』・『史記』 권4, 周本紀.)

242 서릿발과 …… 갖추었고 : 이순신이 왕준王濬처럼 기개와 무재武才를 구비했음을 말한 것이다. 왕발王勃의 「등왕각서滕王閣序」에 "붉은 번개와 서릿발 같은 기개는 왕준 장군의 무고이다紫電清霜 王將軍之武庫."라고 하였다. 무고武庫는 무기고에 온갖 무기가 있듯이, 무관이 풍부한 무재武才를 갖췄음을 이른 말이다.

243 뛰어난 병법 : 원문의 "표략豹略"은 '표도豹韜'와 같은 말이다. '표도豹韜'와 '호도虎韜'는 본래 태공망太公望 여상呂尙이 지었다고 전하는 병서兵書인 『육도六韜』의 편명으로, 전하여 병법이나 전략을 뜻한다. 『육도』는 문도文韜・무도武韜・용도龍韜・호도虎韜・표도豹韜・견도犬韜로 구성되어 있다.

여우 사냥하듯 미친 오랑캐를 사로잡았네	縛取狂虜如狐狸
주머니 속 송곳 나오듯 큰 재주가 드러나서	囊中穎脫物不隔
하루아침에 임금께서 큰 은혜²⁴⁵를 내렸네	九重一朝垂鴻私
금장이 만포진 달빛에 막 빛나더니	金章纔暎滿浦月
장군의 막사가 푸른 바다에서 다시 열렸네²⁴⁶	玉帳還開滄海涯
빛나는 용절²⁴⁷이 호부²⁴⁸에 비치고	煌煌龍節照虎符
엄숙한 병사들이 맹수처럼 늘어섰네	肅肅兵甲羅貅貔
어리진과 조익진²⁴⁹을 스스로 훈련하고	魚麗鵰翼自訓勵
적작선과 황룡선²⁵⁰을 아침저녁으로 수리했네	赤雀黃龍朝暮治
한 지역에 우뚝 서서 만리장성을 만드니	巍然一方作長城
왜구가 횡포를 부려도 다시 매질할 만했네	海寇强梁還可笞
한밤중에 남해에서 성난 파도가 일어나고	半夜南溟怒濤立
고래가 물 뿜으며 지느러미를 흔들었네²⁵¹	奔鯨噴湧搖凶鬐
동래의 성안에 안개처럼 적들이 즐비하여	東萊城中賊如霧

---

244 준마가 …… 탄식했네 : 이순신은 능력이 출중하여 일찍부터 관운이 탁 트였어야 했으나 오래도록 미관 말직에 머물렀던 일을 탄식한 것이다. 원문의 "상제霜蹄"는 말발굽이 서리처럼 흰 준마駿馬이고, "장핵長翮"은 긴 날개를 펼쳐 높이 하늘을 나는 대붕이다. 두보杜甫의 「증특진여양왕이십운贈特進汝陽王二十韻」에 "상제는 천 리를 달리는 준마이고, 풍핵은 하늘 높이 나는 붕새이네霜蹄千里駿 風翮九霄鵬."라고 하였다. 원문의 "형구亨衢"는 사통팔달四通八達의 대로로, 활짝 트인 관로官路를 의미한다.

245 큰 은혜 : 원문의 "홍사鴻私"는 홍은鴻恩, 곧 큰 은혜라는 뜻이다.

246 금장이 …… 열렸네 : 이순신이 1590년 8월에 만포진滿浦鎭 수군첨절제사水軍僉節制使에 임명되었다가 1591년 2월에 전라좌도全羅左道 수군절도사水軍節度使로 옮긴 일을 말한다. 원문의 "금장金章"은 금으로 만든 고관의 도장이고, "옥장玉帳"은 장군의 막사이다.

247 용절龍節 : 용을 그려 넣은 부절符節이다. 『주례周禮』「지관地官 장절掌節」에 "산국山國에서는 호절虎節, 토국土國에서는 인절人節, 택국澤國에서는 용절龍節을 쓴다."라고 하였다.

248 호부虎符 : 옛날에 임금이 신하에게 병권兵權을 수여하거나 군대를 징발할 때 사용하는 신물信物인데, 호랑이 모양으로 제작하였다.

249 어리진과 조익진 : 어리진魚麗陣은 전차 25승乘을 편偏으로 삼아 앞에 배치하고 갑사甲士 5인을 오伍로 삼아 뒤에 배치하는 진법陣法이다.(『春秋左傳』'桓公 5년'.) 조익진鵰翼陣은 수리가 날개를 펼치듯 군대가 좌우로 늘어서서 펼치는 진법인 듯하다.

250 적작선과 황룡선 : 적작선赤雀船은 유신庾信의 「애강남부哀江南賦」에 나오는 군함이고, 황룡선黃龍船은 수나라 양제煬帝 때 만든 군함이다. 여기서는 전라좌수영에 있는 군함들을 가리킨다.

251 한밤중에 …… 흔들었네 : 왜적이 대군을 이끌고 조선을 침략하여 임진왜란이 일어난 일을 말한다.

살기가 자욱하여 아침 해를 가렸네	殺氣漠漠迷朝曦
나라가 백 년 넘게 오래도록 태평하여	國家昇平百年久
문무의 재상과 장수가 편히 지냈네	將相文武方恬嬉
조령[252] 이남 영남에는 견고한 보루가 없어	大嶺以南無堅壘
충주 달천에 전사한 뼈들이 산처럼 쌓였네	㺚川戰骨高嵾嵯
임금이 관서로 피란하여 의주[253]로 갈 때	玉輦西幸渡龍灣
서울에는 피비린내가 비바람에 날렸네	漢京血雨腥風吹
장수들이 어지럽게 갑옷 벗고 달아날 때	紛紛閫帥爭棄甲
강개하여 목숨 바친 사람이 누구였던가	慷慨捐軀知是誰
장군께서 뱃전 치며 눈물을 흘리니	將軍擊楫洒雪涕
태양이 빛을 잃고 삼군이 슬퍼했네	天日慘憺三軍悲
두 눈을 부릅뜨고 일본 땅을 노려볼 때	扶桑怒視裂雙眥
매우 큰 담력에 붉은 수염이 날렸네	斗膽輪囷揚赤髭
당당한 대의로 장사들을 격려하며	桓桓大義激壯士
원수를 소탕할 것을 서로 기약했네	掃蕩仇讐相與期
영문에는 뿔피리 소리에 북소리가 뒤섞이고	轅門畫角雜金鼓
태산 같은 호령은 산도 옮길 듯했네	號令如山山可移
날카롭고 긴 창이 서리처럼 싸늘하고	長戈利戟凜霜雪
흰 깃발과 누런 깃발을 번갈아 흔들었네	白旆黃旗交翠蕤
군사의 함성이 아침에 한라산을 흔들 듯하고	班聲朝動漢挐岑
훈련하는 병사가 밤에 사량[254] 물가에 비쳤네	組練夜照蛇梁湄
군함이 우뚝하여 별들이 늘어선 듯하고	樓船岌嶪若羅星
전함이 드높아 바둑알을 벌여 놓은 듯했네	戰艦嵬峩如列碁
방패를 빽빽이 배치하니 구름을 쌓은 듯하고	層楯密排片雲疊

---

252 조령 : 원문의 "대령大嶺"은 조령鳥嶺을 말한다.
253 의주 : 원문의 "용만龍灣"은 의주義州의 옛 이름이다.
254 사량 : 경상남도 통영시 사량면 사량도를 가리키며 조선시대에 사량만호영蛇梁萬戶營이 있었다.

큰 돛을 높이 펼치니 대붕의 날개를 펼친 듯했네	大帆高張鵬翼垂
상앗대를 다투어 재촉하니 성난 교룡이 날뛰는 듯	千槳競催躍怒虯
많은 노를 일제히 저으니 이무기가 나는 듯했네	萬棹齊奮騰翔螭
바람처럼 앞서 달리자 번개처럼 뒤따르니	飛廉先驅列缺後
바다 신과 물귀신이 우리 군사를 맞이했네	海神水伯來迎師
엄청난 무게로 새알을 누르는 듯하니	千勻之重鳥卵上
백만의 교만한 왜적들이 무엇을 할 수 있으랴	百萬驕賊何能爲
옥포에서 공격하며 물을 쏟아붓는²⁵⁵ 듯했고	玉浦嘗兵水建瓴
노량에서 승기 타서 산을 무너뜨리는 듯했네	露梁乘銳山崩披
당항포에 연기가 가득하여 맹렬한 불길이 타오르고	煙埋唐項爆猛焰
한산도에 핏물이 넘쳐 시체들이 떠올랐네	血漲閑山浮積屍
천둥소리 울리듯 호령이 일어나고	雷霆隱隱生叱吒
벼락이 크게 치듯 대장 깃발이 뒤따랐네	霹靂轟轟隨指麾
하늘로 날아가는 화살들이 소나기처럼 떨어지고	飜空白鏃驟雨下
바다를 울리는 탄환들이 유성처럼 날아갔네	震海赤丸流星馳
바람 불고 번개 치듯 소탕하니 어찌 감당할 수 있으랴	風揮電掃詎敢當
파죽지세로 적을 무찔렀으나 어찌 목숨이 위태롭게 되었나	破竹之中胡命危
왜적이 요사한 말을 퍼뜨려 흉계를 꾸미자	妖氛欲豁瘴塞昏
몇 차례 거짓말에 결국 믿어 의심했네²⁵⁶	市虎翻成投杼疑
공연히 감옥의 붉은 검광이 두성과 우성 사이를 쏘니	空令紫氣射斗牛
왜장이 우리의 변방을 무너뜨렸네²⁵⁷	坐遣封狼隳藩籬

---

255 물을 쏟아붓는 : 원문의 "수건령水建瓴"은 높은 곳에서 물동이의 물을 쏟는다는 뜻으로, 세력이 매우 강함을 비유적으로 이르는 말이다.

진도택에서 4만 군사가 같은 날에 죽어[258]	陳陶四萬同日死
왜적의 기세가 솟구치니 누가 다시 막았던가	敵勢憑凌誰復支
나라가 혼란하여 정벌의 전권에 다시 응하니	專征再膺板蕩餘
흩어졌던 군사들이 다투어 따라왔네	散卒加額爭來隨
군대의 진용을 일신하여 사기가 배가 되니	軍容一新士氣倍
장군께서 북채와 채찍을 친히 잡았네	玉枹金鞭親自持
만 섬 실을 큰 전함이 촉에서 내려갈 때	龍驤萬斛下蜀日
적벽강에서 위나라의 많은 배를 불태웠네[259]	赤壁千舟焚魏時
웅장한 위엄이 빛나서 백 번 싸워도 남았으니	雄威煇赫百戰餘
몇 명의 적장을 베고 몇 개의 깃발을 빼앗았던가	幾斬其將搴其旗
천 리 너머 호남의 백만 백성들이	湖南千里百萬民
공에게 목숨을 의지하여 어미처럼 따랐네	倚公爲命如母慈
혼령들이 빨리 난이 평정되길 고대했는데	遊魂佇見不日平

---

256 왜적이 …… 의심했네 : 왜적이 반간계로 이순신을 모함하여 지휘권을 박탈하게 하려던 일이 성공했음을 말한 것이다. 원문의 "시호市號"는 시장에 범이 없는데도 세 사람이 계속하여 말하면 호랑이가 있는 것처럼 된다는 말이고, "투저投杼"는 증삼曾參의 어머니가 아들이 살인했다는 말을 믿지 않다가 세 번째 사람의 말을 듣고 놀라서 북을 내던지고 달아난 일을 말한다. 여러 사람이 반복하여 말하면 자기도 모르게 의심하게 된다는 뜻이다.

257 공연히 …… 무너뜨렸네 : 이순신이 억울한 누명을 쓰고 의금부에 하옥된 뒤에 원균元均이 왜적에게 대패한 일을 말한 것이다. 상구上句는 용천검龍泉劍과 태아검太阿劍이 풍성豐城의 감옥에 묻혀 있던 것처럼 이순신이 감옥에 갇힌 일을 비유한 것이다. 진晉나라 때 뇌환雷煥이 북두성北斗星과 견우성牽牛星 사이에 자줏빛 기운이 서려 있는 것을 보고서 예장豫章의 풍성豐城에 보검寶劍이 있는 것을 알았다. 이 사실을 상서尙書 장화張華에게 알리니, 장화가 뇌환을 풍성 영豐城令으로 삼아 옥사獄舍의 옛터를 발굴하도록 하여 마침내 고대의 보검인 용천검龍泉劍과 태아검太阿劍을 얻었다.(『晉書』 권36, 張華列傳.) 원문의 "봉랑封狼"은 큰 이리로, 왜장을 가리킨다. 장형張衡의 「사현부思玄賦」에 "위호를 휘어지도록 당겨 파총산의 큰 이리를 쏘리라彎威弧之拔剌兮 射幡冢之封狼."라고 하였다. 위호는 별 이름이다.

258 진도택에서 …… 죽어 : 원균元均이 1597년에 칠천량漆川梁 해전에서 전사하고 수군이 몰살된 일을 말한 것이다. 당唐나라 현종玄宗 때 안녹산이 반란을 일으키자 방관房琯이 삼남군三南軍 4만을 거느리고 진도택陳陶澤에서 반란군과 싸웠으나 부하 장수를 잘못 쓴 탓으로 적에게 대패하여 4만의 군사를 잃었다.(『新唐書』 권139, 房琯列傳.) 원균은 정유재란 때 삼도 수군을 이끌고 부산의 적을 공격하던 중 칠천량 해전에서 대패해 전라우수사 이억기李億祺, 충청수사 최호崔湖 등과 함께 전사하였다.

259 만 섬 …… 불태웠네 : 이순신이 수많은 왜선을 불태운 일을 말한 것이다. 상구上句는 본래 진晉나라 장수 왕준王濬이 만 곡斛을 실을 만한 큰 배를 타고 촉蜀나라 익주益州에서 내려가 오나라를 멸망시킨 고사이다.

큰 나무가 어찌하여 바람에 꺾였는가	大樹如何風折之
장군별이 떨어져도 북소리가 끊이지 않았고	鼓聲未絶將星落
홀연히 정령께서 하늘로 올라갔네[260]	颯爽精靈箕尾騎
애통하여 부하들이 피눈물을 흘리고	哀哀部曲眼流血
갯벌과 산이 근심하고 귀신도 탄식했네	浦思山愁神鬼嘻
친척을 여읜 듯 집마다 통곡하고	家家號哭若親戚
노인과 아이들이 모두 다 한탄했네	耆老童子皆嗟咨
임금께서 무릎 치고 눈썹[261]을 찡그리며	君王拊髀八彩顰
애통한 열 줄의 교서를 내렸네	十行哀詔如綸絲
장군의 군영[262] 북쪽 바닷가 산 위쪽에	驃騎營北海山上
단청 칠한 사당을 우뚝이 열었네	突兀金碧開神祠
찬란한 '충민사' 세 글자는 임금께서 내렸고	輝輝三字自御賜
곱게 칠한 기둥과 들보가 아름답게 빛나네	畫棟朱樑光陸離
늙은 재상 오성의 글을 사당 벽에 거니[263]	鰲城老相壁上記
주옥 같은 문장은 깊고도 엄숙하네	佶屈灝噩瓊琚辭
깨끗한 제기에 바나나와 여지[264]를 올리고	蕉黃荔丹籩豆淨
철마다 제사에 희생과 기장을 바치네	歲時香火供牲粢
밝은 영혼께서 그 위에 계시니	昭明英魄在其上
요사한 도깨비가 사당을 감히 엿볼 수 없네	廟庭不敢窺妖魑

---

260 하늘로 올라갔네 : 원문의 "기미箕尾"는 기성箕星과 미성尾星인데, 은殷나라의 재상 부열傅說이 죽은 뒤에 그의 넋이 기성과 미성 사이에 응결되었다고 한다.

261 눈썹 : 원문의 "팔채八彩"는 임금의 눈썹을 말한다.

262 장군의 군영 : 원문의 "표기영驃騎營"은 한漢나라의 명장인 표기장군驃騎將軍 곽거병霍去病의 군영이다. 여기에서는 이순신의 군영을 말한다.

263 늙은 …… 거니 : 원문의 "오성노상鰲城老相"은 오성 이항복李恒福 재상을 말한다. 이항복이 순천좌수영의 「충민사기忠愍祠記」를 지었다. 충민사 기문은 『이충무공전서』 권11에 실려 있고, 『백사집』에는 실려 있지 않다.

264 바나나와 여지荔枝 : 원문의 "초황蕉黃"은 노란 바나나, "여단荔丹"은 붉은 여지로, 제사 물품을 말한다. 한유韓愈의 「유주나지묘비柳州羅池廟碑」에 "여지가 빨갛고 바나나가 노란데, 고기와 채소를 곁들여 자사의 사당에 올리네荔子丹兮蕉黃 雜肴蔬兮進侯堂."라고 하였다.

나그네가 몸을 굽혀 술과 안주를 올리니	客來傴僂薦脯酒
신령한 바람이 찬 장막에 솔솔 부네	靈風窣窣生寒帷
공께서 돌아가신 지 36년이 지났어도	公亡三十有六載
남쪽 사람들의 추모가 줄지 않았네	南服追思曾未衰
파도가 숨을 죽여 일렁이지 않으니	瀛波帖息不敢動
지금도 위엄이 섬 오랑캐를 놀라게 하네	至今餘威驚島夷
중흥을 이룩한 공적이 으뜸이니	落落中興第一功
우주에 떨친 큰 명성이 무너지지 않으리	宇宙大名無時隳
옛날의 명장 중에 누가 공을 능가하랴	古之名將孰能過
공에게 힘입어 우리나라[265]가 지금도 유지하네	金甌賴公今不虧
지금은 북쪽 오랑캐가 사납고 교활하여	當今北狄正桀黠
함부로 날뛰고 삼키며 늘 속이려 하네	豕突蛇食恒侵欺
임금께서 나랏일에 열중한 지 여러 해가 지났지만	楓宸宵旰已多年
임금이 욕을 당했을 때 어떤 사람이 죽었는가	主辱何人思死綏
아아, 어찌하면 공을 저승에서 일으켜서	嗚呼安得起九原
전쟁을 일소하고 오랑캐를 평정할까	一掃煙塵平月氏

---

265 우리나라 : 원문의 "금구金甌"는 금으로 만든 항아리인데, 국가의 영토를 뜻하는 말이다. 남조南朝 양梁나라 무제武帝가 말하기를 "우리나라는 마치 황금 단지와 같아서 하나도 상하거나 부서진 곳이 없다我家國猶若金甌 無一傷缺."라고 하였다.(『梁書』권56, 侯景列傳.)

노량에서 이 통제사를 애도하다 露梁弔李統制[266]

우윤右尹 맹주서孟冑瑞[267]

동방의 성인이 옛날에 즉위하여	東土聖人昔御極
천리마 뼈를 천금을 들여서 모았네[268]	駿骨必須千金募
이순신은 골격이 우뚝하고 정신이 상쾌하며[269]	李侯骨聳精爽緊
맹수의 용맹과 정승의 자질을 모두 갖추었네	熊虎姿兼廊廟具
창 들고 말을 타서 북방을 진압했으니	金戈鐵馬鎭北塞
눈 아래 오랑캐[270]를 어찌 생각했으랴	眼底呼韓安足數
정원후처럼 무예 배워 임금 곁을 꿈꾸었고[271]	定遠還催日邊夢

---

266 이 글은 맹주서가 남해의 노량에서 이순신의 죽음을 애도하며 지은 시이다.

267 맹주서孟冑瑞 : 1622~1679. 자는 휴징休徵, 본관은 신창新昌. 1654년(효종 5)에 식년문과에 급제한 후, 검열, 대교, 정언, 지평, 사은 겸 진주사謝恩兼陳奏使의 서장관, 황해도 관찰사, 공조·예조·병조·호조 참의, 부승지, 승지, 충청도 관찰사, 안동부사 등을 역임했다. 1679년(숙종 5)에 좌윤에 이어서 여주목사로 재임 중 사망하였다. (「한국역대인물종합정보시스템」; 『한국민족문화대백과사전』.)

268 천리마 …… 모았네 : 원문의 "준골駿骨"은 죽은 천리마千里馬의 뼈이다. 전국시대 연燕나라 소왕昭王이 인재를 초빙하여 제齊나라에 복수하려고 할 때 곽외郭隗가 "어떤 사람이 천리마를 구하러 갔다가 죽은 천리마의 뼈를 사서 오니, 1년이 못 되어 천리마가 그 나라에 세 마리나 이르렀다."라는 일을 예로 들면서 자신을 먼저 등용하면 어진 이가 곧 이를 것이라고 하였다. 연나라 소왕이 곽외를 먼저 등용하자 과연 악의樂毅와 추연鄒衍 등이 와서 나라가 부강해져 원수를 갚았다. (『戰國策』「燕策」; 『史記』권34, 燕召公世家.)

269 골격이 …… 상쾌하며 : 두보杜甫의 「위장군가魏將軍歌」에 "위후는 골격이 우뚝하고 정신이 상쾌하여, 화산 꼭대기의 가을 새매를 보는 듯하네魏侯骨聳精爽緊 華嶽峯尖見秋隼."라고 하였다.

270 오랑캐 : 원문의 "호한呼韓"은 호한야呼韓邪로 부르기도 하는데, 흉노를 말한다.

271 정원후처럼 …… 꿈꾸었고 : 후한後漢 반초班超의 고사를 빌어 이순신의 일을 말한 것이다. 원문의 "정원定遠"은 정원후定遠侯 반초를 말한다. 반초는 젊어서 문을 버리고 무에 종사하여 서역의 50개국을 평정한 뒤 정원후에 봉해졌다. (『後漢書』권47, 班超列傳.) 원문의 "일변日邊"은 임금이나 도성을 가리키는 말이다.

장군의 막사에서 여러 해 임금 은혜를 받았네	玉帳多年荷恩遇
임진년 5월²⁷²에	黑龍之歲月建午
섬 오랑캐가 명나라를 치려 하니²⁷³ 천자가 분노했네	島夷射天干天怒
대군을 이끌고²⁷⁴ 일념으로 흉계를 꾀하며	投鞭銳志叶凶圖
천 리의 바닷길을 불현듯 건너왔네	千里滄溟倏飛渡
종묘²⁷⁵를 못 지킨 채 어가가 관서로 떠나니	九廟不守乘輿西
우리 땅에 대낮에도 비바람이 불었네	三韓白日騰風雨
공이 이때 전라좌수사로 호남에 주둔하며	公時持節駐南紀
무지개를 토하듯 성난 기세로 포효했네	猛氣咆哅長虹吐
창을 한번 휘둘러 왜적²⁷⁶을 소탕하니	天戈一揮楚氛豁
큰 강 남쪽이 견고한 요새지가 되었네	大河以南金湯固
장군을 기용하여 삼도수군통제사로 삼고	故用將軍作都統
위엄으로 세 도를 지키게 하였네	要使威聲鎭三路
목숨 바쳐 임금 은혜에 보답하길 맹세하고	捐軀誓答主恩厚
옥룡검을 잡고서 진심을 드러냈네	提携玉龍肝膽露
구름 같은 큰 돛 달고 동쪽을 경략하니	大帆如雲略東極
물귀신이 물러나고 어룡이 두려워했네	馮夷辟易魚龍懼

---

272 임진년 5월 : 원문의 "흑룡黑龍"은 간지로 임진년이고, "건오建午"는 5월이다. 그러나 임진왜란이 일어난 것은 4월이다.

273 명나라를 치려 하니 : 원문의 "사천射天"은 하늘의 해를 쏜다는 뜻으로, 하늘의 해는 명나라를 가리킨다. 일본이 임진왜란 때 조선에 명나라를 치는 길을 빌려 달라고 주장한 '정명가도征明假道'를 말한다.

274 대군을 이끌고 : 원문의 "투편投鞭"은 '투편단류投鞭斷流'의 준말인데, 채찍을 강에 던져 강물을 막는다는 뜻으로 대군을 이끌고 침략함을 말한다. 남북조시대 전진前秦의 부견苻堅이 동진東晉을 공격할 때 "우리의 군사가 강에 채찍을 던지면 강물의 흐름을 막을 수 있다以吾之衆旅 投鞭於江 足斷其流."라고 하였다.(『晉書』권114, 苻堅載記.)

275 종묘 : 원문의 "구묘九廟"는 본래 천자 나라의 종묘를 말하는데, 여기서는 조선의 종묘를 가리킨다.

276 왜적 : 원문의 "초분楚氛"은 본래 초나라 진영에서 나오는 요기妖氣를 말하는데, 여기에서는 왜적을 가리킨다. 『춘추좌전春秋左傳』양공襄公 27년 기사에 "초나라 진영의 분위기가 매우 험악하니, 대처가 어려울까 두렵다楚氛甚惡 懼難."라고 하였다.

병란의 징조²⁷⁷에 감히 움직이지 못했으나	欃槍熒惑不敢動
우리 임금께서 이 절도사를 중히 여겼네	我侯重有此節度
장차 바다를 건너가서 사나운 왜적을 베고	行將跨海斬長鯨
곧바로 일본 땅에 활을 걸려고 하였네²⁷⁸	直欲掛弓扶桑樹
삼성의 깃발과 정성의 도끼²⁷⁹로 백 번 싸울 때	參旗井鉞百戰餘
팔척장신 공의 몸을 귀신이 보호했네	八尺全軀神鬼護
가을 하늘에 갑자기 장군별이 떨어졌고²⁸⁰	金天忽落將星芒
가을에 앞서 여름에 큰 나무가 넘어졌네²⁸¹	火維先秋大樹仆
위난을 구제함은 끝내 남긴 계책에 의지했고²⁸²	扶顚終賴仗遺策
산하를 다시 회복하여 국운을 트이게 하였네	再造山河廓天步
여기에서 죽음에 뜻이 있음을 알겠으나	自是一死知有意
뒷사람이 그 까닭을 어찌 알 수 있으랴	後人那得揣其故
공께서 죽던 날이 나라가 살아난 때니	身亡之日國活時
사관이 칭송한 글이 진실로 그르지 않았네	太史襃墨誠非誤
당시에 공의 힘을 빌리지 않았다면	當年倘非藉公力

---

277 병란의 징조 : 원문의 "참창형혹欃槍熒惑"은 혜성의 일종인 참창성欃槍星과 형혹성熒惑星(화성)인데, 모두 병란兵亂의 발발을 상징한다고 여겼다.

278 일본 …… 하였네 : 원문의 "괘궁掛弓"은 전쟁을 끝내고 활을 걸어 놓는다는 뜻으로, 태평한 세상을 가리킨다. "부상수扶桑樹"는 해 뜨는 곳에 있는 나무로, 일본을 가리킨다. 두보의 「투중가서개부한投贈哥舒開府翰」에 "청해에 화살을 전할 필요가 없고, 천산에 일찍이 활을 걸어 놓았네靑海無傳箭 天山早掛弓."라고 하였다.

279 삼성의 …… 도끼 : 원문의 "삼기정월參旗井鉞"에서 '삼기'는 삼성參星(參宿)을 그린 깃발이고, '정월'은 정성井星(井宿)을 그린 도끼이다.

280 가을 …… 떨어졌고 : 촉한蜀漢의 장수 방통龐統이 죽은 일을 빌어 이순신이 1598년 11월 19일에 전사한 사실을 말한 것이다. 방통은 장군별이 떨어진 칠석七夕에 낙봉파落鳳坡에서 죽었다.(『三國志演義』 제63.)

281 가을에 …… 넘어졌네 : 후한後漢의 명장 풍이馮夷가 죽은 일을 빌어 이순신이 1598년 11월 19일에 전사한 사실을 말한 것이다. 원문의 "화유火維"는 여름이고, "대수大樹"는 대수장군大樹將軍 풍이馮異를 말한다. 풍이가 전투를 승리로 끝낸 뒤에 혼자 나무 아래로 몸을 피하였기 때문에 사람들이 대수장군이라 불렀다.(『後漢書』권17, 馮異列傳.)

282 위난을 …… 의지했고 : 이순신이 1598년 11월 19일 노량 해전에서 임종 직전에 죽음을 알리지 말고 싸우라는 유언에 따라 대승을 거둔 일을 말한 것이다.

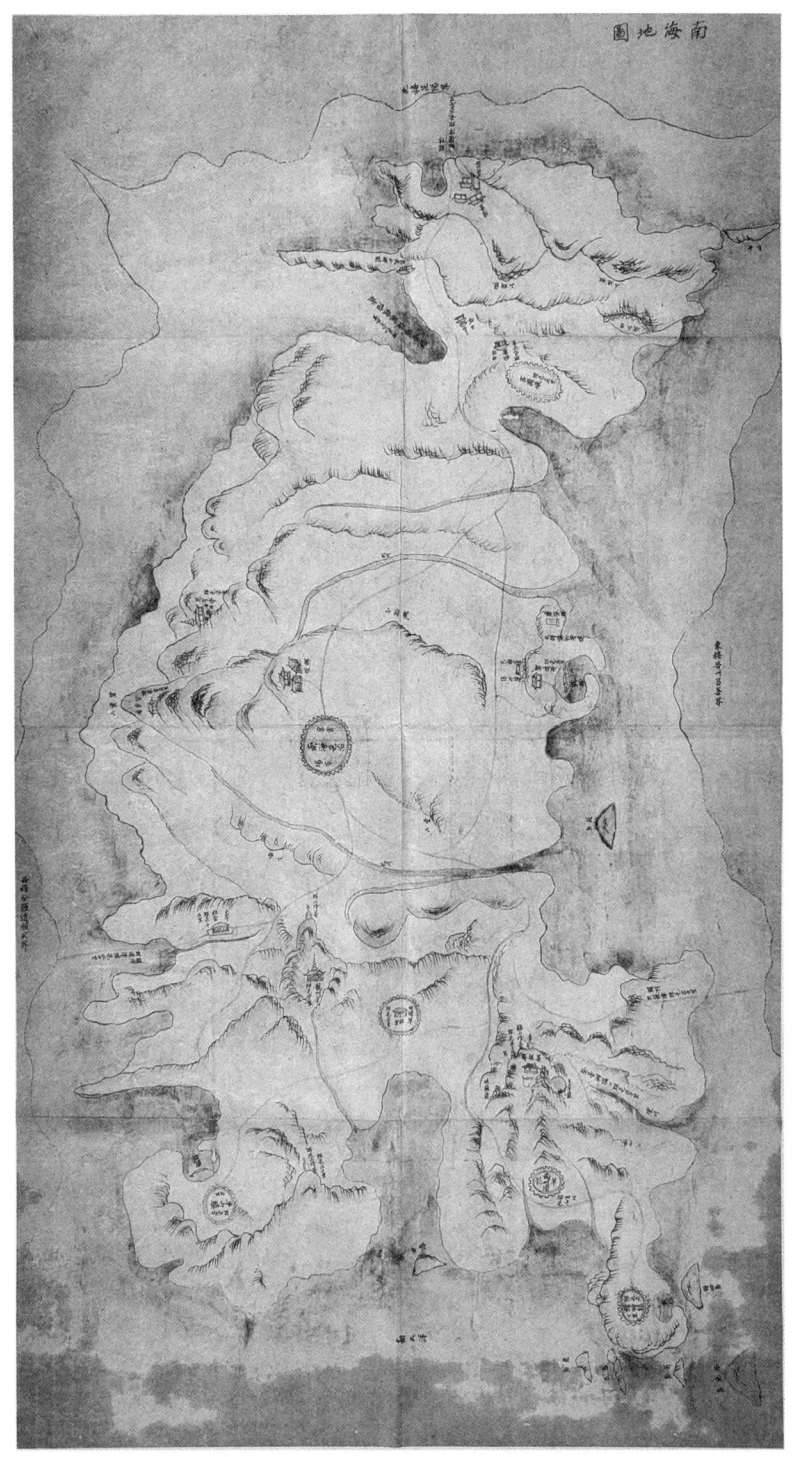

경상도 남해 지도. 『1872년 지방지도』. 서울대학교 규장각한국학연구원.

관서에서 어가가 돌아오지 못했으리	未必西關回玉輅
애도하고 표창함에 임금의 보살핌이 있었으니	哀榮竟荷聖主眷
공신각에 일등 공신으로 화상을 그렸네	麟閣元功光繪素
현산의 타루비[283]에 석양이 비추는데	峴山殘碑落照邊
오열하는 찬 파도가 호소하는 듯하네	咽咽寒波如有訴
옛일에 감격하여 지사가 자주 눈물을 흘리고	感古頻沾志士淚
시절을 아파하여 시인 중에 몇 명이 시를 지었나	傷時幾費騷人句
영령을 애도해도 넋이 오지 않는데	爲吊英魂魂不來
해 저무는 강가 성에 죽지사[284]만 들리네	但聞竹枝江城暮
그대는 보지 않았는가, 거북선이 종일 떠 있어	君不見一片龜船盡日橫
임금[285]께서 마음 아파 동남쪽을 돌아봄을	致令彤闈軫東顧
어찌하면 죽지 않은 공의 넋을 불러내어	何當喚起不死魄
백우선을 흔들며 변방을 다시 진압할까[286]	再鎭邊疆揮白羽

---

283 현산의 타루비墮淚碑 : 원문의 "현산잔비峴山殘碑"는 진晉나라 양호羊祜의 타루비를 말한다. 여기에서는 이 고사를 빌어 1603년에 건립한 여수의 타루비를 보면서 백성들이 눈물을 흘리는 것을 말하였다. 현산의 타루비 고사는 권11의 주 81 참조.
284 죽지사竹枝詞 : 악부樂府의 한 가지인데, 주로 남녀의 사랑이나 지방의 풍속 등을 읊었다. 여기에서는 노량 일대에서 부르는 민요를 가리킨다.
285 임금 : 원문의 "동위彤闈"는 붉게 칠한 궁전宮殿으로, 궁궐이나 임금을 가리킨다.
286 어찌하면 …… 진압할까 : 제갈량諸葛亮이 백우선白羽扇으로 군사를 지휘했던 일을 빌어 이순신이 다시 살아나서 후금後金을 진압하여 주기를 희망한 것이다.

영등포에서 배를 타고 통영을 향하다
自永登浦乘船向統營[287]

판서判書 김창협金昌協[288]

바람 불어 전선을 띄우니	風借樓船便
하늘과 바다[289]가 모두 맑네	天兼渤海淸
영등포 포구에서 돛을 올리고	帆開永登浦
수군의 군영으로 노를 저어 가네	棹入水軍營
용이 깃발 따라 움직이고	龍動隨旗影
자라가 북소리를 피해 달아나네	鼉奔避鼓聲
통제사 이순신을 늘 생각했는데	長懷李統制
이곳 통영에서 군사를 지휘했네	此地舊揚兵

---

[287] 이 글은 김창협이 1684년(숙종 10) 9월에 영등포(경상남도 거제시 장목면 구영리)에서 배를 타고 통영으로 가던 도중에 지은 시이다. 『농암집農巖集』 권2에 제목이 「자영등포승선향통영自永登浦乘船向統營」으로 되어 있다. 김창협은 1684년 8월에 경상도 암행어사에 차출되어 여러 고을을 조사한 바 있다.

[288] 김창협金昌協 : 1651~1708. 자는 중화仲和, 호는 농암農巖·삼주三洲, 본관은 안동安東. 한성漢城에서 살았다. 좌의정 김상헌金尙憲의 증손자로, 아버지는 영의정 김수항金壽恒이며, 영의정을 지낸 김창집金昌集의 아우이다. 1682년(숙종 8)에 증광 문과에 장원으로 급제하여, 전적, 병조·이조 좌랑, 사헌부지평, 교리, 함경북도 병마평사兵馬評事, 동부승지, 대사성, 예조참의, 대사간 등을 역임하였다. 1689년(숙종 15) 청풍부사로 있을 때 기사환국으로 남인이 집권하면서 아버지가 진도에서 사사되자, 사직하고 경기도 영평永平에 은거하였다. 1694년(숙종 20)에 예조·이조 참판, 홍문관제학, 대제학, 예조판서 등에 임명되었으나 모두 사직하고 학문에만 전념하였다. 사후에 숙종의 묘정에 배향되었으며, 양주의 석실서원石室書院과 영암의 녹동서원鹿洞書院에 제향되었다. 시호諡號는 문간文簡이다. 저서로는 『농암집農巖集』, 『주자대전차의문목朱子大全箚疑問目』, 『논어상설論語詳說』, 『오자수언五子粹言』, 『이가시선二家詩選』 등이 있다. (「한국역대인물종합정보시스템」; 『한국민족문화대백과사전』.)

[289] 바다 : 원문의 "발해渤海"는 서해 바다 또는 고구려를 이은 나라를 가리키나, 여기에서는 남해 바다를 말한다.

이순신 장군을 애도하다 弔李將軍[290]

판부사判府事 이이명李頤命[291]

왕명을 받고 분개하여 왜적과 싸우다가	受王命而敵所愾兮
대의를 떨쳐 북채 잡고[292] 전장에서 죽었네	義在援枹而死綏
나라 위해 죽어서 큰 환란을 막았고	死勤事而捍大患兮
예로 제사를 지내며 충렬사를 세웠네	禮合享祀而建祠
군신의 도리를 모두 극진하게 했으니	君臣之道兩臻其極兮
어찌 내가 눈물 흘려 가슴을 적시지 않으랴	曷爲使余流涕而霑臆
아아, 장군께서 남들보다 앞서 군사를 일으켜	嗟將軍之首事兮
경계를 넘어서 충의를 떨쳤네	越封疆而奮忠
갑옷 입은 왜구를 쏘고 적선을 불태우니	射金甲而焚舴艋兮
왜적들이 위축되어 달아날 길이 막혔네	鯨鯢瑟縮而路窮
황하의 중류에 있는 지주처럼 우뚝하여[293]	屹若中流之砥柱兮
마침내 서해의 파도를 잔잔하게 하였네	竟使西海而波靜
중흥의 형세를 열에 여덟이나 아홉을 이루었으나	中興之勢十八九成兮

---

290 이 글은 이이명이 남해南海 노량露梁 바닷가의 충렬사忠烈祠에서 이순신을 조상弔喪(조의를 표하며 애도함)하며 지은 제문이다. 1692년(숙종 18) 6월에 영해寧海에서 남해南海로 유배지를 옮긴 후에 지은 제문으로 1694년 4월에 유배에서 풀려났다. 『소재집疎齋集』 권18에 제목이 「조이장군문弔李將軍文」으로 되어 있고, 제목 아래에 "충무공 이순신의 사당은 노량 바닷가에서 전투 중에 사망한 곳에 있다忠武公舜臣廟 在露梁海上戰亡處."라는 주석이 부기되어 있다. 그리고 '충용忠勇' 뒤에 "장군 김덕령의 군호軍號이다金將軍德齡號"라는 주석이 부기되어 있다. 김덕령은 1593년에 충용장忠勇將의 군호를 받았다.

291 이이명李頤命: 권11의 주 88 참조.

292 북채 잡고 : 원문의 "원포援枹"는 북채를 잡고 북을 쳐서 군사들의 사기를 올리는 일을 말한다. 춘추시대 진晉나라 장후張侯가 전투에서 다쳤으나 왼손에 말고삐를 쥐고 오른손에 북채를 잡고 북을 쳐서 대승을 거두었다. (『춘추좌씨전』 성공成公 2년.)

도리어 죄가 없는 장군을 모함하였네	乃反媒蘖其一眚
누가 나라의 권력을 잡아서	夫誰秉國之成兮
전쟁 중간에 장군을 차마 버렸는가	忍能中廢其干誠[294]
진나라 범수와 송나라 진회처럼 장군을 해치려 했으나[295]	秦睢宋檜之禍心兮
다행히 현명한 임금께서 수용하지 않았네	幸莫售於王明
세상에서 어떤 이는 '장군별이 바다에 떨어지지 않았어도	世或謂河魁不墜於滄津兮
끝내 충용장 김덕령과 함께 죽었을 것이다'[296]라고 말하고	終與忠勇而同歸
또 의심하기를 '장군께서 죽을 기미를 알아서	又疑將軍之炳幾兮
마침내 투구를 벗고 적진에 갔을 것이다'라고 말하였네	遂乃免冑而赴之
나는 진실로 장군의 마음을 알고 있는데	我固知將軍之心兮
어찌 다시 화를 입을까 두려워서 가볍게 죽었으랴	寧復怵禍而輕生
진실로 왜적을 섬멸하고 임금에게 보답했으니	苟殲賊而報主兮
비록 만 번을 죽더라도 역시 영광이네	雖萬戮其亦榮
나는 장군의 죽음을 슬퍼하지 않고	我不悲將軍之一死兮

---

293 황하의 …… 우뚝하여: 원문의 "지주砥柱"는 하남성河南省 삼문협三門峽에 있는 작은 바위섬으로, 황하黃河 강줄기 안에 서 있다. 황하의 세찬 물결에도 굳세게 버티고 서 있는 모습으로 인해 세상 풍파를 견디며 굳게 지조를 지키는 사람을 비유하는 말로 쓰인다. 황하지주黃河砥柱 또는 중류지주中流砥柱라고 쓰기도 한다.

294 『소재집疎齋集』에는 '干誠'이 아니라 '干城'으로 되어 있다.

295 진나라 …… 했으나: 진秦나라 범수范睢는 명장 백기白起의 전공戰功을 시샘하여 자살하게 하였고, 송宋나라 진회秦檜는 충신 악비岳飛를 죽이고 주전파主戰派를 탄압하여 금金나라와 굴욕적인 화친을 체결하였다.

296 장군별이 …… 죽었을 것이다: 이순신이 노량 해전에서 전사하지 않았더라도 김덕령처럼 모진 고문을 받다가 세상을 떠났을 것이라는 뜻이다. 원문의 "하괴河魁"는 하괴성河魁星으로, 장군별이다. 원문의 "충용忠勇"은 충용장忠勇將 김덕령金德齡을 말한다. 김덕령은 1596년 7월에 반란을 일으킨 이몽학李夢鶴과 내통했다는 무고를 받아 압송된 뒤 모진 고문을 받다가 세상을 떠났다.

중상모략으로 헐뜯고 해친 자들을 근심하네	悶讒賊之中傷
임금의 은혜를 받들어 바다를 건너며	承嘉惠而過海兮
장군께서 싸우던 노량으로 배를 젓네	舵將軍之露梁
바람과 우레가 치고 비가 몰아쳐서	風雷相薄而驅雨兮
그날의 장렬한 모습을 생각하네	想當日之壯烈
사당을 바라보며 삼가 애도하니	瞻遺廟而敬吊兮
제가 하는 말을 깊이 살피소서	尙余言之深察

충렬사 (1)忠烈祠 一[297]

좌의정左議政 조현명趙顯命[298]

충렬사가 옛 나루터 물가에 있어서	忠烈遺祠古渡潯
봄날에 행차 멈추니 바다에 구름이 짙네	靑春駐節海雲深
충무공처럼 죽으면 부끄러움 없으니	得如公死眞無愧
하늘이 공을 낸 뜻을 일찍이 알았네	也識天生早有心
맹세한 뒤 어룡이 여전히 노기를 품고	誓後魚龍猶怒氣
장군께서 세상 떠나 저절로 슬피 우네[299]	化餘猿鶴自悲吟
영령의 바람이 지나가 향불이 꺼지려 하고	檀香欲歇靈風過
달이 숲에 걸리자 절에서 종이 울리네	蕭寺鐘鳴月掛林

---

297 이 글은 조현명이 1731년(영조 8) 봄에 경상감사로 경상도 고을을 순행하다가 남해군 노량의 충렬사에 가서 이순신을 추모하며 지은 시이다. 『귀록집歸鹿集』 권1에 제목이 「제노량충렬사題露梁忠烈祠」로 되어 있다.

298 조현명趙顯命 : 1690~1752. 자는 치회稚晦, 호는 귀록歸鹿·녹옹鹿翁, 본관은 풍양豊壤이다. 1719년(숙종 45) 증광문과에 급제한 후 검열을 지내고 영조 즉위 후 용강현령, 지평, 교리를 거쳐, 1728년(영조 4) 이인좌李麟佐의 난 때 사로도순무사四路都巡撫使 오명항吳命恒의 종사관으로 종군하여 분무공신奮武功臣 3등 풍원군豊原君에 책봉되었다. 이후 대사헌, 도승지, 경상도·전라도 관찰사, 공조참판, 어영대장, 부제학, 이조·병조·호조 판서 등을 역임하였고, 1740년 우의정과 좌의정을 거쳐 1750년 영의정을 지냈다. 시호는 충효忠孝이다. 저서로 『귀록집』이 있다. (『한국민족문화대백과사전』.)

299 장군께서 …… 우네 : 원문의 "원학猿鶴"은 충사원학蟲沙猿鶴의 준말로, 전쟁에서 죽은 장사將士를 말한다. 여기에서는 이순신을 가리킨다. 갈홍葛洪의 『포박자抱朴子』에 "옛날 주周나라 목왕穆王이 남정南征할 때 일군一軍이 모두 죽어서 장수들은 원숭이나 학이 되고, 병졸들은 벌레나 모래가 되었다."라고 하였다.

충렬사 (2) 忠烈祠 二³⁰⁰

판서判書 정익하鄭益河³⁰¹

충무공의 사당에 지사가 찾아오니	忠武遺祠志士尋
푸른 대와 회나무가 저절로 그늘지네	翠筠蒼檜自成陰
사람의 의기는 눈앞의 오산³⁰²보다 크고	人能義若鰲山大
하늘에 닿은 공은 노량의 바다보다 깊네	天仗功收鷺海深
옛날에 서원에서 충신이 피를 흘리니³⁰³	向者西原埋碧血
우리나라 남쪽에서 충신의 마음을 얻었네	得於南國秉丹心
비석에 특별히 큰 글씨를 새겼으니	螭頭別有如椽筆
칼에 기대 노래하던 영웅의 모습 같네	彷彿英姿倚劍吟

---

300 이 글은 정익하가 경상남도 남해군 노량의 충렬사에 가서 이순신을 추모하며 지은 시이다.

301 정익하鄭益河 : 1688~1758. 자는 자겸子謙, 호는 회와晦窩, 본관은 연일延日(영일迎日). 한성漢城에서 살았다. 1721년(경종 1)에 증광문과에 급제하여, 검열檢閱, 지평持平, 의주부윤을 지내고, 1739년(영조 15)부터는 경상도 관찰사, 대사간, 예조·형조 참판, 도승지, 대사헌, 대사성, 함경도 관찰사 등을 역임하였다. 이후 지의금부사知義禁府事, 형조판서를 지냈다. 시호諡號는 충헌忠獻이다.(『한국역대인물종합정보시스템』.)

302 오산 : 본래 뜻은 자라가 이고 있는 삼신산三神山인데, 여기에서는 남해의 금오산金鰲山을 말한다. 『신증동국여지승람』 곤양군昆陽郡의 금오산金鰲山 항목에 "군 서쪽 20리 지점에 있는데, 병요산甁要山이라 하기도 한다."라고 하였다. 곤양군은 오늘날의 경상남도 사천시 곤양면 일대이다.

303 옛날에 …… 흘리니 : 이순신의 5세손 이봉상李鳳祥이 이인좌李麟佐의 난 때 충절을 세워 청주淸州 표충사表忠寺에 배향한 일을 말한다. 이봉상은 1728년에 이인좌가 청주성淸州城을 함락시켰을 때 충청도 병마절도사로 참전하였다가 기습을 받아 붙잡혀 죽었고, 영조는 1728년 3월에 그의 충성을 가상하게 여겨 좌찬성左贊成에 추증하고 청주에 표충사를 건립하여 제사를 올리게 하였다. 원문의 "서원西原"은 청주淸州이고, "벽혈碧血"은 충신과 열사가 흘린 피나 그들의 억울한 죽음을 의미한다. 주周나라 경왕敬王 때 대부였던 장홍萇弘이 충간忠諫을 하다가 받아들여지지 않자 이를 한스럽게 여겨 자결하였는데, 촉蜀의 사람들이 그의 피를 담아 보관하니 3년 뒤에 벽옥碧玉으로 변했다고 한다.(『莊子』「外物」.)

충렬사 (3) 忠烈祠 三[304]

판서判書 김상성金尙星[305]

바닷가의 오래된 사당을 단청해도	古廟丹靑碧海潯
오열하는 찬 조수는 원한이 어찌 그리 깊은가	寒潮嗚咽怨何深
세 번 외친 한탄[306]이 벼락과 바람 소리 같고	風雷苑結三呼恨
여섯 번 출전[307]한 뜻이 별처럼 빛나네	星斗昭森六出心
저물녘 전함에 웅장한 자취가 남아 있고	落日樓船猶壯迹
가을에 뿔피리와 북소리가 절로 슬프네	淸秋鼓角自悲吟
때때로 끊어질 듯 내리는 신령한 비에	有時方斷神靈雨
단풍나무와 대나무 숲이 쓸쓸하네	楓樹蕭蕭篁竹林

---

[304] 이 글은 김상성이 경상남도 남해군 노량의 충렬사에 가서 이순신을 추모하며 지은 시이다.

[305] 김상성金尙星 : 1703~1755. 자는 사정士精, 호는 도계陶溪·손곡損谷, 본관은 강릉江陵. 한성漢城에서 살았다. 1723년(경종 3)에 21세로 정시문과에 장원급제하였다. 이후 사서司書, 병조좌랑, 정언正言, 부수찬副修撰, 부교리副校理, 헌납獻納, 응교應敎, 부평부사富平府使, 대사간, 승지, 대사성을 지내고, 1744년 이후 경상도 관찰사, 대사헌, 형조·병조·이조·공조의 참판을 지냈다. 1752년부터는 병조·예조 판서, 좌빈객左賓客, 판의금부사, 이조판서를 역임하였다. 시호는 문헌文憲이다.(「한국역대인물종합정보시스템」; 『한국민족문화대백과사전』.)

[306] 세 번 외친 한탄 : 남송南宋 때 금金나라에 대항해서 싸운 명장 종택宗澤이 변경汴京을 지키면서 금나라를 칠 계책을 올렸으나 조정 대신으로 있던 황잠선黃潛善 등의 방해로 저지되자 분하여 병들어 눕게 되었다. 장수들이 병문안을 오자, 종택이 말하기를, "황하를 건너 적진을 공격해야 한다."라고 세 번 외친 다음에 기절하여 죽었다.(『宋史』권360, 宗澤列傳.)

[307] 여섯 번 출전 : 원문의 "육출六出"은 '육출기산六出祁山'의 준말로, 제갈량이 위魏나라를 정벌하기 위하여 여섯 번 기산祁山에 출전했던 일을 말한다.

이충무공전서 권13

부록 5, 기실 상紀實上

○ 『명사明史』 진린전陳璘傳에서

마침 평수길平秀吉이 죽자 적장이 도망가려 하므로, 진린이 급히 등자룡鄧子龍을 보내어 조선 장수 이순신과 함께 진격하게 하였다. 자룡이 전사하므로 잠蠶·김金 등의 군사가 와서 격파하였다. 『명사明史』 진린전陳璘傳.

○ 『명사明史』 등자룡전鄧子龍傳에서

조선에 출병함에 있어 황제의 조칙으로 고관故官[전직]으로서 수군水軍을 거느리고 진린을 따라 동으로 출정하게 하였다. 왜장이 바다를 건너 도망가려 하므로, 진린이 등자룡을 보내어 조선 통제사 이순신과 함께 수군 1,000명을 거느리고 세 척의 큰 군함을 몰고 선봉이 되어 부산 남해에서 격파하게 하였다. 『명사明史』 등자룡전鄧子龍傳.

○ 『명사고明史藁』 진린전에서

마침 평수길이 죽자 적장이 도망가려 하므로 진린이 급히 등자룡을 보내어 조선 장수 이순신과 함께 격파하게 하였다. 『명사고明史藁』 진린전.

○ 『명사고明史藁』 등자룡전에서

진린이 등자룡을 보내어 조선 통제사 이순신과 함께 수군水軍 1,000명을 이끌고 세 척의 큰 군함을 몰고 선봉이 되어 부산 남해에서 격파하게 하였다. 등자룡은 본시 강개한 성격으로 나이 70이 넘었지만 기개가 더욱 강하여 1등 공로를 세우려고 급히 장사 200명을 이끌고 조선 배에 뛰어 올라타고 앞으로 돌격하여 적의 사상자가 수없이 많았다. 그런데 졸지에 다른 배에서 화기火器를 던졌는데 잘못하여 등자룡이 타고 있는 배로 떨어져 배에서 불이 났다. 적들이 그 형세를 타고 공격해서 등자룡이 전사하였고, 이순신도 구원하러 달려가다가 죽었다. 『명사고明史藁』 등자룡전.

○ 『명사明史』 기사본말記事本末에서

석만자石曼子가 수군[1]을 이끌고 행장行長을 구원하고자 하므로 진린이 창선蒼船과 호선號船을 통솔하여 격파해서 적의 머리 224급을 베었다. 부장 등자룡과 조선 통제사 이순신은 돌진하다가 전투 중에 죽었다. 『명사明史』 기사본말.

○ 서희진徐希震의 『동정기東征記』에서

새벽 오경五更[오전 3~5시]에 조류를 따라 노량으로 내려갔다. 진陳 장군은 큰 충봉선衝鋒船[적진으로 돌격하는 배]에 앉아 기旗를 날리고 북을 치며 바로 전진하였다. 그때 석만자石曼子가 조선 수병통제사水兵統制使 이순신의 병선兵船[2]과 한창 교전하였으며, 순신을 포위하였다.

진린은 한 몸 같은 처지인데 구원하지 않았다가 만일 실패한다면 우리 편 사기가 꺾일 것이고, 또 이번에 먼저 이긴다면 더욱 특별한 공로가 된다고 여겼다. 또 병력을 합하여 용맹함을 도와야겠다고 판단하여, 마침내 부하 장병을 지휘하여 배를 젓고 창을 들고 들어가 구원하였다. 그러자 적이 개미 떼가 붙듯 벌떼가 모이듯 하였으며 이번에는 또다시 진린의 배가 두어 겹이나 둘러싸여 형세가 위급해졌다.

하늘은 아직 밝지 않았는데 적들은 앞다투어 진린의 배에 뛰어올랐다. 그러나 그

---

1 원문의 "주사舟師"는 수군水軍을 달리 이르는 말이다.
2 병선兵船 : 여기서 병선은 판옥선을 가리킨다. 판옥선은 조선 후기에는 전선戰船으로 불렸다.

배는 삼면에 못을 총총 박았고 못 길이는 7~8촌이나 되었다. 뛰어 올라가던 자는 뱃속에 깊이 찔려 뽑으려고 해도 뽑히지 않았다. 가정家丁들에게 호령하여 힘껏 찍어 머리를 베고 사지를 잘라 그대로 바닷물 속에 밀어 넣었다.

새벽녘에 부장 등자룡이 배를 타고 달려와서 불공火毬을 집어던져 왜장의 배를 태우려 하였다. 진린이 그 불을 보고 등자룡이 와서 구원하는 줄만 알고 불로 공격해야겠다고 생각하고 우리 군사들에게 불을 지르라고 전언傳言하였다. 우리 군사들이 그 명령을 받고 모두 불을 놓아 왜선을 만나는 대로 불태우니, 왜적들은 배마다 불이 붙고 우리 사선沙船과 창선蒼船들까지 또 집결하는 것을 보고 황급하게 뿔뿔이 흩어졌다.

마치 용이 촛불을 입에 문 것처럼 온 바다가 붉은빛인데, 20리나 추격하다가 회군하였다. 왜선을 불태운 것이 700~800척이고 적병도 수십만을 죽였다. 둥둥 떠 있는 빈 배를 보니 용호기龍虎旗와 술 그릇과 침구들이 있으며, 가까이 가 보니 석만자 괴수들石曼의 시체가 널브러져 있었다. 식량은 둥둥 떠다니고 시체들은 바다를 가로 막았는데 이렇게 뜬 놈과 가라앉은 놈을 제외하고도 머리를 벤 것艮級이 344개였다. 등자룡이 죽고 이순신도 죽었다. 서희진徐希震, 『동정기東征記』.

○『국조보감國朝寶鑑』에서

전라수군절도사 이순신이 경상도에 구원하러 가서 거제巨濟 앞바다에서 왜병을 크게 격파하였다. 왜병들이 바다를 건너오자 경상우수사 원균元均은, 대적할 수 없는 형세임을 알고 전함戰艦과 전구戰具를 모두 물에 침몰시키고, 수군 1만여 명을 해산시키고 나서, 혼자 옥포만호玉浦萬戶 이운룡李雲龍,[3] 영등포만호永登浦萬戶 우치적禹致績[4]과 남해현南海縣 앞에 정박하여 머물면서 육지를 찾아 적을 피하려고 하였다. 운룡이 항거하여 말하기를, "사또使君가 나라의 중책을 맡았으니 의리상 관할 경내에서

---

3 이운룡李雲龍 : 권9의 주 49 참조.
4 우치적禹致績 : 권9의 주 84 참조.

죽는 것이 마땅하다. 이곳은 바로 호남과 호서의 요해처로서 이곳을 잃게 되면 호남과 호서가 위태롭다. 지금 우리 군사가 흩어지기는 하였지만 그래도 모을 수 있으며 호남의 수군도 와서 구원하도록 청할 수 있다." 하니, 원균이 그 계책을 따라 율포만호栗浦萬戶 이영남李英男⁵을 보내 이순신에게 가서 구원해 주기를 청하게 하였다.

이때 이순신은 여러 포浦의 수군을 앞바다에 모으고 적이 이르면 싸울 준비를 하고 있었다. 이영남의 말을 듣고 여러 장수들은 대부분 말하기를, "우리가 우리 지역을 지키기에도 부족한데 어느 겨를에 다른 도에 가겠는가." 하였다. 오직 녹도만호鹿島萬戶 정운鄭運⁶과 군관 송희립宋希立⁷만은 강개하여 눈물을 흘리며 이순신에게 진격하기를 권하여 말하기를, "적을 토벌하는 데는 우리 도道와 남의 도가 따로 없다. 적의 예봉을 먼저 꺾어 놓으면 본도本道도 보전할 수 있다." 하니, 이순신이 크게 기뻐하였다.

언양현감彦陽縣監⁸ 어영담魚泳潭⁹이 수로水路의 향도嚮導¹⁰가 되기를 자청하여 앞장서서 마침내 거제 앞바다에서 원균과 만났다. 원균이 운룡과 치적을 선봉으로 삼고 옥포에 이르렀는데, 왜선 30척을 만나 진격하여 크게 깨뜨리니 남은 적은 육지로 올라가 도망하였다. 이에 그들의 배를 모두 불태우고 돌아왔다. 그리고 다시 노량진露梁津에서 싸워 적선 13척을 불태우니 적이 모두 물에 빠져 죽었다. 이 전투에서 이순신은 왼쪽 어깨에 탄환을 맞았는데도 종일 전투를 독려하다가 전투가 끝나고서야 비로소 사람을 시켜 칼끝으로 탄환을 파내게 하니, 군중軍中에서는 그때에야 그 사

---

5 이영남李英男 : 1563~1598. 자字는 사수士秀, 본관은 양성陽城. 창신교위彰信校尉 이사종李嗣宗의 아들로 충청북도 진천鎭川에서 살았다. 1563년(명종 18)에 났으니 이순신보다는 18세 아래다. 1584년(선조 17)에 무과에 급제한 후, 1592년 임진왜란 때는 소비포권관所非浦權管으로 옥포 해전과 율포 해전에서 큰 공을 세웠다. 통제사 이순신과는 각별한 사이로 이순신이 전염병에 걸렸을 때는 약을 보내기도 하였다. 1594년 3월 제2차 당항포 해전 때 좌선봉장으로서 전공을 세웠으며, 한산도 진중 무과를 시행할 때는 녹명관錄名官이 되었다. 이후 태안군수·장흥부사·충청병사의 조방장 등을 거쳐 1598년(무술)에 가리포첨사로 옮겼다가 노량 해전에서 전사하였다. 1605년(선조 38)에 선무원종일등공신宣武原從一等功臣에 녹훈되었고, 뒤에 병조참판에 추증되었다. 전라남도 완도군 고금도의 충무사忠武祠에 이순신을 주벽으로 하여 함께 배향되었다. 묘소는 충청북도 진천군 덕산면 기전리에 있다.(『萬曆十二年甲申秋別試文武榜目』;『선조실록』;「玉浦破倭兵狀」;「唐浦破倭兵將」;「唐項浦破倭兵將」;『난중일기』;『竹溪日記』.)

6 정운鄭運 : 권9의 주 75 참조.
7 송희립宋希立 : 권9의 주 73 참조.
8 언양현감 彦陽縣監 : 광양현감光陽縣監의 오류이다.

실을 알았다.

이에 앞서 이순신은 전투 장비를 크게 정비하면서 스스로의 의견으로써 거북선을 만들었다. 그 제도는 배 위에 판목을 깔아 거북등처럼 만들고, 그 위에는 우리 군사가 겨우 통행할 수 있을 만큼 '十'자로 좁은 길을 내고, 나머지는 모두 칼·송곳刀錐 같은 것을 줄지어 꽂았다. 그리고 앞은 용의 머리를 만들어 입을 대포 구멍으로 활용하였으며, 뒤에는 거북의 꼬리를 만들어 꼬리 밑에 총구멍을 설치하였다. 좌우에도 총구멍이 각각 여섯 개가 있었으며, 군사들을 모두 그 밑에 감추어 두어 숨어 있도록 하고, 사면으로 포를 쏠 수 있게 하였다. 전후좌우進退縱橫로 이동하는 것이 나는 것처럼 빨랐다. 싸울 때는 거적이나 풀로 덮어 송곳과 칼날錐刀이 드러나지 않게 하였는데, 적이 뛰어 올라오면 송곳과 칼에 찔리게 되고, 덮쳐 포위하면 화총火銃을 일제히 쏘았다. 그리하여 적선賊船 속을 횡행橫行하는데도 아군은 손상을 입지 않은 채 가는 곳마다 바람에 쏠리듯 적선을 격파하였으므로 언제나 승리하였다. 조정에서는 이순신이 승리하였음을 보고한 것을 보고 나서, 상으로 가선대부嘉善大夫의 품계로 올려 주었다.『국조보감』, 아래도 같음.[11]

이순신李舜臣이 잇따라 왜병을 격파하였다. 이순신이 본영에서 사량蛇梁으로 나아가 진을 쳤는데 당포唐浦에서 적선을 만났다. 적장이 큰 군함을 타고 층루層樓에

---

9 어영담魚泳潭 : 1532~1594. 자字는 경유景游, 본관은 함종咸從. 경상남도 함안咸安에서 살았다. 1532년(중종 27)생으로 이순신보다 13세 위다. 일찍 출신出身하기도 전에 여도만호呂島萬戶가 되고, 1564년(명종 19)에 무과武科에 급제한 후로는 영남과 호남의 여러 진을 두루 다녀 물길의 험하고 순탄한 것과 멀고 가까움을 자세히 알았다. 임진년에 광양현감光陽縣監으로 이순신의 막하에서 5월 초4일 첫 번 출전에 그가 길을 향도한 이래 전쟁 때마다 으뜸 공로를 세웠다. 군량을 준비함에도 깊은 지혜와 노력을 기울였으며, 특히 종자 곡식과 구제용 곡식을 따로 간직해 두기까지 했는데, 계사년(1593) 2월에 그가 웅천熊川 해전에 출동하고 없는 동안 마침 독운어사督運御史 임발영任發英이 내려와서 그것을 잘못 인식하여 그의 파면을 청한 일이 있었다. 이때 광양 백성들은 연명으로 이순신에게 등장을 올렸고 이순신도 그를 위하여 그 자세한 사연을 적어 조정에 유임을 청하였다.(권3 狀啓「請光陽縣監魚泳潭仍任狀」참조.) 파직된 후에 이순신은 다시 건의하여 조방장助防將을 삼았다.(권3 狀啓「請以魚泳潭爲助防將狀」참조.) 이 같은 공으로 1594년(선조 27, 갑오) 4월에는 방답첨사로 임명되었으나 전염병에 걸려 4월 9일 한산도閑山島 진중에서 세상을 떠났다.(『嘉靖四十三年甲子九月初四日文武雜科榜目』; 권4 狀啓「請防踏僉使擇差狀」;『燃藜室記述』)

10 향도嚮導 : 군대에서 행진할 때 대오의 선두에서 방향과 속도를 조절하는 사람.

11 『국조보감』권31, 宣祖朝8 임진 25년 5월.

앉아 전투를 독려하고 있었다. 이순신이 휘하 군사를 진격시켜 총통과 화살筒箭로 집중사격 하게 하니 층루 위의 왜장이 먼저 화살에 맞아 물에 떨어졌고, 마침내 엄습하여 크게 격파하였다. 이윽고 전라우수사 이억기李億祺[12]가 휘하의 수군을 모두 데리고 와서 모여 마침내 함께 당항포 唐項浦에 이르러 왜선을 만나 크게 싸웠다. 이때 또 선루船樓 위의 적장을 쏘아 죽여 그의 수급首級을 취했으며, 왜선 30척을 밀어붙여 격파하니 적이 대패하여 육지로 올라 흩어졌다. 또 영등포永登浦에서 싸워 모든 배를 붙잡아 나포하여 섬멸시키니, 이로부터 수군의 명성이 크게 떨쳤

『선조조宣祖朝 국조보감國朝寶鑑』 제1책.
금속활자와 목판본 혼합형.
1909년 제작 후 종묘에 봉안. 국립고궁박물관.

다. 승리를 아뢰자, 상으로 이순신을 자헌대부資憲大夫의 품계로 올려 주었다.[13]

　이순신이 왜병을 고성固城 견내량見乃梁에서 크게 격파하였다. 이때 왜적이 수군을 크게 출동시켜 호남湖南으로 향하자, 이순신이 이억기李億祺와 함께 각기 거느린 군사를 재촉하여 나아가다가 견내량에서 적을 만나게 되었는데, 적선이 바다를 뒤덮어 오고 있었다. 원균元均이 앞서의 승리에 자신하여 곧장 돌격하여 공격하려 하자, 이순신이 말하기를, "이곳은 항구가 좁고 얕아 작전을 펼 수가 없으니 넓은 바다로 유인해 내어 격파해야 합니다."라고 하였다. 그러나 원균이 듣지 않자 이순신이 말하기를, "공이 병법兵法을 이처럼 모른단 말인가."라 하고, 여러 장수들에게 영令을 내려 거짓 패하여 물러나는 척하니, 적이 과연 기세를 몰아 추격하였다.
　이에 한산도閑山島 앞바다에 이르자 군사를 돌려 급히 전투를 독촉하였다. 포염

---

12 이억기李億祺 : 권9의 주 94 참조.
13 『국조보감』 권31, 선조조宣祖朝 8 임진 25년 6월.

砲焰이 바다를 뒤덮었고 적선 70여 척을 남김없이 격파하니 피비린내가 바다에 넘쳤다. 또 안골포安骨浦에서 그들의 구원병을 역습하여 격파하니 적이 해안으로 올라 도망하였는데, 적의 배 40척을 불태웠다. 왜진倭陣에서 전해진 말에 의하면, "조선의 한산도 전투에서 죽은 왜병이 9천 명이다."라고 하였다. 이 일을 아뢰자 이순신에게 정헌대부正憲大夫의 품계를 상으로 내리고 글을 내려 칭찬하였다.[14]

이때 이순신李舜臣은 수군을 거느리고 서해西海의 입구에 웅거하였으며, 김성일金誠一 등은 진주晉州의 관방 요새關要를 지키고 있었다. 적이 금산金山[錦山의 오기]의 길을 경유하여 호남 지경에 침입했으나 여러 번 좌절당하였으므로 도로 종래의 왔던 길로 퇴각하여 돌아가니 호서 또한 함락되는 것을 면하였다. 국가가 이 두 도道를 의지하여 군수 물자를 공급할 수 있었으니, 한때의 장사將士들이 방수防守한 공이 또한 많았다고 하겠다.[15]

전라좌수사全羅左水使 이순신이 군영을 한산도閑山島로 옮기기를 청하니, 따랐다. 한산도는 거제巨濟의 남쪽 30리 지점에 있는데, 산세가 빙 둘러쳐져 배를 숨기기에 편리하였고, 왜선倭船이 호남을 침범하려면 반드시 이 길을 경유해야만 하였다. 이순신은 본진本鎭이 좌측에 치우쳐 있어 방어하기 어렵다고 생각했기 때문에 이렇게 청한 것이었다.[16]

이순신을 삼도수군통제사三道水軍統制使에 겸임시키고 본직本職은 그대로 두었다. 조정의 의논에서 삼도 수군이 서로 통제할 수 없다고 하여 특별히 통제사를 두어 주관하게 하였다. 이순신이 육지는 군수 물자의 조달에 어려움이 있다는 점을 들어 체찰부體府에 청하기를, "다만 일면 한 구역의 해포海浦를 부여해 맡겨 주면 양식과 기계를 자족시킬 수 있게 하겠습니다."라고 하였다. 이때 와서 소금을 구워 판매

---

14 『국조보감』 권31, 宣祖朝8 임진 25년 추7월.
15 『국조보감』 권31, 宣祖朝8 임진 25년 8월.
16 『국조보감』 권31, 宣祖朝8 계사 26년 추7월.

하여 곡식 몇만 석을 비축하였으며, 군영 막사營舍와 기구器具가 완비되었고, 백성을 모아 불러들이니, 하나의 거진巨鎭이 되었다.[17]

한효순韓孝純[18]을 한산도閑山島로 보내어 무과를 설치하고 실행하여 수자리 군사들을 시험 보여 급제를 주도록 하니, 이는 통제사 이순신의 요청에 따른 것이었다.[19]

적이 수군을 습격하여 깨뜨렸다. 통제사 원균元均이 패하여 죽고 전라수사 이억기, 충청수사 최호崔湖[20] 등이 전사하였다. 한산도의 전쟁에서 패했다는 보고가 이르자 조정과 민간이 매우 놀랐다. 상이 비변사의 신하들을 불러 보고 대책을 묻자, 경림군慶林君 김명원金命元[21]과 병조판서 이항복이 아뢰기를, "지금의 계책은 오직 이순신을 다시 통제사로 삼는 것뿐입니다." 하니, 상이 따랐다.[22]

통제사 이순신이 적병을 강진康津의 고금도古今島에서 크게 격파했다. 이순신이 진린陳璘과 더불어 주연을 베풀고 있었는데, 적이 습격하려 한다는 보고를 듣고는 여러 장수들로 하여금 군사를 정돈해 대기하게 하였다. 얼마 후 적선賊船이 크게 이르자 이순신이 스스로 수군을 거느리고 적중으로 돌격해 들어가면서 화포火砲를 쏘아 50여 척을 불사르니, 적이 마침내 도망하였다.[23]

---

17 『국조보감』권31, 宣祖朝8 계사 26년 추7월.
18 한효순韓孝純 : 1543~1621. 본관은 청주淸州, 자는 면숙勉叔, 호는 월탄月灘이다. 서원부원군西原府院君 한상경韓尙敬의 후손으로, 증조부는 한사무韓士武이고, 조부는 한승원韓承元이며, 아버지는 한여필韓汝弼, 어머니는 유엄柳渰의 딸이다. 수찬, 선위사, 어사, 경상우도 관찰사, 경상좌도 관찰사·순찰사, 병조·호조 참판, 대사헌, 체찰부사, 경상감사, 전라도 관찰사, 병조·형조 판서, 한성부 판윤, 함경도 관찰사, 호조·이조판서, 판중추부사, 체찰사, 판의금부사, 개성유수, 우의정, 좌의정, 영중추부사 등을 두루 역임하였다.
19 『국조보감』권32, 宣祖朝9 병신29년 윤8월.
20 최호崔湖 : 1546~1597. 본관은 경주, 자는 수부秀夫이다. 아버지는 벽동군수碧潼郡守 최한정崔漢禎이며, 어머니는 광주김씨로 군수 김계옥金繼玉의 딸이다. 1576년(선조 9) 무과중시武科重試에 합격하고, 병사兵使, 남병사, 수사水使 등의 관직을 지냈다. 정유재란이 일어나자 칠천량 해전에서 원균元均과 함께 패사하였다. 이몽학李夢鶴의 난 평정에 세운 공로로 1604년(선조 37) 청난공신淸難功臣 2등에 추록되고, 1615년(광해군 7) 찬집청撰集廳의 주청으로 임란원종공신록에도 추록되었다. 시호는 충원忠元이다.
21 김명원金命元 : 권9의 주 143 참조.
22 『국조보감』권32, 宣祖朝9 정유 30년 추7월.
23 『국조보감』권33, 宣祖朝10 무술 31년 8월.

행장行長이 순천 왜교倭橋에다 성을 쌓고 굳게 지키면서 물러가지 않자 유정劉綎[24]이 다시 진격하고, 이순신은 진린陳璘과 해구海口를 막고 조여들었다. 행장이 사천泗川의 적 심안돈오沈安頓吾에게 후원을 요청하니 돈오가 바닷길로 와서 구원하였다. 이순신이 진격하여 크게 무찔렀는데, 적선賊船 2백여 척을 불태웠고, 죽이고 노획한 것이 수없이 많았다. 남해南海 경계까지 추격하여 이순신이 몸소 시석矢石을 무릅쓰고 힘껏 싸우다 가슴에 유탄을 맞았다. 좌우左右가 부축하여 장막 속으로 들어가니, 이순신이 말하기를, "싸움이 지금 한창 급하니 내가 죽었다는 말을 하지 마라." 하고, 말을 마치자 절명하였다. 이순신의 형의 아들인 완莞이 그의 죽음을 숨기고 이순신의 명령으로 더욱 급하게 싸움을 독려하니, 군중에서는 알지 못하였다. 진린이 탄 배가 적에게 포위되자 완은 그의 군사를 지휘해 구원하니, 적이 흩어져 갔다. 진린이 이순신에게 사람을 보내 자기를 구해 준 것을 사례謝禮하려다 비로소 그가 죽었다는 말을 듣고는 놀라 의자에서 떨어져 가슴을 치며 크게 통곡하였다. 우리 군사와 중국 군사들이 순신의 죽음을 듣고는 병영兵營마다 통곡하였다. 조정에서 우의정을 추증하였다.[25]

　빈청賓廳에서 원훈元勳과 대신大臣이 아뢰기를, "신축辛丑[선조 34, 1601년]에 공훈을 결정할 때 호종扈從과 정왜征倭의 두 가지로 공신들을 나누었는데, 임인壬寅[선조 35, 1602년] 가을에 이르러 비로소 합해 녹훈하자는 의견이 있어 즉시 아뢰어 개정改定하였습니다. 그런데 이제 언관言官이 또 나누어 녹공할 것을 청하였는데, 그중에 삭제할 자가 27명이고 추록追錄한 정운鄭運 등도 당연히 아울러 삭제해야 됩니다. 그렇게 하면 정왜무장征倭武將 중 남는 사람은 단지 이순신李舜臣·권율權慄·원균元均·고언백高彦伯[26] 이 네 사람뿐입니다.
　예를 들면, 권응수權應銖[27]는 영천永川을 수복收復한 공이 있었고, 해전에서는 이억기李億祺가, 행주幸州에서는 조경趙儆이 승리한 공이 있었고, 진주晋州의 김시민金時敏·이광악李光岳과 연안延安의 이정암李廷馣은 모두 성성을 온전히 지킨 공이 있

---

24 유정劉綎 : 권9의 주 184 참조.
25 『국조보감』 권33, 宣祖朝10 무술 31년 9월.

었는데 모두 삭제당하였으니, 훗날 무장武將들이 해이해질까 염려하지 않을 수 없습니다.

임진왜란 초기에 신점申點이 옥하관玉河館에 있다가 왜변倭變이 났다는 소식을 듣고는 울부짖으며 구원병을 보내 달라고 청하였는데, 그 뒤 많은 중국군이 나온 것은 모두 신점의 힘입니다. 그런데 그 사람만 녹훈에 참여하지 못하였으니, 이 몇 사람은 마땅히 함께 그대로 두어야 합니다. 그리고 두 가지 공신이 당초에는 그 숫자가 매우 많았기 때문에 4등급으로 나누었으나 이제는 이미 명칭을 둘로 나누었으니, 3등급으로 나누어 정하고 아울러 군량軍糧을 주청하러 갔던 사신들도 정왜征倭의 공훈으로 옮겨 기록하게 하소서."라고 하니, 상이 따랐다. 그 뒤에 호종扈從은 호성扈聖으로, 정왜征倭는 선무宣武로 고쳤다.

공신을 대대적으로 봉하였다. 서울서부터 의주義州까지 시종 어가御駕를 모신 사람을 호성공신扈聖功臣으로 삼고, 왜적을 정벌한 장수들과 군량을 주청하러 간 사신들을 선무공신宣武功臣으로 삼고, 이몽학李夢鶴의 난을 토벌한 자를 청난공신淸難功臣으로 삼아, 모두 3등급으로 나누고 차등 있게 봉호封號를 내렸다.[28]

---

26 고언백高彦伯 : ?~1608. 본관은 제주이고, 출생 연도와 거주지는 알 수 없으나, 교동喬桐의 향리로서 무과에 급제하였고, 군관軍官·변장邊將을 역임하였다. 임진왜란이 일어나자 영원군수寧遠郡守로서 대동강 등지에서 적을 맞아 싸우다가 패배하고, 계속 분전하여 그 해 9월 왜병 62명의 목을 베었다. 그 이듬해 양주에서 왜병 42명을 참살하여, 그 공으로 당상관에 올라 양주목사가 되었다. 이후 경기도 방어사, 경상좌도 병마절도사를 역임하였다. 난이 수습된 뒤 선무공신宣武功臣 3등에 책록되고 제흥군濟興君에 봉해졌다. 1608년 광해군이 임해군臨海君을 제거할 때, 임해군의 심복이라 하여 살해되었다.(『한국민족문화대백과사전』;『宣祖實錄』卷33, 선조 25년 12월 27일 癸丑.)

27 권응수權應銖 : 1546~1608. 자는 중평仲平. 본관은 안동安東. 거주지는 경상북도 신녕新寧이다. 1584년(선조 17)에 별시무과에 급제하여 여러 관직을 역임하였다. 1592년 임진왜란이 일어나자 고향에서 의병을 모집하여 의병대장이 되었다. 7월에 영천에 있던 적군을 공격 마침내 영천성을 수복했으며, 영천의 적은 경주로 후퇴하였다. 그 공으로 경상좌도 병마절도사 우후가 되었다. 그 뒤 좌병사 박진朴晉의 휘하에 들어가 8월 제2차 경주 탈환전의 선봉으로 참가했으나 패전했다. 12월에는 좌도 조방장으로 승진했고, 1593년 좌도 병마절도사를 거쳐 좌도 방어사로 특진되었다. 1594년에 경상도 병마좌별장, 충청도 방어사, 1595년에 경상좌도 방어사가 되었다. 1597년 경리經理인 양호楊鎬와 마귀麻貴 제독을 따라 1·2차 울산 전투에 참가했다. 전란 후, 선무공신宣武功臣 2등으로 책록되고, 화산군花山君에 봉해졌다. 이어 도총부 도총관, 경상도 방어사, 남영장南營將을 역임하였다. 사후에 좌찬성에 추증되고, 신녕의 경덕사敬德祠에 제향되었다. 시호는 충의忠毅이다.(『한국역대인물종합정보시스템』;『한국민족문화대백과사전』.)

28 『국조보감』권33, 宣祖朝10 갑진37년 夏6월.

○ 『선묘중흥지宣廟中興志』[29]에서

신묘辛卯[선조 24, 1591년] 7월, 비변사에서 의논하기를, "왜적들이 해전에는 능하지만 육지에 오르기만 하면 불리하니 육지 방비에 전력하도록 청합니다."라고 하였다. 대장 신립申砬이 수군을 철폐하자고 청하니, 마침내 호남·영남 큰 고을의 성들을 증축하고 수보하도록 명하였다. 이에 전라좌수사 이순신이 아뢰기를, "해적을 막는 데에는 해전만 한 것이 없으니 수군은 결코 폐지할 수 없습니다."라고 하니, 상이 따랐다. 이때 왜와의 사이가 이미 벌어졌지만 조정과 민간朝野에서는 태평스럽게 여기고 있었고, 이순신만이 홀로 걱정하여 크게 전함을 수보하고 군사들을 다스림에도 법도가 있었다. 『선묘중흥지』, 아래도 같음.

임진壬辰[선조 25, 1592년] 4월, 왜적의 괴수 평수길平秀吉이 16만 명의 대군을 출동시켰다. 모리휘원毛利輝元[모리 테루모토]을 원수로, 평수가平秀家[30]를 부원수로 삼고, 대장 35명을 거느리고 평의지平義智를 선봉으로 삼아 바다를 건너 침략해 들어왔다.

5월, 전라좌수사 이순신이 영남에 구원하러 가서 왜적을 해상에서 연달아 격파하였다. 경상우수사 원균이 남해에서 전함을 모조리 침몰당하고, 수군 1만여 명을 해산시키고 나서, 홀로 옥포만호 이운룡, 영등포만호 우치적과 함께 바닷가 포구에 몰래 머물면서 육지를 찾아 적을 피하려고 하였다. 이운룡이 항거하여 말하기를, "공이 나라의 중책을 맡았으니 의리상 관할 경내에서 죽는 것이 마땅합니다. 지금 우리 군사가 흩어지기는 하였지만 그래도 모을 수 있으며, 호남의 수군도 와서 구원하도록 청할 수 있습니다."라고 하니, 원균이 그 계책을 따라 사람을 보내 이순신에게 가

---

29 선묘중흥지宣廟中興志 : 성명 미상의 단실거사丹室居士가 지은 책으로, 1587년(선조 20)부터 1607년(선조 40)까지 임진왜란의 배경과 진행 과정, 전후의 교섭을 기술한 책이다. 규장각 한국학연구원에 청구기호 〈奎 12525〉, 〈奎 15213〉, 〈一簑古951.052-Se65〉 등 3본이 소장되어 있다.
30 우키다 히데이에宇喜多秀家이다.

서 구원해 주기를 청하게 하였다.

이순신이 여러 장수들을 모아서 모의하니 여러 장수들이 모두 말하기를, "직책에는 분담하는 경계가 있고 군대에는 담당하는 지역이 있습니다. 우리가 우리 지역을 지키기에도 부족한데 어느 겨를에 다른 도에 가겠습니까."라고 하였다. 그런데 군관 송희립과 녹도 만호 정운이 말하기를, "그렇지 않습니다. 적을 토벌하는데 어찌 우리 도道와 남의 도가 있겠습니까. 지금 영남 해안의 여러 진鎭이 모두 함락되는데, 우리가 한 도의 완전한 군사를 가지고서, 예사로 보기만 하고 구원하지 않고 앉아서 영남 해군으로 하여금 오늘 모두 함몰당하게 한다면, 내일 일은 어떻게 처리할 것입니까."라고 하였다.

이에 이순신은 크게 기뻐하며 소리를 높여 말하기를, "내가 물어본 것은 우선 그대들의 의견을 들어보려 한 것이다. 오늘날의 일은 진격만 있을 뿐 퇴각은 없다. 감히 싸울 수 없다고 말하는 자는 목을 벨 것이다."라고 하였다. 이에 약속을 정하고 기율紀律을 엄하게 하니 온 군중이 숙연해졌다. 곧 병선兵船 40척을 모아서 노량에서 원균을 만나니, 원균이 너무 기뻐서 울며 감사해하였다. 마침내 진군하여 옥포玉浦에 당도하니 적들이 막 배에서 내려 불 지르고 노략질하다가 갑자기 우리 군사가 이르는 것을 보고 모두 크게 놀라서 아우성치며 배에 올라타고 나왔다.

이순신이 기세를 타고 북치고 고함치며 나아가 급히 공격하여 크게 격파하였다. 적이 낭패하여 육지로 올라가 흩어지며, 왜장은 관복冠服과 갑옷 무기를 모두 벗어 던지고 도망쳤다. 왜선 30척을 불태우니 연기가 하늘을 덮었으며, 양곡과 기계를 노획한 것이 1,000여 점이었다. 또 적미포赤彌浦[적진포赤珍浦의 오기]에서 적을 격파하여 배 10여 척을 부수었다. 월명포月明浦[31]에 이르러 적이 서울을 함락시켰다는 소식을 듣고서는 이순신이 서쪽을 향하여 통곡한 후에 군사를 거느리고 본영으로 돌아왔다. 얼마 뒤 임금의 수레가 평양에 머물고 있다는 소식을 듣고 그제서야 손뼉을 치며 말하기를, "임금께서 무사하다니 내 무엇을 근심하겠는가."라고 하였다. 마침내 진군하여 원균과 회합하였다.

---

31 월명포月明浦 : 경상남도 통영시 산양읍 풍화리 월명도.

왜병을 사천泗川 천암千巖에서 만났는데 이순신이 뱃머리를 드날리며 앞장서니 여러 장수들이 그를 따랐다. 녹도만호 정운이 적의 누선樓船 아래로 돌격해 들어가서 그 닻을 끊고 불태우자 여러 군사들이 다투어 나아가 적선 10여 척을 깨뜨렸다. 이순신은 왼편 어깨에 탄환을 맞았지만, 오히려 활을 쥐고 전투를 독려하였다. 전투가 끝난 후에야 어깨를 헤치고 탄환을 뽑으며 태연하게 담소하니 군중軍中이 그제야 알고 놀라지 않은 이가 없었다.

이튿날 아침 월명포로 진군하니 적선이 새벽 바다를 따라서 해무 속으로 수없이 들어오는 것이었다. 이순신은 적이 많이 들어오므로 잠깐 물러가서 형세를 관망하고자 군사를 지휘하여 퇴각하였다. 얼마 뒤 적선은 큰 바다 위로 구름같이 모여들었다. 이순신은 군사를 정돈한 채 움직이지 않고 때때로 전선 2~3척을 내어 보내어 교대해 가면서 적의 행동을 시험해 보기만 하였다. 해 질 녘에 적이 조수를 따라 달아나므로 이순신은 마침내 군사를 이끌고 더욱 전진하였다.

이에 앞서 이순신은 스스로의 의견으로써 거북선을 만들었다. 그 제도는 배 위에 판목을 깔아 거북등처럼 만들고, 그 위에는 '十'자로 좁은 길을 내고, 나머지는 모두 칼·송곳 같은 것을 줄지어 꽂았다. 그리고 앞은 용의 머리를 만들어 입을 대포 구멍으로 활용하였으며, 뒤에는 거북의 꼬리를 만들어 꼬리 밑에 총구멍을 설치하였다. 좌우에도 총구멍이 각각 여섯 개가 있었으며, 군사는 모두 그 밑에 숨어 있도록 하였다. 사면으로 포를 쏠 수 있게 하였고, 전후좌우로 이동하는 것이 나는 것처럼 민첩함이 베 짜는 북처럼 빨랐다. 싸울 때는 거적으로 덮어 송곳과 칼날이 드러나지 않게 하였는데, 적이 뛰어 올라오면 송곳과 칼에 찔리게 되고, 덮쳐 포위하면 화총火銃을 일제히 쏘았다. 그리하여 적선 속을 횡행橫行하는데도 아군은 손상을 입지 않은 채 가는 곳마다 바람에 쏠리듯 적선을 격파하였다.

6월, 이순신이 왜인을 당포唐浦에서 격파하고, 그 장수 우시축전수羽柴筑前守를 베었으며,[32] 또 당항포唐項浦에서 싸워 크게 이기고 그 장수를 베었다. 이순신이 진격하여 당포에 이르렀더니, 왜장 우시축전수가 누각 있는 큰 배를 타고 큰 배 20척을 지휘하며 항전하는데, 화살이 그의 이마를 맞혔음에도 얼굴빛이 변하지 않고 태

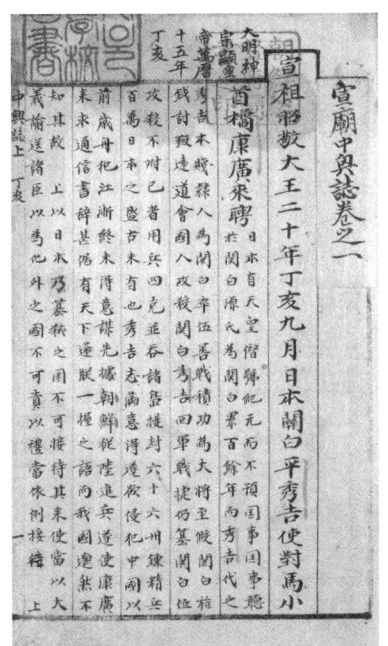 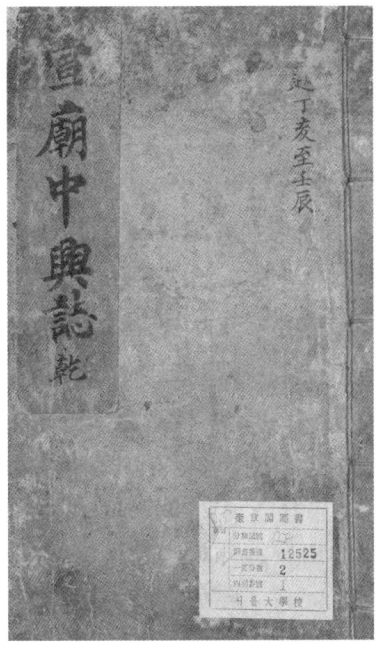

『선묘중흥지宣廟中興志』제1책 내지와 표지. 필사본. 서울대학교 규장각한국학연구원.

연하게 싸움을 독려하였다. 순천부사 권준權俊이 창검을 무릅쓰고 돌입하여 화살 하나로 그의 가슴을 관통하고, 소교小校[33] 진무성陳武晟[34]이 누각 위로 뛰어 올라가 목을 베니 왜적이 모두 놀라서 움츠러들었다. 마침내 이긴 기세를 타고 왜선을 모조리 격파하였다.

싸움을 마치고 군사들이 피곤하여 좀 쉬려고 하는데, 적이 또 뱃전을 울리며 크

---

32 우시축전수羽柴筑前守를 베었으며 : 우시축전수는 '하시바 지쿠젠노 가미'로 읽고, 도요토미 히데요시豊臣秀吉를 가리킨다. '하시바'는 히데요시가 오다 노부나가織田信長의 가신으로 있을 때 썼던 이름이고, '축전수'는 당시 직책이다. 그러므로 이 기사는 착오이다. 당포해전의 왜장은 우시축전수가 아니고 구루시마 미치유키來島道之였다고 한다.(有馬成甫) 이에 대한 구체적인 내용은 본서 권2, '장계 1', 「당포에서 왜적을 격파하였음을 아뢰는 계본唐浦破倭兵狀」을 참고할 것.

33 소교小校 : ① 하인의 우두머리(『漢韓大辭典』, 교학사, 1998). ② 발해시대의 무관직으로, 장수 밑에서 작은 단위 부대를 이끌던 무관으로 추정됨.(『한국고전용어사전』, 세종대왕기념사업회, 2001.) 여기서는 ①을 뜻한다.

34 진무성陳武晟 : 1566~? 본관은 여양驪陽, 자는 사규士赳, 호는 송계松溪이다. 아버지는 증참판 진인해陳仁海이다. 유원첨사柔遠僉使, 구성도호부사龜城都護府使 등의 관직을 두루 거쳤다. 임진왜란의 전공으로 선무원종공신宣武原從功臣에 책록되었다. 권7의 주 173 참조.

게 이르자 군중이 놀라고 두려워하였다. 좌우에서 적이 온다고 보고했으나 이순신은 짐짓 못들은 척하고, 두 번째 보고했으나 이순신은 또 대답하지 않다가, 세 번째 보고하기에 이르자 이순신은 이에 노획해 두었던 큰 누선樓船을 적과의 거리 1리쯤 되는 곳까지 끌고 가서 불태우게 하였다. 쌓아 두었던 화약이 한꺼번에 터져 폭음과 화염이 진동하자 적들은 그것을 둘러서서 보다가 기운이 꺾여 달아났다.

그날 밤 군중이 크게 놀라서 소란스러웠지만, 이순신은 자리에 누운 채로 움직이지 않다가 한참 뒤에 사람을 시켜서 방울을 흔드니 그제야 진정되었다. 그때 전라우수사 이억기가 역시 수군을 인솔하고 와서 회합하여, 마침내 군대를 연합해서 진군하여 적선 30여 척을 당항포에서 만났다. 왜의 대장은 3층으로 된 큰 누선을 타고 있었으며, 돛은 검은 베를 사용하였고 휘황찬란하게 꾸몄다. 이순신이 함선을 지휘하여 일제히 진격하자, 적은 버티지 못하고 도망가려 하므로, 이순신이 "적이 만일 육지로 올라가면 무찌르기 어렵다."라고 말하였다. 이에 한쪽을 터놓아 꾀어내니 적이 과연 바다 가운데로 나왔다.

이에 군사들을 독려하여 양쪽으로 끼고 공격하며, 화전火箭으로 그 배의 돛을 쏘아 불길이 하늘로 오르자, 관군들이 승리의 형세를 타고 적을 함몰시키고 마침내 그 대장을 베었다. 그리고 왜병 3천 명을 모두 섬멸하였는데, 그중에 적장 한 명은 몸에 화살 10개를 맞고서도 오히려 크게 외치며 힘써 항전하다가 죽었다. 또 그들의 남은 군사를 영등포에서 격파하여 모조리 죽이니 군대의 명성이 크게 떨쳤다. 적선들이 모두 달아나 부산으로 들어가므로 이순신 등도 이에 군사를 인솔하여 돌아왔다.

적들이 다시 서쪽으로 향하겠다고 큰소리를 치면서도 실지로는 감히 덤비지 못하고 다만 성난 눈으로 칼을 빼 들고 휘두를 따름이었다. 바다를 건너올 때마다 반드시 높은 곳으로 올라가 멀리 해상을 조망한 다음에야 감히 전진하는데, 어느 날 밤에는 고기잡이하는 불을 바라보고 잘못 알고 놀라서 무너지기도 하였다.

7월, 평수가平秀家가 남해를 침략하므로 이순신이 한산도 아래에서 요격하여 크게 격파하였다. 또, 안골포安骨浦에서도 격파하니 수가秀家가 달아나 서울로 돌아갔다. 이때 적은 육지를 유린하여 움직일 때마다 승리했으나 오직 수군만은 어렵게 여졌다. 평수가가 이 소식을 듣고 팔을 휘두르며 제가 담당한다고 나서서 군사를 거느리고 바다로 내려와 장차 호남을 침범하려 하였다.

원균이 형세가 급한 것을 이순신에게 알리니, 이순신이 다시 이억기와 함께 군사를 합하여 진군하여 적병을 고성 견내량에서 만났다. 원균이 곧장 나가서 공격하려 하자, 이순신이 말하기를, "견내량은 지형이 좁아서 마음대로 싸울 수 없으니 넓은 바다로 유인해 내어 공격해야만 전부 섬멸할 수 있다."라고 하였다. 선봉선先鋒船으로 하여금 시험 삼아 적에게 짐짓 패한 척하게 하니, 수가가 과연 전군을 지휘하여 뒤쫓아왔다. 한산도 앞까지 유인해 내니 해면海面이 매우 넓은 곳이었다.

이순신이 곧 군사를 돌이키며, 함선을 연이어 연결하여 학익진鶴翼陣을 만들고, 북치고 고함치며 일제히 나아가니, 대포의 불길에 바다가 들끓었다. 권준과 어영담이 앞장서서 격파하여 함락시키고, 정운 등이 뒤를 이어 잠시 동안에 적선 60척을 아울러 격파하였다. 적장 두 명을 베고 한 명을 사로잡았으며, 목 베이고 물에 빠져 죽은 적병은 그 수를 알 수 없었고, 비린 피가 바다에 넘쳤는데, 평수가는 겨우 10여 척의 함선을 가지고 탈출하였다.

이순신이 또 진격하여 안골포에 주둔하고 있는 적의 후원군을 공격하였다. 그런데 적이 물속 울타리水柵와 누선을 성대하게 설치하고, 배는 쇠로 쌌으며, 항구의 좁은 물목에서 적병이 모두 결사 항전하였다. 이순신이 어렵게 생각하여 배를 돌려 물러나려 하는데, 정운이 "날이 아직 이르고 전투가 한창 급합니다."라고 말하자, 이순신이 북을 쳐서 들어가 종일토록 크게 싸웠다. 적병을 많이 죽이고 적선도 많이 부수자, 적들의 기세가 크게 꺾여 배를 버리고 육지로 올라갔는데, 이날 밤 저들의 시체를 10여 무더기로 쌓아 놓고 불사르며, 모든 장비를 다 버리고 도망쳤다. 두 차례의 전투에서 죽인 왜병이 9천여 명이었다. 이에 수가秀家가 서울로 도망해 돌아갔더니, 여러 왜적들이 놀라고 두려워하며 다시는 감히 서쪽 바다를 엿보지 못하였다.

이에 앞서 평행장이 평양에 이르러 선조에게 편지를 보내 말하기를, "일본 수군 10여만 명이 또 서해를 따라서 올라올 것입니다. 알 수 없습니다만, 대왕의 수레[35]는

---

35 수레 : 원문 "용어龍馭"는 ① 태양. ② 천자의 수레. ③ 제왕의 죽음(『漢韓大辭典』, 교학사, 1998)의 뜻이 있다. 여기서는 ②번을 뜻하며, '임금의 수레'라는 의미이다.

이제 어디로 갈 것입니까?"라고 하였다. 대개 적은 본래 육·해군이 합세하여 서해로 올라오고자 한 것이었다. 그런데 이순신이 바다를 막아서 여러 번 승전했기 때문에 행장이 의심하고 두려워서 뒤를 돌아보며 감히 다시는 전진하지 못하였다.

　○ 이순신은 군중에서 밤에도 갑옷을 벗지 않았고 잘 때에도 북으로 베개를 삼았다. 견내량에 있을 때에 밤에 달빛이 매우 밝으므로, 이순신은 문득 일어나서 여러 장수들을 불러 놓고 말하기를, "적이 간사한 꾀가 많다. 캄캄한 밤에는 진실로 으레 우리를 습격해 오지만, 오늘 밤에는 달이 밝으니 방비가 없을 줄 알고 역시 올 것이다."라고 하였다. 곧 나팔을 불어 닻을 올리게 하였다. 그때 달이 서산에 걸렸는데, 적선이 과연 산기슭 검은 그림자 속을 따라서 수없이 나오는 것이었다. 그래서 관군들이 마침내 대포를 쏘면서 북을 치고 고함을 지르자 적이 크게 놀라 물러갔다. 여러 장수들이 신과 같이 여겼다.

　8월, 이순신이 진격하여 부산을 공격했는데, 녹도만호 정운은 전사하고, 이순신은 군사를 거느리고 돌아왔다. 이순신이 여러 장수들에게 말하기를, "부산은 적의 근거지이다. 나아가 전복시키면 적이 반드시 근거지를 잃게 될 것이다."라고 하였다. 마침내 진격하여 부산에 이르러 그 선봉 유격대游兵를 격파하고 큰 배 30척을 불태웠다. 정운이 승리한 기세를 타고 먼저 진격하였는데, 적은 5백여 척의 배를 해안에 벌려 세우고 기다리고 있었다. 조방장助防將 정걸丁傑[36]이 정운에게 "날이 거의 저물었고 적의 형세도 성대하니 군사들을 휴식시키고 형편을 살피는 것만 같지 못합니다. 내일을 기다려서 결전하더라도 늦지 않을 것입니다."라고 말하였다. 그러나 정운은 "내가 적과 함께 살지 않기로 맹세했는데 무엇 때문에 내일까지 기다리겠습니까?"라 하고, 곧바로 급히 노를 저어서 앞장섰다.

　이순신의 대군이 뒤따라 이르니 적이 두려워하며 모두 배를 버리고 언덕으로 올라가 조총을 마구 쏘았다. 이순신도 함선을 벌려 연안을 포위하고 쏘아서 적의 살상

---

36 정걸丁傑 : 권9의 주 114 참조.

이 매우 많았다. 그대로 적선 100여 척을 부수었는데, 적들이 내려다보면서도 감히 구원하지 못하였다. 오래 싸우고 날도 저물어 이순신이 마침내 배를 돌려 물러났는데, 바다 한가운데로 나오기 전에 정운이 갑자기 큰 탄환에 맞아 죽었다. 이순신이 큰 소리로 통곡하며, "국가가 오른팔을 잃었다."라고 말하였다. 이때 적이 많은 병력으로 오랫동안 부산에 머무르면서 성벽과 망루를 고쳐 세우고 웅거한 품이 장엄하였기 때문에 이순신은 쉽사리 공격할 수 없음을 알았다. 이에 군사들을 인솔하여 본영으로 돌아와 명나라 군사가 오기를 기다렸다.

계사癸巳[선조 26, 1593년] 2월, 이순신이 웅천熊川으로 나아가 왜인을 공격하였다. 행재소에서 이순신 등으로 하여금 병력을 합해 나아가 물길을 가로막고 명나라 군사와 호응하게 하므로, 이순신은 수군을 합하여 전진하였다. 그때 적병은 이미 웅천 바닷길을 차단하고 양쪽 언덕에 보루를 구축했는데, 이순신이 오는 것을 보고 배를 포구 깊숙이 감추고 감히 나오지 못하였다. 관군들이 드나들며 유인했으나 끝내 움직이지 않으므로, 이순신이 함선을 지휘하여 산을 에워싸고 대포와 화살을 위를 향하게 쏘니 적의 죽은 자가 매우 많았다.

군관 이설李渫[37] 등이 왜선 3척을 쫓아 붉은 갑옷을 입은 왜장을 쏘아 죽이고 그 군사들을 전부 섬멸하였다. 관군들이 혹시라도 복병이 있을까 의심하여 또한 더 깊이 들어가지는 않았다. 이순신이 경상우감사慶尚右監司 김성일金誠一에게 요청하여 수륙으로 협공할 것을 약속하려 했으나 성일이 병력이 적다고 하며 사양하였다. 이순신은 여러 장수들에게 말하기를, "적병이 나오지 않는 것은 우리 수군을 무서워하는 것이지 복병한 것은 아니다."라고 하였다. 이에 경선輕船 15척을 내어서 포구 가운데를 뚫고 들어가 대포로 적의 함정을 연달아 쳐부수었다. 그리고 군사들을 나누어 언덕으로 올라가, 좌우로 둘러싸고 적의 주둔지에 진천뢰震天雷[38]까지 아울러 발

---

37 이설李渫 : 권9의 주 116 참조.
38 진천뢰震天雷 : 비격진천뢰飛擊震天雷를 가리킴. 조선 선조 때 이장손李長孫이 발명한 폭탄이다. 화약과 철편鐵片 및 뇌관을 속에 넣고 겉은 쇠로 박처럼 둥글게 싼 것으로, 먼 거리에 쏘아 터지게 하였다. 조선 수군은 이 진천뢰를 대완구大碗口에 장전하여 발사하였다.

사하여 부딪치는 곳마다 엎어져 죽은 적의 시체가 삼대 쓰러지듯 했으며, 그 대장 한 명을 죽였다. 전후로 8번 싸움에 적을 수없이 죽이니 적의 형세는 크게 꺾이고 진영마다 통곡하였다. 그러나 적도 역시 요해지를 의지하여 굳게 수비하였다.

4월, 이순신이 군사를 돌려 본영으로 돌아왔다. 이순신이 웅천 바다에서 50여 일 동안이나 군사를 머물게 하였는데, 적은 험난한 곳을 의지하여 스스로 굳게 지키고만 있고, 명나라 군사들은 끝내 내려오지 않으며, 더구나 전염병까지 크게 유행하였다. 이순신이 말하기를, "지금 명나라 군사의 소식은 묘연한데 여러 고을에 있는 왜적은 그대로 튼튼히 자리 잡고 있다. 우리에게는 서로 도와주는 세력이 없고,[39] 적들은 유리한 지세를 차지하고 있다. 만일 다시 배를 버리고 육지로 올라가 공격한다면, 우리의 장점을 버리는 것이므로 실정이 드러나고 기세도 꺾일 것이다. 또 원정하는 날이 길어지면 날씨는 점점 더워지고 병의 기운[40]만 크게 유행할 것이다. 두 가지 중 한 가지도 이로운 것이 없다. 더구나 지금 국가의 군량을 호남에만 전적으로 의존하고 있다. 농사철을 맞이하였으나 장정들은 창을 메고 나섰고, 노약자들은 운반에 피로하며, 연해안 여러 고을 백성들은 형세 상 생업을 잃어버리게 되었으니, 이것은 작은 일이 아니다."라고 하였다. 이억기 등과 함께 군사를 돌려 본영으로 돌아와 군사들을 교대로 농사에 종사하게 하였다.

7월 이순신이 한산도로 영營을 옮겼다. 이순신은 본영이 좌측에 치우쳐 있어 방어하기 어렵다고 생각하여 영을 한산도로 옮기기를 청하니, 따랐다. 한산도는 거제巨濟의 남쪽 30리 지점에 있는데 산세가 빙 둘러쳐져 배를 숨기기에 편리하였다. 이순신이 군사를 옮겨 주둔하여 거제에 주둔해 있는 적과 대진하였다.[41] 적선 10여 척이 견내량으로 향하는데, 이순신은 그것이 유인하는 군사임을 알고 관군을 시켜 뒤

---

39 우리에게는 …… 없고 : 원문 "전무보거지세前無輔車之勢"는 서로 도와주는 세력이 없다의 뜻이다. '보거輔車'는 수레의 덧방나무와 수레라는 뜻으로, 사람이나 사물이 서로 도움을 주고받는 공생 관계를 뜻한다.
40 병의 기운 : 원문 "여기癘氣"는 못된 열병이나 돌림병을 생기게 하는 기운氣運의 뜻이다..
41 적과 대진하였다 : 원문 "대루對壘"는 보루堡壘를 마주함의 뜻으로, 양군이 교전함을 이른다.

쫓되 깊이 들어가지 말라고 명했더니, 적이 달아나 돌아갔다. 여러 적들이 또 거제로 모여들어 주둔하니 적의 형세가 매우 성대하였다.

○ 이순신으로 삼도수군통제사를 겸하게 하였다. 조정에서 의논하여 삼도의 수군이 서로 통일되어 다스리지 못한다고 하며 특별히 통제사를 두어 주관하게 하였다. 이순신이 육지에서는 군수 물자를 마련하기가 곤란하다고 생각하여 체찰사에게 청하여 말하기를, "다만 한쪽 해안 지역만이라도 맡겨 주면 군량과 무기를 자급자족하겠습니다."라고 하였다. 그런데 이에 이르러 소금을 구워 팔아 양곡을 여러 만 석을 쌓아 두고, 또 영문 안에 집과 온갖 물자를 모두 구비하여 백성들을 모아 성곽을 완성하고 사람들을 모아서 거주하게 하여[42] 하나의 큰 진이 되었다. 이때 화친하는 의논이 한창 일어났는데, 이순신만은 홀로 말하기를, "까닭 없이 화친을 청하는 것은 딴 생각을 하는 것이다."라고 하였다. 더욱 전투 준비를 하면서도 때로는 군사들을 내어 보내 출몰하는 적을 무찌르니, 적이 두렵고 위축되어 감히 나오지 못하여, 영남 우도 연해안 고을들이 이에 의지하여 편안하게 되었다.

○ 명나라 도사都司 담종인譚宗仁이 왜의 진영으로 들어가 화친을 의논하면서 통영統營으로 패문牌文을 보내어 이르기를, "일본 사람들이 곧 무기를 거두어 바다를 건너려고 하니, 너희는 속히 제 고장으로 돌아가고, 왜의 진영에 가까이 가서 말썽을 일으키지 말라."고 하였다. 이순신이 회답하기를, "영남 연해안이 우리의 땅 아닌 곳이 없는데 왜의 진영에 가까이 하지 말라는 것은 무슨 말이며, 우리에게 제 고장으로 돌아가라 하니 어느 쪽을 가리킨 말이오? 또 말썽을 일으키는 자도 우리가 아니고 왜적이며, 왜인이란 수없이 변덕스럽고 속여서 해가 지나도록 물러가지 않고, 우리 강토를 멧돼지처럼 침략하는 것이 전일보다 배나 더한데, 무기를 거두어 바다를 건너려는 뜻이 과연 어디에 있소?"라고 말하였다. 이순신의 휘하 여러 장수들 중에

---

[42] 원문 "완취完聚"는 ① 성곽을 수축하고 양식을 모음. ② 흩어져 있던 가족이 모두 모임(『漢韓大辭典』교학사, 1998)의 뜻이다. 여기서는 사람들을 모아서 거주하게 하던 일이라는 뜻으로 해석된다.

권준權俊,⁴³ 어영담魚泳潭⁴⁴ 방답첨사 이순신李純信,⁴⁵ 홍양현감 배흥립裵興立,⁴⁶ 옥포만호 이운룡李雲龍, 군관 송희립宋希立 등은 모두 충성스럽고 용감하며 잘 싸우기 때문에 이순신이 소중히 여기는 자들이었다.

갑오甲午[선조 27, 1594년] 9월, 조정에서 체찰사 윤두수尹斗壽에게 명하여, 김덕령金德齡을 독려하여 왜적을 치게 하였다. 두수가 남원南原에 이르러 권율, 이순신, 김덕령으로 하여금 고성固城에 모여 거제에 주둔하고 있는 적을 협공하게 하고, 권율은 또 곽재우, 홍계남洪季男⁴⁷ 등으로 하여금 도와서 싸우게 했는데, 곽재우가 세 번이나 권율에게 보고하여 그 불편함을 말했지만 권율은 듣지 않았다. 김덕령 등이 부득이 바다로 내려가 이순신과 함께 군사를 잇달아 거제로 향하니 군의 위엄이 매우 성대했으나, 적도 역시 바닷가 소굴에 웅거하고 있어 쉽게 공격할 수 없었기 때문에,

---

43 권준權俊 : 권9의 주 55 참조.

44 어영담魚泳潭 : 권13의 주 9 참조.

45 이순신李純信 : 1554~1611. 자는 입부立夫, 본관은 전주全州이다. 양녕대군의 후손으로 1554년 (명종 9)에 났으니 충무공 이순신보다 9년 아래다. 1578년(선조 11)에 무과에 급제하여 온성·의주 판관, 혜산진첨절제사惠山鎭僉節制使 등을 역임하였다. 1592년 임진왜란 때 방답진첨절제사防踏鎭僉節制使로서 이순신李舜臣 막하에서 중위장中衛將으로 옥포 해전에 참가해 전공을 세웠다. 그 뒤로는 전부장前部將으로서 항상 선봉이 되어 당항포唐項浦·한산閑山·부산포 등의 해전에서 적을 크게 무찔렀다. 그 뒤 충청수사, 고령진첨사高嶺鎭僉使, 유도방위대장留都防衛大將, 전주부윤, 전라병사 등을 지냈다. 1598년 경상우수사로서 노량露梁 해전에 참전 중 수군통제사 이순신이 총환에 맞아 전사하자 조선 수군을 지휘해 개선하였다. 이후 포도대장, 충청수사, 황해병사, 수원부사, 전라좌수사를 역임하고, 1604년, 임진왜란 때의 전공으로 선무공신宣武功臣 3등에 책록되고 완산군完山君에 봉해졌다. 광해군 때 전라병사를 지냈으며, 인조 때 좌찬성에 추증되었다. 시호는 무의武毅이다. (『한국민족문화대백과사전』.)

46 배흥립裵興立 : 1546~1608. 본관은 성산星山, 자는 백기伯起. 아버지는 현감 배인범裵仁範이다. 홍양현감, 장흥부사, 경상우수사, 조방장, 전라좌수사, 공조참판, 지훈련원사, 충청수사, 충청병사 등의 관직을 지냈다. 선무공신宣武功臣을 택정할 때 이순신과 함께 26인의 명단에 올랐으나 그 뒤에 확정된 18인에는 들지 못하였다. 시호는 효숙孝肅이다.

47 홍계남洪季男 : 1563~1597. 본관은 남양南陽. 경기도 수원 출생이다. 어려서부터 용력이 뛰어나고 말달리기와 활쏘기를 잘하여 금군禁軍에 소속되었다. 1590년(선조 23)에 일본에 파견되는 통신사의 군관으로 선발되어 황윤길黃允吉 일행을 따라 일본에 다녀왔다. 관직으로는 경기도·충청도·경상도의 조방장, 수원판관, 영천군수 등을 지냈다. 1592년 임진왜란이 일어나자 안성에서 의병을 일으켜 전공을 세워 첨지僉知로 승진되었다. 이듬해 다시 군사를 거느리고 전라도·경상도 지역으로 진출하여 이빈李蘋·선거이宣居怡·송대빈宋大贇 등과 함께 운봉·남원·진주·구례·경주 등지에서 전공을 세웠다. 그 뒤 1596년에는 이몽학李夢鶴의 반란을 평정하는 데 공을 세우기도 하였다. 1597년 정유재란 때 부산산성을 지키다 전사하였다. (『한국민족문화대백과사전』.)

제각기 군사를 거느리고 돌아갔다.

　　을미乙未[선조 28, 1595년] 2월, 원균을 충청병사로 삼았다. 처음에 원균이 흩어진 군사로써 이순신에게 의지하여 공을 이루었는데, 조정에서 이순신의 공로가 큰 것을 살펴서 하루아침에 통제사로 승진시키니, 원균은 그의 부하가 된 것을 부끄럽게 여겨, 마침내 그의 지휘를 따르지 않았다. 이순신은 입을 다물고, 그의 장단점을 말하지 않고, 허물을 자신에게 돌리며 체직을 청하자, 조정에서는 부득이 원균을 충청병사로 옮겼다. 원균은 묵은 감정을 풀지 않고 조정의 귀인들과 사귀며 이순신을 백방으로 모함하니, 이로부터 원균을 편드는 사람이 많아져서 비방하는 말이 조정에 가득하였다.

　　7월, 도체찰사 이원익李元翼이 한산도로 들어가서 수군을 순시하고 위무하였다. 그가 떠나려 하자, 이순신이 가만히 청하기를, "지금 대감公께서 오셨으니 마땅히 크게 음식을 베풀어 위로하며 삼군三軍을 격려해야 합니다. 그렇지 않으면 사졸士卒들이 실망하게 됩니다."라고 말하였다. 이원익이 말하기를, "내가 애초에 준비해 가지고 오지 못했으니 어찌하랴."고 하자, 이순신이 말하기를, "제가 이미 대감을 위해서 준비했으니 대감께서 허락만 하신다면 마땅히 대감의 명으로 군사들에게 음식을 베풀겠습니다."라고 하였다. 이원익이 크게 기뻐하며 따랐다. 이에 소를 잡고 술을 내어서 큰 잔치를 벌이니 사졸들이 매우 기뻐하였다.

　　정유丁酉[선조 30, 1597년] 2월, 통제사 이순신을 나포하여 원균이 그 자리를 대신하였다. 왜적이 바야흐로 다시 침략할 것을 도모하면서도 유독 이순신을 꺼려서 온갖 꾀를 다 내었다. 행장이 요시라要時羅를 시켜서 김응서金應瑞에게 비밀히 말하기를, "화친이 이루어지지 못하는 것은 오로지 청정淸正 때문인데, 지금 청정이 다시 오니, 만일 수군을 시켜 해상으로 몰래 습격하게 하면 전쟁은 저절로 끝날 것입니다."라고 하였다. 김응서가 그 일을 위에 보고하였다. 상이 여러 대신들을 불러서 의논하니, 모두들 기회를 놓칠 수 없다고 하였는데, 황신黃愼[48]만이 홀로, "신은 묘한 계책이 적에게서 나와서 우리를 이롭게 한다는 말을 듣지 못했습니다."라고 말하였다. 그러자 상이 그대로 황신을 보내어 비밀히 이순신을 권유하자, 이순신은 "왜놈들의 마음은 변덕스럽고 속이고 또 바닷길이 험난하니, 적이 반드시 복병을 두고 기다릴 것이니, 간다면 적의 꾀에 빠질 듯하다."라고 말했다. 마침내 가지 않자, 조정의 의론은 떠들썩하게 이순신을 꾸짖었다.

행장이 이에 요시라로 하여금 우리나라에 속여 말하기를, "청정이 배 한 척을 타고 바다를 건너왔는데, 통제사가 의심하고 두려워하여 기회를 놓쳤으니 한탄스럽습니다."라고 하였다. 이때 조정에서는 진작 원균의 모함에 미혹해 있던 터인데, 이 말을 듣고서는 모두 글을 올려 나포하기를 청하고, 또 원균으로 통제사를 대신할 것을 청하니, 상도 모두 따랐다. 그런데 오히려 소문이 죄다 그대로 사실이 아닐 것이라고 의심하여 사성司成 남이신南以信[49]을 보내어 겸하여 살피게 하였다. 남이신이 또 속여서 아뢰기를, "청정의 배가 해상에 걸려서 이레 동안이나 움직일 수 없었는데, 이순신이 만일 가기만 했더라면 잡아 올 수 있었을 것입니다."라고 하여, 이순신이 마침내 잡혀서 서울로 호송되었다.

군사와 백성들이 모두 말 앞을 막아서서 소리를 내어 울며, "공은 이제 어디로 가십니까? 우리들은 이제 다 죽은 목숨입니다."[50]라고 말하였다. 이로부터 남쪽 사람들은 인심이 흉흉해져서 모두들 이고 지고 일어서지 않는 이가 없었다. 이원익이 치계하여 말하기를, "적이 꺼리는 것은 수군입니다. 이순신을 체직하는 것은 불가하고, 원균을 그 자리에 보내서도 안됩니다."라고 했으나, 조정에서는 따르지 않았다. 원익이 탄식하며 말하기를, "나랏일이 할 수 없게 되었다."라고 하였다. 원균이 본영

---

48 황신黃愼 : 1560~1617. 본관은 창원昌原, 자는 사숙思叔, 호는 추포秋浦이다. 아버지는 정랑 황대수黃大受이며, 어머니는 내섬시정 곽회영郭懷英의 딸이다. 성혼成渾과 이이李珥의 문인이다. 선조대에는 정언, 고산현감, 사헌부 지평·장령, 전라도 관찰사, 호조참판, 한성부우윤, 행대사간, 사헌부 대사헌 등을 지내고, 광해군대에는 공조·호조 판서 등의 관직을 두루 역임하였으며, 유배지인 옹진의 적소謫所에서 졸하였다. 임진왜란 때의 공이 인정되어 호성선무원종공신扈聖宣武原從功臣에 책록되었으며, 또 임진왜란 때 광해군을 시종한 공로로 위성공신衛聖功臣 2등에 책록되고 회원부원군檜原府院君으로 봉해졌다. 시호는 문민文敏이다.

49 남이신南以信 : 권9의 주 145 참조.

50 죽은 목숨입니다 : 원문의 "어육魚肉"은 물고기와 짐승의 고기를 뜻하며, '아주 짓밟아서 결딴내다'의 비유이다. 여기서는 '죽는다'는 뜻으로 풀었다.

에 부임해서는 군정軍政을 모두 뒤집어 엎고 형벌은 혹독하게 하므로, 온 군중이 분개하고 원망하며 모두 말하기를, "적이 오면 달아나는 수밖에 없다."고 하였다.

7월, 원균이 왜적을 해상에서 요격했으나 패하여 달아나다가 죽고, 전라우수사 이억기, 충청수사 최호도 전사하였다. 왜적이 마침내 한산도를 함락하고 배에서 내려서 육지에 올라와 승승장구하니 조정과 민간이 크게 진동하였다.

○ 정유丁酉[선조 30, 1597년] 난리에 형조좌랑 강항姜沆[51]이 호조참의 이광정李光庭을 따라 호남에서 군량 운반을 독려하다가, 난리 중에 이광정과 서로 흩어지게 되었다. 이에 집안 장사들 40명을 이끌고 해상으로 나아가 이순신의 부대로 들어가려 하다가, 갑자기 왜장 좌도수佐渡守의 군사를 만나 온 집안 사람들이 포로가 되었다. 적은 강항이 관원임을 알고 붙잡아서 왜국 서울로 구속해 보냈다. 이때 연해안 장수들이 아침저녁으로 교체되고, 급하게 되면 임시로 임명하여 징발하기에 겨를이 없어, 적이 이르는 곳마다 무너지지 않는 곳이 없었다. 강항이 호남에 있을 때 그 폐단을 목격하였다가 포로가 되어서는 비밀히 상소로 왜적의 상황을 아뢰고, 또 말하기를, "신이 엎드려 보건대, 우리나라의 장졸將卒들이 자주 교체되어 군사를 단속할 겨를이 없는데, 어찌 죽을 땅으로 몰아서 적을 제어하라고 명령할 수 있겠습니까? 이

---

51 강항姜沆 : 1567~1618. 자는 태초太初, 호는 수은睡隱, 본관은 진주晉州. 전라남도 영광靈光에서 살았다. 1567년(명종 22)에 났으니 이순신보다 22년 아래이다. 성혼成渾의 문인으로, 1593년(선조 26)에 전주별시全州別試 문과에 합격하여 교서관 박사, 공조·형조 좌랑 등을 역임하였다. 1597년 정유재란이 일어나자 분호조참판 이광정李光庭의 종사관으로 군량미 수송의 임무를 맡았다. 남원이 함락되자 고향으로 내려와 의병 수백 인을 모았으나, 영광이 함락되자 가족들을 거느리고 해로로 탈출하려다 포로가 되었다. 일본으로 압송되어 오쓰성大津城에 유폐되었다가, 오사카大阪를 거쳐 교토京都의 후시미성伏見城으로 이송되었다. 이곳에서 일본의 지식인들과 교유하며 그들에게 학문적 영향을 주었다. 또한 그들의 노력으로 1600년에 포로 생활에서 풀려나 가족들과 함께 귀국하였다. 일본 억류 중 사서오경의 화훈본和訓本 간행에 참여해 몸소 발문을 썼고, 『곡례전경曲禮全經』, 『소학小學』, 『근사록近思錄』, 『근사속록近思續錄』, 『근사별록近思別錄』, 『통서通書』, 『정몽正蒙』 등 16종을 수록한 『강항휘초姜沆彙抄』를 남겼다. 영광의 용계사龍溪祠·내산서원內山書院에 제향되고, 일본의 효고현兵庫縣에 있는 류노龍野 성주 아카마쓰赤松廣通 기념비에 이름이 새겨져 있다. 저서로는 『운제록雲堤錄』, 『강감회요綱鑑會要』, 『좌씨정화左氏精華』, 『간양록看羊錄』, 『문선찬주文選纂註』, 『수은집睡隱集』 등이 있다. (『한국역대인물종합정보시스템』; 『한국민족문화대백과사전』.)

복남李福男이 오늘 방어사防禦使가 되었다가 내일 절도사節度使가 된다는 것은 옳지 못한 일입니다. 이순신은 바닷길의 장성長城인데, 죄상이 드러나기도 전에 갑자기 죄를 심의 결정함52에 따라, 원균으로 그 직임을 대신하게 하는 것은 옳지 못한 일입니다. 엎드려 바라옵건대, 한 사람의 변방 장수를 임명하거나, 한 사람의 변방 장수를 교체하거나, 문관·무관에 국한되지 말고, 자격을 논하지 말고, 그에게 오래 직임을 맡도록 허락하여 편의를 봐주어야 할 것이옵니다."라고 하였다.

8월, 다시 이순신을 통제사로 삼았다. 처음에 이순신을 옥에 가두고, 임금께서 대신들에게 명하여 처벌할 것을 의논하게 하였다. 판중추부사 정탁鄭琢이 "이순신은 명장이니 죽일 수 없습니다. 군사 기밀의 이로움과 해로움은 먼 곳에서 미루어 헤아리기 어려운 일이니, 그가 진군하지 않은 것도 반드시 까닭 없는 일이 아닌 것이니, 청컨대 너그럽게 용서하시고 후일의 공로를 세울 수 있도록 하소서."라고 말하였다. 임금께서도 마침내 관직을 삭탈하고 종군하도록 명하였다. 이순신이 옥에서 겨우 나오자마자 어머니의 상喪을 당하였다. 이순신이 통곡하며 말하기를, "한마음으로 충성과 효도하려 하였더니 이제 와서 끝났다."라고 하였다. 듣는 이들이 슬퍼하였다.

한산도의 패전한 보고가 이르자 조정과 민간이 모두 크게 놀랐다. 경림군 김명원金命元과 병조판서 이항복李恒福이 말하기를, "이것은 원균의 죄입니다. 오직 이순신을 기용하여 통제사로 임명하는 것이 마땅할 뿐입니다."라고 하니, 임금께서 따랐다. 특명으로 상중에서 다시 기용하여 부임하게 하였다. 이에 이순신이 10여 명의 기병을 데리고 사잇길로 가서 진도珍島로 들어가니, 군사와 민중들이 바라보고는 기뻐 날뛰며 말하기를, "우리 공이 오셨구나."라 하고, 모두 무기를 휴대하고 따라나섰다.

배설裵楔과 전라우수사 김억추金億秋가 잔여 병사를 거느리고 와서 모였는데, 배는 겨우 12척이고, 군량과 무기는 아무것도 없었다. 이순신이 여러 장수들에게 매일 군사를 모집하고 배를 무장하도록 명하였다. 그때 적은 이미 호남에 가득 찼는데, 이

---

52 죄를 심의 결정함 : 원문 "이의吏議"는 ① 다수의 벼슬아치가 정사政事를 논의함. 또는 그렇게 하여 정한 의견. ② 사법 관리가 죄를 심의하여 결정함. 두 가지의 뜻이다. 여기서는 후자이다.

순신이 홀로 패잔병들을 데리고 의지할 곳조차 없어 해상으로 떠돌기 때문에, 보는 이들이 모두 위태롭게 여겼다. 배설은 말하기를, "사태가 급합니다. 배를 버리고 육지로 올라가는 것만 못합니다."라고 했으나, 이순신은 듣지 않았다.

조정에서도 수군이 외롭고 약한 것을 걱정하여 역시 군사를 옮겨 육지에서 싸우라고 명하였다. 이순신은 아뢰기를, "적이 감히 곧장 돌진하지 못했던 것은 실상 수군이 길을 막았기 때문입니다. 신이 한번 육지로 올라가기만 하면, 적은 반드시 서해를 경유하여 한강에까지 도달하는데, 돛대에 바람 한번 태우면 될 수 있는 일입니다. 이것이 신이 두려워하는 바입니다. 지금 신에게는 전선이 아직도 12척이 남아 있습니다. 신이 죽지 않은 이상 적이 감히 우리를 업신여기지 못할 것입니다."라고 말하였다. 마침내 여러 장수들과 약속하고 맹세하며 필사必死의 뜻을 보이니 군사들도 모두 감격하면서도 두려워하였다.

9월, 이순신이 왜적을 진도에서 크게 격파하고, 그 장수 내도수來島守의 목을 베었다. 처음에 왜장 가정家政 등 6명이 수백 수천의 함정을 연이어 거느리고 서해로 향했는데, 이순신이 병력이 적어 대적하지 못하고 바다를 따라 올라갔다. 가정 등이 마침내 무안務安까지 이르러 좌랑 강항姜沆을 잡아 우리 수군이 있는 곳을 물으니, 강항이 속여서 말하기를, "태안泰安 안흥량安興梁은 물길이 아주 험한 곳인데, 명나라 장수 소召·고顧 두 유격장군이 과선戈船 1만여 척을 이끌고 물목의 위아래를 차단했으며, 유선游船이 벌써 군산포群山浦에 도착했는데, 통제사도 군사가 적어 대적하지 못하고 물러나서 명나라 군사와 합세하였다."라고 하였다. 적이 이 말을 듣고 서로 돌아다보며 얼굴빛이 달라지더니 마침내 군사를 돌려 순천順天으로 내려갔다.

이순신은 다시 진도로 돌아와서 사졸士卒을 더욱 모집하고 거듭 분명하게 약속하였다. 적이 그것을 듣고 다시 내도수로 수로대장水路大將을 삼아 모리민부毛利民部 등 여러 장수들의 병력과 1천여 척의 배를 거느리고 서쪽으로 올라갔다. 내도수가 먼저 9척의 배를 보내어 시험하므로 이순신이 공격하자 달아났다. 또 밤에도 군사를 보내어 대포를 쏘며 놀라게 하므로, 이순신이 역시 대포를 쏘도록 명령하자, 적이 움직여 끌어내지 못할 줄 알고 물러갔다.

배설이 군사를 버리고 도주하므로, 이순신이 장계를 올려 죄를 논하자, 즉시 그가 있는 곳에서 잡아 죽였다. 내도수가 이에 군사들을 죄다 이끌고 전진하니, 배가 꼬리를 물고[53] 바다를 덮어서, 그 끝을 알 수 없었다. 이순신이 거느린 배는 겨우 10여 척이었다. 이순신은 피란하는 여러 배들로 하여금 먼 바다에 나열하여 병선인 것처럼 만들어 놓고, 바다 한가운데 닻을 내리고 대항하였다. 적은 먼저 1백여 척의 배로 포위했는데, 형세가 마치 비바람이 몰아치는 듯하였다. 여러 장수들이 두려워하여 안색이 변하며, 이순신에게 다시는 죽음을 면할 수 없을 것이라고 말하고, 일제히 물러나 흩어졌다.

이순신이 직접 뱃머리에 서서 소리를 높여 독려하니, 첨사 김응함金應諴과 거제부사[54] 안위安衛 등이, 배를 돌려 진입하여 곧바로 적의 선봉에게 대항하였다. 적이 개미 떼처럼 붙어, 안위의 배가 거의 함몰하게 되자, 이순신이 배를 돌려 그것을 구원하였다. 그리고 그 자리에서 적선 두 척을 부수고, 잠시 동안에 30척을 연달아 격파하며, 그 선봉장의 목을 베니 적이 크게 놀라서 퇴각하였다.

이순신이 적의 머리를 매달고, 배 위에서 풍악을 울리며 도전하니, 적이 분노하여 군사를 나누어 교대로 나왔다. 이순신은 승리의 기세를 타고 불을 놓았는데, 여러 배들에 불이 번지니 시뻘건 불길이 바다를 덮었다. 불에 타고 물에 빠져 죽는 적병이 그 수를 알 수 없었으며, 마침내 내도수를 죽이고 모리민부는 물에 떨어져서 겨우 죽음을 면하였고, 그 나머지 적장의 죽은 자가 여러 명이었다.

이날 피란하는 사민士民들이 모두 이순신만을 귀중하게 믿고, 산마루에 빽빽하게 모여 이순신이 수백 겹으로 포위되고 우레같은 대포 소리와 적의 흰 칼날이 사방에서 진동하고 번뜩이는 것을 바라보고, 모두 얼굴빛이 변하며 통곡하였다. 얼마 뒤 전투가 끝나자, 관군의 배들이 낱낱이 하나하나 우뚝 서 있는 것을 보고는 이에 크게 놀라서 앞다투어 달려와 치하하였다. 승리한 것을 아뢰자 임금께서 크게 기뻐하며 글월을 내려보내 칭찬하고, 숭정대부로 품계를 올리고자 하였다. 그런데 이순신

---

[53] 배가 꼬리를 물고 : 원문은 "축로舳艫"로, 배의 고물(선미船尾)과 이물(선수船首)이다. 배가 잇대어서 항해하는 모습의 비유이다.
[54] 거제부사 : 거제현령의 오기이다.

의 벼슬이 이미 높다고 말하는 이가 있어서 장병將士들에게 상을 주는 것에서 그쳤다. 양호楊鎬⁵⁵가 이 승첩을 듣고 감탄하며 말하기를, "이번의 승리는 근래에 있지 않은 것이다."라고 하면서, 은자銀子와 비단을 보내어 위로하며 칭찬하였고, 명나라 황제에게도 보고하였다.

이순신이 드디어 보화도寶花島[목포 고하도高下島]로 진군하자, 전쟁에 나갈 군사가 이미 1천여 명이나 되었다. 군량이 모자라는 것을 근심하여 마침내 해로통행첩海路通行帖을 만들었다. 명령하기를, "삼도三道의 공사선公私船을 물론하고, 이 통행첩이 없으면 간첩⁵⁶으로 논하겠다."고 하였다. 이에 피란선들이 다투어 와서 통행첩을 받았다. 이순신이 배의 크고 작은 것에 따라 차등 있게 쌀을 바치고 통행첩을 받게 하여 열흘 동안에 쌀 1만여 석을 얻었다.

군사들이 또 의복이 없어서 걱정이었다. 이순신이 이에 피란 온 백성들에게 타이르기를, "너희들이 무엇 때문에 여기까지 왔느냐?"라고 하니, 모두 "사또를 믿고 왔습니다."라고 말하였다. 이순신이 말하기를, "지금 날씨가 얼고 바닷바람이 차가워서 군사들이 모두 손가락이 빠지니 어찌 너희들을 위해서 적을 막아낼 수 있겠느냐? 너희에게 여분의 옷이 있다면, 어째서 우리 군사들에게 나누어 주지 못하느냐."라고 하였다. 이에 백성들이 남은 의복들을 앞다투어 바쳤다. 또 백성들을 모집하여 구리와 쇠를 실어다가 대포를 만들고, 나무를 베어서 배를 꾸미는 등 온갖 일들이 모두 갖추어졌다.

무술戊戌[선조 31, 1598년] 2월, 이순신이 군영營을 고금도古今島로 옮겼다. 고금도는 강진康津의 앞바다에 있는데 형세가 기이하고 험하였다. 이순신이 군사를 옮겨 진을 치고, 백성을 모아 둔전屯田을 경작하니, 장사將士들이 다시 구름같이 모여들고, 남쪽 백성들이 이고 지고 귀속하는 자가 수만 가구가 되었다. 진영의 웅장함이 그 전 한산도에 있을 때보다 10배나 되었다. 이순신이 장흥長興에 주둔한 왜적들이

---

55 양호楊鎬 : 권9의 주 163 참조.
56 간첩 : 원문의 "간세奸細"는 ① 간사하고 속이 좁은 소인. ② 간첩. 두 가지 뜻이 있다. 여기서는 ②의 뜻이다.

사방으로 나와서 죽이고 노략질한다는 말을 듣고, 녹도만호 송여종宋汝悰을 보내어 기습 부대[57]를 거느리고 가서 무찌르게 하였다. 적은 나무하고 나물을 캐지 못하여 성城을 버리고 순천順天으로 달아났다. 적선 16척이 가까운 포구에까지 들어와서 고기를 잡고 노략질하자 이순신이 공격하여 섬멸하였다.

7월, 명나라 장수 진린陳璘이 고금도로 내려갔다. 황제는 이순신에게 도독都督의 인장符印을 하사할 것을 명하였다. 진린이 수군 5천 명을 거느리고 남쪽 전라도로 내려가므로 상이 동작진銅雀津까지 나가서 전별하였다. 진린은 성질이 사납고 오만하며, 그의 소속 사졸士卒들은 횡포하여, 보급 물품이 조금만 뜻에 맞지 않으면 문득 관장官長[58]을 잡아다 매를 때렸다. 조정에서 근심하여 말하기를, "이순신의 군사가 반드시 이 군사에게 휘둘려 또 장차 패할 것이다."라 하고, 임금께서도 역시 염려하였다.

이순신은 진린이 온다는 것을 듣고, 미리 군인들을 시켜 사냥하고 고기를 잡아서 사슴이며 돼지며 해산물까지도 많이 쌓아 놓고, 천 항아리의 술을 마련하여 대기하였다. 그가 당도하니 위의를 성대하게 갖추고 멀리 나가서 맞아들이며 잔치를 크게 베풀고 대접하였다. 진린이 무척 기뻐하고 사졸士卒들도 모두 실컷 취해 서로 돌아보며 이르기를, "과연 훌륭한 장수이다."라고 하였다.

그러나 여염집과 상점을 약탈하는 버릇이 있어서 이순신은 갑자기 군사를 시켜 집들을 헐고 의복을 운반하여 배에 실었다. 진린은 놀라고 이상하게 여겨서 사람을 보내어 이유를 물었다. 이순신은 말하기를, "명나라 군사가 와서 부모처럼 우러렀다가 이제 와서 약탈을 당하게 되니, 사졸들이 견디지 못하여 각자 다른 섬으로 피해 도망가는데, 대장이 된 나로서 어찌 혼자 남을 수 있겠습니까?"라고 하였다. 진린은 크게 부끄러워하고 두려워하여 허둥지둥 나와서 사죄하며, 매우 간곡하게 만류하였다. 이순신은 말하기를, "대인께서 내 말을 들어준다면 나는 곧바로 머물러 있겠습니다."라고 하니, 진린이 말하기를, "어찌 감히 어길 리가 있겠습니까?"라고 하였다.

---

57 기습 부대 : 원문 "기병奇兵"은 갑자기 적을 치는 군대. 즉 기습부대를 이른다.
58 관장官長 : 시골 백성이 수령守令을 높여 부르는 말이다.

이순신은 말하기를, "명나라 군사가 우리를 노예[59]같이 보고 조금도 거리낌이 없으니, 대인께서 편의로 금단할 수 있는 권한을 허락하시면 두 나라 군사가 아무런 일이 없을 것입니다."라고 하니, 진린이 허락하였다. 그 뒤 명나라 군사가 법을 어기면 이순신이 곧장 잡아다가 죄를 다스리니, 명나라 군사는 이순신을 진린보다 더 두려워하여 온 섬 안이 편안해졌다.

이순신은 송여종宋汝悰을 보내 명나라 군사와 함께 적을 쳐서 격파하고 배 여섯 척을 획득하여 돌아왔는데, 명나라 군사는 아무 소득도 없었다. 진린은 마침 이순신과 함께 술을 마시다가, 그 소식을 듣고 매우 부끄러워하여 성을 냈다. 이순신은 말하기를, "대인께서 오셔서 우리 군사를 통솔하니, 우리 군사의 승리는 곧 명나라 군사의 승리인데 어찌 감히 사사로이 차지하겠습니까? 얻은 것을 삼가 드리겠으니, 원컨대 대인께서 황제께 이대로 아뢰십시오."라고 하였다. 진린은 크게 기뻐하며 갑자기 이순신의 손을 잡고 말하기를, "중국에 있을 때부터 공의 명성을 익히 들었는데 이제 보니 과연 그러합니다."라고 하였다.

이로부터 진린은 이순신이 군사를 다스리고 적을 제어하는 것을 익히 보고 절절이 탄복하였다. 싸움에 임할 때마다 절제節制를 받기를 원했고, 군사를 호령하는 지휘까지도 모두 양보하였다. 반드시 이순신을 '이야李爺'라고 일컬으며 말하기를, "공은 작은 나라의 인물이 아닙니다. 만일 중국으로 들어가 벼슬한다면 마땅히 천하의 상장上將이 될 것인데, 어찌 여기 좁은 땅[60]에 머뭅니까?"라고 하였다. 임금께 편지를 올려 아뢰기를, "이순신은 천지를 다스리는 재주와 나라에 큰 공[61]이 있습니다."라고 하였다. 또 중국 황제에게 아뢰자, 황제도 무척 가상히 여겨 이순신에게 도독의 인장을 특별히 하사하니, 온 군사가 우러러보고 또 모든 백성도 그것을 영화롭게 여겼다.

---

59 노예 : 원문은 "배례陪隷"로, 배료陪僚와 같은 말이다. 귀인貴人을 시중드는 종, 즉 몸종을 가리킨다.

60 좁은 땅 : 원문 "국축局促"은 ① 좁음. ② 구속되어 행동이 자유롭지 못함. 두 가지 뜻이 있다.(『後漢書』권 49, 王充王符仲長統列傳第三十九, 仲長統, "人事可遺 何爲局促".)

61 천지를 …… 큰 공 : 원문은 "보천욕일補天浴日"이다. '보천'은 여와女媧가 하늘의 이지러진 데를 기운 고사이고, '욕일'은 의희화義和가 해를 목욕시킨 고사이다. 전하여 국가에 큰 공이 있음을 이른다.(『宋史』권 360, 趙鼎列傳, "浚有補天浴日之功".)

9월, 명나라 장수 유정劉綎이 순천에서 평행장平行長[62]을 공격했으나 불리하였다. 처음에 행장이 여러 진영에 있는 군사 수만 명을 합쳐서 순천 예교曳橋에 주둔하고 여러 겹으로 성채를 쌓았다. 유정은 군사를 진격시키고, 진린도 수군을 이끌고 이순신으로 선봉을 삼아 순천 앞바다에 나아가 진을 쳤다. 많은 배와 전함이 모두 검정 베로 만든 돛을 달고, 갖은 채색으로 물들인 기旗를 열 지어 꽂아 나부끼고 빛나자, 언덕 위에 있는 군사들이 발돋움을 하고 바라보았다.

유정이 내일 밤에 공격하자고 약속하므로, 진린은 기한에 맞춰 조수潮水를 타고 급히 공격하였다. 그러나 유정은 군사를 출정시키지 않고, 다만 북치고 떠들썩하여 고함치며, 서로 호응만 할 따름이었다. 진린은 육지에 있는 군사가 벌써 성안으로 들어갔으리라 여기고, 앞다투어 올라가 초저녁부터 싸워 이경二更[오후 9~11시]까지 이르렀다. 이순신은 조수가 물러간다고 진린에게 알렸으나, 진린은 득의한 마음이 한창이어서 싸움을 독려하기를 더욱 급하게 하며 이르기를, "오늘 밤에 적을 다 죽이고 돌아가리라."고 하였다. 밤에 조수가 갑자기 물러가니, 명나라 군사의 배 20여 척이 일시에 얕은 곳에 좌초하자, 적이 군사를 내보내 에워싸고 공격하며, 모두 불살라 버렸다.

이날 밤에 적의 성이 거의 함락될 뻔하였다. 행장이 거주하는 집이 세 번이나 대포에 맞았고, 적은 모두 동북쪽에 모여 황급하게 항전하였다. 언덕 위에 있는 군사는 수군의 많은 포탄이 바다를 들끓게 하고, 불빛 속에 칼과 창이 다투어 번뜩이는 것을 바라보고서, 날뛰며 분격함을 생각하지 않는 자가 없었다. 더구나 적에게 사로잡혀 갔던 사람이 성을 넘어 달려 나와 말하기를, "이쪽 방면이 성이 텅 비었다."라고까지 하였다. 이덕형李德馨과 권율權慄이 유정의 장막 속으로 달려가 돌진하여 들어가자고[63] 청했으나 유정은 따르지 않았다.

진린은 크게 성내어 유정의 진영 안으로 달려 들어가 마음의 속내가 좋지 못하다고 책망하였다. 유정은 얼굴빛이 흙색같이 변하며 여러 장수에게 허물을 돌릴 뿐이

---

62 평행장平行長 : 고니시 유키나가小西行長이다.
63 돌진하여 들어가자고 : 원문 "살입殺入"은 힘차게 돌진하여 들어감의 뜻이다.

였다. 유정은 또 도중에 중로군中路軍⁶⁴이 패했다는 소식을 듣고 갑옷과 병기, 군량을 버리고 물러갔다. 이날 수군이 조수를 타고 진군하니, 언덕 위에 있던 군사는 하나도 보이지 않으므로 진린은 더욱 분하게 여기며 말하기를, "나는 차라리 순천의 귀신이 될지언정 차마 너같이 물러나지는 않겠다."라고 하였다. 남원南原에 있는 감군監軍 왕사기王士琦가 그 소식을 듣고 급히 사람을 보내 유정을 중지시키니, 유정은 어찌할 수 없어 다시 순천으로 진군하였다.

11월, 도진의홍島津義弘이 평행장을 구원하러 오자 진린과 이순신이 기다리고 있다가 공격하여 크게 쳐부수었다. 이순신과 부총병 등자룡鄧子龍은 전사하고, 행장과 의홍 등은 모두 바다를 건너 도망쳤다. 처음에 이순신이 순천에 이르러 여러 장수를 불러 놓고 계책을 물으니, 군관 송희립이 말하기를, "적이 이미 유리한 지형을 점령하고 있으니 힘으로 뺏기는 어렵습니다. 방금 명나라 군사와 우리 군사가 바다와 육지로 함께 내려가고 있으니, 만일 육군으로 예교曳橋에 나아가 압박하고, 수군으로 장도獐島⁶⁵를 눌러서 영남의 바닷길을 막아, 적으로 하여금 안팎이 모두 막히고 허리와 등골을 끊어놓으면, 사천泗川에 있는 적이 반드시 돕지 못할 것입니다. 설령 서로 돕고자 하더라도 피차간에 호령이 통하지 못하면 서로 호응할 수 없을 것이니, 군사가 지치고, 양식이 고갈되고, 기운이 꺾이고, 형세가 군색할 때를 기다린 뒤에 사방으로 압박하면 행장을 사로잡는 데 성공할 수 있을 것입니다."라고 하였다.

이순신은 기뻐하며 말하기를, "이것이 바로 나의 뜻이다."라고 하였다. 드디어 진린과 함께 장도의 바다 어귀를 점령한 다음 쌓여 있는 물자를 불살랐다. 경상우수사 이순신李純信으로 하여금 노량의 바닷길을 차단하고, 유정과 권율도 역시 예교의 서북쪽을 점령하고 군사를 나누어 섬진蟾津의 육로를 차단하여, 사천의 구원병이 오는

---

64 중로군中路軍 : 원문은 "중로中路"이다. 1598년 9월에 조명연합군朝明聯合軍이 남해안 일본군을 공격하기 위해 '사로병진작전四路竝進作戰'을 펼쳤을 때, 동일원董一元 제독이 거느리는 군대를 일컫는다. 당시 명나라 총독 형개邢玠는 조명연합군朝明聯合軍을 네 방향으로 나누어 공격 작전을 펼쳤는데, 마귀麻貴 제독이 거느리는 동로군東路軍, 동일원 제독이 거느리는 중로군中路軍, 유정劉綎 제독이 거느리는 서로군西路軍, 진린 도독이 거느리는 수로군水路軍이 있었다. 중로군은 사천 전투에서 일본군에게 크게 패하였다.

65 장도獐島 : 전라남도 여수시 율촌면 여동리 장도.

길을 끊었다. 몇 달 동안 서로 버티며 지키고 있자, 행장은 과연 양식이 떨어지고 형세가 군색하게 되었고, 진린과 이순신은 날마다 나아가 공격하여 수군이 모두 이겼다.

행장은 크게 두려워한 나머지 몰래 유정에게 사람을 보내어 본국으로 돌아갈 길을 열어 달라고 청하였다. 유정이 승낙하자, 정식으로 보내는 사자使者와 선물이 끊이지 않았다. 적은 드디어 유정의 군사와 군량을 무역하였으나, 유정은 금하지 않고 또 사람을 시켜서 진린에게 말하기를, "행장이 장차 철수하여 자기 나라로 돌아갈 것이니 구태여 막을 필요가 없다."라고 하였다. 행장이 이에 먼저 선발대 10여 척을 묘도猫島로 내보내자 수군이 모조리 공격하여 죽였더니 행장이 크게 성냈다. 유정의 사신 두 사람을 끌어내어 팔을 자르고 돌려보내며 말하기를, "제독이 나를 이같이 속이니 나는 반드시 떠나지 않겠다."라고 하였다. 유정은 "진 공陳公에게 화의를 애걸하면 무사할 수 있다."라고 대답하였다.

행장은 이에 은화銀貨와 보검을 올려 진린에게 선사하고 이르기를, "전쟁에는 피를 흘리지 않는 것을 귀하게 여기니, 원컨대, 내게 돌아갈 길을 허락해 주시오."라고 하였다. 진린이 허락하고, 또 이순신으로 하여금 길을 열어 주라고 하였다. 이순신은 진린을 책망하며 말하기를, "장수는 화친을 말할 수 없고, 원수는 놓아 보낼 수 없습니다. 이 왜적은 명나라로서도 역시 용서해 주기 어려운 적인데, 대인께서는 도리어 화친을 허락하고자 하십니까?"라고 하니, 진린이 입을 다문 채 말이 없었다.

행장은 또 전봉선前鋒船 10여 척을 내어 바다로 나가게 했는데, 이순신이 모두 공격하여 섬멸하였다. 행장이 또 이순신에게 보화를 보냈다. 이순신은 성내고 물리치며 말하기를, "원수 놈이 어찌 감히 이럴 수 있느냐?"라고 하였다. 행장은 더 이상 계책이 없어 천금千金으로 사람을 모아 섬 속에 주둔하고 있는 여러 진영에 급박한 사정을 알리려고 먼저 진린에게 청하기를, "원컨대 사람을 여러 진영에 보내 함께 바다를 건너 본국으로 돌아갈 것을 약속할 수 있도록 해 달라."라고 하였다. 진린 역시 허락해 주어, 적이 작은 배를 타고 이에 빠져나갔다. 이순신은 그 소식을 듣고 크게 놀라며 말하기를, "적이 이곳을 빠져나갔으니 반드시 기일을 정해 구원을 청하고 몰래 호령을 통했을 것이다. 모든 적이 며칠 내로 당도할 것이니, 우리가 만일 이곳에서 대응하면, 앞뒤로 적의 공격을 받아 우리 군사는 당장에 설 곳이 없어질 것이다.

군사를 큰 바다로 옮겨서 결단코 한번 죽기로 싸우는 것만 같지 못하다."라고 하였다.

해남현감 유형柳珩이 말하기를, "적이 구원병을 불러들여 우리와 싸우게 해놓고 [그 틈을 타서] 빠져나갈 계획을 하는 모양입니다. 이제 만일 구원하러 오는 적병을 급히 물리치면 돌아가는 길을 끊을 수 있을 것입니다."라고 하였다. 이순신도 "그렇다."라고 말하고, 드디어 계획을 정하고 진린에게 알리니, 진린도 비로소 놀라고 두려워하며 스스로 책망하였다. 도진의홍島津義弘[시마즈 요시히로]은 남해에 주둔한 적장 평조신平調信 등과 함께 군사를 합쳐 구원하러 와서 노량에 가까워지자 행장은 봉홧불을 들어 서로 호응하였다. 이순신은 진린과 함께 어두운 밤에 공격하기로 계획하고, 새벽에 밥을 먹고[66] 몰래 출발하였다. 이순신은 배 위에서 향을 피우고 하늘에 빌며 말하기를, "이 원수를 섬멸한다면 죽어도 한이 없습니다."라고 하였다. 문득 큰 별이 바다에 떨어지므로 보는 이들이 놀라며 이상하게 여겼다.

진린과 이순신은 군사를 나누어 좌우로 협력하게 하고, 포구와 섬 사이에는 병사를 매복시켜 대오를 정비하며 기다렸다. 밤중에 적선 500여 척이 광주光州 바다[67]로부터 곧장 노량에 이르렀다. 이에 진린과 이순신의 두 군사가 좌우에서 튀어나오자 적은 흩어졌다 다시 뭉쳤다 하였다. 우리 두 부대는 불붙은 나무를 마구 던져 적의 배를 연이어 불태우니, 적이 견디지 못하고 퇴각하여 관음포觀音浦 항구로 들어가자, 날이 밝았다. 적은 항구로 들어갔으나, 이후로 돌아갈 길이 없어, 마침내 군사를 돌려 죽음을 각오하고 싸웠다. 우리 군사들은 이기는 형세를 타며 그들을 쫓았고, 이순신은 손수 북을 두들기며援枹[원부] 앞서 나갔다. 적이 이순신을 에워싸 [상황이] 급하게 되자, 진린이 포위망을 뚫고 곧장 들어가 구원하였다. 적이 또 진린의 배를 포위하자 이순신이 또한 포위망을 헤치고 나아가 힘을 합쳐서 죽음을 무릅쓰고 맹렬하게 싸웠다.

---

66 새벽에 밥을 먹고 : 원문 "욕식蓐食"은 "욕식褥食"으로도 쓰며, 새벽밥 또는 아침 일찍 떠나게 되어 잠자리 속에서 아침을 먹는 일을 의미한다.

67 광주光州 바다 : 원문 "광주양光州洋"은 진주만晉州灣으로 추정된다. 진주만은 사천과 남해도 사이의 사천만과 남해만으로 이루어진 내해內海이다.

부총병 등자룡鄧子龍의 배에서 불이 일어났는데, 온 군사들이 불을 피하려고 놀라 소란스럽자, 배가 기울어졌다. 적은 그 틈을 타서 등자룡을 죽이고, 그 배를 불태웠다. 우리 군사들은 그것을 바라보고 서로 가리키며 오인하여 "적선이 또 불붙었다."라고 말하였다. 마침내 더욱 기운을 내어 앞다투어 환호 소리를 더욱 높였다. 적장 세 놈이 누선樓船에 앉아서 싸움을 독려하고 있으므로, 이순신이 날쌔게 공격하여 그중 한 놈을 쏘아 죽이니, 적들은 모두 진린을 버리고 그리로 좇아가 구원하였다. 진린은 마침내 탈출하여 이순신의 군사와 합하여 호준포虎蹲砲를 쏘아 적의 배를 연달아 부수었다. 그런데 날아가는 탄환이 이순신의 왼쪽 겨드랑이를 맞혔다. 이순신이 부하에게 말하기를, "싸움이 한창 급하니, 나의 죽음을 말하지 말라."고 하며, 급히 명하여 방패로 그를 가리게 하였다.

말이 끝나자 절명하였다. 휘하의 장병들은 그 말에 따라 비밀에 부치고 곡하지 않은 채, 아무렇지 않게 깃발을 휘두르며 싸움을 독려하였다. 유형과 송희립은 모두 탄환을 맞아 정신을 잃고 기절하였으나 얼마 있다가 다시 일어나 상처를 싸매고 싸웠다. 그날 오정에 적이 크게 패하였고, 추격하여 200여 척을 불태웠다. 적의 군사는 불에 타고, 물에 빠지고, 포로가 되고, 목이 잘리어 거의 다 없어지고, 의홍義弘 등은 겨우 남은 병선 50척으로 빠져나갔다. 행장도 그 틈을 타고 몰래 묘도 서쪽 해협으로 나가 바깥 바다를 향해 도망갔다. 유정은 오히려 군사를 불러들이고 움직이지 않았다. 진린은 이순신의 군사가 적의 머리首級와 왜의 보화들을 다투어 탈취하는 것을 바라보고 놀라며 말하기를, "통제사가 죽었구나."라고 하였다. 이윽고 과연 상喪이 발표되었다. 진린은 놀라 뛰었다 넘어지기를 세 번이나 하면서 땅을 치며 크게 통곡하였다. 두 진영에서 부르짖으며 통곡하는 소리가 온 바다에 가득하였다.

○ 이순신은 천품이 영특하고 날래며 도량이 깊고 진중하였다. 군사를 다루되 간명하면서도 법도가 있어 한 사람도 함부로 죽이지 않으므로, 삼군三軍이 한뜻이 되었다. 비록 자신의 기력을 믿고 남에게 지기를 싫어하고 고집이 센 자라고 하더라도, 그의 모습을 보고는 저절로 굴복하였다. 싸움에 임해서는, 마음과 기색이 편안하고 한가로워 항상 여유가 있어서, 합당한 것을 보면 나아가고, 어려움을 알면 물러나되,

반드시 세 번 나팔을 불고 북치며 군대의 위력을 과시하면서 돌아섰다. 군중에 있을 적에, 군의 사무가 번잡하고 많아서 장부나 문서가 산처럼 쌓여도 좌우로 결재하며 붓대가 물 흐르듯이 내려갔고, 정탐하는 척후병斥候兵을 멀리 보내고, 경비를 삼엄히 하여 적이 오게 되면 반드시 먼저 알았다. 그 때문에 온 군중이 정돈되고 여유로워 평상시와 같았다.

밤마다 군사를 쉬게 하고 자신은 반드시 화살의 깃을 다듬었는데, 언제나 군사에게는 빈 활만을 주고 적이 앞에 접근하기를 기다린 뒤에야 화살을 나누어 주었다. 또 몸소 적의 칼날을 무릅쓰고 총탄이 좌우에 떨어져도 동요하지 않았으며, 장병들이 부축하고 멈추도록 간하면, 그는 말하기를, "내 목숨은 하늘에 달렸는데, 어찌 너희들만 수고롭게 하겠는가?"라고 하였다. 싸움에서 이겨서 상품을 얻으면 곧 여러 장수에게 골고루 나누어 주고 하나도 아끼지 않았다. 장병들이 두려워하면서도 사랑하여 각기 제 힘을 다하여 전후 수십 번 싸움에 한 번도 곤욕을 당한 적이 없었다.

그렇기 때문에 남쪽 바다를 진압하여 안정시켜서 적의 한쪽 팔을 절단하였으니, 실로 중흥中興하는 업적의 기초를 닦아 이름이 천하에 들리고, 사람마다 추앙하여 중흥의 제일 명장으로 일컬었다. 이에 이르러, 호남·영남 사람들은 친척을 여읜 듯이 슬퍼하고, 영구靈柩를 맞아 통곡하며, 제사 올리는 일이 천리에 잇대었다. 삼년상을 하는 이도 있었고, 혹은 곳곳마다 재齋를 베풀며 말하기를, "우리 목숨을 살리고 우리 원수를 갚은 이는 오직 공이시다."라고 하였다.

일찍이 진린이 이순신에게 말하기를, "내가 밤에 천체의 현상乾象을 보니, 동방의 장수 별이 희미해 가고 있소. 옛날에도 기도한 사람이 있었으니 당신도 부디 도모해 보시오."라고 하였다. 이순신은 대답하며 말하기를, "정성과 재주와 식견이 모두 옛 사람만 못한데, 단지 기도하는 것만을 본받아서 무슨 이익이 있겠습니까?"라고 하였다. 진린은 대개 그가 죽을 줄을 미리 알았던 모양이다.

그에게 좌의정을 증직하고, 자손에게 벼슬을 줄 것과 사당을 세워 제사할 것을 명하였다.

신축辛丑[선조 34, 1601년] 5월에 왜를 정벌한 공훈을 기록하였는데, 이순신과 권율을 1등으로 삼았다.

○『문헌비고文獻備考』[68]에서

임진[선조 25, 1592년]에 이순신을 전라좌도 수군절도사全羅左道水軍節度使로 삼아 수군을 거느리고 왜적을 쳐서 크게 격파하였다. 이에 앞서 왜란의 징조가 이미 있었는데, 이순신은 창을 단련하고 쇠사슬을 만들어 뜻밖의 재난에 대비하고, 창조적인 지혜로 큰 배를 만들었는데 모양이 엎드린 거북과 같아 이름을 귀선龜船이라 하였다.
『문헌비고文獻備考』. 아래도 같음.

『증보문헌비고增補文獻備考』권수卷首. 신식활자본. 1908. 국립고궁박물관.

계사[선조 26, 1593년]에 통제영統制營을 처음으로 설치하여 삼도三道의 수군을 관장하고 이순신에게 그 일을 맡게 하였다. 이때 이순신은 한산도閑山島의 지형이 굽이져서 배를 숨기기에 편하고, 왜구가 만약 호남湖南을 침범하려면 반드시 이 길을

68『증보문헌비고增補文獻備考』권120, 병고兵考 12, 주사舟師.『만기요람』, 軍政篇四, 總例, 舟師, "宣祖壬辰 李舜臣爲全羅左水使 率舟師擊倭 大破之 先是 倭釁已啓 舜臣鍛戈鎔鎖 以待不虞 創智作大船 狀如伏龜 名曰龜船". (이순신 앞에 '以'가 빠져 있다.)

경유해야 한다고 여겨 통제영營을 이곳으로 옮길 것을 임금께 청하였다. 조정의 의논은 삼남의 수군들이 서로 통섭統攝되지 않아서, 특별히 통제사를 설치하고 이를 맡게 하였다. 이순신이 육지는 군수 물자를 충당軍興하기가 곤란하므로, 만약 만약 바닷가 한 지역을 확보하면 군량과 무기를 자족할 수 있다고 여겼다. 마침내 소금을 굽고 곡식을 축적하고 백성을 모집하여 정착해 살게 하여 우뚝한 거진巨鎭을 만들었다.

명나라 장수 진린陳璘이 이순신의 공적을 명나라 조정에 보고하여, 특별히 제독提督[도독都督의 오기] 인장을 하사하였다. 지금 본영에 있음. 그 후 1601년(선조 34, 신축)에 이덕형李德馨이 체찰사體察使가 되어 진영을 옮겨야 할 형편을 건의하여, 1604년(선조 37, 갑진)에 고성현固城縣으로 옮겨 설치하였다.

서문중徐文重[69]이 말하기를, "조선의 지형은 삼면이 바다에 접해 있고, 남쪽으로 섬 오랑캐를 마주하여 바람을 타고 배가 건너오면 멀고 가까움을 막론하고 모두 피해를 입는데, 고려 말에 가장 극심했다. 국가가 바뀐 [조선] 초기에 각도의 해안 지역에 모두 성보城堡를 쌓고 각각 수군절도사水軍節度使를 두어 통솔하게 하였다. 임진[선조 25, 1592년]의 왜란에 이순신이 수군을 거느리고 남쪽 변경을 지키며 적의 예봉을 꺾어 노량露梁을 지나가지 못하게 하여 호남과 호서로 가는 길을 가로막았다. 논자들이 "국가 중흥의 대업이 전적으로 이에 의지했다."라고 하였다. 처음으로 통제사統制使를 고성固城에 설치하여 삼남의 수군을 관할하게 하고, 연해 고을들에도 전선戰船을 두었다. 국초의 제도에 비교하면 전선의 숫자는 비록 적더라도 체제의 광대함과 기계의 완비는 열 배나 되었다. 정유[선조 30, 1597년]에 화친을 허락한 후에도 전투가 멈추지 않아[70] 방심하지 않고 더욱더 군비軍備를 갖추어서 금일에 이르기

---

69 서문중徐文重 : 1634~1709. 자는 도윤道潤, 호는 몽어정夢漁亭, 본관은 대구大丘. 한성漢城에 거주했다. 1673년(현종 14) 학행學行으로 천거되어 동몽교관, 청도군수, 이천부사, 상주목사를 역임하였다. 1680년(숙종 6) 47세에 문과에 장원으로 급제하고 관직이 영의정에 이르렀다. 정치적으로 소론少論이었고, 군사제도와 운영에 밝아 경상도 관찰사 재임시에 군사, 지리를 중심으로 『해방지海防志』를 저술하고, 의정부에 재직할 때는 각 지역의 성지城池, 토전土田, 호구戶口, 곡물, 봉수, 진보, 우역 등을 정리해 『군국총부軍國摠簿』를 저술하였다. 이 외에 『조야기문朝野記聞』, 『상제례가범喪祭禮家範』, 『역대재상연표歷代宰相年表』, 『국조대신연표國朝大臣年表』, 『병가승산兵家勝算』, 『동인시화東人詩話』 등 많은 저술을 남겼다. 시호는 공숙恭肅이다. (『한국역대인물종합정보시스템』; 『한국민족문화대백과사전』.)

까지 계책이 허술한 데가 거의 없다."라고 하였다.

충무공 이순신이 전라좌도 수군절도사로서 경상도·전라도·충청도 등 3도의 수군舟師을 통솔하여 한산도에 진격하여 왜구를 토벌하고, 통제사로 승진하여 삼도의 해군을 통솔하였다. 통제統制의 칭호는 여기서부터 시작되었다.

서문중의 『해방지海防志』에 이르기를, "계사[선조 26, 1593년]에 통제사 이순신이 장계狀啓를 올려 문관 1인을 뽑아 순변사巡邊使의 예에 따라 종사관從事官이라 칭하여 왕래하며 함께 의논하고 소속 연해 고을을 돌며 검찰하고 조치하게 해 줄 것을 청하였다. 장흥長興에 사는 전 부사 정경달丁景達을 임명하였다.

삼도수군통제영은 고성현의 두룡포頭龍浦에 있는데, 고을 관청과의 거리는 50리이다. 경상도 우수군절도영右水軍節度營은 본래 웅천熊川의 제포薺浦에 있었는데, 뒤에 창원昌原의 합포合浦와 거제巨濟의 산련포山連浦[71]로 옮겨 설치했고, 또 탑포塔浦[72]와 오아포吾兒浦[73]로 옮겼다.

계사[선조 26, 1593년]에 처음으로 [전라좌수영을] 통제영에 겸했다가, 임인[선조 35, 1602년]에 본현本縣[고성현]으로 옮겨 설치하고 거제는 행영行營을 두었다. 갑진[선조 37, 1604년]에 이 두룡포頭龍浦[현 통영]로 옮겨 설치했다. 임진[선조 25, 1592년]에 이순신이 통제사가 되어 왜적을 여러 차례 격파하였다.

영등포永登浦에 만호진萬戶鎭이 있는데, 계해[인조 원년, 1623년]에 구미포仇味浦[74]에서 견내량見乃梁 서쪽 3리로 옮겼다. 옥포玉浦에 만호진이 있는데, 임진[선조 25, 1592

---

70 전투가 멈추지 않아 : 원문 "낭연狼煙"은 이리의 똥을 태울 때 나는 연기로, 봉화烽火를 가리킨다. 낭연이 그쳤다는 것은 전투가 일어나지 않고 멈추었음을 뜻한다.
71 산련포山連浦 : 산달포山達浦의 오기이다. 산달포는 경상남도 거제시 거제면 법동리 산달도이다.
72 탑포塔浦 : 경상남도 거제시 남부면 탑포리.
73 오아포吾兒浦 : 경상남도 거제시 동부면 가배리.
74 구미포仇味浦 : 경상남도 거제시 장목면 구영리로 추정된다.

년]에 이순신이 이 섬 앞바다에서 왜선을 크게 격파하여 왜선 30여 척을 불태웠다.

왜적이 군사를 움직일 때는 언제나 모두 대마도對馬島를 경유하고, 또한 바깥 바다로 감히 다니지 못하고 반드시 거제巨濟와 남해南海의 해안을 따라 돌았다. 그래서 이순신이 통영統營을 굳게 지키고 있어 왜병들이 끝내 바다를 거쳐 서쪽으로 들어오지 못했다.

○ 『소대연고昭代年考』에서

이순신이 거제 앞바다에서 원균元均과 만나 거북선의 선장 신여량申汝良[75]을 척후로 삼고,[76] 순천부사 권준權俊과 가리포첨사 구사직具思稷[77]을 중위中衛의 좌우장左右將으로 삼았다. 이달 초8일에 전선 80여 척을 거느리고 바다를 내려가 원균과 한산도에서 모였다. 원균이 운룡雲龍[이운룡]과 치적治績[우치적]을 선봉으로 삼아 옥포玉浦 앞바다에 이르니, 적선 30여 척이 사면에 휘장을 두르고 홍기와 백기를 세우고 바다 한가운데에서 닻을 내리고 있고, 남은 병사들은 해안으로 올라가 마을 집들을 불 질러 연기와 불꽃이 산을 뒤덮고 있었다. 적이 우리 군사가 갑자기 이르는 것을 보고 일제히 노를 급히 저어 나오다가 이순신과 바다 한복판에서 만났다. 이순신은 모든 군사를 독려하여 적선으로 가까이 육박하며, 화통火筒과 불화살을 바람을 타고 일제히 발사하여 적선 26척을 불태우니 바닷물이 모두 붉어졌다. 적들은 육지로 올라

---

[75] 신여량申汝良(申汝樑) : 1564~1606. 자는 백임伯任·중임重任, 호는 봉헌鳳軒, 본관은 고령高靈. 전라남도 흥양興陽(고흥)에서 살았다. 1583년(선조 16)에 20세로 별시무과에 합격하여 선전관으로서 1592년 임진왜란이 일어나자 동생들과 함께 의주까지 어가御駕를 호종하였다. 1599년(선조 32)에 통제영 우후에 임명된 후, 1604년(선조 37)에 당포 앞바다에서 일본선을 격파한 공로로 임금으로부터 당포전양승첩지도唐浦前洋勝捷之圖를 하사받고, 그해에 부산진첨사에 임명되었다. 1606년(선조 39) 1월에 전라우수사가 되고, 5월에 전라병사에 임명되었으나 곧 사망하였다. (「한국역대인물종합정보시스템」; 『호남절의록湖南節義錄』; 『全羅右水營誌』 先生案; 『선조실록』; 『道先生來歷事蹟擧槩』; 이상훈, 「唐浦前洋勝捷之圖와 임란 종전 후 海上防衛」, 『東垣學術論文集』 제7집, 한국고고미술연구소, 2005.)

[76] 거북선의 …… 척후로 삼고 : 신여량申汝樑은 이순신 예하에서 거북선 선장 혹은 척후장을 지낸 적이 없다. (『이충무공전서』 권2~권4, 장계; 『임진장초壬辰狀草』; 『난중일기』.)

가 도주하였는데, 정운鄭運이 탄환에 맞아 전사하였다. 이에 징을 울려 군사를 거두고 다음날 다시 싸우기로 약속하였다. 그때 마침 서쪽에서 온 사람이 말을 전하기를, "왕의 행차가 서쪽으로 가셨다."라고 하므로 각각 본진으로 헤어졌다. 곧이어 승전 보고서를 왕의 행재소行在所에 올리니 백관들이 서로 치하하고 이순신을 가선대부嘉善大夫로 승진시켜 포상하였다.

하루는 이순신이 이상한 꿈을 꾸고 전함 23척을 재촉하여 거느리고 노량하동 땅에서 원균과 모였는데 적이 과연 습격해 왔다. 한 번 교전하여 적선 한 척을 불태워 격파하고, 사천泗川 바다 한복판까지 추격해 이르러 멀리 바닷가의 한 작은 산을 바라보니, 왜적 1백여 명이 장사진長蛇陣을 치고 그 아래에 적선 11척이 해안을 따라 열지어 정박해 있었다. 때마침 아침 조수가 이미 물러가서 항구의 수심이 얕아 배를 돌리기 어려웠으므로, 거짓 물러나는 척하며 적을 유인해서 바다 넓은 곳에 이르러 싸우는 것이 나았다.

원균은 격분하여 곧장 전진해서 적선에 육박해 싸우고자 했으나, 이순신이 말하기를, "공은 병법을 모르오. 그렇게 하면 반드시 패할 것이오." 하고, 마침내 나각螺角[고동]을 불어 배를 돌렸다. 1리쯤 가자 적이 과연 배를 타고 추격하였다. 좁은 목을 이미 벗어났을 때, 이순신이 북을 한 번 울리자 모든 배들이 일제히 뱃머리를 돌려 바다 한가운데에서 진을 벌리니, 적과 마주한 거리가 겨우 수십 보였다. 이순신이 거북선을 돌진시켜 먼저 적진을 시험하여 적선 12척을 불태우자 남은 적들이 멀리서 바라보고 발을 구르며 울부짖었다. 한창 전투 중에 적의 탄환이 이순신의 왼쪽 어깨에 맞아 등을 꿰뚫었으나, 오히려 활을 잡고 화살을 당기며 전투를 독려하였다.

진군하여 당항포唐項浦고성 땅에 이르니 또 적선 12척이 해안에 열 지어 정박해 있었는데, 그중 큰 배 한 척은 위에 층루를 설치하고 밖으로 붉은 비단 장막을 드리우

---

77 구사직具思稷 : 1549~? 자는 우경虞卿, 본관은 능성綾城. 한성漢城에서 살았다. 1576년(선조 9) 무과에 급제하였으며, 이순신과는 무과 급제 동기이다. 1592년(선조 25) 임진왜란 당시 가리포첨사加里浦僉使로 있으면서 임진년의 여러 해전에서 전공을 세웠다. 1593년 말에 정걸丁傑의 후임으로 충청수사忠淸水使가 되었다. 1594년 3월에 9척의 전선을 거느리고 한산도에 출전하였으나 4월에 파직되어 붙잡혀 갔다. 1595년에 황해병사黃海兵使에 오른 뒤, 원주목사·충청병사·경기수사·전라병사·수원부사 등을 역임하였다.(『萬曆四年丙子式年文武雜科榜目』·『亂中日記』·『宣祖實錄』·『光海君日記』·『한국역대인물종합정보시스템』.)

고, 적장 한 사람이 금관에 비단옷을 입고 적군들을 지휘하고 있었다. 이순신이 여러 장수들로 하여금 노를 재촉하여 곧장 돌진하게 하였다. 권준權俊이 아래에서 활을 올려 쏘아 그 적장을 적중시켜, 적장이 활을 맞자마자 거꾸러지니, 온 군사들이 칭송하였다. 날이 저물어 사량蛇梁고성 땅 앞바다로 돌아가 진을 쳤다. 한밤에 군중이 놀라 요란했으나 이순신은 굳게 누워 일어나지 않은 채 사람을 시켜 방울을 흔들게 하자 온 군중이 진정되었다. 『소대연고昭代年考』. 아래도 같음.

이순신이 연달아 왜적을 쳐부수었다. 이순신이 본영에서 나아가 당항포 앞바다에 이르니 전라우도 수군절도사 이억기李億祺가 와서 사기가 한층 높아졌다. 이튿날 모든 군사들이 바깥 바다로 나갔는데, 모든 적들이 당항포 앞에 진을 치고 있었다. 이순신은 정탐선을 보내 형세를 탐지하게 했는데, 정탐선이 겨우 바다 어귀를 들어가자마자 신호포를 쏘았다. 모든 군사들이 일제히 노를 재촉하여 뱃머리와 꼬리를 잇달아 물고기를 꿴 것처럼 진격하여 소강沿江에 이르렀다. 적선 25척이 항구에 열 지어 늘어서 있었는데, 그중 큰 군함 한 척이 배 위에 3층 판각을 설치하고 밖으로 검은 비단 장막을 드리우고 앞에는 푸른 일산을 세우고 있었다. 멀리서 장막 안을 보니 희미하게 모시고 서 있는 형상이 있는데, 그가 적의 수장임을 알 수 있었다. 전투를 몇 차례 하지도 않고 이순신이 짐짓 패한 척하고 후퇴하자, 층각이 있는 큰 배가 우리 병사들이 후퇴해 도주하는 것을 보고 돛을 올리고 곧바로 나왔다. 우리 군사들이 양쪽에서 협공하여 승세를 타고 무너뜨리고, 배 누각 위의 적 수장을 쏘아 죽여 그 머리를 취하고, 30여 척의 적선을 격파하였다. 적이 크게 패하여 육지로 올라가 흩어졌다. 또 영등포永登浦에서 전투하여 적선 모두를 잡아 섬멸하였다. 이로부터 군사의 사기가 크게 떨쳤다.

이순신이 매번 승전할 때마다 여러 장수들에게 경계하기를, "이기는 데 익숙해지면 반드시 교만해지니 여러 장수들은 삼가시오."라고 하였다. 그때 왜적이 호남을 자주 노리고 있어서 이순신은 '국가의 군비는 모두 호남에 의존하고 있으니, 만약 호남이 없어지면 나라가 없어지는 것이다.'라고 여겼다. 이에 앞서 적장 평행장平行

長이 평양에 도착하여 편지를 보내기를, "수군 10여만 명이 또 서해를 따라오는데, 알 수 없습니다만, 대왕의 행차는 이제 어디로 가려 하시오?"라고 하였다. 적은 본래 수군과 육군이 합세하여 서쪽으로 내려가려 하였으나, 이 전투 한 번으로 마침내 적의 한쪽 팔을 끊어버리니 행장行長이 비록 평양을 얻었으나 형세가 고립되어 감히 더 나아가지 못하였다.

국가가 전라도와 충청도를 보존하여 황해도와 평안도의 연해 일대에 이르기까지 군량을 조달하고 호령을 전달하여 중흥을 이루었고, 요동의 금주金州·복주復州·해주海州·개주蓋州와 천진天津 등지도 놀라 동요하는 상황을 당하지 않아, 명나라 군사로 하여금 육로를 통해 와서 적을 물리치게 한 것은 모두 이 한 번 전투의 공로였다. 어찌 천행이 아니겠는가? 이순신은 이로 인하여 3도의 수군을 거느리고 한산도에 주둔하여 적이 서쪽으로 침범하는 길을 막았다.

통제사 이순신이 체포되고 경상수사 원균元均으로 대신하게 했는데, 적장 청정淸正 등이 우리나라 수군을 두려워하고 이순신을 더욱 꺼려서 첩자[78]를 놓아 제거하고자 하였다. 행장行長은 요시라要時羅를 시켜 이전부터 이미 김응서金應瑞[79]의 진중을 왕래하며 은근한 마음을 보였는데, 청정淸正이 다시 나오려 할 때 요시라가 또 김응서에게 은밀히 말하기를, "우리 대장 행장行長의 말이 이번에 화친이 성사되지 않은 것은 청정淸正 때문이라면서 몹시 미워합니다. 모일某日에 청정이 바다를 건너올 것인데 조선은 수전을 잘하니 만약 바다 가운데에서 기다려 싸우면 승리할 것입니다. 기회를 잃지 않도록 조심하십시오."라고 하였다. 김응서가 그 일을 장계狀啓로 급히 보고하니 조정에서는 믿지 않았는데, 해평군海平君 윤근수尹根壽는 기회를 놓치면 안 된다고 여러 차례 왕에게 아뢰었다. 왕이 황신黃愼을 시켜 즉시 이순신에게 가서

---

78 첩자 : 원문 "반간反間"은 적의 첩자를 역이용하는 작전으로『손자병법』의 36계 병법 중 33번째 '반간계反間計'에서 유래한 용어이다. 여기에서는 이순신을 조정과 이간시켜 제거하기 위해 조선 사람을 이용했다는 뜻이다.

79 김응서金應瑞 : 권9의 주 136 참조.

만나 이 뜻을 비밀리에 알렸다. 그러나 이순신은 말하기를, "바닷길이 험난하여 적은 반드시 복병을 많이 설치하고 기다릴 것이다. 많은 배를 거느리고 가면 적이 모를 리 없고 숫자가 적으면 도리어 습격을 당할 것이다."라고 하면서, 마침내 가지 않았다. 요시라가 또 와서 김응서에게 말하기를, "청정이 지금 이미 육지에 내렸습니다. 조선은 어찌하여 바다에서 기다려 막지 않았습니까?"라고 하면서 거짓으로 아쉬워하는 척하였다.

일이 조정에 알려지자 모두들 이순신을 비난하였고, 대간은 붙잡아 와서 국문할 것을 청하였다. 전 현감 박성朴惺[80]은 현풍玄風 사람인데, 그 역시 상소하여 이순신을 처벌해야 한다고 극언하였다. 마침내 붙잡아 왔는데, 상께서는 오히려 소문이 다 진실은 아닐 것이라 의심하여 특별히 성균관사성成均司成 남이신南以信[81]을 보내 한산도에 가서 염탐하게 했다. 남이신이 돌아와 아뢰기를, "청정이 해상에서 7일 동안 머물러서 아군이 만약 갔으면 붙잡아 올 수 있었는데 이순신이 주저하여 기회를 놓쳤습니다."라고 하였다. 이에 의금부에 하옥하고 대신들에게 명해서 죄를 논의하게 하였다. 판중추부사判中樞府事 정탁鄭琢이 말하기를, "이순신은 명장이므로 죽여서는 안 됩니다. 군사 기밀軍機의 이롭고 해로움은 멀리서 헤아리기 어려우니, 그가 나가지 않은 데는 필시 까닭이 없지 않을 것입니다. 청컨대 너그럽게 용서하시고 앞으로 공로를 세우도록 하십시오."라고 했다. 고문을 한 차례 한 후에 사형을 감형해서 충군充軍[82]하였다. 이순신의 노모는 아산牙山에 있었는데 이순신이 하옥되었다는 소

---

80 박성朴惺 : 1549~1606. 자는 경원敬源, 호는 대암大菴, 본관은 밀양密陽. 경상북도 현풍玄風에서 살았다. 1549년(명종 4)에 났으니 이순신보다 4년 아래다. 1567년(선조 즉위년)에 19세로 생원시에 합격하였다. 임진왜란이 일어나자, 초유사招諭使 김성일金誠一의 참모로 종사했고, 정유재란 때 의병을 일으켜서 체찰사體察使 이원익李元翼의 막하에 들어갔다. 임진왜란이 끝난 뒤 사포서사포司圃署司圃, 공조좌랑, 안음현감安陰縣監을 지냈다. 이후 공조정랑, 임천林川·영천永川·익산益山 군수, 통례원상례通禮院相禮, 청송부사 등에 임명되었으나 모두 사양하고 부임하지 않았다. 교우는 최영경崔永慶·김우옹金宇顒·장현광張顯光·권호문權好文 등으로 서로 내왕하며 학문을 연마하였다. 저서로 『대암집大菴集』이 있다. (『한국역대인물종합정보시스템』;『한국민족문화대백과사전』.)

81 남이신南以信 : 권9의 주 145 참조.

82 충군充軍 : 죄인을 군역에 복무하게 하는 형벌로 군역 중에서도 고된 천역인 수군이나 변방에 충군되었다. 『경국대전』에 의하면, 충군은 장杖 100, 도徒 3년에 준하고, 변원지邊遠地 충군은 장 100, 유流 3천리에 준하였다. (『경국대전』 권5, 형전, 죄범준계罪犯準計.)

식을 듣고 근심으로 가슴을 졸이다가 세상을 떠났다. 이순신이 옥에서 나와 도중에 아산에 들러 성복하고 즉시 도원수都元帥 권율權慄의 진중으로 나아가니 사람들이 모두 듣고 슬퍼하였다.

통제사 이순신이 진도珍島의 벽파정碧波亭 아래에서 왜병을 격파하였다. 이순신이 진도에 도착해 보니 이제 막 패전한 나머지 배와 무기들이 모두 텅 비어 아무것도 남아 있지 않았다. 마침 경상우수사慶尙右水使 배설裵楔이 전선 8척을 거느리고 왔고, 또 녹도鹿島의 전선 1척을 얻었다. 이에 배설에게 병사를 출동시킬 계획을 물으니 배설이 말하기를, "일이 급합니다. 배를 버리고 육지로 올라가 호남의 진에 의탁하여 전투를 도와 공을 세우는 것이 낫습니다."라고 하였다. 이순신이 듣지 않자 배설이 배를 버리고 떠났다. 이순신은 전라우수사 김억추金億秋를 불러 관하의 장수 5명을 소집하게 하여 병선을 수습해 전함으로 꾸미며 군의 기세를 돕게 하고, 약속하기를, "우리들은 함께 왕명을 받았으니 의리상 생사를 함께 하는 것이 마땅하다. 나랏일이 이 지경에 이르렀으니 어찌 한번 죽기를 아끼겠는가? 오직 충의忠義에 죽는다면 죽어도 영광이 될 것이다."라고 하니, 모든 장수들이 감격하여 분발하지 않는 이가 없었다.

그때 영남과 호남의 여러 고을들이 모두 적의 소굴이 되어, 행장行長은 육로에서 의지義智는 수로에 있으면서 서로 모의를 주고받고 정예병을 축적하며 우리의 틈을 노리고 있었다. 이순신이 홀로 쇠잔한 잔병들로 전선 13척을 거느리고 벽파정 바다 가운데에 주둔해 있으니 보는 이들이 위태롭게 여겼다. 어느 날 문득 군중에 명령을 내리기를, "오늘 밤에 적이 필시 우리를 습격할 것이다. 모든 장수들은 각자 군사를 정비하고 전투 경계를 하라."고 하였다. 그날 밤에 초탐선哨探船이 적이 온다고 급히 보고하니 이순신은 움직이지 말고 조용히 기다리도록 호령했다. 그때 달은 서산에 걸려 있고 산 그림자는 바다에 드리워 반쪽이 흐릿하게 어두운데, 많은 적선들이 컴컴하게 어두운 곳을 따라 우리 배에 접근하였다. 이에 중군中軍이 화포를 쏘고 함성을 지르자 모든 전선들이 호응하였다. 적들이 우리가 방비하고 있음을 알고 일제히 조총을 쏘아 소리가 바다를 진동하였으나 이순신은 더욱 급하게 전투를 독려하였다. 마침내 적이 감히 침범하지 못하고 후퇴해 도주하니, 모든 장수들이 이순신을 신으로 여겼다.

이순신은 우수영 명량 바다 가운데로 군사를 돌렸다. 날이 밝아 바라보니 적선 500~600척이 바다를 뒤덮고 올라오고 있었다. 그 장수 마다시馬多時는 원래 수전水戰을 잘하기로 이름나 있었는데, 그가 바야흐로 서해를 침범하려고 하니 그 기세가 지극히 커서, 사람들이 모두 두려워하였다. 이순신은 적의 숫자는 많고 우리는 적으니 힘으로 이기기는 어렵고 계책으로 격파하는 것이 좋겠다고 생각했다. 일찍이 호남의 사서인士庶들이 배를 타고 피란하여 모두 이순신에게 의지하여 목숨을 보존하고 있었다. 이순신은 피란선에 명령하여 차례로 물러가 열을 지어 진을 치고 병선인 것처럼 가장하여 바다 가운데에서 출몰하게 하고, 자신은 전함을 거느리고 앞에서 곧장 나아갔다. 적은 이순신의 정돈된 배를 보고 각자 노를 저으며 북을 울리고 바라를 치며 용기를 떨쳐 직진하는데, 깃발과 돛대가 바다에 가득하였다. 우리 군사가 그것을 보고 낯빛이 변했다. 그때는 아침 조수가 한창 물러가고 있어서 항구의 물살이 매우 거세었는데, 거제현령 안위安衛가 조수를 따라 내려가다가 바람이 문득 급해져서 배가 쏜살같이 가서 곧장 적진에 충돌하니 적이 사면으로 포위하였다. 그는 죽음을 무릅쓰고 돌진해 싸웠으나 벗어나 오지 못하였다.

이순신은 모든 배를 독려하여 계속 나아가 먼저 적선 31척을 격파하니 적이 약간 퇴각하였다. 이순신이 노를 두드려 군사들에게 맹세하며 승세를 타서 진격하니, 적은 죽도록 고함을 쳤으나 감히 대적하지는 못하고 모든 군사를 이끌고 도망갔다. 이순신도 보화도寶花島로 진을 옮겼다. 그때 한산도의 여러 장수들은 붕궤崩潰되는 때를 당하여 각자 도망가 흩어져 있었다. 이순신이 날마다 막하의 편비編裨[83]를 보내 여러 섬을 돌며 타이르고 설득하여 각각 흩어진 병사들을 거두고, 전함을 수리하고, 기계를 갖추고, 소금을 구워 판매하여 수개월 내에 곡식 수만 석을 확보하니, 장수와 병사들이 구름처럼 모여들어 군대의 사기가 다시 떨쳤다.

---

83 편비編裨 : 각 군영의 부장副將, 군관 등을 이른다.

수군 제독提督 진린陳璘이 수군 5백 척을 거느리고 장차 전라도로 내려가는데, 왕이 동작진銅雀津에 행차하여 전송했다. 진린은 수전을 잘하고 병졸들을 다독이는 데도 능하였으나 성질이 포악하고 사나워서 사람들과 거슬림이 많아서 그를 무서워하는 사람들이 많았다. 이순신은 강진康津의 고금도古今島에 진을 치고 있던 중 진린이 온다는 소식을 듣고, 군인을 시켜 대대적으로 사냥하고 물고기를 잡아 사슴과 돼지를 매우 많이 마련하고, 술을 성대하게 준비하고 기다렸다. 진린의 배가 바다에 들어오자 군대의 의장軍儀을 갖추어 멀리까지 나가 맞이하였다. 도착한 후에는 그의 군사를 성대하게 대접하니 모든 장수들이 실컷 취하였다. 사졸들이 서로 말을 전하기를, "과연 훌륭한 장수다"라고 하였고, 진린도 마음속으로 기뻐했다. 얼마 지나지 않아 적선이 근방의 섬을 침범하자 이순신이 병사를 보내 격파하고 적의 머리 40급級을 획득해 모두 진린에게 주어 공으로 삼게 하니, 진린이 기대 이상에 더욱 기뻐하였다. 이로부터 모든 일을 한결같이 이순신에게 물었고, 나갈 때는 이순신과 수레를 나란히 하고 감히 이순신을 앞서가지 않았다. 이순신에게 마침내는 중국 병사와 우리 군사를 차이 없이 할 것을 약속하였다. 백성에게 실 한오라기라도 빼앗는 자가 있으면 모두 잡아다 곤봉棍棒을 치니 감히 명령을 어기는 자가 없고 섬 안이 숙연해졌다. 진린이 왕에게 글을 올려 말하기를, "통제사 이순신은 천하를 경영할 재주와 나라에 큰 공훈이 있습니다."라고 하였으니, 대개 마음으로 감복한 것이었다.

통제사 이순신이 고금도古今島에서 적병을 크게 격파하여 적이 물러갔다. 진린이 기뻐하며 말하기를, "이 사람은 나라의 울타리이다. 옛날의 명장들도 이보다 더할 수 없다."라고 하였다.

진린이 수군을 모두 이끌고 다시 들어가 적을 공격했는데, 적이 많은 화포를 쏘아 무너뜨리니 수군이 견디지 못하였다. 진린이 크게 분노하여 육지로 올라 유정劉綎의 장막에 이르러서는 유정의 수기手旗를 찢어 버리며 속내가 좋지 못하다고 책망하고, 즉시 사유를 갖추어 군문軍門에 보고했다. 유정이 얼굴색이 흙빛이 되어 가슴을 치며 크게 통탄하기를, "장관將官 중에 사람이 없는데, 어찌 나 혼자 이러하겠는가"

라고 했다.[84] 적이 그들 성 서쪽 수십 척을 허물고 흙과 돌을 실어 들였다. 다음날 새벽에는 벌써 대문을 만들어 군마軍馬가 다니는 길이 되었다. 그 후로는 마음대로 성채城寨 밖까지 나와 총을 쏘고 들어갔다. 그날 밤 사천泗川의 적진에서 봉화 3자루를 올리니, 이곳 적 진영의 3층 누각 위에서도 불을 올려 호응했다. 도원수[권율]가 충청도 병사 1천여 명으로 섬진강의 길을 차단하고, 이순신도 경상우수사 이순신李純信에게 명하여 노량露梁을 경계하여 지키게 했다.

유정이 군사를 이끌고 돌아가며 명령하기를, "조선 병사는 여기 있을 필요가 없으니 진을 물려 사변에 대비하시오."라고 하였다. 원수元帥[권율]가 각진에 영을 내려 해산하고 나가도록解出 명령하였다. 유정은 반신伴臣[접반사]에게도 나가게 했다. 한밤중에 대군이 갑옷과 군량을 모두 버리고 부유富有[85]로 돌아가 주둔했는데, 버린 군량이 7천9백여 석이었다. 우리나라 여러 진영의 군량 1천여 석 및 소와 말도 많이 버려졌다. 이튿날 아침에 적은 우리 진영이 적막함을 보고 무척 괴이하게 여겼으나 감히 가볍게 나오지 못하다가 얼마 후에 다투어 성에서 나와 양식과 기계를 불살랐다. 며칠이 지나서 본국의 여러 장수들이 모두 부유에 모였다. 진린은 해안을 내려와 이순신과 함께 날마다 싸움을 걸었으나 적은 나오지 않았다. 유정은 또 쌍암雙岩[86]에서 불우산佛偶山 기슭으로 진을 옮겼다.

통제사 이순신이 제독[도독이 올바름] 진린과 함께 노량露梁에서 적병을 대파하고 이순신은 전사했다. 이순신은 앞에서 선도하여 앞바다에 나가 진을 치고 진린과 여러 장수들이 뒤를 이었다. 적선이 와서 전군前軍을 침범하자 이순신이 격파하여 적선 50여 척을 불태우고 적병 200여 급級을 베었다. 적은 배를 모두 몰고 관음포觀音浦에 와서 싸웠는데, 전투가 한창 중에 행장行長이 배를 타고 바깥 바다로 탈출하였

---

[84] 조경남이 찬한 『난중잡록』에는 "將官無人 吾何獨能(장관 중에 사람이 없는데, 어찌 나 홀로 당할 수 있소)"라고 되어 있다.
[85] 부유富有 : 전라남도 순천시 주암면 창촌리.
[86] 쌍암雙岩 : 전라남도 순천시 승주읍 서평리.

다. 진린은 수군을 독려하여 사천泗川에서 온 적을 무찔렀는데, 적이 이순신의 배를 여러 겹으로 포위하자 진린이 우리나라 배를 타고 포위망을 뚫고 곧바로 들어가 구하였다.

적이 또 진린의 배를 포위하여 거의 진린에게 미치려 하니, 진린의 아들 구경九經이 몸으로 막다가 적에게 찔려 유혈이 낭자하게 흐르는데도 꼼짝하지 않았다. 기패관旗牌官이 삼지창鑱鈀으로 적의 가슴을 찔러 바다에 던져서 진구경은 죽음을 면할 수 있었다. 적선이 진린의 배에 고기비늘처럼 잔뜩 붙으니 진린이 군중에 영을 내려 대포를 쏘았는데, 모든 적들이 위를 향해 조총을 쏘니 모든 군사들이 애패挨牌[방패의 일종] 뒤에 엎드렸다. 적들은 그것을 보고 검을 뽑아 들고 배로 올라오므로, 명나라 군사들이 긴 창으로 굽어보며 찌르니 물속에 떨어진 자가 천을 헤아렸다. 모든 장수들이 죽을힘을 다해 육탄전을 하는데, 진린이 방울을 흔들어 군사를 거두자 배 안이 적막하여 아무 소리도 없었다. 적이 이상하게 여겨 잠시 퇴각하자 명나라 군사들이 높은 곳에서 적선에 분통噴筒[87]을 흩뿌리니, 바람이 거세 불길이 맹렬하게 타올라 적선 수백 척이 한순간에 타버리고 바다 물결이 모두 붉어졌다.

이순신이 멀리서 진린이 포위당한 것을 바라보고 진격해 가서 힘을 합해 혈전을 하였다. 등자룡鄧子龍의 배는 불이 일어나 온 군사들이 불을 피하느라 놀라 소동이 일어난 중에 적이 그 틈을 타서 등자룡을 죽이고 배를 불태웠다. 이날 이순신의 선봉선은 또 적선 10여 척을 불태웠는데, 그중 층루가 가장 높은 적선 1척이 있어 붉은 장막을 치고 금빛 갑옷을 입은 한 사람이 전투를 독려하였다. 이순신은 군사들을 모두 모아 합공하여 금빛 갑옷을 입은 자를 쏘니, 적이 진린을 버려두고 달려와 구하였다. 진린의 군사들이 이로 인해 빠져나와 이순신의 군사들과 합세하여 호준포虎蹲砲를 발사하여 그 배를 부수고 나머지 적선들도 거의 모두 불태웠다.

그때 행장行長은 성을 버리고 도망하였고, 부산·울산·하동 연해안의 적들도 모두 다 도망갔다. 이순신이 진린과 함께 바다 어귀를 막고 압박하니, 행장은 사천의 왜적

---

87 분통噴筒 : 대나무 통으로 만든 분사噴射 화기다. 대나무 통 안에 화약을 층층이 쌓아 다져 넣고 심지를 꽂아 만드는데, 대나무 통 아래쪽에는 나무자루를 박아 손잡이로 이용하였다. 심지에 불을 붙이면 화염이 뿜어져 나온다.(『中國古代器物大詞典』, 河北敎育出版社, 2004.)

심안돈오沈安頓吾[島津義弘]에게 구원을 요청하였다. 심안돈오가 바닷길을 따라 구원하러 오는 것을 이순신이 나가 쳐서 크게 무찌르고 적선 2백여 척을 불태우고 죽이고 생포한 것도 헤아릴 수 없었다. 추격해서 남해 경계에 이르렀다.

이날 사경四更[오전 1~3시]에 적이 진린을 포위하여 매우 위급하였다. 이순신이 몸소 화살과 돌을 무릅쓰고 직접 손으로 북을 두드리며 힘껏 싸우는데, 어디선가 날아온 총알이 가슴에 맞아 등 뒤로 뚫고 나갔다. 옆에 있던 사람들이 껴안고 장막 안으로 들어갔는데, 이순신이 말하기를, "전투가 한창 급하니 내가 죽었다는 말을 하지 말라."고 하고, 말을 마치자 절명하였다. 이순신의 조카 이완李莞은 그 죽음을 비밀로 하고 이순신의 명령이라고 하면서 전투를 더욱 급하게 독려하니 군중軍中에서는 알지 못했다. 진린의 배가 적에게 포위되어 병사들을 지휘해 구원하니 적들이 흩어져 갔다. 진린은 사람을 시켜 이순신에게 자기를 구원해 준 것을 사례했다가, 그의 죽음을 듣고 자신의 몸을 배에 세 차례나 던지며 말하기를, "나는 노야老爺[이순신]가 살아서 나를 구원하러 온 줄 알았는데 어찌하여 죽었는가? 이제는 일을 함께할 사람이 없도다."라고 하였다. 명나라 군사들도 고기를 물리고 먹지 않았으며, 남쪽 백성들은 달려와서 거리에서 통곡하고 글을 지어 제사했다. 한창 전투 중에 행장 등이 묘도猫島 서쪽 바다를 통해 몰래 도주하고, 남해의 적은 육로를 통해 미조항彌助項으로 들어가고, 의지義智는 군사를 모아 배에 싣고 갔다. 좌의정 이덕형李德馨[88]이 이순신의 죽음을 듣고 충청도 병사 이시언李時言을 임시 통제사로 임명하고 전라 방어사全羅防禦使 원신元慎[89]을 충청도 병사 대리로 임명하였다. 진린은 앞서서 이순신李純信을 통제사 대리로 임명하여 수군을 거느리게 했다.

---

88 이덕형李德馨 : 1561~1613. 자는 명보明甫, 호는 한음漢陰·쌍송雙松·포옹산인抱雍散人, 본관은 광주廣州이다. 1561년(명종 16)에 났으니, 이순신보다 16년 아래다. 영의정 이산해李山海의 사위이다. 1580년(선조 13)에 20세로 문과에 급제한 후 여러 관직을 두루 거쳐, 1597년(선조 30)에 우의정에 승진하고 이어 좌의정에 올라 훈련도감 도제조를 겸하였다. 1601년 행판중추부사行判中樞府事로 경상·전라·충청·강원 4도 체찰사를 겸했다. 이듬해 영의정에 올랐고, 1606년 영중추부사가 되었다. 1608년 광해군이 즉위하자 진주사陳奏使로 명나라에 다녀와서 다시 영의정이 되었으나 1613년에 영창대군永昌大君의 처형과 폐모론에 적극 반대하다가 관직을 삭탈당했다. 남인 출신으로 북인의 영수 이산해의 사위가 되어, 남인과 북인의 중간 노선을 지키다가 뒤에 남인에 가담하였다. 글씨에 뛰어났고, 포천의 용연서원龍淵書院, 문경의 근암서원近巖書院에 배향되었다. 저서로 『한음문고漢陰文稿』가 있다. 시호는 문익文翼이다. (『한국역대인물종합정보시스템』; 『한국민족문화대백과사전』.)

○ 『징비록懲毖錄』에서

정읍현감 이순신을 발탁하여 전라좌도 수군절도사로 삼았다. 이순신은 담략이 있고 말 타고 활쏘기를 잘하였다. 일찍이 조산만호造山萬戶가 되었을 때 북쪽 변방에 사변들이 많았는데, 이순신이 계책을 세워 반역한 오랑캐 우을기내于乙其乃를 유인해 붙잡아 포박하여 병영에 보내 목을 베니 오랑캐 근심이 마침내 종식되었다. 순찰사 정언신鄭彦信이 이순신에게 녹둔도鹿屯島의 둔전屯田을 수호하게 했다. 하루는 안개가 짙은데 군인들이 모두 나가 벼를 거두고 성채柵 안에는 10여 인밖에 없었다. 갑자기 오랑캐들이 말을 타고 사방에서 모여드니, 이순신은 성채 문을 닫고 직접 유엽전柳葉箭을 당겨 성채 안에서 연속으로 쏘아 적 수십 명을 말에서 떨어뜨리자 오랑캐들이 놀라 물러갔다. 이순신이 문을 열고 홀로 말을 타고 크게 외치며 뒤쫓으니, 오랑캐 무리는 크게 무너지고 약탈한 물건들도 모두 빼앗아 돌아왔다. 그러나 조정에 이끌어 주는 사람이 없어서 과거에 급제한 지 10여 년 동안 등용되지 못하다가 비로소 정읍현감이 되었다. 이때 왜적이 쳐들어온다는 소문이 날로 급해지자, 왕이 비변사에 명하여 장수의 자리를 감당할 재능이 있는 자를 각각 천거하라고 하셨다. 나[유성룡]는 이순신을 천거하여 마침내 정읍현감에서 등급을 뛰어넘어 수사水使에 임명되니, 너무 빠르다고 의심하는 이도 간혹 있었다. 『징비록懲毖錄』. 아래도 같음.

수군통제사 이순신을 체포하여 옥에 가두었다. 처음에 원균元均[1540~1597]이 이순신이 와서 구해 준 것을 고맙게 여겨 서로 무척 잘 지냈는데 얼마 후부터 공을 다투어 점차 사이가 나빠졌다. 원균은 성품이 본래 아첨을 잘하고 음흉하며[90] 또한 조정과 외방에 연결이 많아서 이순신을 모함하여 얽는 데 힘을 아끼지 않았다. 매번 말하기를, "이순신이 처음에는 오려 하지 않았는데 내가 완고하게 청해서 이에 이르

---

89 원신元愼 : 1551~? 자는 신재愼哉, 본관은 원주原州. 한성漢城에서 살았다. 1583년(선조 16) 33세에 알성 무과에 급제하였다. 이후 여러 관직을 거쳐 1592년에 강원도 별조방장別助防將으로 있었으며, 경원부사 慶源府使, 훈련도감 중군을 역임하고, 1597년(선조 30)에 전라도 조방장, 1598년(선조 31)에 전라도 방어사를 역임하였다.(「한국역대인물종합정보시스템」;『선조실록』; 趙應祿,『竹溪日記』.)

90 아첨을 잘하고 음흉하며 : 원문 "험피險詖"는 '피험詖險'과 같은 말로, 음험하고 사특함 또는 아첨을 잘하고 음흉함의 뜻이다.

러 적을 이겼으니 나의 공이 첫 번째이다."라고 했다. 그때 조정의 의논이 나뉘어 각각 주장하는 바가 있었다. 우의정右相 이원익李元翼은 그렇지 않음을 밝히고, 또 말하기를, "이순신과 원균은 각자 나누어 지키는 지역이 있으니 처음에는 즉시 오지 않았다 하더라도 깊이 비난하기에는 부족하다."라고 하였다.

앞서 적장 평행장平行長[고니시 유키나가]이 부하 요시라要時羅를 시켜 경상우도 병사 김응서金應瑞의 진영을 왕래하며 은근한 마음을 보였다. 청정淸正[가토 기요마사]이 다시 나오려 하니, 그때 요시라가 김응서에게 은밀히 말하기를, "우리 장군 행장行長의 말이 '이번에 화친이 성사되지 않은 것은 청정淸正 때문이다. 나는 그를 심히 미워한다.'라고 하였습니다. 모일某日에 청정이 바다를 건너올 것인데 조선은 수전水戰을 잘하니 만약 바다 가운데에서 지키면 무찔러 죽일 수 있을 것이니, 기회를 잃지 않도록 조심하십시오."라고 하였다. 김응서가 그 일을 보고하니 조정의 의논이 이를 믿고, 해평군海平君 윤근수尹根壽는 더욱 펄쩍 뛰며 기회를 잃으면 안 된다고 여기고 여러 차례 왕에게 아뢰었다. 이순신에게 앞으로 나아갈 것을 연달아 재촉하였으나, 이순신은 왜적이 속임수를 쓴 것이라 의심하고 머뭇거리며 지체한 것이 여러 날이었다. 이에 이르러 요시라가 또 와서 말하기를, "청정淸正이 지금 이미 육지에 내렸습니다. 조선은 어찌하여 바다 가운데서 기다려 끊지 않았습니까?"라고 하면서, 거짓으로 아쉬워하는 뜻을 보였다. 일이 알려지자 조정의 의논은 모두 이순신을 나무라고, 대간은 붙잡아다 국문할 것을 청하였다. 경상도 현풍 사람인 전 현감 박성朴惺이란 자는 시론時論의 명망이 있었는데, 상소하여 이순신을 참형시켜야 한다며 극언하였다. 마침내 의금부도사를 파견하여 붙잡아 오고 원균을 대신 통제사로 삼았다.

임금께서는 오히려 소문이 다 진실은 아닐 것이라 의심하여 특별히 성균관사성成均司成 남이신南以信을 파견하여 한산도에 내려가 염탐하게 했다. 남이신이 전라도에 들어서자 전라도 군사와 백성들이 길을 막고 이순신의 억울함을 호소하는 자들이 헤아릴 수 없이 많았다. 남이신이 사실대로 알리지 않고, 이에 말하기를, "청정이 바다 섬에 7일 동안 머물러서 아군이 만약 갔으면 붙잡아 올 수 있었는데 이순신이 주저하여 기회를 놓쳤습니다."라고 하였다.

이순신을 하옥하기에 이르고, 대신들에게 명해서 죄를 논의하게 하였다. 오직 판중추부사判中樞府事 정탁鄭琢 혼자만 말하기를, "이순신은 명장이므로 죽여서는 안 됩니다. 군사 기밀軍機의 이롭고 해로움은 멀리서 헤아리기 어려우니, 그가 나가지 않은 데는 필시 까닭이 없지 않을 것입니다. 청컨대 너그럽게 용서하시고 뒷날 공로를 세우도록 하십시오."라고 했다. 고문을 한 차례 한 후에 사형을 감형해서 삭탈관직하고 충군充軍[91]하였다. 이순신의 노모는 아산牙山에 있었는데 이순신이 하옥되었다는 소식을 듣고 근심으로 가슴을 졸이다가 세상을 떠났다. 이순신이 옥에서 나와 도중에 아산에 들러 성복하고 즉시 권율權慄의 막하로 가서 종군하니, 사람들이 듣고 슬퍼하였다.

대개 왜적이 임진[선조 25, 1592년]부터 우리 국경을 침입했는데, 오직 수군에게만 패배를 당하였다. 평수길平秀吉[도요토미 히데요시]이 분개하여 행장行長[고니시 유키나가]을 꾸짖으며 반드시 수군을 이겨 취하라고 했다. 행장은 거짓으로 김응서金應瑞에게 정성을 바쳐 이순신이 죄를 얻게 하고, 또 원균이 바다 가운데로 나오도록 유인하여 그 허실을 모두 얻은 다음 불시에 습격을 감행하였다. 그 계책이 매우 교묘하여 우리는 모두 그 계책에 빠지고 말았으니, 슬프도다.

이순신을 다시 기용하여 삼도수군통제사를 삼았다. 한산도에서 패전했다는 보고가 이르자 조정과 민간이 모두 놀라 떨었다. 왕이 비변사의 여러 신하들을 불러 보고 물으니 모든 신하들이 두려워 대답할 바를 몰랐다. 경림군慶林君 김명원金命元과 병조판서 이항복李恒福이 조용히 아뢰기를, "이는 원균의 죄입니다. 마땅히 이순신을 기용하여 통제사를 삼아야 할 뿐입니다."라고 하여 그대로 따랐다. 그때 권율權慄이 원균의 패전 소식을 듣고 이미 이순신에게 가서 남은 군사들을 수습하게 하였다. 적이 바야흐로 밀고 들어오려는데, 이순신은 군관 1인과 경상도에서 전라도로 들어가 밤낮으로 비밀리에 길을 가서 가까스로 진도珍島에 도달해 군사를 수습하여 적을 방어하였다.

---

91 충군充軍 : 권13의 주 82 참조.

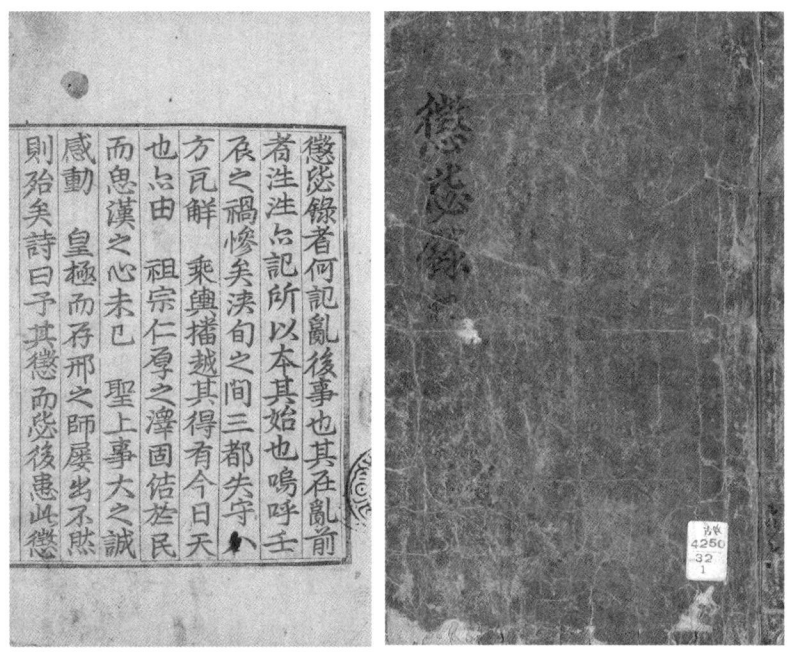

유성룡柳成龍, 『징비록懲毖錄』 제1책 내지와 표지. 목판본. 17세기 이후. 서울대학교 규장각한국학연구원.

통제사 이순신이 진도 벽파정 아래에서 왜병을 격파하고 그 장수 마다시馬多時를 죽였다. 이순신이 진도에 이르러 병선을 수습하여 10여 척을 얻었다. 그때 연해안 사람들이 배를 타고 피난 온 사람들이 무수히 많았는데, 이순신이 이르렀다는 소식을 듣고 기뻐하지 않는 이가 없었다. 이순신이 길을 나누어 불러들이자 멀고 가까운 곳을 막론하고 구름처럼 모여드니, 군사의 후방에서 형세를 돕게 하였다. 적장 마다시馬多時는 수전을 잘한다고 이름나 있었는데, 그의 배 2백여 척을 거느리고 서해를 침범하고자 하여 벽파정 아래서 서로 만났다. 이순신이 12척의 배에 대포를 싣고 조수를 타고 흐름에 따라 공격하니 적이 패하여 달아나고 우리 군의 사기가 크게 떨쳤다.

그때 이순신은 이미 군사 8천여 명이 되어 고금도古今島에 나가 주둔하였는데, 군량이 부족할 것을 근심하여 해로를 통행하는 첩帖을 만들어 명을 내리기를, "삼도 연해안은 공사선公私船을 막론하고 통행첩이 없는 자는 첩자로 논하여 통행할 수 없다"라고 하였다. 이에 피란하여 배에 오른 이들이 모두 와서 통행첩을 받았다. 이순신은 배의 크고 작은 크기에 따라 차등 있게 쌀을 납부하고 통행첩을 받게 했는데, 큰 배는 3석, 중간 배는 2석, 작은 배는 1석이었다. 피란한 사람들이 재물과 곡식을 모두 싣고 바다로 들어왔으므로, 쌀을 납부하는 것을 어렵게 여기지 않고, 통행이 금지되지 않는 것을 기쁘게 여겨서, 열흘 만에 군량 1만여 석을 얻었다. 또 백성을 모집하여 구리와 쇠를 수송하여 대포를 주조하고, 나무를 베어 배를 만드는 등 일마다 모두 잘 갖추어졌다. 멀고 가까운 곳에서 난리를 피해 온 이들이 이순신에게 가서 의지하여 집을 짓고 천막을 쳐서 장사하고 사니, 섬 안에 다 수용할 수 없을 정도였다.

얼마 후에 명나라 수군도독水軍都督 진린陳璘이 [군사를 이끌고 우리나라에] 나와서 남쪽으로 고금도古今島에 내려와 이순신과 군사를 합쳤다. 진린의 성품이 포악하고 사나워서 다른 사람과 많이 거슬리니 사람들이 많이들 두려워했다. 왕이 청파靑坡 들에서 전송하는데, 내[유성룡]가 진린의 군인을 보니 수령에게도 거리낌 없이 구타하며 욕하고, 밧줄로 찰방 이상규李尙規[92]의 목을 묶어 질질 끌어 유혈이 얼굴을 가득 덮었다. 역관에게 풀어줄 것을 권하게 했으나 할 수 없었다. 내가 같은 자리에 있던 대신에게 말하기를, "애석하지만 이순신의 군사도 장차 해를 당하겠습니다. 진린과 함께 군중에 있으면서 견제당하고, 모순되면 반드시 장수의 권리를 침해하고 내키는 대로 군사들에게 포악하게 할 것인데, 이를 거역하면 더욱더 화낼 것이고 따르면 끝이 없을 것입니다. 군사가 어찌 해를 당하지 않겠습니까?"라고 하였다. 여러 사람들도 모두 그렇다고 하며 서로 탄식할 뿐이었다.

이순신은 진린이 곧 온다는 소식을 듣고 군인을 시켜 대대적으로 사냥하고 물고기를 잡아 사슴, 돼지, 해물 등을 매우 많이 마련하고 술을 성대하게 준비하고 기다렸다. 진린의 배가 바다에 들어오자 이순신은 군대의 의장을 갖추어 멀리까지 나아가 맞이하였다. 도착한 후에는 그의 군사들을 성대하게 대접하니 여러 장수들 이하 모두들 실컷 취하였다. 사졸들이 서로 말을 전하기를, "과연 훌륭한 장수이다."라고 하였고, 진린도 마음속으로 기뻐했다. 얼마 지나지 않아 적선이 근방의 섬을 침범하자 이순신이 군사를 보내어 물리치고 적의 머리 40급級을 획득해 모두 진린에게 주

---

92 이상규李尙規 : 1598년(선조 31)에 찰방察訪, 1601년(선조 34)에 무안현감, 1628년(인조 6)에 보성군수를 역임하였다.(『선조실록』; 『징비록』.)

어 공으로 삼게 하니, 진린이 기대 이상에 더욱 기뻐하였다. 이로부터 모든 일을 한 결같이 이순신에게 물었고, 나갈 때는 이순신과 수레를 나란히 하고 감히 이순신을 앞서가지 않았다. 이순신이 마침내 중국 병사와 우리 군사를 차이 없이 할 것을 약속하였다. 백성에게 실 한 오라기라도 빼앗는 자가 있으면 모두 잡아다 묶어 두고 치니 감히 명령을 어기는 자가 없고 섬 안이 안정肅然되었다. 진린이 왕에게 글을 올려 말하기를, "통제사는 천하를 경영할 재주와 나라에 큰 공훈이 있습니다."라고 하였으니, 대개 마음으로 감복한 것이었다.

　　유정劉綎 제독이 순천의 적진賊營을 다시 공격하였다. 통제사 이순신이 수군으로 적의 구원병을 바다 가운데서 크게 격파하였으나 이순신은 전사하였다. 적장 평행장平行長은 성을 버리고 도주했고, 부산·울산·하동의 연해안에 주둔하고 있던 적들도 모두 물러갔다. 그때 행장行長이 순천의 예교芮橋[曳橋이다]에 성을 쌓고 굳게 지키고 있어 유정이 대군으로 나가 공격했으나 불리하여 순천으로 되돌아왔다. 얼마 후에 다시 나아가 공격하고 이순신이 명나라 장수 진린과 함께 바다 어귀를 막고 압박하니 행장이 사천泗川의 적 심안돈오沈安頓吾[시마즈 요시히로島津義弘]에게 구원을 요청하였다. 심안돈오가 바닷길을 따라 구원하러 오는데, 이순신이 진격하여 크게 격파하고 적선 2백여 척을 불태우고 죽이고 사로잡은 수가 헤아릴 수 없었다. 추격해 남해南海 경계에 이르러 이순신이 몸소 화살과 돌을 무릅쓰고 힘껏 싸우는데 어디서 날아온 탄환이 가슴을 적중하여 등 뒤로 뚫고 나갔다. 좌우에 있던 사람들이 그를 껴안고 장막 속으로 들어갔다. 이순신이 말하기를, "전투가 한창 급박하니 삼가 나의 죽음을 말하지 마라." 하고, 말이 끝나자 절명했다.

　　이순신의 조카 이완李莞은 본래 담력이 있었는데, 그의 사망을 비밀로 하고 이순신의 명령이라 하며 전투를 더욱 급하게 독려하여 군중軍中에서는 알지 못하였다. 진린이 탄 배가 적에게 포위되자 이완이 멀리서 보고 군사를 지휘하여 구원하니 적들이 흩어져 갔다. 진린은 이순신에게 사람을 보내 자기를 구원해 준 것을 사례했다가, 비로소 그의 죽음을 듣고 의자에서 스스로 몸을 바닥에 던지며 말하기를, "나는 노야老爺께서 살아서 나를 구원하러 온 줄 알았는데 어쩌다가 죽었는가?"라고 하며,

가슴을 치며 크게 애통해하였다. 모든 군사들이 다 통곡하여 그 소리가 바다 가운데 진동했다. 행장行長은 우리 수군이 왜적을 추격해 그의 진영을 지나간 틈을 타서 뒤로 빠져 도망갔다. 이에 앞서 왜의 우두머리 평수길平秀吉이 이미 사망하여 연해에 주둔하고 있던 적들이 모두 물러갔다.

　우리 군사와 명나라 군사들은 이순신의 죽음을 듣고 진영마다 통곡을 하는데, 마치 어버이를 여읜 것과 같았다. 운구 행차가 이르는 곳마다 인민들이 곳곳에서 제사를 올리고 수레를 붙들고 통곡하면서, "공이 실로 우리를 살렸는데 이제 공께서 우리를 버리고 어디로 가십니까?"라고 하였다. 도로가 사람들로 가득 막혀 수레가 나아가지 못했고, 길 가던 사람들도 눈물을 흘리지 않는 이가 없었다. 의정부 우의정에 증직贈職하였다. 명나라의 총독군문總督軍門 형개邢玠는 말하기를, "바다 위에 사당을 세워 충혼忠魂을 표창하는 것이 마땅하다."라고 했으나, 일이 마침내 행해지지 않았다. 이에 바닷가 사람들이 서로 이끌어서 사당을 만들고 명칭을 '민충사愍忠祠'[93]라 하고 철마다 제사를 드렸다. 장사치와 어선들도 그 아래를 왕래하는 이는 누구나 제사를 올린다고 한다.

　이순신은 자字가 여해汝諧이고, 덕수德水 사람이다. 그의 선조 이변李邊은 관직이 판부사判府事[94]에 이르렀는데, 곧다는 명성이 있었다. 증조부 이거李琚는 성종을 섬겼다. 연산군이 동궁에 있을 때 이거가 시강관世子侍講官이 되었는데 엄격하다고 꺼리는 대상이 되었다. 일찍이 사헌부장령司憲府掌令이 되어 탄핵당하는 것도 피하지 않으니 모든 관료들이 꺼려서 '호랑이 장령'의 칭호가 있었다. 조부 이백록李百祿은 문음門蔭으로 벼슬하였고, 부친 이정李貞은 벼슬을 하지 않았다.

　이순신은 어렸을 때, 영특하고 구애되지 않아 여러 아이들과 노는데 나무를 깎아 활과 화살을 만들어 마을 안을 돌아다니며 놀다가 마음에 맞지 않는 이를 만나면 그 눈을 쏘려고 하였다. 어른들 중에도 간혹 그를 꺼려서 문 앞을 감히 지나가지 못하

---

[93] '민충사愍忠祠': '민충사'가 아니라 '충민사忠愍祠'이다.
[94] 판부사判府事: 『국조인물고』이변전李邊傳에 의하면 관직이 '영중추부사領中樞府事'에 이른 것으로 기록되어 있다.

였다. 장성해서는 활을 잘 쏘아 무과로 입신양명하였다. 이 씨는 대대로 유학儒學을 업으로 하였는데, 이순신에 이르러 비로소 무과에 급제하여 권지權知 훈련원訓鍊院 봉사奉事를 보직받았다. 병조판서 김귀영金貴榮이 얼녀孼女[첩의 딸]가 있었는데, 이순신에게 첩으로 보내려고 하였으나 이순신이 내켜하지 않았다. 어떤 사람이 이유를 물으니, 이순신이 말하기를, "내가 처음 벼슬길에 나갔는데 어찌 감히 권력 집안에 의탁하여 승진하기를 구하겠는가?"라고 하였다.

　병조정랑 서익徐益이, 친한 사람이 훈련원에 있었는데 차례를 뛰어넘어 천보薦報[추천 보고]하려 하였다. 이순신은 훈련원 안에서 담당 업무를 관장하는 관원掌務官으로서 불가하다고 고집했다. 서익이 이순신을 패초牌招[패를 사용해 부름]하여 병조의 뜰 아래에 이르니 꾸짖었다. 이순신은 얼굴색도 변하지 않고 굽히지 않고 변론하여 흔들림이 없었다. 서익은 크게 노하여 성난 기운이 바짝 올라 대하는데, 이순신은 조용히 대답하며 끝내 조금도 꺾이지 않았다. 서익은 본래 기가 세고 오만하여 비록 동료들도 그를 꺼리고 쟁변하기 어려워했다. 그날 하리下吏들이 계단 아래에 있었는데 모두들 서로 돌아보며 혀를 내두르기를, "이 관원이 감히 본조本曹[병조兵曹]에 항거하여 혼자 앞길을 돌아보지 않는 것인가?"라고 하였다. 날이 저물어 서익은 부끄럽게 여기고 돌아가게 하였다. 식자들이 이로써 왕왕 더러는 이순신을 알게 되었다.

　바야흐로 옥에 있을 때 앞일을 헤아릴 수 없었다. 어떤 옥리가 이순신의 조카 이분李芬에게 은밀히 말하기를, "뇌물이 있으면 죄를 면할 수 있다."라고 하였는데, 이순신이 듣고 이분에게 화내기를, "죽으면 죽을 뿐이다. 어찌 도를 어겨 살기를 구하겠느냐?"라고 하였다. 그의 마음을 지킴[95]이 이와 같았다. 이순신의 사람됨은 말과 웃음이 적고 용모는 단아하고 조심성 있어 마치 수양하고 근신하는 선비와 같았다. 마음속에 담기가 있어 자신을 잊고 나라를 위해 목숨을 바치니, 평소 마음속에 축적한 바였다. 형 이희신李羲臣과 이요신李堯臣은 모두 먼저 사망하여 이순신이 그 남은

---

95 마음을 지킴 : 원문 "조집操執"은 『소학』 가언嘉言의 호문정공胡文定公이 아들에게 준 글에서 "몸가짐은 단정하고 엄숙하고 청렴하고 근신함으로 자신의 마음을 지키는 것을 보인다行己以端莊淸愼見操執."라고 한 데서 나왔다. 이 구절에 대한 집주를 보면, "조와 집은 모두 지키는 것이다. 단정, 장숙, 청백, 근신은 오직 자신의 마음을 지키는 자만이 할 수 있다操執 皆守也 端正莊肅淸白謹愼 惟有守者能之."라고 하였다.

소생을 자기 아들처럼 돌보았다. 혼인도 반드시 형의 아들을 먼저 하고 자기 아들을 뒤에 하였다. 재능은 있으나 명이 따르지 않아 백에 하나도 써보지 못하고 사망하니 아아! 애석하다.

통제사가 군중軍中에서는 밤낮으로 경계를 엄격하게 하여 갑옷을 벗는 일이 없었다. 견내량見乃梁에서 적과 서로 대치하는데 모든 배가 이미 닻을 내리고 밤에 달빛이 매우 밝았다. 통제사가 갑옷을 입고 북을 베고 누웠다가 문득 일어나 앉아 옆에 있는 사람을 불러 소주를 가져와 한잔 마셨다. 여러 장수들을 모두 불러 앞에 이르자 말하기를, "오늘 밤은 달빛이 매우 밝다. 적이 속이는 모략이 많아서, 달이 없을 때는 당연히 우리를 습격할 것이고, 달이 밝아도 응당 습격해 올 것이니, 경비를 엄격히 하지 않을 수 없다."라고 하였다. 마침내 나팔을 불어 모든 배들에게 다들 닻을 올리게 하고, 또 척후선斥候船에 전령하여 한창 곤히 잠들어 있는 척후병들을 불러 일으켜 변고에 대비하게 하였다. 한참 후에 척후병이 급히 달려와 적이 온다고 고하였다.

그때 달은 서산에 걸려 있고 산 그림자는 바다에 드리워 바다 반쪽이 흐릿하게 어두운데, 무수히 많은 적선들이 컴컴하게 어두운 곳을 따라 와서 장차 우리 배에 접근하려 했다. 이에 중군中軍이 대포를 쏘고 함성을 지르자 모든 배들이 다 호응하였다. 적들이 우리가 방비하고 있음을 알고 일제히 조총을 쏘아 소리가 바다를 진동하고 날아오는 총탄이 비 오듯 물 위에 떨어졌으나 감히 범하지 못하고 마침내 물러가니 모든 장수들이 신神으로 여겼다.

○ **『청야만집青野謾輯』에서**

이순신은 덕수德水 사람으로 을사乙巳[인종 1, 1545년]에 태어났다. 유학儒學을 업으로 하고 글씨를 더욱 잘 썼다. 스무 살[96]에 무예를 배워 무과에 급제하고 조산만호造山萬戶가 되었다. 죄를 얻어 백의종군하였는데, 시전時錢[두만강 건너편 마을]의 전투에서 공을 세워 풀려나 돌아왔다. 신묘[선조 24, 1591년]에 전라좌도 수군절도사가 되었다. 임진壬辰[선조 25, 1592년]에 일본이 쳐들어왔다. 5월에 공이 수군을 거느리고 바다에 내려가 경상우도 수군절도사 원균元均과 한산도에서 모이기로 약속했다. 옥포玉浦 앞바다에 이르러 적선 26척을 불태워 가선대부嘉善大夫[종2품]로 품계가 승진했다.

얼마 지나지 않아 꿈에 백발노인이 나타나 공을 차서 깨우며, "적이 왔다."라고 하였다. 공이 깜짝 놀라 일어나 원균과 노량露梁에서 만나니 과연 적이 왔다. 적선 1척을 격파하여 불태우고 추격해 사천泗川 바다 가운데에 이르러 적을 유인해 바다로 나오게 하였다. 공이 거북선을 돌진하게 하여 그 배들을 불태웠다. 나머지 적들이 멀리서 바라보며 발을 동동 구르고 울부짖었다. 『청야만집靑野謾輯』. 아래도 같음.

정유[선조 30, 1597년]에 청정淸正[가토 기요마사]의 배가 바다를 건너오는데, 조정에서는 공이 중간에서 맞받아치지 못했다고 왕의 명으로 옥에 가두고 원균으로 공을 대신하게 했다. 심문을 받기에 이르러서는 백의白衣로 원수元帥 권율의 진중에 보내 공을 세우게 하였다. 그해에 원균이 과연 패전하여 다시 공을 통제사로 기용하였다. 그때 공은 모두 탕진되고 혼란한 나머지에 일어나 재차 통제사의 명에 응하였다. 당시 영남과 호남은 모두 적의 소굴이 되었고, 행장行長[유키나가]은 육로에서, 의지義智는 수로에서 온갖 모의를 하며 틈을 노리고 있었다. 공은 다치고 쇠약한 남은 군졸로 전선 13척을 거느리고 의지할 곳 없이 벽파정 바다 가운데에서 머뭇거리고 있으니, 보는 이들이 위태롭게 여겼다. 적선 500~600척이 바다를 뒤덮고 올라오니, 공이 모든 군사들을 독려하여 먼저 적선 31척을 격파하자, 적이 다소 물러났다. 공이 군사들에게 맹세하고 승기를 타서 진격하니 적이 감히 대적하지 못하고 모든 군사를 이끌고 도망갔다.

무술[선조 31, 1598년]에 고금도古今島에 나아가 진을 쳤다. 그때 진린陳璘 도독이 수군 5천으로 공과 진을 합하고, 유정劉綎 도독은 묘병苗兵 1만 5천으로 순천에 진을

---

96 스무 살 : 원문 "약관弱冠"은 『예기禮記』 곡례曲禮에서 "나이 20세를 약弱이라 하며 관冠을 쓴다."고 한 데서 유래하였다.

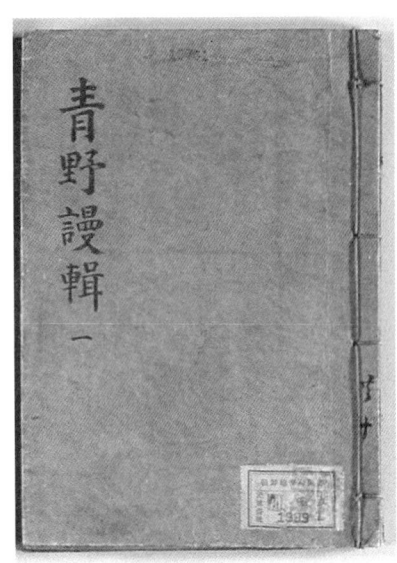

『청야만집靑野謾輯』 제1책. 필사본. 19세기 초중반. 국립중앙박물관.

쳐서 장차 바다와 육지에서 일제히 거병하고자 하였다.

　명나라 병사가 우리 군사를 침해해 소요를 일으키자, 공은 군중에게 영을 내려 민간의 집들을 모두 철거하게 했다. 도독이 괴이하게 여겨 물으니, 공이 말하기를, "명나라 군사가 수시로 침해해 소요를 더하니 겨우 우리 나라의 새로 모여든 백성들이 장차 다 멀리 옮겨갈 것입니다."라고 하였다. 도독이 크게 놀라 공에게 편의대로 일을 처리하게 하고 재차 침요하는 자가 있으면 죄를 주도록 허락했다. 그후로 명나라 병사들이 털끝만큼도 백성을 범하지 못했다.

　행장行長이 공의 위력 있는 명성을 꺼려 그 부하 장수를 보내 조총과 장검을 보냈다. 공이 이를 물리치며 말하기를, "내가 임진년부터 적을 죽인 것이 헤아릴 수 없어 거기서 얻은 총칼만으로도 쓰기에 넉넉하다."라고 했다. 11월에 남해와 부산의 모든 적들이 행장行長을 구원하러 오는데 선봉대는 이미 노량露梁에 도착했다. 이날 삼경三更[오후 11시~오전 1시]에 공은 배 위에서 무릎을 꿇고 하늘에 빌기를, "오늘은 죽기로 굳게 결심하였으니, 반드시 이 적을 섬멸해 주시기를 하늘에 기원합니다."라고 하였다. 빌기를 마치고 몸소 정예병을 거느리고 선두에서 노량으로 진군했다. 적이 진린 도독을 포위하여 몹시 위급하자 공이 구원하였다. 친히 날아오는 화살과 돌을 무릅쓰고 손으로 직접 북을 치다가 갑자기 날아온 탄환에 맞아 쓰러졌다. 절명할 때 휘하를 돌아보며 말하기를, "나의 죽음을 말하지 마라. 군사들을 놀라게 하지 마라." 하였다. 도독이 공의 사망을 듣고 배에 세 번 쓰러지며 말하기를, "이제는 일을 함께할 사람이 없도다."라고 하였다. 남쪽 백성들이 달려와 거리에서 통곡하고 저자에서도 술을 팔지 않았다.

○ 『지봉유설芝峯類說』에서

우리나라의 전함은 제도가 매우 굉장했다. 사람들이 말하기를, "왜선 수십 척이 우리나라 전선 한 척을 못 당한다."라고 했다. 이순신이 전라 좌수사가 되어 창조적인 지혜로 배를 만들었는데, 위에는 판자를 덮고 모양이 엎드린 거북과 같아 '거북선龜船'이라 하였다. 임진[선조 25, 1592년]에 거북선을 써서 적을 제압하고 승리한 것은 모두 배가 훌륭했기 때문이다. 그런데 원균이 이순신을 대신하여 1백여 척의 전선으로써 남김없이 패하고, 이순신이 원균을 대신하여 13척의 전선으로써 바다를 뒤덮은 6백 척의 적선을 격파하였으니, 승패는 역시 사람을 얻는 데 달려 있을 따름이다. 『지봉유설芝峯類說』. 아래도 같음.

이수광李睟光, 『지봉유설芝峯類說』목판본.
17세기 초 이후. 서울대학교 규장각한국학연구원.

이순신이 무변武弁 중에 있어도 이름이 아직 드러나기 전이었다. 신묘[선조 24, 1591년]에 서애 유성룡이 좌의정이 되어 그를 쓸 만하다고 천거하여 정읍현감에서 등급을 뛰어넘어 전라좌수사를 제수하여 마침내 나라를 중흥시킨 제일 명장이 되었다. 아아! 오늘날에도 어찌 이러한 사람들이 없겠는가마는 단지 알아서 천거해 주는 사람이 없을 뿐이다.

우리 조선의 인재는 선조대왕 때에 이르러 성대했다고 할 만하다. 간이簡易 최립崔岦[97]의 문장, 석봉石峰 한호韓濩[98]의 글씨, 취면醉眠 김시金禔[99]의 그림 같은 것들은

---

97 최립崔岦 : 1539~1612. 자는 입지立之, 호는 간이簡易, 본관은 통천通川. 한성漢城에서 살았다. 1539년(중종 34)에 났으니 이순신보다 6년 위다. 1561년(명종 16)에 23세로 식년문과에 장원급제한 후, 1592년(선조 25)에 공주목사, 전주부윤을 거쳐 승문원제조를 지냈다. 1594년(선조 27)에 주청부사奏請副使가 되어 명나라에 다녀오고, 그 뒤에 판결사判決事, 동지중추부사, 강릉부사, 형조참판을 역임하였다. 그리고 평양에 은거했다. 당대 일류의 문장가로 인정을 받아 중국과의 외교문서를 많이 작성했으며, 그의

모두 세상에 드문 재주이다. 훌륭한 장수인 이순신李舜臣와 곽재우郭再祐, 절개를 위해 죽은 조헌趙憲·김천일金千鎰¹⁰⁰·송상현宋象賢¹⁰¹ 등과 같은 이들도 모두 옛사람에 부끄럽지 않다. 어찌 2백 년 동안 배양한 덕택이 아니겠는가?

통제사 이순신이 임진[선조 25, 1592년]에 수군을 독려해 거느리고 바다 가운데에서 가로막아 여러 차례 왜선을 격파하고 사로잡고 목을 벤 것이 헤아릴 수 없었다. 적이 두려워하여 감히 다시는 바닷길을 통해 서쪽으로 가지 못하니, 호서와 호남이 온전하게 보존되어 나라를 회복하는 바탕이 된 것은 모두 그 힘이었다. 무술[선조 31,

---

문장과 차천로車天輅의 시와 한호韓濩의 글씨를 송도삼절松都三絶이라고 일컬었다. 문집으로 『간이집』이 있다. (「한국역대인물종합정보시스템」; 『한국민족문화대백과사전』.)

98 한호韓濩 : 1543~1605. 자는 경홍景洪, 호는 석봉石峰·청사淸沙, 본관은 삼화三和. 경기도 개성開城에서 살았다. 1543년(중종 38)에 났으니 이순신보다 2년 위다. 1567년(선조 즉위년)에 진사시에 합격하여 1583년(선조 16) 와서瓦署 별제別提에 제수되었고, 흡곡현령歙谷縣令, 가평군수加平郡守를 지냈다. 글씨로 출세하여 승문원과 규장각의 사자관寫字官으로 국가의 여러 문서와 명나라에 보내는 외교문서를 도맡아 썼고, 중국에 사절이 갈 때도 서사관書寫官으로 파견되었다. 모든 글씨체에 능숙하여, 그로부터 국가의 문서를 다루는 사자관의 특유한 서체, 즉 사자관체寫字官體가 창출되었다. 평양 「기자묘비箕子廟碑」등 수많은 묘비를 썼다. (「한국역대인물종합정보시스템」; 『한국민족문화대백과사전』.)

99 김시金禔 : 1524~1593. 자는 계수季綏, 호는 양송당養松堂·양송헌養松軒·양송거사養松居士·취면醉眠, 본관은 연안延安이다. 좌의정을 지낸 김안로金安老의 아들로, 1537년에 김안로가 정유삼흉丁酉三凶으로 몰려 사사되자 과거와 벼슬길이 막혀 독서와 서화로 일생을 보냈다. 잠시 사포서司圃署 별제別提와 사포를 지냈다. 1590년에 광국원종공신光國原從功臣에 녹훈된 점으로 미루어 당시 명성이 높던 선비 화가로서 궁중의 그림 그리는 일에도 참여한 듯하다. 산수·인물·우마·화조·초충 등 여러 분야의 회화에 뛰어난 재질을 발휘하였다. 최립崔岦의 문장, 한호韓濩의 글씨와 더불어 당대의 삼절三絶로 일컬어졌다. (『한국민족문화대백과사전』.)

100 김천일金千鎰 : 1537~1593. 자는 사중士重, 호는 건재健齋, 본관은 언양彥陽. 전라남도 나주에서 살았다. 1537년(중종 37)에 났으니 이순신보다 8년 위다. 1573년(선조 6)에 학행學行으로 발탁되어 군기시주부軍器寺主簿 등 여러 관직을 역임하였다. 1592년 나주에서 의병 300명을 모아 북쪽으로 진격하여, 수원의 독성산성禿城山城을 거점으로 활동하였으며, 특히 금령전투金嶺戰鬪에서 적 15명을 참살하는 전과를 올렸다. 8월 전라병사 최원崔遠의 관군과 함께 강화도로 진을 옮겼다. 이 무렵 조정으로부터 창의사倡義使라는 군호軍號를 받고 장례원판결사掌禮院判決事에 임명되었다. 1593년 2월에 권율權慄의 행주산성 전투에 강화도로부터 출진해 참가하였다. 이들 의병은 강화도를 중심으로 장기간의 전투에서 400여 명의 적을 참살하는 전공을 세웠다. 1593년 6월에 300명의 의병을 이끌고 진주성에 입성하여, 관군·의병의 주장인 도절제都節制가 되어 10만에 가까운 적의 대군을 맞아 6월 21일부터 29일까지 항전하였으나 중과부적으로 성이 함락되자, 남강南江에 몸을 던져 순사하였다. 뒤에 영의정을 추증하였으며, 나주의 정렬사旌烈祠, 진주의 창렬사彰烈祠, 순창의 화산서원花山書院, 태인의 남고서원南皐書院, 임실의 학정서원鶴亭書院에 제향되었다. 저서로는 『건재집健齋集』이 있다. 시호는 문열文烈이다. (『한국민족문화대백과사전』; 『호남절의록』.)

1598년] 9월에 왜적이 장차 도망가려 하는데, 이순신이 말하기를, "이 적이 군사를 온전하게 데리고 돌아가게 할 수 없다."라고 하며, 바다 가운데로 나가 싸워 적선을 불태우고 크게 이겨 적이 물러갔으나 이순신이 탄환에 맞아 사망하였다. 변방 백성들이 통곡하며 슬퍼하지 않는 이가 없었다. 후에 순천[현 여수] 수영水營에 사당을 세워 '충민忠愍'이라 사액하고 해마다 3월과 9월 상순에 향을 내려보내 제사를 행하였다.

○ 『제승방략制勝方略』에서

녹둔도鹿屯島는 조산造山에 속하는데, 정해[선조 20, 1587년]에 조산만호 이순신에게 둔전을 겸해서 관장하게 했다. 가을 9월에 경흥부사慶興府使 이경록李景祿[102]이 관내의 연호군烟戶軍[103]을 거느리고 녹둔도에 들어가 이순신과 함께 곡식을 수확할 때, 추도楸島의 오랑캐 마니응개亇尼應介와 사송아沙送阿 등이 무이撫夷[무이보] 지경에 있는 시전時錢의 중추中樞[104] 하오랑아何吾郞阿와 추장酋長 후통아厚通阿·혼도渾道 등 및 아오지阿吾地[아오지보] 지경에 있는 추장 김금이金金伊, 경원慶源 지경에 있는 거추巨酋 이청아伊靑阿·여처심처如處深處·우지개亐知介 등에게 연락하여,[105] 여러 오랑캐들을 불러모아 추도의 뒤쪽에 병사를 숨기고 있다가, 수호하는 것이 약화된 틈을

---

101 송상현宋象賢 : 1551~1592. 자는 덕구德求, 호는 천곡泉谷. 본관은 여산礪山. 한성漢城에서 살았다. 1551년(명종 6)에 났으니 이순신보다 6년 아래다. 1576년(선조 9)에 별시문과에 합격하여 여러 관직을 역임하고, 1591년에 통정대부通政大夫에 오르고 동래부사가 되었다. 이듬해 4월 임진왜란이 일어나고, 15일에 왜적과 전투를 벌였으나 중과부적으로 동래성이 함락당하여 순사하였다. 왜장 소 요시토시宗義智 등이 송상현의 충렬을 기려 동문 밖에 장사 지내 주었다 한다. 뒤에 이조판서·좌찬성에 추증되었다. 부산의 충렬사 등에 제향되었다. 시호는 충렬忠烈이다.(『한국역대인물종합정보시스템』;『한국민족문화대백과사전』.)
102 이경록李景祿 : 권10의 주 189 참조.
103 연호군煙戶軍 : 연군烟軍과 같음. 권10의 주 190 참조.
104 시전時錢의 중추中樞 : '중추'는 중추부中樞府의 지사知事나 판사判事의 무관 벼슬. 조선조에서는 여진족 가운데 귀화하여 복속하는 대추장大酋長들에게 중추부의 관직을 주었다.(세종대왕기념사업회, 『국역 제승방략』, 1999, 14쪽.)
105 연락하여 : 원문 "전전傳箭"은 용건을 써서 화살에 묶어 쏘아 전한다는 뜻이다.

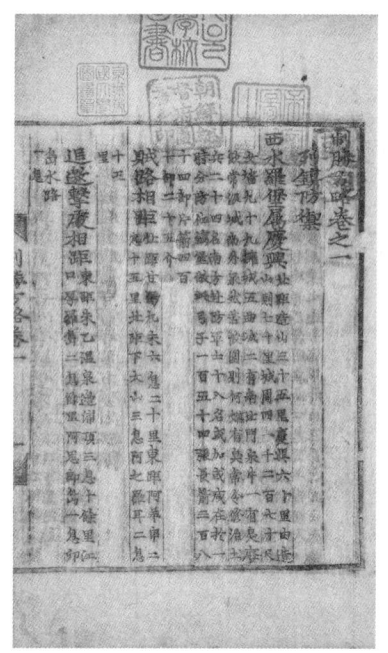
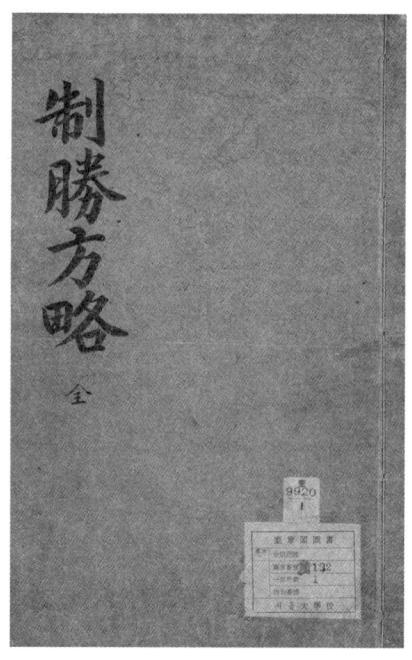

김종서金宗瑞 저, 이일李鎰 증보, 『제승방략制勝方略』 내지와 표지. 목판본. 1670. 서울대학교 규장각한국학연구원.

타서 무리를 모두 몰고 갑자기 나와서 목책을 에워싸고 병사들을 풀어 크게 침략하였다.

수호장守護將 급제 오형吳亨 및 감타관監打官 임경번林景藩 등이 그 세력이 너무 커서 힘으로 막아낼 수 없음을 보고 말을 달려 포위를 뚫고 도주하다가, 오형은 화살에 맞아 사망하고, 임경번은 화살을 가지고 목책 안으로 들어가 이경록·이순신과 함께 힘을 합해 막아 싸우다가, 그 또한 적의 화살에 맞아 쓰러져 죽었다. 그때 목책 안에 있던 장교와 병사들 모두 농장머리場頭로 나가고 남은 이가 얼마 되지 않아 장차 지탱할 수 없었으나, 여러 장교와 관리將吏들이 필사적으로 싸워서 함락되는 것을 면하였다. 추장 마니응개亇尼應介가 참호를 뛰어넘어 목책 안으로 넘어 들어오려는데, 급제 이몽서李夢瑞가 화살 한 발을 쏘아 넘어뜨리고, 나머지 적도들도 화살에 맞은 자들이 많아서 적은 병사들을 물려서 도망갔다. 이순신은 이경록과 함께 군사를 거느리고 뒤를 좇아 농민 50여 명을 도로 빼앗고 오랑캐의 머리 3급을 베고 오랑캐의 말 1필을 획득해서 돌아왔다. 『제승방략制勝方略』에서.

○ 『조야첨재朝野僉載』에서

이순신이 왜적을 유인해 한산도에 이르러 크게 격파하고 적선 60여 척을 불태우니 포염이 물결을 끓이고 피비린내가 바다에 넘쳤다. 남은 왜적 4백여 명이 배를 버리고 도주하였다. 적들 사이에 전하는 말에 따르면, 조선 한산도 전투에서 적병 9천여 명이 죽었다고 한다. 『조야첨재』. 아래도 같음.

적이 우리 수군을 습격하였는데 통제사 원균이 패전하고 사망했다. 원균은 이미 이순신을 대신하게 되자 이전의 약속을 모두 바꾸고, 사납고 고약한 성질을 멋대로 부려 군졸들이 원망하고 분개했다. 원균은 술을 좋아하고 취하면 성을 내어 형벌에 법도가 없고 호령이 시행되지 않았다. 그때 행장行長이 또 요시라要時羅를 보내 김응서金應瑞를 속이기를, "왜선이 모일某日에 추가로 이를 것이니, 조선 수군은 기다렸다가 맞이해 격퇴할 만하다."라고 하였다. 김응서가 그 말을 믿고 원수元帥에게 말하니, 원균에게 병사를 진격할 것을 재촉하였다. 원균은 이미 이순신이 주저했다는 이유로 모함했으므로, 수치스럽게 거절할 수 없어 전함을 모두 거느리고 진격하였다. 언덕 위에 있던 왜적들이 배가 나아가는 것을 보고 서로 보고하여 알렸다.

절영도絶影島에 이르러 왜선이 바다 가운데에서 출몰하는 것을 보고, 원균이 모든 군사를 독려하여 앞으로 나아갔다. 왜적은 이들을 지치게 하려고 우리 배와 서로 가까이 접근하여 배회하며 피하기만 하고 교전하지는 않았다. 밤이 깊어 바람이 거세지자 우리 배는 사방으로 흩어져 표류하여 향하는 곳을 알 수 없었다.

원균이 간신히 남은 배를 수습하여 가덕도加德島로 돌아오자, 군사들은 갈증이 심하여 다투어 배에서 내려 물을 마셨다. 적들이 섬 안에 매복해 있다가 갑자기 나와 덮쳐서 장교와 병사 4백여 명을 잃었다. 원균은 병사들을 이끌고 물러나 칠천도漆川島에 이르러 술을 마시고 취해 누워 버리니, 모든 장수들이 원균을 뵙고 앞일을 의논하고자 했으나 할 수 없었다. 한밤중에 적선이 습격해 오니 우리 군사는 크게 패하고, 원균은 해변으로 도주하여 배를 버리고 언덕으로 올라 도주하고자 하였으나 몸체가 비대하고 느려 나무 아래에서 앉아 쉬다가 좌우 사람들이 모두 흩어져 적에게 죽임을 당하였다.

경상도 수사 배설裵楔은 자신이 거느리는 배들과 사사로이 약속해서 도주하여 그 군사들만 온전하게 보존하였다. 한산도로 돌아와 불을 놓아 가옥·양곡·기계들을 불태우고, 섬 안에 남아 있던 백성들을 옮겨 적을 피해 도망가게 했다. 한산도가 이미 패하자, 적은 승세를 타고 서쪽으로 향해 남해와 순천을 차례로 함락하고, 두치진豆峙津[섬진강 하구]에 이르러 육지에 내려 크게 몰아치니, 호서와 호남이 크게 진동하였다.

만력 27년[선조 32, 1599년] 9월에 명나라 황제가 성지聖旨를 내려 해당 부部[병부]¹⁰⁶를 시켜 조선 전쟁에 참가한 장수와 병사들에게 은전을 베풀기를, "진린은 승급하여 도독동지都督同知의 실직을 제수하고, 그 아들 1명에게는 본위本衛의 지휘첨사指揮僉事를 음직蔭職으로 주어 대대로 세습하게 하고, 이순신에게는 그 나라에서 후하게 표창하게 하라."고 하였다.

---

106 해당 부部[병부] : 『大東野乘』再造藩邦志(六)에 의하면, "九月天子下聖旨 令該部東征將士 宜敍恩典 兵部覆議曰…"이라 하여 황제의 명령에 대하여 병부에서 보고하고 있음을 확인할 수 있다.

이충무공전서 권14

부록 6, 기실 하紀實下

○ 『서애집西厓集』에서

명나라 군사가 대구와 경주에서 억누르고 있었으므로 울산의 적은 경주를 넘지 못하고, 동래의 적은 대구를 넘어 서북쪽으로 오지 못하였다. 본국의 여러 장수인 이빈李薲,[1] 고언백高彦伯,[2] 홍계남洪季男,[3] 선거이宣居怡 등도 호랑이나 표범이 산속에 있는 듯한 위세를 힘입어 패잔한 군졸들을 거두어 의령·울산·경주 사이에서 각각 분담하여 지키면서 날마다 혈전을 벌였다. 또 거제에 있는 적군이 바다로 전라도 변경을 침범하기가 아주 쉬우므로 삼도 수군 장수 이순신·원균·이억기李億祺 등을 시켜 수군 1만여 명을 거느리고 한산도에서 지키게 하여 서쪽으로 쳐들어오는 길을 방비하도록 하였다.[4] 『서애집』 아래도 같음.

연전에 적이 경상도를 함락시키고 자주 배를 이용하여 전라도를 침범하였습니다. 그러나 본도의 수군절도사인 이순신은 수군으로 거제 바다 가운데에서 맞아 싸워 적선 수백 척을 불사르니, 적이 마침내 해안에 올라오지 못하였습니다. 전라도의 경내를 지금까지 보전한 것은 이 때문입니다.

저는 본디 어리석고 꽉 막힌 서생으로서 군사 일을 감히 함부로 말할 수 없습니다. 그러나 얕은 소견으로 삼가 생각해 보니, 대개 적을 방비하는 일은 비유컨대 사람이 불을 끄는 것과 같아서, 요컨대 불꽃이 너무 사방으로 번지지 않게 한 뒤에야 사람이 힘을 쓸 수 있습니다. 지금 적병이 실로 명나라 군사의 남은 위엄을 두려워

---

[1] 이빈李薲 : 1537~1603. 자字는 문원聞遠, 종실宗室 덕천군德泉君 이후생李厚生의 현손이다. 1570년(선조 3)에 무과武科에 오르고 회령부사寧府使를 거쳐 임진왜란 때에는 경상좌병사慶尙左兵使와 평안병사平安兵使를 지내고 1593년(선조 26) 정월에 이일李鎰을 대신하여 순변사巡邊使가 되어 남으로 내려와 의령宜寧에 진 치고 영남嶺南을 지켰다. 그로부터 2년 동안 순변사로서 관군官軍과 의병義兵들을 지휘하다가 1595년 정월에 파면되어 옥천沃川 고향으로 돌아가 지내다가 전쟁이 끝난 지 5년 후 향년 67세로 사망하였다.(『人物考』,『宣祖實錄』,『한국민족문화대백과사전』.).
[2] 고언백高彦伯 : 권13의 주 26 참조.
[3] 홍계남洪季男 : 권13의 주 47 참조.
[4] 『西厓集』 卷9, 呈文「百官呈司天使(憲)陳情文(癸巳冬)」에 실린 내용이다. 계사년은 1593년(선조 26)이다. 『서애집』은 서애 유성룡柳成龍의 시문집이다.

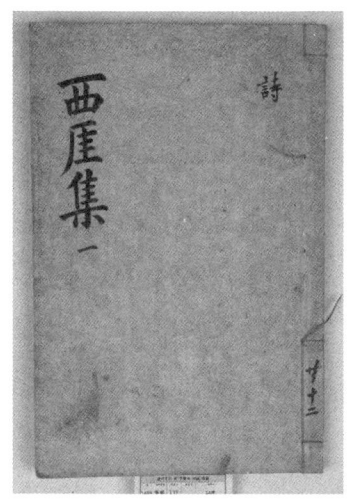 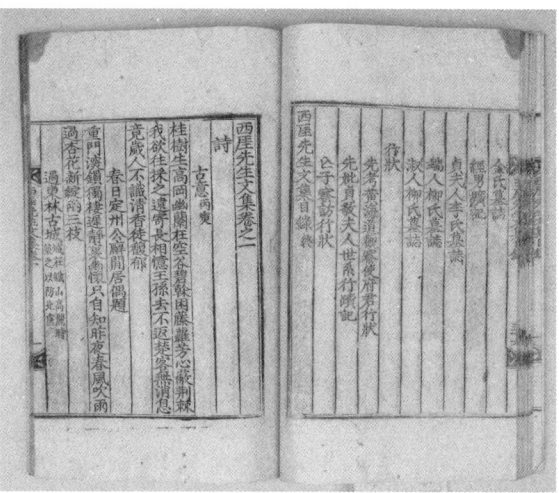

유성룡, 『서애집西厓集』 제1책 표지와 내지. 1834. 경주 경주이씨 이찬우 소장.

하여 부산의 한 모퉁이에 머무르고 있습니다. 만일 대군이 대구 등지에 주둔해서 동쪽 변방과 직로로 침범하는 형세를 막고, 또 낙참장駱參將[5] 외 모든 군대와도 연락하여 의령과 고성의 경계에 주둔시켜서 서쪽으로 가는 길을 가로막으며, 우리나라 수군 장수 이순신 등과 약속해서 군함을 모두 거느리고 거제 바다에서 가로막게 해서 삼로三路가 합세하여 적병을 견제하면, 적은 앞뒤가 모두 겁이 나서 감히 가볍게 움직이지 못할 것입니다.[6]

형개邢玠[7]가 군사를 나누어, 마귀麻貴[8]는 울산을 맡고, 동일원董一元[9]은 사천을 맡고, 유정劉綎[10]은 순천을 맡고, 진린陣璘[11]은 수군을 거느리고 통제사 이순신과 군대를 통합하여 해로海路를 맡아서 동시에 진격하였으나 모두 불리하였다. 동일원의 군사는 적에게 패하여 죽은 자가 거의 1만여 명이나 되었다. 얼마 후 일본의 관백關白이 병들어 죽자 적의 모든 진영이 다 철수해서 돌아갔다. 여러 장수들은 공도 세우지 못하였으나 수군만은 바다 가운데서 맞아 싸워서 적의 전선 수백여 척을 빼앗았다. 통제사 이순신이 힘써 싸우다가 유탄에 맞아서 전사하니, 사람들이 모두 아프고 애석하게 여겼다고 한다.[12]

---

5 낙참장駱參將 : 명나라 장군 참장 낙상지駱尙志를 가리킨다.
6 『西厓集』卷9, 書「答吳遊擊(惟忠)書(癸巳八月)」에 실린 내용이다.

○『상촌집象村集』[13]에서

통제사의 직책은 오로지 왜적을 방어하기 위해 설치한 것인데, 이순신이 전사한 뒤로부터 후임자가 점점 전임자만 같지 못하였다. 『상촌집』 아래도 같음.

---

7 형개邢玠 : 자는 진백搢伯·식여式如이고, 호는 곤전昆田이다. 명나라 후기의 명장으로 산동 승선포정사사承宣布政使司 청주부青州府 익도현益都縣 사람이다. 중국인들은 그를 '융정상서戎政尙書'라 일컬었는데, 본부의 상서와 어깨를 나란히 북벽北壁에 좌정하여 그 지위가 시랑侍郎의 위에 있었다.[『宣祖實錄』卷87, 宣祖 30年 4月 乙亥(15).]. 그는 중국 조정의 노신老臣으로 명을 받들고 나왔으니 공순하지 않은 자를 치고 속국을 안정시켜 주는 것이 곧 그의 임무였다. 그러나 조선에서 그는 세상이 평온해졌다는 것으로 구실을 삼아 공역을 돕도록 하려 하여, 군주에게 토목土木의 욕구를 길러 주고 외번이 공물을 사사로이 바치는 길을 열어 놓는다는 비난을 받았다.[『宣祖實錄』卷110, 宣祖 32年 3月 丁亥(8).]. 뿐만 아니라 형개는 명을 받고 동정東征을 나왔으니 장차 외국에 위력을 떨치고 번방을 안정시켜야 할 것인데, 겉으로는 싸우는 체하고 속으로는 화해하여 적을 놓아주어 치지 않았으며, 금품과 폐백, 그리고 군정軍丁을 보내어 그들의 욕심을 맞춰 주고 왕자와 배신을 보내겠다고 약속하여 그들의 마음을 사는 등 시종 경영한 일이 왜적을 퇴각시켰다는 이름을 얻기 위한 것에 지나지 않았다. 그리하여 마침내 궁지에 몰려 거의 항복하다시피 한 왜구로 하여금 돛을 높이 달고 노를 저으며 의기양양하게 돌아가게 한 비판을 받았다.[『宣祖實錄』卷110, 宣祖 32年 3月 乙未(16).]

8 마귀麻貴 : 중국 명나라 신종 때의 장군으로, 산서성山西省 대동 우위大同右衛 사람이다. 동이서마東李西麻(동쪽에는 이씨가, 서쪽에는 마씨가 있다)라고 불릴 정도로 많은 장군을 배출한 마씨 집안 출신이다. 1592년(만력 20, 선조 25)에 영하寧夏 지방에서 발배哱拜가 일으킨 반란을 평정한 공로로 총병관總兵官으로 승진하여 연수延綏를 지켰다. 1597년(선조 30)에 정유재란이 일어나자, 제독남북관병어왜총병관제독南北官兵御倭摠兵官이 되어 조선 출정군을 총지휘하였다. 일본군이 북상하여 한성을 위협하자, 마귀는 부장 해생解生을 보내 직산 전투에서 승리하며 적을 물리쳤다. 그러나 1597년 말 울산성의 가등청정加藤清正 군을 포위 공격했으나 많은 사상자를 내고 실패하였다. 1598년(선조 31)에 총독 형개邢玠의 사로병진작전四路竝進作戰 때, 동로군東路軍을 지휘하여 울산의 일본군과 대적하였으나 성과는 없었다. 1599년 3월 본국으로 개선하여 우도독右都督으로 승진하였다.(『明史』권238, 麻貴列傳; 方志遠,「"壬辰御倭"中的明軍將士与軍隊系統」,『충무공 이순신과 한국 해양』제2호, 해군사관학교 해양연구소, 2015.)

9 동일원董一元 : 명나라 말기의 장수이다. 직례성直隷省 선부전위宣府前衛 사람이다. 1583년(만력 11, 선조 16)에 총병관이 되었으며, 1594년(만력 22, 선조 27)에 요동에서 몽고군을 크게 쳐부순 공로로 좌도독左都督으로 승진하였다. 1598년(선조 31)에 어왜총병관御倭摠兵官으로 조선에 파병되어, 총독 형개邢玠의 사로병진작전四路竝進作戰 때, 중로군中路軍을 지휘하여 사천의 도진의홍島津義弘군과 싸우다가 대패하였다.(『明史』권239, 董一元列傳; 方志遠,「"壬辰御倭"中的明軍將士与軍隊系統」,『충무공 이순신과 한국 해양』제2호, 해군사관학교 해양연구소, 2015.)

10 유정劉綎 : 권9의 주 184 참조.

11 진린陳璘 : 권9의 주 172 참조.

12 『西厓集』卷16, 雜著「記壬辰以後請兵事」.

신흠申欽, 『상촌집象村集』 제1책. 목판본. 1636. 한국학중앙연구원 장서각.

진 도독이 통제사 이순신과 함께 조수를 타고 와 공격하면서 전투를 독려하기를, "각 배마다 적선 수 척을 잡아 오도록 하라. 오늘 밤에 기필코 이 적을 남김없이 섬멸해야 할 것이다."라고 하였다. 이순신이 조수가 빠져나간다고 아뢰었으나 도독이 듣

---

13 『象村集』卷34, 說 「備倭說」. 『상촌집』은 상촌 신흠申欽*의 시문집이다.

* 신흠申欽 : 1566~1628. 자는 경숙敬叔, 호는 상촌象村, 본관은 평산平山으로 한성漢城에서 살았다. 1566년(명종 21)에 났으니 이순신보다 21년 아래다. 1586년(선조 19)에 별시別試 문과에 합격하였으며 1592년 임진왜란의 발발과 함께 삼도순변사三道巡邊使 신립申砬을 따라 조령전투에 참가하였다. 이어 도체찰사都體察使 정철鄭澈의 종사관으로 활약했으며, 1599년(선조 32)에 장남 신익성申翊聖이 선조의 딸인 정숙옹주貞淑翁主의 부마로 간택되어 동부승지에 발탁되었다. 예조·병조 참판, 도승지 등을 차례로 역임하였으며 1604년에 한성부 판윤이 되고, 그 뒤 병조·예조 판서, 상호군上護軍 등을 역임하였다. 1623년(인조 즉위) 인조의 즉위와 함께 이조판서 겸 예문관·홍문관의 대제학에 중용되었고, 같은 해에 우의정에 발탁되었으며, 1627년 정묘호란이 일어나자 좌의정으로서 세자를 수행하고 전주로 피난했다. 같은 해 9월 영의정에 오른 후, 1628년(인조 6)에 사망하였다. 이이李珥를 옹호하여 동인의 배척을 받았으나, 장중하고 간결한 성품과 뛰어난 문장으로 선조의 신망을 받으면서 항상 문한직文翰職을 겸대하고, 대명 외교문서와 각종 의례문서의 제작에 참여하는 등 문운의 진흥에 크게 기여하였다. 1651년(효종 2) 인조 묘정에 배향되었고, 강원도 춘천의 도포서원道浦書院에 제향되었다. 시호는 문정文貞이다. 저서로는 『상촌집』 등이 있다. (「한국역대인물종합정보시스템」; 『한국민족문화대백과사전』.)

지 않았다. 이에 각 선박이 번갈아 서로 전진하여 적선을 탈취하려 하다가, 조수가 빠져나간 것도 모르는 사이에 사선沙船¹⁴과 호선號船¹⁵ 23척이 얕은 여울에 걸려 꼼짝하지 않게 되었다.

적이 이것을 보고는 각 선박에 떼지어 모여들어 포위하자 배 위에 있는 사람들이 마구 칼과 창을 휘둘러 쓰러뜨렸는데, 적들도 그 수를 알 수 없을 정도로 죽었으나 명나라 군사도 전사자가 많이 발생하였다. 우리나라 군사가 보이지 않는 곳에서 편전片箭¹⁶을 쏘아대자 적이 비로소 한 쪽을 틔웠는데, 포구浦口의 진흙탕 속에 빠져 있던 명나라 군사 140인이 이렇게 해서 모두 빠져나올 수가 있었다. 명나라 군사의 선박으로서 불태워진 것이 19척이고 빼앗긴 것이 4척이었다.¹⁷

진린陳璘은 수군을 거느리고 순천順天의 적을 협동하여 공격했는데, 참정參政 왕사기王士琦가 군사 업무를 감독하였다. 등자룡鄧子龍¹⁸·계금季金¹⁹·양천윤梁天胤·복일승福日昇·왕원주王元周·심무沈懋·이천상李天常 및 우리나라 통제사 이순신 등과 함께 고금도古今島 쪽에서 바다로 나아가 9월 21일에 여러 장수들로 하여금 수책水柵을 집중 공격하게 하였다. 22일에 나아가 공격하여 적의 수급을 벤 것이 매우 많았다.

---

14 사선沙船 : 중국 명나라 중기부터 그 이름이 나타난 배로, 바닥이 평탄하고 납작한 평저선平底船이다. 중국 북부 연안의 모래톱이 많은 강이나 하천을 다니기 위해 개발되었으며, 화물선·군선軍船·어선 등 여러 가지 용도로 쓰였다. 노량 해전에 참가하였던 사선은 1척당 정원이 20명이었다.(宋應昌, 『經略復國要編』 권3, 「議題水戰陸戰疏」, 만력 20년 11월 15일; 茅元儀, 『武備志』 권117, 軍資乘, 戰船 2. "沙船"; 허일·김성준·崔云峰, 『중국의 배』, 도서출판 전망, 2005, 20~31쪽.)

15 호선號船 : 호선唬船 또는 팔라호선叭喇唬船을 일컫는다. 중국 명·청시대 전선戰船의 하나로, 바닥이 뾰족한 첨저선이며, 선수 선미가 같은 모양의 배이다. 노량 해전에 참가하였던 호선은 1척당 정원이 15~20명이었다. 군사들이 뒤쪽을 향하여 앉아서 작은 노槳를 젓는데 매우 빨라서 적을 추격하거나 초탐哨探하는 데 사용하였다.(茅元儀, 『武備志』 권117, 軍資乘, 戰船 2. "叭喇唬船"; 宋應昌, 『經略復國要編』 권3, 「議題水戰陸戰疏」, 만력 20년 11월 15일; 『中國古代器物大詞典』 兵器·刑具, 河北教育出版社, 2004, "唬船".)

16 편전片箭 : 속칭 '애기살'. 길이가 매우 짧아 촉을 제거한 길이가 8치(약 37cm, 포백척 기준)에 불과하여 통아桶兒에 담아서 시위에 메어 쏜다.(李重華, 같은 책, 35쪽.)

17 『象村集』 卷56, 志 「天朝先後出兵來援志」.

18 등자룡鄧子龍 : 자는 무교武橋, 호는 대천大千, 별호別號는 호관도인虎冠道人. 중국 강서江西 봉성시丰城市 두시진杜市鎭 출신의 명나라 명장이다. 1598년 조선의 전쟁에 참가하였고 노량 해전에서 전사하였다.

이때 유 제독劉提督[유정劉綎]이 한창 성을 공격할 누거樓車[20]를 만들면서 공역이 다 끝나기를 기다려 성성을 공격하려 했기 때문에 도독 역시 군사를 거두고 대기한 지가 10여 일이 되었다. 다음 달 초1일에 제독이 도독[진린]과 약속하여 서로 만나보고 말하기를, "내가 만들고 있는 공성攻城 기구의 운제雲梯와 충거衝車[21] 제작이 완료되지 않았고, 군문軍門[총독 형개]의 보충병 및 등자룡의 수군도 아직 도착하지 않았으니, 나는 여러 군사들이 모두 도착할 때를 기다려 일을 거행했으면 한다."라고 하였다. 그러자 도독이 말하기를, "우리 군사들이 노숙露宿한 것이 이미 오래되었으니 적이 필시 우리의 정황과 형편을 탐지하고 있을 것이다. 따라서 속히 전투를 벌이는 것이 훨씬 나을 것이다."라고 하니, 제독이 어쩔 수 없이 따랐다.

[10월] 초2일에 제독이 적의 소굴로 나아가 공격하겠다고 하자, 도독이 배들을 이끌고 조수潮水를 타고 올라왔는데 정오가 지나도록 육군이 나아오지 않았다. 초 3일에 또 만조晩潮[저녁 조수]를 타고 와서 크게 전투를 벌였는데 육군은 또 이르지 않았다. 초7일에 또 진격하였으나 제독이 이미 육군을 철수하고 난 뒤였다. 이에 도독이 분개하여 말하기를, "내가 차라리 순천順天에서 죽어 귀신이 될지언정 차마 철군은 못 하겠다. 성을 공격할 필요 없이 싸울 때마다 왜적 수백 명씩만 죽인다면 왜적이

---

19 계금季金 : 자는 장경長庚, 호는 용강龍崗으로 절강성浙江省 온령溫岭 송문위松門衛 사람이다. 명나라 무과에 합격한 무진사武進士로, 유격장군遊擊將軍에 올라 1597년(선조 30) 10월에 수군 3,300명을 거느리고 조선에 출정하였다. 그는 함선을 충청수영(보령시 오천면)에 정박시키고, 경략 양호楊鎬의 울산성 공격작전 동안 일부 군사를 거느리고 남원을 지켰다. 계금의 수군은 1598년 4월에 고금도로 이동하여 통제사 이순신 함대와 협동작전을 펼쳤으며, 7월에 고금도에 도착한 진린 함대에 편입되었다. 9월에 조명연합군의 순천 왜교성倭橋城 공격 전투에서 부상을 입었으며, 11월에 노량 해전에서 진린의 선봉장이 되어 공을 세우고, 1599년(선조 32) 4월에 본국으로 돌아갔다. (『선조실록』; 『난중일기』; 『난중잡록』; 諸葛元聲, 『兩朝平攘錄』; 노승석 역, 「흠차통령절직수병유격장군欽差統領浙直水兵遊擊將軍 계공季公의 청덕비淸德碑」, 『이순신연구논총』 제9호, 순천향대학교 이순신연구소, 2007; 박현규, 「임진왜란 시기 明 水將 季金의 군사 행적 고찰」, 『이순신연구논총』 제21호, 순천향대학교 이순신연구소, 2014; 박현규, 「임진왜란 明 水將 季金의 유적과 조선 문사의 酬唱 시편」, 『이순신연구논총』 제23호, 순천향대학교 이순신연구소, 2015.)

20 누거樓車 : 전투용 수레로, 적진을 살피는 망루가 있었다.(『中國古代器物大詞典』兵器·刑具, 河北敎育出版社, 2004.)

21 운제雲梯와 충거衝車 : 원문은 "제충梯衝"이다. 둘 다 공성攻城 기구로, 운제雲梯는 사다리차, 충거衝車는 적의 성벽에 충격을 가하여 무너뜨리는 수레를 가리킨다.(『中國古代器物大詞典』兵器·刑具, 河北敎育出版社, 2004.)

또한 거의 사라질 것이다."라고 하였다. 여러 날을 계속 나아가 공격하여 모두 승리를 거두었다.

[11월] 19일 밤에 적선이 남해에 나타나자 이순신이 도독에게 알렸다. 도독이 계금季金과 함께 앞으로 나아가자 여러 장수들이 뒤를 따랐는데, 이순신이 앞장서서 인도하며 앞바다로 나가 진을 쳤다. 22일에 적선이 와서 앞장서서 가는 군대前軍를 공격하자 이순신이 이를 격파하여 배 50여 척을 불태우고 2백여 급을 베었다. 24일에 적의 모든 배들이 관음포觀音浦에 와서 전투를 벌였는데, 전투가 절정에 이르렀을 무렵 행장行長이 배를 타고 바다 한가운데[22]로 빠져나갔다. 도독이 수군을 독려하여 사천泗川의 왜적을 모조리 죽였다.

적이 이순신의 배를 여러 겹으로 에워싸자 도독이 우리나라 배에 바꿔 탄 뒤 포위망을 뚫고 곧바로 들어와 구원하였다. 적이 또 도독의 배를 포위하였는데, 두 명의 왜적이 뱃머리로 뛰어 올라오자 명나라 군사가 당파钂鈀[삼지창]로 그 가슴을 찔러 바다에 떨어뜨렸다. 적선이 고기비늘처럼 도독의 배 아래로 모여들자 도독이 닻을 내려 배를 멈추도록 명하였다. 왕원주王元周와 복일승福日昇[23] 두 장수 역시 우리나라 배로 갈아탄 뒤 도독의 배를 가운데에 두고 보호하였다. 도독이 군사들로 하여금 함성을 지르고 대포를 쏘게 하자 여러 적들도 위를 쳐다보고 조총을 쏘아 댔다. 도독이 군사들에게 명령하여 방패에 의지하고 엎드려 있게 하였는데, 여러 적들이 이를 보고는 한꺼번에 칼을 빼 들고 배 위로 올라오자 명나라 군사가 장창長鎗을 가지고 낮은 자세에서 몸을 구부리고 찔러 대니, 물에 떨어져 죽은 왜적이 1천이었다. 여러 장수들도 죽을힘을 다해 육박전을 벌였다.

얼마 뒤에 도독이 쇠방울[24]을 흔들어 군사를 거두었는데, 배 안에서 아무 소리도

---

22 바다 한가운데 : 원문 "외양外洋"은 연안에 인접되지 않은 넓은 바다, 즉 육지에서 멀리 떨어진 넓은 바다를 말한다.

23 왕원주王元周와 복일승福日昇 : 명나라 유격장군들이다. 『난중일기』에 따르면, 1백여 척의 전선을 거느리고 조선에 와서, 1598년(무술) 9월 30일에 순천 왜교성 공격 작전에 합세했다.

24 쇠방울 : 원문은 "탁鐸"이다. 『설문說文』에 "탁鐸이란 큰방울大鈴이다"라고 하였고, 『운회韻會』에는 "쇠로 만든 방울 종류로서, 금탁金鐸, 금령金鈴, 금설金㔽이 있는데, 군법을 시행하는 데 쓴다."라고 하였다.(국방부전사편찬위원회, 『兵將說・陣法』 1983, 200쪽.)

나지 않고 조용해지자 적이 의심하여 조금 퇴각하였다. 명나라 군사가 높은 위치를 이용하여 분통噴筒[25]을 적선에 흩뿌리니 매섭게 불어오는 바람에 불길이 맹렬히 타오르면서 적선 수백 척이 순식간에 잿더미가 되고 온 바다가 붉게 물들었다. 이순신이 멀리서 도독이 포위된 것을 보고는 역시 포위망을 뚫고 진격하면서 힘을 합쳐 혈전을 벌였다. 등자룡의 배에서 불길이 치솟자 일제히 군사들이 불을 피하느라 놀라고 소란해지자 적이 그 틈을 타고 자룡을 죽이고 그 배를 불태웠다.

우리나라 경상수사慶尙水使 이순신李純信의 선봉선先鋒船도 적선 10여 척을 불태웠다. 매우 높다랗고 위에 붉은 휘장을 친 적선 한 척에서 금으로 만든 갑옷을 입은 세 사람이 전투를 독려하고 있었다. 이순신李舜臣이 군사를 집결시켜 공격하여 금으로 만든 갑옷을 입은 한 사람을 쏘아 맞히자, 적선들이 도독을 버리고 와서 그 배를 구원하여 도독의 군사들이 이로 인해 탈출할 수 있었다. 이에 이순신의 여러 부대와 세력을 합쳐 호준포虎蹲砲[26]를 쏘아 그 배를 산산조각 내자 나머지 적들이 넋을 잃었고, 거의 모든 배를 불태웠다.

다음날 이순신이 탄환에 맞아서 전사하였다. 휘하 군사들이 [그의 죽음을] 숨기고 발상發喪하지 않은 채 각角[나팔]을 불고 깃발을 눕히며 더욱 힘껏 전투를 독려하여 적선 2백여 척을 쫓아가 불태우자, 적이 혹은 달아나 남해南海로 들어가기도 하고, 혹은 노량진露梁津을 따라 도망하기도 하였다. 도독이 배 위에서 통제선統制船의 사졸들이 수급과 왜화倭貨를 다투어 갖는 광경을 바라보고는 말하기를, "통제사가 반드시 죽었을 것이다."라고 하였는데, 물어보니 과연 그러하였다. 행장行長은 미조항彌助項의 외양外洋을 통해서 일본으로 도망쳐 갔는데, 행장을 잡아 목을 베지 못한 것은 유 제독劉提督이 잘못한 것 때문이라고 한다. 26일에 도독이 군사를 정비하여 육로陸路를 통해 한성王京에 왔다.[27]

---

25 분통噴筒 : 권13의 주 87 참조.

26 호준포虎蹲砲 : 포신砲身을 포가砲架에 올려놓으면 호랑이가 앉아 있는 모습인 포. 대략 길이 53cm, 구경 4cm의 가벼운 화포輕型火砲로, 16세기 명나라 명장 척계광戚繼光이 개발하여 왜구 진압에 활용하였다.(『中國古代器物大詞典』 兵器·刑具, 河北教育出版社, 2004, "虎蹲砲".) 임진왜란 때 조선에 도입되었다.

진린陳璘은 자가 조작朝爵, 호는 용애龍崖로 광동廣東 나정주羅定州 동안현東安縣 사람이다. 무술년[1598, 선조 31]에 흠차통령수병어왜총병관欽差統領水兵禦倭摠兵官 전군도독부도독첨사前軍都督府都督僉事로 6월에 나와 수로水路의 적을 정벌하였는데, 그 내용은 앞의 지志[28]에 나와 있다. 당시 4로路로 나누어 출병했는데, 동로東路는 싸우기도 전에 적이 벌써 달아났고, 중로中路는 전황이 불리했으며, 서로西路는 계책을 써서 은밀히 강화를 추진했고, 오직 수로만이 대첩을 거두었다. 행장이 그 패하는 것을 바라보고 먼저 달아났는데, 이순신李舜臣이 도독과 함께 정벌하다가 탄환에 맞아 전사하였다. 도독이 통곡하고 부의를 매우 후하게 하였으며, 들어가서 영구靈柩에 곡한 다음 이순신의 아내와 자식에게 조문하고 갔다.[29]

○ 『난중잡록亂中雜錄』에서

전라좌수사 이순신으로 삼도수군통제사를 겸하게 하였다. 이순신이 여러 장수들을 거느리고 한산도에 결진結鎭하여 거제에 있는 적과 보루를 마주 보고 대치한 지 한 달이 넘지 않아서 수비가 이미 완전하게 되었다. 때때로 거북선을 출동시켜 나오는 적을 쳐서 잡으니 적이 겁내고 위축되어 감히 나오지 못하여, 영남우도의 연로沿路와 호남의 일면一面이 이로 인해 평안하였다. 이순신이 한산도에 있으면서 읊은 20운韻의 시 가운데, "바다를 두고 맹세하니 물고기와 용이 움직이고, 산을 두고 맹세하니 초목이 아네誓海魚龍動 盟山草木知." 등의 구절이 있다.[30] 『난중잡록』. 아래도 같음.

통제사 이순신이 아뢰기를, "신이 마땅히 힘을 다하여 청정淸正이 오는 길을 막고

---

27 『象村集』卷56, 志「天朝先後出兵來援志」
28 『象村集』卷56, 앞의 주와 같음.
29 『象村集』卷57, 天朝詔使將臣先後去來姓名(記自壬辰至庚子)「劉提督票下官」. 임진년은 1592년(선조 25), 경자년은 1600년(선조 33)이다.
30 『大東野乘』卷27, 亂中雜錄3 癸巳下(萬曆 21年, 宣祖 26年). 『난중잡록』은 남원의 의병장 조경남趙慶男이 임진왜란에서 병자호란에 이르는 57년간의 국내외 정세 등을 일기체로 기록한 야사집이다.

자 하니, 각 도의 수령과 수군 등으로 하여금 힘을 다하여 들여보내도록 하여 주십시오. 운운."이라 하였다. 조정에서 부체찰사 한효순에게 수군의 일을 전담하게 하여 3도의 수군 및 격군格軍[31] 격량格糧[32]을 밤낮으로 조발調發하여 들여보내고, 병선兵船과 기계를 급히 수리하여 이순신이 적을 막는 형세를 도와주게 하였다.[33]

요시라要時羅가 우리나라에 말을 전하기를, "청정淸正[기요마사]이 한 척의 큰 배로 바다를 건너던 중 풍파를 만나 작은 섬에 며칠 동안 머물러 정박하였습니다. 내가 급히 통제사 이순신에게 통지하였으나 통제사가 의심하고 두려워하여 오지 않고 좌시한 채 일을 그르치는 데 이르렀습니다. 운운." 하였다. 조정도 또한 이순신이 헛되이 큰소리를 쳐서 군부를 속였다고 허물하여 금부도사를 파견하여 잡아다 심문하였다. 전라병사 원균元均으로 삼도수군통제사를 겸하게 하고, 나주목사 이복남李福男[34]을 전라병사로 삼았다. 남도의 백성들南民이 한산도를 보장保障으로 삼고, 이순신을 간성干城으로 믿었는데, 그가 파직되었음을 듣고는 사람들이 기댈 데가 없어서 짐을 꾸려서 서성거렸다.[35]

왜적의 괴수인 내도수來島守[36]는 병선 수백 척을 거느리고 먼저 서해로 향하여 진도珍島의 벽파정碧波亭 아래에 이르렀다. 당시 통제사 이순신은 명량鳴梁에 머물러

---

31 격군格軍 : 우리말 '곁꾼'의 취음取音. 일하는 사람의 곁에서 그 일을 거들어 주는 사람. 조선시대 사공沙工의 일을 도와 곁노를 젓던 수부水夫이다.

32 격량格糧 : 격량미格糧米. 격군格軍의 식량으로 쓰는 쌀이다.

33 『大東野乘』卷27, 亂中雜錄 3 丙申(萬曆 24年, 宣祖 29年.)

34 이복남李福男 : 1555~1597. 자는 수보綏甫, 본관은 우계羽溪(지금의 강릉). 한성漢城에서 살았다. 1555년(명종 10)에 났으니 이순신보다 10년 아래다. 1588년(선조 21)에 34세로 무과에 급제하여 여러 관직을 거쳐, 1592년(선조 25) 나주판관이 되고, 이듬해 전라방어사, 충청조방장忠淸助防將이 되었다. 1594년에는 남원부사, 전라도 병마절도사, 1595년에는 나주목사 등을 역임하였고, 다시 전라도 병마절도사가 되어 1597년 정유재란 때 남원성에서 왜군과 싸우던 중, 중과부적으로 전사하였다. 좌찬성에 추증되고, 1612년(광해군 4) 남원 충렬사에 봉향되었다. 시호는 충장忠壯이다. (「한국역대인물종합정보시스템」; 『한국민족문화대백과사전』.)

35 『大東野乘』卷27, 亂中雜錄3 丁酉(萬曆 25年, 宣祖 30年.)

36 내도수來島守 : 일본 수군 장수 구루시마 미치후사來島通總로 추정된다.(有馬成甫,『朝鮮役水軍史』, 東京: 海と空社, 1942, 260쪽.)

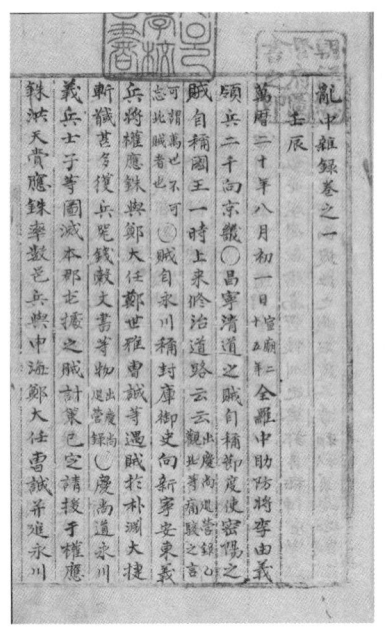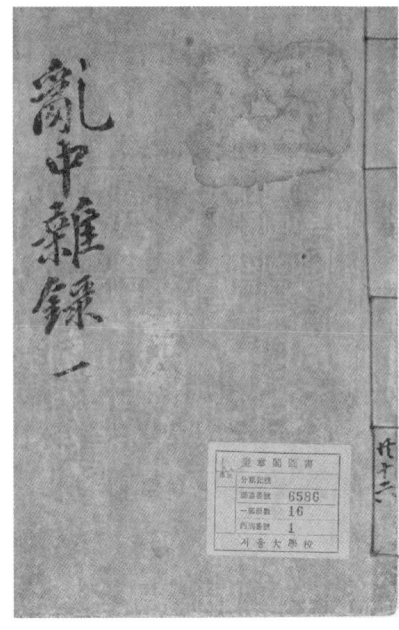

조경남趙慶男, 『난중잡록亂中雜錄』 제1책 내지와 표지. 필사본.
16세기 후반~17세기 초. 서울대학교 규장각한국학연구원.

진鎭을 치고 있었고, 피란하고 있던 배 백여 척이 뒤에서 성원하였다. 이순신은 왜적이 온다는 말을 듣고 여러 장수에게 명령하여, "적은 많고 우리는 적으니 적을 가볍게 대할 수 없으며, 기회가 되었을 때 대책을 세워야 할 것이니 이와 같이 하는 것이 올바르다."라고 하였다.

왜적은 우리 군대가 외롭고 힘이 약한 것을 보자 한꺼번에 삼킬 수 있다고 생각하여 서로 다투어 먼저 올라와 사면을 포위하고 엄습하여 왔다. 아군은 거짓으로 적의 포위 속으로 들어가니, 왜적은 아군이 두려워하고 겁내는 것을 기뻐하였다. 몸으로 돌진하여 어지러이 싸울 때, 홀연히 장수 배將船에서 소라 껍데기로 만든 나각螺角을 번갈아 불고 지휘기가 일제히 나부끼자, 불이 적의 배에서 일어나 여러 배로 번져서 연소 되면서 불길이 하늘을 뒤덮었다. 화살을 쏘고 돌을 던지며 창이 교차로 찌르니, 죽는 자는 삼대가 쓰러지듯 하였고, 불에 타거나 물에 빠져 죽는 자 역시 그 수효를 알 수 없었다. 먼저 내도수를 베어 머리를 돛대 꼭대기에 매달으니, 장수와 사병이 용맹을 떨쳐 달아나는 놈을 추격하고, 패배하여 가는 놈을 뒤쫓아 목을 베어 죽인 것이 수백여 급이 되었다. 도망하여 탈출한 것은 겨우 10여 척뿐이었고, 아군의 병선은 모두 무사하였다. 그 뒤 왜적들이 고국으로 돌아가 전쟁을 논할 때 반드시 명량의 싸움을 말하였다.[37]

적의 장수 의홍義弘과 윤직무允直茂 등이 각각 1만여 명의 군사를 거느리고 해남海南에 머물며 진을 쳤다. 명량에서 패전한 때부터 배가 이르지 않자 윤직무 등은 우로右路를 경유하고, 의홍 등은 좌로左路를 경유하여 모두 남원을 향하여 도주하였다.[38]

이순신이 진린과 함께 연회를 벌이고 있었는데, 문득 탐선探船이 달려와 적의 변고가 매우 절박하다고 보고하였다. 곧바로 연회를 정지하고 여러 장수들에게 분부하여 "요긴한 곳에 군사를 매복시키고 망을 보라." 하고, 군기軍機를 정돈하고 단속하여 기운을 가다듬고서 기다렸다. 한밤중에 바람결에 삐걱거리는 소리가 귀에 들려 오더니, 동틀 무렵에 수많은 적의 배가 이르자 곧장 앞으로 나아가 교전하였다. 이순신이 진린에게 높은 데 올라가 내려다보게 하고, 자신은 여러 배를 거느리고 적이 있는 가운데를 뚫고 돌입하였다. 화살과 돌이 뒤섞여 떨어지고, 화포를 함께 발사하여 50여 척을 잇달아 불태우고 백여 명의 머리를 벤 것을 거두어들였으며, 왜적은 도망하여 본진으로 돌아갔다. 진린이 크게 기뻐하였다.[39]

이보다 앞서 사천泗川의 적의 대장 의홍義弘과 남해의 부副대장 평조신平調信 등이 행장行長과 의지義智가 도움을 요청하자 군사 중에 노약자들 및 포로가 된 남녀들을 배에 싣고 먼저 떠나게 하고, 자신들은 수백 척을 거느리고 밤 조수를 이용하여 구원하러 갔다. 수군 복병장伏兵將 경상우수사 이순신李純信이 거룻배로 달려와서 보고하였다. 진린과 이순신李舜臣이 여러 전선을 거느리고 좌우협左右協이 되어 아군은 남해의 관음포觀音浦에 주둔하고, 명나라 군대는 곤양昆陽의 죽도竹島에 주

---

[37] 『大東野乘』卷27, 亂中雜錄3 丁酉(萬曆 25年, 宣祖 30年).
[38] 『大東野乘』卷27, 앞 주와 같음.
[39] 『大東野乘』卷27, 亂中雜錄3 戊戌(萬曆 26年, 宣祖 31年).

둔하여 닻을 거두고 변고에 대비하고 있었다.

한밤에 수없이 많은 적선이 광주양光州洋[40]으로부터 구름과 안개가 합쳐서 모여드는 것처럼, 노량을 지나 막 왜교倭橋로 향하였다. 아군과 명군 양군兩軍이 불쑥 발선하여 좌우에서 갑자기 습격하였다. 화살과 돌이 뒤섞여 떨어지고, 불붙은 섶을 마구 던져서 허다한 왜선이 태반이나 불이 번져서 연소되었다. 병사들이 모두 목숨을 걸고 혈전하니 적들은 버티지 못하면서 이에 관음포觀音浦로 물러나 들어갔고, 날이 이미 밝았다.

이순신이 친히 북채를 잡고 먼저 올라가 추격하며 죽이고 포를 쏘는데, 배꼬리에 엎드려 있던 적이 이순신을 향하여 일제히 쏘아, 이순신이 탄환에 맞고 인사불성이 되었다. 급히 장좌將佐[41]에게 명하여 방패로 신체를 지탱하게 하고, 그들로 하여금 비밀로 하여 발상發喪하지 못하게 하였다. 당시 이순신의 아들 이회李薈가 배에 있다가 아버지의 분부에 따라 북을 울리며 깃발을 휘둘렀다. 정오가 되지 않아서 적의 배는 거의 진멸되고, 물에 뛰어들어 죽는 자는 헤아릴 수 없었으며, 도망하여 벗어난 것은 겨우 50여 척이었다. 아군은 수급을 거두어 명나라 장수[진린]에게 다 바쳤다. 우리나라 배는 함평咸平의 전함이 적에게 불태워졌다.

한참 싸움이 무르익었을 때 행장行長 등이 철병하여 몰래 묘도猫島의 서쪽 수도水道를 따라 나가 평산平山보堡의 명칭인데 남해 땅에 있다으로 향하여 바다로 달아났다. 남해에 머물러 있던 왜적도 노량露梁에서의 패배를 듣고 섬 가운데의 육로를 경유하여 미조항彌助項으로 달아났는데, 의지義智도 거두어서 함께 갔다. 유정劉綎은 왜교에 연기와 화염이 하늘을 가린 것을 보자 군사를 거느리고 달려 나아갔더니 적의 성은 이미 텅 비어 있었다. 이로 인하여 그곳에 머물러 진을 치니 본국의 장사將士들이 그를 따랐다.

---

40 광주양光州洋 : 『大東野乘』卷27, 亂中雜錄3 戊戌(萬曆 26年, 宣祖 31年)에 의하면, '광주산도光洲山濤'로 표기되어 있어서『이충무공전서』의 기록은 잘못 표기된 것으로 보인다. 그리고 광주산도에 대한 세주細註에 "泗川南海來路洋名"라고 설명하고 있다. 진주만晉州灣으로 추정되며, 진주만은 사천과 남해도 사이의 사천만과 남해만으로 이루어진 내해內海이다.

41 장좌將佐 : 장령將領과 좌리佐吏. 곧 장군과 보좌 임무를 수행하는 무관武官을 일컫는다.

이순신이 전사했다는 말을 듣고, 좌상左相[이덕형]은 충청병사 이시언李時言[42]을 임시로 통제사에 임명하고, 전라방어사 원신元愼[43]을 임시로 병사에 임명하였다. 이시언이 하동河東으로 달려가니, 진린이 먼저 이순신李純信으로서 [통제사를] 임시로 정하여 이미 수군을 영솔하고 있으므로 이시언이 즉시 본진으로 돌아왔다. 진린이 여러 군사들을 이끌고 남해진南海陣으로 들어가 탐색하여 군량 1만여 석을 거두었고, 우마도 셀 수 없을 정도에 이르렀다.[44]

○『춘파록春坡錄』[45]에서

정유丁酉[선조 30, 1597년] 9월 왜적이 진도珍島를 침략하자, 통제사 이순신이 명량鳴梁에서 받아쳐서 크게 격파하였다. 수백여 급을 목 베어 죽이고, 불에 타고 물에 빠져 죽은 자도 이루 헤아릴 수 없었다. 적은 겨우 10여 척의 배를 가지고 도망하여 탈출하였으나 우리 배는 모두 아무 탈이 없었다. 그 후 적들 중에 전쟁을 논할 때 반드시 명량의 싸움을 말하였다. 왜장 청정淸正 및 행장行長 등이 전주全州에 모여 저자를 열고 남원에서 얻은 중국 물건을 무역하고 교환하면서 서로 이르기를, "임진의 난리에 여러 도道가 모두 함락되었으나 조선이 유지된 것은 바닷길로 호남·호서를 통할

---

42 이시언李時言 : 권11의 주 4 참조.

43 원신元愼 : 1551~?. 자는 신재愼哉. 본관은 원주原州. 한성漢城에서 살았다. 1551년(명종 6)에 났으니 이순신보다 6년 아래다. 1583년(선조 16) 33세로 알성무과에 합격하여 여러 관직을 역임하였다. 1592년(선조 25)에 강원도 별조방장別助將, 1594년(선조 27)에 경원부사慶源府使, 1595년에 훈련도감 중군中軍, 1597년(선조 30)에 전라도 조방장, 방어사, 1599년(선조 32)에 남원부사를 역임하였다.(『선조실록』;『月峯海上錄』권1, 기해 7월;『난중잡록』;「한국역대인물종합정보시스템」.)

44『大東野乘』卷27, 亂中雜錄3 戊戌(萬曆 26年, 宣祖 31年).

45『춘파록春坡錄』: 이성령李星齡*이 지은『춘파당일월록春坡堂日月錄』을 가리킨다. '춘파일월록春坡日月錄'으로도 부른다.

*이성령李星齡 : 자는 문옹文翁, 호는 춘파春坡. 본관은 한산韓山으로, 한성에서 살았다. 1632년(인조 10)에 출생하여, 1652년(효종 3)에 진사 증광시增廣試에 합격하였다. 뒤에 음보蔭補로 출사出仕하여 벼슬이 서윤庶尹에 이르렀다. 조선 태조가 개국한 이래 1638년(인조 16)까지의 정사 및 야사를 편년체로 기술한『춘파당일월록春坡堂日月錄』을 저술하였다.(「한국역대인물종합정보시스템」;『한국민족문화대백과사전』.)

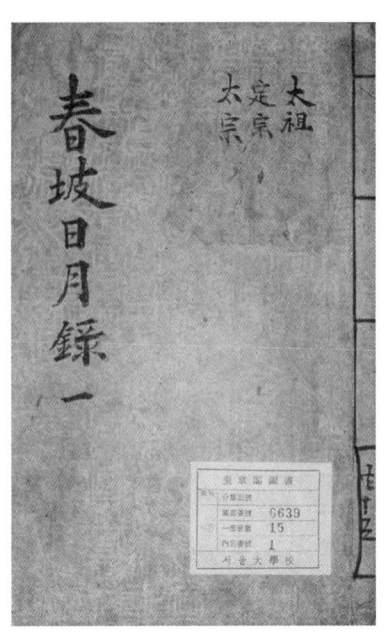

이성령李星齡 편, 『춘파일월록春坡日月錄』 제1책. 필사본. 17세기 중반. 서울대학교 규장각한국학연구원.

수 있었기 때문이다."라고 하였다. 『춘파록』 아래도 같음.

　진린이 수군 1천여 척을 거느리고 이순신을 선봉선先鋒船으로 삼았는데, 배는 모두 검정 베로 돛[46]을 만들었고, 갖가지 깃발이 그 사이에 종횡으로 휘날리고 있었다. 묘도猫島에서부터 떠들썩하게 북을 치고 깃발을 휘두르며 나아가니 바라보기에도 매우 웅장하였다.

　본국의 여러 장수들이 모두 부유富有[47]에 모였고, 진린과 이순신은 그대로 해안에 머물면서 날마다 싸움을 걸었으나 적은 감히 나오지 못하였다.

　평행장이 은 1백 냥과 좋은 칼寶刀 50자루를 진陳 장수[진린陳璘]에게 올리며 말하기를, "전쟁에 있어서는 피를 흘리지 않는 것을 귀하게 여깁니다. 청컨대 길을 열어 본국으로 돌아가게 해 주십시오."라고 하자, 진린이 허락하였다. 적이 또 먼저 몇 척

---

46 돛 : 원문 "풍석風席"은 원래 배의 돛을 만드는 돗자리이다. 여기서는 '돛'으로 번역하였다.
47 부유富有 : 전라남도 순천시 주암면 창촌리.

의 배를 내보내자, 통제사 이순신이 그들이 오기를 기다렸다가 죽였다. 행장이 진린에게 다시 화해를 청하며 말하기를, "강화가 이미 이루어졌는데 군사로써 상대를 가해하는 것은 어째서입니까?"라고 하니, 진린이 말하기를, "내가 아는 바가 아니고 바로 본국의 이李 장군[이순신]이 하는 일이다."라고 하자, 적이 근심하였다.

통제사 이순신과 진린이 노량에서 적병을 크게 격파하고 이순신은 전쟁에서 싸우다가 사망하였다. 이보다 앞서 사천泗川의 적의 괴수 의홍義弘과 남해의 적 조신調信 등은 행장行長이 도움을 요청하자 노약자들 및 포로가 된 우리나라 사람들을 뽑아서 배에 싣고 떠나게 하고, 자신들은 수백 척의 함선을 거느리고 밤에 조수를 이용하여 구원하러 갔다. 이순신李舜臣[李純信의 오기]이 거룻배로 달려와서 보고하였다. 진린이 여러 전선을 거느리고 좌우협左右協이 되어 아군은 남해의 관음포觀音浦에 주둔하고, 천병天兵[명군明軍]은 곤양昆陽의 죽도竹島 바다에 진을 쳤다.

한밤에 적이 광주光州[진주만]⁴⁸로부터 구름처럼 모이더니 곧바로 왜교倭橋를 향하였다. 아군과 명군 양군兩軍이 갑자기 습격하였다. 불붙은 섶과 화살과 돌이 섞여 떨어지니 왜선이 태반이나 불타고 격파되었다. 적들이 오히려 모두 목숨을 걸고 맹렬히 싸웠으나 버틸 수 없자 바로 물러나서 관음포觀音浦로 들어갔다. 다음날 아침, 이순신이 친히 북채를 잡고 먼저 올라가 추격하며 죽이는데, 배꼬리에 엎드려 있던 적이 일제히 이순신을 향하여 탄환을 쏘자 이순신이 탄환을 맞았다. 급히 장좌將佐와 이순신의 아들 이회李薈에게 명하여 방패로 신체를 가리게 하고, 그들로 하여금 곡하지 못하게 하였다. 이회가 [아버지의] 분부에 따라 손으로 스스로 북을 울리며 깃발을 휘둘렀다. 아직 정오가 되지 않았으나 물에 뛰어들어 죽는 적이 헤아릴 수 없었으며, 도망하여 벗어난 것은 겨우 50여 척이었고, 참수한 것이 9백여 급이었다. 수급을 거두어 명나라 배에 다 바쳤다.

한창 싸우고 있을 때, 행장行長 등은 몰래 묘도猫島의 서쪽 수도水道로부터 도주하였고, 남해의 왜적은 육로를 경유하여 미조항彌助項으로 들어갔으며, 의지義智도 거

---

48 광주光州[진주만] : 권14의 주 40 참조.

두어 모아서 배에 싣고 떠나니 변방이 마침내 조용해졌다. 조정에서는 이순신에게 좌의정을 증직하고, 자손들을 녹훈하였다. 그 뒤 경자庚子[선조 33, 1600년]에 좌수영 左水營에 사당을 세워 제사를 내렸고, 군졸들이 또한 돌을 세워 '타루비墮淚碑'라고 명명하였다. 갑진甲辰[선조 37, 1604년]에 이르러 공로를 논하면서 선무宣武 으뜸 공신으로 녹훈하고, 아들 이회에게는 임실현감을 제수하였다. 회 역시 청렴하고 검약하다는 명성이 있었다.

○ 『화국지和國志』[49]에서

이 충무가 백번 싸워서 모두 이긴 것은 대개 기습과 정공법[50]을 섞어서 내고, 충성과 용맹을 떨친 것 만이 아니라, 배의 장점이 저들의 단점을 제압할 수 있었기 때문이다. 일찍이 들으니, 임진란 초기에 고성固城 사람 제만춘諸萬春[51]이 사로잡혀 저들의 나라로 들어가 협판씨脇坂氏의 집에 있으면서 북쪽을 침범한 여러 적들이 수길秀吉에게 보고한 글을 보았는데, "조선 사람의 수전이 육전과는 크게 다르고, 또 배가 크고 빠를 뿐 아니라 누각과 방패까지도 견고하고 두터워 총탄이 모두 뚫고 들어가지 못하고, 우리 배와 만나면 깨뜨림을 당해 다 부서진다."라고 운운하였다. 이것에 의하면, 저들과 우리 배의 장단점을 알 수 있다. 『화국지和國志』.

---

49 『화국지和國志』: 1763년(영조 39) 일본 통신사행의 서기였던 원중거元重擧*가 사행에서 돌아와 1764년 경에 저술한 일본 사행록이다.
 *원중거元重擧 : 1719~1790. 자는 자재子才, 호는 손암遜菴·물천勿川, 본관은 원주原州이다. 강원도 원주에서 살았다. 1750년(영조 26) 생원 식년시式年試에 합격한 후 40세가 넘어서 장흥고봉사長興庫奉事(종8품)에 보임되었다. 1763년(영조 39)에 계미 통신사의 서기로 사행을 다녀왔다. 1770년(영조 46)에 송라도찰방松羅道察訪(종6품)으로 승직되었으나 곧 교체되었다. 저서로는 『화국지和國志』와 『승사록乘槎錄』이 있다. (「한국역대인물종합정보시스템」; 『한국민족문화대백과사전』)
50 정공법 : 원문은 "기정奇正"으로, 『손자병법』에서 측면에서 불의에 공격하는 기병奇兵과 정면에서 당당히 공격하는 정병正兵의 뜻이다. 기습과 정공正攻을 이른다.
51 제만춘諸萬春 : 본관은 칠원漆原이며 고성固城 출신이다. 임진왜란 때 경상우수영군교慶尙右水營軍校로 우수사 원균元均의 명에 의하여 소선小船을 타고 노군櫓軍 10여 명과 함께 웅천熊川의 적세를 탐지하고 영등포로 돌아오다가 포로가 되었다. 이듬해 7월 야밤에 탈출하여 전라좌수사 이순신의 진영에 도착하여, 이순신을 도와 적정의 탐지에 공을 세웠다.

○ 『어우야담於于野談』[52]에서

만력萬曆 임진壬辰[선조 25, 1592년]과 계사癸巳[선조 26, 1593년] 사이, 통제사 이순신이 한산도에서 진을 치고 있었다. 그 아들은 충청도에서 종군하여 왜적을 만나 3~4급의 목을 베고, 도망가는 자들을 쫓아 오랫동안 몰아치는데 왜적 한 놈이 몰래 풀 사이에 숨어서 엿보다가 불의에 갑자기 달려서 공격했기 때문에 말에서 떨어져 죽었다. 그러나 이순신은 그 소식을 미처 듣지 못하였다.

그 뒤 충청도 방어사가 왜인을 사로잡아 산 채로 한산진閑山陣[53]에 보냈다. 그날 밤에 이순신의 꿈에 그의 아들이 온몸에 피를 흘리고 와서 말하기를, "항복한 왜인 13명 가운데 나를 죽인 자가 있습니다."라고 하였다. 이순신이 놀라서 잠에서 깨었고 비로소 그 아들이 죽었을 것이라고 의심하였다. 이윽고 부고가 이르렀다. 항복한 왜인을 끌어내어 묻기를, "아무 날 충청도 아무 땅에서 적백색이 섞인 얼룩말 타고 가는 사람이 있어 너희가 그를 죽이고 그 말을 빼앗았다는데, 그 말이 어디에 있는지 찾으려 한다."라고 하였다. 그중 한 왜인이 나서며 말하기를, "한 소년이 적백색이 섞인 얼룩말을 타고 우리 무리를 쫓아 3~4명을 죽이므로, 내가 풀 사이에 엎드려 있다가 갑자기 일어나 그를 습격하고, 그 말을 가져다가 진중의 장수에게 바쳤다."라고 하였다. 여러 왜인들에게 물어보니 그렇다고 하므로, 이순신이 큰 소리로 통곡하고 끌어내어 목을 베어 죽이라고 명하였다. 혼을 불러서 제사하며, 글을 지어서 혼령에 고하였다. 『어우야담』. 아래도 같음.

행장行長이 무장을 풀고 돌아가려 하므로 수군 제독 진린[54]이 크게 성내어 1천 척의 배를 집결하여 길목을 막고, 우리나라 통제사 이순신 또한 크게 성내어 거북선 수백 척을 출동시키고 수군의 병졸을 선발하여 가로막았다. 왜의 군사는 크게 패하여 바다에 엎드려 있다가 자욱한 안개를 틈타 몰래 달아나고, 진 유격陳遊擊[등자룡鄧

---

52 『어우야담於于野談』: 조선 중기에 유몽인柳夢寅(1559~1623)이 편찬한 설화집이다.
53 한산진閑山陣은 고금도의 착오이다. 이순신이 아들 이면李葂을 죽인 왜적의 꿈을 꾼 곳은 한산도가 아니라 고금도이며, 시기도 임진년·계사년이 아니라 1597년 10월이다.(『이충무공전서』 권9, 「행록」.)

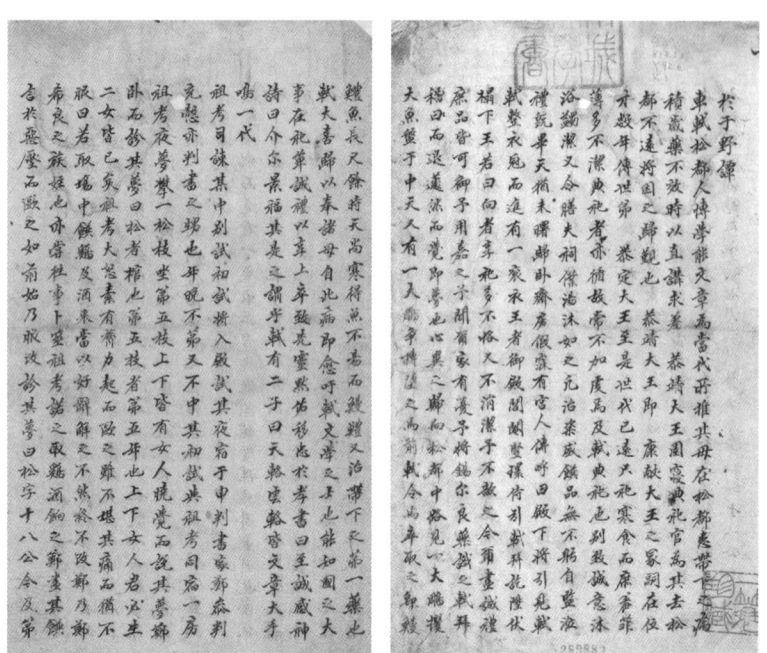

유몽인柳夢寅 편, 『어우야담於于野談』 제1책 내지. 필사본. 1621. 서울대학교 규장각한국학연구원.

子龍의 잘못]과 이 통제사는 죽었다. 아! 적의 운수는 아직 다하지 않았고, 명나라 군사의 위엄은 조금 꺾였다. 귀신도 돕지 않고 비와 안개가 일을 그르쳐 마침내 요망한 적과 큰 괴수로 하여금 목숨을 온전하게 한 채 돌아가게 하였으니, 어찌 마음이 아프지 않겠는가?

○ 「부산기사釜山記事」[55]에서

임진壬辰[선조 25, 1592년] 4월, 일본이 대거大擧 침략해 들어와 부산 동래東萊를 연달

---

[54] 수군 제독 진린 : 진린陳璘은 제독提督에 오르지 못했기 때문에 올바른 호칭은 총병관摠兵官 혹은 도독 都督이다. 명나라의 무관직은 아래로부터 유격장군遊擊將軍-참장參將-부총병관副摠兵官-총병관 서열로 올라가는데, 1592년에 이여송李如松이 무장武將으로서는 처음으로 총병관의 상급 직위인 제독에 올랐다. (『明神宗實錄』권319, 만력 26년 2월 무인; 『明史』권247, 陳璘列傳; 같은 책, 권238, 李如松列傳; 같은 책, 권76, 志52, 職官5, 五軍都督府.)

아 함락시켰다. 이에 영남의 한 도道가 위풍을 멀리서 바라만 보아도 와해 되어 감히 적의 칼날을 막아내지 못하였다. 전라좌수사 이순신이 여러 고을에 격문을 전달하고 모든 장수를 모아서 일을 의논하니, 모두 말하기를, "적의 기세가 몹시 날카로우니 경솔히 나갈 수 없습니다."라고 하였으나, 오직 녹도만호 정운鄭運은, "적이 호남지방을 아직 범하지 못하고 있으니 이 시기에 급히 군사를 거느리고 거슬러 공격하여 한편으로는 호남을 지키고 한편으로는 영남을 구원하는 것이 옳습니다."라고 하였다. 공은 "녹도의 말이 옳다."라고 말하고, 곧 배를 출발하라고 명령하였다.

5월 초1일, 고성固城의 사량蛇梁에 이르렀는데, 당시 적의 형세가 아주 급박하여 영남 연해의 여러 진영이 두려워하고 겁내며 어찌할 바를 몰라 모두 스스로의 배를 침몰시켰다. 원균元均 역시 작은 배 한 척으로 적량도赤梁島[56]에 숨어 엎드려 있다가 공이 이르렀다는 것을 듣고 와서 울며 말하기를, "나는 전선이 한 척도 여기에 없으니 이를 장차 어찌합니까?"라고 하였다. 공이 위로하여 어루만지며 또 말하기를, "이때는 신하가 몸을 바쳐서 국가에 보답할 때이오."라고 하였다.

초8일, 조라포助羅浦[57]에 이르러 공이 여러 장수들을 모아놓고 명령하기를, "지난 정유년[58] 손죽도損竹島에서의 싸움에 심암沈巖[59]이 약속을 어기고 본말을 전도하여

---

55 「부산기사釜山記事」, 『隱峯全書』 卷7, 記事 「釜山記事」. 『은봉전서』는 안방준安邦俊*의 저서이다.

   *안방준安邦俊 : 1573~1654. 자는 사언士彥, 호는 은봉隱峰·우산牛山·빙호氷壺, 본관은 죽산竹山. 전라남도 보성에서 살았다. 1573년(선조 6)에 났으니, 이순신보다 18년 아래다. 성혼成渾의 문인으로 성리학에 전념하여, 호남지방에서 명성을 떨쳤다. 임진왜란이 일어나자 고향에서 의병을 일으켰다. 인조 때 동몽교관童蒙敎官, 사포서별제司圃署別提, 전생서주부, 좌랑 등을 제수받았으나 나아가지 않았다. 효종 때 좌의정 조익趙翼이 천거하여 지평持平, 장령掌令, 공조참의를 역임하였다. 사후에 이조판서에 추증되고, 시호는 문강文康이다. 편저로 『항의신편』, 『이대원전李大源傳』, 『호남의병록湖南義兵錄』, 『삼원기사三寃記事』, 『사우감계록師友鑑戒錄』, 『혼정편록混定編錄』, 『매환문답買還問答』, 『기묘유적노랄수사己卯遺蹟老辣瀡辭』 등이 있다. (『한국민족문화대백과사전』.)

56 적량도赤梁島 : 경상남도 남해군 창선면 진동리.

57 조라포助羅浦 : 경상남도 거제시 일운면 구조라리.

58 정유년 : 정해년丁亥年의 오기이다. 정해년은 1587년(선조 20)이다.

59 심암沈巖 : 본관은 청송靑松. 무과에 합격하여 여러 관직을 역임하고, 1574년(선조 7)에 영암군수, 1586년(선조 19)에 전라좌수사에 올랐다. 1587년(선조 20) 2월에 왜선 18척이 관내 흥양(고흥) 지경에 침입하자, 녹도만호 이대원李大源이 홀로 대적하다가 전사했는데, 상급자인 좌수사 심암은 그의 공로를 시기하여 일부러 구원하지 않았다. 이 일이 조정에 알려져 심암은 의금부에 잡혀가서 그 해 4월에 처형당했다. [『선조실록』; 『湖左水營誌』(1815) 先生案; 「한국역대인물종합정보시스템」, "沈大謙".]

안방준安邦俊, 『은봉전서隱峯全書』 제1책. 목활자판. 1864. 한국학중앙연구원 장서각.
이 책 권7에 「부산기사釜山記事」가 실려 있다.

이대원李大源[60]으로 하여금 홀로 싸워서 죽게 하였다. 이제 장차 전쟁에 나아가게 되었으니 공들은 모쪼록 군사 기밀을 살펴, 나아가고 물러감에 실수가 없도록 하고 마음과 힘을 하나로 모아 각각 그대들의 공을 아뢰도록 하시오."라고 하니, 여러 장수들도 모두 응낙하였다. 그런 연후에 배를 진격하여 양암梁巖[61] 해협으로 나가니 왜선 50여 척이 옥포玉浦에 진치고 있다가, 우리 군사가 오는 것을 바라보고 장차 가덕도加德島로 피해 달아나려 하므로, 공이 모든 배를 거느리고 뒤쫓아 갔다. 정운이 분

---

60 이대원李大源 : 1553~1587. 자는 호연浩然, 본관은 함평咸平. 거주지는 경기도 양성陽城(안성安城)이다. 1553년(명종 8)에 났으니 이순신보다 8년 아래다. 1583년(선조 16) 31세에 무과에 급제하고, 1586년에 선전관으로 있다가 녹도만호가 되었다. 1587년(선조 20) 2월에 왜선 수척이 녹도 근처에 침입하자 그들을 무찔러서 수급을 좌수사에게 바쳤는데, 수사 심암沈巖은 그가 자기의 공으로 삼은 것을 미워하였다. 얼마 안 되어 왜선 18척이 손죽도損竹島를 침범하자, 심암이 이대원을 척후斥候로 삼았는데 뒤이어 응원하지 않았으므로 이대원이 패전하여 전사하였다. 병조참판에 추증되었으며, 고향에 충신정문忠臣旌門이 세워지고, 흥양의 쌍충사雙忠祠에 제향되었다. (『선조실록』; 『선조수정실록』; 「한국역대인물종합정보시스템」; 『한국민족문화대백과사전』.)

격하여 앞으로 돌진하자, 이에 모든 배가 함께 나아가 힘껏 싸워 적선을 모두 불살랐다. 그대로 나아가 영등포永登浦에 이르니 왜선 9척이 마산포馬山浦로부터 제포薺浦로 향하므로 쫓아가 핍박하여 또 불살랐다.

북으로 마산포를 지나 적정포赤亭浦[고성 적진포]에 이르니 왜선이 포구에 늘어서 있었다. 진격하여 그 배 40여 척을 불사르고, 거제巨濟의 흉도胸島[62]에 정박하였다. 본영의 탐후선探候船이 호남으로부터 와서 보고하며 말하기를, "적의 군사가 앞을 향하여 계속 달려서 도성이 함락되었습니다."라고 하였다. 공은 여러 장수와 함께 한참 동안 통곡한 뒤 여러 장수에게 말하기를, "나랏일이 이 지경에 이르렀으니 본영으로 돌아가 군사를 훈련시켜 혹은 북으로 올라가거나 혹은 다시 출동하는 것만 같지 못하오."라고 하였다. 드디어 군사를 이끌고 서쪽을 향하여 수영水營[여수 전라좌수영] 앞바다에 당도하였다.

유진장留鎭將 이설李渫이 맞이하며 보고하기를, "순변사 신립申砬이 지난달 28일에 충주 달천㺚川에서 왜적을 맞아 싸우다가 적에게 밀려 모두 물에 빠져 죽었습니다. 달천이 이미 무너지자 적의 세력이 더욱 커지므로 조정에서는 한양이 허술하니 퇴각하여 평양을 지키는 것만 못하다고 여기고, 그날로 대가大駕[임금이 탄 수레]가 서쪽으로 행차하였습니다. 30일에 적들이 도성으로 들어갔다고 합니다."라고 하였다. 공은 비로소 손바닥을 가볍게 두드리며, "임금께서 이미 온전하시니 내가 무엇을 걱정하랴."라고 말하고, 진영에 머물러 병기를 수선하였다. 여러 번 군사를 출정시켜서 전후로 사로잡아 얻은 것이 그 수를 알 수 없을 정도였다. 이로부터 호남 사람들은 두려움이 없었다.

원균은 전후의 싸움에서 조그마한 공도 없었는데 여러 장수들이 적을 깨뜨릴 때 뒤를 따르다가 죽은 적의 목이나 취하였고, 여러 장수들이 또 각각 자기의 소득을 원균에게 나누어 주어 원균의 소득이 여러 장수보다 가장 많았다. 그래서 당시 진중

---

61 양암梁巖 : 경상남도 거제시 능포동 능포반도 끝단 서북변 양지암陽地岩을 가리킨다. 끝단은 양지암취陽地岩嘴라고 부른다. (1918년 조선총독부 발행, 5만분의 1 지도, '巨濟島'.) 「해동지도海東地圖」(18세기) 거제부巨濟府 지도에 '양주암洋州岩', 「지승地乘」(18세기) 거제부 지도에 '양주암洋注岩'으로 표기되어 있다.

62 흉도胸島 : 경상남도 거제시 사등면 창호리 가조도.

에서는 "한 술 얻은 밥이 온 식기의 밥보다 많다."라는 말까지 있었다.

    원균은 공에게서 받은 은혜가 진실로 적지 않지만 원균이 문득 간사한 계책을 내어, 헛되이 목소리의 기세만 높이고虛張聲勢 임금을 기망하였다. 자기의 심복 군관을 시켜서는 먼저 임금이 임시로 머물고 있는 곳[행재소]에 아뢰게 하였다. 대가가 도성으로 돌아오자 공론이 차츰 시행되었다. 원균은 그의 패배한 정상이 드러날까 두려워하여 도리어 이를 빌미로 뇌물을 바치고 공을 무함하기를 이르지 않는 곳이 없으며, 딴마음이 있다고까지 하여, 마침내 잡아다가 심문을 받는 지경에 이르도록 하였다. 원균이 이순신의 직임을 대신하자 5~6년이 걸려 완비된 수군과 기구들을 하루아침에 다 없애 버렸으니, 원균의 죄상은 진실로 더 말하기에도 부족하며, 그에게 일을 맡긴 신하들도 마음이 편안하겠는가?「부산기사釜山記事」.

○「우암어록尤庵語錄」[63]에서

선생[송시열]은 일찍이 다음과 같이 인재人才를 논하셨다. "우리나라의 인재는 선묘조宣廟朝에 이르러 가장 융성하였다. 도학道學에는 퇴계退溪[이황李滉]·남명南冥[조식曺植]·한강寒岡[정구鄭逑]·율곡栗谷[이이李珥]·우계牛溪[성혼成渾]·중봉重峯[조헌趙憲], 문장文章에는 월사月沙[이정구李廷龜]·간이簡易[최립崔岦], 재사才士에는 차천로車天輅·임제林悌, 명필에는 한호韓濩, 장재將才에는 이순신李舜臣·김덕령金德齡 등이 모두 한 시대에 태어났다. 비록 기수氣數[운수]가 마침 그러해서라고 하겠으나 또한 [위에서] 배양培養을 잘 한 것에 연유한 것이다. 일찍이 차천로를 귀양 보낼 적에 도신道臣[감사監司]에 명하여 음식물을 넉넉히 공급해 주도록 했으니, 임금께서 인재를 아끼는 것이 이와 같았다. 인재가 어찌 나오지 않겠는가."라고 하였다.「우암어록尤庵語錄」.

---

[63]「우암어록尤庵語錄」:『宋子大全』(附錄) 卷18, 語錄「崔愼錄」(下).「우암어록尤庵語錄」에서 우암은 노론의 영수인 송시열宋時烈의 호이다.

○ 『삼절유고三節遺稿』[64]에서

임진년 난리에 섬 오랑캐가 많이 왔으나 감히 바닷길을 경유하여 서쪽으로 오지 못한 것은 실로 이순신의 공이었다. 거북선의 제도는 바로 이순신이 계획하고 시행한 것인데, 지금은 통영統營에 겨우 한 척이 있을 뿐이다. 『삼절유고三節遺稿』

○ 『덕수이씨세보德水李氏世譜』[65]에서

우리 덕수이씨德水李氏는 고려 말부터 일어나 대대로 현달顯達하였다. 우리 조정에 들어와서 덕행과 문필詞翰[66]로써 집안을 계승하였는데, 선조先祖 용재공容齋公[67]에 이르러 더욱 창대하였다. 그 뒤 큰 인물들[종장宗匠과 거공巨公]이 줄을 이어서 일어나 동방의 이름난 가문이 되었다. 도학에는 율곡 문성공文成公 같은 이, 무열로는 통제 충무공忠武公 같은 이들이 전후에 같이 나왔다. 문헌의 융성함이 두 분과 더불어 짝할 이가 거의 없었다. 『덕수이씨세보德水李氏世譜』

○ 『우산집牛山集』[68] 변백사제장사론辨白沙諸將士論에서

백사白沙[이항복][69]가 말하기를, "상께서 일찍이 여러 장수들을 논평하면서, '이순신·원균의 해상海上에서의 전공과 권율의 행주幸州 승첩을 으뜸 공로로 삼는 것이 마땅

---

64 『삼절유고三節遺稿』: 임진왜란 때 순절한 문신 윤섬尹暹과 병자호란 때 순절한 문신 윤계尹棨, 삼학사三學士의 한사람인 윤집尹集 등 세 절신의 시문집이다.
65 『덕수이씨세보德水李氏世譜』: 『睡谷集』卷10, 序「德水李氏世譜序」(壬辰).
66 문필詞翰: 원문 "사한詞翰"은 시詩·사詞·문장 등의 총칭이다.
67 용재공容齋公: 조선 중종 때 이조판서, 우찬성, 우의정을 지낸 이행李荇(1478~1534)을 이른다.
68 『우산집牛山集』: 조선 중기의 학자인 안방준安邦俊의 시문집이다. 후일 『우산집』에 안방준의 여러 기록들을 모아서 『은봉전서隱峯全書』로 편찬되었다.

하다.'라고 말씀하셨는데, 이 말씀은 바꾸지 못할 정론이다."라고 하였다. 또 말하기를, "원균은 특히 다른 사람으로 인하여 일을 이룬 자이므로 진실로 감히 이순신과 더불어 맞설 수 없다. 운운."이라고 하였다. 백사는 어찌 그리 잘못 생각하였을까. 적이 수군을 거느리고 호남을 향해 오래도록 몰아칠 때, 이순신은 만 번 죽어도 좋다는 생각을 가지고 한산도에서 차단하여, 적으로 하여금 감히 서쪽으로 노를 젓지 못하게 한 지 무릇 6년이었다. 원균은 두려워하고 겁내며 어찌할 바를 몰라 스스로 자기의 전선을 침몰시키고 바다 섬에 숨어 엎드려 있던 것을, 이순신이 끌어내어 군중軍中에 두고 군량을 넉넉히 보급해 주며, 자기가 획득한 적의 머리까지도 균에게 나누어 주었다. 원균으로 하여금 군율軍律을 면하게 했을 뿐 아니라 또 따라서 상까지 받게 하였다.

원균이 이순신에게서 난육卵育[70]을 받은 은혜가 진실로 대속代贖할 수 없을 정도로 적지 않았다. 그런데 원균은 뜻을 이룬 뒤부터 도리어 시기하는 마음을 품고 무릇 순신을 해치는 짓이 이르지 않는 곳이 없었으며, '바다의 왕海王'이라는 말까지 지어내어 멀고 가까운 곳에 퍼뜨렸다. 청정淸正이 바다를 건너자 이순신이 머뭇거리고 진격하지 않았다고 임금에게 몰래 아뢰어 이순신이 끝내 잡혀가서 심문을 받기에 이르렀다. 원균이 통제사를 대신하였고, 얼마 지나지 않아 온 군사가 배가 뒤집혀 가라앉아 죽었으니, 죄를 지어 목을 벨만 하고, 공이 없어서 기록할 만한 것이 없는데, 이순신·권율과 더불어 나란히 칭함은 어째서인가?

대개 원균이 서울에서 거처하여 그의 족속들이 귀근貴近[71]한 이들과 연결되고, 또 아첨하는 당시의 사람들 중에 그의 편을 드는 자가 많았다. 그러므로 임금을 속여 벌과 상이 뒤바뀌진 것인데 백사는 그런 것을 듣지도 못하였던가? 탑전榻前에서 공로를 논의할 때 어찌 이렇게 아뢰어 우리 선왕先王으로 하여금 옳고 그름을 소상히 아시게 하지 못하고 물러 나온 뒤에야 말을 하는가. 처음에는 '바꾸지 못할 정론이

---

69 백사白沙[이항복] : 백사白沙는 임진년(1592)에 도승지로서 의주까지 선조를 호종하여 호성공신 1등에 올랐고, 임진왜란 시기에 이조·병조 판서, 예문관대제학, 뒤에 영의정 등을 역임한 이항복李恒福의 호이다. 권9의 주 148 참조.
70 난육卵育 : 어미 새가 알을 까서 새끼를 품어 기르듯이, 어버이가 자식을 품에 안아서 기르는 일을 이른다.
71 귀근貴近 : 높은 지위에 있어 임금을 가까이 모시는 신하를 이른다.

다.'라고 하고, 마지막에는 '감히 이순신과 더불어 맞설 수 없다.'라고 하니, 정론이 과연 이런 것인가.

원균은 바로 내 중부仲父[둘째 아버지] 동암공東巖公[72]의 처 원 씨의 일가이다. 균이 통제사로 부임하던 날에 중부를 뵙고 인사드렸다. 원균이 말하기를, "내가 이 직함을 영화로 여기는 게 아니고 오직 이순신에 대한 부끄러움을 씻었다는 것을 통쾌하게 여깁니다."라고 하였다. 중부가 말하기를, "영공令公[영감]이 능히 마음을 다하여 적을 격파하여 그 공업이 이순신보다 뛰어나다면 부끄러움을 씻었다고 할 수 있소. 그저 이순신을 대신하는 것으로 통쾌하게 여기는 것을 어찌 부끄러움을 씻었다고 할 수 있겠소."라고 하였다. 그러자 원균이 말하기를, "내가 적을 만나 싸우게 될 때 그들이 멀리 있으면 편전片箭을 쓰고, 가까이 있으면 장전長箭[73]을 사용하고, 부딪칠 경우에는 칼을 쓰다가 몽둥이를 사용한다면 이기지 못할 것이 없소."라고 하였다. 중부는 웃으며 말하기를, "대장으로서 칼과 몽둥이를 쓰는 지경까지 이른다면 되겠는가."라고 하였다. 원균이 떠나자 중부가 나에게 말하기를, "원균의 사람됨을 보니 큰일은 망쳤구나."라고 하며, 한참이나 탄식하고 한탄하였다. 남쪽 사람들이 지금도 말이 이 일에 미치게 되면, 성나고 분하여 주먹을 쥐지 않는 이가 없다. 『우산집牛山集』 변백사제장사론辨白沙諸將士論. 아래도 같음.

백사가 또 말하기를, "영남이 함몰되던 날 이순신은 노량에 전함들을 열을 짓게 하여 적이 오는 길을 차단하고, 또 본도本道만을 굳게 지키려고 하며 한산閑山의 어귀는 엿보지 않고 망설이며 결단을 내리지 못하였다. 순천부사 권준權俊과 광양현감 어영담魚泳潭이 이순신에게 편지를 보내 그를 일어나게 하고, 몸소 스스로 달려가서 바다로 내려갈 계책을 힘써 이끌어서야 비로소 [이순신이] 군대를 일으켰다고 한다. 그 공을 논하자면 이순신이 으뜸 공을 차지하지만, 그 마음으로 말하자면, [이순신이] 두 사람에게 약간 부끄러운 점이 있다고 하겠다. 운운."이라고 하였다.

---

72 동암공東巖公 : 『은봉전서隱峯全書』를 기록한 안방준安邦俊의 중부仲父인 안중홍安重洪으로, 동암처사로 불렸다.

73 장전長箭 : 싸움에 쓰는 긴 화살.

백사의 이 말 역시 잘못되었다. 예로부터 연대烟臺[봉수烽燧]의 설치는 오로지 외적을 막기 위한 것이기 때문에 평상시에는 햇불 하나, 적의 형적이 나타나면 햇불 둘, 국경을 침범하면 햇불 셋, 맞붙어 싸우면 햇불 넷, 배에서 육지로 내리면 햇불 다섯이었다. 이 봉화烽火의 햇불 두 개가 보이면, 여러 고을과 모든 진영으로 격문이 전달되는 것을 기다리지 않고도, 수군을 정돈하여 곧바로 영문營門으로 달려가야 하며, 그러고도 오히려 뒤늦게 이르렀다는 죄를 받을까 두려워한다. 어찌 수령으로서 편안히 관가에 앉아서 그를[이순신] 책망하며, 책망하여 듣지 않은 뒤에야 몸소 달려가 힘써 이끌 이치가 있겠는가?

　　그 뒤 병오丙午[선조 39, 1606년] 연간에 백사가 이순신의 비명碑銘과 유사遺事를 지었다. 거기에는 "공이 모든 장수들과 함께 모여 일을 의논할 때, 녹도만호 정운과 공의 군관 송희립이 분연히 일어서서, 죽음으로써 스스로 충성을 다할 것을 원하며 언사가 강개하였다. 공이 크게 기뻐하며 수군을 거느리고 바다로 내려갔다."라고 한다. 그러니 전일의 권준과 어영담이 지금에는 정운과 송희립으로 변한 것은 어째서 인가? 정론이 과연 이런 것인가?

　　백사가 또 말하기를, "명량 전투에서 안위安衛는 일개 현령縣令으로서 이순신의 분부를 받고 큰 군함 한 척으로 적선 5백여 척을 꺾어 물리쳐, 적으로 하여금 감히 다시는 전라우도를 엿보고 곧바로 충청도에 돌진하지 못하게 한 것은 안위의 공로이다. 운운."이라고 하였다. 백사의 이 말 역시 잘못되었다. 이순신이 두 번째로 통제사가 되자, 경상우수사 배설裵楔이 전선을 이끌고 회령포會寧浦에 와서 정박하고 있다는 소문을 듣고 혼자 말을 타고 달려서 도착하였다. 배설에게 진공할 계책을 물으니, 배설이 호남의 막하幕下를 돕겠다며 핑계를 대고, 배를 버리고 밤중에 달아났다.

　　이순신은 흩어져 남은 배 8~9척을 수습하여 벽파정碧波亭 아래에서 적을 기다리고 있다가 공격하였다. 적은 숫자가 많고 우리는 적어서 당해내기 어려운 형세이므로 이순신은 여러 장수에게 명령하기를, "전함을 나루에 열 지어 놓고 적이 이르기를 기다리라."고 하였다. 그러나 안위安衛가 닻을 올리고 도망가므로 이순신이 잡아서 죽이려고 하자, 안위가 큰 소리로 급히 외치며 말하기를, "공을 세워 속죄하도록 해 주시기를 원합니다."라고 하였다. 여러 장수들도 모두 풀어주기를 청하므로 이순신이 허락하였다. 안위가 드디어 싸움에 나아가 적선 약간 척을 쳐서 깨뜨렸으니 안위의 공은 겨우 전에 지은 죄를 면할 정도였다. 그 당시 피란하는 여러 배들도 모두 이순신의 사람됨을 알아서 믿고 두려워하지 않았으며, 심지어 의병疑兵[74]이 되어 돕고 소리를 질러 응원하였고, 한 사람도 배반하여 간 자가 없었는데, 안위安衛는 장수로서 도리어 도피하고자 하여 그의 마음은 교묘하게 속이려고 한 것으로 헤아릴 수 없는 것이었다. 백사는 그것을 듣지 못하였다는 말인가.

○ 『반곡집盤谷集』에서

명나라 원외員外 양위楊位가 찬획주사贊畫主事의 임무를 띠고 와서 접반사 정경달丁景達[75]에게 묻기를, "중국에서 기주冀州·양주楊州에 있는 수십만의 군사를 출동시켜 귀국을 구원하러 왔으나 동국의 산천의 험난함과 평탄함, 싸움터의 형편을 자세히 알지 못하기 때문에, 귀국의 장수와 함께 도모하여 일을 치르고자 합니다. 지혜가 많고 군사에 능숙한 사람이 누구입니까?"라고 하였다. [정경달이] 대답하기를, "우리나라에 이순신이라는 이가 있어 삼도통제사가 되었는데 군사를 부리는 방법이 귀신과 같아 적은 수의 수군을 이끌고 백만의 강한 적병을 제압했습니다. 우리나라가 지금까지 지탱한 것은 모두 이 사람의 힘입니다."라고 하였다. 양楊이 말하기를, "이 모李某의 훌륭한 전술과 기묘한 계책은 일찍이 들어서 알고 있습니다만 배신陪臣[여기서는 정경달]의 말이 과연 듣던 바와 같습니다."라고 하였다. 『반곡집』. 아래도 같음.

엎드려 듣건대, 통제사 이순신이 겨우 군선 14척을 거느리고 적선 30여 척을 격파

---

74 의병疑兵 : 적의 눈을 속이는 가짜 군사. 적을 의혹시키는 군사를 이른다.
75 정경달丁景達 : 1542~1602. 본관은 영광靈光, 자는 이회而晦, 호는 반곡盤谷이다. 아버지는 정몽응丁夢鷹이다. 1570년(선조 3) 식년문과에 병과로 급제하였으며, 1592년 선산군수, 1594년 초대 삼도수군통제사 종사관을 지냈다. 권12의 주 146 참조.

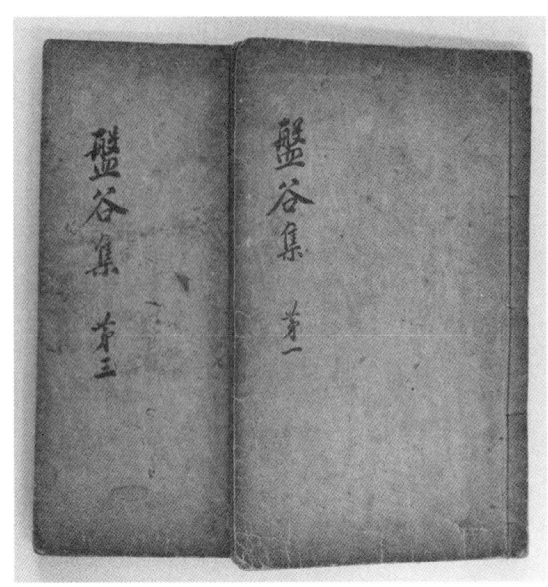
정경달丁景達, 『반곡집盤谷集』 제1, 3책. 강진군 다산박물관.

하고, 이제 또 야간을 이용하여 배에서 육지로 내려와 남해에 머물며 진을 치고 있는 적을 엄습하여 남김없이 다 베어 죽였다고 합니다. 실로 중국의 천하를 움직이는 위엄에 힘입어 큰 공을 이룬 것을 두 번이나 아뢰며, 회복할 계책은 이로부터 이루어질 수 있을 것입니다. 다만, 외로운 군대가 육지와 동떨어진 외딴 섬에 있으니 그 형세가 심히 위태로워 염려됩니다. 근래에 듣건대, 총병 서중소徐仲素[76]가 수군 3천 3백여 명을 거느리고 벌써 경강京江을 향하였다고 합니다. 만일 순조롭게 남쪽으로 내려와 세력을 합쳐 진퇴進退할 수 있도록 명령을 내려 준다면 기이한 공도 세울 수 있을 것입니다. 계획이 어떠한지 알지 못하겠습니다.

이 충무가 원균의 참소를 입어 잡혀가므로 공[정경달]이 도체찰사 완평군完平君

---

76 서중소徐仲素(徐中素) : 호는 옥연玉淵으로 강서江西 남강부南康府 건창현建昌縣 사람이며 만력萬曆 을미년(1595)에 진사가 되었다. 무술년(1598) 5월에 흠차어왜동로감군병비欽差禦倭東路監軍兵備 산동안찰사사첨사찬획주사山東按察使司僉事贊畫主事로 조선에 나왔다가 6월에 부친상을 당해 돌아갔다.(『象村先生集』 권57, 「天朝詔使將臣先後去來姓名 記自壬辰至庚子」, 楊萬兩經理以下諸官一時往來各衙門.) 여기 정유년(1597)에 명나라 수군 3,300명(105척)을 거느리고 강화도에 도착했던 장수는 서중소가 아니고 유격장군 서성徐成이었다. 서성은 병이 들어 1597년 10월에 유격장군 계금季金과 교체되었다.[『事大文軌』 권24, 「朝鮮國王咨楊經理(回咨)」, 만력 25년 10월 29일.]

이李 정승[77]에게 이르기를, "왜적이 꺼리는 자는 이순신인데 일이 이 지경에 이르니 나라도 어찌할 수 없소."라고 하였다. 이 정승이 이로써 장계狀啓하였으나 조정에서는 듣지 않았다.

이 충무가 참소를 입어 옥에 있었다. 공[정경달]이 유서애柳西厓[서애 유성룡]·이백사李白沙[백사 이항복]를 가서 뵈었더니, 그들이 묻기를, "그대가 남쪽에서 왔으니 원균과 이순신의 시비에 대해 들려줄 수 있겠습니까."라고 하였다. 공이 대답하기를, "누가 옳고 누가 그른 것은 반드시 말로 해명할 것이 아닙니다. 다만, 모든 군민軍民들을 보면 울며 부르짖지 않는 이가 없는데, 그들이 말하기를, '이 공이 죄를 입었으니 우리들은 어떻게 살 것인가?'라고 합니다. 이것으로 본다면 그 시비를 알 수 있을 것입니다."라고 하였다.

○ 『겸암집謙庵集』[78]에서

한산도의 수군이 기회를 포착하여 과단성 있게 하지 못한 것은 반드시 그럴 만한 까닭이 있어서 그러한 것입니다. 이제 들건대 통제사가 참소를 입어 잡혀가고 원균이 그 자리를 대신하니 군사들의 마음이 응당 갈라지게 될 것은 더욱 말할 수가 없는데, 체상體相[체찰사 이원익]이 급히 아뢸 수가 없다고 하며 아직 머뭇거리고 있습

---

77 이李 정승 : 삼도도체찰사 이원익李元翼이다.
78 『겸암집謙菴集』: 서애 유성룡柳成龍의 형이며 이황李滉의 문인으로 벼슬이 원주목사에 이르렀던 유운룡柳雲龍*의 시문집이다.
　*유운룡柳雲龍 : 1539~1601. 자는 응현應見, 호는 겸암謙菴, 본관은 풍산豊山이다. 어릴 때부터 총명해 모든 경사經史를 통독하였으며, 1572년(선조 5)에 친명親命으로 음사蔭仕를 받아 전함사별좌典艦司別坐, 의금부도사, 사포서별제, 내자시주부, 진보현감 등을 지내고, 그 뒤 한성부 판관, 평시서령, 사복시첨정 등을 두루 역임하였다. 1592년 임진왜란이 일어나자 영의정 유성룡이 선조에게 형 유운룡을 해직시켜 어머니를 구출하도록 읍소하여, 유운룡은 어머니를 비롯한 가족을 무사히 보전하였다. 그해 가을에 풍기가군수豊基假郡守가 되고, 얼마 뒤 다시 정군수正郡守가 되었다. 이후 원주목사로 승진되었으나 어버이의 노쇠함을 핑계하여 사퇴하였다. 사후 안동의 화천서원花川書院에 제향되었다. 저서로는 『겸암집謙菴集』이 있다.(『한국민족문화대백과사전』.)

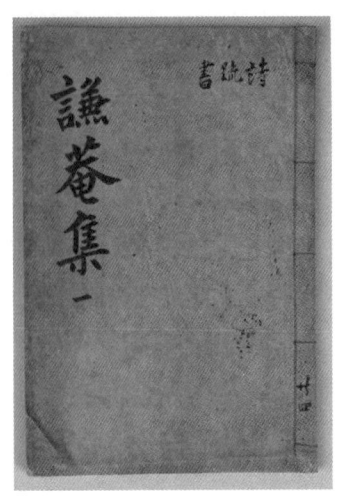

유운룡柳雲龍, 『겸암집謙菴集』 제1책. 목판본. 1803. 경주 경주이씨 이찬우 소장.

니다. 그렇지 않으면 수군도 역시 부릴 수 없게 될 것인데 기회를 한 번 잃는다면 어찌 애석하지 않겠습니까. 하물며 한韓 부사副使[부체찰사 한효순]가 가서 독촉하였는데 어찌 머뭇거릴 이유가 있겠습니까. 『겸암집謙菴集』.

○ 『죽창한화竹窓閑話』[79]에서

우리나라 조정國朝에는 보필을 잘한 어진 신하와 도덕이 있는 이름난 선비들이 대대로 끊어지지 않았다. 이 때문에 문치文治는 고려조보다 나았던 것 같으나 무예 방략武略은 삼국시대만 훨씬 미치지 못하였다. 장수로서는 원래 드러난 사람이 없는데, 그중에 김종서金宗瑞가 육진六鎭을 개척하고, 윤필상尹弼商이 건주위建州衛의 오랑캐를 몰아낸 일이 국위를 드날렸다고 할 만하다. 그러나 이것도 옛날의 명장에 비교한다면, 이는 다만 어린아이의 놀음일 뿐이다. 권율權慄이 행주幸州에서 크게 이긴 것이나, 이순신이 한산도에서 힘껏 싸운 것은 당시에 그 공이 으뜸으로서 옛사람에

---

[79] 『죽창한화竹窓閑話』: 『大東野乘』 「竹窓閑話」(李贊成德泂著). 죽창한화는 '죽천만록竹泉漫錄', '죽천한화竹泉閑話', '죽창잡화竹窓雜話', '죽천한설竹泉閒說'이라고도 한다. 죽천 이덕형李德泂이 지은 일화 만록집이다.

게도 부끄러울 것이 없다. 『죽창한화竹窓閑話』.

○ 『기재집寄齋集』[80]에서

이순신이 거제 앞바다에서 적선 4백여 척을 만나 오랫동안 크게 싸웠다. 이순신이 여러 장수에게 말하기를, "저 적선 위에 3층의 누각樓을 세우고 금빛과 푸른 빛으로 장식하고서 한 명의 적이 상床에 걸터앉아 지휘하고 있는데, 그가 반드시 대장일 것이다. 만일 두세 척의 거북선으로 적선에 바로 돌진시켜 이 적의 목을 매단다면 나머지는 반드시 저절로 무너질 것이다."라고 하였다.

드디어 장사 백여 인을 뽑아 세 척의 거북선에 나누어 타게 하고, 적의 배 사이로 드나들게 하니, 빠르기가 베 짜는 북과 같아서 적이 감히 가까이하지 못하였다. 드디어 3층 누선樓船을 쳤는데, 적장은 화살을 세 번 맞았으나 오히려 피하지 않았고, 머리를 맞고서야 비로소 거꾸러졌다. 이순신 등은 북을 울리고 고함치며 곧장 진격하니, 적이 마침내 붕괴하여 물에 빠져 죽은 자가 이루다 기록할 수 없었고, 병장기도 셀 수 없을 정도로 획득하였다. 7월, 보고가 이르자 이순신을 정헌正憲의 품계로 올렸다. 『기재집寄齋集』.

---

[80] 『기재집寄齋集』: 『大東野乘』 卷52, 「寄齋史草下」(朴錦溪東亮著) [壬辰史草] 壬辰日錄(三). 『기재집寄齋集』은 박동량朴東亮*의 시문집이다.

*박동량朴東亮 : 1569~1635. 자는 자룡子龍, 호는 봉주鳳洲, 본관은 반남潘南으로 한성漢城에서 살았다. 1569년(선조 2)에 났으니 이순신보다 24년 아래다. 1590년(선조 23) 22세에 증광시增廣試 문과에 합격하여, 1592년 임진왜란 때 병조좌랑으로 왕을 의주까지 호종扈從하였다. 중국어에 능통해 왕이 중국의 관원이나 장수들을 만날 때는 반드시 곁에서 시중하였다. 도승지, 이조참판, 경기도·강원도 관찰사 등을 역임하였다. 1604년 호성공신扈聖功臣 2등으로 금계군錦溪君에 책봉되고 호조판서에 임명되었다. 1608년 선조가 승하하자 수릉관守陵官으로 3년간 수묘守墓하고, 1611년(광해군 3) 판의금부사가 되었다. 일찍이 선조로부터 한응인韓應寅·유영경柳永慶·서성徐渻·신흠申欽·허성許筬·한준겸韓浚謙과 함께 영창대군을 잘 보호하라는 부탁을 받은 이른바 유교 7신의 한 사람으로서 대북파大北派의 질시 대상이 되었다. 1623년 인조반정이 일어나자 인목대비로 하여금 유폐 생활의 곤욕을 치르게 한 죄로 부안에 유배되었다가 1632년(인조 10)에 석방되어 고향으로 돌아왔다. 사후 좌의정에 추증되었고, 시호는 충익忠翼이다. 저서로는 『기재사초寄齋史草』, 『기재잡기寄齋雜記』 등이 있다. (『한국역대인물종합정보시스템』; 『한국민족문화대백과사전』.)

○ 『국포쇄언菊圃瑣言』[81]에서

이순신은 유성룡이 천거한 사람이었다. 유성룡과 더불어 좋게 지내지 못하는 사람은 곧 북인 당파北黨들로, 이순신이 군사 기회軍機를 잃었다는 것으로 죄를 삼아 떠드는 것은 뜻이 유성룡을 묶어 두려는 것에 있었다. 당시 의론이 바야흐로 준엄하여 사람마다 모두 목이 움츠러들었는데, 정탁鄭琢만이 홀로 차자를 올려 죄가 없음을 극력으로 말하여 죽지 않을 수 있었다. 『국포쇄언菊圃瑣言』. 아래도 같음.

이순신이 진영에 있을 때 운주당運籌堂을 짓고는 여러 장수들과 더불어 그곳에서 회의를 하였다. 그러나 원균은 [그 안에다] 기생첩[82]을 모아놓고 울타리로 에워 막은 채 술에 취하여 일을 살피지 않았다. 온 군사들의 마음이 흩어져 모두 말하기를, "적이 이른다면 오직 도망할 뿐이다."라고 하였다.[83]

○ 『하담자유고荷潭子遺稿』[84]에서

수군통제사는 진실로 하늘이 낸 신령스런 자태를 지닌 분이다. 일선 장수[85]에 임명되자, 변경에 웅장하게 자리를 잡고 한산섬에서 적의 바닷길을 끊으면서 바다를 가로막아 6년의 세월을 보냈다. 장수를 바꾼 일은 본래 적의 꾀에서 나온 것이고, [장군이] 군사에 관한 기회를 그르친 것은 아니었다. [원균이] 패전한 뒤를 이어 겨우 9척 배의 잔약한 군졸로 여러 번 벽파진碧波津에서 싸워 이겼으니, 그 공은 종묘 제기鍾

---

81 『국포쇄언菊圃瑣言』:『국포집菊圃集』卷12, 한묵만희翰墨漫戱(在英山時),「총명쇄록聰明瑣錄」에 나오는 내용이다. 국포菊圃는 영조 때 교리校理를 지낸 강박姜樸(1690~1742)의 호이며,『국포집菊圃集』은 1775년에 간행된 그의 문집이다.
82 기생첩 : 원문의 "기첩妓妾"은 기생 출신의 첩을 이르던 말이다.
83 『澤堂集』(別集) 卷10, 行狀(下)「統制使贈左議政李公諡狀」에 나오는 내용이다.
84 『하담자유고荷潭子遺稿』:『大東野乘』卷29, 亂中雜錄4 庚子(下)에 수록되어 있다.
85 일선 장수 : 원문의 "분곤分閫"은 궁성 밖의 군사에 관한 임무를 맡음의 뜻이다. 곧 장군의 임무를 맡긴 것을 이른다.(『한국고전용어사전』, 세종대왕기념사업회, 2001.)

彛[86]에 새길만 한 일이다. 노량 싸움에서 공이 임종할 때에, 북을 치고 깃발을 휘두르라고 분부하자, 아들이 그 명령대로 하여 [죽은 제갈량이] 살아 있는 중달仲達을 달아나게 한 것처럼 하였으니,[87] 그 꾀가 더욱 기이하다고 하겠다. 『하담자유고荷潭子遺稿』.

○ 『사설僿說』[88]에서

대보단大報壇[89]은 은혜를 보답하기 위하여 설치한 것이다. 임진왜란에 명나라 신종神宗의 도움이 아니었다면 우리나라는 다시 회복할 수 없었을 것이니, 이는 영원히 잊지 못할 은혜이다. 천자를 제후가 제사 지내는 것은 옛적에도 상고할 수 없으나 명나라가 이미 망하여 종묘가 폐허[90]가 되었다. 자손이 없어도 선왕先王을 추모하는 정성이 있기를 바란다면, 그 신하들과 함께 제사를 지내지 않을 수 없다. 그러한 예가 비록 선왕 때에 있지 않았다고 하더라도 의리에 비추어 예를 만들 수 있다는 것이[91] 이를 두고 말한 것이다.

---

86 종묘 제기 : 원문의 "종이鍾彛"는 종묘에서 사용하던 제기彛와 쇠북鍾이다.
87 공이 임종할 때에 …… 것처럼 하였으니 : "죽은 제갈량이 산 중달仲達을 패주시켰네死諸葛走生仲達."라는 고사에 비유한 표현이다. 중달은 중국 삼국시대 위魏나라 장수 사마의司馬懿의 자字이다.(『三國志』卷35, 蜀書 「諸葛亮傳」;『史略』卷3, 蜀漢.)
88 『사설僿說』:『星湖僿說』卷11, 人事門「大報壇配祭」에 실린 글이다.『성호사설星湖僿說』은 성호星湖 이익 李瀷*의 저술이다.
 *이익李瀷 : 1681~1763. 자는 자신子新, 호는 성호星湖, 본관은 여주驪州로, 경기도 안산 첨성리에서 살았다. 부친이 유배지에서 사망하고, 과거 응시가 거절되고, 형마저 역적으로 몰려 옥사하자 성호(안산)에 은거하며 학문에 정진했다.『성호사설』,『곽우록藿憂錄』,『이자수어李子粹語』등을 저술한 유학자이자 실학자이다. 정치·경제·사회·문화·사상·신문물에 이르기까지 거대한 체계를 이룬 그의 학문은 유학에 기본을 두었지만 개혁을 지향하고 경세실용에 중점을 둔 사상이었다. 후손 이맹휴·이중환·이가환 등과 문인 안정복·권철신 등이 성호학파를 형성하여 그의 학문을 이었고, 정약용 등에게 영향을 끼쳤다.(『한국민족문화대백과사전』.)
89 대보단大報壇 : 임진왜란 때 원군援軍을 보낸 명나라 신종神宗의 은의恩義를 추모하기 위해 1704년(숙종 30) 창덕궁 후원에 설치한 제단祭壇이다.
90 폐허 : 원문 "구허丘墟"는 예전에는 번화하던 곳이 뒤에 쓸쓸하게 변한 곳을 이른다.
91 의리에 …… 것이 : 원문 "의기義起"는 예禮나 규정에 없는 일을 당시 의리에 비추어 새로 제정하는 일이다.

당시에 원군援軍을 동으로 보내어 왜군을 정벌한 공훈은 마땅히 석성石星[92]을 으뜸으로 삼고, 장사로서는 마땅히 이여송李如松[93]으로써 으뜸 공훈을 삼아야 한다. 이는 내가 별도로 논평한 바가 있으니 제사를 지내지 않을 수 없다.

『서경』에 이르기를, "내가 선왕에게 크게 제향을 올리는데 그대들의 선조도 이 제향에 참여한다."라고 하였다.[94] 『주례周禮』의 하관夏官 사훈司勳에 이르기를, "육공六功[95] 가운데 전공戰功을 다多라고 하며, [무릇 공이 있는 자는] 태상太常[기旗의 이름]에 기록하고 대증大烝[겨울 제사]에 제사 지낸다."라고 하였다.[96] 우리나라에서 명 신종에게 차마 제향을 올리지 않을 수 없는 것은 전쟁에서의 공功 때문이다. 마땅히 사훈司勳의 규례를 준수하여 제독提督[이여송]과 경리經理[양호楊鎬[97]] 등 몇 사람을 배향配享함이 도리에 합당할 것이다.

『문헌통고文獻通考』를 살피건대, 선대의 제왕 사당帝王廟이 복희씨伏羲氏부터 수나라 문제隋文帝까지 무릇 20곳인데, 그 20곳에는 각각 배식配食[배향]이 있다. 지금 이미 신종의 제사를 지내면서 어찌 배향이 없어서야 되겠는가? 두보杜甫의 시에 이르기를,

---

92 석성石星 : 명나라 신종神宗 때의 대신. 1592년 임진왜란 때 조선의 구원 요청에 대해 병부상서兵部尙書로 있으면서 적극적으로 출병을 주장하여 결국 신종의 승낙을 받아 냈다. 그리하여 선발대로서 요동 부총병 조승훈祖承訓에게 5천 군사를, 다시 제독 이여송李如松에게 4만여 명의 군사를 주어 보내 조선을 구원하였다. 조선 정부는 그의 은혜를 기리기 위해 1593년(선조 26)에 평양에 무열사武烈祠를 세워 그를 제향하였고, 이여송도 합사하였다. 한편 그는 화전和戰의 계획을 세워 심유경沈惟敬을 파견해 봉공책封貢策으로 화의를 주선케 하였으나 실패하여, 결국 1597년(만력 25, 선조 30)에 삭탈관직된 후, 1599년(선조 32)에 감옥에서 병사하였다.(『明史』 권21, 神宗本紀, 만력 25년; 『增補文獻備考』 권64, 禮考11, 諸廟, 武烈祠; 『星湖僿說』 권23, 經史門, 石星; 『선조실록』.)

93 이여송李如松 : 명明의 장군으로, 자는 자무子茂, 호는 앙성仰城, 시호는 충렬忠烈이다. 요동 철령위鐵嶺衛 사람으로 성량成梁의 아들이다. 1592년(선조 25) 임진왜란 때 제독提督으로 방해어왜총병관防海禦倭總兵官이 되어 군사 4만을 인솔하고 들어왔다. 1597년 요동 총병관總兵官이 되고 이듬해 토번吐蕃을 공격하다가 전사하였다.

94 『書經』 盤庚(上).

95 육공六功 : 왕공王功은 훈勳, 국공國功은 공功, 민공民功은 용庸, 사공事功은 노勞, 치공治功은 역力, 전공戰功은 다多라고 한다.

96 『周禮』 夏官 司勳.

97 양호楊鎬 : 권9의 주 163 참조.

　　　　한 몸 같은 군신이라 제사도 함께 하네　　一體君臣祭祀同 『杜詩』丞相祠.⁹⁸

　라고 하였으니, 이는 곧 촌락의 사사로운 제사인데도 또한 군신을 함께 제사 지낸 것으로, 옛날에도 이미 이런 규례가 있었던 것이다.
　옛날 송나라 흠종欽宗에게 묘향廟享에 배향한 이가 없어, 임율林栗⁹⁹이 "당시 신료臣僚 가운데 국가를 위해 순절하여 이름과 절의가 드러난 자는 비록 관품官品이 낮아 배향의 반열에 들어갈 수 없다고 하더라도 사세의 변화는 일정하지 않으니, 정해진 법제에만 구속될 것은 아닙니다."라고 하였다. 당시의 여론은 비록 따라 주지 않았으나 고인의 일을 평론하는 자들尙論者은 옳게 여겼다.

　우리나라에서 이미 신종에게 제사를 지내고 있으니, 역시 정해진 법제에 구애되지 말고 우리나라에 공이 있는 사람을 배향하여 은혜에 보답하는 뜻을 드러내는 것이 옳다. 또 비록 명나라 장수天將가 있었으나 이충무 한 사람이 아니었으면 또한 왜적을 소탕할 수 없었을 것이다.
　배신陪臣은 천자의 상喪에 복복이 없지만 접견接見한 자만은 시최緦衰¹⁰⁰ 7개월의 복을 입는다. 내가 옛날에 충무공의 무덤을 지나다가 그 비문碑文을 읽어 보니, 천자가 그 공훈을 가상히 여겨 도독都督의 인수印綬를 하사하였으며, 전공戰功이 드러나 명나라 장수의 직을 받아 그의 이름이 황제에게까지 들렸다고 하니, 단지 접견하지 못하였을 뿐이다. 그런즉 배향하지 못할 의리가 없다.
　제후국의 대부는 직급이 천자의 상사上士에 비견되니, [충무공을] 이 제독李提督과 양 경리楊經理의 아래에 배열시킨다면 지하에 있는 영혼英魂¹⁰¹을 위로할 수 있으며,

---

98 『杜詩』丞相祠.
99 임율林栗 : 남송 복주福州 복청福淸(복건성) 사람이다. 자는 황중黃中, 시호는 간숙簡肅이다. 고종 1142년(소흥 12) 진사가 되어 천거를 받아 태학정太學正이 되고, 태상박사太常博士에 올랐다. 효종 1188년(순희 15) 병부시랑에 발탁되었다. 『주역』에 조예가 깊었으나 후세에 주희의 견해와 다르다는 이유로 널리 전해지지 않았다. (『宋史』 권394, 列傳153, 林栗.)
100 시최緦衰 : 시마복緦麻服을 가리키는 듯함. 원래 시마복은 오복五服 중에 가장 가벼운 3월복이며, 가는 삼베로 만든 시마緦麻를 입는다.
101 영혼英魂 : 훌륭한 사람의 혼. 영혼靈魂의 높임말이다.

이익李瀷, 『사설僿說』 제1책. 필사본. 성호박물관.

나라 사람들의 충성심을 흥기시킬 수 있으므로 이는 고려하지 않을 수 없다. 『사설僿說』.

○ 『방부인전方夫人傳』에서

정경부인 상주방씨尙州方氏는 충무공의 부인이다. 부친은 방진方震으로 관직이 보성 군수를 지냈다. 부인은 어려서부터 영특하고 성숙하였다. 나이 겨우 12살 때에 화적火賊이 안마당에 돌입했는데, 보성공寶城公이 화적에게 활을 쏘다가 화살이 다 떨어져 방 안의 화살을 가져오라고 소리쳐 찾았으나 시비侍婢가 화적과 내통하여 이미 몰래 훔쳐 내가서 남은 것이 없었다. 부인이 대답하기를, "여기 있습니다."라고 하고 급히 베 짜는 데 쓰는 대나무 한 아름을 가져다 다락 위에 던지니 소리가 마치 화살을 흩뿌리는 것 같았다. 화적은 평소에 보성공이 활을 잘 쏘는 것을 두려워했는데, 화살이 아직 많다고 하니 곧바로 놀라서 흩어졌다.

충무공忠武公이 세상을 떠난 후 원훈元勳[선무1등공신]에 책봉되고 높은 관직[우의정]에 추증되어 부인도 그 법례에 따라 정경부인에 봉해지고 80세가 넘도록 살았다. 통제사統制使 이운룡李雲龍이 휘하에 있던 옛 의리로 충무공의 사당에 참배하려고 지나는 길에 위의威儀를 성대하게 갖추고 들어가 먼저 부인에게 문안하는 예단을 드렸다. 부인이 받지 않고 말을 전하기를, "장수와 막하의 분수가 본래 엄격한데, 저승과 이승이 비록 다르다 해도 예의에는 차이가 없거늘 남편의 사당 지척까지 나팔을 불며 곧장 들어오니 편치 않음이 없겠는가?"라고 했다. 이 공이 마침내 그의 실수를 깨닫고 황공하여 그대로 머물러 사죄하고 부인이 그 예단을 받은 연후에 떠나갔다. 『방부인전方夫人傳』.

○ 『이씨가장李氏家狀』에서

충무공의 큰아들 이회李薈는 노량 전투에서 공훈이 현저하였다. 음사陰仕로 임실현감任實縣監으로 나아가 행정이 청렴하고 간략하다고 칭송받았고, 관직이 첨정僉正[종4품 훈련원첨정]에 이르렀다. 원종공신原從功臣에 녹훈되고 좌승지左承旨에 추증되었다.

둘째 아들 이열李荷[102]은 선조 대에 관직을 시작했고, 광해군 때에 정치가 혼란함을 보고 고향 집에 물러나 살았다. 죽竹이라는 이름을 가진 어린 여종이 있었는데 서울 집을 지키는 여종의 딸이었다. 나인들 틈에 끼어 궁중에 들어가 잔치를 구경하였는데, 광해군이 그 자색을 보고 좋아하여 궁중에 머물도록 명하자, 죽竹은 두렵고 겁이 나서 도망쳐 돌아왔다. 광해군이 내관을 시켜 은자銀子를 가져다 주고 속량贖良해서 들이도록 했다. 이열이 말하기를, "여색으로 미인을 바치는 것도 신하된 자가 매우 경계해야 하는데, 하물며 사노비를 어찌 왕에게 진상하겠는가? 비록 만 번 죽

---

102 이열李荷 : 이전 이름은 이울李蔚이었다. 이순신이 정유년(1597) 5월 3일에 '이울李蔚'을 '이열李荷'로 고쳤다. 자전에 따르면, '荷'은 음이 '예' 또는 '열'인데, 이순신은 '열'로 불렀다. 그러면서 "싹이 처음 튼다는 데나 초목이 기운차게 자란다는 데 쓰는 글자라 글자 뜻이 매우 좋다"라고 하였다. (『난중일기』 정유년 5월 3일 기사.)

더라도 감히 왕명을 받들 수 없다."라고 하였다. 내관이 은자를 떠맡기며 공갈하고 가자 이열이 중도까지 뒤쫓아 가서 은자를 돌려주니, 그 큰 절개가 이와 같았다. 계해癸亥[광해군 15, 1623년]에 인조반정이 일어나자 충훈부忠勳府 도사都事에 임명되고 관직이 형조정랑刑曹正郎에 이르렀다. 원종공신原從功臣에 녹훈되고 좌승지에 추증되었다.

막내 아들 이면李葂은 담략이 있고 말타기와 활쏘기를 잘했다. 정유丁酉[선조 30, 1597년] 가을에 모친을 모시고 아산牙山에 있었는데, 왜적이 민가를 불태우고 노략질한다는 말을 듣고 앞장서 달려가서 왜적 3명을 연달아 죽이고 복병의 칼날을 맞아 사망했다. 공이 고금도古今島에 진을 치고 있을 때 하루는 낮잠이 살포시 들었는데 꿈에 이면이 앞에서 울며 말하기를, "저를 죽인 적을 아버지께서 죽여 주십시오."라고 하고, 또 말하기를, "아버지가 자식의 원수를 갚는 것은 저승이나 이승이나 차이가 없는데, 원수를 같은 진중에 용납해 두고서 제 말을 무시하고 죽이지 않으십니까?"라고 하며, 통곡하며 갔다. 공은 깜짝 놀라 깨어 물으니, 새로 포로로 잡아온 적 1명이 배 안에 갇혀 있다 하였다. 공이 그자의 노략질한 처음부터 끝까지 모든 것을 심문하게 하니 과연 이면을 해친 자였으므로 잘라 죽이라 명령했다.

서자 이훈李薰과 이신李藎은 모두 무과武科에 급제하였다. 이훈은 갑자甲子[인조 2, 1624년] 이괄李适의 난에 도원수 장만張晩의 막하에 있다가 안현鞍峴[103]에서 전사하였다. 이신은 정묘호란丁卯胡亂[1627, 인조 5] 때에 종형 의주공義州公[이완李莞[104]]을 따라 힘껏 싸우다가 함께 사망했다.『이씨가장李氏家狀』

○「이충민공봉상신도비李忠愍公鳳祥神道碑」에서

숙종 임오壬午[숙종 28, 1702년] 3월에 상께서 성균관 대성전에 참배하고 알성시謁聖試를 설행하여 문사文士와 무사武士를 뽑았다. 문사에서는 자동子東[자字] 이해조李

---

103 안현鞍峴 : 서울 서대문 밖 길마재이다.(『인조실록』 권45, 인조 22년 2월 14일 계유.)

海朝¹⁰⁵를 얻었으니 곧 3대가 계속 문형文衡을 역임한 집안이요, 무사에서는 이봉상 李鳳祥 공을 얻었으니 옛 명장 충무공 이순신의 후손으로 세상 사람들이 모두 선대의 공렬을 훌륭하게 이을 것으로 기대했다. 자동은 문학과 언론으로 사류士流의 중망을 받았으나 중도에 요절하여 공의公議가 애석해했다. 이 공은 일찍이 대장 자리[106]에 올랐는데 당시 시국이 무척 험난하였으나 정도를 고집하여 변심하지 않아서, 마침내 난리를 만나 순절하여 절개를 세웠으니[107] 나라에는 충신이고 집안에는 조상을 닮은 후손이었다. 관운의 기복과 수명의 장단은 진실로 행운과 불행이 있는 법이지만, 두 공과 같은 사람은 어찌 쉽게 얻을 수 있겠는가? 「이충민공봉상신도비李忠愍公鳳祥神道碑」.

○ 「정승 유성룡의 시장柳相成龍諡狀」에서

그때 왜적에 대한 소문이 날로 급박하자, 비변사備邊司에 명하여 각자 장수의 재목

---

104 이완李莞 : 1579~1627. 자는 완이莞爾·열보悅甫, 본관은 덕수德水. 거주지는 충청남도 아산牙山이다. 이순신李舜臣의 맏형 이희신李羲臣의 넷째 아들이다. 임진왜란 때 이순신 휘하에서 종군하여 1598년 노량 해전에서 이순신이 전사한 사실을 알리지 않고 독전督戰하여 대승을 거두었다. 1599년 무과에 급제하고, 1624년 충청도 병마절도사로 있을 때 이괄의 난을 평정한 공으로 가선대부에 올랐고, 1627년 의주부윤으로 있을 때 정묘호란이 일어나 의주를 포위한 적과 싸우다가 종제 이신李藎과 함께 분사焚死하였다. 병조판서에 추증되고, 1706년 아산 현충사에 배향되었다. 시호는 강민剛愍이다. (『한국역대인물종합정보시스템』; 『한국민족문화대백과사전』.)

105 이해조李海朝 : 1660~1711. 자는 자동子東, 호는 명암鳴巖, 본관은 연안延安. 한성漢城에서 살았다. 1702년(숙종 28) 알성문과에 급제하고 사가독서賜暇讀書를 하였으며, 관직이 대제학, 전라도 관찰사에 이르렀다. 조부 이명한李明漢과 부친 이일상李一相을 이어 3대가 연달아 대제학을 역임한 것으로 명성이 나 있다. 문집으로 『명암집鳴巖集』이 있다. (『한국역대인물종합정보시스템』; 『한국민족문화대백과사전』.)

106 대장 자리 : 원문의 "융단戎壇"은 융원戎垣과 같은 말로 군문의 대장 자리를 말한다. 조선 초기에는 오위 五衛를 총괄하는 대장이 오위의 위장衛將을 명령하고 군사 훈련을 총책임지고 있었다. 조선 후기 오위의 기능이 유명무실해지면서 도성을 중심으로 각 군영軍營에 최고 지휘관으로 대장을 두었다. 포도청에는 좌·우대장左右大將 각 1인을 두고, 훈련도감·어영청·금위영·호위청 등에 최고 지휘관으로 각각 대장을 설치하였다. 품계는 종2품이었다. 이봉상은 훈련대장과 금위대장, 어영대장을 역임하였다.

107 난리를 …… 세웠으니 : 충청도 병마절도사로 재임 중이던 1728년(영조 4)에 이인좌李麟佐가 반란을 일으켜 청주를 함락할 때 충무가忠武家의 충의忠義를 내세워 항복을 거부하고 숙부 이홍무李弘茂와 함께 순절하였다.

을 천거하도록 했다. 공은 권율權慄과 이순신李舜臣으로써 왕명에 응하였다. 두 사람은 당시에 하급 관료로 있으며 이름이 많이 알려지지 않았으나 후일에 마침내 공훈을 세워 한때의 명장이 되었는데, 특히 이순신이 더욱 탁월하였다.「유상성룡시장柳相成龍諡狀」

○「정승 정탁[108]의 묘지명鄭相琢墓誌銘」에서

처음에 상께서 여러 재상들에게 명하여 각각 아는 사람을 천거하도록 했는데, 공은 곽재우郭再祐, 이순신李舜臣, 김덕령金德齡 등이 장수가 될 만한 재목이라고 천거했다. 이에 이르러 곽재우와 이순신은 한 지역을 방어하여 위대한 공적을 세워서 모두 위인 명장이 되었다.「정상탁묘지명鄭相琢墓誌銘」

○「정승 정언신[109]의 신도비鄭相彦信神道碑」에서

공은 또 사람을 알아보는 데 장점이 있었다. 막하에 들어온 선비 중에서 이순신李舜臣, 신립申砬, 김시민金時敏, 이억기李億祺 같은 이들이 모두 명장 중에서도 상등이었다.「정상언신신도비鄭相彦信神道碑」

○「정승 이덕형의 묘지명李相德馨墓誌」에서

공[이덕형[110]]이 무술[선조 31, 1598년] 7월에 접반사接伴使로서 유정劉綎 제독을 따라

---

108 정탁鄭琢 : 권12의 주 2 참조.
109 정언신鄭彦信 : 권9의 주 44 참조.
110 이덕형李德馨 : 권13의 주 88 참조.

순천에 이르렀는데 적장 행장行長의 형세가 더욱더 군색하였다. 그런데 유정이 첩자를 보내 [행장에게] 도망가라고 은밀히 알렸다. 공이 그 정상을 알아내서 먼저 통제사統制使 이순신李舜臣에게 명하여 수군 도독 진린陳璘에게 전달해 알려서 함께 요항要港[길목 항구]에 잠복해 있다가 협공하여 크게 격파하였다. 「이상덕형묘지李相德馨墓誌」

○ 「정씨가승丁氏家乘」에서

반곡盤谷 정경달丁景達[111] 공은 두성豆城[영광] 사람이다. 경오庚午[선조 3, 1570년]에 문과에 급제하고 임진壬辰[선조 25, 1592년]에 선산부사善山府使로 있었는데, 그때 섬 오랑캐가 쳐들어왔다. 공은 군사를 모집하고 군량을 모아 감사監司 김성일金誠一[112] 공과 병마절도사 조대곤曺大坤[113]과 함께 묘책을 구획하여 네 개의 진陣을 세우고 금

---

111 정경달丁景達 : 권12의 주 146 참조.

112 김성일金誠一 : 1538~1593. 자는 사순士純, 호는 학봉鶴峰, 본관은 의성義城. 경상북도 안동安東에서 살았다. 1538년(중종 33)에 났으니 유성룡보다 4년 위이고, 이순신보다 7년 위이다. 이황李滉의 문인으로 1568년(선조 1)에 31세로 문과에 합격하였다. 여러 관직을 역임하고, 1579년(선조 12)에 함경도 순무어사咸鏡道巡撫御史가 되어 변방의 방어 태세를 세심하게 살폈으며, 「북정일록北征日錄」을 남겼다. 1590년(선조 23)에 통신부사通信副使로 일본에 파견되었는데, 이듬해 돌아와 일본의 국정을 보고할 때, "왜가 반드시 군사를 일으킬 기색은 보이지 않는다."고 정사와 상반된 견해를 밝혔다. 이때의 일본 사행록인 「해사록海槎錄」을 남겼다. 1592년 경상우도 병마절도사로 재직하던 중 임진왜란이 일어나자, 이전의 보고에 대한 책임으로 파직되었다. 서울로 소환되던 중, 유성룡柳成龍 등의 변호로 다시 경상우도 초유사로 임명되었다. 의병장 곽재우郭再祐를 도와 의병 활동을 고무하였고, 경상우도 일대를 돌며 의병을 규합하였으며, 또한 관군과 의병 사이를 조화시켜 전투력을 강화하는 데 노력하였다. 그해 8월 경상좌도 관찰사에 임명되었다가 곧 우도 관찰사로 옮겼다. 1593년(선조 26)에 경상우도 순찰사를 겸했으며, 이해에 병사하였다. 정치적으로 동인東人에 가담하였고, 동인이 남인과 북인으로 갈릴 때 유성룡·김우옹金宇顒 등과 입장을 같이하여 남인을 이루었다. 안동의 호계서원虎溪書院 등에 제향되었고, 이조판서에 추증되었으며, 시호는 문충文忠이다.(「한국역대인물종합정보시스템」・「한국민족문화대백과사전」.)

113 조대곤曺大坤 : 본관은 창녕昌寧이다. 1588년(선조 21) 만포진첨사에 제수되었는데, 나이가 70세로 너무 많다고 하여 체직遞職되었다. 경상우도 병마절도사 재임 중이던 1592년(선조 25)에 임진왜란이 일어나자, 경상북도 구미龜尾 금오산金烏山, 성주星州, 고령高靈 등지에서 적을 베는 공적을 세웠다. 그러나 많은 군사를 거느린 곤수閫帥로서 적의 침입 소문에 겁을 먹어 도망을 가고, 김해金海 등을 원조하지 않아 성성이 함락되게 만들었다는 것으로 탄핵되었고, 파직된 뒤 백의종군하였다. 1594년(선조 27) 부총관에 제수되자 곧 체차되었다. 1599년(선조 32) 호위대장 재임 시절 중전中殿을 호위한 공으로 숙마熟馬를 하사받았다. 묘는 경기도 파주시 월롱면에 있다.(「한국역대인물종합정보시스템」.)

오산金烏山 아래에서 승첩을 거두었다. 갑오甲午[선조 27, 1594년]에 충무공 이순신이 장계로 청하여 공을 종사관從事官으로 삼았는데, 정경달 공이 민폐를 극진히 진달하고 각 고을에 도청都廳을 설립하여 적을 방어하는 방책을 삼도록 권하였다. 그해에 군공을 녹훈하는데, 공의 관하에서 적을 죽인 것이 165급, 활을 쏘아 죽인 것이 94급, 쏘아 맞힌 것이 260급, 왜적의 군막을 불태운 것이 3백여 칸이어서 이로써 통정대부通政大夫에 승진하였다.

일찍이 왕에게 입시하여 대답하기를, "이순신의 나라를 위한 충성과 적을 방어하는 재주는 옛날에도 필적할 자가 없습니다. 진陣에 임하여 머뭇거린 것도 역시 병법상의 승리를 위한 계책이었습니다. 어찌 기회를 관망하고 형세를 살펴서 방황하여 싸우지 않았다 해서 그의 이름을 죄안罪案에 두겠습니까? 전하께서 만약 이 사람을 죽이시면 종묘사직이 망할 것을 어찌하시겠습니까?"라고 하였다.「정씨가승丁氏家乘」

○「유형의 행장柳珩行狀」에서

통제사 이 공이 일찍이 속마음을 토로하기를, "예로부터 대장이 만일 조금이라도 공로를 가로챌 마음이 있으면 몸을 보전하지 못하는 경우가 많았다. 나는 적이 물러가는 날에 죽는다면 아무 유감도 없을 것이다."라고 하였다. 대개 원균元均이 바야흐로 공로를 질투하고 조정에서도 헐뜯는 자들이 많았기 때문이다.「유형행장柳珩行狀」

○「유형의 신도비柳珩神道碑」에서

한음漢陰 이덕형李德馨 상공相公이 일찍이 글을 보내 통제사 이 공에게 은밀히 묻기를, "공의 수하 중에 공을 대신할 만한 사람이 누구입니까?"라고 하였다. 공이 답하기를, "유형柳珩보다 나은 사람이 없습니다."라고 하였다. 그 후 또 물으니, 공이 답하기를, "충의와 담략이 유柳 아무개에 비할 사람이 없습니다. 관직은 비록 낮지만 크게 쓸 만합니다."라고 하였다. 이덕형이 조정에 아뢰어 단계를 뛰어넘어 통제사로 임명하였다. 「유형신도비柳珩神道碑」

○ 「이순신114의 묘갈명李純信墓碣銘」에서

원균元均이 배를 침몰시키고 도망가서 호남의 수군에게 구원을 요청하자 절도사節度使 이순신李舜臣이 수군을 출동하여 구원했다. 공[이순신李純信]이 중위장中衛將이 되어 옥포玉浦에서 고성固城 앞바다를 지나며 세 번 싸워 세 번 다 이기니 적이 도망가며 제로諸路에 있던 왜적을 불러 부산釜山에 모였다. 그때 이 절도사가 큰 병력으로 그 뒤를 밟았는데 공은 선봉 부대를 거느리고 화준花遵,115 다대多大, 서평西平, 절영絶影 등지에서 적을 만나 연이어 승리하였다. 「이순신묘갈명李純信墓碣銘」

○ 「안홍국116의 시장安弘國諡狀」에서

백성을 은혜로 다스리고 관리를 법으로 단속하여 통제사 이순신이 매우 큰 그릇으로 여겼다. 어떤 때는 대리 장수도 되고 어떤 때는 선봉도 되어 공격하고 수비하는 공로가 공의 책략에서 나온 것이 많았다. 「안홍국시장安弘國諡狀」

---

114 이순신李純信 : 권13의 주 45 참조.
115 화준花遵 : 부산광역시 사하구 다대동 화손대.
116 안홍국安弘國 : 1555~1597. 자는 중경重卿, 본관은 순흥順興. 경기도 용인龍仁에서 살았다. 1555년(명종 10)생으로 이순신보다 10년 아래다. 1583년(선조 16)에 무과武科에 올랐고, 1592년 임진왜란 때는 선전관宣傳官으로서 임금의 수레를 따라 의주義州까지 갔으며, 1595년(을미)에 보성군수로 통제사 이순신의 막하가 되었다. 1597년(정유) 통제사 원균의 막하로 안골포 해전에서 전사하였다. 좌찬성左贊成을 추증하고 충현忠顯이라 시호했으며, 여수 충민사忠愍祠에 이순신과 함께 배향되었다. (『난중일기』; 『한국역대인물종합정보시스템』; 『한국민족문화대백과사전』.)

○「배흥립의 비명裵興立碑名」에서

수차례 여러 수부帥府를 보좌했는데 재상 정언신鄭彦信과 순찰사 권율權慄을 따랐으며, 또한 통제사 이순신과 함께 오래도록 같이 일했다.「배흥립비명裵興立碑名」.

○「송대립117전宋大立傳」에서

통제사 이순신의 휘하로 나아가 협력하여 적을 무찔렀다. 그의 모친을 동복현감同福縣監 송두남宋斗南에게 부탁했는데, 송두남은 공의 족인이었다. 이순신 공은 본디 공의 충성과 용맹을 잘 알았으므로 이처럼 국가의 위기 상황에 미쳐 집안을 잊고 나라를 위해 목숨을 바칠 뜻이 있음에 크게 감복하여 마음을 다해 서로 함께 하였다. 또 도원수都元帥 권율權慄 공에게 천거하고 칭찬하였다.「송대립전宋大立傳」.

○「신호의 시장申浩諡狀」에서

이순신 공이 호남좌도 절도사가 되어 공을 중위장中衛將으로 삼았다. 옥포玉浦 앞바다에서 왜적과 만나 싸웠다.「신호시장申浩諡狀」.

---

117 송대립宋大立 : 1550~1597. 자字는 신백信伯, 본관은 여산礪山. 전라남도 흥양(고흥)에서 살았으며, 임진란에 대립大立·희립希立·정립挺立 3형제가 같이 의병을 모아 일어났다. 1594년(선조 27, 갑오)에 무과武科에 급제하여 벼슬이 훈련부정訓鍊副正에 이르렀다. 후에 이순신이 도원수都元帥 권율에게 추천하여 창의별장倡義別將이 되었다. 1597년(선조 30, 정유)에 왜적이 보성寶城을 침범할 적에 예진曳津 싸움에서 최대성崔大晟과 함께 대첩을 거두고, 다시 왜적이 흥양興陽 망제포望諸浦를 침범한다는 소식을 듣고, 진을 옮겨 싸우다가 9명이 달아나는 것을 보고, 혼자서 말을 달려 뒤를 쫓아 8명을 격살하고 1명을 사로잡아 오는 길에 문득 왜의 복병 1천여 명을 만나 싸우다가 적탄에 맞아 순국하였다. 사후에 병조참의兵曹參議에 중직되고 선무원종훈宣武原從勳에 참록되었다.(『湖南節義錄』)

○ 「송여종[118]의 비명宋汝悰碑銘」에서

낙안군수 신호申浩의 막하에 나아갔다. 신호는 평소 공을 기량이 있는 인물로 여기고 고을 일을 모두 다 공에게 맡겼다. 신호가 좌수사 이순신 공의 부서部署로서 한산도閑山島에서 왜적을 격파하였는데, 공은 하루도 군중에 있지 않은 날이 없었다. 수군이 크게 승리하기에 이르러 이순신 공이 조정에 왜적의 목을 바칠 사람을 구했으나 적절한 사람을 찾기가 힘들었다. 그때 왕의 수레는 먼지를 뒤집어 쓰며 피란 가고, 세 도성[한성·개경·평양]은 모두 함락되어 연로의 왜적들이 겹겹이 주둔하여 서로 바라보고 있어서, 왕께[119] 문안하러 달려가는 이들도 문득 도로가 막혀 중도에서 돌아오고 있었다. 이순신 공은 공이 평소 나라를 위하여 목숨을 바칠 마음을 가지고 있다는 말을 듣고 공에게 격문을 보내고 장계를 주었다. 적의 진영을 전전하며 낮에는 숨고 밤에 움직여 구사일생으로 왕의 행재소에 도달하였다.

상께서 즉시 불러 보시고 친히 변방의 일을 묻고 술을 하사하며 수고를 무척 갖추어 위로하시니 조정에서 모두들 평원태수平原太守 안진경顏眞卿과 이평李平에 비유하였다.[120] 즉시 서부西部 주부主簿에 임명하고 상께서 이조에 전교하기를, "전라좌수사의 군관軍官 송여종宋汝悰은 온갖 고생을 하며 멀리 천리 길을 왔으니 지극히 가상하다. 남방의 수령 중에서 빈자리가 있으면 보임補任하도록 하라."고 하였다. 이조에서 즉시 남평현감南平縣監을 의망하여 임명하였는데, 병조에서 또 왕에게 아뢰어 청하기를, "전임 녹도만호鹿島萬戶가 탄환에 맞아 사망하여 마땅히 그 대신할 사람을 정밀하게 선발해야 합니다. 비록 송여종이 이미 남평 현감에 임명되었으나 일찍이 이순신의 관하에서 공을 세웠고 수전에도 익숙하니 이 사람으로 대신하게 하십시오."라고 했다.

---

118 송여종宋汝悰 : 권9의 주 176 참조.
119 왕께 : 원문 "관수官守"는 왕을 옆에서 모시고 있는 근신을 말한다. 왕에 대한 공경함을 표기하기 위해 왕을 직접 지칭하는 대신 왕을 모시고 있는 신하를 지칭하고 있다.
120 평원태수平原太守 …… 비유하였다 : 당나라 현종 때 안녹산安祿山이 반란을 일으키자, 평원태수 안진경이 평원의 사병인 이평李平을 샛길로 보내어 황제에게 난에 대비해 방어 준비를 착실히 해왔음을 보고한 고사를 말한다.

무술[선조 31, 1598년] 7월에 이순신 공이 또 공에게 명하여 몽충선蒙衝船[121] 6척을 거느리고 바닷길을 파수하게 했다. 공이 즉시 이끌고 출발하여 녹도鹿島 앞바다에 은밀히 정박하였다. 적선 10척이 바다 안개海霧를 타고 몰래 이르러 장차 야습할 계획이었는데, 공이 즉시 염탐해 알아내고 돛을 올려 직진하여 남김없이 모두 죽이고 개선하였다. 이순신 공은 즉시 표창을 청하는 계啓를 올렸고, 명나라 장수도 상으로 은과 베를 무척 후하게 주었다. 11월에 이순신 공이 수군을 대대적으로 모아 노량露梁에서 격전을 벌여 적병이 대패하고 바닷물이 붉게 물들었다. 나라를 중흥시킨 전공은 이것이 제일이 되었고, 공의 공로 또한 모든 장수보다 앞섰다. 「송여종비명宋汝悰碑銘」.

○ 「정운희[122]의 행장丁運熙行狀」에서

1592년(선조 25, 임진)에 왜적이 크게 쳐들어오자 전라좌수사 충무공 이순신이 여러 차례 적선을 격파하여 큰 공을 세웠다. 조정에서 삼도수군통제사를 창설하였는데 이 공이 본직인 전라좌수사를 가지고 이를 통솔하여 진영을 한산도閑山島로 옮겼다. 1597년(선조 30, 정유) 2월에 원균元均이 음모를 적중하여 대신하였다가 7월에 크게 패하고 죽었다. 이순신 공은 목숨을 구하고 스스로 공을 세워 속죄하려 하였다. 이때 모친상을 당했으나 기복起復[상중에 관직에 나아감]하여 순천부順天府로 달려갔다. 타고 남은 배 13척과 수군 수백 명을 수습하여 왜적을 명량鳴梁에서 대파하였다. 그때 호남의 선비와 백성들의 피란선 1백여 척이 이순신 공이 자신들의 울타리가 되어 줄 것을 믿고 약속을 받아 군량을 돕고 후방에서 성원하였다. 거기에는 송호松湖 백

---

121 몽충선蒙衝船 : 가볍고 빠른 전선으로, 몽충艨衝, 몽동艨艟이라고도 한다. 『석명釋名』(漢)에 "좁고 긴 병선兵船으로 적선을 충돌하여 깨뜨린다外狹而長曰 艨衝 以衝突敵船也."라고 하였다. 그러나 『무경총요武經總要』(宋)에는 "생 소가죽을 배 위에 덮어 적의 시석矢石을 막고, 적이 접근하면 전후좌우에서 쇠뇌와 창으로 공격하는 작고 빠른 배이다以生牛革蒙戰船 背左右開掣棹孔 矢石不能敗 前後左右有弩窓矛穴 敵近則施放 此不用大船 務在捷速 乘人之不備."라고 하여, 적선을 충돌하여 깨뜨린다는 내용은 보이지 않는다.(曾公亮, 『武經總要』권11, 水戰, 蒙衝; 『中國古代器物大詞典』兵器·刑具, 河北敎育出版社, 2004, 233쪽.) 권12의 주 117 참조.

진남白振南[123]도 참여했고, 공[정운희]도 그중의 한 사람이었다. 「정운희행장丁運熙行狀」.

○ 「마씨가장馬氏家狀」에서

마하수馬河秀는 장흥 사람으로 관직은 선공감繕工監 주부主簿이다. 정유[선조 30, 1597년]에 배 1척을 마련하여 바다 가운데로 피란하였는데, 통제사 이순신이 복직했다는 소식을 듣고 기뻐하기를, "우리가 무슨 걱정을 하겠는가?"라고 하고, 마침내 회령포會寧浦로 가서 인사하였다. 이 공이 말하기를, "칼날을 무릅쓰고 찾아오느라 고생했습니다. 당신 고을의 피란선은 몇 척입니까?"라고 하였다. 공이 말하기를, "10척가량 됩니다."라고 하였다. 이 공이 말하기를, "당신이 고향 배들을 모아 저를 후원하여 군대의 위용을 도와주시면 또한 도움이 될 것입니다."라고 하였다. 공이 말하기를, "제가 비록 늙고 쇠했으나 마땅히 공과 함께 생사를 같이하겠습니다."라고 하니, 이 공이 극도로 칭찬하였다. 공이 물러나서 시 한 수를 짓기를,

---

122 정운희丁運熙 : 1566~1635. 자는 지회之會, 호는 고주孤舟, 본관은 영성靈城(영광)이며, 전라남도 흥양興陽(고흥)에서 살았다. 1566년(명종 21)에 났으니 이순신보다 21년 아래다. 1589년(선조 22)에 진사 증광시增廣試에 합격하였다. 1597년 정유재란 당시 이순신李舜臣이 명량鳴梁에서 싸울 때 백진남白振南과 함께 군량미 지원에 힘쓰는 한편, 의병을 모집하여 이순신과 협력하였다. 1612년(광해군 4) 명나라 절강총병浙江總兵이라는 자가 조선이 일본과 내통, 명나라를 치려는 음모가 있다고 신종神宗에게 무고하여 이를 조사하기 위하여 온 황응양黃應賜에게 서찰('上黃指揮使書')을 보내어 해명하였다. 그 뒤 홍서봉洪瑞鳳의 천거로 1626년(인조 4) 강릉참봉康陵參奉에 제수되었으나 나아가지 않았다. 저서로『고주집孤舟集』이 있다. (『한국역대인물종합정보시스템』;『한국민족문화대백과사전』;『호남절의록』.)

123 백진남白振南 : 1564~1618. 자는 선명善鳴, 호는 송호松湖, 본관은 해미海美(사마방목)·수원水原(호남절의록)이다. 전라남도 영암靈巖에서 살았다. 1564년(명종 19)에 났으니 이순신보다 19년 아래다. 1590년(선조 23)에 진사 증광시增廣試에 합격하였다. 시에 뛰어나 이이李珥의 사랑을 받았고, 정유재란 때 이순신李舜臣의 진중에 피란하던 중 당시 명나라 장수 계금季金과 피승덕皮承德 등이 그의 시를 보고 탄복하였다. 1606년(선조 39)에 명나라 사신 주지번朱之蕃이 왔을 때, 원접사遠接使 유근柳根이 백진남이 서법書法에 밝으므로 천거하여 자기의 종사관從事官을 삼았다. 주지번이 그의 글씨를 극찬하며 간직하고 자신도 백진남에게 '玉峯書室 玉洞煙霞'(옥봉서실 옥동연하)와 무이구곡시武夷九曲詩를 써 주었다. 문집『송호유고』 1권이 있다. (『한국역대인물종합정보시스템』;『난중일기』;『선조실록』;『한국민족문화대백과사전』;『호남절의록』;『이충무공전서』 권16, 동의록.)

예의 바르고 성스러운 평화의 나라,	禮樂衣冠聖祖基
어찌 추악한 오랑캐가 함부로 짓밟게 하는가.	那令醜虜肆驅馳
사나이 늙었어도 마음은 건장하니,	男兒白首心猶壯
지금이 바로 선비가 文淵 전쟁에서 죽을 때이네.[124]	正是文淵裏革時

그때 백진남白振南, 김성원金聲遠, 문영개文英凱, 변홍원卞弘源, 백선명白善鳴, 김택남金澤南, 임영개任永凱 등 10여 명이 각자 피란선을 가지고 와 모였다. 정명열丁鳴說도 역시 그중에 있었는데, 공을 찾아와 보고 말하기를, "우리가 평소 마음에 축적해 온 것을 오늘날을 당하여 늦춰서는 안 됩니다. 들으니 이 통상李統相[이순신李舜臣]이 바야흐로 피란선으로 하여금 먼 바다에서 열을 지어 병선인 것처럼 하게 했다고 합니다. 이번 기회에 함께 나아가면 파죽지세가 이 거조에 있을 것입니다."라고 하였다. 공이 말하기를, "내 마음도 이미 정했다."라고 하였다.

명량 전투에 미쳐 피란선 10여 척과 함께 바깥 바다에서 진을 벌리고 있는데, 멀리 바라보니 이순신 공이 적에게 포위되자 칼을 뽑으며 말하기를, "대장부는 죽음뿐이다."라고 하고 두 아들 마성룡馬成龍, 마위룡馬爲龍과 함께 적진으로 돌입하여 한참 오래도록 힘껏 싸우다가 탄환을 맞고 사망하였다. 마성룡과 마위룡이 부친의 시신을 안고 피란선에 돌아와 안치하고 손에 칼을 잡고 적진으로 돌진하였다. 그러나 적은 이미 이순신 공에게 패하여 모든 군사가 도망가서 다시 분을 풀 곳이 없었다.

「마씨가장馬氏家狀」.

○ 「최씨가장崔氏家狀」에서

최희량崔希亮[125]은 나주 사람으로 무과에 급제하고 관직은 선전관宣傳官이다. 1597년(선조 30, 정유)의 난리에 특례로 흥양현감興陽縣監에 제수되어 수군을 거느리고 이

---

[124] 전쟁에서 죽을 때이네 : 원문 "과혁裏革"은 전쟁에서 전사한 시신이 말가죽에 싸여 고향에 돌아오는 것을 일컫는 고사성어이다.

충무공의 진영에 나아가 수차례 뛰어난 공적을 세웠다. 충무공이 표창을 청하는 계啓를 올린 지 얼마 안 되어 다른 사람의 배척을 당해 파직되었는데, 충무공이 그대로 진중에 남아 있게 하고 군관으로 삼았다. 1598년(선조 31, 무술) 노량露梁 전투에서 충무공이 탄환에 맞아 배 위에서 사망하자 최희량은 통곡하고 고향으로 돌아가며 시를 짓기를,

난리 중에 세상일이 변해만 가는데	亂中人事變
고향에 돌아가 이름 없이 살고자 하네.	歸臥欲藏名

라고 하였다. 마침내 문을 닫고 자취를 감추었다.「최씨가장崔氏家狀」.

○「제만춘전諸萬春傳」에서

제만춘諸萬春[126]은 고성固城 사람이다. 처음에 영남우수영의 군교軍校[127]에 소속되어 용기 있고 활 잘 쏘는 것으로 이름이 났다. 만력 임진[선조 25, 1592년]에 왜적이 쳐들어오자 9월에 우수사 원균元均의 명령을 받고 작은 배를 타고 노 젓는 군사 10명과 함께 웅천熊川에 가서 적의 형세를 탐색하였다. 돌아오다가 영등포永登浦에 이르러 졸지에 왜의 병선 6척을 만나 배에 함께 탄 사람들과 모두 포박되어 잡혀갔는데, 왜

---

125 최희량崔希亮 : 1560~1651. 자字는 경명景明, 호號는 일옹逸翁, 본관은 수성隋城. 전라남도 나주羅州에서 살았다. 승지承旨 최낙궁崔樂窮의 아들로 1560년(명종 15)에 나니 이순신보다 15세 아래다. 일찍이 율정栗亭 최학령崔鶴齡 문하에서 경사經史를 배우다가 27세에 붓을 던지고 무예를 배웠다. 임진왜란이 일어난 뒤 1595년(을미)에 무과武科에 급제하여, 당시 충청수사로 있던 장인 이계정李繼鄭을 돕도록 천거되어 선전관에 임명되었다. 1597년(정유)에 흥양현감興陽縣監에 발탁되어 육지의 전투에서 여러 번 전공을 세웠으나, 1598년 전라병사 이광악李光岳의 장계로 파직되어 향리로 돌아왔다. 1604년 논공에서 선무원종공신宣武原從功臣 1등에 녹훈되고, 가선대부嘉善大夫에 올랐다. 병자호란 때에는 이미 나이가 많아서 출전하지 못하고 대신 아들을 보내 남한산성에서 인조를 호종하게 하였다. 저서로는『일옹문집』2권 1책이 있다. 1774년(영조 50)에 병조판서에 추증되고, 1800년(정조 24) 나주 향인들이 지은 사당에 이순신과 함께 배향되었다. 시호는 무숙武肅이다.(『湖南節義錄』,『竹溪日記』,『선조실록』,『한국민족문화대백과사전』,『한국역대인물종합정보시스템』,「崔希亮壬亂關聯古文書」보물 제680호.)

장 협판중서脇坂中書라는 자가 제만춘을 보고 가두어 남겨 두었다.

계사[선조 26, 1593년] 7월 24일 한밤중에 제만춘이 성석동成石同, 박검손朴撿孫 등 12명과 함께 왜선을 훔쳐 타고 노를 재촉하여 육기도六歧島에 이르러 순풍을 만나 동래東萊 수영 아래에 배를 정박하고 8월 13일에 본가로 돌아왔다. 15일에 3도의 4수사水使가 합진한 곳으로 뵈러 왔는데, 그때 이충무공은 전라좌수사로서 실질적으로 수군의 일을 모두 총괄하고 있었다. 제만춘이 신하의 의리와 절개가 없다고 화내어 처음에는 참수하려고 하였으나, 그가 온갖 죽을 고생을 무릅쓰고 도망쳐서 돌아온 것을 불쌍히 여겨 장계를 가지고 가는 인편을 따라 서울에 올라가서 왜적의 정상을 보고하게 했다. 조정에서는 그를 풀어주고 다시 충무공의 군중에 보냈다.

이 무렵 남쪽에서 전투를 한 지가 이미 2년이 되었으나 아직도 왜놈들의 실상과 기계의 이해利害를 모르고 있었다. 충무공은 제만춘을 얻은 것을 무척 기뻐하여 마침내 직접 추천하여[128] 대솔군관帶率軍官으로 삼았다. 제만춘 또한 의리를 떨쳐 힘껏 도와서 마침내 충무공의 공로를 이루게 하였다. 1598년(선조 31, 무술) 노량露梁 전투에서 송희립宋希立 등과 함께 앞에 나서서 적을 쏘아 명중된 자는 모두 넘어졌다. 그 후 영부군관永付軍官[종신 군관] 한자리를 얻어 늙어 죽을 때까지 통영統營에서 관록을 먹었다. 「제만춘전諸萬春傳」.

---

126 제만춘諸萬春 : 본관은 칠원漆原. 경상남도 고성固城에서 살았다. 무과武科에 급제하여 훈련봉사訓鍊奉事를 지냈으며, 임진왜란 때 경상우수사[원균]의 군관軍官으로 있었다. 1592년 9월에 소선小船을 타고 웅천熊川의 적세를 탐지하고 돌아오다가 웅포로부터 추격해 온 일본군에게 영등포 앞바다에서 붙잡혀 규슈九州 나고야名護屋로 끌려갔다. 그곳에서 포로로 잡혀 간 동포 12명과 모의하여 배를 훔쳐 타고 바다를 건너 일기도壹岐島를 거쳐 동래東萊로 탈출하였다. 1593년 8월에 한산도에 이르러 전라좌수사 이순신에게 신문訊問을 받았다. 이순신의 장계로 조정으로부터 죄를 용서받았을 뿐 아니라 그 재능과 용맹까지 인정받아 가배량권관으로 임명되었다. 그 뒤 대솔군관帶率軍官에 이어 군관에 영속되어, 말년까지 통영에서 관료官料를 받았다. (권3 狀啓 「登聞被擄人所告倭情狀」; 『亂中日記』; 『한국민족문화대백과사전』.)

127 군교軍校 : 군대의 장교將校를 달리 이르는 말이다. (『한국고전용어사전』, 세종대왕기념사업회, 2001.)

128 직접 추천하여 : 원문 "자벽自辟"은 조선시대 관리를 채용하는 방식의 하나로, 해당 관아에서 독자적으로 추천하여 임명한 제도이다. (『大典會通』吏典, 京官職, 宗親府.)

○「이씨유록李氏遺錄」[129]에서

내 유격來遊擊[130]이 증여한 물품은 푸른 구름 무늬 비단靑雲絹 1단, 쪽빛 구름 무늬 비단藍雲絹 1단, 비단 버선綾襪 1쌍, 구름 무늬 신발雲履 1쌍, 향나무 바둑판香棋 1부, 향나무 위패香牌 1부, 절강차浙茗 2근, 향계香桂[131] 2근, 사청차四靑茶 사발 10개, 생닭生雞 4마리.

천총千摠 강인약江鱗躍이 증여한 물품은 봄차春茗 1봉, 화합花盒 1개, 등나무 부채藤扇 1자루, 복리服履 1쌍.

천총千摠 주수겸朱守謙이 증여한 물품은 술잔酒盞 6개, 붉은색 고운 종이 시전지硃箋 2장, 소합小盒 1개, 차잎茶葉 1봉, 신선로神仙爐 1, 사애寫埃[132].

천총千摠 정문린丁文麟이 증여한 물품은 여름 버선暑襪 1쌍, 영견領絹[명주 목도리 손이나 몸을 씻기 위한 비단 조각] 1방[1방은 5자 평방], 양차兩茶[보이차 일종] 1봉, 후추胡椒 1봉.

파총把摠 진자수陳子秀가 증여한 물품은 수보繡補 1부, 시 부채詩扇 1자루, 향선香線 10가닥.

육경陸卿이 증여한 물품은 꽃무늬 수건花帨 1조.

허許 파총이 증여한 물품은 푸른 베靑布와 붉은 베紅布 각 1단, 금부채金扇 2자루, 꽃무늬 수건花帨 1조.

유격遊擊 복일승福日升이 증여한 물품은 푸른 베靑布 1단, 쪽빛 베藍布 1단, 금부채金扇 4자루, 항주 젓가락杭筯 2묶음, 생닭生雞 2마리, 절인 양고기醎羊 1주肘.

유격遊擊 왕원주王元周가 증여한 물품은 금띠金帶 1, 상감 장식의 도서갑鑲嵌圖書匣 1, 향합香盒 1, 경대鏡架 1, 금부채金扇 2자루, 비단실絲線[133] 1봉, 차항아리茶壺 1,

---

129 「이씨유록李氏遺錄」: 자세하고 정확한 것은 『본서』 권8, 무술戊戌년 1월 일기 내용 참조.
130 내 유격來遊擊: 계 유격季遊擊의 착오이다. 동일한 내용이 난중일기에 기록되어 있는데, 이에 의하면 계금季金 유격장군이며, 증여한 날짜는 1598년 4월 26일이다. (李舜臣, 『日記戊戌』.)
131 향계香桂: 『日記戊戌』에는 향춘香椿으로 나와 있다. 향춘은 향내 나는 춘나무를 가리킨다.
132 사애寫埃: 『日記戊戌』에는 '안애鴈埃'로 나와 있다. '안애'는 기러기 모양 쓰레받기이다.
133 비단실絲線: 『日記戊戌』에는 사면絲綿으로 나와 있다. 사면은 풀솜으로, 고치를 펴서 만든 솜이다.

빗蘇梳[소주 빗] 2벌事.

　　천총千摠 오유림吳惟林이 증여한 물품은 양대鑲帶 1벌事, 명함拜帖 20장.

　　파총把摠 진국경陳國敬이 증여한 물품은 꽃차花茶 1봉, 꽃무늬 술잔花酒盃 1쌍, 구리 차순가락銅茶匙 2부, 세차 순가락細茶匙 1부, 붉은 예첩紅禮帖 1개, 전간첩全柬帖 5장, 서간첩書柬帖 10장, 고절간古折柬 8장, 붉은 주사 젓가락硃紅筯 10쌍.

　　계영천季永荐이 증여한 물품은 순금부채眞金扇 1자루, 땀수건汗巾 1장, 부들 부채蒲扇 1자루, 거친 수건粗帨 2조條.

　　기패旗牌 왕명王明이 증여한 물품은 쪽빛 베藍布 1단, 베개枕頭花 1부, 푸른 비단실靑絹線 1봉.

　　파총把摠 공진龔璡이 증여한 물품은 붉은 종이紅紙 1부, 절강 차浙茶 1봉, 차순가락茶匙 6벌, 소주 바늘蘇針 1포.

　　중군中軍 왕계여王啓予가 증여한 물품은 쪽빛 띠藍帶 1벌, 빗梳大細 2벌.

　　이는 곧 조선을 구원하러 온 명나라 장수와 관리들이 충무공에게 증여한 것이다.

「이씨유록李氏遺錄」.

○『충렬사지忠烈祠志』에서

노량露梁의 충렬사忠烈祠 옆에 호충암護忠菴이 있는데, 화방사花芳寺[134] 승려 10명과 승장僧將 1명이 윤번으로 돌아가면서 와서 숙직하게 했다. 경인년庚寅年[135] 10월에 승장 유습裕習의 꿈에 공이 장검을 잡고 꾸짖기를, "너는 어찌 산을 순찰하지 않느냐"라고 하였다. 유습이 깜짝 놀라 깨어 여러 승려들을 거느리고 횃불을 들고 산을 순찰했는데, 어떤 사람이 충렬사 뒷산에 암장暗葬하였다. 이튿날 아침 관에 고하여 무덤을 파서 사우 아래 3리쯤 되는 곳으로 옮겼는데, 바로 공이 순절한 곳으로 예로부터 이락파李落波라고 일컬었다. 『충렬사지忠烈祠志』.

---

134 화방사花芳寺 : 경상남도 남해군 고현면 대곡리에 있는 절 이름.
135 경인년庚寅年 : 연도는 자세히 알 수 없다.

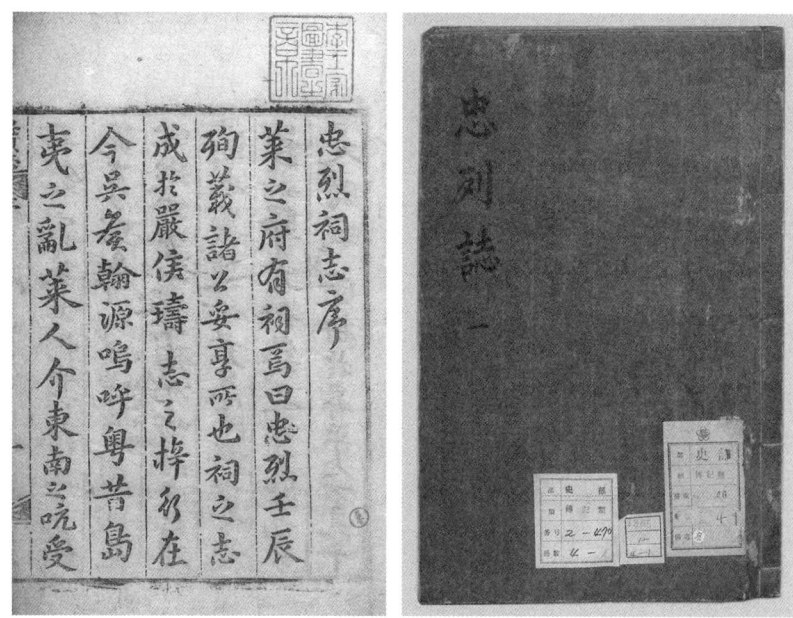

엄숙嚴璹 편, 『충렬사지忠烈祠志』 내지와 표지. 목판본. 1808. 한국학중앙연구원 장서각

○ 『택리지擇里志』[136]에서

해남현 삼주원三州院[137]의 석맥石脈이 바다를 건너 진도군珍島郡이 되었다. 수로로는

---

136 『택리지擇里志』: 이중환李重煥*의 저서이다.
　*이중환李重煥: 1690~1756. 자는 휘조輝祖, 호는 청담淸潭·청화산인靑華山人, 본관은 여주驪州로, 한성漢城에서 살았다. 이익李瀷의 문인으로 1713년(숙종 39) 24세에 문과 증광시增廣試에 합격한 후 승문원정자承文院正字, 김천도찰방金泉道察訪을 거쳐, 1722년(경종 2)에 병조정랑과 전적을 역임하였다. 영조가 즉위하자 목호룡睦虎龍의 당여로 구금되어 네 차례나 형을 받았고, 이듬해 1726년(영조 2)에 섬에 유배되었다가 다음해 석방되었으나 사헌부의 탄핵으로 다시 유배되었다. 유배에서 풀려나 세상을 떠날 때까지 일정한 거처도 없이 이곳저곳을 떠돌아다니면서 세상의 온갖 풍상을 다 겪으면서 살았다고 한다. 그리하여 전라도와 평안도를 제외한 우리나라 전역을 두루 답사했으며, 이를 바탕으로 쓴 저서가 바로 『택리지』이다. 이 책에서 그는 당시의 정치와 경제 및 문화 등 각 방면에 주목할 만한 많은 견해를 피력하였다. 그의 주장들은 박지원朴趾源·박제가朴齊家 등의 북학파 학자들에게 계승되었다. 그는 실로 조선 후기의 대지리학자이자 실학자로서, 30여 년의 방랑생활 동안 지리 및 경제·사회를 연구해 우리나라 실학사상 빛나는 업적을 남겼다.(『한국역대인물종합정보시스템』,『한국민족문화대백과사전』.)
137 삼주원三州院: 삼지원三枝院을 가리킨다. 삼지원은 전라남도 해남군 황산면 옥동리이다.(『대동여지도』.) 삼호원三湖院으로도 불렸다.(1918년, 조선총독부 5만분의 1 지도, '右水營'.)

30리인데 벽파정碧波亭은 실로 그 입구에 해당한다. 수중의 석맥이 삼주원에서 벽파정에 이르기까지 대들보처럼 가로로 뻗었는데, 대들보 위쪽과 대들보 아래쪽이 뚝 끊겨 계단처럼 되었다. 바닷물이 이곳에 이르면 동에서 서로 마치 폭포가 떨어지듯이 무척 급하게 흘렀다.

임진[선조 25, 1592년]에 왜승 현소玄蘇가 평양에 이르러 의주義州의 행재소行在所에 있는 왕에게 글을 올리기를, "수군 10만이 또 서해를 따라 와서 장차 수군과 육군이 함께 진군할 것인데, 대왕의 수레는 여기서 어디로 가시려는지 모르겠습니다."라고 했다. 그때 왜의 수군이 남해로부터 북상하는데, 수군 대장 이순신이 해상에서 주차住箚하며 쇠사슬을 만들어 석량石梁[석맥 대들보] 위에 가로 걸고 적을 기다렸다. 왜선이 석량 위쪽에 이르러서 쇠사슬에 걸려 석량 아래쪽으로 뒤집혀 전복하였는데, 석량 위에 있는 배는 아래쪽이 보이지 않아 배가 전복된 것을 모르고 석량을 지나간 것으로 여기고 물결을 따라 곧장 내려오다가 모두 뒤집혀 전복하였다. 또 물의 흐름이 석량에 가까울수록 더욱 급해서 배들이 이미 급류 속으로 들어가면 배를 돌릴 겨를이 없어 5백여 척이 한순간에 모두 침몰하고 배 한 척 병사 한 명도 살아남지 못하였다.

무릇 그때 심유경沈惟敬이 왜의 사신을 속여 평양에 오래 머무르게 하였다. 왜는 수군을 기다려 함께 북상하려 했으므로 또 거짓으로 신의를 지키는 척하며 속여서 후원군을 기다리고자 하였으나 수군은 오지 않았다. 이여송李如松은 양쪽이 서로 속이는 사이에 틈을 얻어 기습해 격파하였으니 이것은 하늘이 도운 것이었다. 진실로 이순신이 바다에서 왜선을 전복시키지 않았다면 수십 일이 지나기 전에 왜선이 평양에 도달할 수 있었고, 수군이 이르렀으면 왜가 어찌 심유경의 빈 약속을 지켜 병사를 풀지 않았겠는가? 그때 사람들이 이것을 모르고 책봉하고 공물을 바치게 하자는 구구한 말[138]로 왜의 마음을 얻었다고 여겼으니 참으로 우스운 일이다. 그런즉 이여송이 평양에서 세운 공적은 곧 이순신의 힘이었다.

그 후 명나라 장수 진린陳璘이 바닷가에 병사를 주둔하였는데, 병신[선조 29, 1596

---

138 책봉하고 …… 구구한 말 : 명이 일본의 풍신수길을 왕에 책봉하고 일본은 명에 조공을 바치자는 설로 심유경에 의해 논의가 추진되었다.

년]과 정유[선조 30, 1597년] 사이에 왜가 수군으로 바닷가 여러 고을을 연달아 침범하였다. 이순신이 수전을 잘하여 수차례 왜를 격파하고 왜의 수급을 획득할 때마다 진린에게 주어 공을 올리게 했다. 진린이 크게 기뻐하여 조정에 글을 올리기를, "통제사는 천하를 경영할 재주와 나라에 큰 공훈이 있습니다."라고 하였다. 진린은 이순신 덕분에 적의 수급을 획득한 것이 가장 많았다. 무술[선조 31, 1598년]에 본국으로 철군하여 돌아가기에 미쳐 진린이 바친 수급이 명나라 모든 장수들보다 유독 많았다. 후에 『명사明史』에서 동정東征의 공을 논한 것을 보면, 진린이 으뜸이 되어 토지를 떼어 주고 봉작을 받기에 이르렀으니, 중국에서야 어찌 그것이 이순신의 공로임을 알 수 있었겠는가? 『택리지擇里志』.

○ 『승평지昇平志』에서

승려 옥형玉洞이 있었는데, 일찍이 통제사 이순신을 따라 수군에 있으면서 잠시도 옆을 떠나지 않았다. 통제사가 전사戰死하고서는 그대로 충민사忠愍祠에 살면서 그 옆에 정사精舍를 짓고 충민사를 수직守直하는 것을 폐하지 않았고, 매번 손수 제수를 갖추어 제사를 지냈다. 나이가 지금 80여 세이다. 스스로 말하기를 한쪽 코로 숨을 들이쉬고 한쪽 코로 숨을 내쉬는데 시각이 일정하여 차이가 없다고 하였다. 시험해 보니 과연 그랬다. 대체로 범상한 승려는 아니다. 또 말하기를 해상에서 경보가 있으면 통제사가 반드시 먼저 꿈에 보인다고 하였다. 어찌 공의 영험은 아직도 사라지지 않고 있으며, 나라를 위한 일편단심은 죽어도 죽지 않았음인가? 『승평지昇平志』 아래도 같음.

이충무공의 대첩비[139]가 순천 수영水營[현재 여수]에 있다. 순천 고을 사람인 전 현

---

139 대첩비 : '통제이공수군대첩비統制李公水軍大捷碑'로 1615년(광해군 7)에 이순신과 수군의 공적을 기리기 위해 세웠다. 황해도 병마절도사 유형柳珩이 석재를 보내오고, 비문은 이항복이 짓고 김현성이 글씨를 썼으며, 전액篆額은 김상용이 썼다. 『이충무공전서』 권10, 부록 2에 「전라좌수영대첩비全羅左水營大捷碑」의 제목으로 그 내용이 수록되어 있다.

감 정사준鄭思竣¹⁴⁰이 통제사의 막좌幕佐였는데 비석 세우는 일을 전적으로 관장했다. 오성부원군鰲城府院君 이항복李恒福이 비문을 짓고, 동지同知 김현성金玄成이 글씨를 쓰고, 지사知事 김상용金尙容이 전액篆額을 썼다.

우치적禹致績은 부사府使[순천부사]로서 정유[선조 30, 1597년] 7월에 원균의 중군中軍이 되어 크게 패하고 겨우 몸만 살아왔는데, 병사兵使 이복남李福男이 진중에 두고 공을 세워 죄를 속죄하게 했다. 또 통제사 이순신의 진에서 공을 세워 수군 조방장助防將을 제수했다.

정사준鄭思竣은 판관判官 정승복鄭承復의 아들이다. 임진[선조 25, 1592년] 왜란에 본 순천 고을 주사主事로서 충무공 이순신을 따라 일곱 차례 전투에 참전하여 적함을 여러 번 격파하였다.

이기준李奇俊은 임진년 왜란에 군자감정軍資監正으로 이 충무공의 막하에서 종군했다. 무술[선조 31, 1598년] 예교曳橋에서 힘껏 싸워 10월 야간 전투에서 적선 10여 척을 불태웠다. 11월 노량 전투에서는 칼을 잡고 왜적을 격퇴하다가 왼쪽 어깨에 탄환을 맞았는데 그 분기를 타고 힘껏 싸워 또 왜적 1급級을 베어 죽였다. 그 군공으로 선무원종공신宣武原從功臣에 참여했다. 그 후 무과에 급제하여 관직이 도총부都摠府 도사都事[종5품]에 이르렀다.

---

140 정사준鄭思竣 : 1553~1599. 자는 근초謹初, 호는 성은城隱, 본관은 경주慶州로 순천順天에서 살았다. 1553년(명종 8)에 났으니 이순신보다 8년 아래다. 1584년(선조 17)에 무과에 급제한 후 관직이 훈련원봉사訓鍊奉事에 이르렀다. 1592년(선조 25)에 모친상을 당하였으나, 기복起復되어 전라좌수사 이순신으로부터 광양현 전탄錢灘의 복병장에 임명되었다. 1593년에 훈련주부訓鍊主簿로 승진하여 이순신의 군관이 되었으며, 정철조총正鐵鳥銃을 처음으로 개발하여 조선도 비로소 조총을 보유하게 되었다. 1596년(선조 29)에 이순신이 체찰사와 전라도를 순시할 때, 순천에서 정사준의 집에서 묵었다. 1599년(선조 32)에 결성현감結城縣監으로 재직 중 탄핵 파직되고, 그해에 47세로 죽었다.(『난중일기』; 『이충무공전서』 권2, 장계1, 「裝送戰穀狀」, 「裝送戰穀及方物狀」; 같은 책, 권3, 장계2 「封進火砲狀」; 『호남절의록』; 『한국역대인물종합정보시스템』.)

○ 『해남현지海南縣志』에서

명량鳴梁은 우수영에서 3리 되는 곳에 있는데, 물살이 세차고 급해 파도 소리가 굉장했다. 양편에는 돌산이 우뚝 서 있고 항구는 몹시 좁았다. 공이 쇠사슬로 물속의 병목 같은 곳에 가로질러 설치했다. 적선이 이곳에 이르러 쇠사슬에 걸려 전복한 것이 부지기수였다. 양편 바위 위에 쇠사슬을 설치하기 위해 못 박았던 구멍이 지금까지도 완연하다. 사람들이 모두 이 충무공이 쇠사슬을 설치하여 왜적을 죽였던 곳이라고 일컫는다. 『해남현지海南縣志』. 아래도 같음下同['下同'은 불필요한 오류로 보인다].

○ 『진도군지珍島郡志』에서

명량鳴梁은 벽파정碧波亭 상류에 있는데 바다 어귀가 무척 좁아서 물살이 급하게 여울져서 소리를 냈다. 충무공 이순신이 여기에서 왜적을 격파하였다. 대첩비가 우수영 성 밖에 있다. 『진도군지珍島郡志』.

○ 『흥양현지興陽縣志』에서

쌍충사雙忠祠는 녹도진鹿島鎭에 있다. 만력 정유년[정해년(1587)의 오기]에 이대원李大源[141]이 녹도진 만호로 손죽도損竹島에서 순절하였는데, 선조대에 사당을 세울 것을 명하였다. 임진년에 정운鄭運도 녹도진만호로 몰운대沒雲臺에서 순절하여 충무공 이순신이 계啓를 올려 이대원과 한곳에서 함께 제사幷享할 것을 요청했다. 『흥양현지興陽縣志』. 아래도 같음.

---

141 이대원李大源 : 권14의 주 60 참조.

송대립宋大立¹⁴²은 순무사巡撫使 송간宋侃의 6세손이다. 만력 임진년에 충무공 이순신의 막좌幕佐가 되어 여러 차례 전공을 세웠다. 1597년(선조 30, 정유)에 첨산尖山¹⁴³ 전투에서 순절하였는데, 그 일이 임금에게 알려져 선무원종공신宣武原從功臣에 책봉되었다.

송희립宋希立¹⁴⁴은 송대립宋大立의 아우이다. 임진년에 왜적이 부산을 침범했을 때 송희립은 충무공 이순신의 막하에 있었는데, 나아가 싸울 것을 힘껏 청하므로 공이 기뻐했다. 왜적이 왜교倭橋¹⁴⁵를 점거하자 송희립은 장도獐島¹⁴⁶로 나아가 적이 왕래하는 것을 끊고 또 큰 바다로 진을 옮겨 죽기를 각오하고 싸웠다. 적이 후퇴하여 한산도 앞바다에 이르자 마침내 힘껏 싸웠다.

진무성陳武晟¹⁴⁷은 고려의 병부상서兵部尙書 진광현陳光賢의 후예로 활쏘기를 잘했다. 임진년 왜란에 충무공 이순신의 막하에서 보좌하여 당포唐浦 전투에서 여러 차례 탁월한 공을 세웠다. 진주晉州가 포위당하게 되자 충무공이 실상을 탐색하고자 하였으나 감히 갈 사람이 없었다. 진무성은 분개하여 자신이 가기를 자청하여 공이

---

142 송대립宋大立 : 권14의 주 117 참조.
143 첨산尖山 : 전라남도 고흥군 동강면에 있는 높이 313.8m의 산이다.
144 송희립宋希立 : 권9의 주 73 참조.
145 왜교倭橋 : 전라남도 순천시 해룡면 신성리.
146 장도獐島 : 전라남도 여수시 율촌면 여동리.
147 진무성陳武晟 : 자字는 사규士赳, 호號는 송계松溪, 본관은 여양驪陽. 전라남도 흥양(고흥)에서 살았다. 고려 때의 한림학사翰林學士 진화陳澕 후손이며 증참판贈參判 진인해陳仁海의 아들로 1566년(명종 21)에 나니 이순신보다 21년 아래다. 임진왜란 때는 보인保人 신분으로 사도첨사蛇渡僉使의 군관이 되었다. 1592년 당포 해전에서 적장이 화살을 맞고 물에 떨어지자 그의 목을 베는 공을 세웠으며, 적의 화살에 부상당하기도 했다. 특히 1593년(선조 26, 계사) 진주성晉州城이 함락되기 직전에 진주가 포위되었다는 말을 듣고 이순신이 그 정황을 탐색할 자를 찾을 때, 진무성이 자청하여 나서서 죽음 속을 뚫고 성 안에 다녀오는 임무를 완수함으로써, 그의 용맹과 지혜가 드러났다. 1597년 칠천량 해전에서는 홀로 화공火攻으로 적선을 무찌르기도 했으나 대세를 어찌할 길이 없었다. 전쟁이 끝난 다음 해인 1599년(기해)에 무과武科에 급제하고, 뒤에 선무원종공신宣武原從功臣에 참록되었으며, 유원첨사柔遠僉使, 경흥부사慶興府使, 통제영우후統制營虞候, 구성부사龜城府使를 역임하였다. 죽은 뒤에 호조판서에 추증되고, 고흥의 용강사龍岡祠에 제향되었다.(『己亥秋別試榜目』, 『호남절의록湖南節義錄』, 「당포파왜병장」, 『난중일기』, 『선조실록』, 『한국민족문화대백과사전』.)

편지를 써서 주었다. 진무성은 왜복으로 변장하고 성 아래에 이르러 줄을 타고 올라가 도달하여 마침내 사정을 모두 알아가지고 돌아왔다. 그 공로로 선무원종공신宣武原從功臣에 녹훈되었다.

최천보崔天寶[148]는 참봉 최피崔陂의 후손이다. 임진년 난리에 대정大靜 현감으로 충무공 이순신의 막하에서 보좌하다가 한산도 앞바다에서 전사하였다.

○ 『영암군지靈巖郡志』에서

정운鄭運은 하동河東 사람으로 무과에 급제하여 여러 군현을 맡아 다스렸다. '정충보국貞忠報國' 네 글자를 칼에 새겨 스스로 맹세했다. 임진년 왜란에 통제사 이순신과 함께 적을 쳐서 크게 격파하다가 문득 탄환에 맞아 전사하였다. 적들이 서로 축하하기를, "정 장군이 죽었으니 나머지는 두려울 것이 없다."라고 하였다. 『영암군지靈巖郡志』.

○ 『강진현지康津縣志』에서

고금도古今島는 앞에 해남도海南島가 있고 뒤에 우장곶佑將串이 있다. 공이 이 섬에 주둔했는데, 우장곶에 깃발을 열지어 세워 군의 기세를 과장하고, 해남도에 풀을 쌓고 거적으로 덮어서 뚜렷하지는 않지만 어딘지 모르게 군량을 쌓아 놓고 군사를 주둔시킨 모양이 되게 했다. 왜적이 바깥 바다에서 바라보고 험한 암초가 있는 줄 모르고 먼 거리를 거침없이 진군하다가 배가 많이 암초에 걸리고 부딪쳐 나아가지도

---

148 최천보崔天寶 : 자字는 경보坰輔, 본관은 경주慶州. 전라남도 흥양興陽(고흥高興)에서 살았다. 좌의정 최탁崔倬의 후손이요, 참봉 최파崔坡의 손자다. 현감을 지냈으며, 임진년에 흥양통장興陽統將으로 전선을 거느리고 한산도 해전과 제2차 당항포 해전에 참전하여 공로를 세웠다. 역병으로 사망하였다.(『湖南節義錄』; 본서 권2 「見乃梁破倭兵狀」; 권4 「唐項浦破倭兵狀」; 『亂中日記』.)

물러서지도 못하게 되자 우리 군사가 기회를 타서 요격邀擊하여 크게 격파하였다.
『강진현지康津縣志』.

○ 『장흥부지長興府志』에서

장흥부의 남쪽 20리에 수문포水門浦[149]가 있는데, 마을 앞바다가 광활하고 그 가운데 섬 하나가 있다. 섬에는 뾰족한 모양의 첨산尖山이 있다. 이 충무공이 절이도折爾島[150]에서 이 섬에 이르러 멀리 바라보니 왜선 수백 척이 바다를 가득 덮고 오고 있었다. 즉시 거적으로 첨산을 덮어 곡식을 쌓아 놓은 모양으로 여기게 만들고, 일부러 작은 거룻배를 왜적의 진중에 보내서 속이기를, "이 아무개가 저 섬에 곡식 수만 석을 쌓고 병사 수만 명을 잠복시켜 날마다 전투를 연습하고 있다."라고 하였다. 왜장이 이 말을 듣고 몰래 왜선 1척을 보내 첨산을 엿보고 마침내 의심이 생겨 진군하지 못하고 닻을 내려 포진하였다. 밤이 깊어 갑옷을 벗고 경비가 느슨해지니, 공이 그 사정을 염탐해 알아내서 기습하여 대파하였다. 이로부터 수문포 사람들은 그 섬을 '덕량德粮'[151]이라고 불렀다. 『장흥부지長興府志』.

○ 『창평현지昌平縣志』에서

송여종宋汝悰은 임진왜란을 당해 그의 부모가 모두 왜적의 칼날에 죽자 애통함을 이기지 못하고 그 아우 송여순宋汝淳과 함께 복수할 병사를 모집하여 함께 통제사 이순신의 막하에 나아갔다. 노량露梁에서 힘껏 싸우다가 송여순은 전사하고, 송여종은 승첩하여 선무원종공신宣武原從功臣에 참여했다. 『창평현지昌平縣志』.

---

149 수문포水門浦 : 전라남도 장흥군 안양면 수문리.
150 절이도折爾島 : 전라남도 고흥군 금산면 거금도.
151 덕량德粮 : 고흥군 도양읍 득량리(득량도).

○ 『나주목지羅州牧志』에서

나대용羅大用은 현령縣令으로 임진년 난리를 당했는데, 충무공 이순신을 따라 거북선 3척을 장식해 만들어 왜적을 격파하는 데 공이 있어 경기도 수사水使로 승진하였다. 『나주목지羅州牧志』, 아래도 같음.

오득린吳得隣은 좌수영의 아전인데, 지략이 다른 사람보다 뛰어났다. 임진년 난리에 미쳐 충무공 이순신이 발탁해서 막부幕府에 두었는데 노량露梁에서 힘껏 싸워 군공으로 향리를 면하였다. 후에 관직에 임명되어 장악원정掌樂院正[정3품 당하관]에 이르렀다.

○ 『방답진지防踏鎭志』에서

만력萬曆 무술戊戌[선조 31, 1598년]에 충무공이 이곳에 진을 쳐서 머물며 녹도만호鹿島萬戶 송여종宋汝悰을 시켜 전선 8척을 거느리고 왜적을 절이도折爾島 앞바다에서 크게 격파하였다. 충무공은 진린 도독과 운주당運籌堂에서 술을 마시다가, [그가] 베어 온 적의 머리를 모두 진린 도독에게 주었다. 『방답진지防踏鎭志』.

○ 『호남지湖南志』에서

김대인金大仁[151]은 시골 백성으로 용기와 힘이 다른 사람들보다 뛰어났다. 임진년 왜란에 통제사 이순신의 막하에 있다가 단계를 뛰어넘어 가덕첨사加德僉使에 임명되었다. 『호남지湖南志』.

○「호남기문湖南記聞」에서

충무공 이순신이 일찍이 밤에 적과 진을 대치하고 있었는데, 초부草桴[풀로 엮은 배]를 많이 만들어 세 자루의 횃불을 열 지어 꽂고 불을 붙여 앞으로 곧장 나아가 기습해 공격하는 모양처럼 보였다. 적이 전선으로 여기고 힘을 다해 활과 총을 쏘아 화살과 총탄이 다 떨어진 연후에 진격하여 크게 격파하였다.『호남기문湖南記聞』아래도 같음.

충무공 이순신이 일찍이 수군에 있는데 큰 궤짝이 바다에 떠왔다. 군중에서 다투어 가서 가져왔는데, 금 자물쇠로 잠겨 있고 칠은 광채가 번쩍였다. 여러 장수들이 열어보기를 청했으나 공이 따르지 않고 즉시 명하여 톱으로 자르니, 궤짝 속에서 요동치며 울부짖는 소리가 나며 피가 실처럼 흘러나왔다. 궤짝을 쪼개 보니 비수를 품은 자객이 허리가 잘려 죽어 있었다. 여러 장수들이 놀라며 탄복하였다.

충무공 이순신이 노량露梁 전투에서 전사하니 호남의 선비와 여자들까지 육식을 물리치고 흰옷을 걸치지 않은 이가 없었다. 당시에 그것이 그대로 풍속을 이루어 시집가고 장가드는 때가 아니면 화려한 채색옷을 입지 않았다. 좌수영 앞바다는 지명이 무슬항無膝項[152]인데, 바로 공이 크게 승리한 곳으로 밭을 가는 이들이 가끔 왜검,

---

152 김대인金大仁 : 자字는 원중元中, 본관은 김해金海. 전라남도 순천順天에서 살았다. 서얼庶孼 출신에 집도 가난해서 중이 되었다가 중년에 도로 속세로 돌아와서 무과武科에 급제하였다. 임진왜란이 일어나자 석보촌石堡村(전라남도 여수시 여천동)에 있었는데, 어느 날 좌수사左水使 이순신의 하인 두어 명이 석보촌으로 와서 민가의 개와 돼지를 잡아가며 난폭한 짓을 하므로 김대인은 그들을 묶어 놓고 죽도록 때렸다. 이에 좌수사 이순신이 김대인을 잡아와 문초하려 하자, 대인은 큰 소리로 항의하며, "종들을 풀어 폐단을 짓고 다니는 것도 옳지 못한 일인데, 더구나 또 무죄한 사람을 죽인다면 장차 무엇으로 3군을 호령하실 겁니까." 하였다. 이순신이 기특하게 여기고 도로 풀어서 자기 막하에 두었다. 그리하여 매양 큰 공로를 세웠다. 1597년(정유) 통제사 원균元均의 칠천량 패전 때, 그는 물에 뛰어들어 사흘을 헤매다가 탈출하였다. 그 후 의병을 모아 연해안의 왜적들과 싸웠으며, 광양光陽 싸움에서 부상을 입었다. 그러나 다시 출진하여 예성산禮星山(전라남도 화순군 청풍면)에 웅거하면서 부근 일대를 수호하며 많은 적을 베고 전공을 세웠다. 1600년 그 공으로 당상관에 올라 임치진첨절제사臨淄鎭僉節制使에 임명되었다. 그 후 전라좌수사 이유직李惟直의 비행을 면박하다가 의금부에 투옥되자 분함을 참지 못하고 분사하였다. 전라남도 순천시 별양면 동송리 송천사松川祠에 위패가 모셔져 있다.(『國朝人物志』;『見睫錄』;『이충무공전서』권16,「同義錄」;『한국민족문화대백과사전』.)

왜창, 탄환 등속을 줍기도 하였다. 또 자산항紫山港은 바로 충무공이 쇠사슬을 걸어 왜선들을 전복시킨 곳이다.

○ 『거제부지巨濟府志』에서

한산도閑山島는 큰 바다가 항구로 들어오는 입구로 한 쌍의 골짜기가 거대한 물결을 들이마시고 있다. 밖에서 보면 바다는 함께할 곳이 없고 골짜기는 수용할 곳이 없을 것 같지만, 그 안에 들어가면 물은 그 안을 품은 듯하고 산은 그 바깥을 다스리는 듯하다. 이곳이 바로 충무공이 진영을 주둔하고 왜적을 무찌른 곳이다. 『거제부지巨濟府志』 아래도 같음.

제승당制勝堂은 한산도에 있는데, 충무공 이순신이 임진년에 승전을 보고하고 병사를 주둔시켰던 곳이다. 경신[영조 16, 1740년]에 통제사 조경趙儆[154]이 중건하고, 신사[영조 37, 1761년]에 통제사 이태상李泰祥[155]이 중수했다. 이태상은 바로 공의 5세손이다.

충무공이 한산도에서 크게 승전한 후에 패하여 돌아가던 왜장이 칠언율시 1수를 지어 거제 바깥 바다에 있는 매미도每味島[156]의 석벽에 새기기를,

바다 조개가 찬물이 두려워 양지로 올라오니	海蚌乘陽怕水寒
황새가 무슨 일로 괴롭게 서로 간섭하는가	鷸禽何事苦相干
몸은 굴속을 떠나 붉은 속살 상하고	身離窟穴朱胎損

---

153 무슬항無膝項 : 전라남도 여수시 돌산읍 평사리 무슬목.
154 조경趙儆 : 권10의 주 179 참조.
155 이태상李泰祥 : 권11의 주 123 참조.
156 매미도每味島 : 경상남도 통영시 한산면 매죽리 매물도.

힘이 다해 모래밭에 푸른 깃만 남았네.	力盡沙灘翠羽殘
다문 입은 어찌 입 열어 화를 당할 줄 알았겠는가?	閉口豈期開口禍
머리 들이기는 쉬우나 빼기는 어렵구나.	入頭雖易出頭難
모두 어부 손에 떨어질 줄 일찍 알았다면	早知俱落漁人手
하늘 날고 물에 잠겨 각자 편했을 텐데.	雲水飛潛各自安

매미도는 통영과 거리가 멀지 않아 노인들은 이를 직접 목격한 이들이 많았다.

한산도에 항구 하나가 있는데 공이 왜군을 크게 무찌르던 때에 왜적이 이 항구로 들어갔다. 물이 끊기고 산이 가로막혀 왜적이 궁색하여 돌아갈 곳이 없어서 육지로 올라가는데 개미 떼가 붙어 있는 것 같았다. 이로 인해 뒷날 사람들이 '의항蟻項'이라 이름하였다.

삼천포三千浦[157] 앞에 한 해구海口[바다 어귀]가 있는데 공이 일찍이 왜적을 뒤 쫓아 항구로 몰아넣고 그 입구를 눌러 막았다. 적의 형세가 무척 궁색하여 산을 파서 길을 뚫어 도망갔다. 왜적들이 밤을 타서 길을 뚫을 때 서로 죽여 시체가 산처럼 쌓였고, 칼과 창, 기계들을 무수히 버렸다. 지금 사람들이 그 땅을 일컬어 '굴량掘梁'[158] 이라 한다.

거제부에 용사龍沙라는 곳이 있다. 공이 일찍이 그곳에서 철을 캐서 칼을 만들었는데 무척 강하고 날카로워서 지금도 캐서 쓰고 있다.

---

157 삼천포三千浦 : 경상남도 통영시 산양읍 영운리를 가리킨다. 사천泗川에 있던 삼천포보三千浦堡가 1619년(광해 11)에 이곳으로 옮겨왔으며, 권관權管이 관할하였다.(『大東地志』권10, 固城; 김일룡, 『統營地名總攬』, 통영문화원, 2014, 87쪽.)
158 굴량掘梁 : 경상남도 통영시 당동과 미수동 사이 좁은 수도.

○ 『안동부지安東府志』에서

권전權銓은 권예權輗의 손자로 무과에 급제하였다. 임진[선조 25, 1592년] 난리에 통제사 이순신을 따라 노량 전투에서 힘껏 싸우다가 함께 전사하여 녹훈되었다. 『안동부지安東府志』

○ 『영천군지永川郡志』에서

김완金浣은 선조 정축[선조 10, 1577년] 무과에 급제했다. 임진년 난리에 사도첨사蛇渡僉使로 왜란을 당하여 적의 목을 벤 것이 무척 많았다. 감사監司 이광李洸이 포상할 것을 왕에게 아뢰어 자품資品이 승진되었다. 을미[선조 28, 1595년]에 통제사統相 이순신이 군량을 조달한 공로가 있다고 조정에 아뢰어 조방장助防將에 제수되었다. 『영천군지永川郡志』

○ 『영양현지英陽縣志』에서

오극성吳克成[159]은 무과에 급제하고 현감을 지냈다. 임진년 난리에 충무공 이순신의 막하가 되어 군공으로 녹훈되었다. 『영양현지英陽縣志』

---

[159] 오극성吳克成 : 1559~1616. 자는 성보誠甫, 본관은 함양咸陽. 거주지는 경상북도 영해寧海이다. 1559년(명종 14)에 났으니 이순신보다 14년 아래다. 1594년(선조 27)에 무과에 합격하여 선전관이 되었다. 그 뒤 사복시주부司僕寺主簿를 거쳐 1596년에 황간현감, 1601년에 훈련원관관에 이르렀다. 저서로는 『문월당문집』이 있다. (『한국역대인물종합정보시스템』; 『한국민족문화대백과사전』)

○ 『아산현지牙山縣志』에서

아산현의 동남쪽 20리에 방화산芳華山이 있고, 산 아래에 백암촌白巖村이 있다. 충무공 이순신의 옛집이 아직까지 있어서 자손이 대대로 지키고 있다. 집 옆에 은행나무 두 그루가 있는데, 바로 공이 활을 쏘던 단이다. 높은 가지는 구름 위로 솟았고 웅장하여 몇 이랑을 덮을 정도이다. 『아산현지牙山縣志』.

○ 『해미현지海美縣志』에서

남유南瑜[160]는 나주목사로 임진년 왜적의 난리에 통제사 이순신을 따라 남해南海와 노량露梁 사이에서 옮겨가며 싸우다가 전사했다. 『해미현지海美縣志』.

○ 『직산현지稷山縣志』에서

황세득黃世得[161]은 성주星州 사람으로 선조 대에 무관으로 여러 차례 관직을 옮겨 장흥부사長興府使에 이르렀는데, 사람됨이 강개하고 기개와 절개가 있었다. 임진년 난리에 사량蛇梁[사도蛇渡의 오기] 첨사僉使로 통제사 이순신이 해상에서 분주히 싸우던 때에 따라다녔다. 공은 이순신 공에게 처종형이 된다. 이순신 공이 평소부터 그의 재능과 충성스럽고 신의가 있음을 알아서 함께 같은 마음으로 협력하고, 책략을 꾀할 때 그에게 물어서 계획하는 바가 많았다. 전장에 임하여 적을 대하면 반드시 용기를

---

160 남유南瑜 : 1552~1598. 자는 시망時望, 본관은 의령宜寧. 거주지는 한성漢城이다. 1552년(명종 7)에 났으니 이순신보다 7년 아래다. 1579년(선조 12)에 식년시式年試 무과에 합격한 뒤, 부평현감이 되었다. 1598년 정유재란 중 나주목사로 있으면서 노량 해전에서 적의 탄환을 맞고 전사하였다. 뒤에 좌의정에 추증되고, 선무원종공신宣武原從功臣에 추록되었다. 숙종 때 정문旌門이 세워졌다. (『한국역대인물종합정보시스템』; 『한국민족문화대백과사전』.)

161 황세득黃世得 : 권9의 주 188 참조.

내어 앞장섰다. 벽파정碧波亭과 고금도古今島에서의 승첩에서 자신의 목숨을 돌보지 않고 분발하여 힘껏 싸워 공로가 많았다. 이순신 공이 매번 그의 충성과 용맹을 칭찬하고 적을 경시하는 것은 경계했다. 『직산현지稷山縣志』

○ 『진천현지鎭川縣志』에서

이영남李英男[162]은 임진년 난리 때에 첨사僉使로서 조방장助防將을 겸직했다. 충무공 이순신을 따라 진도에서 크게 승첩했고, 노량 전투에서도 분발하여 목숨을 돌아보지 않고 힘껏 싸우다가 사망했다. 천계天啓 신유辛酉[광해군 13, 1621년]에 병조참판을 증직하였다. 『진천현지鎭川縣志』

○ 『평택현지平澤縣志』에서

방덕룡方德龍[163]은 무과에 급제하였다. 임진년 왜란 때에 낙안군수樂安郡守로서 통제사 이순신의 선봉이 되어 전사했다. 그 일이 왕에게 알려져 형조참의를 증직하였다. 『평택현지平澤縣志』

---

162 이영남李英男 : 권13의 주 5 참조.

163 방덕룡方德龍 : 1561~1598. 자는 운보雲甫, 본관은 온양溫陽, 거주지는 한성漢城이다. 1561년(명종 16)에 났으니 이순신보다 16년 아래다. 병마절도사 방호의方好義의 손자로, 1588년(선조 21) 식년시式年試 무과에 합격하였다. 1592년에 임진왜란이 일어나자 100여 명의 의병을 모아 원균元均의 휘하에 들어가서 활약하였다. 1597년에 문천군수文川郡守로 임명되었으나 곧 파직되고, 낙안군수樂安郡守로 임명되었다. 이듬해 1598년에 통제사 이순신李舜臣의 선봉이 되어 노량 해전에서 분전하다가 38세로 전사하였다. 형조참의에 추증되고, 선무원종공신宣武原從功臣 2등에 녹훈되었다. (『한국역대인물종합정보시스템』; 『한국민족문화대백과사전』)

○ 이충무공전서 지李忠武公全書識 [윤행임尹行恁]

원임原任 직각直閣 신臣 윤행임尹行恁[164]이 왕명을 받들어 편찬해 올리니, 상께서 하교하시기를, "이 간행 일은 충성을 숭상하고 공로에 보답하고 무용을 표창하고 의열을 빛내는 뜻에서 나왔으니, 특별함을 보이는 것이 마땅하다. 이제 내탕금內帑錢 5백 냥과 어영전御營錢 5백 냥을 하사하니 책을 인쇄하는 비용으로 쓰게 하라. 대궐에 들이는 건수件數와 반사頒賜하는 건수, 서고西庫에 들이는 건수 외에 각각 1건씩을 5개 사고史庫와 홍문관, 성균관 및 순천 충민사, 해남 충무사, 남해 충렬사, 통제영 충렬사, 아산 현충사, 강진 유사遺祠, 거제 유묘遺廟, 함평 월산사, 정읍 유애사, 온양 충효당, 착량鑿梁 초묘草廟에 나누어 보관하라."라고 하셨다. 마침내 명하시어 예문관藝文館에서 인쇄를 시작하게 하였다. 검서관檢書官 신 유득공柳得恭[165]이 인쇄를 감수하였다.

---

164 윤행임尹行恁: 권11의 주 145 참조.
165 유득공柳得恭: 1748~1807. 자는 혜보惠甫·혜풍惠風, 호는 영재泠齋·영암泠庵·고운당古芸堂, 본관은 문화文化, 거주지는 한성漢城이다. 1774년(영조 50) 생원 식년시式年試에 합격한 후 시문에 뛰어난 재질이 인정되어 1779년(정조 3) 규장각검서奎章閣檢書로 들어가 활약하였다. 그 뒤 제천·포천·양근 등의 군수를 거쳐 말년에는 풍천부사를 지냈다. 저서로는 『경도잡지京都雜志』, 『영재집泠齋集』, 『고운당필기古芸堂筆記』, 『앙엽기盎葉記』, 『사군지四郡志』, 『발해고渤海考』, 『이십일도회고시二十一都懷古詩』 등이 있다. 특히 『발해고』는 유득공의 학문의 깊이와 사상을 규명하는 데 중요한 저서이다. 규장각검서로 있으면서 궁중에 비장된 우리나라를 비롯한 중국·일본의 사료까지도 읽을 기회가 많아, 이러한 바탕에서 나온 대표작이라 할 수 있다. 그 서문에서 "고려시대의 역사가들이 통일신라를 남조로, 발해를 북조로 하는 국사 체계를 세우지 않았던 것이 영원히 옛 땅을 되찾는 명분을 잃게 하였다."라고 주장해, 민족 주체 의식의 일면을 보여 주고 있다. 중국 중심의 세계관에서 벗어나려 노력한 모습은 『이십일도회고시』에서도 잘 보여 준다. 단군조선에서 고려에 이르기까지 4,000년에 걸쳐 우리 민족이 세운 나라의 21개 도읍지의 전도奠都 및 번영을 읊은 43편의 회고시에는, 거듭되는 역사의 수레바퀴 속에서 민족의 주체 의식을 되새겨보려는 역사 의식이 잘 나타나 있다. (『한국역대인물종합정보시스템』; 『한국민족문화대백과사전』.)

찾아보기

ㄱ

가덕加德 51, 64
가덕도加德島 457, 480
가등청정加藤淸正 63~65, 105, 123, 159, 195, 413, 414, 434, 435, 443, 451, 468, 469, 473, 484
가정家政 417
강복성康復誠 211
강봉수姜鳳壽 273
강음江陰 209, 213
강인약江鱗躍 511
강진康津 74, 109, 126, 399, 419, 438, 528
강진현康津縣 265
강항姜沆 415, 417
강호江戶 150
강홍립姜弘立 257
개경開京 405
개주蓋州 434
거제巨濟 57, 63, 84, 116, 123, 129, 394, 395, 398, 410~412, 430, 431, 460, 461, 481, 491, 528
거제부巨濟府 268, 273, 524
건원보乾原堡 86
건주建州 257
건주위建州衛 490
건천동乾川洞 26, 118
걸망포傑望浦 47
견내량見乃梁 51, 103, 116, 122, 146, 194, 224, 231, 397, 407, 408, 410, 430, 450
경강京江 488
경원慶源 455
경주慶州 336, 460
계금季金 464, 466
계영천季永荐 512
고금도古今島 73, 74, 81, 109, 113, 126, 148, 159, 175, 197, 218, 265, 341, 348, 399, 419, 420, 438, 445, 446, 451, 464, 498, 519, 527
고산孤山 269
고성固城 48, 50, 51, 102, 121, 122, 140, 156, 193, 397, 407, 412, 429, 432, 433, 461, 479, 503
고성현固城縣 429, 430
고언백高彦伯 400, 460
고요皐陶 309
고종高宗(송宋) 107
고하도高下島 173, 175, 197, 419
고화도高和島 171
곤양昆陽 80, 112, 161, 471, 475
공도보孔道輔 327
공수工倕 319
공수반公輸般 319
공진龔瑊 412
곽재우郭再祐 336, 412, 454, 500
관음포觀音浦 425, 439, 466, 471, 472, 475
광녕廣寧 216
광주光州 425, 475
광주양光州洋 472
광해군光海君 497
교일기喬一奇 257
구래공寇萊公 316
구미포仇味浦 430
구사직具思稷 337, 431
구성駒城 313
군산포群山浦 417
굴량掘梁 524
권예權輗 525
권율權慄 63, 64, 67, 106, 125, 195, 336, 400, 412, 422, 423, 427, 436, 439, 444, 451, 483, 484, 490, 500, 504
권응수權應銖 400

권전權銓 525
권준權俊 40, 102, 193, 337, 405, 407, 412, 431, 433, 485, 486
금당도金堂島 76, 109
금산錦山 400
금성金城 351
금성산錦城山 82
금오산金烏山 501
금주金州 434
기겁騎刦 314
기련산祈連山 346
기성箕城 54, 174
기주冀州 487
김귀영金貴榮 31, 118, 154, 449
김금이金金伊 455
김대인金大仁 521
김덕령金德齡 385, 412, 482, 500
김득광金得光 337
김명원金命元 66, 67, 399, 416, 444
김산金山 336
김상성金尙星 389
김상용金尙容 255, 516
김성원金聲遠 508
김성일金誠一 398, 409, 501
김시金禔 453
김시민金時敏 336, 400, 500
김시성金是聲 151, 204
김억추金億秋 68, 196, 416, 436
김완金浣 51, 103, 525
김우서金禹瑞 36, 98, 154
김유신金庾信 255
김육金堉 152
김응서金應瑞 63, 123, 413, 434, 435, 443, 444, 457
김응추金應秋 187
김응하金應河 257
김응함金應諴 70, 107, 418
김종서金宗瑞 490
김진숙金震橚 168
김창협金昌協 383
김천일金千鎰 257, 258, 454
김택남金澤南 508
김한정金漢鼎 168

김현성金玄成 516

ㄴ

나대용羅大用 521
나산羅山 215
나주羅州 74, 171
낙동洛東 339
남구만南九萬 171, 213
남원南原 125, 142, 147, 158, 412, 423, 471, 473
남유南瑜 526
남이신南以信 66, 414, 435, 443
남해南海 78, 80, 112, 128, 145, 149, 161, 198, 263, 372, 392, 400, 402, 425, 431, 441, 447, 452, 458, 466, 467, 471, 472, 475, 526, 528
남해진南海陣 473
남해현南海縣 259, 394
내도수來島守 417, 418, 469, 470
노량露梁 48, 80, 81, 83, 101, 103, 112, 121, 129, 133, 134, 135, 137, 138, 142, 145, 149, 150, 156, 161, 191, 193, 198, 204, 205, 213, 218, 224, 226, 227, 246, 247, 259, 260, 265, 296, 299, 302, 317, 359, 374, 378, 386, 388, 393, 403, 423, 425, 429, 432, 439, 451, 452, 472, 475, 485, 493, 497, 506, 509, 510, 512, 516, 520~522, 525~527
노량진露梁津 395, 467
녹도鹿島 76, 98, 106, 109, 195, 436, 506
녹도진鹿島鎭 517
녹둔도鹿屯島 37, 119, 154, 181, 189, 311, 364, 442, 455
녹둔보鹿屯堡 179
능성綾城 33

ㄷ

다대多大 503
단수실段秀實 327

달량達梁 335
달천㺚川 312, 373, 481
담종인譚宗仁 411
당곶唐串 173
당사도唐笥島 72
당포唐浦 46, 49, 50, 101, 102, 122, 134, 140, 145, 156, 181, 192, 202, 268, 334, 396, 404, 518
당포성唐浦城 339
당항포唐項浦 50, 102, 140, 146, 193, 256, 374, 397, 404, 406, 432, 433
대구大邱 460, 461
대마도對馬島 123, 125, 150, 226, 345, 351, 431
덕량德粮 520
덕수德水 95, 143, 188, 223, 244, 448, 450
덕수현德水縣 94, 117
덕연공德淵公 119
덕연군德淵君 26, 37, 82
덕종德宗 173
도간陶侃 324
도진의홍島津義弘 423, 425
동구비童仇非 30, 96, 119
동래東萊 100, 121, 125, 156, 190, 312, 372, 460, 478, 510
동령東嶺 129
동일원董一元 461
동작진銅雀津 420, 438
두룡포頭龍浦 430
두만강豆滿江 181, 450
두보杜甫 494
두성笠城 501
두원개杜元凱 216
두치진豆峙津 458
등자룡鄧子龍 265, 392~394, 423, 426, 440, 464, 465, 467, 477

ㅁ

마귀麻貴 461
마니응개亇尼應介 455, 456
마다시馬多時 71, 107, 126, 141, 159, 437, 445
마래산馬來山 255
마산포馬山浦 481
마성룡馬成龍 508
마위룡馬爲龍 508
마하수馬河秀 507
만포진滿浦鎭 372
매미도每味島 523, 524
맹명孟明 286
맹주서孟冑瑞 378
명량鳴梁 69, 72, 107, 133, 134, 139~141, 143, 181, 202, 216, 257, 314, 369, 437, 469, 471, 473, 486, 506, 508, 517
모리민부毛利民部 417, 418
모리휘원毛利輝元 402
목공穆公 286
묘도猫島 112, 198, 424, 426, 441, 472, 474, 475
무슬항無膝項 522
무안務安 269, 417
무이撫夷 455
문영개文英凱 508
문제文帝 494
문천상文天祥 43, 99
미조항彌助項 441, 467, 472, 475
민섬閔暹 207, 208
민유중閔維重 204, 205, 301
민정중閔鼎重 150
민진후閔鎭厚 305

ㅂ

박검손朴撿孫 510
박경지朴敬祉 151
박기서朴起瑞 83
박대복朴大福 230, 255
박류朴稴 361
박성朴惺 435, 443
박성고朴聲古 256
박성서朴聖瑞 168
박승종朴承宗 201
박치장朴致章 230

발포鉢浦 34, 35
방덕룡方德龍 527
방중규方中規 85
방진方震 85, 113, 163, 199, 496
방홍方弘 85
방화산芳華山 526
배설裵楔 61, 69, 106, 195, 196, 416~418, 436, 458, 486
배흥립裵興立 337, 412, 504
백기白起 288
백선명白善鳴 508
백암白巖 263
백암리白巖里 317
백암촌白巖村 526
백진남白振南 506, 508
벽파정碧波亭 125, 139, 147, 159, 196, 315, 435, 445, 451, 469, 486, 514, 517, 527
벽파진碧波津 69, 165, 357, 492
변경남邊敬男 79
변수림卞守琳 95, 188
변함卞諴 95
변홍달卞弘達 187
변홍원卞弘源 508
보성寶城 68, 106
보화도寶花島 74, 197, 419, 437
복일승福日昇 464, 466, 511
복주復州 434
복파伏波 312
복희씨伏羲氏 494
부산釜山 45, 53~55, 100, 104, 121, 122, 125, 156, 157, 190, 198, 202, 392, 408, 409, 440, 447, 452, 478, 503, 518
부산포釜山浦 146, 312
부유富有 474
부차령富車嶺 257
북경北京 216
불우산佛偶山 439

ㅅ

사도蛇渡 526
사량蛇梁 49, 145, 193, 373, 396, 433, 479
사량보蛇梁堡 339
사송아沙送阿 182, 455
사천泗川 48, 80, 101, 112, 121, 129, 148, 156, 161, 191, 400, 404, 423, 432, 439, 440, 447, 451, 461, 466, 471, 475
사현謝玄 324
산련포山連浦 430
살마주薩摩州 129
삼주원三州院 513
삼천포三千浦 524
상산商山 312, 336
상주尙州 312
상주방씨尙州方氏 85, 130, 496
서문중徐文重 429, 430
서울 29, 51, 52, 66, 82, 121, 133, 172, 175, 201, 305, 336, 338, 373, 401, 403, 510
서익徐益 97, 119, 130, 131, 449
서중소徐仲素 488
서평西平 503
서한필徐漢弼 228
서희진徐希震 393
석만자石曼子 393, 394
석성石星 494
선거이宣居怡 39, 98, 154, 189, 337, 460
선조宣祖 128, 204, 207, 209, 247, 321, 323, 407, 453
선진先軫 316
설아산雪莪山 273
설인귀薛仁貴 310
섬진강蟾津江 423, 439, 459
성박成鎛 34, 97, 119
성석동成石同 510
성종成宗 448
성혼成渾 482
소강召江 433
소계남蘇季男 187
소공召公 177
소서행장小西行長 63, 64, 77~80, 109, 112, 123, 127, 129, 148, 149, 158, 160, 161, 196, 197, 198, 222, 312, 393, 400, 407, 413, 414, 422~426, 433, 434, 436, 439~441, 443, 444, 447, 448, 451, 452, 457, 466~468, 471~475, 477, 501

소소강召所江 103, 193
소하蕭何 311
손식孫軾 32, 97
손죽도損竹島 335, 479, 517
송간宋侃 517
송대립宋大立 504, 518
송두남宋斗南 504
송상현宋象賢 454
송시열宋時烈 145, 204, 205, 207, 208, 259, 482
송여순宋汝淳 520
송여종宋汝悰 76, 77, 109, 127, 128, 160, 420, 421, 505, 520, 521
송준길宋浚吉 204, 205
송희립宋希立 45, 81, 100, 121, 187, 190, 395, 403, 412, 423, 426, 486, 510, 518
수문포水門浦 520
순천順天 40, 68, 77, 109, 159, 197, 222, 400, 417, 420, 422, 423, 447, 455, 459, 461, 464, 465, 501, 515, 516, 528
순천부順天府 125, 147, 203, 255, 506
시전時錢 189, 450, 455
신립申砬 44, 100, 141, 336, 402, 481, 500
신여량申汝樑 431
신점申點 401
신종神宗 137, 145, 216, 218, 302, 314, 315, 493~495
신찬申璨 223
신창현新昌縣 82
신호申浩 504, 505
심무沈懋 464
심안돈오沈安頓吾 400, 441, 447
심암沈巖 479
심유경沈惟敬 514
심인조沈仁祚 83, 209
쌍암雙岩 439

ㅇ

아산현牙山縣 82, 215, 263, 317, 526
아오지阿吾地 455
아지발도阿只拔都 335

악무목岳武穆 149
악비岳飛 202, 208, 311
악의樂毅 314
안골포安骨浦 53, 56, 70, 71, 104, 122, 134, 146, 194, 256, 398, 406, 407
안륵安玏 210
안위安衛 70, 107, 126, 141, 188, 197, 337, 418, 437, 486, 487
안진경顔眞卿 505
안현鞍峴 498
안홍국安弘國 256, 503
안홍량安興梁 417
압록강鴨綠江 174, 314, 334
앙니응개印尼應介 182
양강襄江 216
양산梁山 51, 122
양암梁巖 480
양양襄陽 295
양위楊位 487
양제煬帝 334
양주楊州 487
양천윤梁天胤 464
양호楊鎬 108, 126, 147, 159, 315, 419, 494
양호羊祜 316
어라산於羅山 82
어란도於蘭島 125, 147, 159
어란포於蘭浦 68, 106
어영담魚泳潭 395, 407, 412, 485, 486
얼음목冰項 162
엄목포嚴木浦 80, 112
여성女聖 334
여수麗水 77, 83, 455
여아동余兒洞 270
여처심처如處深處 455
연산군燕山君 449
연안延安 141, 400
염파廉頗 314
영광靈光 501
영등포永登浦 50, 103, 146, 383, 397, 430, 433, 481, 509
영인산寧仁山 320
영천永川 400
예교曳橋 77, 78, 160, 202, 222, 422, 423,

찾아보기 **533**

447, 516
오극성吳克成 525
오도주五島主 79
오득린吳得隣 521
오산鰲山 388
오아포吾兒浦 430
오유림吳惟林 512
오윤겸吳允謙 298
오응태吳應台 186
오장원五丈原 316
오중주吳重周 173, 175
오형吳亨 182, 456
옥과玉果 68
옥포玉浦 47, 101, 121, 134, 140, 145, 156,
    190, 314, 374, 395, 403, 430, 431, 451,
    480, 503, 504
옥형玉泂 83, 515
온서溫序 317
온양溫陽 273, 528
와해瓦海 358
완산完山 337
왕계여王啓予 512
왕명王明 512
왕사기王士琦 423, 464
왕원주王元周 329, 464, 466, 511
왕준王濬 310
왜교倭橋 109, 197, 200, 300, 400, 472, 475,
    518
요동遼東 115, 157, 216, 334, 434
요순堯舜 335
요시라要時羅 63, 64, 123, 124, 158, 413,
    414, 434, 435, 443, 457, 469
용만龍灣 54, 174, 315
용사龍沙 524
용인龍仁 52, 313, 336
용재공容齋公 483
용정리龍井里 257
우을기내于乙其乃 442
우을지내亏乙只乃 98, 119
우장곶佑將串 519
우지개亐知介 455
우치적禹致績 47, 121, 156, 394, 395, 402,
    431, 516

울돌목 202
울산蔚山 440, 447, 460, 461
울지내鬱只乃 35, 154
웅천熊川 55, 59, 63, 409, 410, 430, 509
원균元均 47, 51, 53, 57, 60, 61, 63~67, 101,
    103, 104, 106, 115, 121, 123~125, 140,
    146, 147, 156~158, 165, 190, 191, 193,
    195, 200, 224, 246, 256, 283, 284, 286,
    288, 394, 395, 397, 399, 400, 402, 403,
    407, 413~416, 431, 432, 434, 442~444,
    451, 453, 457, 460, 469, 479, 481~485,
    488, 489, 492, 502, 503, 506, 509, 516
원신元愼 441, 473
원제元帝 207
월명포月明浦 48, 403, 404
월산月山 269
위상魏尙 315
유곤劉琨 313
유기劉琦 202
유득공柳得恭 528
유비연柳斐然 219, 265
유성룡柳成龍 30, 96, 120, 124, 153, 348,
    453, 489, 492, 499
유성채柳星彩 214
유전柳㙉 35, 130
유정劉綎 78, 109, 111, 128, 147, 160, 197,
    222, 257, 400, 422~424, 438, 439, 447,
    451, 461, 465, 472, 500
유하柳遐 204
유형柳珩 77, 111, 137, 209, 211, 213, 214,
    257, 425, 426, 502
육경陸卿 511
육기도六岐島 510
윤계尹棨 350~353
윤관尹瓘 255
윤근수尹根壽 434, 443
윤두수尹斗壽 412
윤수경尹守慶 164
윤직무允直茂 471
윤필상尹弼商 490
윤행임尹行恁 254, 528
윤헌징尹獻徵 85, 164
윤현尹俔 273

율포栗浦 50, 103, 134
을지문덕乙支文德 255
의령宜寧 460, 461
의주義州 54, 146, 157, 174, 191, 247, 315, 373, 401, 514
의항蟻項 524
의홍義弘 426, 471, 475
이각李珏 336
이거李琚 95, 117, 163, 188, 448
이경록李景祿 182, 183, 455, 456
이경의李景義 353
이경전李慶全 369
이경집李慶集 56
이계년李桂年 258
이관상李觀祥 181
이괄李适 498
이광李洸 40, 99, 120, 525
이광세李光世 168
이광악李光岳 400
이광우李光宇 168
이광윤李光胤 164, 167, 168
이광정李光庭 415
이광주李光冑 168
이광진李光震 168
이광헌李光憲 168
이기준李奇俊 516
이길원李吉元 442
이내은손李內隱孫 363
이단하李端夏 244
이대원李大源 480, 517
이덕일李德一 268, 269
이덕형李德馨 298, 300, 422, 429, 441, 473, 500, 502, 503
이돈수李敦守 95
이두상李斗祥 168
이만상李萬祥 168
이면李葂 73, 74, 85, 113, 130, 163, 497
이명상李命祥 229
이몽구李夢龜 51, 103
이몽서李夢瑞 182, 456
이몽학李夢鶴 401
이민서李敏叙 139
이백록李百祿 26, 95, 117, 118, 163, 188, 448

이변李邊 117, 153, 188, 448
이병모李秉模 322, 327, 329, 331
이복남李福男 415, 469, 516
이봉상李鳳祥 168, 215, 216, 227, 244, 245, 250, 263, 499
이분李芬 26, 246, 449
이빈李薲 460
이사명李師命 219, 265
이상규李尙規 446
이설李渫 55, 409, 481
이성윤李誠胤 359
이소李劭 117, 188
이수광李睟光 340, 341, 345
이순신李純信 412, 423, 439, 441, 467, 471, 473, 475, 503
이시언李時言 136, 186, 255, 441, 473
이식李植 117, 153, 244
이신李藎 85, 113, 130, 498
이억기李億祺 50, 51, 53, 55, 56, 66, 67, 83, 102~104, 106, 122, 156, 193, 203, 255, 337, 397, 399, 400, 406, 407, 410, 415, 433, 460, 500
이언량李彦良 55
이 여李畬 242, 289
이여송李如松 494, 514
이여옥李汝玉 153, 250
이열李荏 85, 113, 130, 163, 164, 167, 199, 497, 498
이영남李英男 395, 527
이완李莞 81, 113, 129, 149, 161, 263, 400, 441, 447, 498
이요신李堯臣 449
이용李戜 34, 36, 97
이운룡李雲龍 38, 47, 84, 98, 121, 156, 260, 268, 394, 395, 402, 412, 431, 497
이운상李雲祥 168
이원익李元翼 61, 62, 65, 105, 123, 158, 413, 414, 443, 489
이유길李有吉 257
이응개李應漑 56
이이李珥 30, 96, 118, 154, 482
이이명李頤命 215, 219, 246, 384
이인좌李麟佐 263

이일李鎰 38, 39, 98, 99, 119, 141, 154, 336
이일장李日章 388
이정李貞 26, 95, 117, 163, 188, 448
이정구李廷龜 482
이정암李廷馣 400
이지백李之白 85, 113, 163, 164
이지석李之晳 85, 163, 164, 167
이창정李昌庭 211
이천상李天常 464
이청아伊靑阿 455
이태상李泰祥 231, 252, 523
이평李平 505
이항복李恒福 67, 133, 186, 188, 203, 207~209, 230, 255, 256, 399, 416, 444, 483, 489, 516
이해조李海朝 498
이형백李馨白 204, 205
이홍건李弘健 168
이홍구李弘矩 168
이홍규李弘規 168
이홍무李弘茂 168
이홍서李弘緒 168
이홍수李弘樹 168
이홍유李弘猷 168
이홍의李弘毅 168, 244, 245, 247
이홍재李弘梓 168
이홍저李弘著 168
이홍택李弘澤 168
이홍협李弘協 168
이황李滉 273, 482
이회李薈 81, 82, 85, 113, 130, 163, 167, 199, 210, 472, 475, 476, 497
이효조李孝祖 117
이후백李後白 30, 96
이훈李薰 85, 113, 130, 498
이희신李義臣 449
인조仁祖 63
임경번林景藩 182, 456
임영林英 210
임영개任永凱 508
임율林栗 495
임제林悌 482
임진강臨津江 337

임피진씨臨陂陳氏 95
임홍량任弘亮 309

ㅈ

자산항紫山港 523
자운慈雲 83
장도獐島 77, 111, 423, 518
장량張良 29, 96, 118, 153, 199, 327
장만張晩 498
장문포長門浦 64
장순張巡 162
장준張浚 315
장충헌張忠獻 149
장홍유張鴻儒 57, 104
장흥長興 419
장흥부長興府 520
적량도赤梁島 479
적미포赤彌浦 403
적송자赤松子 29, 96, 153, 199
적정포赤亭浦 481
적진포赤珍浦 403, 481
전승대戰勝臺 181
전주全州 473
전희광田希光 187
절영도絶影島 457, 503
절이도折爾島 76, 109, 520, 521
정걸丁傑 53, 104, 408
정경달丁景達 334, 430, 487~489, 501, 502
정구鄭逑 482
정기안鄭基安 176, 178, 231
정명열丁鳴說 508
정문린丁文麟 511
정사신鄭士信 294
정사준鄭思竣 516
정승복鄭承復 516
정언신鄭彦信 37, 42, 120, 154, 442, 500, 504
정여립鄭汝立 120
정운鄭運 45, 51, 54, 100, 103, 104, 121, 190, 337, 367, 395, 400, 403, 404, 407~409, 432, 479, 480, 486, 517, 519
정운룡鄭雲龍 399

정운희丁運熙 506, 507
정원명鄭元溟 210
정읍井邑 528
정읍현井邑縣 270
정익鄭榏 150, 227, 259
정익하鄭益河 388
정탁鄭琢 124, 158, 282, 284, 295, 416, 435, 444, 492
정태화鄭太和 204
제갈량諸葛亮 316~318, 324, 361, 493
제갈첨諸葛瞻 317
제만춘諸萬春 476, 509, 510
제말諸末 52
제포薺浦 56, 430, 481
조경趙儆 178, 224, 231, 400, 523
조경남趙慶男 357
조괄趙括 315, 366
조광조趙光祖 273
조극선趙克善 360
조대곤曹大坤 501
조대중曺大中 41, 114, 120
조라포助羅浦 479
조령鳥嶺 373
조명정趙明鼎 179
조문자趙文子 324
조산造山 455
조식曺植 482
조신調信 475
조영평趙營平 173
조이웅趙以雄 228
조적祖逖 208, 313
조팽년趙彭年 333
조헌趙憲 34, 97, 337, 454, 482
조현명趙顯命 224, 231, 387
종의지宗義智 78, 196, 402, 436, 441, 451, 471, 472, 475
종택宗澤 311
좌도수佐渡守 415
주수겸朱守謙 511
주언룡朱彦龍 387
죽도竹島 471, 475
준사俊沙 70, 71, 107
지리산智異山 367

진광현陳光賢 518
진구경陳九經 440
진국경陳國敬 512
진도珍島 69, 125, 139, 202, 369, 416, 417, 436, 444, 445, 469, 473
진도택陳陶澤 375
진린陳璘 74, 75, 109, 126~129, 134, 137, 147, 149, 159, 160, 197, 198, 202, 203, 218~220, 222, 223, 265, 296, 366, 392~394, 399, 400, 420~427, 429, 438~440, 446, 447, 451, 452, 458, 461, 464, 465, 468, 471~475, 477, 501, 514, 515, 521
진무성陳武晟 405, 518, 519
진문동陳文同 79
진산리辰山里 270
진세번陳世蕃 95
진자수陳子秀 511
진주晉州 61, 67, 68, 105, 107, 125, 195, 258, 398, 400, 518
진회秦檜 385

ㅊ

차천로車天輅 354, 482
착량鑿梁 84, 273, 528
참판공參判公 26, 118
창원昌原 430
처환處還 223
천성天城 51
천진天津 434
천휘天輝 219
첨산尖山 518, 520
청파靑坡 446
초계草溪 67
초계변씨草溪卞氏 95, 117, 163, 188
최립崔岦 453, 482
최유연崔有淵 363
최유해崔有海 94
최천보崔天寶 519
최피崔陂 519
최호崔湖 399, 415

최희량崔希亮 508, 509
추도楸島 182, 455
충주忠州 312, 336, 373, 481
칠천도漆川島 457

ㅌ

탑포塔浦 430
태안泰安 417
태인泰仁 40, 99
태종太宗(당唐) 334
통영統營 84, 383, 430, 431, 483, 510, 524

ㅍ

팔량치八良峙 335
평산平山 472
평수가平秀家 52, 104, 122, 157, 402, 406, 407
평수길平秀吉 → 풍신수길豊臣秀吉
평양平壤 54, 174, 403, 407, 434, 481, 505, 514
평의지平義智 → 종의지宗義智
평조신平調信 425, 471
평행장平行長 → 소서행장小西行長
풍덕부豊德府 94
풍신수길豊臣秀吉 49, 79, 102, 111, 123, 128, 190, 201, 218, 246, 247, 392, 402, 444, 448, 476

ㅎ

하동河東 432, 440, 447, 473
하뢰下瀨 312
하오랑아何吾郞阿 455
한강漢江 69, 106, 209, 417
한라산漢拏山 373
한산閑山 67, 104, 125, 133, 134, 158, 181, 202, 216, 485
한산도閑山島 52, 57, 60, 62, 65, 69, 70, 84, 103, 116, 122~124, 140, 146, 147, 157, 174, 190, 194, 195, 224, 256, 299, 302, 322, 333, 337, 348, 357, 365, 374, 397~399, 407, 410, 413, 415, 416, 419, 428, 430, 431, 434, 435, 437, 443, 444, 451, 457, 458, 460, 468, 469, 477, 484, 489, 490, 492, 505, 506, 518, 519, 523, 524
한산진閑山陣 105, 64, 74, 477
한성漢城 26, 96, 118, 467, 505
한신韓信 311
한준겸韓浚謙 298
한호韓濩 453, 482
한황韓滉 173
한효순韓孝純 399, 469, 490
함평咸平 472, 528
함평읍咸平邑 268
합포合浦 430
해남海南 471, 528
해남도海南島 519
해남현海南縣 257, 513
해주海州 434
행주幸州 141, 400, 483, 490
행주산성幸州山城 336
허원許遠 162
현산峴山 382
현소玄蘇 514
현종顯宗 227, 307, 320
협판중서脇坂中書 510
형개邢玠 448, 461, 465
혜희惠熙 367
혼도渾道 455
홍계남洪季男 412, 460
홍명하洪命夏 150, 204
홍비洪棐 85, 113, 130, 163, 164, 199
홍서하洪叙夏 168
홍우기洪宇紀 85, 164
홍우원洪宇遠 370
홍우태洪宇泰 85, 164
홍우형洪宇逈 85, 164
홍원익洪元益 168
홍윤필洪胤弼 85
홍익현洪翼賢 86

홍진하洪振夏 85, 164
화준花遵 503
황간黃澗 336
황세득黃世得 78, 111, 160, 200, 526
황신黃愼 413, 414, 434
황옥천黃玉千 46
회령포會寧浦 68, 106, 195, 486, 507
효종孝宗 151, 204, 227
후통아厚通阿 455
흑도黑島 481
흠종欽宗 495

역주자 소개

이민웅 | 서울대 문학박사. 한국근세사 전공. 대구가톨릭대학교 석좌교수, 해군사관학교 명예교수.
정진술 | 동아대 석사. 고고학·한국해양사 전공. 전 문화재전문위원.
양진석 | 서울대 문학박사. 한국근세사 전공. 전 서울대학교 규장각한국학연구원 학예연구관.
김경숙 | 서울대 문학박사. 한국근세사 전공. 서울대학교 국사학과 교수.
노영구 | 서울대 문학박사. 한국근세사 전공. 국방대학교 군사전략학과 교수.
이현진 | 서울대 문학박사. 한국근세사 전공. 한국과학기술원 인문사회과학연구소 연구 부교수.
김남기 | 서울대 문학박사. 한국고전문학 전공. 안동대학교 한문학과 교수

신정역주 이충무공전서 3 (보급판)
이순신에 대한 후세의 기록

초판　1쇄 발행 2023년　6월 16일
보급판 1쇄 발행 2025년 11월　5일

기획 | (재)석오문화재단·(사)서울여해재단
역주 | 이민웅·정진술·양진석 외

펴낸곳 | (주)태학사
등록 | 제406-2020-000008호
주소 | 경기도 파주시 광인사길 217
전화 | 031-955-7580
전송 | 031-955-0910
전자우편 | thspub@daum.net
홈페이지 | www.thaehaksa.com

편집 | 조윤형 여미숙 김태훈
마케팅 | 김민선
경영지원 | 김영지
인쇄·제책 | 영신사

ⓒ (재)석오문화재단, (사)서울여해재단, 2025, Printed in Korea.

값 28,000원
ISBN 979-11-6810-372-6 (93910)

책임편집 | 조윤형
디자인 | 임경선